# Veröffentlichungen der Vereinigung der Deutschen Staatsrechtslehrer

## Heft 50

Helmut Steinberger, Eckart Klein und Daniel Thürer

# Der Verfassungsstaat als Glied einer europäischen Gemeinschaft

---

Meinhard Schröder und Hans D. Jarass

# Verwaltungsrecht als Vorgabe für Zivil- und Strafrecht

Berichte und Diskussionen
auf der Tagung der Vereinigung der Deutschen Staatsrechtslehrer
in Zürich vom 3. bis 6. Oktober 1990

1991

Walter de Gruyter · Berlin · New York

Redaktion: Prof. Dr. Volkmar Götz (Göttingen)

Ⓟ Gedruckt auf säurefreiem Papier,
das die US-ANSI-Norm über Haltbarkeit erfüllt.

*CIP-Titelaufnahme der Deutschen Bibliothek*

Der **Verfassungsstaat als Glied einer europäischen Gemeinschaft** / Helmut Steinberger, Eckart Klein und Daniel Thürer. Verwaltungsrecht als Vorgabe für Zivil- und Strafrecht / Meinhard Schröder und Hans D. Jarass. Berichte und Diskussionen auf der Tagung der Vereinigung der Deutschen Staatsrechtslehrer in Zürich vom 3. bis 6. Oktober 1990. – Berlin ; New York : de Gruyter, 1991
(Veröffentlichungen der Vereinigung der Deutschen Staatsrechtslehrer ; H. 50)
ISBN 3-11-012944-2
NE: Steinberger, Helmut; Klein, Eckart; Thürer, Daniel; Beigef. Werk; Vereinigung der Deutschen Staatsrechtslehrer: Veröffentlichungen der Vereinigung ...



Printed in Germany
Satz und Druck: Saladruck, 1000 Berlin 36
Bindearbeiten: D. Mikolai, 1000 Berlin 10

# Inhalt

## Jahrestagung 1990

Die Jahrestagung fand vom 3. bis 6. Oktober in Zürich statt. Der Vorsitzende eröffnete die Mitgliederversammlung am 3. Oktober — dem Tag der deutschen Einheit — mit folgenden Worten:

„Unversehens ist dies zu einem Tag geworden, für den das Wort ‚historisch' nicht zu anspruchsvoll ist. Fünfundvierzig Jahre deutscher Teilung sind seit der Mitternacht Vergangenheit. Was damit Realität geworden ist, wagen wir kaum schon zu glauben. Politische Tatsachen, die über Jahrzehnte ein Teil unserer Weltorientierung waren, gezwungenermaßen, sind nun mit einem Schlag fortgefallen. Das berührt nicht nur Deutschland. Denn die Verfassung Deutschlands ist ja, durchaus nicht zum deutschen Vorteil, fast immer zugleich ein Element der Gesamtverfassung Europas gewesen; ich brauche dafür nur die Jahreszahlen 1648 und 1815 zu nennen. Heute endet mit der Teilung Deutschlands zugleich auch die Teilung Europas. Die Verträge, die dies bewirkt haben, sind angelegt als Bausteine eines europäischen Friedensinstruments, eines Friedensinstruments, dem wir Erfolg wünschen und vor allem Dauer. Ein herausgehobener Tag von wahrhaft historischer Bedeutung ist der heutige Tag über das alles hinaus aber auch deshalb, weil der Geist, der die Überwindung der Versklavung einer Hälfte Europas ermöglicht hat, seine Stärke aus der werbenden Kraft der Prinzipien einer rechtsstaatlichen Verfassung bezogen hat. Auch das geht nicht nur Deutschland an, und wen ginge es stärker an als den Verfassungsrechtler?

Als wir diese Tagung planten, hat niemand solche Ereignisse voraussehen können. Aber ich meine, der Zufall, der es bewirkt hat, daß die Vereinigung der Deutschen Staatsrechtslehrer gerade heute zusammentritt — und gerade zu ihrer fünfzigsten Tagung — ist ein sinnvoller Zufall. Natürlich vergesse ich nicht, daß wir uns hier in Zürich befinden, in der Schweiz, unter Freunden zwar, denen wir für ihre Gastfreundschaft herzlich dankbar sind, aber eben doch als Gäste. Und wir sind uns alle natürlich auch dessen bewußt, daß diese Vereinigung Angehörige verschiedener Nationen umfaßt; gerade daraus zieht sie ja einen Teil ihrer wissenschaftlichen Kraft. Beides verpflichtet, wo es um nationale Angelegenheiten geht, zur

Zurückhaltung. Aber daran brauche ich nicht zu erinnern: denn auch für uns deutsche Mitglieder ist dies zwar ein Tag der Freude, aber gewiß nicht ein Tag des Überschwangs.

Ein Tag der Freude, tiefinnerlicher Freude, gewiß, die unsere Freunde mit uns teilen werden, und zugleich auch ein Tag des Dankes, des Rückblicks, der Selbstbesinnung. Zu Überschwang dagegen ist für uns schon deshalb kein Anlaß, weil zu viel Schweres zurückliegt und in diesem Augenblick erinnert sein will. Ich habe es, wie viele von uns, immer als höchst belastend empfunden, daß die Folgen des von Deutschland zu verantwortenden Krieges von einem Viertel des Volkes, stellvertretend für alle, getragen werden mußten — und daß wir nichts daran ändern konnten. Viele haben so empfunden, und ich denke, daß diese Wunde — griechisch: dieses Trauma — auch bei denen seine Wirkungen getan hat, die die Wunde nicht wahrhaben wollten. Jetzt ist es möglich geworden, Hand anzulegen, die Ungerechtigkeit auszuräumen. Viel wird zu tun sein; nicht nur beim Aufbau der Verwaltung und Wirtschaft, sondern vor allem auch zur Heilung der Schäden, die das System an den Menschen hinterlassen hat. Aber mit dem allen ist doch jetzt wenigstens ein Anfang gemacht.

Es ist, sagte ich, auch ein Tag des Dankes. Dank schulden wir jenen deutschen Landsleuten, die im Herbst letzten Jahres die friedliche Revolution in der DDR in Bewegung gesetzt haben. Sie haben in ihrer ganz unpathetischen Weise der Sache der Freiheit einen Dienst geleistet, der weit über Deutschland hinaus trägt. Dank muß man auch den Staatsmännern sagen, in Ost und West und auch in Deutschland, die die Wege zur jetzigen Lösung gebahnt haben. Und wir sollten nicht vergessen, Gott zu danken dafür, daß sich diese gewaltige Umwälzung so ganz und gar friedlich vollziehen konnte."

Anschließend gedachten die Versammelten der im vergangenen Jahr verstorbenen Kollegen *Hans Ulrich Scupin* und *Dieter Suhr*. Die Vereinigung wird ihr Andenken in Ehren halten. — Vier Kollegen traten seit der letzten Tagung bei, so daß diese nunmehr 360 Mitglieder zählt. Die nächste Tagung soll in der ersten Oktoberwoche 1991 in Gießen stattfinden, die Tagungen 1992 und 1993 in Bayreuth und Mainz. Der amtierende Vorstand — *Klaus Vogel, Volkmar Götz* und *Hans-Jürgen Papier* — wurde in geheimer Wahl wiedergewählt.

Die Vorträge und Diskussionen fanden in der Aula der Universität statt, einem repräsentativen, schön gestalteten Raum, demselben, in dem 1945 *Winston Churchill* die Jugend Europas zu dessen Vereinigung aufgerufen hatte: "Let Europe arise!" Diesem historischen

Bezug zum ersten Tagungsthema gesellte sich durch die in der Aula aufgestellte Büste des berühmten Staats- und Verwaltungsrechtlers *Fritz Fleiner,* vormaligen Rektors der Universität Zürich, ein Bezug zum zweiten Tagungsthema hinzu. Vor Eintritt in die Beratungen begrüßte der Kollege *Walter Haller* als Dekan der gastgebenden Rechts- und Staatswissenschaftlichen Fakultät die Tagungsteilnehmer. Den Vorsitz führte *Klaus Vogel; Volkmar Götz* und *Hans-Jürgen Papier* leiteten die Aussprachen.

Die wissenschaftliche Tagung wurde umrahmt von einem glanzvollen Beiprogramm. Es begann mit einer Einführung in die Stadtgeschichte Zürichs im alten Rathaus der Stadt mit anschließender Stadtführung, setzte sich fort in zwei großzügigen Empfängen — am Mittwochabend durch den Rektor der Universität in deren Lichthof, am Donnerstagabend im Stadthaus durch den schweizerischen Bundespräsidenten, den Regierungsrat des Kantons Zürich und den Stadtpräsidenten — und fand seinen krönenden Höhepunkt in einem festlichen „Nachtessen" mit anschließendem Tanz im historischen Zunfthaus „Zur Meisen". Am Samstag klang dann die Tagung aus mit einem Ausflug zur Königsfeldener Klosterkirche und anschließend nach Schloß Lenzburg, wo die Teilnehmer Gäste des Regierungsrates des Kantons Aargau waren.

Für die sorgfältige und liebevolle Vorbereitung der Tagung ebenso wie für deren hervorragende Organisation schuldet die Vereinigung *Georg Müller,* seinen Züricher Kollegen, ihren Damen und Herrn Präsidenten des Bezirksgerichts *Hans Peter Weber* sowie allen Helfern *Georg Müllers* besonderen Dank.

K. V.

Erster Beratungsgegenstand:

# Der Verfassungsstaat als Glied einer europäischen Gemeinschaft

1. Bericht von Prof. Dr. *Helmut Steinberger*, Heidelberg

## Inhalt

Ich verstehe die Thematik dahin, eine Antwort auf die Frage zu versuchen, ob der Kerngehalt der Ideen und Wertungen, die dem Typus Verfassungsstaat zugrunde liegen, sich in der rechtlichen Ausgestaltung der Gemeinschaft zumindest in einer Art funktionalen Äquivalenz wiederfindet oder ob er durch die Mitgliedschaft in ihr auszuzehren droht.

## A. Zur Typisierung des Verfassungsstaates und zum gegenwärtigen Entwicklungsstand der Gemeinschaft

### *I. Zur Typisierung des Verfassungsstaates*

Ich brauche in diesem Kreis den Typus Verfassungsstaat und seine Spielbreite nicht im einzelnen zu skizzieren. Seine zahlreichen Komponenten reichen vom Prinzip der Volkssouveränität, den Verbürgungen von Freiheits- und Gleichheitsrechten, der Gewaltenteilung, dem Vorrang von Verfassung und Parlamentsgesetz bis hin zu den rechtsstaatlichen Verfahrensgarantien.

Rechtsstaatlichkeit, demokratische Regierungsform und Sozialstaatlichkeit stellen seinen Mindeststandard dar. Wiewohl Bundesstaaten geschichtlich an seiner Wiege standen, sind bundesstaatliche Strukturen nicht konstitutive Elemente des Typus Verfassungsstaat. Historisch gesehen ist er eine europäisch-nordamerikanische Gemeinschaftsleistung[1]. Im Brüsseler und im NATO-Vertrag wird er gleich-

---

[1] Zu seinen Wurzeln im europäischen Rechtsdenken vgl. *O. v. Gierke,* Das deutsche Genossenschaftsrecht, 4 Bde. (1868–1913), Bd. 3, S. 609 ff.; *R. W. Carlyle / A. J. Carlyle,* A History of Political Theories in the West, 6 Bde. (2. Druck 1928), Bd. 3, S. 30 ff.; *O. Brunner,* Land und Herrschaft (4. Aufl. 1959), S. 139; *Ch. McIlwain,* The High Court of Parliament (1919; Neudruck 1962), S. 42 ff.; *F. Kern,* Recht und Verfassung im Mittelalter (1953); *ders.,* Gottesgnadentum und Widerstandsrecht im frühen Mittelalter (1910); zu speziell amerikanischen Wurzeln vgl. *A. E. Sutherland,* Constitutionalism in America (1965); *C. Becker,* The Declaration of Independence (1922, 4. Druck 1951); *C. Rossiter,* Seedtime of the Republic (1953); *E. S. Corwin,* The "Higher Law" Background of American Constitutional Law (1955); vgl. ferner *M. Kriele,* Einführung in die Staatslehre (3. Aufl. 1988), S. 104 ff.; *K. Stern,* Grundideen europäisch-amerikanischer Verfassungsstaatlichkeit (1984); *P. Häberle,* JöR N. F. Bd. 37 (1988), S. 35 ff., 41 ff., 63; *R. Wahl,* Constitutionalism, in: XIIIth International Congress of Comparative Law, Montreal 1990. Reports on German Public Law, *R. Bernhardt / U. Beyerlin,* eds. (1990), S. 85 ff., 88 ff.; *H. Steinberger,* Konzeption und Grenzen freiheitlicher Demokratie (1974), S. 21 ff., 83 ff., 91 ff.

sam als Inbegriff der westlichen Wertegemeinschaft verstanden[2], die es notfalls auch zu verteidigen gilt. In diesen Tagen erweist sich seine Anziehungskraft auf die osteuropäischen Staaten, sind seine Prinzipien auf dem Wege, zum gesamteuropäischen Gemeingut zu werden[3].

In den Präambeln der Gründungsverträge der Europäischen Gemeinschaft[4] fehlen zwar Bekenntnisse zu den Prinzipien des Verfassungsstaates[5], doch läßt sich neben den normativen Ausprägungen verfassungsstaatlicher Prinzipien in den operativen Bestimmungen anhand einer Reihe von Akten der Gemeinschaftsorgane wie der Mitgliedstaaten eine zunehmende Tendenz zur Rezeption verfassungsstaatlicher Prinzipien ablesen[6]; erwähnt sei nur die Präambel der

---

[2] Vgl. Die Präambeln des Brüsseler Vertrages (BGBl. 1955 II 283) und des NATO-Vertrages (BGBl. 1955 II 289), ferner die Satzung des Europarates (BGBl. 1950 II 263), die Europäische Menschenrechtskonvention (BGBl. 1952 II 686, 953) und die Europäische Sozialcharta (BGBl. 1964 II 1262); in den universellen Instrumenten ebenso wie in der Schlußakte der KSZE-Konferenz von 1975 (Internat. Legal Mat. 1975, 1292) fehlen entsprechende Bekenntnisse.

[3] Vgl. dazu nunmehr das Kopenhagener Dokument über die menschliche Dimension der KSZE vom 29. Juni 1990, in: EuGRZ 1990, 239 ff. Vielleicht, daß man schon feststellen kann, die Freiheit habe sich — jedenfalls in Europa — durchgesetzt, wie *Martin Kriele* erwartet hat; vgl. *M. Kriele,* Die demokratische Weltrevolution. Warum sich die Freiheit durchsetzen wird (2. Aufl. 1988). Zur Entwicklung und zu den Perspektiven der Beziehungen der EG zu den Staaten Mittel-, Ost- und Südosteuropas vgl. *H. Krenzler,* RuP 1990, S. 4 ff. = EA 1990, S. 89 ff.

[4] Vertragstexte (mit Fusionsvertrag vom 8. April 1965) in: Sartorius II, Internationale Verträge, Europarecht.

[5] Als Folge des „funktionalistischen" Weges, der nach dem Scheitern der EVG 1954 die Integrationsrichtung bestimmte. An das Erfordernis eines Grundrechtskatalogs etwa dachte man bei den Gründungsverträgen nicht, vgl. *A. Weber,* JZ 1989, 966.

[6] Vgl. z. B. die gemeinsame Grundrechtserklärung des Parlaments, des Rates und der Kommission vom 5. April 1977 (ABl. C 103, S. 1 ff. = EuGRZ 1977, S. 157 f. mit Kommentierung *M. Hilf,* ebd. S. 158 ff.) sowie den am 12. April 1989 vom Europäischen Parlament verabschiedeten umfassenden Entwurf eines Grundrechtskatalogs (ABl. C 120, S. 51 ff. = EuGRZ 1989, S. 204 ff. mit Kommentierung *B. Beutler,* ebd. S. 158 ff.). Auch die Erklärungen des Europäischen Rates zur Demokratie von 1978 (BullEG 3/1978, S. 5 f.), von 1983 (im Rahmen der sog. Stuttgarter Feierlichen Deklaration, BullEG 6/1983, S. 26 ff.) sowie die Schlußfolgerungen des Vorsitzes des Europäischen Rates in Dublin vom 25./26. Juni 1990 (BullBReg. v. 30. Juni 1990, S. 719) bekräftigen die Grundsätze der Verfassungsstaatlichkeit. Zu der darin eingeschlossenen — in Art. 237 EWGV nicht ausdrücklich enthaltenen — materiellen Beitrittsbedingung eines Mindeststandards homogener Verfassungsstrukturen vgl. *H. P. Ipsen,* FS Dürig (1990), S. 160.

Einheitlichen Akte (EEA) vom 28. Februar 1986[7]. Daran wird der Anspruch deutlich, der von dem zugrunde liegenden Wertkonsens politisch wie rechtlich zunehmend an die Gemeinschaft gerichtet wird.

## *II. Zum gegenwärtigen Entwicklungsstand der Gemeinschaft*

1. Die Gemeinschaft ist derzeit in einem tiefgreifenden Wandel begriffen. Er ist durch gemeinschaftsinterne wie -externe Momente gekennzeichnet.

a) Die Erweiterung in den 70er und 80er Jahren ließ einen Wirtschaftsraum mit einer Bevölkerung von annähernd 325 Millionen und ein wirtschaftliches Gravitationszentrum mit einer Anziehungskraft weit über Europa hinaus entstehen. Der Anteil der Gemeinschaft am Welthandel ist mit einem Fünftel der weitaus größte. In der Folge der Norderweiterung schloß sie mit jedem der Rest-EFTA-Staaten Freihandelsabkommen und ist mit ihnen über ein dichtes Netz weiterer Vereinbarungen verbunden. Die Beitrittsanträge Österreichs, der Türkei, Maltas und Zyperns liegen auf dem Tisch. Die Süderweiterung wird die Frage nach den Beziehungen zu weiteren Mittelmeeranrainern stellen. Vor allem die osteuropäischen Staaten, die sich auf den Weg zur Demokratie gemacht haben, drängen auf Anschluß.

b) Sieht man von einigen Bereichen, etwa dem der Landwirtschaft ab, so schien nach Vollendung der Zollunion die innere Entwicklung der Gemeinschaft weithin ins Stocken geraten. Daß für diese Epoche der Gerichtshof als Motor der Integration gekennzeichnet wird, spricht für sich. Er hat in der Tat durch eine dynamische Rechtsprechung, die die Kompetenzgrenzen mitunter sehr strapazierte, die Grundlage für einen Integrationsschub geschaffen, wie er seit Mitte der 80er Jahre einsetzt[8] und sich vertragsrechtlich in der Einheitlichen Akte ausprägt.

---

[7] Amtsblatt der Europäischen Gemeinschaft (ABl.) Nr. L 169/1.

[8] Um nur einige Bereiche dieser Rechtsprechung pauschal zu nennen (sofern nicht anders vermerkt, beziehen sich alle angegebenen Artikel auf den EWG-Vertrag):
- die Auslegung des Systems der Spezialermächtigungen anhand der Aufgaben- und Zielbestimmungen der Verträge mit einer dementsprechend großen Reichweite;
- die Auslegung des Art. 113 als grundsätzlich ausschließliche Vertragsgewalt der Gemeinschaft über alle Materien, über die sie eine interne Regelungskompetenz in Anspruch nimmt;
- die Erstreckung des Art. 30 auch auf die Herstellung, Beschaffenheit und Vermarktung von Waren;

Alle im — fortgeschriebenen — Weißbuch zur Verwirklichung des Binnenmarktes[9] vorgesehenen 282 Vorschläge hat die Kommission bis April dieses Jahres vorgelegt[10]. Der Rat hatte bis dahin 60 % verabschiedet[11]. Andererseits waren erst 21 dieser Rechtsakte von *sämtlichen* Mitgliedstaaten in innerstaatliches Recht umgesetzt.

Der vielleicht wichtigste Integrationsschub ist im Bereich der Wirtschaft selbst festzustellen. Sie richtet weithin ihre Standort-, Produktions- und Investitionsplanungen bereits auf Binnenmarktverhältnisse aus. Seit 1984 ist die Industrieproduktion in der Gemeinschaft um 20 %, die Zahl der Arbeitsplätze um 8½ Millionen gestiegen; der

---

— in *Cassis de Dijon* gipfelt eine Rechtsprechung, die das Herkunftslandprinzip, das dann in die Einheitliche Akte eingeht, grundlegt; es besagt, vereinfacht ausgedrückt, daß ein in *einem* Mitgliedstaat nach dessen Vorschriften ordnungsgemäß in Verkehr gebrachtes Produkt damit auch in den übrigen als verkehrsfähig zu gelten hat (in den Grenzen des Art. 36);
— die weite Erstreckung des personellen und sachlichen Anwendungs- wie des Schutzbereichs des Art. 48 (Freizügigkeit der Arbeitnehmer);
— die nahezu völlige Ausmerzung des Tatbestandsmerkmals der Unmittelbarkeit aus Art. 100 EWGV, der Richtlinienkompetenz zur Angleichung der Rechts- und Verwaltungsvorschriften der Mitgliedstaaten;
— das Ausmaß an Regelungsdichte, das der Gerichtshof der Richtlinie zugesteht;
— am verständlichsten noch der sehr großzügige Umgang mit dem Tatbestandsmerkmal der Erforderlichkeit in Art. 235 EWGV, der von einer Lückenschließungs- praktisch zu einer kleinen Kompetenzkompetenz umgemünzt wird; freilich, wie in Art. 100, mit Einstimmigkeit im Rat: Sollte der Gerichtshof hier päpstlicher sein als sechs, neun oder zwölf Päpste?

Er stößt die Kompetenztüren zur regionalen Struktur-, Forschungs- und Umweltpolitik auf, denn alle diese Materien liegen im Aufgaben- und Zielbereich der Art. 2 und 3; ein allgemeines Subsidiaritätsprinzip wird weder aus Art. 100 noch aus Art. 235 entfaltet. Mit der Einheitlichen Akte wird diese Judikatur seliggesprochen, allerdings bei lebendigem Leibe und ungebrochener Methode — die Währungsunion behutsam ausnehmend. Vgl. dazu u. a. *U. Everling*, Gestaltungsbedarf des Europäischen Rechts, in: EuR 1987, S. 214 ff. (S. 217 f.).

[9] Vgl. Art. 8 a EWGV. Dazu *Bieber / J. Schwarze / R. Dehousse / J. Pinder / J. Weiler* (Hrsg.), 1992: One European Market? (1988); zur rechtlichen Dimension des Binnenmarktes zuletzt *M. Dauses*, EuZW (1990), S. 8 ff., und *E. Grabitz*, FS E. Steindorff, 1990, S. 1229 ff., insbesondere S. 1233 ff.; zur Außendimension *F. Montag*, EuZW 1990, S. 112 ff.

[10] Vgl. die — bislang fünf — Berichte der Kommission an Rat und Parlament über die Durchführung des Weißbuches, zuletzt Fünfter Bericht, KOM (90) 90 endg., vom 28. März 1990 mit Anhängen.

[11] Die Ratsbeschlüsse vom 12. Febr. 1988 haben einen entscheidenden Durchbruch erzielt; der Integrationsprozeß war auf der Tagung des Europäischen Rates am 28. Juni 1988 als „unumkehrbar“ gewertet worden.

innergemeinschaftliche Handel, der Mitte der 80er Jahre sogar rückläufig war, ist seither bedeutend angewachsen. Andererseits liegt die Zahl der Arbeitslosen in der Gemeinschaft bei etwa 16 Millionen[12].

2. Nicht weniger bedeutsam ist das Anwachsen der außenpolitischen Rolle der Gemeinschaft. Sie übernahm seit den Römischen Verträgen die Funktion des wirtschaftlichen Pfeilers der nordatlantischen Allianz in Westeuropa; mit Ausnahme Irlands beschränkte sich ihr Mitgliederkreis auf NATO-Staaten[13].

Eine außenpolitische Dimension der Gemeinschaft wird anhand ihrer Vertragsschließungskompetenz im Außenhandelsbereich deutlich. In einer universalen Staatengesellschaft, die sich auf das völkerrechtliche Gewaltverbot verpflichtet hat, wird Außen*handels*politik zu einem der wichtigsten Gestaltungsinstrumente internationaler Beziehungen. Zur Kollision mit der mitgliedstaatlichen Kompetenz zur *allgemeinen* Außenpolitik mußte es kommen, als wirtschaftliche Maßnahmen gegen politisches, nicht spezifisch außenwirtschaftliches Verhalten dritter Staaten gerichtet werden: In der Iran-Geisel-Affäre, im Falklandkonflikt und jüngst in der Kuweit-Krise. In allen drei Fällen wird die *politische* Abstimmung im Europäischen Rat geleistet, die Kompetenz der Gemeinschaft für die spezifisch wirtschaftlichen Sanktionen aber nicht mehr in Frage gestellt. Daran wird zugleich deutlich, daß für solcherart außenpolitische Wirkung von Gemeinschaftsmaßnahmen die Koordination mit den Mitgliedstaaten unerläßlich ist. Sie wird seit 1972 im Europäischen Rat, also außerhalb des institutionellen Gefüges der Gemeinschaft, unternommen. Die Einheitliche Akte stellt die außenpolitische Koordination auf eine vertragliche Grundlage. Kommission und, wenngleich schwächer, Parlament werden institutionell in die Europäische Politische Zusammenarbeit einbezogen[14].

---

[12] Darunter 5,5 Mio. Jugendliche (bis 25 Jahre) und 5 Mio. Langzeitarbeitslose.

[13] Die politische Bedingung des Verbleibens in der NATO, die den Beitritt Spaniens zur EG umgab, ist ein unverkennbarer Beleg aus jüngerer Zeit. Auf der Haager Gipfelkonferenz von 1969 hatten die sechs Mitgliedstaaten der Eröffnung von Beitrittsverhandlungen unter der ausdrücklichen Bedingung zugestimmt, daß die beitrittswilligen Staaten „die Verträge und deren politische Zielsetzung akzeptierten (vgl. Dritter Gesamtbericht über die Tätigkeit der Gemeinschaften, 1969, S. 530).

[14] Vgl. Art. 30 Abs. 3 b), 4 EEA. Zu den Perspektiven für eine gemeinschaftliche Außen- und Sicherheitspolitik der Gemeinschaft aus der Sicht eines Mitgliedes des Europäischen Parlaments vgl. *H.-G. Pöttering*, EA 1990, S. 341 ff.; ferner *Krenzler*, Die Einheitliche Europäische Akte auf dem Weg zu einer gemeinsamen europäi-

Derzeit intensiviert sich die politische Funktion der Gemeinschaft: Der Präsident der Kommission nimmt am Weltwirtschaftsgipfel teil; die Gemeinschaft übernimmt die Wirtschaftshilfe an die osteuropäischen Staaten[15], desgleichen an die boykottbetroffenen Staaten der Golfkrise[16]; der Generalsekretär der NATO bezeichnet die Gemeinschaft als eine der Säulen des künftigen Sicherheitssystems in Europa; sie soll in den KSZE-Prozeß einbezogen werden; der italienische Außenminister plädiert für eine gemeinsame Verteidigungspolitik der EG-Mitgliedstaaten, Belgien für eine Verschmelzung von WEU und EG[17].

Sollte sich der Abbau der Ost-West-Konfrontation fortsetzen, wird es im Rahmen des KSZE-Prozesses voraussichtlich zu organisatorisch verdichteten und institutionalisierten Kooperationsformen und Kontrollmechanismen auf dem Gebiet der Außenpolitik, der Sicherheit und der Wirtschaft kommen[18]. Die Bemühungen um einen Europäischen Wirtschaftsraum[19] sowie um eine Währungsunion, an deren geplanten zweiten und dritten Stufen mit Wahrscheinlichkeit nicht alle Gemeinschaftsstaaten zum selben Zeitpunkt sich beteiligen werden, wirken in die gleiche Richtung. Alle diese Momente werden zu einer Internationalisierung und zur multilateralen Vernetzung von Staats- und Gemeinschaftsfunktionen führen. Die Gemeinschaft wird

---

schen Außenpolitik, in: EuR 1986, 384, 388. Die politische Zielsetzung der Integration wird erstmals 1972 auf dem Pariser Gipfeltreffen in den — sehr offenen — Begriff der „Europäischen Union" gefaßt, der mit der EEA in das Vertragsrecht eingeführt wird.

[15] Vgl. z. B. Ratsbeschluß vom 22. Febr. 1990 über eine mittelfristige Finanzhilfe für Ungarn, 90/83/EWG, Abl. Nr. L 58/7.

[16] Die zu einem erheblichen Anteil aus dem Gemeinschaftshaushalt finanziert werden soll.

[17] Vgl. Süddeutsche Ztg. v. 21. Sept. 1990.

[18] Vgl. z. B. Art. 6 des Vertrages vom 13. Sept. 1990 zwischen der Bundesrepublik Deutschland und der UdSSR; zur aktuellen Debatte über die Weiterentwicklung des KSZE-Prozesses vgl. *St. Lehne*, EA 1990, S. 499 ff.

[19] Vgl. die Gemeinsame Erklärung von Luxemburg vom 9. April 1984 der Außenminister der EG-, der EFTA-Staaten und der EG-Kommission; vgl. hierzu das Referat *Thürer,* unten, S. 97 ff.; *ders.,* Auf dem Weg zu einem Europäischen Wirtschaftsraum? In: SchweizJurZtg. 86 (1990) 93 ff.; *M. Hilf,* The Single European Act and 1992: Legal Implications for Third Countries, in: European Journal of International Law, 1 (1990) 89 ff.; *R. Senti,* EG, EFTA, Binnenmarkt, (1989), S. 138; *B. Spinner,* Die Rechtsnatur des geplanten EWR-Vertrags, in: NZZ Nr. 76, 31. 3. / 1. 4. 1990; Bericht des Schweizerischen Bundesrates über die Stellung der Schweiz im europäischen Integrationsprozeß, vom 24. August 1988, Bundesblatt 140 (1988) Bd. III, S. 247 ff., Rdn. 41 ff.

aller Voraussicht nach in dieses Netz als ein Hauptstrang eingeflochten werden. Dies zumal in Hinsicht auf die osteuropäischen Staaten, denn der Westen wird, unter Wahrung der Sicherheitsinteressen der Sowjetunion, das dort entstandene politische Vakuum auszufüllen versuchen. Die Gemeinschaft wird ein tragender Pfeiler vertrauensbildender Maßnahmen werden.

Diese Momente werden nicht ohne Rückwirkung auf ihr institutionelles und kompetenzielles Gefüge bleiben[20]; ihre künftige Form erscheint noch offener als bislang schon.

## *III. Zur völkerrechtlichen Qualifikation der Gemeinschaft und der Mitgliedstaaten*

1. Die mangelnde Staatsqualität der Europäischen Gemeinschaft und die Souveränitätsfrage.

Auch ihre seitherige Entwicklung und Verfestigung hat der Gemeinschaft nicht Staatsqualität zuwachsen lassen. Sie ist nach wie vor internationale Organisation, die sich gewiß gegenüber dem klassischen Typ in vielfältiger Weise und entschieden abhebt[21].

---

[20] So würde eine Währungsunion i. S. einer Vergemeinschaftung der Zentralbankfunktionen unvermeidlich die Notwendigkeit zumindest gemeinsam-bindender Konjunktur-, Haushalts-, Fiskal- und Steuerpolitik nach sich ziehen und damit zentrale Lenkungsinstrumente bislang mitgliedstaatlicher Politikgestaltung ergreifen. Die Probleme im Zusammenhang mit dem bundesdeutschen Finanzausgleich (z. B. die Verschuldungspolitik anderer abdecken zu sollen) werden wohl nur ein gelindes Abbild der Probleme sein, die dann einen gemeinschaftsweiten Finanzausgleich belasten werden.

[21] Vgl. umfassend *A. Riklin,* Die Europäische Gemeinschaft im System der Staatenverbindungen, 1972; *M. Zuleeg,* in: H. von der Groeben / Boeckh / Thiesing / C. D. Ehlermann, Kommentar zum EWG-Vertrag, Bd. 1 (3. Aufl. 1983), Rdn. 1–12 zu Art. 1; *I. Seidl-Hohenveldern,* Das Recht der Internationalen Organisationen einschließlich der Supranationalen Gemeinschaften (4. Aufl. 1984), Rdn. 113 ff.; *A. Bleckmann,* Europarecht (4. Aufl. 1985), § 11.3. Auch die von *H. P. Ipsen* begründete Lehre von den Europäischen Gemeinschaften als „Zweckverbänden funktioneller Integration" bestreitet den Charakter der EGen als internationaler Organisationen nicht, hält diese Kennzeichnung jedoch für „zwar nicht unzutreffend, aber unzulänglich" (Europäisches Gemeinschaftsrecht, 1972, § 8, Rdn. 22).

Nicht zu teilen vermag ich die Auffassung, den Mitgliedstaaten sei es verwehrt, durch einen völkerrechtlichen *actus contrarius* Änderungsbestimmungen der Gründungsverträge ohne das darin vorgesehene Verfahren, also ohne die dort vorgesehene Mitwirkung von Gemeinschaftsorganen, aufzuheben, die Mitgliedstaaten mithin die Herrschaft über die Verträge verloren hätten. Die Gemeinschaft hat ihre Rechtsgrundlage nach wie vor in einem völkerrechtlichen Gesamtakt und hat sich

Souveränität im völkerrechtlichen Sinne kommt ihr nicht zu[22]; dieser Status ist nach gegenwärtigem Völkerrecht nach wie vor allein den Staaten vorbehalten. Einen speziell europäischen Souveränitätsbegriff und -status kennt das allgemeine Völkerrecht nicht[23].

2. Die Mitgliedstaaten sind souverän geblieben. Souveränität im Sinne des Völkerrechts meint einen Rechtsstatus, der die Existenz, die territoriale Integrität und die Handlungsfreiheit eines Staates nach außen und seine Gestaltungsfreiheit nach innen in den Grenzen des Völkerrechts anerkennt und schützt[24]. Er hat sich durch die Grün-

---

von dieser Grundlage bislang nicht gelöst. M. E. läßt sich kein Satz des allgemeinen Völkerrechts erhärten — er müßte wohl sogar die Qualität von ius cogens haben —, aus dem folgte, daß Staaten ihre Verträge nicht durch *actus contrarius* zur Gänze oder ein bislang vertraglich normiertes Änderungsverfahren nicht ohne Beachtung dieses bisherigen Änderungsverfahrens aufheben oder ändern könnten. Die Frage rührt an das Grundverständnis der Gemeinschaft und ist hochumstritten. Gegen die hier vertretene These von den Mitgliedstaaten als den „Herren der Verträge" vor allem *H. P. Ipsen,* a. a. O., § 4, Rdn. 25 f. und § 9, Rdn. 7; *H. Steiger,* Staatlichkeit und Überstaatlichkeit, 1966, S. 136 ff.; *R. Bernhardt,* in: Dreißig Jahre Gemeinschaftsrecht, 1981, S. 77 ff., 84 f.; *Vergès,* Mélanges P. Reuter, 1981, S. 500 ff., 503 f.; *U. Everling,* FS H. Mosler, 1983, S. 173 ff., 188; *ders.,* EuR 1990, 195 ff., 197, 222 f.; *J. V. Louis,* CahDrEur. 1980, S. 221 ff., und *J. Schwarze,* EuR 1983, S. 1 ff., 14; wie hier demgegenüber *A. Bleckmann,* Europarecht, § 11.5; *Chr. Vedder,* in: E. Grabitz (Hrsg.), EWG-Vertrag, Rdn. 25 zu Art. 236; *ders.,* Die Auswärtige Gewalt im Europa der Neun, 1980, S. 221 ff.; *W. Meng,* Das Recht der Internationalen Organisationen — Eine Entwicklungsstufe des Völkerrechts, 1979, S. 119; *M. Zuleeg,* Gedächtnisschrift Chr. Sasse, Band 1, S. 55 ff., 58 ff.; *Th. Oppermann,* in: R. Bernhardt (Ed.), Encyclopedia of Public International Law, Instalment 6, S. 150 ff., 152; sowie *E. Klein,* DÖV 1985/900 ff., 901. Auch die Vertreter der „strengeren" Auffassung wollen freilich für besonders weitreichende Integrationsschritte, die nicht mehr (nur) Vertragsänderung, sondern Akte der Verfassungsgebung seien, eine Ausnahme von der Bindungswirkung der geltenden Vertragsänderungsbestimmungen machen, weil die verfassungsgebende Gewalt verfahrensrechtlich nicht gebunden werden könne (so etwa *J. Schwarze,* DVBl. 1985, S. 309 ff., 312). Wo aber verläuft exakt die Grenzlinie zwischen (bloßer) Vertragsänderung und Verfassungsgebung?

[22] Vgl. *Eric Stein / Louis Henkin,* Towards a European Foreign Policy? The European Foreign Affairs System from the Perspective of the United States Constitution, in: Integration Through Law, vol. 1 bk. 3 (1986), S. 3 ff., 19; BVerfGE 75, 223, 242 (1987).

[23] Versuche, solche speziellen Status im allgemeinen Völkerrecht zu etablieren, z. B. im Rahmen des „Sozialistischen Internationalismus", sollten — bei aller Unterschiedlichkeit der Lagen — eher schrecken.

[24] Vgl. *E. de Vattel,* Le droit des gens ou Principes de la loi naturelle appliqués à la conduite et aux affaires des Nations et des Souverains (1758; Nachdruck 1959), 1. Buch, Kapitel 1, § 4; *H. Steinberger,* in: R. Bernhardt (Ed.), Encyclopedia of

dung und Entwicklung der Gemeinschaft auch nicht vermindert. Zwar stellt jede vertragliche Begründung von Pflichten naturgemäß eine Bindung der *Ausübung* von Souveränität dar; nicht aber mindert sie den Rechtsstatus der Souveränität.

3. Andererseits bedeutet die Herrschaft der Mitgliedstaaten in ihrem völkerrechtlichen Zusammenwirken über die Gründungsverträge keinesfalls, daß sie ohne förmliche Vertragsänderung einvernehmlich die Rechtsordnung der Gemeinschaft durchbrechen dürften[25].

## B. Verfassungsstaatliche Elemente und Prinzipien im gegenwärtigen Gemeinschaftsrecht

### *I. Die Gründungsverträge als Verfassungsrecht der Gemeinschaft*

1. Der Gerichtshof spricht den EWG-Vertrag als „Charte constitutionelle de base" an[26].

---

Public International Law, Instal. 10 (1987), S. 397 ff., 408 ff.; *A. Verdross / B. Simma,* Universelles Völkerrecht (3. Aufl. 1984), §§ 31 ff.; *Wolfrum,* in: G. Dahm / J. Delbrück / R. Wolfrum, Völkerrecht, Band I/1 (2. Aufl. 1989), § 23; *I. Seidl-Hohenveldern,* Völkerrecht (6. Aufl. 1987), Rdn. 2; Schweiz. Bundesrat, a. a. O. (Anm. 19), S. 338.

25 Vgl. *R. Bernhardt,* FS Kutscher (1981), S. 17 ff.; EuGH, Slg. 1976, 455, 478 Defrenne II; 1976, 91, 102 Manghera. Soweit mithin eine Rechtsverbindlichkeit — ungeachtet der in ihr enthaltenen Vorbehalte — des Luxemburger Protokolls vom 19. Jan. 1966 (BullEWG 1966, Nr. 3,9) beabsichtigt gewesen sein sollte, läge darin ein Verstoß gegen die Vertragsänderungsbestimmungen; mangels eines Vertrauenstatbestands gehört seine Handhabung auch nicht zum „acquis communautaire", auf den sich etwa neu beigetretene Staaten berufen könnten. Zutreffend *Everling,* EuR 1987, 214 ff.; zum Luxemburger Protokoll *R. Streinz,* Die Luxemburger Vereinbarung (1984); *Schweizer,* in: FS Armbruster, S. 75 ff.

26 Les Verts ./. Parlament, Rs. 294/83, Slg. 1986, 1339, 1365; so schon sehr früh Generalanwalt *Lagrange* in der Rs. 8/55, Slg. 1955/56, S. 197, 266 f. Auch das europarechtliche Schrifttum kennzeichnet weithin die Gründungsverträge und andere grundlegende Akte des Primärrechts als „Verfassung der Gemeinschaft"; vgl. nur *W. Hallstein,* Die Europäische Gemeinschaft, 1973, S. 40 ff.; *H. P. Ipsen* (Fn. 21), § 2 Rdn. 33 und öfter; *L-J. Constantinesco,* Das Recht der Europäischen Gemeinschaft, Band I, 1977, Nr. 204 unter b); *B. Beutler,* in: Beutler/Bieber/Pipkorn/Streil, Die Europäische Gemeinschaft — Rechtsordnung und Politik (3. Aufl. 1987), 2.2.1.6.; GBTE / *M. Zuleeg,* Rdn. 15 zu Art. 1; *ders.,* FS K. Carstens, Band 1 (1984), S. 289 ff., 298 f.; *H.-W. Rengeling,* FS H.-J. Schlochauer (1981), S. 877 ff., 888 ff.; *P. Pescatore,* FS H. Kutscher (1981), S. 319 ff.; *J. Schwarze,* FS FS W. Maihofer (1988), S. 529 ff., 530 ff.; weitere Nachweise bei *dems.,* Verfas-

Das Primärrecht regelt in der Tat Gegenstände, wie sie Inhalt auch von staatlichen Verfassungsnormen bilden[27]. Seine Auslegung wie die Rechtsfortbildung folgen weitgehend verfassungsstaatlichen Verläufen[28].

2. Die Hauptunterschiede zum staatlichen Verfassungsrecht bestehen darin, daß die Gemeinschaftsverträge nur eine thematisch begrenzte, wenngleich sachlich weitreichende Hoheitsgewalt konstituiert haben[29], und das Gemeinschaftsrecht als Planverfassung eines Integrationsprozesses in besonderer Weise auf dynamische Entwicklung angelegt ist[30].

Die Kompetenzen der Gemeinschaft sind funktionsgerichtete und funktionsbegrenzte, nämlich final auf Errichtung und Funktionieren des Gemeinsamen, künftig: des Binnenmarktes bezogene Kompetenzen[31]. Aus dieser Eigenart ergeben sich freilich auch die besonderen Schwierigkeiten im Verhältnis zur Hoheitsgewalt der Mitgliedstaaten. Die Kompetenzen der Gemeinschaft knüpfen nicht, wie regelmäßig im Bundesstaat, an bestimmte Sachmaterien an[32], sondern an den

---

sungsentwicklung in den Europäischen Gemeinschaften, in: J. Schwarze / R. Bieber (Hrsg.), Eine Verfassung für Europa, 1984, S. 23 Anm. 39; *H. Hofmann*, in: J. Isensee / P. Kirchhof (Hrsg.), HdbStR I (1987), S. 286 spricht von einer „autonomen Verfassung über der Verfassung"; *Pernice*, NJW 1990, 2409 ff., 2410 ff.

[27] *Frowein*, FS Maihofer (1988), spricht von einer europäischen Teilverfassung, a. a. O., S. 146.

[28] *G. F. Mancini*, Common Market Law Rev. 26 (1989) 595 ff.

[29] Vgl. *H. P. Ipsen* (Fn. 21), § 20, Rdn. 21 ff.; *ders.*, EuR 1987, S. 195 ff. (196); *A. Bleckmann*, Europarecht, § 11.1. a); *U. Everling*, EuR 1987, S. 216 ff.; *ders.*, FS Doehring (1989), S. 179 ff., 84 ff.

[30] Vgl. *C. F. Ophüls*, in: J. H. Kaiser (Hrsg.), Planung I (1965), S. 229 ff., *H. P. Ipsen*, § 3, Rdn. 28 ff., insbesondere Rdn. 31 f.; *J. Schwarze*, in: J. Schwarze / R. Bieber (Anm. 26), S. 35 f.; *P. Dagtoglou*, in: Dreißig Jahre Gemeinschaftsrecht (1981), S. 37 ff., 46; *K. Hesse*, Grundzüge, Rdn. 31; vgl. schon *McCulloch v. Maryland*, 17 U. S. (4 Wheat.) 316, 415 (1819): "a constitution, intended to endure for ages to come, and consequently to be adapted to the various crises of human affairs". Das soll selbstredend nicht dynamische Elemente verkennen, die auch in klassischen Verfassungen, etwa bestimmten Arten offener Verfassungsklauseln, in der deutschen Verfassung etwa im Sozialstaatsprinzip, angelegt sein mögen; im primären Gemeinschaftsrecht aber sind solche dynamischen Elemente in ganz besonderer Weise ausgeprägt; *H. P. Ipsen* hat das als „Wandelverfassung" bezeichnet; Bitburger Gespräche, Jahrbuch 1987, S. 42, und öfter, etwa EuR 1987, S. 195 ff. (201).

[31] Die Errichtung einer Währungsunion würde diese Funktionsbezogenheit über den Marktbereich hinaus entscheidend (qualitativ) erweitern.

[32] Abgesehen von der Zuweisung bestimmter Politikbereiche wie der Landwirtschafts-, Verkehrs- und Außenhandelspolitik.

funktionellen Bezug, den ein staatliches oder individuelles Verhalten zum Markt aufweist[33]. Diese Abgrenzung besitzt freilich nicht dieselbe Schnittschärfe wie — jedenfalls typischerweise[34] — eine Kompetenzanknüpfung an Sachmaterien.

Trotz dieser Funktionsbezogenheit handelt es sich grundsätzlich um konkurrierende Kompetenzen, d.h. ein Tätigwerden der Mitgliedstaaten ist solange und insoweit nicht verwehrt, als die Gemeinschaft nicht aufgrund der vertraglichen Spezialermächtigungen ihre Kompetenz aktualisiert hat und damit eine Sperrwirkung herbeigeführt hat[35].

Nun sind kaum noch Sachbereiche mitgliedstaatlicher Kompetenz denkbar, die nicht einen Bezug auf Marktgeschehen besäßen. Eine klare Abgrenzungsmethode ist weder aus der Rechtsprechung noch aus dem Schrifttum ersichtlich[36]. Nicht jegliche Auswirkung, jeglicher Reflex auf dem Markt, sofern sich dahinter nicht eine Diskriminierung im Sinne des Art. 7 EWGV verbirgt, vermag eine Gemeinschaftskompetenz zu aktualisieren[37]. Allein die gezielte Regelung des marktrelevanten Vorgangs selbst sollte als in den Kompetenzbereich der Gemeinschaft fallend angesehen werden, nicht aber eine darüber hinausgehende Gestaltung etwa seines kulturpolitischen Gehalts. Freilich ist beides nicht selten aufs engste miteinander verbunden[38].

---

33 *Everling*, EuR 1990, 195 ff., 215 f. betont zutreffend, daß der Vertrag von dieser Funktionsbezogenheit keine Bereichsausnahmen macht. Zu den Schwierigkeiten und Kontroversen der Kategorisierung der Kompetenzen vgl. *R. Streinz*, Die Auswirkungen des Europäischen Gemeinschaftsrechts auf die Kompetenzen der deutschen Bundesländer, in: Heckmann/Meßerschmidt, Gegenwartsfragen des öffentlichen Rechts (1988), S. 33 ff.

34 Daß sich auch hier schwierige Abgrenzungen ergeben können, zeigen etwa die Probleme um Art. 74 Nr. 11 (Recht der Wirtschaft) des deutschen Grundgesetzes.

35 *Jarass*, NJW 1990, 2420 ff., 2421.

36 Kritisch *E. Klein / M. Beckmann*, DÖV 1990, 186, 188; *Streinz*, a.a.O. (Anm. 33).

37 Zu weitgehend wohl *Everling*, a.a.O. (Anm. 33), S. 224, wenn er aus dem Umstand, daß sogar die Europäische Union als Ziel in den Verträgen angelegt ist (was gewiß zutrifft), folgert, daß eine Begrenzung auf wirtschaftliche Vorgänge nicht möglich sei.

38 Der Hinweis auf die — mittlerweile entschärfte — Fernsehrichtlinie (89/552/EWG vom 3. Okt. 1989, Abl. 1989, L 298, S. 23 ff., mit Berichtigung im ABl. L 331, S. 51) muß hier genügen; zur Auseinandersetzung vgl. u. a.: *H. P. Ipsen*, Rundfunk

Die funktionellen Anknüpfungen der Kompetenznormen müssen gleichwohl von allgemein politischen Zielsetzungen unterschieden werden; diese dürfen nur im Rahmen der verliehenen Kompetenzen verfolgt werden; daß die Kompetenzvorschriften im Lichte der Zielbestimmungen auszulegen sind, ist damit nicht in Frage gestellt.

Ähnliche Probleme ergeben sich, wenn sich die Gemeinschaft auf den verführerischen Weg machte, auf den bundesstaatliche Zentralgewalten gelegentlich locken, über finanzielle Zuwendungen der Gliedstaaten an den goldenen Zügel in der Gestaltung ihrer Sachkompetenzen zu ketten.

Die Möglichkeit, ein allgemeines Subsidiaritätsprinzip zu entfalten, hat der Gerichtshof bislang nicht genutzt, obgleich die Art. 100 und 235 EWGV Anhalte geboten hätten; vielleicht, daß jetzt das Herkunftsland — wie das Anerkennungsprinzip, Art. 100 b und Art. 130 r Abs. 4 — dort für den Umweltbereich —, eines dahingehenden Ver-

---

im europäischen Gemeinschaftsrecht (1983); *J. Schwarze* (Hrsg.), Fensehen ohne Grenzen (1985); *F. Ossenbühl,* Rundfunk zwischen nationalem Verfassungsrecht und europäischem Gemeinschaftsrecht (1986); *J. Delbrück,* Die Rundfunkhoheit der Länder im Spannungsfeld zwischen Regelungsanspruch der EG und nationalem Verfassungsrecht (1986); *J. Gulich,* Rechtsfragen grenzüberschreitender Rundfunksendungen: die deutsche Rundfunkordnung im Konflikt mit der Dienstleistungsfreiheit (1990); *Degenhart,* EuGRZ 1983, S. 205 ff., 213 f.; *H. D. Jarass,* EuR 1986, S. 75 ff.; *I. Schwartz,* EuR 1989, S. 1 ff.; *ders.,* ZUM 1989, S. 382 ff.; *B. Möwes / M. Schmitt-Vockenhausen,* EuGRZ 1990, S. 121 ff.; *R. Scholz,* NJW 1990, S. 941 ff., 944; *W. A. Kewenig,* JZ 1990, S. 458 ff.; *U. Everling,* EuR 1990, S. 195 ff., 214 ff.; Kommissar *Bangemann,* Antwort auf parl. Anfrage vom 4. Jan. 1990, ABl. Nr. C 97/21. In die Regelungskompetenz die Quotierung von Sendungen nach Herkunftsländern einzubeziehen, zeigt das Problem in aller Schärfe auf. Hier stellt sich noch vor der Frage nach der grundrechtlichen oder institutionellen Gewährleistung von Programmfreiheit die Frage nach der Respektierung der Kompetenz der Mitgliedstaaten über die kulturpolitische Seite des Medienwesens. Quotierung wie Nichtquotierung haben wirtschaftliche Auswirkungen; aber wenn sie ausreichen sollten, damit eine Gemeinschaftskompetenz auch über die — und sei es auch nur quotenmäßige — Programmgestaltung auszulösen, dann brechen Kompetenzdämme; das wird dann auch das um seine Sprache besorgte Frankreich nicht hinnehmen. In der ERASMUS-Entscheidung ist der EuGH immerhin einer Durchnormierung aus Art. 128 insoweit entgegengetreten, als das Programm auch die wissenschaftliche Forschung betraf; der Rat mußte insoweit auf Art. 235 zurückgreifen, Urt. vom 30. Mai 1989, EuR 1990, 55 ff.

suchs wert wären[39]. Seine künftige vertragliche Einführung wird erörtert und würde sich empfehlen[40].

3. Die verfassungsgebende Gewalt über die Gemeinschaft liegt nach wie vor bei den Mitgliedstaaten[41]. Die interne verfassungssändernde Gewalt über die Gemeinschaft ist eine gemischte Gewalt[42]. Das Letztentscheidungsrecht liegt bei den Mitgliedstaaten in ihrem völkerrechtlichen Zusammenwirken. Der Rat ist mit einem Initiativrecht, Parlament und gegebenenfalls Kommission sind mit Anhörungskompetenzen einbezogen.

Die Möglichkeit, daß in der Zukunft eine verfassungsgebende Gewalt der Gemeinschaft selbst erwächst, kann indes nicht ausgeschlossen werden. Vornehmlich im deutschen Schrifttum[43] hat man freilich darauf hingewiesen, daß sich ein europäisches Volk noch nicht

---

[39] Das Subsidiaritätsprinzip als spezifische Schranke gemeinschaftlichen Tätigwerdens ist bislang nur ansatzweise (nämlich in Art. 130r Abs. 4 EWGV) ausdrücklicher Bestandteil des Gemeinschaftsrechts geworden. Hier scheinen die Dinge im Fluß (vgl. etwa *M. Dauses,* BayVBl. 1989, S. 609 ff., 615 f.; *K. Hailbronner,* JZ 1990, S. 149 ff., 153 f.; *K. Schelter,* EuZW 1990, S. 217 ff.; *M. Borchmann,* DÖV 1990, S. 879 ff. über die 2. Konferenz „Europa der Regionen" vom 24./25. 4. 1990 in Brüssel, welche in einer Entschließung u. a. verlangt hat, ein allgemeines Subsidiaritätsprinzip möglichst rasch in die Römischen Verträge aufzunehmen).

[40] Zur Debatte im EP vgl. FAZ, 12. Juli 1990, S. 5; zur Kommission vgl. Europe no. 5254 (n. s.) 14/15 May 1990, S. 3; zum Coreper ibid. nos. 5255 (n. s.), 16 May 1990, S. 3, und 5258 (n. s.), 19 May 1990, S. 4; vgl. ferner Art. 12 Abs. 2 des Entwurfs eines Vertrages zur Gründung der Europäischen Union, der am 14. Febr. 1984 vom EP angenommen wurde (dazu *A. Spinelli,* in: Schwarze/Bieber, Hrsg., Eine Verfassung für Europa [1984], 231, 238); Resolution des EP vom Juli 1990, Begründungserwägung H.; *Knemeyer,* DVBl. 1990, 450 ff. Die Zurückhaltung *Everlings,* EuR 1987, 214, 220 und FS Doehring, 179, 193 f., mag hinsichtlich der Frage der Justitiabilität gerechtfertigt sein; aber die Justitiabilität sollte nicht das Entscheidende sein. Den politischen Organen der Gemeinschaft aus einem Subsidiaritätsprinzip Darlegungs- und Begründungslasten für die Notwendigkeit ihrer Rechtsakte aufzuerlegen, wäre auf die Dauer die weit wirksamere Hemmschwelle.

[41] Vgl. auch oben Anm. 21.

[42] Art. 96 EGKSV, 236 EWGV und 204 EAGV regeln nur die verfassungs*ändernde* Gewalt.

[43] Vgl. *M. Hilf,* EuR 1984, S. 9 ff., 36; *ders.,* in: J. Schwarze / R. Bieber (Hrsg.) (Anm. 26), S. 253 ff., 259; *E. Klein,* EuR 1987, S. 97 ff., 104; *H. P. Ipsen,* EuR 1987, S. 195 ff., 209; *P. Badura,* ZSchwR 1990, S. 115 ff., 120.

herausgebildet habe[44], es noch an einem entsprechenden Identitätsbewußtsein fehle[45].

Die Annahme einer verfassungsgebenden Gewalt ist indes nicht notwendigerweise auf einen Volksbegriff oder gar den Begriff einer Nation bezogen. Hinter der Idee der Volkssouveränität steht die Idee der freien Selbstbestimmung der einzelnen Menschen; ihr Konsens ist es, durch den Herrschaftsgewalt moralisch wie rechtlich legitimiert werden soll. Dies setzt nicht schlechthin voraus, daß die Einzelnen sich schon zuvor als Volk oder als Nation konstituiert haben müßten. Das Beispiel der amerikanischen Verfassungsgebung kann durchaus belegen, daß sich ein neuer selbständiger pouvoir constituant auch erst im Akt der Verfassungsgebung selbst begründen kann[46].

Aus dem Kranz elementarer Prinzipien von Verfassungsstaatlichkeit können im hier verfügbaren Rahmen nur einige Komponenten des Rechtsstaats- und des Demokratieprinzips angesprochen werden[47].

---

[44] Art. 137 EWGV ebenso wie Art. 1 des Wahlaktes vom 20. September 1976 sprechen davon, daß das Europäische Parlament aus den Vertretern der *Völker* der Mitgliedstaaten besteht. In einer Resolution des Europäischen Parlaments vom Juli 1990, mit der Richtlinien für den Entwurf einer Unionsverfassung aufgestellt werden, wird das Parlament als Repräsentant aller Unionsbürger bezeichnet; vgl. Europe Nr. 1639/40, 19th July 1990.

[45] Die Bedeutung eines solchen Bewußtseins im staatlichen Bereich für die Bildung oder auch den Fortbestand eines Staates wird man angesichts der letzten 12 Monate der deutschen Geschichte schwerlich unterschätzen wollen. Auch hat man zutreffend darauf hingewiesen, daß die politischen Parteien in der Gemeinschaft immer noch primär national orientiert sind, die öffentliche Meinung national fraktioniert ist. Vgl. *H. P. Ipsen* (Fn. 43), S. 207 f.; *A. Bleckmann*, JZ 1990, S. 301 ff., 303 f.; *R. Streinz*, DVBl. 1990, S. 947 ff., S. 960.

[46] Daß hierfür ein entsprechendes Bewußtsein und ein entsprechender politischer Wille vorhanden sein muß, soll es zu solcher Artikulation kommen, wird man freilich schlechterdings nicht bestreiten wollen. Solche Vorgänge sind vom positiven Recht her nicht mehr zu verorten.

[47] Auch Sozialstaatsprinzipien sind in der (primären) Gemeinschaftsrechtsordnung verankert. Um das zu belegen, ist es nicht nötig, auf den politischen Kontext zurückzugreifen, in dem die gemeinsame Landwirtschaftspolitik („Sozialrecht der französischen Bauern") steht. Der Ausgleich sozialer Gegensätze ist von Beginn an auch Rechtsprinzip des Gemeinschaftsrechts gewesen, nicht lediglich Präambel-Erwägung (vgl. Titel III EWGV). Der Binnenmarkt wird die Aufgabe notwendigerweise noch stärker aktualisieren, soll nicht eine Absenkung des sozialen Schutzniveaus die Folge sein (vgl. *Rentmeister*, EA 1989, 627). Die EEA hat die Gemeinschaftskompetenzen im Sozialbereich erweitert (Art. 118 a, b EWGV); die Brisanz zeigt sich indes darin, daß Art. 100 a Abs. 2 EWGV Bestimmungen über die Rechte und Interessen der Arbeitnehmer von den nunmehr ermöglichten Mehrheitsbe-

## *II. Zum Rechtsstaatsprinzip im Gemeinschaftsrecht*

### *1. Zur Rechtsstellung des Bürgers in der Gemeinschaft*

Insoweit hat sich ein eindringlicher Wandel des Gemeinschaftsrechts vollzogen.

a) Anhand der blanken Vertragstexte wird ein Bezug auf den privaten Einzelnen nicht sehr augenfällig. Gewiß stößt man auf die Diskriminierungsverbote der Art. 7 oder Art. 119 EWGV. Aber selbst Art. 7 schützt den Einzelnen nicht schlechthin um seiner selbst willen, sondern in seiner auf den Markt bezogenen Funktion; er ist kein allgemeines Gleichheitsrecht, sondern ein rollen- oder funktionsspezifisches Diskriminierungsverbot. Auch die Aufgaben- und Zielnormen wie die Marktfreiheiten[48] sind im Hinblick auf ihre Funktion im Prozeß der wirtschaftlichen Integration entworfen.

b) Es ist die bislang eindrucksvollste Leistung des Gerichtshofs, daß er die Rechtsstellung des Marktbürgers auf einen Standard gehoben hat, der dem Standard verfassungsstaatlicher Rechtsordnungen im wesentlichen gleichkommt, ja ihn für einige Mitgliedstaaten eher übertrifft.

Das beginnt mit einer Rechtsprechung, derzufolge der Marktbürger sich unmittelbar auf die Bestimmungen über die Zollunion, den freien Warenverkehr und die Marktfreiheiten als Normen objektiven Rechts berufen kann; sie gipfelt in der Entfaltung von gemeinschaftsrecht-

---

schlüssen bei der Rechtsangleichung des Abs. 1 ausdrücklich ausnimmt. Die größte Dynamik im Kapitel der Sozialvorschriften hat Art. 119 entfaltet, seit ihm der EuGH unmittelbare Anwendbarkeit im Arbeitgeber-Arbeitnehmer-Verhältnis zuerkannt hat (vgl. dazu *Jansen*, in: Grabitz, a. a. O., Art. 119 Rdn. 7). Die Förderung rückständiger Gebiete ist gleichfalls schon in der Präambel angesprochen; eine eindeutige Rechtsgrundlage für eine gemeinschaftliche Regionalpolitik brachte aber erst die EEA (Art. 130 a—e EWGV); zuvor waren nur Mittelvergaben über die Eur. Investitionsbank ausdrücklich eröffnet (Art. 130 Satz 2 lit. a). Dem Ziel, die soziale Dimension der Gemeinschaft im Hinblick auf den Binnenmarkt zu betonen, soll auch die vom Europäischen Rat am 8./9. Dez. 1989 angenommene Charta der sozialen Grundrechte der Arbeitnehmer dienen, die in Form einer Deklaration verabschiedet werden soll. Die darin enthaltenen Gewährleistungen betreffen u. a. die Freizügigkeit, die Freiheit der Wahl und Ausübung des Berufs, angemessene Bezahlung, soziale Sicherheit und Koalitionsfreiheit. Da der EWGV der Gemeinschaft eine Generalkompetenz für sozialpolitische Maßnahmen nicht zuspricht, soll die Verwirklichung den Mitgliedstaaten obliegen. Sozialpolitik im internationalen Maßstab betreibt die Gemeinschaft über die Assoziierung der überseeischen Länder und Hoheitsgebiete (Art. 131 ff. EWGV); im Frühjahr 1990 wurde das 4. AKP-EWG-Abkommen geschlossen.

[48] Art. 48, 52, 59, 67 EWGV.

lichen Grundrechtsverbürgungen. Dies muß hier nicht im einzelnen dargetan werden[49].

Der Gerichtshof hat die eigentlichen grundrechtlichen Gewährleistungen nicht aus den speziellen Marktfreiheiten abgeleitet, sondern sie als allgemeine Rechtsgrundsätze des Gemeinschaftsrechts qualifiziert, deren Inhalt er aus der gemeinsamen Verfassungsüberlieferung[50] ermittelt[51]. Im Wege wertender Rechtsvergleichung[52] versucht er,

---

[49] Vgl. u. a. *J. Schwarze*, EuGRZ 1986, S. 293 ff.; *R. Streinz*, Bundesverfassungsgerichtlicher Grundrechtsschutz und Europäisches Gemeinschaftsrecht (1989), S. 47 ff. und S. 53 ff.; *U. Everling*, in: K. Stern (Hrsg.), 40 Jahre Grundgesetz, 1990, S. 167 ff.; *Pernice*, NJW 1990, S. 2409 ff., insbes. S. 2412 ff., jeweils m. w. N. aus Rechtsprechung und Schrifttum.

[50] Wie sie sich insbesondere in der Europäischen Menschenrechtskonvention niederschlägt. Der Gerichtshof geht zwar (wie auch die Eur. Kommission für Menschenrechte, vgl. Dec. no. 8030/77, CFDT v. Eur. Communities, vom 10. Juli 1978, DR 13 p. 231; no. 13539/88. D. v. Eur. Communities, vom 19. Jan. 1989; no. 13258/87, M & Co. v. Fed. Rep. Germany, vom 9. Febr. 1990) zu Recht nicht von einer unmittelbaren Bindung der Gemeinschaft an die Konvention aus, greift auf sie indes als Orientierungshilfe zur Ermittlung der gemeinsamen Verfassungstradition der Mitgliedstaaten zurück (grundlegend EuGH Rs. 4/73, Slg. 1974, S. 491, 502 „Nold", zahlreiche weitere Rechtsprechungsnachweise bei *Vedder*, a. a. O. Rdn. 57 zu Art. 228; in der Literatur wird dies bisweilen als „mittelbare Geltung" der Konvention in der Gemeinschaft bezeichnet, so etwa *H.-E. Folz*, FS L. Fröhler, S. 127 ff., 136). Eine gegen einen Akt der Gemeinschaftsgewalt gerichtete Konventionsbeschwerde ist unzulässig. Die Frage der völkerrechtlichen Verantwortlichkeit der Mitgliedstaaten der Gemeinschaft als Konventionsstaaten für Akte der Gemeinschaft ist damit freilich noch nicht geklärt. Die Europäische Menschenrechtskommission hat diese Frage im Fall C. F. D. T. dahinstehen lassen, immerhin aber klargestellt, daß die mangelnde Passivlegitimation der Gemeinschaft nicht dadurch umgangen werden könne, daß ein Beschwerdeführer Beschwerde gegen die Gesamtheit der Mitgliedstaaten erhebt (EuGRZ 1979, S. 431; zust. *U. Fastenrath*, EuGRZ 1979, S. 535; *J. A. Frowein*, Gedächtnisschrift Sasse, II [1981], S. 731 f.); vgl. dazu die Entscheidung der MRK-Kommission vom 9. Febr. 1990, Applic. no. 13258/87.

[51] Vgl. insbesondere EuGH Rs. 29/69, Slg. 1969, S. 419, 425 „Stauder"; Rs. 11/70, Slg. 1970, S. 1125, 1135 „Internationale Handelsgesellschaft";" Rs. 4/73, Slg. 1974, S. 491, 502 „Nold"; Rs. 44/79, Slg. 1979, S. 3727, 3745 f. „Hauer"; Rs. 136/79, Slg. 1980, S. 2033, 2058 „National Panasonic"; Rs. 155/79, Slg. 1982, S. 1575, 1610 ff. „AM & S"; aus jüngerer Zeit z. B. Rs. 222/84, Slg. 1986, S. 1651, 1663 „Johnston" sowie das „Hoechst"-Urteil in den verb. Rsen. 46/87 und 227/88, NJW 1989, S. 3080 ff.; vgl. im übrigen die Nachweise bei den in Anm. 49 Genannten.

Besonders das „AM & S"-Urteil (Vertraulichkeit der Anwaltskorrespondenz) und das „Hoechst"-Urteil (Unverletzlichkeit der Geschäftsräume) verdeutlichen, daß sich der Gerichtshof weder schematisch am Höchststandard eines Mitgliedstaates (das wäre im Fall „AM & S" keineswegs die deutsche, sondern die britische

einen Grundrechtsstandard zu entwickeln, der sich in Struktur und Ziele der Gemeinschaft einfügt[53].

Bemerkenswert ist, daß sich in der jüngsten Rechtsprechung selbst die Verbürgung einer allgemeinen Handlungsfreiheit anzubahnen scheint[54].

---

Rechtsordnung gewesen!) noch an einem „kleinsten" gemeinsamen Nenner orientiert; er bermüht sich um eine eigenständige gemeinschaftsrechtliche Lösung (anhand des „AM & S"-Urteils anschaulich erläutert von *J. Schwarze,* in: ders. / Graf Vitzthum (Hrsg.), Grundrechtsschutz im nationalen und im internationalen Recht, 1983, S. 343 ff., 352 ff.). Zur Frage des Grundrechtsstandards des EuGH, insbesondere zur These vom „Maximalstandard", vgl. im übrigen *R. Streinz* (Anm. 49), S. 429 ff.

[52] GBTE / *B. Beutler* (Bd. 2), Rdn. 27 zu Anhang C, im Anschluß an *H. Kutscher,* Thesen zu den Methoden der Auslegung des Gemeinschaftsrechts, Luxemburg 1976; kritisch im Hinblick auf die damit verbundene Unbestimmtheit *Pernice,* in: Grabitz, a. a. O., Rdn. 57 f. zu Art. 164; kritisch auch *Streinz* (Fn. 49), S. 437 f., der für die Ergänzung der „wertenden Rechtsvergleichung" durch einen „relativierten Maximalstandard mit negativer Kontrollfunktion" plädiert (vgl. S. 436 mit S. 278 ff.).

[53] Vgl. Slg. 70, S. 1125, 1135 „Internationale Handelsgesellschaft"; zur Notwendigkeit solcher Konkordanz vgl. ferner *M. Dauses,* JZ 1980, S. 293 ff. (295); GBTE / *H.-W. Daig,* Rdn. 29 zu Art. 164; *A. Weber,* JZ 1989, S. 965 ff. (969), der dies als „immanenten Gemeinschaftsvorbehalt" qualifiziert.

[54] So wenn es in der „Hoechst"-Entscheidung heißt, „indessen bedürfen in allen Rechtsordnungen der Mitgliedstaaten Eingriffe der öffentlichen Gewalt in die Sphäre der privaten Betätigung jeder natürlichen oder juristischen Person einer Rechtsgrundlage und müssen aus den gesetzlich vorgesehenen Gründen gerechtfertigt sein; diese Rechtsordnungen sehen daher, wenn auch in unterschiedlicher Ausgestaltung, einen Schutz gegen willkürliche oder unverhältnismäßige Eingriffe vor. Das Erfordernis eines solchen Schutzes ist deutlich als allgemeiner Rechtsgrundsatz des Gemeinschaftsrechts anzuerkennen ...", NJW 1989, S. 3080 ff., 3081. Ebenso bemerkenswert ist, daß die Rechtsprechung des Gerichtshofs über die in den Verträgen enthaltenen spezifischen Diskriminierungsverbote hinaus einen allgemeinen Gleichheitsgrundsatz als Diskriminierungsverbot entwickelt hat; vgl. etwa Rs. 130/75, Slg. 1976, S. 1589, 1599 „Prais"; Rs. 117/76, Slg. 1977, S. 1753, 1770 „Ruckdeschl"; Rs. 149/77, Slg. 1978, S. 1365, 1379 „Defrenne II"; Rs. 1322/79, Slg. 1981, S. 127, 138 „Vutera"; *Pernice,* in: Grabitz (Hrsg.), EWG-Vertrag, Rdn. 52, 63 f. zu Art. 164; *ders.,* Grundrechtsgehalte im Europäischen Gemeinschaftsrecht, 1979, S. 196 f.; *F. Rittner,* JZ 1990, S. 838 ff., 840; *A. S. Mohn,* Der Gleichheitssatz im Gemeinschaftsrecht (1990).

Ob man daneben auch jene vom Gerichtshof anerkannten allgemeinen Rechtsgrundsätze, wie etwa den Grundsatz der Gesetzmäßigkeit oder das Bestimmtheitsgebot zu den gemeinschaftsrechtlichen Grundrechtsverbürgungen rechnen will, hängt von dogmatischen Klassifizierungen ab, auf die hier nicht eingegangen werden soll, ebensowenig wie auf die Frage, ob die in den Verträgen enthaltenen

Die Grundrechtsverbürgungen sind Bestandteil des primären Rechts. Ihr Verhältnis zum übrigen Primärrecht wird nach dem aus dem innerstaatlichen Verfassungsrecht geläufigen Auslegungsgrundsatz größtmöglicher praktischer Konkordanz zu bestimmen sein[55].

In der Frage, ob auch die Mitgliedstaaten an die Gemeinschaftsgrundrechte gebunden sind, ist der Gerichtshof, soweit ersichtlich, bislang sehr zurückhaltend. Ob sich insoweit eine Entwicklung anbahnen wird, die ähnlich wie in den USA bei der Bindung der Gliedstaaten an die Bundesgrundrechte verläuft, bleibt abzuwarten[56].

---

sogenannten Grundfreiheiten des gemeinsamen Marktes dogmatisch als Gemeinschaftsgrundrechte klassifiziert werden können. Während eine Auffassung in ihnen einen gemeinschaftsspezifischen Ausdruck innerstaatlicher Grundrechtsgarantien (vgl. etwa *Pernice,* a. a. O., Rdn. 53 zu Art. 164), oder „echte absolute, etwa dem Art. 12 GG entsprechende Freiheitsrechte" erblicken will (*Bleckmann,* EuGRZ 1981, S. 257 ff., 258 f., eine im neueren Schrifttum verbreitete Auffassung, vgl. etwa GBTE / *H.-W. Daig,* Rdn. 20 zu Art. 164; *Hilf,* in: Grundrechte in der Europäischen Gemeinschaft [1978], S. 26 f.; *G. Nicolaysen,* Europäisches Gemeinschaftsrecht, 1979, S. 21; wohl auch *H. P. Ipsen* [Fn. 21], § 41 Rdn. 15 f.; auch für *J. Schwarze,* FS W. Maihofer, 1988, S. 529 ff., 539 haben die Grundfreiheiten „zumindest grundrechtsähnlichen Charakter"), weist die Gegenmeinung darauf hin, daß sich diese Grundfreiheiten in erster Linie gegen die Mitgliedstaaten richten und gleichzeitig den Gemeinschaftsorganen Gestaltungsaufträge gegenüber den Mitgliedstaaten erteilen, also auch Kompetenzvorschriften sind, während sich die eigentlichen Gemeinschaftsgrundrechte (jedenfalls in erster Linie) gegen die Gemeinschaftsgewalt richten (so etwa GBTE / *B. Beutler* [Anm. 52], Rdn. 42).

[55] Vgl. zum deutschen Recht *Scheuner,* VVDStRL 20 (1963) S. 125 und 22 (1965) S. 53; *P. Lerche,* Übermaß und Verfassungsrecht (1961), S. 125 f.; *K. Hesse,* Grundzüge des Verfassungsrechts der Bundesrepublik Deutschland (17. neubearb. Aufl., 1990), § 2 Rdn. 70 ff. m. w. N.

[56] In der Rs. 149/7, Slg. 1978, S. 1365, 1379 „Defrenne II" hat er negativ ausgesprochen, das Diskriminierungsverbot von Mann und Frau gelte nicht für die ausschließlich dem nationalen Recht unterliegenden Arbeitsverhältnisse, sondern richte sich nur an die Gemeinschaftsorgane. Eine vergleichbare Überlegung findet sich in der Rs., Slg. 1985, S. 2605, 2627 „Cinéthèque": „Der Gerichtshof hat zwar für die Einhaltung der Grundrechte auf dem Gebiet des Gemeinschaftsrechts zu sorgen, er kann jedoch nicht prüfen, ob ein nationales Gesetz, das wie im vorliegenden Fall zu einem Bereich gehört, der in das Ermessen des nationalen Gesetzgebers fällt, mit der Europäischen Menschenrechtskonvention vereinbar ist." Wie er entscheiden würde, wenn es sich im weitesten Sinne um Vollzug von Gemeinschaftsrecht durch mitgliedstaatliche Gewalt handelt, läßt sich diesen Entscheidungen nicht entnehmen. Im Schrifttum ist dieser Fragenkreis, soweit ersichtlich, bislang noch nicht eingehend erforscht. Für eine vorsichtige Erweiterung des personalen Geltungsbereichs der Gemeinschaftsgrundrechte auf die Mitgliedstaaten „in den vom EWG-Vertrag geregelten Materien" hat sich im Hinblick auf den allgemeinen Gleichheitssatz *Bleckmann* ausgesprochen (in GBTE, Band 1, Rdn. 36

c) Die Staatsangehörigen der Mitgliedstaaten als Bürger der Gemeinschaft: Status activus und Gemeinschaftsangehörigkeit.

Da die Gemeinschaft nicht Staatsqualität besitzt, fehlt es an dem grundsätzlichen Status-, Schutz- und Gehorsamsverhältnis, wie es für das Verhältnis eines Staates zu seinen Staatsangehörigen kennzeichnend ist. Ein allgemeiner Rechtsstatus des Einzelnen zur Gemeinschaftsgewalt wird derzeit ausschließlich durch das nationale Staatsangehörigkeitsrecht vermittelt.

Seitdem das Parlament unmittelbar von den Bürgern gewählt wird, kommt ihnen ein begrenzter status activus zu, den man als Keimzelle einer besonderen Gemeinschaftsangehörigkeit begreifen mag[57]. Die

---

zu Art. 7); ähnlich *A. S. Mohn* (Anm. 55), S. 41 ff.; zurückhaltender GBTE / *B. Beutler* (Anm. 30), Rdn. 36: Geltung auch bei der Umsetzung sekundären Gemeinschaftsrechts in mitgliedstaatliches Recht und bei dessen Anwendung, aber keine von der Umsetzung sekundären Gemeinschaftsrechts losgelöste unmittelbare Einwirkung gemeinschaftsrechtlicher Grundrechte in die mitgliedstaatlichen Rechtsordnungen (ähnlich *A. Weber*, JZ 1989, S. 965 ff. [S. 971] sowie *Pernice*, NJW 1990, S. 2409 ff., 2416 ff.; vgl. auch *Everling* [Anm. 49], S. 176, demzufolge „Grundrechte des Gemeinschaftsrechts, die über nationale Grundrechte hinausgehen, bei der Umsetzung von Richtlinien zu beachten sind und insoweit im nationalen Recht gelten"). Daß sich bei Umsetzung und Anwendung einer Gemeinschaftsverordnung durch mitgliedstaatliche Rechtsetzungsorgane, Behörden und Gerichte die Gültigkeit dieser Verordnung auch nach ihrer Übereinstimmung mit den Grundrechten des Gemeinschaftsrechts bemißt, und dies gegebenenfalls im Wege des Vorabentscheidungsverfahrens durch den Gerichtshof zu klären ist, steht außer Zweifel. Ob der auf eine solche gültige Verordnung gestützte mitgliedstaatliche Vollzugs- oder Rechtsprechungsakt auch noch an den Gemeinschaftsgrundrechten gemessen werden muß, wird derjenige, der dem Gemeinschaftsrecht einen Grundsatz zur Gewährleistung eines in allen Mitgliedstaaten einheitlichen Mindeststandards von Grundrechten entnehmen will und dafür den Auslegungsgrundsatz des effet utile heranzieht, zu bejahen geneigt sein, allerdings begrenzt auf den funktionalen Geltungsbereich der Gemeinschaftsgewalt. Vgl. dazu näher *Pernice*, NJW 1990, 2417; *Everling*, EuR 1990, 212.

[57] Vgl. *Oppermann*, FS Doehring, 1989, S. 713 ff., 716 sowie in: G. Nicolaysen / H. Quaritsch, Lüneburger Symposion für H. P. Ipsen, 1988, S. 87 ff., insbes. S. 92 f. Zu den Grundlagen und Inhalten des damit in Zusammenhang stehenden Konzepts des „Europa der Bürger" vgl. st. aller *S. Magiera*, DÖV 1987, S. 221 ff.; *ders.*, in: S. Magiera (Hrsg.), Das Europa der Bürger in einer Gemeinschaft ohne Binnengrenzen (1990), S. 13 ff.; sowie *M. Niedobitek*, Pläne und Entwicklung eines Europa der Bürger (Speyerer Forschungsberichte Nr. 81) (1989). Problematisch sind freilich die in diesem Zusammenhang unternommenen Bemühungen der Gemeinschaft, mittels einer entsprechenden Richtlinie (vgl. den Entwurf der Kommission in ABl. 1988, C 246) die Mitgliedstaaten allgemein zur Einführung eines Kommunalwahlrechts für EG-Angehörige zu verpflichten (dazu st. aller *H.-J.*

Geschäftsordnung des Parlaments verwendet bereits den Begriff „EG-Bürger“ und räumt ein Petitionsrecht ein[58].

### 2. *Spezifische Rechtsstaatselemente in der Gemeinschaftsrechtsordnung*

Keines der Strukturelemente von Verfassungsstaatlichkeit hat in der Gemeinschaft einen so hohen Entwicklungsstand erreicht, wie das Prinzip der Rechtsstaatlichkeit — läßt man das Element der Gewaltenteilung zunächst außer Betracht[59]. Der Gerichtshof kennzeichnet die Gemeinschaft als „Rechtsgemeinschaft“[60], spricht gelegentlich vom Grundsatz der Rechtsstaatlichkeit[61].

---

*Papier*, in: S. Magiera [Hrsg.], a. a. O., S. 27 ff. m. w. N. in Fn. 7; zutreffend die Beurteilung von *M. Herdegen*, EuGRZ 1989, S. 309 ff., 312: „integrationspolitisch entbehrlicher Schritt“).

[58] EuGRZ 1989, 207. Vgl. dazu *H. Surrel*, RevMC 1990, S. 219 ff.; *Th. Läufer*, in: E. Grabitz (Hrsg.), EWG-Vertrag, Rdn. 9 zu Art. 142. Wenn freilich in den Ausführungen des parlamentarischen Berichterstatters über die Grundrechtserklärung des Parlaments vom April 1989, *De Gucht*, davon die Rede ist, der Einzelne besitze eigene subjektive Rechte innerhalb des Rechtsrahmens der Gemeinschaft, die sich aus dieser Bürgerschaft ableiteten, so wird man dem derzeit so allgemein nicht folgen können. Kein Argument gegen eine EG-Staatsangehörigkeit wäre freilich, daß die Akte zur Einführung allgemeiner und unmittelbarer Wahlen der Abgeordneten der Versammlung vom 20. September 1976 (auch in ihrer gegenwärtigen Fassung) nur Rahmenregelungen enthält und so grundsätzliche Fragen wie z. B. die Bestimmung des Kreises der aktiv und passiv Wahlberechtigten, der mitgliedstaatlichen Gesetzgebung überläßt. Auch ein Blick auf die Vereinigten Staaten würde das bestätigen, wenn man einmal die Interventionen der Bundesgewalt in das Wahlrecht zum Kongreß außer acht läßt, die dort durch die besondere Rassenproblematik veranlaßt worden sind.

[59] Vgl. *R. Scholz*, FS E. Steindorff, S. 1413 ff. Terminologische Fragen, ob man besser vom Rechtsprinzip (*H. P. Ipsen*, Europäisches Gemeinschaftsrecht in Einzelstudien, 1984, S. 31 ff., 36 ff., ebenso *M. Zuleeg*, FS K. Carstens, Band 1, 1984, S. 289 ff., 299) oder vom Prinzip einer Rechtsgemeinschaft (die Kennzeichnung der EG als „Rechtsgemeinschaft“ geht auf Walter Hallstein zurück) spricht, ob der Rechtsstaatsbegriff deutschen Ursprungs mit dem angelsächsischen Begriff der Rule of Law gleichzusetzen sei oder letzterer weiter ausgreife, seien hier dahingestellt; bemerkenswert ist, daß der Begriff Rechtsstaat in den kontinentaleuropäischen Verfassungsstaaten immer geläufiger wird, als „Etat de Droit“, als „Stato di diritto“, auch in der derzeitigen osteuropäischen Verfassungsdiskussion, ja bis hinein in die sowjetische Verfassungsdiskussion, wo er nicht selten in seinem deutschen Wortlaut gebraucht wird (hierzu näher *Th. Schweisfurth*, FS K. Doehring, 1989, S. 903 ff.).

[60] Rs. 294/83, Slg. 1986, S. 1339, 1365 (Les Verts gegen Parlament).

[61] Rs. 101/78, Slg. 1979, S. 623, 637 „Granaria“, und Rs. 155/79, Slg. 1982, S. 1575, 1610 „AM & S“. Zum deutschen Rechtsstaatsbegriff vgl. *E. Schmidt-Aßmann*, in: J. Isensee / P. Kirchhof, HdbStR I 987 ff.; *P. Kunig*, Das Rechtsstaatsprinzip (1986).

a) Eine Reihe von Elementen des Rechtsstaatsprinzips liegen schon anhand der Vertragstexte zutage: Die Zuordnung von Kompetenzen auf verschiedene Organe; das System der begrenzten Handlungsermächtigungen; die Vorschriften über Verfahren und Formen, in denen Kompetenzen und Befugnisse wahrzunehmen sind; das weitreichende Rechtsschutzsystem; die Haftungsbestimmungen.

Weitere Komponenten wurden wiederum vom Gerichtshof entwickelt. Neben der schon erwähnten Grundrechtskonzeption hat er u. a. den Vorrang des primären Rechts, der Norm vor dem Einzelakt, die Grundsätze der Gesetzmäßigkeit der Verwaltung, des Vertrauensschutzes, der Bestimmtheit und der Verhältnismäßigkeit anerkannt und entwickelt[62].

Insofern ist es in der Tat gerechtfertigt, von einem Rechtsstaatsprinzip des Gemeinschaftsrechts zu sprechen.

b) Die prinzipielle Divergenz zum Verfassungsstaat klafft beim Gewaltenteilungsprinzip, näherhin der Zuordnung der Rechtsetzungsfunktion und der politischen Kontrollfunktion, mithin dem System der Verteilung, des Ausgleichs und der Kontrolle von politischer Macht, wobei auch die Regierungen als Kreationsorgane für Rat, Kommission und Gerichtshof einbezogen sind. Gewiß weist das Modell der Gewaltenteilung innerhalb der Verfassungsstaaten eine erhebliche Spielbreite auf; in allen aber liegt die grundlegende Rechtsetzungsgewalt beim volksgewählten Parlament und ist, sei es schon die Bildung, sei es jedenfalls der Fortbestand der Regierung, vom Parlament abhängig. Zentraler Sinn dieser Machtverteilung ist, Freiheit zu gewährleisten.

Dieses Ziel stand bei der institutionellen und kompetenziellen Ausgestaltung der Gemeinschaft nicht im Vordergrund. Im Blick auf die vertragliche Zuordnung der Organkompetenzen, die nicht der Verfügungsbefugnis der Organe unterliegt[63], operiert der Gerichtshof mit dem Begriff des institutionellen Gleichgewichts[64]. Es soll der funktionsgerechten Wahrnehmung der Organkompetenzen wie der Ausgewogenheit des Einflusses von Gemeinschaftsinteressen und mitgliedstaatlichen Interessen dienen. Immerhin liegt darin schon gegenwärtig eine freiheitssichernde Komponente, indem dieses Gewichts-

---

[62] Vgl. die Übersicht bei *I. Pernice,* in: E. Grabitz, a. a. O., Rdn. 88 f. zu Art. 164; *J. Schwarze,* FS W. Maihofer, 1988, S. 529 ff. (534 ff.).

[63] EuGH, Slg. 1988, 855, 898 – Rs. 68/86.

[64] EuGH, Slg. 1970, 1161, 1173 – Rs. 25/70; Urt. vom 22. Mai 1990, Parl. gegen Rat, Rs. C-70/77, Rdn. 21 ff.

verhältnis zumindest in Richtung auf die Wahrung der objektiven Rechtsordnung wirkt[65].

aa) Nach dem EWG-Vertrag wirken bei der Rechtsetzung regelmäßig Rat, Kommission und Parlament zusammen[66]. Das Schwergewicht liegt eindeutig beim Rat; die selbständigen Rechtsetzungsbefugnisse der Kommission sind begrenzt, ihr wichtigstes Pfund ist das Initiativrecht; dem Parlament ermangelt es an beiden. Der Rat kann und soll freilich Normsetzungskompetenzen zur Durchführung der von ihm erlassenen Rechtsakte auf die Kommission übertragen[67], was er bislang nur sehr zögerlich tut. Da es nicht ein parlamentarischer Gesetzgeber ist, der hier delegiert, ist für eine Wesentlichkeitsdoktrin oder gar einen allgemeinen Parlamentsvorbehalt kein Raum[68].

---

[65] *H.P. Ipsen,* Bitburger Gespräche, Jahrbuch 1987, S. 40.

[66] Der Wirtschafts- und Sozialausschuß sei hier außer Betracht gelassen, wiewohl er, wenn es um das viel beklagte Demokratiedefizit geht, in der Bilanz nicht völlig außer Ansatz bleiben sollte, ermöglicht er doch das Gespräch der Sozialpartner.

[67] Art. 145, 3. Spiegelstrich EWGV, in den EWGV aufgenommen aufgrund Art. 10 EEA. Bereits zuvor bestand weitgehend unstreitig eine ebensolche Delegationsmöglichkeit auf der Grundlage des Art. 155 Abs. 4 EWGV; der Rat ist dabei vom EuGH unbeanstandet sehr weit gegangen, vgl. EuGH Slg. 1975, 1279, 1302 — Rs. 23/75; 1984, 2039, 2058 — Rs. 121/83. Zu Nutzen der Neuregelung, ihren Unterschieden und ihrem Verhältnis zum fortgeltenden Art. 155 Abs. 4 EWGV vgl. *W. Hummer,* in: E. Grabitz, a. a. O., Rdn. 61 ff. zu Art. 155; *H.J. Glaesner,* EuR 1986, S. 119 ff., 145 f.; *Th. Bruha / W. Münch,* NJW 1987, S. 542 ff.

[68] Bei einer Delegation auf die Kommission unterliegt der Rat nicht Schranken, wie sie z. B. nach Art. 80 Abs. 1 GG gezogen sind (vgl. *Frowein,* 1983, 305; *P. Gilsdorf,* in: Der Beitrag des Rechts zum Europäischen Einigungsprozeß, 1984, S. 91 ff., 97 zur Rechtslage vor Inkrafttreten der EEA, ebenso nunmehr zu Art. 145 3. Spiegelstrich EWGV *Th. Bruha / W. Münch* [Anm. 67], S. 544). Der Rat ist nach dem Wortlaut des Art. 145 EWGV nur gehalten, die möglichen Durchführungsmodalitäten zuvor in einer allgemeinen Festlegung zu umschreiben, auf die dann der einzelne Übertragungsakt Bezug nehmen muß; die Festlegung, die auf Vorschlag der Kommission und nach Anhörung des Parlaments erfolgt, bedarf der Einstimmigkeit. Mit Beschluß vom 13. Juli 1987 hat der Rat eine solche Festlegung getroffen (ABl. L 197, S. 33 ff.). Dabei hat er, anknüpfend an eine entsprechende, seit den 60er Jahren geübte Praxis, die Normsetzungs- mit den Durchführungskompetenzen insofern verschränkt, als in allen drei der vorgesehenen Arten von Durchführungsverfahren ein Ausschuß von Regierungsvertretern mitwirkt; der Rat hat sich überdies in zwei Arten von Verfahren vorbehalten, bei Meinungsverschiedenheiten zwischen der Kommission und dem entsprechenden Ausschuß seinerseits die endgültige Entscheidung zu treffen (vgl. dazu *W. Meng,* ZaöRV Bd. 48 [1988], S. 208 ff., 221 f. sowie *Hummer,* in: E. Grabitz, a. a. O., Rdn. 53 ff., insbes. Rdn. 65 ff. zu Art. 155).

Anders als der Vorrang des Gesetzes[69] greift gegenüber dem sekundären Gemeinschaftsrecht auch nicht ein allgemeiner Vorbehalt des Gesetzes, sondern der Vorbehalt der Spezialermächtigung; die Schutzfunktion für den Bürger wird derzeit vornehmlich[70] über die Gemeinschaftsgrundrechte gewährleistet.

Daß diese Ausgestaltung nicht den Gewaltenteilungsmodellen des Verfassungsstaates entspricht, insoweit mithin keine strukturelle Homogenität, Kongruenz oder auch nur eine funktionale Äquivalenz vorliegt, hat man mit dem funktionalistischen Ursprung der Gemeinschaften, ihren thematisch begrenzten Hoheitsaufgaben erklärt[71]. Das ist gewiß zutreffend, wiewohl es nicht schlechthin einsichtig macht, warum man auf der einen Seite ein parlamentarisches Organ einsetzt, es andererseits aber nicht mit Entscheidungsgewalt an der Rechtsetzung beteiligt.

Ein Beweggrund dürfte gewesen sein, daß man für die bevorstehende, höchst komplexe Aufgabe dem Ratskollegium mit den hinter ihm stehenden Staatsapparaten ein höheres Maß an Sachverstand als einer parlamentarischen Versammlung — ob zu Recht oder zu Unrecht — zutraute und zumal eine größere Bereitschaft, nationale Interessen zu opfern; dies nicht zuletzt, weil einem von den Regierungen beschickten Gremium eine viel größere Palette an Verhandlungs- und Ausgleichsgewichten, an Komponenten von Paketlösungen zur Hand ist als einem Parlament. Der Abgeordnete — und zwar der unmittelbar volksgewählte Abgeordnete vielleicht in noch höherem Maße als der von seinem Heimatparlament entsandte — ist typischerweise und durchaus legitimerweise sehr viel stärker spezifischen Interessen etwa lokaler, regionaler, schichtenspezifischer Art verhaftet als die Regierung; die unmittelbare Repräsentation von Interessen und damit Interessenkonflikten im Parlament würde schon innerstaatlich zu schwersten Blockierungen führen, wäre sie im modernen Verfassungsstaat nicht über die politischen Parteien gefiltert und damit für die wichtigste Handlungsform der pluralistischen Demokratie, den Kompromiß, aufgeschlossen. Ein weiterer Beweggrund dürfte in der Befürchtung gelegen haben, die Rechtsetzungsgewalt eines unitarisch

---

[69] Vgl. aus der Rechtsprechung nur EuGH Slg. 1979, 1185, 1209 — Rs. 113/77.

[70] Vgl. jedoch auch die Hoechst-Entscheidung (EuGRZ 1989, 395) und dazu *Pernice*, NJW 1990, 2411.

[71] Vgl. *H.P. Ipsen* (Anm. 21), § 11, Rdn. 3 f.; *P. Badura*, VVDStRL Bd. 23 (1964), S. 34 ff., 38 f.

organisierten, staatenübergreifenden Parlaments werde einen Unitarisierungssog auslösen.

Daß man gleichwohl ein parlamentarisches Organ schuf und ihm ein politisches Kontrollrecht über die Kommission übertrug, zeigt indes, daß man eine Keimzelle für ein künftiges Modell der *checks and balances* einpflanzen wollte.

bb) Der Einfluß des Parlaments in Rechtsetzungsverfahren sollte mittlerweile nicht unterschätzt werden:

Das Parlament hat es von Beginn verstanden, seine Kontrollfunktion gegenüber der Kommission über eine bloß nachträgliche zu einer begleitenden Kontrolle auszugestalten. Dem kam entgegen, daß die Kommission die Versammlung von vornherein als ihren natürlichen Verbündeten betrachtete. Die Ausschüsse werden im allgemeinen sehr früh in die Kommissionsinitiativen eingeschaltet — mit der Chance, noch eigene Vorstellungen zur Geltung zu bringen. Sein fehlendes Initiativrecht[72] versucht das Parlament, durch an die Kommission gerichtete „Initiativberichte" politisch zu überbrücken. Kompetenzrechtlich ist dies m. E. unbedenklich; aus dem Demokratieprinzip des Gemeinschaftsrechts ist jedenfalls ein prinzipielles Befassungsrecht mit allen im Kompetenzbereich der Gemeinschaft liegenden Fragen und die Befugnis zu entsprechenden „schlichten" Parlamentsbeschlüssen herzuleiten[73]. Das Parlament ist politisches Forum der Gemeinschaft[74].

---

[72] So zutreffend die h. M., vgl. *M. Hilf,* EuR 1984, S. 9 ff., 26 ff.; a. A. *A. Bleckmann,* Studien zum Europäischen Gemeinschaftsrecht, 1986, S. 159 ff., 175, der aus dem gemeinschaftsrechtlichen Demokratieprinzip zu argumentieren versucht.

[73] So auch EuGH, Rs. 230/81, Slg. 1983, S. 255, 287 (Luxemburg gegen Parlament); nach *E. Klein,* EuR 1987, S. 97 ff., 107 sollen die Initiativberichte allerdings an die Grenzen des geltenden Gemeinschaftrechts stoßen. Mit Recht hat sich die Kommission jedenfalls gegen das Ansinnen des Parlaments gewehrt, sie möge sich verpflichten, Initiativentschließungen des Parlaments regelmäßig als eigene Vorschläge dem Rat zu unterbreiten. Ein auf eine solche Weigerung gegründetes Mißtrauensvotum des Parlaments gegen die Kommission wäre vertragswidrig.

[74] Nur unter Rückgriff auf diesen Gedanken einer umfassenden Befassungskompetenz des Parlaments wird man auch den anläßlich seines Entwurfs für einen Vertrag über die Europäische Union (ABl. 1984, C 77, S. 33 ff.) wie auch der Verabschiedung eines Grundrechtskataloges im April 1989 (vgl. oben Anm. 6) geltend gemachten Anspruch auf eine wesentliche Rolle in der Verfassungsentwicklung der EG kompetenzrechtlich rechtfertigen können; denn ein spezielles Verfassungsiniativrecht steht dem Parlament nicht zu (vgl. *I. Pernice,* EuR 1984, S. 126 ff., 134 ff.; *Hilf,* in: J. Schwarze / R. Bieber, a. a. O. [Anm. 26], S. 253 ff., 257 ff.; *ders.,* EuR 1984, S. 9 ff., 36 f.). In diesem Sinne auch die Vorschläge der von *Werner*

cc) In der Praxis kommt es zu einer Anhörung des Parlaments nicht nur in den zwingend vorgesehenen Verfahrensarten; vielmehr ersucht die Kommission bei ihren Vorlagen den Rat regelmäßig, die Stellungnahme des Parlaments einzuholen; der Rat leistet dem ebenso regelmäßig Folge[75].

Nach dem seit 1975 praktizierten Konzertierungsverfahren[76] können Parlament oder Rat überdies bei allen Rechtsakten von allgemeiner Tragweite mit ins Gewicht fallenden finanziellen Auswirkungen einen gemeinsamen Konzertierungsausschuß einberufen, wenn der Rat beabsichtigt, von der Stellungnahme des Parlaments abzuweichen. Ziel ist es, innerhalb von drei Monaten zu einer Annäherung der Standpunkte zu gelangen.

---

*Weidenfeld* geleiteten „Arbeitsgruppe Europäische Verfassung"; sie will einen vom Parlament auszuarbeitenden Verfassungsentwurf zur Diskussionsgrundlage für eine Verfassung der Europäischen Union machen, vgl. „Wie Europa verfaßt sein soll" (1990), S. 30.

[75] Dieser Übung liegt auf Seiten der Kommission eine Art politischer Selbstverpflichtung gegenüber dem Parlament aus dem Jahre 1973 zugrunde, vgl. *Läufer*, in: E. Grabitz, a. a. O., Rdn. 19 zu Art. 137; an einer entsprechenden Selbstverpflichtung des Rates fehlt es freilich. Selbst wenn man eine einseitige Änderung dieser Praxis durch den Rat als Verletzung der Organtreue ansehen will, würde darin nicht zugleich eine Verletzung wesentlicher Formvorschriften gesehen werden können, die die Nichtigkeit des betreffenden Rechtsaktes nach sich zöge; zutreffend *Glaesner*, EuR 1981, S. 9 ff., 16; *Hilf*, EuR 1984, S. 9 ff., 27; weitergehend wohl *Bleckmann* (Anm. 72), S. 175; *Bieber*, in: Schwarze (Hrsg.), Gesetzgebung in der Europäischen Gemeinschaft (1985), S. 73 ff., 83, der Gründe des Vertrauensschutzes geltend macht. Mangels einer eindeutigen Selbstverpflichtung des Rates fehlt es aber gerade am unzweideutigen Vertrauenstatbestand.

[76] Es beruht auf einer gemeinsamen Erklärung von Rat, Kommission und Parlament vom März 1975. Vgl. *B. Beutler / B. Bieber / J. Pipkorn / J. Streil*, Das Recht der Europäischen Gemeinschaft — Textsammlung, II.1.6. Rat wie Kommission haben freilich von Anfang an den lediglich politischen Charakter dieser Erklärung betont, vgl. die Antworten beider Organe auf entsprechende parlamentarische Anfragen im Parlament, ABl. 1977, C 180, S. 18 und C 259, S. 4 f. Trotz der nachfolgenden ständigen Übung verwehrt es sich deshalb auch in diesem Fall, eine Verfestigung zu Gemeinschaftsgewohnheitsrecht anzunehmen, eine Annahme, der im Bereich von Kompetenzverschiebungen oder Kompetenzverknüpfungen ohnedies mit größter Behutsamkeit zu begegnen wäre. Wie hier *Hilf*, EuR 1984, S. 9 ff., 18 ff., 24 ff.; *E. Klein*, EuR 1987, S. 97 ff., 106 ff.; zurückhaltend zur rechtlichen Verbindlichkeit des Konzertierungsverfahrens auch GA *Reischl* in der Rs. 64/80, Slg. 1981, S. 704, 715 „Giuffrida und Campogrande"; zum Ganzen *Vergès*, Mélanges P. Reuter (1981), S. 501 ff., 506 ff.; *M. Bothe*, FS H.-J. Schlochauer (1981), S. 761 ff., 767 f.; *Beutler*, Gedächtnisschrift Sasse, Band 1 (1981), S. 311 ff.; *Bieber*, a. a. O. (Anm. 75), S. 81 f., der dem Konzertierungsverfahren bis dahin nur einen geringen Nutzen zuspricht.

Ein einseitiges Abweichen von diesen Übungen würde freilich nicht eine Verletzung wesentlicher Formvorschriften darstellen, selbst wenn man darin die Verletzung einer konkretisierten Pflicht zur Organtreue sehen will[77].

dd) Demgegenüber hat das mit der Einheitlichen Akte eingeführte Verfahren der Zusammenarbeit normativen Charakter[78]. Es stärkt gewiß die Mitwirkungskompetenzen des Parlaments. Gleichwohl ist es ambivalent. Das wesentliche ist, daß, wenn das Parlament den gemeinsamen Standpunkt des Rates ablehnt, der Rat statt mit qualifizierter Mehrheit nur einstimmig beschließen kann. Gleiches gilt für die Annahme parlamentarischer Abänderungsvorschläge durch den Rat, sofern nicht die Kommission die Vorschläge übernimmt.

Das bedeutet einerseits, daß die qualifizierte Mehrheit im Rat, will sie ihren Standpunkt durchgesetzt wissen, die Stellungnahme des Parlaments möglichst berücksichtigen wird, um nicht durch Ablehnung ihres Standpunktes oder bei — von der Kommission abgelehnten — Abänderungsvorschlägen des Parlaments zur Einstimmigkeit verurteilt zu sein. Das stärkt den Einfluß des Parlaments. Andererseits sieht sich das Parlament dem Druck ausgesetzt, den Vorschlag der Ratsmehrheit zu unterstützen; wenn es ablehnt oder Änderungen vorschlägt, ist die Mehrheit im Rat genötigt zu versuchen, die Einstimmigkeit zu erreichen; denn der Rat kann solche Abänderungen entgegen der Stellungnahme der Kommission nur einstimmig beschließen; bei dieser Konstellation stärkt das Parlament geradezu die Minderheit im Rat, ja hebt jedes einzelne Ratsmitglied in eine Veto-Position — eine Art unheiliger Allianz[79].

c) Begrenzte Mit*entscheidungs*befugnisse besitzt das Parlament bei der Feststellung des Haushalts, insbesondere bei den ungebundenen Haushaltsansätzen[80]; eine Rechtsetzungskompetenz folgt daraus im

---

[77] Der Grundsatz der Organtreue ist gewiß Verfassungsgebot; daraus folgt indes noch nicht, seine Verletzung als Verstoß gegen wesentliche Formvorschriften zu sanktionieren.

[78] Art. 149 Abs. 2 EWGV; ausführlich *Ress*, Gedächtnisschrift für Geck (1989), S. 625 ff., 658 ff.; *Bieber*, NJW 1989, S. 1395 ff.

[79] Art. 149 Abs. 2 lit. d Sätze 3, 4 EWGV; *K. Hänsch*, Europäische Integration und parlamentarische Demokratie, EuA 1986, S. 191 ff., 193.

[80] Für die obligatorischen Ansätze ist das Feststellungsrecht demgegenüber dem Rat verblieben; beharrt der Rat hier auf seinen Ansätzen, bleibt dem Parlament nur die Wahl, nachzugeben oder den Haushalt insgesamt abzulehnen; vgl. zum Ganzen *S. Magiera*, FS H.-J. Schlochauer, 1981, S. 829 ff. und in Grabitz, a. a. O., Rdn. 19

übrigen jedoch nicht. Der Gerichtshof trennt beide Kompetenzarten strikt.

d) Echte Zustimmungsrechte des Parlaments hat die Einheitliche Akte für die (Rats)beschlüsse über den Beitritt zur Gemeinschaft (Art. 237 EWGV) und den Abschluß von Assoziierungsabkommen (Art. 238 EWGV) begründet[81]. Sie werden voraussichtlich erhebliche Bedeutung erlangen, wenn es zu den eingangs angedeuteten Entwicklungen kommen sollte.

e) Die Beteiligung des Parlaments nach Maßgabe unterschiedlicher Verfahrensarten wirft jeweils die Frage der korrekten Kompetenzgrundlage für einen Rechtsakt auf. Von ihr hängt ab, ob und gegebenenfalls in welcher formalisierten Verfahrensart das Parlament zu beteiligen ist[82]. Hier beginnen sich erhebliche Kompetenzstreitigkei-

---

zu Art. 203, dort auch zur Abgrenzung von gebundenen und nicht-gebundenen Ausgaben, sowie *Bieber* (Anm. 75), S. 84 f.; zum Gemeinschaftshaushalt nach der Reform von 1988 vgl. allgemein: Die öffentlichen Finanzen der Gemeinschaft, hrsg. vom Amt für amtliche Veröffentlichungen der Europäischen Gemeinschaften (1989).

[81] Hier können sich im Rahmen des Art. 238 EWGV Kompetenzprobleme auftun. Bei welchem Vertragsinhalt liegt ein Assoziierungsabkommen vor, wann demgegenüber nur ein Zoll- oder Handelsabkommen i. S. d. Art. 113, 114 EWGV, das der Rat ohne jede obligatorische Anhörung des Parlaments abschließen kann? Gemildert, freilich nicht aufgehoben wird dieses Abgrenzungsproblem durch das seit 1973 ohne vertragliche Grundlage praktizierte Luns-Westerterp-Verfahren, das eine förmliche Anhörung des Parlaments nach Unterzeichnung, aber vor Abschluß eines Handelsabkommens beinhaltet. Zur Beantwortung der Frage wird man sich noch an den typischen Inhalten bisheriger Assoziierungsabkommen, etwa mit den AKP-Staaten, Griechenland und der Türkei orientieren können; Kompetenzprobleme im Verhältnis zwischen Gemeinschaft und Mitgliedstaaten hat man dabei bekanntlich dadurch überbrückt, daß sowohl die Gemeinschaft als auch die Mitgliedstaaten als solche als Vertragsparteien aufgetreten sind (zu diesen gemischten Abkommen st. aller *Vedder,* Die Auswärtige Gewalt im Europa der Neun, 1980, S. 224 ff.; *ders.,* in: E. Grabitz, a. a. O., Rdn. 18 ff. zu Art. 228; *K. D. Stein,* Der gemischte Vertrag im Recht der Außenbeziehungen der Europäischen Wirtschaftsgemeinschaft, 1986; *R. Arnold,* AVR Bd. 19 [1981], S. 419 ff., sowie den von *D. O'Keefe* und *H. G. Schermers* herausgegebenen Sammelband „Mixed Agreements", 1983). Zur Überbrückung innergemeinschaftlicher Kompetenzprobleme zwischen Rat und Parlament indes versagt dieses doppelfunktionelle Mittel.

[82] Ob eine Richtlinie zur Rechtsvereinheitlichung etwa auf Art. 100 EWGV mit — im Falle des Satzes 2 — „einfacher" Anhörung des Parlaments oder auf Art. 100 a Abs. 1 EWGV im Verfahren der Zusammenarbeit, oder ob ein Rechtsakt auf Art. 235 EWGV mit Anhörung oder auf Art. 128 EWGV ohne jede formalisierte Beteiligung des Parlaments zu stützen ist, sind nur einige aus einer Vielzahl von Konstellationen, aus denen solche Kompetenzkonflikte erwachsen könnten.

ten zwischen Rat, Kommission und Parlament abzuzeichnen. Der Gerichtshof hat die formalisierten Verfahren als wesentliche Formvorschriften qualifiziert, deren Nichtbeachtung zur Fehlerhaftigkeit eines beschlossenen Rechtsaktes mit der grundsätzlichen Folge der Nichtigkeit führt[83]. Er hat unlängst die aktive Parteifähigkeit des Parlaments für diese Art Streitgegenstände gegen den Rat[84] bejaht.

f) Zur Stellung des Gerichtshofs im gegenwärtigen System des institutionellen Gefüges der Gemeinschaft.

Von allen Strukturelementen der Gemeinschaft weist ihre Gerichtsbarkeit die geringste Wertdivergenz zum Verfassungsstaat auf.

aa) Der Gerichtshof hat durch die Einrichtung einer ersten Instanz eine Entlastung erfahren. Das wird künftig seine verfassungsgerichtliche Funktion noch deutlicher hervortreten lassen. In dieser Funktion spiegelt sich in bemerkenswerter Weise eine Tendenz auch innerhalb der Mitgliedstaaten[85]. Aktualisierung und Bedeutung von Verfas-

---

Ein weiteres Beispiel ist das nach wie vor ungeklärte Verhältnis von Art. 100a Abs. 1 EWGV (Binnenmarkt-RLe) zu Art. 130s (Umweltpolitik), hierzu st. aller *Grabitz,* in: ders., a. a. O., Rdn. 20ff. zu Art. 130s mit zahlr. Nachw., die die Vielfalt der hierzu im Schrifttum vertretenen Auffassungen deutlich machen.

[83] Vgl. Rs. 138/79, Slg. 1980, S. 3333, 3360 „Roquette Frères", sowie Rs. 139/79, Slg. 1980, S. 3393, 3424 „Maizena"; aus dem Schrifttum vgl. *Läufer,* in: Grabitz, a. a. O., Rdn. 11, sowie GBTE / *K. Pöhle,* Band 2, Rdn. 17, jeweils zu Art. 137.

[84] Vgl. die Zwischenentscheidung Rs. C-70/88 vom 22. 5. 1990, EuR 1990, S. 269ff. mit Anm. von *Hilf,* ebd. S. 273ff. Mit dieser Entscheidung, die zwar zu Art. 146 EAGV ergangen ist, aber in gleicher Weise den praktisch bedeutsameren Art. 173 EWGV betrifft, hat der Gerichtshof sein anderslautendes und vielfach kritisiertes Urteil in der Rs. 302/87, Slg. 1988, S. 5615, 5621 f. „Komitologie" korrigiert und an frühere Urteile angeknüpft, die bereits das Recht des Parlaments zum Streitbeitritt gemäß Art. 37 der Satzung des Gerichtshofs (vgl. die in Anm. 46 genannten Urteile, S. 3357f. bzw. S. 3420f.) sowie zur Erhebung einer Untätigkeitsklage (vgl. das Urteil in der Rs. 13/83, Slg. 1985, S. 525ff. [Parlament gegen Rat i. S. Verkehrspolitik]) bejaht, andererseits aber auch seine passive Parteifähigkeit für Nichtigkeitsklagen begründet hatte (EuGH Rs. 294/83, Rspr. 1986/1357 [Les Verts gegen Europäisches Parlament]). Diese neueste Entscheidung greift auf die in der Lit. zunehmend umstrittene (vgl. *Hummer,* in: Grabitz, a. a. O., Rdn. 14 vor Art. 155 m. w. N.; *W. Bernhardt,* Verfassungsprinzipien — Verfassungsgerichtsfunktionen — Verfassungsprozeßrecht im EWG-Vertrag [1987], S. 86ff.) Argumentationsfigur des „institutionellen Gleichgewichts" zurück; im Ergebnis stellt sie eine dem gegenwärtigen Stand der Verfassungsentwicklung in der Gemeinschaft entsprechende, wohlabgewogene Fortentwicklung des gemeinschaftsrechtlichen Rechtsschutzsystems dar.

[85] Die Einrichtung besonderer Verfassungsgerichte mit der Kompetenz zur Überprüfung der Verfassungsmäßigkeit von Akten auch des Gesetzgebers ist einer der auffälligsten Züge in der Verfassungsentwicklung im kontinental-westeuropäi-

sungsrecht im politischen Prozeß haben darin bislang ihren Höhepunkt erreicht. Die Rolle des Gerichtshofs im politischen Prozeß der Gemeinschaft steht dem nicht nach.

bb) Auf den Gerichtshof werden schwerwiegende Fragen bei der Abgrenzung der Kompetenzbereiche zwischen der Gemeinschaft und den Mitgliedstaaten zukommen. Mit der zunehmenden Inanspruchnahme und Erweiterung der Gemeinschaftskompetenzen besteht die Gefahr, daß eine expansive Rechtsprechung zugunsten der Gemeinschaftsgewalt in politische Untiefen führt[86]. Die Gemeinschaftstreue ist ein auf Gegenseitigkeit angelegter Verfassungsgrundsatz des Gemeinschaftsrechts[87]. Das Ausgreifen der Gemeinschaft insbesondere in den Kultur- und Bildungsbereich trifft eine der sensibelsten Seiten der Mitgliedstaaten, nicht nur in Deutschland — ein Initiativprogramm der Kommission will der allgemeinen (im Unterschied zur beruflichen) Bildung gar eine Art Priorität bei der Verwirklichung des Binnenmarktes einräumen, gewissermaßen als funktionale Voraussetzung von Marktgeschehen — womit flugs Gemeinschaftskompetenzen herbeigezaubert wären[88].

---

schen Bereich, vgl. den Generalbericht von *A. Weber,* S. 41 ff., sowie die einzelnen Landesberichte in Chr. Starck / A. Weber (Hrsg.), Verfassungsgerichtsbarkeit in Westeuropa (1986). Zur Verfassungsrolle speziell des EuGH vgl. *H. P. Ipsen,* in: Schwarze (Hrsg.), Der Europäische Gerichtshof als Verfassungsgericht und Rechtsschutzinstanz (1983), S. 29 ff., insbes. S. 47 ff. zur „realen" im Gegensatz zur „normierten" Rechtsrolle; *W. Skouris,* in: Die Bedeutung der Europäischen Gemeinschaft für die deutsche Rechtsordnung und die deutsche Gerichtsbarkeit (1989), S. 67 ff.; *W. Bernhardt* (Anm. 84), S. 48 ff.

[86] Ob der Gerichtshof mittlerweile insoweit, wie *Everling,* FS K. Doehring (1989), S. 179 ff., 195 ff., anhand neuerer Urteile des Gerichtshofes zu belegen sucht, die Zeichen der Zeit erkannt hat, erscheint angesichts der „Erasmus"-Entscheidung des EuGH vom 30. 5. 1989, Rs. 242/87, EuR 1990, S. 55 ff. mit Kommentierung *C. D. Claasen,* ebd., S. 10 ff., insbes. S. 14 ff., noch nicht gesichert. Art. 128 EWGV wird hier in einer Weise extensiv ausgelegt, die Schranken für den Zugriff der EG auf das Feld der beruflichen (und damit z. B. auch der Hochschul-) Bildung schwerlich erkennen läßt. Pessimistisch hinsichtlich der wünschenswerten Sensibilität des Gerichtshofs für eine ausgewogene Kompetenzabgrenzung auf dem Gebiet von Bildung und Kultur *W. Fiedler,* in: S. Magiera (Hrsg.), Das Europa der Bürger in einer Gemeinschaft ohne Binnengrenzen (1990), S. 147 ff., 175.

[87] Vgl. *Hailbronner,* JZ 1990, 149 ff., 152 f.; *Streinz,* DVBl. 1990, 956, 962; zurückhaltender *Everling,* EuR 1990, 229 f.

[88] Vgl. KOM (88) 280 endg., vom 18. Mai 1988, Bildung in der Europäischen Gemeinschaft. Mittelfristige Perspektiven: 1989–1992 (Mitteilung der Kommission). Im Hinblick auf den Binnenmarkt, die EEA und die Beschlüsse des Europäischen Rates (sic!) vom Febr. 1988 fordere u. a. die wirtschaftliche und technologi-

Zusammenfassend läßt sich zum Rechtsstaatsprinzip feststellen:

g) Seine Elemente sind auf der Ebene des Gemeinschaftsrechts im allgemeinen in funktional entsprechender Weise verwirklicht[89]; eine erhebliche Divergenz besteht indes im Bereich der Gewaltenteilung insofern, als dem Parlament bei der Rechtsetzung weder Initiativ- noch Entscheidungsbefugnisse — mit den erwähnten Ausnahmen — eingeräumt sind.

## 2. *Zum Demokratieprinzip im Gemeinschaftsrecht*

a) Wenn ein wachsendes demokratisches Defizit der Gemeinschaft beklagt wird, so ist damit neben der mangelnden Rechtsetzungkompetenz des Europäischen Parlaments vor allem die zunehmende Entparlamentarisierung des politischen Prozesses in den Mitgliedstaaten gemeint, die nicht durch einen entsprechenden Zuwachs auf der

---

sche Entwicklung eine kontinuierliche Verbesserung der Fähigkeiten des „Arbeitskräftepotentials" und somit ein höheres Niveau der schulischen Grundausbildung sowie eine sehr viel größere Flexibilität u. a. von Bildungs- und Ausbildungsinstitutionen sowie bei den Individuen. Dies enthalte Konsequenzen für die Bildungspolitik „auf einzelstaatlicher — und auf Gemeinschaftsebene" u. a. insbesondere im Hinblick auf „die Notwendigkeit, das Problem des Schulversagens anzugehen und die Anzahl derjenigen zu verringern, die in den Arbeitsmarkt ohne grundlegende Fähigkeiten und Fertigkeiten sowie ohne Qualifikationen eintreten; — die Notwendigkeit, die Bildungssysteme so zu gestalten, daß sie rascher auf Veränderungen, die Bedürfnisse der von ihnen auszubildenden Bürger und lokale und/oder regionale Prioritäten reagieren können; ...; die Notwendigkeit, Bildungs- und Ausbildungserfahrungen hervorzuheben, die Unternehmungsgeist und Anpassungsfähigkeit fördern, und zwar besonders, wo es gilt, die immer noch starken traditionellen Grenzen zwischen allgemeiner und beruflicher bzw. technischer Bildung zu überwinden; ..." (Mitt., S. 1, 2). Ob — im Sinne eines Subsidiaritätsprinzips — die Bildungspolitik der Mitgliedstaaten zu solcher Einsicht wohl unfähig wäre? Die Ministerpräsidenten der deutschen Bundesländer nahmen bei ihrem Zusammentreffen mit Kommissionspräsident *Delors* am 19. Mai 1988 entschieden gegen solche „Richtlinien" Stellung, vgl. FAZ vom 21. Mai 1988 und die Ausführungen des Bayerischen Ministerpräsidenten *F.-J. Strauß,* EA 43 (1988) D 338 ff., 339 f.

[89] Zur Frage, ob sich speziell für das deutsche Recht eine Einbuße an Verfassungsstaatlichkeit aus der Bestimmung des Verhältnisses von Gemeinschaftsrecht zum Grundgesetz, insbesondere zu den darin gewährleisteten Grundrechten, durch die Rechtsprechung des Bundesverfassungsgerichts ergibt, ist auf das Referat von *E. Klein,* unten S. 56, zu verweisen. Der Verfasser sieht insoweit von einer Stellungnahme ab.

Ebene der Gemeinschaft kompensiert werde[90]. Die damit verbundene innerstaatliche Gewichtsverschiebung zugunsten der Regierung, die an der Rechtsetzung im Rat beteiligt ist, und zu Lasten des Parlaments, wirft in der Tat die Frage nach der Einbuße an einem zentralen Moment von Verfassungsstaatlichkeit — der Gewaltenteilung — auf.

b) Ausgleich des Defizits an parlamentarischer Demokratie?

Die allein über die Regierungen vermittelte und mitgliedstaatlich strukturierte demokratische Legitimation von Rat und Kommission, zusammen mit einer Art Legitimationsidee aus dem Sachverstand, vermögen mittlerweile in der Tat den Anforderungen aus dem Prinzip parlamentarischer Demokratie jedenfalls im Bereich der Rechtsetzung nicht mehr zu genügen.

Für eine Kompensation kommen zwei Handlungsebenen in Betracht, die innerstaatliche und die Gemeinschaftsebene.

aa) Ausgleich auf mitgliedstaatlicher Ebene?

Die einschlägige Kontrolle der Heimatparlamente über ihre Regierungen zu intensivieren, vermag das Defizit ein Stück weit zu mindern. Bedenkt man, wie parlamentarische Regime in der Praxis von Parteiendemokratien tendenziell zu funktionieren pflegen, ist diese Minderung keineswegs gering zu veranschlagen.

*Ernst Fraenkel* hat einmal sinngemäß bemerkt, in einem funktionierenden parlamentarischen Regime sei die Regierung im Grunde ein von der Mehrheit gebildeter Parlamentsausschuß; und da die Parlamentsmehrheit in dieses Gremium typischerweise ihre besten Köpfe entsende, kontrolliere nicht die Parlamentsmehrheit die Regierung, sondern, umgekehrt, die Regierung ihre Parlamentsmehrheit. Das war gewiß mit Blick auf das Westminister-Parlament gesprochen, das

---

[90] Vgl. aus dem Schrifttum statt vieler *P. Pescatore,* Les exigences de la démocratie et de la légitimité de la Communauté Européenne, CahDrEur. 1974, S. 499 f.; *Zuleeg,* Der Verfassungsgrundsatz der Demokratie und die Europäischen Gemeinschaften, in: Der Staat 17 (1978) 27 ff.; *Frowein,* Die rechtliche Bedeutung des Verfassungsprinzips der parlamentarischen Demokratie für den europäischen Integrationsprozeß, EuR 1983, S. 303 ff.; *Hilf,* Die rechtliche Bedeutung des Verfassungsprinzips der parlamentarischen Demokratie für den europäischen Integrationsprozeß, EuR 1984, S. 9; *E. Klein,* Entwicklungsperspektiven für das Europäische Parlament, EuR 1987, S. 97; *Ress,* Über die Notwendigkeit parlamentarischer Legitimierung der Rechtsetzung der Europäischen Gemeinschaften, Gedächtnisschrift für Geck (1989), S. 625 ff., m. w. N.; vgl. aus schweizerischer Sicht: Bericht des Bundesrates, a. a. O. (Anm. 19), S. 371 f.

gelegentlich bis zu hundert Abgeordnete in Regierungsfunktionen aufzuweisen hat[91].

Aber auch dort, wo es nicht in der (nahezu) reinen Form nach britischer Art anzutreffen ist, verlagert sich im parlamentarischen Regime die Kontrollfunktion tendenziell in zwei Richtungen, zum einen auf die Opposition und zum andern in die Regierungsfraktion(en), hier freilich unter Ausschluß der Öffentlichkeit. Gleichwohl bringen die Regierungen damit ein erhebliches Maß an parlamentarischer Repräsentativität in den Ministerrat der Gemeinschaft ein. Sie den parlamentarisch nicht rückgebundenen monarchischen Exekutiven des 19. Jahrhunderts gleichzustellen, verkennt Wesen und Funktion des parlamentarischen Regimes.

Ob das jeweilige Verfassungsrecht etwa bindende Weisungen des Parlaments für das Verhalten im Rat zuläßt, möglicherweise wahrgenommen von einschlägigen Ausschüssen, ist eine Frage, die hier nicht näher zu behandeln ist[92]. Ob das Gemeinschaftsverfassungsrecht einer

---

[91] Der Nicht-Parlamentarier als Minister ist kaum anzutreffen; die Gesetzesinitiative liegt — von den „private bills" abgesehen — praktisch ausschließlich bei der Regierung.

[92] Für die deutsche Verfassung würde ich dies in bezug auf den Bundestag angesichts der Zuordnung der, sei es auswärtigen, sei es Integrationsgewalt, verneinen; dem Bundestag bleibt das Recht, die Bundesregierung zu stürzen, Art. 67 GG. Was den Bundesrat angeht, so würde ich, entgegen einer beachtlichen Auffassung im Schrifttum meinen, daß Art. 2 Abs. 3 Satz 2 des Zustimmungsgesetzes zur Einheitlichen Europäischen Akte zwar bis an die Grenze des verfassungsrechtlich Zulässigen geht, sie aber noch nicht überschreitet; vgl. *H. Steinberger,* Auswärtige Gewalt unter dem Grundgesetz, in: Rechtsentwicklung unter dem Bonner Grundgesetz, hrsg. von R. Mußgnug (1990), S. 101 ff., 114 (Bedenken demgegenüber bei *G. Ress,* EuGRZ 1987, S. 361 ff., 364; *ders.,* Gedächtnisschrift für Geck [1989], S. 625 ff., 665; sowie — „sofern man seinen Wortlaut ernst nimmt" — bei *Chr. Tomuschat,* in: S. Magiera / D. Merten [Hrsg.], Bundesländer und Europäische Gemeinschaften [1988], S. 21 ff., 39 mit Anm. 54). Wie hier *K. Kruis,* Variationen zum Thema Kompetenzkompensation, in: FS für Willi Geiger, S. 155 ff.; *Grabitz,* EuR 1987, S. 310 ff. (319) mit einer verfassungskonformen Auslegung des Art. 2 Abs. 3 Satz 2 dahingehend, daß dieser eine Bindungswirkung nur entfalte, soweit er eine Konkretisierung des Grundsatzes der Bundestreue darstellt; ähnlich *E. Haas,* DÖV 1988, S. 613 ff., 619; *G.-B. Oschatz / H. Risse,* EA 1988, S. 9 ff. und *H.-J. Schütz,* BayVBl. 1990, S. 481 ff., 487 ff.; offengelassen bei *D. Dörr,* NWVBl. 1988, S. 289 ff., 294 und *W. Graf Vitzthum,* AöR 1990, S. 281 ff., 294. Mag die gefundene „Bundesratslösung" den Ländern auch einen gewissen Einfluß auf das Handeln der Bundesregierung im Ministerrat gesichert haben, soweit ausschließliche Länderzuständigkeiten betroffen sind, so hat sie gleichwohl der Entmachtung der Länderparlamente weiteren Vorschub geleistet (vgl. *U. Goll,* ZParl. 1989, S. 587 ff.).

solchen Weisungsgebundenheit des Vertreters im Rat entgegenstünde, ist umstritten, aber doch wohl zu verneinen[93]. Der dänische Vertreter im Rat war übrigens zu Zeiten an solche Weisungen gebunden. Indes vermögen diese und weitere denkbare Intensivierungen auf mitgliedstaatlicher Ebene das Defizit auf der Gemeinschaftsebene letztlich nicht auszugleichen[94]; sie erreichen gegebenenfalls den jeweiligen Regierungsvertreter im Rat, nicht aber den Rat als kollegiales Gemeinschaftsorgan.

Das Defizit an Rechtsetzungsmacht ist letztlich nur dadurch auszugleichen, daß das Europäische Parlament mit Entscheidungsbefugnissen in den Rechtsetzungsprozeß eingeschaltet wird[95].

---

[93] Gewiß muß der Rat von seiner Funktion her als ein Organ gesehen werden, das seine Entscheidungen typischerweise im Wege des Ausgleichs von Interessenkonflikten zu treffen hat und damit der Fähigkeit zur Kompromißbildung, zu politischer Flexibilität, zu Paketlösungen nicht entraten kann; ein häufig erforderliches Rückverhandeln eines Ratsmitglieds mit dem heimischen Parlament würde die Entscheidungsfähigkeit erschweren. Eine gemeinschaftsrechtliche Unzulässigkeit dieser Art Bindungen ist daraus m. E. nicht herzuleiten, nicht zuletzt wenn man die Schwierigkeiten anderer Alternativen, das beklagte Defizit auszugleichen, mit in Betracht zieht. Demgegenüber hält *G. Ress,* EuGRZ 1986, S. 549 ff., 551 ff.; *ders.,* in Gedächtnisschrift Geck (1989), S. 625 ff., 665, eine bindende Einflußnahme der Länder auf den deutschen Ratsvertreter für mit Art. 5 EWGV unvereinbar, ebenso *Grabitz,* in: R. Hrbek / U. Thaysen (Hrsg.), Die Deutschen Bundesländer und die Europäischen Gemeinschaften (1986), S. 169 ff., 173, und Art. 2 Abs. 3 Satz 2 ZustG EEA für gemeinschaftsrechtlich jedenfalls problematisch; Zweifel auch bei *G.-E. zur Hausen,* EuR 1987, S. 322 ff., 329. Gegen die These von der Beeinträchtigung der integrationspolitischen Handlungsfreiheit der Bundesregierung *M. Schröder,* JöR N. F. Bd. 35 (1986), S. 83 ff., 96. Zur gemeinschaftsrechtlichen Zulässigkeit einer Bindung der Bundesregierung an die Beschlüsse des Bundestages äußert *Ress* sich zwar nicht (auch nicht in EuGRZ 1987, S. 361 ff., 367), in der Konsequenz seiner Ausführungen läge jedoch, auch dies für unvereinbar mit der Pflicht der Mitgliedstaaten zu gemeinschaftsfreundlichem Verhalten zu erachten. Wie hier demgegenüber *R. Streinz,* DVBl. 1990, S. 949 ff., 961 in Anm. 224.

[94] *Zuleeg,* in: Der Staat, 17 (1978) 38 ff.; E. Klein, EuR 1987, 101. A. A. *Streinz,* DVBl. 1990, 961, der sich auch dezidiert jedenfalls gegen die Übertragung von Legislativkompetenzen auf das Parlament ausspricht, ibid. S. 958 ff.

[95] Ob sich aus dem Gemeinschaftsrecht, dem allgemeinen Völkerrecht oder dem deutschen Verfassungsrecht sogar eine Pflicht der Bundesrepublik ergibt, auf eine verstärkte parlamentarische Legitimierung der Rechtsetzung in der Gemeinschaft hinzuwirken, hat als Frage vor allem *G. Ress* aufgeworfen (Gedächtnisschrift W. K. Geck [1989], S. 625 ff., insbes. S. 631 ff., 650 ff., 666 ff.; vgl. ferner *Bleckmann,* ZRP 1990, 265 ff., 266). Es fehlt hier der Raum, auf *Ress'* Überlegungen im einzelnen einzugehen; vgl. demgegenüber *Streinz* (Anm. 92), S. 958 ff.

bb) Ausgleich auf der Ebene des Gemeinschaftsrechts?

Ein solcher Ausgleich könnte nur über eine förmliche Vertragsänderung erfolgen. Der Gerichtshof zählt zwar das grundlegende demokratische Prinzip zu den Verfassungsprinzipien der Gemeinschaft[96]. Aber auch als gemeinsamer Rechtsgrundsatz vermag er nicht, eindeutige Kompetenzzuweisungen zu überspielen; diese aber sind im Bereich der Rechtsetzung eindeutig[97].

c) Mögliche Erweiterung der Befugnisse des Europäischen Parlaments.

Die Frage bleibt, welchen Inhalt mögliche Erweiterungen der Befugnisse des Parlaments annehmen könnten. Damit begibt man sich auf das glatte Parkett hypothetischer Überlegungen und subjektiver Wertungen.

Im voraus sei bemerkt, daß der Verfasser mit dem Begriff der Europäischen Union[98] nicht schon den Europäischen Bundesstaat vorprogrammiert sieht; die künftige Form der Gemeinschaft erscheint derzeit offener denn je. Dabei soll keineswegs verkannt werden, daß der Bundesstaat nicht ein beliebiges Modell ist. Er hat sich historisch als die stabilste, wenn nicht als die einzig stabile Rechtsform von Vergemeinschaftung erwiesen; Staatenbünde sind entweder zerfallen oder haben sich zu Bundesstaaten, wenn nicht zu Einheitsstaaten gewandelt[99].

Auch der gewiß reiche Bestand an gemeinsamen moralischen und rechtlichen Grundwerten determiniert noch nicht die nähere politische Form, die eine Europäische Union annehmen könnte. Sie wird sicherlich starke föderale Elemente aufweisen; daß sie sich zur Bundesstaatlichkeit verdichten, halte ich für eher unwahrscheinlich.

aa) Was die Rechtsetzung anbetrifft, lassen sich eine Reihe von Modellen denken, um die Mitwirkungsbefugnisse des Parlaments zu erweitern.

---

[96] EuGH Slg. 1980, 3393, 3424 — Rs. 139/79, Mancena gegen Rat; 1980, 3333, 3360 — Rs. 138/78, Roquette Frères gegen Rat.

[97] So zutreffend *Ress*, Gedächtnisschrift für Geck, S. 642 ff.

[98] Vgl. Abs. 1 der Präambel der EEA.

[99] Daß der Einheitsstaat als rechtliche und politische Form einer Europäischen Union ausscheidet, bedarf keiner weiteren Begründung. Im übrigen erleben wir gerade in diesen Tagen, daß dort, wo der Einheitsstaat unter der harten Knute totalitärer Regime erzwungen worden ist, er je nach dem Maß der politisch-kulturellen Homogenität der Bevölkerung sehr schnell in die Gefahr des Zerfalls geraten kann, sobald die totalitären Fesseln sich lockern oder gar abgestreift werden.

(1) Man könnte das Verfahren der Zusammenarbeit auf *alle* Fälle erweitern, in denen der Rat mit Mehrheit entscheidet. Dies – wie auch die weiteren modellhaften Überlegungen – bedürfte gewiß der verfahrensmäßigen Feinabstimmung, um nicht hinterrücks etwa bei einem Einstimmigkeitserfordernis im Rat anzugelangen.

(2) Weiter könnte dieses Verfahren auf jene Fälle erstreckt werden, in denen der Rat mit Einstimmigkeit beschließt, etwa mit der Maßgabe, daß dort nur noch die qualifizierte Mehrheit erforderlich wird, wenn das Parlament *seine* Stellungnahme mit qualifizierter Mehrheit beschließt[100].

(3) Ferner könnte man an ein eigenes Initiativrecht des Parlaments jedenfalls für Grundsatzakte – im Unterschied zu Durchführungsverordnungen – denken. Dies wäre der Überlegung vorzuziehen, das Initiativrecht der Kommission einer parlamentarischen Bindung zu unterwerfen[101].

(4) Für eine Beteiligung an der Beschlußgewalt lassen sich abgestufte Formen denken, vom Einspruchsrecht gegenüber Ratsbeschlüssen in Form eines suspensiven Vetos mit anschließendem Vermittlungsverfahren[102] bis zur gleichberechtigten Teilhabe an der Entscheidungsgewalt. Vorstellungen dahin, das Beschlußrecht des Rates dabei zu verfristen mit der Folge, daß bei Untätigkeit der Rechtsakt nach Maßgabe des Parlamentsbeschlusses zustande kommt[103], dürften

---

[100] An diese qualifizierte Mehrheit des Parlaments könnten besondere Anforderungen gestellt werden etwa dahin, daß darin zumindest die absolute Stimmenmehrheit der Abgeordneten enthalten sein müsse.

[101] Ähnlich, wenn auch ohne die Beschränkung auf Grundsatzakte, *R. Streinz* (Anm. 92), S. 961 („Initiativrecht im Rahmen der Verbandskompetenz der Gemeinschaft"). Zurückhaltend demgegenüber *Zuleeg*, EuR 1972, S. 1 ff. (9 f.); *P. Gilsdorf* (Anm. 68), S. 104 f. Der Parlamentsentwurf für eine Europäische Union von 1984 (Anm. 73) sieht insoweit ein subsidiäres Initiativrecht von Parlament und Rat vor, das jeweils dann zum Zuge kommen soll, wenn es die Kommission unterläßt, einer entsprechenden Aufforderung zur Gesetzesinitiative durch Parlament oder Rat Folge zu leisten (vgl. Art. 37 al. 2 des Entwurfs).

[102] Ein solches Vermittlungsverfahren sieht auch Art. 38 des Vertragsentwurfs des Parlaments für eine Europäische Union (Anm. 73) vor, ausgehend allerdings von einer gleichberechtigten Teilhabe von Rat und Parlament an der Legislativgewalt; in eine ähnliche Richtung tendieren auch die Vorstellungen der „Arbeitsgruppe Europäische Verfassung" in ihrem Bericht „Wie Europa verfaßt sein soll", vgl. ebd. (Anm. 73), S. 25.

[103] Eine solche, allerdings wechselseitig wirkende Verfristung sieht der Parlamentsentwurf für die Europäische Union (Anm. 73) vor (Art. 38 al. 5). Nach der geltenden Gemeinschaftsverfassung gibt es solche Verfristung im Haushaltsfeststellungsverfahren (vgl. Art. 203 Abs. 4–6 EWGV).

wenig Aussicht haben; sie würden das Beschlußverfahren des Rates, insbesondere die Erfordernisse qualifizierter Mehrheit oder Einstimmigkeit, aus den Angeln heben.

(5) Wenig funktionsangemessen und wohl kaum durchsetzbar erscheinen Forderungen, für das Verfahren im Rat sei es generelle, sei es Parlamentsöffentlichkeit einzuführen. Der Rat wird nach wie vor das Organ bleiben, in dem die Interessenkonflikte zwischen den Mitgliedstaaten und zwischen ihnen und der Gemeinschaft auszutragen sind. Ein solcher Prozeß ist noch sensibler und komplizierter als vergleichbare Prozesse auf innerstaatlicher Ebene; er besitzt und erfordert auch eine andere Gruppendynamik als parlamentarische Willensbildung[104].

(6) Das Parlament in das Rechtsetzungsverfahren mit Beschlußrecht einzubeziehen, heißt zugleich der Mehrheitsregel Raum zu geben[105].

Es fragt sich indessen, ob eine einfache Mehrheitsregel angesichts der politisch-kulturellen Struktur der Mitgliedstaaten und angesichts von Erfahrungen aus der europäischen Geschichte die angemessene Beschlußregel wäre.

Das Beschlußverfahren im Rat hat man sehr sorgfältig austariert; die Bestellung der Mitglieder von Kommission und Gerichtshof bedarf des Einvernehmens aller Regierungen. Im Parlament reichen

---

[104] Dieser Prozeß ist nicht zuletzt mit geschichtlichen Hypotheken, Emotionen und Vorurteilen belastet. Ihn von Beginn an dem Forum der Öffentlichkeit zu unterstellen, wird seine Transparenz keineswegs fördern, sondern das Ringen um Kompromisse in die Hinterzimmer und in diskrete Kommunikationskanäle, noch weiter in die Hilfsorgane des Rates, den Ausschuß der Ständigen Vertreter und sonstige Untergruppierungen, verlagern. Auch in den nationalen Parlamenten wird diese Arbeit regelmäßig in den vertraulichen Ausschußsitzungen geleistet. Die Plenardebatte mag dann die politischen Leitlinien transparent machen, die hinter einem Ergebnis oder seiner Ablehnung stehen. Daran ist auch das Europäische Parlament nicht gehindert. Den puristischen Anhänger demokratischer Transparenzideen werden solche Erwägungen freilich nicht überzeugen können. Für eine Öffentlichkeit der Sitzungen des zum „Rat der Union" gewandelten Ministerrats haben sich die Mitglieder der „Arbeitsgruppe Europäische Verfassung", a. a. O. (Anm. 73), S. 22, ausgesprochen; zurückhaltender, aber m. E. immer noch zu weitgehend, der Vertragsentwurf des Parlaments für die Europäische Union (Anm. 73), der in seinem Art. 24 die Öffentlichkeit der Sitzungen des Rates für die Fälle vorsieht, in denen dieser als Legislative oder als Haushaltsbehörde tätig wird. *Sasse* hat vorgeschlagen (KSE Bd. 22 [1973], S. 61 ff., 80 ff.), eine partielle Öffentlichkeit dadurch herzustellen, daß einer Parlamentsdelegation die Teilnahme an den Ratssitzungen ermöglicht wird.

[105] So schon *R. Herzog*, KSE Bd. 22 (1973), S. 35 ff., 43 f.

derzeit die Stimmen aller Abgeordneten aus drei großen und — Luxemburg ausgenommen — aus einem weiteren beliebigen Mitgliedstaat aus, um eine absolute Mehrheit zustande zu bringen. Dabei sollen gewiß parteipolitische Affinitäten nicht unterschätzt werden, die eine Mehrheitsbildung schlicht nach „nationalen" Kontingenten sicherlich nicht zur Regel, sondern eher zur Ausnahme machen werden. Gleichwohl mag es der Überlegung wert sein, die Mehrheitsregel für parlamentarische Beschlüsse durch bestimmte Qualifikationen zu modifizieren[106].

bb) Im Verhältnis zur Kommission wird auch erwogen, dem Parlament ein Investiturrecht oder gar das Kreationsrecht, eventuell verbunden mit einem Vorschlagsrecht der Regierungen, einzuräumen[107]. Eine solche Kreationsbefugnis würde der Kommission eine unmittelbare parlamentarische Legitimation verleihen, die ihre Stellung zumindest nach außen stärkte. Zugleich würde sie das Parlament stärker politisieren, was durchaus dem Prinzip der Parteiendemokratie entspräche. Doch verlöre das Parlament damit auch eine gewisse Distanz gegenüber der Kommission. Derzeit fühlt es sich nicht gehalten, die Kommission nach Art einer Regierungsmehrheit abzudecken. Der Arbeit an konkreten Sachproblemen mag das eher förderlich sein. Aber politische Vor- und Nachteile dürften sich hier eher die Waage halten.

---

[106] Nicht akzeptabel erschiene freilich, für Beschlüsse zu verlangen, daß sie jeweils auch von den Mehrheiten der Abgeordneten der jeweiligen „nationalen" Kontingente getragen sein müßten. Dies würde z. B. drei luxemburgischen Abgeordneten eine Vetoposition gegenüber dem Gesamtparlament einräumen. Zu anderen „Veto"-Überlegungen vgl. *Ress*, Gedächtnisschrift für Geck, S. 683; dagegen *Streinz*, DVBl. 1990, S. 959.

[107] Für eine solche stärkere Einflußnahme des Parlaments auf die Zusammensetzung der Kommission plädieren nicht nur Verfassungsentwürfe für die Fortentwicklung der Gemeinschaft, wie insbesondere der Vertragsentwurf des Parlaments für die Gründung einer Europäischen Union (Anm. 73, vgl. dessen Art. 25), sondern auch gewichtige Stimmen in der Literatur, so etwa *Zuleeg*, EuR 1972, S. 1 ff., 10 f.; *G. Zieger*, FS H.-J. Schlochauer, 1981, S. 947 ff., 975; *E. Rhein*, EA 1982, S. 145 ff., 146 f., 149, das Parlamentsmitglied *H.-J. Seeler*, EuR 1990, S. 99 ff., 117 und die „Arbeitsgruppe Europäische Verfassung", a. a. O. (Anm. 73), S. 22, sowie *R. Streinz*, DVBl. 1990, S. 949 ff., 961. Zurückhaltend demgegenüber *H. P. Ipsen*, FS H.-J. Schlochauer, 1981, S. 813 ff., 820 f., vgl. aber auch *ders.*, Diskussionsbeitrag, in: K. Stern, a. a. O. (Anm. 49), S. 226; *Frowein*, KSE Bd. 22 (1973), S. 83 ff., 86. Die davon unabhängige Befugnis des Parlaments, die Kommission über ein Mißtrauensvotum zum Rücktritt zu zwingen, blieb in der bisherigen Praxis auf gelegentliche Drohgebärden beschränkt, schon weil Parlament und Kommission sich häufig als Verbündete gegenüber dem Rat sahen.

c) Eine rechtlich sanktionierte politische Kontrollfunktion des Parlaments gegenüber dem Rat erscheint schlechterdings ausgeschlossen. Die Versuche zur Neuordnung Europas werden die Stunden der Exekutiven sein — und damit sind die staatlichen Parlamente zur Kontrolle gefordert. Das Europäische Parlament wird als Diskussionsforum der Gemeinschaft sein Gewicht einbringen; eine politische Leitungsfunktion zur gesamten Hand mit dem Rat wird ihm nicht zugestanden werden.

d) Die Zusammensetzung des Rats, sein Beschlußverfahren wie auch die Kreationsbefugnis der Regierungen hinsichtlich der Kommission sind nicht nur Ausdruck einer föderalen Struktur der Gemeinschaft. Sie gewährleisten zugleich, daß ein verhältnismäßig breites Spektrum der in den Mitgliedstaaten vorhandenen gewichtigeren politischen Kräfte in diese Organe eingebracht wird. Das bedeutet eine Strukturierung der Gemeinschaft in Richtung auf das, was man eine Konkordanzdemokratie genannt hat[108]. Und in dieser Richtung dürfte die größere Chance liegen, das demokratische Defizit in einer Weise auszugleichen, die Akzeptanz findet.

e) Die Tendenz dazu könnte noch gestärkt werden, wenn in den Willensbildungs- und zumal in den Rechtsetzungsprozeß eine Regionalvertretung eingefügt würde, in der die territorialen Untergliederungen der Mitgliedstaaten repräsentiert wären, mit Befugnissen zur Mitsprache bei Materien, durch die sie in ihrer spezifischen Besonderheit als Untergliederungen oder auch in grenzüberschreitenden regionalen Besonderheiten betroffen werden[109]. Angesichts der verschiedenartigen Verfassungsstrukturen der Mitgliedstaaten wird es nicht einfach sein, solche Gegenstände materiell zu definieren. Möglicherweise böte es sich an, sie gleichsam prozedural zu individualisieren durch eine Art Qualifikationsbeschluß dieses Organs, mit dem es feststellt, daß es im konkreten Fall seine spezifischen Interessen

---

[108] Vgl. in diesem Zusammenhang *Badura,* ZSchwR 1990, S. 115ff., 133, der in einer Konkordanzdemokratie nach dem Muster des Schweizer Bundesrates ein erwägenswertes Erfahrungsbeispiel für die Gemeinschaftsverfassung sieht. Auch in der Politikwissenschaft wird der Gedanke, die Europäischen Gemeinschaften als ein „Konkordanzsystem" zu begreifen, angesprochen, vgl. etwa *R. Hrbek,* Gedächtnisschrift Sasse, Band I (1981), S. 87ff.

[109] Im Rahmen seiner „Quote" könnte es jedem Mitgliedstaat überlassen bleiben, welche seiner Untergliederungen er in einem derartigen Gemeinschaftsorgan vertreten sehen möchte, sofern sie einen territorialen (lokalen) Bezug aufweisen und demokratische Repräsentativität besitzen. Zum Regionalismus in Europa vgl. *D.-H. Voß,* Regionen und Regionalismus im Recht der Mitgliedstaaten der EG (1989).

berührt sieht; das könnte an weitere Qualifikationserfordernisse, etwa seitens des Parlaments oder der Kommission, geknüpft werden, um dann ein Mitentscheidungsrecht der Regionalvertretung aktuell auszulösen.

Der Einwand, daß dies den Entscheidungsprozeß unerträglich kompliziere, steht zu erwarten. Gewiß gibt es hier aus dem Gemeinschaftsrecht eine Effizienzgrenze; um sie zu wahren, könnte man an Verfristungsregeln denken. Letztlich aber wäre mit *Tocqueville* entgegenzuhalten, daß die Herrschaft der Mehrheit in der Demokratie wohl mehr als jede andere Herrschaft der Sanktion der Zeit bedürfe, um legitim zu erscheinen[110]. Der größte Reichtum Europas besteht in der Vielfalt seiner Kulturen; sollten sie nicht auch in der Gemeinschaft über schon bislang bestehende lose Ansätze hinaus zur Sprache kommen[111]?

### 3. *Schlußbemerkung*

Seit dem Westfälischen Frieden entwickelte sich in Europa als zentrale politische wie völkerrechtliche Maxime die Bewahrung des europäischen Gleichgewichts: keine Macht sollte die Vorherrschaft erringen[112]. Die nationalstaatliche Ordnung in Europa hat trotz großartiger Leistungen den wichtigsten Test des 20. Jahrhunderts nicht bestanden: sie hat sich in zwei Weltkriegen als unfähig erwiesen, den Frieden zu wahren[113]. Ließe sich daraus nicht die Lehre ziehen, auch für die Ausformung des Demokratieprinzips nach neuen Formen

---

110 De la Démocratie en Amérique, in: Œuvres complètes, hrsg. von H.P. Mayer, 1951 ff., Band 1, S. 421 f.

111 Nicht zu teilen vermag ich daher die Einschätzung *Tomuschats* (Anm. 92), S. 43, eine EG-Länder- (bzw. Regional-)kammer könne kaum mehr sein als „das 5. Rad am Wagen".

Unabhängig von der Einrichtung einer solchen Kammer erscheint auch ein beschränktes Klagerecht selbständiger Regionalkörperschaften vor dem EuGH, wie es die 2. Konferenz „Europa der Regionen" im April 1990 in Brüssel gefordert hat (vgl. die bei *M. Borchmann*, DÖV 1990, S. 879 ff., 881 f. abgedruckte Entschließung dieser Konferenz unter 2.), durchaus erwägenswert.

112 *W. Grewe*, Epochen der Völkerrechtsgeschichte (1984), S. 327 ff. Im Zeichen dieser Maxime werden die Erbfolgekriege geführt, die europäische Koalition gegen *Napoleon* geschlossen, der Wiener Kongreß abgehalten, das europäische Konzert gebildet. Im 20. Jahrhundert, wenn ich mich einmal wiederholen darf, verkennen dann ein deutscher und ein sowjetischer Politiker, daß Europa die Vorherrschaft einer Macht nicht zu dulden gewillt ist.

113 Vgl. *W. Hallstein*, Die Europäische Wirtschaftsgemeinschaft politisch gesehen. In: Mitteilungen aus der Max-Planck-Gesellschaft, Jg. 1963, S. 130 ff., 134.

eines *aequilibrium Europaeum* zu suchen? Die demokratische Legitimation und Kontrolle der Rechtsakte der Gemeinschaft, wiewohl im Ansatz vorhanden, ist gewiß noch so unvollkommen ausgestaltet, daß sie einem Vergleich anhand der Verfassungsstandards der Mitgliedstaaten derzeit schwerlich standhält. Indes, würde Europa eine rein parlamentarische Mehrheitsherrschaft dulden — selbst wenn sie mit der Rechtsetzungsbefugnis eines Ministerrates gepaart bleibt —?

Sollte es zu der funktionalen und institutionellen Kooperation und Vernetzung auf den Gebieten der Außenpolitik, der Sicherheit und der Wirtschaft kommen, von der eingangs die Rede war, wird die Gemeinschaft ein zentrales Moment in dem Versuch bilden, ein neues europäisches Gleichgewicht auszutarieren — eingebettet in globale Konstellationen. Seine Elemente werden auch als von außen wirkende Kontrollgewichte gegen ein mögliches Exzedieren von Exekutivmacht in die Waagschale fallen. Die Einbettung dieses Prozesses in eine Grundrechtsgemeinschaft, für die der Europarat und seine Rechtsschutzinstanzen bereits einen Rahmen bereit halten, wird eine weitere Freiheitsgewähr bieten[114].

Daraus ließen sich Konsequenzen auch für die künftige Ausformung des Demokratieprinzips und des institutionellen Gefüges in der Gemeinschaft ziehen. Seine einzelnen Elemente könnten jedes in sich ein spezifisches Gewicht an demokratischer Legitimität tragen. In ihrem Zusammenwirken könnten sie dem zentralen Anliegen moderner Gewaltenteilung und parlamentarischer Demokratie entsprechen, Freiheit zu verbürgen, und damit der wichtigsten Wertgrundlage auch des Verfassungsstaates genügen. Die politische und rechtliche Befindlichkeit des europäischen Verfassungsstaates wird sich damit gewiß wandeln, seine Wertgrundlagen aber dürften in funktional äquivalenter Weise geschützt bleiben.

Eine prästabilierte Harmonie ist freilich weder einem europäischen Gleichgewicht noch einer Konkordanzdemokratie gewährleistet. Beide bleiben politischen Prozessen von Irrtum und Versuch ausgesetzt. Aber solange diese Prozesse rechtsstaatlich umhegt und von unabhängigen Gerichten gehütet bleiben, wie wir es gerade in diesen Tagen wieder erleben, wird auch das Demokratieprinzip hinlänglich gewahrt werden können.

---

[114] Kommissionspräsident *Delors* hat angekündigt, daß die EG noch im Jahre 1990 der EMRK beitreten wolle, EuGR 1990, 47; die Haltung des Rats war bislang abwartend, vgl. die Antworten auf parl. Anfragen (ABl. Nr. C 77/43 und 171/52) vom 14. Febr. 1989 und 1. Juni 1990.

*Leitsätze des Berichterstatters über:*

# Der Verfassungsstaat als Glied einer europäischen Gemeinschaft

*A.*

*1. Bei aller Gestaltungsbreite im einzelnen stellen Rechtsstaatlichkeit, demokratische Regierungsform und Sozialstaatlichkeit den Mindeststandard von Verfassungsstaatlichkeit dar. Im Brüsseler Vertrag (WEU) und im NATO-Vertrag wird der Verfassungsstaat gleichsam als Inbegriff der westlichen rechtlich-politischen Wertegemeinschaft verstanden, die es notfalls zu verteidigen gilt.*

*2. Historisch eine europäisch-nordamerikanische Gemeinschaftsleistung sind seine Prinzipien derzeit auf dem Weg, zum gesamteuropäisch-atlantischen Gemeingut zu werden.*

*3. Seine Prinzipien liegen der Verfassungskonzeption auch aller Mitgliedstaaten der Europäischen Gemeinschaft zugrunde.*

*4. Neben normativen Ausprägungen im Gemeinschaftsrecht selbst, insbesondere durch die Rechtsprechung des Gerichtshofs, belegen eine Reihe von Erklärungen des Europäischen Rats, der Mitgliedstaaten und der Gemeinschaftsorgane, von im einzelnen unterschiedlicher rechtlicher Qualität, die zunehmende Tendenz zur Rezeption verfassungsstaatlicher Prinzipien in das Gemeinschaftsrecht.*

*5. Wiewohl Bundesstaaten an seiner Wiege standen, ist eine föderalistische Struktur nicht konstitutives Element des Typus Verfassungsstaat. Art. 5 EWGV ist indes eine Pflicht der Gemeinschaft zur schonenden Rücksichtnahme allgemein auf die Verfassungsstruktur der Mitgliedstaaten, mithin auch auf bundesstaatliche Strukturen zu entnehmen.*

*6. Die Gemeinschaft befindet sich derzeit in einem tiefgreifenden Wandel, der durch gemeinschaftsinterne wie -externe Faktoren bedingt ist.*

*a) Die Nord-Süd-Erweiterung hat einen quantitativen Integrationsschub bewirkt und die Gemeinschaft zu einem Gravitationsschwerpunkt des Welthandels gemacht.*

*b) Nicht zuletzt vom Gerichtshof durch seine dynamische Rechtsprechung vorbereitet, setzt seit 1985 auch ein qualitativer Integrationsschub ein, der durch die Einheitliche Akte vertraglich eröffnet und normativ verfestigt wird. Zumal die Wirtschaft selbst antizipiert schon derzeit die Rahmenbedingungen eines Binnenmarktes.*

*7. Nicht weniger bedeutsam ist der Zuwachs an außenpolitischen Dimensionen der Gemeinschaft.*

*a) Schon bislang kam ihr die Rolle der wirtschaftlichen Stabilisierung Westeuropas im Rahmen der westlichen Allianz zu.*

*b) In einer auf das Gewaltverbot verpflichteten universalen Staatsgesellschaft kommt den außen*handels*politischen Instrumenten, über die die Gemeinschaft verfügt, notwendigerweise eine gesteigerte* allgemein-außenpolitische *Funktion zu. Die Abstimmung zur Kompetenz der Mitgliedstaaten über die allgemeine Außenpolitik wird seit 1972 im Europäischen Rat geleistet.*

*c) In die durch die Einheitliche Akte vertraglich formalisierte Europäische Politische Zusammenarbeit werden die Kommission und — freilich in sehr zurückhaltender Weise — das Parlament institutionell einbezogen.*

*8. Sollte der Abbau der Ost-West-Konfrontation von Dauer sein, wird in Europa (möglicherweise im nordatlantischen Raum) voraussichtlich ein Netz organisatorisch-institutionell verschränkter und verdichteter Kooperationsformen in den Bereichen der Außen- und Sicherheitspolitik wie der Wirtschaft entstehen.*

*9. Der Gemeinschaft wird dabei eine zentrale Funktion zuwachsen. Dies gilt zumal in bezug auf die mittel-osteuropäischen Staaten. Denn der Westen wird, unter Wahrung der Sicherheitsinteressen der Sowjetunion, das dort derzeit bestehende politisch-wirtschaftliche Vakuum auszufüllen versuchen.*

*10. Alle diese Momente werden Rückwirkungen nicht nur auf bisherige Prioritätssetzungen (Binnenmarkt, 2. und 3. Stufen einer Währungsunion), sondern auch auf das institutionelle Gefüge der Gemeinschaft haben.*

*11. a) Der Gemeinschaft kommt nach wie vor nicht Staatsqualität zu; sie ist internationale Organisation, hat sich von ihrer völkervertraglichen Rechtsgrundlage nicht gelöst. Souveränität im Sinne des Völkerrechts kommt ihr nicht zu.*

*b) Den Mitgliedstaaten kommt nach wie vor Souveränität zu. Souveränität im Sinne des Völkerrechts meint einen Rechtsstatus, der die Handlungsfreiheit eines Staates nach außen und nach innen in den Grenzen des Völkerrechts anerkennt und schützt. Vertraglich begründete Pflichten stellen eine Bindung der* Ausübung *von Souveränität dar, nicht mindern sie — bis an die Grenzen eines staatsrechtlichen Zusammenschlusses — den Rechtsstatus der Souveränität.*

## *B.*

## *Rechtsstaats- und Demokratieprinzip im Gemeinschaftsrecht*

### *(1) Zur Rechtsstellung des Bürgers in der Gemeinschaft*

*15. Ein allgemeiner Rechtsstatus des Bürgers zur Gemeinschaftsgewalt wird derzeit nur über das Staatsangehörigkeitsrecht der Mitgliedstaaten vermittelt.*

*16. Der Gerichtshof hat die Rechtsstellung des (privaten) Bürgers auf einen Standard gehoben, der, bezogen auf den Funktionsbereich der Gemeinschaft, dem Standard verfassungsstaatlicher Rechtsordnungen im wesentlichen gleichkommt.*

*17. a) Ein status activus kommt dem Bürger aus dem Wahlrecht zum Europäischen Parlament zu; dessen Geschäftsordnung räumt dem „EG-Bürger“ auch ein Petitionsrecht ein.*

*b) Da das Verhältnis der „nationalen“ Kontingente an Mandaten nur sehr grob der Bevölkerungsverteilung zwischen den Mitgliedstaaten entspricht, ist das Ideal der Wahlrechtsgleichheit nicht erreicht. Angesichts der historischen Ausgangslage und staatlichen Strukturiertheit der Mitgliedschaft muß das hingenommen werden.*

### *(2) Zu spezifischen Rechtsstaatselementen im Gemeinschaftsrecht*

*18. Eine Reihe von Rechtsstaatselementen sind schon durch die Verträge ausdrücklich ausgeprägt (Organkompetenzordnung; System der begrenzten Handlungsermächtigungen; Verfahrens- und Formvorschriften, in denen Kompetenzen und Befugnisse wahrzunehmen sind; das weitreichende Rechtsschutzsystem; die Grundsätze der Gemeinschaftshaftung für hoheitliches Verhalten). Weitere Rechtsstaatskomponenten wurden vom Gerichtshof entwickelt (Gemeinschaftsgrundrechte; Gesetzmäßigkeit der Vollziehenden Gewalt. Vorrang des primären Rechts; Grundsätze der Rechtssicherheit, des Vertrauensschutzes, der Bestimmtheit, der Verhältnismäßigkeit u.a.). Vom System der Gewaltenteilung abgesehen, ist das Prinzip der Rechtsstaatlichkeit in der Gemeinschaft — gemessen am verfassungsstaatlichen Maßstab — hinreichend gewährleistet und über die Rechtsfigur der „gemeinsamen Rechtsgrundsätze“ weiterhin rezeptionsfähig.*

*19. Die wesentliche Divergenz zu seiner Ausprägung im Verfassungsstaat liegt in der Gewaltenteilung, näherhin in der Zuordnung der Rechtsetzungsfunktion (jedenfalls bei grundlegenden Rechtsetzungsakten) und in der politischen Kontrollfunktion gegenüber dem Rat.*

*20. Das Schwergewicht der Rechtsetzungsbefugnisse liegt derzeit nach wie vor beim Initiativrecht der Kommission und beim Entscheidungsrecht des Rats; Ausnahmen sind die begrenzten Entscheidungsbefugnisse des Parlaments bei der Haushaltsfeststellung und die Zustimmungsbefugnisse zu Ratsbeschlüssen über Beitritt zur Gemeinschaft (Art. 237) und Assoziierungsabkommen (Art. 238 EWGV).*

*21. Der tatsächliche Einfluß des Parlaments auf die Rechtsetzung — sei es auf die Initiativen der Kommission, sei es auf die Willensbildung im Rat — darf freilich nicht unterschätzt werden. Neben formalisierten werden nicht-formalisierte Anhörungsverfahren praktiziert.*

*22. Das mit der Einheitlichen Akte für bestimmte Fälle eingeführte Verfahren der Zusammenarbeit (Art. 149 Abs. 2 EWGV) hat zwar die Stellung des Parlaments gestärkt, weist indessen auch ambivalente Dimensionen auf.*

*23. Die Beteiligung des Parlaments nach Maßgabe unterschiedlicher formalisierter Verfahren wirft die Frage nach der zutreffenden Ermächtigungsgrundlage für den Ratsbeschluß auf. Der Gerichtshof hat insoweit die Stellung des Parlaments gestärkt, als er die Nichtbeachtung des gebotenen Verfahrens als wesentlichen Formfehler qualifiziert und dem Parlament unlängst die Parteifähigkeit für Streitgegenstände dieser Art zugesprochen hat.*

*24. Von allen Komponenten im Gewaltgefüge der Gemeinschaft weist ihre Gerichtsbarkeit die geringste Divergenz zu verfassungsstaatlichen Prinzipien auf.*

*Die Rolle des Gerichtshofs als Hüter auch der Kompetenzen der Mitgliedstaaten wird künftig wachsen.*

### *(3) Zum demokratischen Defizit im gegenwärtigen Gemeinschaftsrecht*

*25. Mit dem viel beklagten demokratischen Defizit der Gemeinschaft ist in erster Linie die zunehmende Entparlamentarisierung des politischen Prozesses, zumal der Rechtsetzung, in den Mitgliedstaaten gemeint, der nicht ein entsprechender Zuwachs an parlamentarischen Funktionen auf der Ebene der Gemeinschaft entspricht. Diese Entwicklung hat sich mit der verstärkten Inanspruchnahme und der Erweiterung von Gemeinschaftskompetenzen verschärft.*

*26. Dieses Defizit mochte in den Anfangsjahren der Gemeinschaft durch den bei Rat und Regierungen typischerweise anzunehmenden Sachverstand für die komplexe Aufgabe und die möglicherweise bei ihnen vorhandene höhere Bereitschaft, mitgliedstaatliche Interessen zu opfern, hinnehmbar erscheinen. Auf die Dauer läuft es gleichwohl dem Demokratieprinzip zuwider, dem Europäischen Parlament ein Mitentscheidungsrecht im Rechtsetzungsprozeß der Gemeinschaft zu versagen.*

*27. In allen Mitgliedstaaten bestehen parlamentarische Regierungssysteme. Auch wo sie nicht die (nahezu) reine Form des Westminster-Parlaments aufweisen, bringen die Regierungen über ihre Abhängigkeit, sei es bei der Bildung, sei es bei ihrem Fortbestand, vom jeweiligen Parlament ein erhebliches Maß an parlamentarischer Repräsentativität in den Rat der Gemeinschaft ein; sie den parlamentarisch nicht rückgebundenen monarchischen Exekutiven des 19. Jahrhunderts gleichzustellen, verkennt das Wesen des Parlamentarismus in der modernen Parteiendemokratie.*

*28. Eine Verstärkung der politischen Kontrolle der mitgliedstaatlichen Parlamente über ihre Regierungen vermag das empfundene Defizit zwar weiter zu mindern, letztlich aber nicht zu kompensieren, weil sie nicht den Rat als Gremium, sondern nur die jeweils einzelne Regierung erreicht. Eine letztlich befriedigende Kompensation erscheint nur auf der Gemeinschaftsebene möglich.*

*29. Sie könnte nur durch Vertragsänderung herbeigeführt werden; aus dem vom Gerichtshof als Prinzip des Gemeinschaftsrechts anerkannten Demokratieprinzip läßt sich ohne förmliche Vertragsänderung eine Verlagerung von Mitentscheidungskompetenzen zur Rechtsetzung auf das Europäische Parlament nicht herleiten.*

*30. Als Inhalt einer dahinzielenden Vertragsänderung könnten verschiedene Modelle in Betracht kommen:*

*— den Anwendungsbereich des Verfahrens der Zusammenarbeit zu erweitern;*

*— dem Parlament ein eigenes Initiativrecht einzuräumen;*

*— abgestufte Formen der Beteiligung an der Beschlußgewalt des Rates, vom Einspruchsrecht mit anschließendem Vermittlungsverfahren bis zum gleichberechtigten Beschlußrecht.*

*31. Fraglich erscheint, ob ein parlamentarisches Beschlußverfahren nach der einfachen Mehrheitsregel angesichts der politisch-kulturellen Struktur der in der Gemeinschaft zusammengeschlossenen Mitgliedstaaten angemessen wäre und die erforderliche Akzeptanz fände.*

*32. Wahl oder Investitur der Kommission durch das Parlament würde beider Rollen stärken, den Kreationsprozeß stärker politisieren. Zugleich verlöre das Parlament aber auch eine gewisse politische Distanz gegenüber der Kommission.*

*33. Zusammensetzung des Rats, sein Beschlußverfahren wie auch die Kreationsbefugnis der Regierungen hinsichtlich der Kommission sind nicht nur Ausdruck des föderalen Elements in der Struktur der Gemeinschaft; sie gewährleisten auch, daß sich in diesen Organen ein Spektrum der in den Mitgliedstaaten vorhandenen gewichtigeren politischen Kräfte und Anschauungen spiegelt. Unter dem Gesichtspunkt des Demokratieprinzips bedeutet das eine Strukturierung in Richtung auf eine Konkordanzdemokratie (die dem Referenten als die für die Gemeinschaft angemessenste Form erscheint).*

*34. Die Tendenz zu solcher Strukturierung könnte noch dadurch gestärkt werden, daß in den Willensbildungsprozeß der Gemeinschaft eine Institution eingebracht würde, in der die territorialen Untergliederungen der Mitgliedstaaten repräsentiert wären.*

*35. Die möglicherweise kommende Kooperation und Vernetzung Europas auf den Gebieten der Außen-, Sicherheits- und Wirtschaftspolitik mit ihren organisatorischen und institutionellen Formen wird ein Versuch sein, ein neues europäisches Gleichgewicht auszutarieren. Seine Rechtsform und Kontrollelemente werden auch als von außen wirkende Kontrollmechanismen gegen ein mögliches Exzedieren von Exekutivmacht fungieren. Die Einbettung in das Grundrechtsschutzsystem des Europarats wird eine weitere Freiheitsgewähr bieten.*

*36. Das Demokratieprinzip in der Gemeinschaft könnte dabei eine Form finden, in der jedes der Elemente sein eigenes Maß an demokratischer Legitimität in sich trägt und die in ihrem Zusammenwirken dem Anliegen moderner Gewaltenteilung und parlamentarischer Demokratie, die Freiheit zu sichern, hinreichend genügen.*

## Der Verfassungsstaat als Glied einer europäischen Gemeinschaft

2. Bericht von Prof. Dr. *Eckart Klein*, Mainz

Inhalt

## I. Einleitung und Problemstellung

Von einem allgemeinen politischen und rechtlichen Standpunkt betrachtet dürfte die Leistung des 20. Jahrhunderts vor allem darin bestehen, daß es gelungen ist, die Staatengesellschaft als Rechtsgemeinschaft[1] zu organisieren und ihr ein institutionelles Gerüst zu geben, in das die Staaten eingebunden sind[2]. Dieser Prozeß der Definition gemeinsamer Interessen kann sich in geographisch zusammenhängenden, politisch homogenen Regionen besonders anspruchsvoll vollziehen. Die intensivste Verbindung sind 12 Verfassungsstaaten westlicher Prägung im Rahmen der Europäischen Gemeinschaften eingegangen. Ihre Gründung darf ohne Übertreibung als die wichtigste und folgenreichste Entscheidung für das Europa der Nachkriegszeit angesehen werden[3]. Gerade die Bundesrepublik Deutschland ist in hohem Maße Nutznießer dieser Entwicklung gewesen. Die durch die europäische Idee ohne Diskriminierung möglich gewordene Einordnung des freien Teils Deutschlands in die westliche Staatengemeinschaft hat die Stabilität dieses Staates in erheblichem Umfang garantiert. Auf dieser Basis konnte die Wiedervereinigung Deutschlands politisch sinnvoll gefordert und praktisch durchgesetzt werden[4].

Die Bundesrepublik Deutschland war für diesen Weg zwar verfassungsrechtlich gerüstet, doch ist der Wortlaut des Art. 24 Abs. 1 GG auch für eine im allgemeinen nicht geschwätzige Verfassung ungewöhnlich karg. Jedenfalls ist es schwierig, ich sage keineswegs: unmöglich, mit seiner Hilfe der Fülle der Probleme Herr zu werden. Sie zeigen sich vor allem darin, daß eine sich verdichtende europäische Rechtsordnung in die nationalen Rechtsräume in vielfältiger Weise,

---

[1] Grundlegend dazu *Hermann Mosler*, The International Society as a Legal Community (1980).

[2] Vgl. *Christian Tomuschat* und *Reiner Schmidt*, Der Verfassungsstaat im Geflecht der internationalen Beziehungen, VVDStRL 36 (1978), S. 7 ff., 65 ff.; *Eckart Klein*, Die Stellung des Staates in der internationalen Rechtsordnung, ZVglR 77 (1978), S. 79 ff.

[3] Die Erfolge sind viel größer, als *Winston S. Churchill* in seiner Züricher Rede vom 19. 9. 1946 zu hoffen wagte, als er von der Tragödie Europas und ihrer Überwindung sprach; *W. S. Churchill*, The Times of Peace, Post-War Speeches (ed. R. T. Churchill) (1948), S. 198 ff.

[4] Vgl. *Eckart Klein*, Nation und Demokratie, in: Festschrift für S. Mampel (1983), S. 345 ff. (359 f.); *ders.*, Deutschlandrechtliche Grenzen einer Integration der Bundesrepublik Deutschland in die Europäischen Gemeinschaften, DöV 1989, S. 957 ff. (958, 961 f.).

kaum einen Bereich mehr auslassend[5], hineinwirkt. Daraus ergeben sich drängende Fragen[6]. Einige von ihnen, die zentrale neuralgische Punkte im Verhältnis Gemeinschaft–Mitgliedstaaten markieren, sollen nach Überlegungen zum Rechtscharakter der EG und ihrer politischen Finalität erörtert werden. Dabei handelt es sich um die Kompetenzverteilung zwischen Gemeinschaft und Mitgliedstaaten, die demokratische Ordnung, die Grundrechtsgewährleistung sowie die für die Bundesrepublik Deutschland wesentliche Frage ihrer bundesstaatlichen Struktur.

## II. Zum rechtlichen Charakter und zur politischen Finalität der Europäischen Gemeinschaft

Die Grundlage der Europäischen Gemeinschaften bilden völkerrechtliche Verträge der in ihr verbundenen Staaten. Diese haben sich nicht zu einem staatsrechtlichen Verband zusammengefunden, sondern haben eine gemeinsame Ordnung geschaffen, der sie sich zwar unterstellt haben, der sie sich aber jedenfalls gemeinsam wieder ent-

---

[5] Allgemeiner Überblick bei *Winfried Brohm,* Auswirkungen des EG-Binnenmarktes auf das deutsche Recht, Staatswissenschaft und Staatspraxis 1990, S. 132 ff. Einzelaspekte werden behandelt etwa von *Hans-Jürgen Papier,* Die Einwirkungen des Europäischen Gemeinschaftsrechts auf das nationale Verwaltungs- und Verfahrensrecht, in: Kloepfer/Merten/Papier/Skouris, Die Bedeutung der Europäischen Gemeinschaften für das deutsche Recht und die deutsche Gerichtsbarkeit (1989), S. 51 ff.; *Ulrich Battis,* Freizügigkeit und Beschäftigung in der öffentlichen Verwaltung, in: Magiera (Hrsg.), Das Europa der Bürger in einer Gemeinschaft ohne Binnengrenzen (1990), S. 47 ff.; *Dirk Ehlers,* Das Wirtschaftsverwaltungsrecht im europäischen Binnenmarkt, NVwZ 1990, S. 810 ff.; *Werner Hoppe,* Der Einfluß des europäischen Binnenmarktes auf die kommunale Bauleitplanung und das Bauordnungsrecht, NVwZ 1990, S. 816 ff.; *Albert Bleckmann,* Die kommunale Leistungsverwaltung, insbesondere die Subventionsvergabe im europäischen Binnenmarkt, NVwZ 1990, S. 820 ff.; *Ulrich Everling,* Welche gesetzlichen Regelungen empfehlen sich für das Recht der rechtsberatenden Berufe, insbesondere im Hinblick auf die Entwicklung in der Europäischen Gemeinschaft, Gutachten C für den 58. DJT (1990).

[6] Vgl. etwa *Hans Heinrich Rupp,* Verfassungsprobleme auf dem Weg zur Europäischen Union, ZRP 1990, S. 1 ff.; *Albert Bleckmann,* Chancen und Gefahren der europäischen Integration, JZ 1990, S. 301 ff. — Grundsätzlich schon *Georg Erler* und *Werner Thieme,* Das Grundgesetz und die öffentliche Gewalt internationaler Staatengemeinschaften, VVDStRL 18 (1960), S. 7 ff., 50 ff., sowie *Joseph H. Kaiser* und *Peter Badura,* Bewahrung und Veränderung demokratischer und rechtsstaatlicher Verfassungsstruktur in den internationalen Gemeinschaften, VVDStRL 23 (1966), S. 1 ff., 34 ff.

ziehen können[7]. Bei aller rechtlichen und institutionellen Verselbständigung der Gemeinschaft hat eine Ablösung von ihrer vertraglichen Grundlage nicht stattgefunden[8]. Die Mitgliedstaaten sind die „Herren der Verträge“ geblieben. Die Gemeinschaft ist nicht von sich aus in der Lage, über die ihr von den Mitgliedstaaten eingeräumten Kompetenzen hinauszugehen[9]. Deutlicher zwar als in anderen Vertragsgemeinschaften ist an die Stelle einzelstaatlicher Aktionen die gemeinsame Politikzielformulierung und -umsetzung getreten, doch ist den Mitgliedstaaten die Letztverantwortung für das Wohl ihrer Bürger nicht abhanden gekommen. Die Europäische Gemeinschaft setzt nicht den Untergang der Nationalstaaten voraus[10], sondern ist geradezu zum Phänotypus eines Verbands offener Nationalstaaten[11] geworden.

Auf dieser Grundlage sind folgende Feststellungen zu treffen:

(a) Die Gemeinschaft bezieht ihre *Legitimation* aus dem Willen der Völker der Mitgliedstaaten. Sie wird der Gemeinschaft durch Europäischen Rat, Ministerrat und Europäisches Parlament vermittelt[12]. Der Verzicht auf ein Legitimationsvermittlungsmonopol wird für die Bundesrepublik Deutschland bereits in der Präambel des Grundgesetzes angesprochen („gleichberechtigtes *Glied* in einem vereinten Europa“) und durch Art. 24 Abs. 1 operationalisiert.

---

[7] Vgl. dazu *Werner Meng*, Das Recht der Internationalen Organisation — eine Entwicklungsstufe des Völkerrechts (1979), S. 162 ff.

[8] Ebenso *Rudolf Bernhardt*, Das Recht der Europäischen Gemeinschaften zwischen Völkerrecht und staatlichem Recht, in: Festschrift für R. Bindschedler (1980), S. 229 ff.; *Christian Tomuschat*, Bonner Kommentar (Zweitbearb. 1981), Art. 24 Rdn. 48 und 99; *Rudolf Streinz*, Bundesverfassungsgerichtlicher Rechtsschutz und Europäisches Gemeinschaftrecht (1989), S. 125 ff. Anders *Ulrich Everling*, Sind die Mitgliedstaaten der Europäischen Gemeinschaft noch Herren der Verträge?, in: Festschrift für H. Mosler (1983), S. 173 ff. (186 ff.).

[9] BVerfGE 75, 223 (242).

[10] Dazu *Eckart Klein*, Die Staatsräson der Bundesrepublik Deutschland, in: Festschrift für K. Doehring (1989), S. 459 ff. (462 f.). Zur fortdauernden Größe Nationalstaat vgl. *Albert Bleckmann*, Das Nationalstaatsprinzip im Grundgesetz, DöV 1988, S. 437 ff. (443 f.) und *Christian Meier*, Die deutsche Einheit als Herausforderung, FAZ vom 24. 4. 1990, S. 36.

[11] Zur offenen Staatlichkeit grundlegend *Klaus Vogel*, Die Verfassungsentscheidung des Grundgesetzes für eine internationale Zusammenarbeit (1964), S. 33, 44 ff.

[12] Diese Organe sind ihrerseits nationalstaatlich/mitgliedstaatlich strukturiert, dies gilt auch für das Europäische Parlament; dazu *Eckart Klein*, Entwicklungsperspektiven für das Europäische Parlament, EuR 1987, S. 97 ff. (104 f.); *Hans Peter Ipsen*, Europäische Verfassung — Nationale Verfassung, EuR 1987, S. 195 ff. (204 ff.).

(b) Die Akzentuierung des mitgliedstaatlichen Fundaments der Gemeinschaft entzieht der Sicht, Integrationspolitik sei „Innenpolitik", die Basis. Für die Bundesrepublik Deutschland bedeutet dies, daß die Verbandskompetenz Art. 32, nicht Art. 30 GG zu entnehmen ist[13].

(c) Wenn die Mitgliedstaaten mit ihren Verfassungen die Pfeiler der Gemeinschaft darstellen[14], so ist die inhaltliche Beeinflussung, Ausfüllung, Ergänzung der *Gemeinschaftsrechtsordnung* durch die Rechtsvorstellungen der Mitgliedstaaten nicht nur methodisch naheliegend und zulässig, sondern für die mitgliedstaatliche Fundierung der Gemeinschaft unerläßlich. Dem entspricht der Rückgriff des Europäischen Gerichtshofs (EuGH) auf die allgemeinen Rechtsgrundsätze der Mitgliedstaaten[15].

(d) Die von den Mitgliedstaaten gemeinsam erbrachte Legitimation und rechtliche Ausstattung der Gemeinschaftsgewalt begründen ein fundamentales gegenseitiges Interesse an einem — vom Stand der Integration abhängigen — Mindestmaß an *Verfassungshomogenität* zwischen den Mitgliedstaaten selbst[16]. Es erfaßt jedenfalls die verfassungsstaatlich gesicherten Bedingungen einer der individuellen Freiheit verpflichteten Politikgestaltung, pluralistische Demokratie, Rechtsstaatlichkeit, Menschenrechte.

Ungeachtet des inzwischen erreichten hohen Integrationsgrads hat *Hans Peter Ipsen* zu Recht an der Charakterisierung der Gemeinschaft als „Zweckverband" festgehalten[17]. Der Begriff ist zwar recht nüch-

---

[13] Ebenso *Christian Tomuschat*, Bundesstaats- und Integrationsprinzip in der Verfassungsordnung des Grundgesetzes, in: Magiera/Merten (Hrsg.), Bundesländer und Europäische Gemeinschaft (1988), S. 21 ff. (40); *Jochen Abr. Frowein*, Bundesrat, Länder und europäische Einigung, in: Vierzig Jahre Bundesrat (1989), S. 285 ff. (293); vgl. aber auch die Diskussion ebd., S. 305 ff.

[14] Ähnlich *Hans Peter Ipsen*, 40 Jahre Grundgesetz der Bundesrepublik Deutschland, JöR 38 (1989), S. 1 ff. (37 f.).

[15] Zur Methode grundlegend *Karl M. Meessen*, Zur Theorie allgemeiner Rechtsgrundsätze des internationalen Rechts: Der Nachweis allgemeiner Rechtsgrundsätze des Europäischen Gemeinschaftsrechts, JIR 17 (1974), S. 283 ff.

[16] Auf diesen Aspekt hat zunächst hingewiesen *Jochen Abr. Frowein*, Die rechtliche Bedeutung des Verfassungsprinzips der parlamentarischen Demokratie für den europäischen Integrationsprozeß, EuR 1983, S. 301 ff. (309 ff.). Vgl. jetzt die ausführliche Studie von *Hans Peter Ipsen*, Über Verfassungs-Homogenität in der Europäischen Gemeinschaft, in: Festschrift für G. Dürig (1990), S. 159 ff.

[17] So zunächst im Diskussionsbeitrag, VVDStRL 23 (1966), S. 128 ff. (130); Europäisches Gemeinschaftsrecht (1972), S. 196 ff.; Zur Gestalt der Europäischen Gemeinschaft, in: Gedächtnisschrift für L.-J. Constantinesco (1983), S. 283 ff.; EuR 1987, S. 202 f. — Demgegenüber hält *Peter Badura*, Bewahrung und Verände-

tern, aber er hat den weiteren Vorteil, daß er den Integrationsprozeß nicht präjudiziert, bevor er zum Abschluß gekommen ist. Die *politische Finalität* der Gemeinschaft zeichnet sich allenfalls in Umrissen ab[18]. Die Hinweise in den Präambeln von EWG-Vertrag und Einheitlicher Europäischer Akte, insbesondere auf den Willen, „einen immer engeren Zusammenschluß der europäischen Völker zu schaffen“ bzw. „die Gesamtheit der Beziehungen“ zwischen den Mitgliedstaaten „in eine Europäische Union umzuwandeln“, schaffen keine weitere Klarheit als die, daß der Integrationsprozeß nach dem Willen der Vertragsstaaten noch nicht abgeschlossen sein soll. Doch über die Dimension sagt der Begriff „Europäische Union“ sachlich nicht mehr aus als der Begriff „Zweckverband“, ist freilich farbiger und hat sich daher politisch durchgesetzt. Die Frage nach der *ratio communitatis* beantwortet er nicht.

## III. Die Kompetenzverteilung

Eine für das Verhältnis von Mitgliedstaaten und Gemeinschaft zentrale Fragestellung ist die Verteilung der Zuständigkeiten. Abgrenzungsprobleme ergeben sich insbesondere für die Rechtsetzung[19].

### *1. Kompetenzlage, Kompetenzkonflikte und ihre Lösung*

a) Die der Gemeinschaft zugewiesenen Kompetenzen ergeben sich aus dem primären Gemeinschaftsrecht. Die Verträge — im folgenden beziehe ich mich nur auf den EWG-Vertrag — enthalten keine generelle Ermächtigung zur Rechtsetzung, sondern folgen dem Prinzip der beschränkten Einzelermächtigung[20], das heißt erteilen Regelungskompetenzen nur für die bezeichneten Fälle, ermächtigen nur die vorgesehenen Organe und benennen die einsetzbare Rechtshandlungsform (Verordnung, Richtlinie, Entscheidung).

---

rung demokratischer und föderativer Verfassungsprinzipien der in Europa verbundenen Staaten, ZSchwR 109 (1990), S. 115ff. (116), diese Charakterisierung für überholt.

[18] Über die Überlegungen von *Dietrich Schindler,* Das Endziel der europäischen Integration, in: Festschrift für M. Imboden (1972), S. 355ff. ist man nicht prinzipiell hinausgekommen. Vgl. auch *Fritz Rittner,* Die wirtschaftliche Ordnung der EG und das Privatrecht, JZ 1990, S. 838ff. (844f.).

[19] Der Vollzug ist — mit Ausnahme der Art. 85ff. EWGV — grundsätzlich Sache der Mitgliedstaaten; vgl. *Michael Schweitzer,* Die Verwaltung der Europäischen Gemeinschaften, Die Verwaltung 17 (1984), S. 137ff.

[20] Vgl. *Albert Bleckmann,* Europarecht (5. Aufl. 1990), S. 69ff.

Diese punktuelle Kompetenzzuteilung sagt über den Umfang der potentiell bestehenden und faktisch ausgeübten Rechtsetzungskompetenzen wenig aus. Für die Praxis ist vielmehr eine vom EuGH bestätigte dynamische Interpretation der Kompetenztatbestände bestimmend geworden[21]. Sieht der Vertrag selbst Befugnisse zur Erreichung von Gemeinschaftszielen nicht vor, kann der Ministerrat einstimmig nach Art. 235 die geeigneten Vorschriften erlassen. Das Problem besteht hier vor allem in einer handhabbaren Eingrenzung der Gemeinschaftsziele; denn eine beliebige Integrationskompetenz stellt Art. 235 nicht zur Verfügung[22]. Dies wäre ungeachtet des Erfordernisses der Einstimmigkeit im Rat mit dem Fehlen einer gemeinschaftsrechtlichen Kompetenz-Kompetenz unvereinbar.

Die Reichweite gemeinschaftsrechtlicher Rechtsetzung folgt ferner aus der Struktur der Kompetenznormen. Sie sind zum großen Teil nicht auf abgrenzbare Sachbereiche bezogen, sondern zielorientiert auf die Herstellung von Zuständen[23]. Beispiele sind die Kompetenzen zur Regelung der Personenverkehrs- und Dienstleistungsfreiheit. Nach Auffassung der Gemeinschaft bestehen ihnen gegenüber keine Sachbereichsausnahmen. Obwohl also Bildung und Kultur nicht in die Zuständigkeit der Gemeinschaft fallen, werden einschlägige Regelungen doch für zulässig gehalten, wenn dies zur Durchsetzung der Freizügigkeit der Arbeitnehmer oder des freien Dienstleistungsverkehrs für erforderlich erachtet wird[24]. Schließlich ist auf die Parallelisierung der Außenkompetenzen der Gemeinschaft (im Verhältnis zu Drittstaaten) mit ihren Innenkompetenzen hinzuweisen[25].

---

[21] Dazu *Joseph H. Kaiser,* Grenzen der EG-Zuständigkeit, EuR 1980, S. 97 ff. (100); *Torsten Stein,* Richterrecht wie anderswo auch?, in: Richterliche Rechtsfortbildung, Festschrift der Juristischen Fakultät der Universität Heidelberg (1986), S. 619 ff. Problematisch ist vor allem der Rückgriff des EuGH auf politische Erklärungen der Gemeinschaftsorgane, etwa im Fall Gravier, EuGH, Slg. 1985, 593; näher *Thomas Oppermann,* Von der EG-Freizügigkeit zur gemeinsamen europäischen Ausbildungspolitik? (1988), S. 8 ff., 20 ff.

[22] *Ernst Steindorff,* Grenzen der EG-Kompetenzen (1990), S. 22 ff.

[23] Dazu *Ulrich Everling,* Gestaltungsbedarf des Europäischen Rechts, EuR 1987, S. 214 ff. (219).

[24] So auch *Wilhelm A. Kewenig,* Die Europäischen Gemeinschaften und die bundesstaatliche Ordnung der Bundesrepublik Deutschland, JZ 1990, S. 458 ff. (463 f.).

[25] EuGH, Slg. 1971, 263 — AETR. — Insgesamt kritisch zur Kompetenzausweitung *Albert Bleckmann,* Politische Aspekte der europäischen Integration unter dem Vorzeichen des Binnenmarktes 1992, ZRP 1990, S. 265 ff.

b) Der EWG-Vertrag enthält keine klare Aussage darüber, ob die Mitgliedstaaten zum Normerlaß zuständig sind, wenn die Gemeinschaft zur Rechtsetzung berechtigt ist. Es läßt sich freilich erkennen, daß die Kategorien der ausschließlichen und konkurrierenden Kompetenz auch im Gemeinschaftsrecht Anwendung finden[26]. Um welche Kategorie es sich im Einzelfall handelt, ist eine Frage des Normverständnisses und damit der Auslegung[27]. Die Vermutung streitet für das Vorliegen einer konkurrierenden Kompetenz. Solange die Gemeinschaft nicht von ihr Gebrauch gemacht hat, sind die Mitgliedstaaten zur Regelung befugt[28]. Eine ursprünglich exklusive Gemeinschaftskompetenz besteht nach überwiegender Ansicht nur in wenigen Fällen. Dabei handelt es sich um die Festlegung des Gemeinsamen Zolltarifs (Art. 28), die Außenhandels- (Art. 113) und Fischereipolitik. Die Gemeinschaft kann allerdings die Mitgliedstaaten zu entsprechender Rechtsetzung ermächtigen[29].

Der Entzug der Regelungskompetenz zugunsten der Gemeinschaft bedeutet für die Mitgliedstaaten keinen dinglichen Rechtsverlust, sondern betroffen ist ihr rechtliches Dürfen. Der Abschluß eines Handelsvertrags mit einem Drittstaat wäre also kein *ultra vires*-Akt im völkerrechtlichen Sinn, freilich ein Verstoß gegen Art. 113 EWGV[30].

d) Auch Vertragsnormen, die inhaltliche Verbote aufstellen, wie die Grundfreiheiten der Verträge (Waren-, Personen-, Dienstleistungs-, Kapitalverkehr sowie das allgemeine Diskriminierungsverbot) begrenzen die mitgliedstaatliche Regelungsbefugnis. In der Praxis haben diese Bestimmungen große Bedeutung gewonnen. Grund hier-

---

[26] Eingehend *Roland Bieber,* Zur Rolle der Mitgliedstaaten bei der Ausfüllung von Lücken im EG-Recht, in: Bieber/Ress (Hrsg.), Die Dynamik des Europäischen Gemeinschaftsrechts (1987), S. 283 ff. (293 ff.); *Beutler/Bieber/Pipkorn/Streil,* Die Europäische Gemeinschaft (3. Aufl. 1987), S. 78; *Michael Schweitzer/Waldemar Hummer,* Europarecht (3. Aufl. 1990), S. 110; *Rudolf Streinz,* Die Auswirkungen des Europäischen Gemeinschaftsrechts auf die Kompetenzen der deutschen Bundesländer, in: Heckmann/Meßerschmidt (Hrsg.), Gegenwartsfragen des öffentlichen Rechts (1988), S. 15 ff. (22 ff.).

[27] Wobei der „Funktionsfähigkeit der Gemeinschaft" eine erhebliche Bedeutung zukommt; dazu *Matthias Pechstein,* Die Mitgliedstaaten der EG als „Sachwalter des gemeinsamen Interesses" (1987), S. 96 und 117 ff. unter Rückgriff auf *H. P. Ipsen,* Europäisches Gemeinschaftsrecht (1972), S. 200 und 277 ff.

[28] Vgl. auch BVerfGE 58, 1 (37).

[29] Vgl. *Christoph Vedder/Grabitz,* Kommentar zum EWG-Vertrag, Art. 113 Rdn. 3 ff. (Stand 1986).

[30] *Tomuschat* (Anm. 8), Art. 24 Rdn. 18, 19; *Vedder* (Anm. 29), Art. 113 Rdn. 4 und 10.

für ist vor allem die Aufgabe der früher vorherrschenden Sicht der Grundfreiheiten als spezielle Diskriminierungsverbote bzw. als Inländergleichbehandlungsgebote zugunsten einer Interpretation, die diese Freiheiten als grundsätzliche Verbote der Beschränkung des grenzüberschreitenden Verkehrs versteht[31]. Für den Waren- und Dienstleistungsverkehr ist dies inzwischen gesicherte Rechtsprechung[32], während bislang eine vergleichbare Auslegungswende hinsichtlich der Niederlassungsfreiheit nicht vorgenommen wurde[33].

Überschreitet der staatliche Gesetzgeber die ihm vom Gemeinschaftsrecht gezogenen Schranken, stellt der EuGH auf Klage den Vertragsverstoß fest; der Mitgliedstaat hat die Aufhebung oder Änderung des Rechtsaktes zu veranlassen[34]. Die nationalen Rechtsanwendungsorgane müssen, soweit sie den Verstoß gegen Gemeinschaftsrecht erkennen, die nationale Norm, die nicht etwa nichtig ist, außer Anwendung lassen[35]. Haben Gerichte Zweifel an der Tragweite der vom Gemeinschaftsrecht gezogenen Grenze, so haben sie diese gemäß Art. 177 EWGV durch Vorlage an den EuGH zu klären.

e) Auch die *Gemeinschaft* kann durch den Erlaß von Rechtsnormen ihre Kompetenzen überschreiten. Meines Erachtens wäre dies z. B. bei der Verabschiedung der Richtlinie über das Kommunalwahlrecht von EG-Ausländern gegeben[36]. Art. 235 EWGV bietet trotz

---

[31] Vgl. dazu m. N. *Dieter Blumenwitz,* Rechtsprobleme im Zusammenhang mit der Angleichung von Rechtsvorschriften auf dem Gebiet des Niederlassungsrechts der freien Berufe, NJW 1986, S. 621 ff. (623); *Wilhelm A. Kewenig,* Niederlassungsfreiheit, Freiheit des Dienstleistungsverkehrs und Inländerdiskriminierung, JZ 1990, S. 20 ff. (21).

[32] Vgl. dazu die Fälle Cassis de Dijon (Slg. 1979, 649) und Webb (Slg. 1981, 3305).

[33] *Everling* (Anm. 5), C 35 ff., 41 ff.

[34] Art. 169–171 EWGV.

[35] Vgl. BVerfGE 31, 145 (174 ff.); BVerfG, EuGRZ 1990, S. 377 ff. (386 – Absatzfondsgesetz). Ebenso EuGH Slg. 1978, 629 – Simmenthal. Das Gemeinschaftsrecht verlangt keine Nichtigkeit der entgegenstehenden Norm. Der Anwendungsvorrang ergibt sich letztlich aus Art. 24 Abs. 1 GG; dazu noch unten bei Anm. 118.

[36] Näher *Eckart Klein / Martina Beckmann,* Neuere Entwicklungen des Rechts der Europäischen Gemeinschaften, DöV 1990, S. 179 ff. (182 f.); ähnlich *Bleckmann* (Anm. 10), S. 443 f.; *Hans Heinrich Rupp,* Wahlrecht für Ausländer?, ZRP 1989, S. 363 ff. (365); *Rupert Scholz,* Verfassungswidriges Ausländerwahlrecht, in: Festschrift für G. Dürig (1990), S. 367 ff.; *Hans-Werner Rengeling,* Die Garantie der kommunalen Selbstverwaltung als Zeichen der europäischen Integration, DVBl. 1990, S. 893 ff. (900 ff.). – Anders *Siegfried Magiera,* Die Europäische Gemeinschaft auf dem Wege zu einem Europa der Bürger, DöV 1987, S. 221 ff. (228 ff.);

seiner Reichweite keine geeignete Rechtsgrundlage, da es unzulässig ist, die Präambelerwägungen der Einheitlichen Europäischen Akte und allgemeine Programme zum Europa der Bürger als EWG-Ziele auszugeben. Diese Argumentation entgrenzt den normativen Gehalt von Art. 235 und wandelt ihn in eine beliebige Integrationskompetenz um.

Erheblichen Einwänden ist auch die am 3. Oktober 1989 verabschiedete Fernsehrichtlinie ausgesetzt[37]. Zwar ist es gegenüber Art. 57 Abs. 2 und 66 EWGV als sogenannten Querschnittskompetenzen nicht möglich, den Bereich der Kultur für generell exemt zu erklären[38]. Gleichwohl bestehen Bedenken dagegen, sich mit dieser Argumentation einen Regelungsbereich zu erschließen, der anerkanntermaßen als solcher nicht in die Zuständigkeit der Gemeinschaft fällt. Für die Interpretation der Querschnittskompetenzen darf dieser Befund nicht folgenlos bleiben. Die Auslegung wird daher schwerpunktmäßig beurteilen müssen, ob der Dienstleistungs- oder Kulturcharakter überwiegt[39]. Bei der Regelung der Fernsehwerbung dürfte ersteres, bei der Regelung des Anteils europäischer Werke am Gesamtprogramm letzteres der Fall sein. Die Abschwächung der Quotenregelung von einem die Mitgliedstaaten verpflichtenden Ziel zur bloßen Bemühensklausel, verbunden mit der Erklärung der Kommission, sie werde diesen Vorbehalt nicht einklagen, entschärft zwar das Kompetenzproblem praktisch, aber nicht dem Grunde nach. Die eigenartige Protokollerklärung wirft ihrerseits die

---

*Hans-Jürgen Papier*, Kommunalwahlrecht für Angehörige anderer Mitgliedstaaten in der Europäischen Gemeinschaft, in: Magiera (Hrsg.), Das Europa der Bürger in einer Gemeinschaft ohne Binnengrenzen (1990), S. 27 ff. (28 f.). — Text des Entwurfs: Dok. KOM (89) 524 endg./2.

[37] ABl. EG 1989 Nr. L 298/23. Zur allgemeinen Diskussion vgl. kritisch *Jost Delbrück*, Die Rundfunkfreiheit der deutschen Bundesländer im Spannungsfeld zwischen Regelungsanspruch der Europäischen Gemeinschaft und nationalem Verfassungsrecht (1986); *Fritz Ossenbühl*, Rundfunk zwischen nationalem Verfassungsrecht und europäischem Gemeinschaftsrecht (1986); *Hans Heinrich Rupp*, EG-Rundfunkrecht und Gerichtskontrolle des Bundesverfassungsgerichts, in: Stern (Hrsg.), Eine Rundfunkordnung für Europa — Chancen und Risiken (1991), S. 73 ff.; EG-günstig: *Kewenig* (Anm. 24), S. 462 ff. Vgl. auch *Ulrich Everling*, Brauchen wir „Solange III"?, EuR 1990, S. 196 ff. (217 ff.).

[38] Zu weitgehend deshalb *Hans Peter Ipsen*, Der „Kulturbereich" im Zugriff der Europäischen Gemeinschaft, in: Gedächtnisschrift für W. K. Geck (1989), S. 339 ff.

[39] Vgl. *Klein/Beckmann* (Anm. 36), S. 187; siehe auch *Kay Hailbronner*, Die deutschen Bundesländer in der EG, JZ 1990, S. 149 ff. (153 f.). Kritisch *Everling* (Anm. 23), S. 221.

Frage auf, ob sie überhaupt eine normative Bedeutung hat und falls ja, ob die Richtlinie hier nicht als Handlungsinstrument denaturiert ist[40].

Handelt die Gemeinschaft außerhalb ihres Zuständigkeitsbereichs, liegt im Gegensatz zu dem vergleichbaren Vertragsverstoß der Mitgliedstaaten ein *ultra vires*-Handeln vor. Über die hieraus zu ziehenden Konsequenzen ist sich jedoch schon das neuere Völkerrecht, insbesondere unter dem Gesichtspunkt des Vertrauensschutzes, nicht mehr so sicher[41]. Zudem wird faktisch der Kompetenzverstoß stets umstritten sein. Das Problem reduziert sich daher auf das alte *„quis iudicabit?"*.

f) Nach Art. 173, 177 EWGV können die Normativakte der Gemeinschaft vom EuGH überprüft und bei Kompetenzüberschreitung für nichtig bzw. ungültig erklärt werden[42]. Bei seiner Entscheidung kann der EuGH allerdings das Recht verfehlen. Ein Fehlurteil verändert zwar nicht das objektive Recht. Der EuGH hat auch keine Kompetenz zum Fehlurteil. Die auf die Gemeinschaft mit Wirkung für die Mitgliedstaaten übertragene Hoheitsgewalt erfaßt aber auch die Jurisdiktionshoheit des EuGH, welche die Verbindlichkeit seiner Entscheidungen, auch seiner Fehlurteile, für die seiner Rechtsprechungsgewalt unterworfenen Mitgliedstaaten einschließt[43]. Die Wahrung des Rechts bei der Auslegung und Anwendung des EWG-Vertrages obliegt dem EuGH (Art. 164 EWGV). Da der *Vertrag* die Kompetenzgrenzen der Gemeinschaft festlegt, ist es allein Sache des EuGH, Grenzüberschreitungen verbindlich festzustellen.

Könnte ein Mitgliedstaat die fehlerhafte Beurteilung der gemeinschaftsrechtlichen Kompetenzgrenze durch den EuGH zum Anlaß nehmen, sich der Entscheidung des EuGH und damit zugleich dem

---

[40] Dazu *Matthias Pechstein,* Die Bedeutung von Protokollerklärungen zu Rechtsakten der EG, EuR 1990, S. 249 ff. — Ohne Kompetenzgrundlage wäre z. B. auch die EG-Regelung eines allgemeinen Aufenthalts- und Asylrechts; dazu *Kay Hailbronner,* Möglichkeiten und Grenzen einer europäischen Koordinierung des Einreise- und Asylrechts (1989), S. 191 ff., 199 ff. Positiv (Art. 100 EWGV) *Meinhard Hilf,* Europäisches Gemeinschaftsrecht und Drittstaatsangehörige, in: Festschrift für K. Doehring (1989), S. 339 ff. (398 ff.); wohl auch *Michael Wollenschläger / Ulrich Becker,* Harmonisierung des Asylrechts in der EG und Art. 16 Abs. 2 GG, EuGRZ 1990, S. 1 ff. (5 ff.).

[41] Vgl. *Eckart Klein / Matthias Pechstein,* Das Vertragsrecht internationaler Organisationen (1985), S. 25 f.

[42] Das ist bislang sehr selten geschehen, vgl. aber EuGH, Slg. 1987, 3203.

[43] *Tomuschat* (Anm. 8), Art. 24 Rdn. 95; *Klein/Beckmann* (Anm. 36), S. 180 unter Hinweis auf BVerfG (Kammerbeschluß), NJW 1987, S. 3077; ähnlich jetzt auch *Everling* (Anm. 37), S. 224.

angegriffenen Rechtsakt zu entziehen, würde dies der vertraglich vereinbarten Konfliktlösung jeden Sinn nehmen[44]. Nicht einmal im Bereich des allgemeinen Völkerrechts reicht der Hinweis eines Staates, der sich der Jurisdiktion eines Schiedsgerichts unterworfen hat, auf die Fehlerhaftigkeit des Urteils zur rechtlich fundierten Urteilsablehnung aus[45]. Die Kompetenzüberschreitung der Gemeinschaft, die durch ein Fehlurteil des EuGH gedeckt ist, ist daher von den Mitgliedstaaten hinzunehmen. Es bleibt — von wissenschaftlicher Kritik abgesehen — die Möglichkeit, im Wege der Vertragsänderung den Willen des Normgebers zu verdeutlichen oder den EuGH durch neue Klagen bzw. Vorlagen zu einer Änderung seiner Rechtsprechung zu veranlassen[46].

Diese Ausführungen bedürfen jedoch der Ergänzung. Es ließe sich einwenden, daß zwar der EuGH gemeinschaftsrechtlich die Kompetenzen der Gemeinschaft verbindlich interpretieren, nicht aber über die Folgen für den innerstaatlichen Bereich entscheiden könne; dies hänge vom Rechtsanwendungsbefehl des nationalen Gesetzgebers ab, dessen Reichweite nur nationale Gerichte interpretieren können. Wohl in diesem Sinn hat auch das Bundesverfassungsgericht in seinen Entscheidungen zu Eurocontrol und Nachrüstung geprüft, ob die als Rechtsakte einer zwischenstaatlichen Einrichtung qualifizierten streitbefangenen Maßnahmen noch vom Integrationsprogramm, dem der deutsche Gesetzgeber zugestimmt hatte, erfaßt waren[47]. Auch wenn

---

[44] So aber *Rupert Scholz,* in: Friauf/Scholz, Europarecht und Grundgesetz (1990), S. 53 ff. (70 f.): Seine Ansicht würde zu einer allgemeinen und unbeschränkten Überprüfungskompetenz durch die nationale Gerichtsbarkeit führen, womit die Übertragung der Rechtsprechungshoheit auf den EuGH sinnlos würde; ähnlich wie Scholz auch *Hans Heinrich Rupp,* Anmerkung, JZ 1988, S. 194. Zum Ganzen vgl. auch *Theodor Schilling,* Artikel 24 Absatz 1 des Grundgesetzes, Art. 177 EWG-Vertrags und die Einheit der Rechtsordnung, Der Staat 29 (1990), S. 161 ff.

[45] Vgl. *Karin Oellers-Frahm,* Der Schiedsspruch in der Beagle-Kanal-Streitigkeit, ZaöRV 39 (1979), 341 ff. (350 ff.).

[46] Eine § 31 BVerfGG vergleichbare Bindungswirkung kommt den Entscheidungen des EuGH nicht zu. Zur erneuten Vorlage vgl. EuGH Slg. 1963, 63. Ob ein Austrittsrecht gegeben ist, ist streitig, wird aber mehrheitlich abgelehnt; vgl. etwa *Meinhard Hilf,* in: Groeben/Boeckh/Thiesing/Ehlermann, EWG-Kommentar (3. Aufl. 1983), Art. 240 Rdn. 8 ff.; *Claus-Dieter Ehlermann,* Mitgliedschaft in der Europäischen Gemeinschaft, EuR 1984, S. 113 ff. (124). Letztlich ist kein Mitgliedstaat gegen seinen Willen zu halten: vgl. *Albrecht Randelzhofer,* Staatsgewalt und Souveränität, in: Isensee/Kirchhof (Hrsg.), Handbuch des Staatsrechts I (1987), S. 691 ff. (Rdn. 34).

[47] BVerfGE 58, 1 (35 ff.); 68, 1 (97 ff.).

das Gericht dabei durchaus nicht kleinlich verfahren ist, sind seine Ausführungen doch so zu deuten, daß es sich vorbehält, die Kompetenzinanspruchnahme der zwischenstaatlichen Einrichtung für den Bereich der Bundesrepublik Deutschland zu korrigieren. In diesen Fällen bestand keine der EG-Gerichtsbarkeit vergleichbare Rechtsprechungshoheit. In seiner Entscheidung zur unmittelbaren Richtlinienwirkung scheint das Bundesverfassungsgericht Entsprechendes aber auch für die EG zum Ausdruck bringen zu wollen, wenn es sagt, es sei „auch verfassungsrechtlich erheblich, ob eine zwischenstaatliche Einrichtung im Sinne des Art. 24 Abs. 1 GG sich in den Grenzen der ihr übertragenen Hoheitsrechte hält oder aus ihnen ausbricht“[48]. Andererseits wird in den hierzu angefügten Belegzitaten ausschließlich auf jene Rechtsprechung Bezug genommen, durch die auf die Grenzen der Integrationsgewalt aufmerksam gemacht wird[49], die also das aus verfassungsrechtlichen Gründen nicht „Übertragbare“, nicht das aus politischen Gründen „nicht Übertragene“ betreffen. Folgerichtig wird auch geprüft, ob die Rechtsprechung des EuGH zur unmittelbaren Richtlinienwirkung noch von der anerkannten Methode richterlicher Rechtsfortbildung gedeckt ist, mit anderen Worten, ob sich der EuGH lege artis verhalten hat und nicht aus seiner Stellung als Rechtsprechungsorgan herausgetreten ist[50]. Dies hätte aber in der Tat mit den Art. 24 Abs. 1 GG immanenten Ermächtigungsgrenzen zu tun, weil die Übertragung von Hoheitsbefugnissen ohne gleichzeitige Garantie des adäquaten Rechtsschutzes unzulässig ist[51]. Ich meine daher, daß es gegenüber der EG, wegen ihrer Justizförmigkeit, grundsätzlich dabei zu bleiben hat, daß die Mitgliedstaaten und ihre Gerichte die Kompetenzentscheidungen des EuGH nicht für ihren Jurisdiktionsbereich konterkarieren können. Die Rechtsprechung des Bundesverfassungsgerichts ist freilich nicht ganz klar, was man politisch, schwerlich rechtlich, für einen Vorteil halten kann[52].

---

[48] BVerfGE 75, 223 (242). — An diese Stelle knüpft wohl an *Rudolf Streinz*, Der Verfassungsstaat als Glied einer Europäischen Gemeinschaft, DVBl. 1990, S. 949 ff. (954), freilich zu Unrecht.

[49] BVerfGE 37, 271 (279 f.); 58, 1 (30 f.); 73, 339 (375 f.).

[50] BVerfGE 75, 223 (243 ff.).

[51] Vgl. BVerfGE 58, 1 (40 f.); 73, 339 (376). Siehe auch *Helmut Steinberger*, Aspekte der Rechtsprechung des Bundesverfassungsgerichts zum Verhältnis zwischen Europäischem Gemeinschaftsrecht und deutschem Recht, in: Festschrift für K. Doehring (1989), S. 951 ff. (961 und 966).

[52] Ob hier die Souveränität „in der Schwebe“ gelassen wird, wie Steinberger (Anm. 51), S. 968, meint, ist nach den Ausführungen des Bundesverfassungsge-

Anderes gilt im Hinblick auf den verfassungsrechtlich nicht übertragbaren Bereich. Die Grenzen der nationalen Integrationsgewalt können nur von den jeweiligen Mitgliedstaaten bzw. ihren dazu kompetenten Organen definiert werden. Hier zieht die mitgliedstaatliche Struktur der Gemeinschaften dem EuGH Schranken, indem sie ihm die Stellung eines echten Verfassungsgerichts verwehrt[53]. Wird für die Gemeinschaft eine Kompetenz reklamiert, die — ob nach dem Vertrag übertragen oder nicht — von Verfassungs wegen nicht übertragen werden durfte, und erkennt das Bundesverfassungsgericht hierauf in einem zulässigen Verfahren, dann entsteht von Rechts wegen eine Reduktion der Jurisdiktionsgewalt des EuGH auf die Gemeinschaftsebene, die seiner Entscheidung die Verbindlichkeit im innerstaatlichen Recht nimmt, die Verklammerung der Rechtsordnungen und der Gerichtsbarkeiten löst[54] und eine Situation herbeiführt, die bei Auseinanderfallen von Völkerrechtsverpflichtung und verfassungsrechtlicher Anforderung wohlbekannt ist[55].

Wo aber verlaufen die Grenzen der Integrationsgewalt[56]? Der schlichte Rückgriff auf Art. 79 Abs. 3 GG[57] erscheint wenig plausibel, da diese Bestimmung die Änderung der Verfassung im nationalen

richts, das die Kompetenz-Kompetenz der Gemeinschaft expressis verbis verwehrt (BVerfGE 75, 223/242), zweifelhaft. Zum Gesamtproblem vgl. *Georg Ress* (Hrsg.), Souveränitätsverständnis in den Europäischen Gemeinschaften (1980).

[53] Zu weit daher *Jürgen Schwarze,* Rechtsstaatlichkeit und Grundrechtsschutz als Ordnungspostulate der Europäischen Gemeinschaft, in: Festschrift für W. Maihofer (1988), S. 529 ff. (532).

[54] Diese Verklammerung ist im übrigen typisch für das Verhältnis Gemeinschaftsrecht — nationales Recht; sie hat ihre konsequente Bestätigung erfahren durch die Anerkennung des EuGH als „gesetzlicher Richter", vgl. BVerfGE 73, 339 (367 f.); 75, 223 (233 f.); BVerfG, EuGRZ 1990, S. 377 ff. (386). — Vgl. dazu auch *Helmut Steinberger,* Das Verhältnis zwischen dem Recht der Europäischen Gemeinschaften und dem deutschen Recht in der Sicht des Bundesverfassungsgerichts (1989), S. 33.

[55] *Rudolf Geiger,* Grundgesetz und Völkerrecht (1985), S. 113 f.

[56] Grundsätzlich dazu die Ausführungen in den Schriftsätzen und Gutachten zum „Kampf um den Wehrbeitrag"; s. dazu „Der Kampf um den Wehrbeitrag", 3 Bde. (1952–58); resümierend *Jürgen Schwarze,* Das Grundgesetz und das europäische Recht, in: 40 Jahre Grundgesetz, Freiburger Ringvorlesung (1990), S. 209 ff. (214 ff.).

[57] Dies ist freilich ganz überwiegende Ansicht, z. B. *Tomuschat* (Anm. 8), Art. 24 Rdn. 51 ff. Vgl. aber *Ondolf Rojahn,* in: v. Münch, Grundgesetzkommentar Bd. 2 (2. Aufl. 1983), Art. 24 Rdn. 33.

Alleingang im Auge hat. Die sich auf der Basis von Art. 24 Abs. 1 GG vollziehende materielle Verfassungsänderung[58] ist hingegen notwendig eingebunden in einen völkerrechtlichen Vorgang, der den Konsens aller Beteiligten bedingt[59] und daher der einseitigen Bestimmung eines einzelnen Staates entzogen ist. Entscheidend ist daher zunächst die Art. 24 Abs. 1 GG selbst zugrundeliegende Erkenntnis, daß er die Übertragung der ganzen Fülle der Hoheitsgewalt, die Aufgabe der Staatlichkeit der Bundesrepublik Deutschland und ihrer originären Völkerrechtssubjektivität nicht zuläßt[60]. Natürlich bleibt es schwierig, von diesem Ausgangspunkt zu bestimmen, wie weit die Übertragung von Hoheitsrechten gehen kann. Erfolgt der Umschlag schon mit der umfassenden Übernahme der Gemeinschaftsverantwortung für die Wirtschafts- und Währungspolitik und der Errichtung einer Europäischen Zentralbank[61]? Oder mit der Vergemeinschaftung von Außen- und Sicherheitspolitik[62]? Entscheidungskriterium bleibt meines Erachtens die Erhaltung der völkerrechtlichen Grundlage der Gemeinschaft, also der Fortbestand der völkerrechtlichen Handlungs*fähigkeit* der Mitgliedstaaten[63], letztlich das Fehlen einer echten „Verfassung" auf Gemeinschaftsebene, soweit hieraus die völkerrechtliche Mediatisierung der Glieder, die Anerkennung der Verfassung als ausschließliche Rechtsgeltungsquelle innerhalb ihres eigenen Geltungsbereichs[64]

---

[58] Vgl. *Ernst Benda / Eckart Klein,* Das Spannungsverhältnis von Grundrechten und übernationalem Recht, DVBl. 1974, S. 389 ff. (393 f.).

[59] Zu dieser Überlegung vgl. auch BVerfGE 40, 141 (178).

[60] Fast allgemeine Ansicht; vgl. *Tomuschat* (Anm. 8), Art. 24 Rdn. 20.

[61] Vgl. dazu *Hugo J. Hahn,* Vom europäischen Währungssystem zur europäischen Währungsunion (1990), S. 18 ff.; *Johannes Siebelt,* Grundgesetz und Europäische Zentralbank, DöV 1990, S. 362 ff.

[62] Vgl. dazu die Rede des Präsidenten der EG-Kommission Delors vor dem EP am 17. 1. 1990, EA 1990, D 269 ff.; Schlußfolgerungen des Vorsitzes des Europäischen Rates vom 25./26. 6. 1990 (Dublin), Bull. Bundesregierung 1990 Nr. 84, S. 717 ff.; Zwischenbericht des Abg. *Martin* im Namen des Institutionellen Ausschusses über die Regierungskonferenz im Rahmen der Strategie des EP im Hinblick auf die Europäische Union vom 25. 6. 1990, EP Dok. A 3-166/90; Zwischenberichte des Abg. *Colombo* über die Leitlinien des EP für den Entwurf einer Verfassung für die Europäische Union vom 25. 6./9. 7. 1990, EP Dok. A 3-165/90 / Teil A und B.

[63] Im Anschluß an *Tomuschat* (Anm. 8), Art. 24 Rdn. 47 und 48. Das Art. 24 Abs. 1 GG zugrundeliegende Zusammenspiel mit Art. 59 Abs. 2 GG ist kein Zufall!

[64] Nicht notwendig Rechtsetzungsquelle: dazu *Ferdinand Kirchhof,* Private Rechtsetzung (1987), S. 107 ff., 138 ff.

und die allenfalls durch Selbstbindung eingeschränkte Kompetenz-Kompetenz des Gesamtverbandes zu folgern ist[65].

Inhaltliche Grenzen ziehen der Integrationsgewalt offenkundig auch andere Verfassungsentscheidungen, vor allem die Entscheidung zur Friedenspolitik[66]. Darüber hinaus hat das Bundesverfassungsgericht zu Recht hervorgehoben, daß nicht nur die Aufgabe der Staatlichkeit die Grenzen des Art. 24 Abs. 1 überschreiten würde, sondern auch Abstriche von ihrer Identität, verstanden als Einbrüche „in ihr Grundgefüge, in die sie konstituierenden Strukturen"[67]. Zur Interpretation des damit Gemeinten kann nun in der Tat auf Art. 79 Abs. 3 GG zurückgegriffen werden, weil er unter Bezugnahme auf Art. 1 und 20 GG die Basisentscheidungen des Grundgesetzes, seine Philosophie, formuliert[68].

Die Bundesrepublik Deutschland dürfte sich deshalb nicht in eine Gemeinschaft einordnen, wenn dies Abstriche von ihrer demokratischen, rechtsstaatlichen und sozialen Grundbefindlichkeit und Verantwortung bedeuten würde. Dies verlangt keineswegs die spiegelbildliche organisatorische Ausgestaltung der Gemeinschaft, wohl aber muß eine institutionell abgesicherte Gewißheit darüber bestehen, daß die zwischenstaatliche Einrichtung und ihre Rechtsakte, denen die innerstaatliche Ordnung geöffnet wird, so strukturiert sind bzw. einen solchen Inhalt haben, daß damit die mitgliedstaatliche Ordnung als eine freiheitlich-demokratische Ordnung nicht in Frage gestellt wird. Nur insoweit darf der nationale Rechtsanwendungsbefehl erteilt werden.

## 2. *Folgerungen*

Sollen Konflikte vermieden werden, müssen Gemeinschaft und Mitgliedstaaten die Vertragspflichten strikt beachten. Von (Quasi-) Boykottmaßnahmen der Mitgliedstaaten halte ich deshalb nichts; dies

---

65 Der Sache nach besteht hier wohl kein Gegensatz zu *Schwarze* (Anm. 53), S. 530 ff.

66 *Tomuschat* (Anm. 8), Art. 24 Rdn. 50. Entsprechendes galt für das Wiedervereinigungsgebot; zum Problem insbesondere *Karl Doehring*, Die Wiedervereinigung Deutschlands und die Europäische Integration, NJW 1982, S. 2209 ff.; *E. Klein* (Anm. 4), DöV 1989, 957 ff. m. w. N.

67 BVerfGE 73, 339 (375 f.). — Siehe auch oben Anm. 49.

68 Vgl. *Paul Kirchhof*, Die Identität der Verfassung in ihren unabänderlichen Inhalten, in: Isensee/Kirchhof (Hrsg.), Handbuch des Staatsrechts Bd. I (1987), S. 775 ff. (802 ff.).

gilt etwa im Hinblick auf die Unterlassung von Richtlinienumsetzungen oder von Vorlagen nach Art. 177 EWGV[69]. Auch die Gemeinschaftsorgane müssen sensibler für die Einhaltung ihrer Kompetenzen werden, der EuGH muß seine Rolle als Motor der Integration aufgeben und ein neues Selbstverständnis als Hüter des Gemeinschaftsrechts und das heißt auch seiner Grenzen finden[70]. Die Sicherung der Kompetenzen von Gemeinschaft und Mitgliedstaaten muß zu einer zentralen Aufgabe des Gerichtshofs werden.

Zum Zauberwort ist in diesem Zusammenhang der Begriff der *Subsidiarität* geworden[71]. In jedem föderalen Gebilde, als das man auch die EG bezeichnen kann[72], kommt ihm eine grundlegende Bedeutung zu[73]; nur seine Beachtung sichert den kleineren Einheiten die „Luft zum Atmen". Auch die EG hat dies zunehmend erkannt und gibt dem Ausdruck[74].

---

[69] Vielmehr sollte gerade bei Zweifeln am rechtmäßigen Handeln der EG-Organe der EuGH eingeschaltet werden, weil hier die abweichende Ansicht unmittelbar begründet werden kann; ebenso *Ernst Steindorff*, Gesellschaftsrechtliche Richtlinien der EG und strengeres staatliches Recht, EuZW 1990, S. 251 ff. (254).

[70] So jetzt auch *Ulrich Everling*, Zur föderalen Struktur der Europäischen Gemeinschaft, in: Festschrift für K. Doehring (1989), S. 179 ff. (195 ff.); vgl. ferner *Hailbronner* (Anm. 39), S. 154. Scharfe Kritik von *Bleckmann* (Anm. 25), S. 265. — Bisher ist es höchst selten geschehen, daß der EuGH die EG gegenüber den Mitgliedstaaten in die Schranken gewiesen hat: das lag nicht nur an der Rechtstreue der Gemeinschaft! Vgl. aber EuGH Slg. 1987, 3203 (Urt. vom 9. 7. 1987, Verb. Rs. 281 u. a. /85 BRD/KOM).

[71] Vgl. etwa *Kurt Schelter*, Subsidiarität — Handlungsprinzip für das Europa der Zukunft, EuZW 1990, S. 217 ff.

[72] Dazu *Hermann Mosler*, Diskussionsbeitrag, VVDStRL 21 (1964), S. 138 f.

[73] Grundsätzlich: *Josef Isensee*, Subsidiaritätsprinzip und Verfassungsrecht (1968); *ders.*, Gemeinwohl und Staatsaufgaben im Verfassungsstaat, in: Isensee/Kirchhof (Hrsg.), Handbuch des Staatsrechts, Bd. III (1988), S. 3 ff. (75 ff.); *Roman Herzog*, Subsidiaritätsprinzip, Evangelisches Staatslexikon Bd. 2 (3. Aufl. 1987), Sp. 3564 ff.; *Alexander Hollerbach*, Subsidiarität, in: Staatslexikon, Bd. 5 (7. Aufl. 1989), Sp. 386 ff. — Vgl. auch die Erläuterungen im Bericht der (Schweizer) Expertenkommission für die Vorbereitung einer Totalrevision der Bundesverfassung zu Art. 53 Entwurf (1977), S. 119; ferner Schlußbericht der Arbeitsgruppe für die Vorbereitung einer Totalrevision der Bundesverfassung (1973), S. 263 f.

[74] Vgl. vor allem die Ausführungen des Kommissionspräsidenten *Delors*, EA 1990, D 269 ff.; Anlage I und II der Schlußfolgerungen des Vorsitzes des Europäischen Rates (Anm. 62), S. 723 und 725. Vgl. ferner die Zwischenberichte des Abg. *Giscard d'Estaing* im Namen des Institutionellen Ausschusses über den Grundsatz der Subsidiarität vom 22. 6./4. 7. 1990, EP Dok. A 3-163/90 / Teil A und B. Zu deutschen Vorstellungen siehe unten bei Anm. 159.

Der Subsidiaritätsgrundsatz kann sich als Kompetenzverteilungs- oder als Kompetenzausübungsprinzip auswirken. Mehr Schutz für die Mitgliedstaaten bietet die Anwendung des Subsidiaritätsgrundsatzes als *Kompetenzverteilungskriterium*. Das bedingt aber die entsprechende Umsetzung in den Gemeinschaftsverträgen. Eine striktere und klarere Kompetenzaufteilung zwischen Gemeinschaft und Mitgliedstaaten ist durchaus für die Zukunft zu erwägen[75]. Auch im bestehenden Regime der sogenannten Querschnittskompetenzen kommen vertraglich vereinbarte Bereichsausnahmen in Betracht.

Zumindest gegenwärtig wird sich das Subsidiaritätsprinzip eher als Maxime der *Kompetenzausübung* fassen lassen. Eine deutliche Konkretisierung findet sich in Art. 130 r Abs. 4 EWGV, wonach die Gemeinschaft im Bereich der Umwelt (nur) insoweit tätig wird, als die in Abs. 1 genannten Ziele besser auf Gemeinschaftsebene erreicht werden können als auf der Ebene der einzelnen Mitgliedstaaten. Ob diese Voraussetzungen gemeinschaftlichen Handelns gegeben sind, beschließt der Rat einstimmig (Art. 130 s EWGV)[76]. Näher als die Ausweitung dieser speziellen Konkretisierung auf andere Fälle liegt der Rückgriff auf das Gebot der Gemeinschaftstreue (Art. 5, 6 EWGV), das auch die Gemeinschaft zu einer pfleglichen und die mitgliedstaatlichen Belange schonenden Inanspruchnahme ihrer Kompetenzen verpflichtet[77].

Insoweit sind über bereits Erwähntes hinaus folgende Punkte zu nennen:

(1) Auch wenn den Mitgliedstaaten die Definitionskompetenz über die Voraussetzungen, unter denen sie sich nach vertraglichen Ausnahmeklauseln den Gemeinschaftspflichten entziehen dürfen, nicht überlassen werden kann[78], spricht doch nichts dagegen, ihnen insoweit

[75] So *Bleckmann* (Anm. 25), S. 268; *Dieter Blumenwitz,* Deutschland und Europa, in: Politik und Kultur 14 (1987), S. 36 ff. (40).

[76] Näher *Grabitz/Grabitz,* Kommentar zum EWG-Vertrag, Art. 130 r Rdn. 70–74 (1989).

[77] Ebenso *Ipsen* (Anm. 38), S. 352 ff.; *Everling* (Anm. 70), S. 193 ff.; *Brohm* (Anm. 5), S. 148 ff. — Allgemein: *Albert Bleckmann,* Art. 5 EWG-Vertrag und die Gemeinschaftstreue, DVBl. 1976, S. 483 ff. — Der EuGH hat diesen Aspekt durchaus gesehen, wenngleich noch nicht sehr vertieft, z. B. Slg. 1986, 2519 (Nr. 21); dazu *Steindorff* (Anm. 22), S. 62 f. Vgl. aber jetzt EuGH, Beschl. v. 13. 7. 1990, RS C-2/88 Imm.

[78] Dies wird zu Unrecht gefordert von *Helmut Lecheler,* Öffentliche Verwaltung in den Mitgliedstaaten nach Maßgabe der „Dynamik der europäischen Integration“, Die Verwaltung 1989, S. 137 ff. (139).

eine unter der Prüfung des EuGH stehende Beurteilungsprärogative einzuräumen. So entspricht es etwa bei der Auslegung des Begriffs der „öffentlichen Verwaltung" in Art. 48 Abs. 4 EWGV dem Subsidiaritätsprinzip, wenn versucht wird, zwischen den Mitgliedstaaten eine gemeinsame Basis zu finden, bevor der EuGH hierzu judiziert[79].

(2) Die Gemeinschaft sollte für die Umsetzung der Richtlinien in nationales Recht materiell und formal den Mitgliedstaaten möglichst breite Spielräume lassen[80]. Auf präventive Rechtsangleichung, ohnedies nicht unbestritten, ist tunlichst zu verzichten[81].

(3) Für die Rechtsharmonisierung gilt, daß der Richtlinie gegenüber der Verordnung der Vorzug gebührt[82]. In jedem Fall muß Rechtsangleichung die prägenden Wertungen der nationalen Rechtsordnungen intakt lassen[83].

(4) Auch der verstärkte Übergang zur gegenseitigen Anerkennung der nationalen Regelungen[84] ist Ausdruck schonsamen Umgangs mit mitgliedstaatlichem Recht, kann es jedenfalls sein. Freilich ist nicht zu übersehen, daß die Regelungskraft des eigenen Rechts auch dadurch empfindlich eingeschränkt wird, wenn Rechtsakte anderer Mitgliedstaaten anzuerkennen sind, die weit vom eigenen Standard abweichen. Auf ihre Gestaltung hat ein Mitgliedstaat – anders als bei einer Gemeinschaftsregelung – überhaupt keinen Einfluß. Eine Anerkennungsregelung wird daher zumeist eine Mindeststandardregelung

---

[79] Vgl. dazu *Battis* (Anm. 5), S. 56 ff.; *Brohm* (Anm. 5), S. 151; *Ulrich Everling*, Zur Rechtsprechung des Europäischen Gerichtshofs über die Beschäftigung von EG-Ausländern in der öffentlichen Verwaltung, DVBl. 1990, S. 225 ff. (230).

[80] Zur Umsetzungsmodalität vgl. EuGH, Slg. 1985, 1661 (1667); 1987, 3073 (3097); 1987, 3697 (3701). – Zu pauschale Kritik bei *Jürgen Salzwedel*, Richtlinien der Europäischen Gemeinschaften auf dem Gebiet des Gewässerschutzes und neue Entwicklungen im deutschen Recht, in: Rengeling (Hrsg.), Europäisches Umweltrecht und europäische Umweltpolitik (1988), S. 77 ff. (96 f.).

[81] *Grabitz/Langeheine*, Kommentar zum EWG-Vertrag, Art. 100 Rdn. 21, 22 (1989).

[82] *Schelter* (Anm. 71), S. 218.

[83] *Steindorff* (Anm. 22), S. 91 im Anschluß *Peter Karpenstein*, Doppelte Rechtsgrundlagen im Gemeinschaftsrecht – ein spät ausgetragener Streit, in: Ress (Hrsg.), Rechtsprobleme der Rechtsangleichung (1988), S. 57 ff.

[84] *Steindorff* (Anm. 22), S. 99 ff.; *Thomas Bruha*, Rechtsangleichung in der Europäischen Wirtschaftsgemeinschaft. Deregulierung durch „Neue Strategie"?, ZaöRV 46 (1986), 1 ff. (11 f.).

oder ähnliche Schutzmaßnahmen enthalten[85]. Im übrigen bleibt die in Art. 100a Abs. 4, 130t EWGV ausgesprochene Ermächtigung zum „nationalen Alleingang", das heißt zur Weiteranwendung bestehender oder sogar zum Erlaß neuer nationaler Vorschriften auf höherem Schutzniveau[86]. Die hierin liegende Abschwächung des supranationalen Rechtsprinzips ist zwar, da sie die einheitliche Geltung des Gemeinschaftsrechts beeinträchtigt, nicht unbedenklich[87], aber rechtlich außer Zweifel gestellt. Eine Verallgemeinerung wäre jedoch unzulässig. Es handelt sich um eine punktuelle, auf den Schutz bestimmter Rechtsgüter (z. B. Gesundheit, Arbeitsumwelt, Umwelt) abzielende Ermächtigung. In dieser Beschränkung ist sie für die Gemeinschaft keineswegs nur negativ zu bewerten. Der nationale Alleingang stellt einen „Stachel im Fleisch des Gemeinschaftsrechts" dar und nimmt die Gemeinschaft im Sinne einer gemeinschaftlichen Rechtsgüteroptimierung in Pflicht.

## IV. Demokratieprinzip

Die Tatsache, daß auf der einen Seite eine immer größer werdende Rechtsmasse ohne Mitwirkung einer unmittelbar demokratisch legitimierten Instanz zustande kommt[88], daß auf der anderen Seite die mitgliedschaftliche Struktur der Parlamentarisierung der Gemeinschaft Grenzen zieht[89], führt in ein kaum lösbares Dilemma. Herr *Steinberger* hat sich mit dieser Frage befaßt. Meines Erachtens kann das Problem immerhin dadurch entschärft werden, daß die nationalen Parlamente in die Vorbereitung der mitgliedstaatlichen Willensbil-

---

[85] Vgl. dazu *Klaus-Peter Follak*, Die Vereinheitlichung der Bankenaufsicht in Europa (1989), S. 17; *Hartmut Bieg*, Auswirkungen der Bankenrichtlinien der Europäischen Gemeinschaften auf die Bankaktivität im Gemeinsamen Markt (1989), S. 5 f.

[86] Ausführlich dazu *Kay Hailbronner*, Der „nationale Alleingang" im Gemeinschaftsrecht am Beispiel der Abgasstandards für Pkw, EuGRZ 1989, S. 101 ff.

[87] Vgl. *Hans Peter Ipsen*, Vier Glossen zur Einheitlichen Europäischen Akte, in: Festschrift für K. J. Partsch (1989), S. 327 ff. (336 ff.).

[88] Ausführlich jetzt *Georg Ress*, Über die Notwendigkeit der parlamentarischen Legitimierung der Rechtsetzung der Europäischen Gemeinschaften, in: Gedächtnisschrift für W. K. Geck (1989), S. 625 ff.; schon *Thieme* (Anm. 6), S. 61 f.

[89] *Badura* (Anm. 6), S. 74; *ders.* (Anm. 17), S. 120; *Frowein* (Anm. 16), S. 302.

dung verstärkt einbezogen werden[90]. Erstaunlicherweise hat der Bundestag offenbar noch kaum selbst die Notwendigkeit einer Abhilfe verspürt. An dem bedenklichen Defizit des Bundestags ändert diese fehlsame Selbsteinschätzung allerdings nichts. Notwendig wären regelmäßige parlamentarische Debatten über Gemeinschaftsangelegenheiten, sinnvoll die Errichtung eines ständigen Parlamentsausschusses für EG-Fragen, wünschenswert Plenarentscheidungen, die, wenn zwar nicht mit rechtlicher Verbindlichkeit ausgestattet[91], eine parlamentarische Orientierung für das Verhalten der Bundesregierung im Europäischen Rat, Ministerrat und auch auf Regierungskonferenzen geben könnten[92].

Die Intensivierung der europapolitischen Arbeit der nationalen Parlamente ist vor allem deshalb notwendig, weil die Mitgliedstaaten das Fundament der Gemeinschaft sind. Verfassungszustand und Verfassungsentwicklung in den Mitgliedstaaten sind daher für die Gemeinschaft von ausschlaggebender Bedeutung. Daraus folgt auch das unmittelbare Interesse der Mitgliedstaaten untereinander an der Aufrechterhaltung ihrer freiheitlich-demokratischen Ordnung. Solange die Mitgliedstaaten die bestimmenden Faktoren der Gemeinschaft sind, sie selbst aber Verfassungsstaaten westlicher Prägung, ist die Gefahr, daß die Gemeinschaft korrekturlos aus dem Ruder läuft, weithin theoretisch. Von großer Bedeutung ist daher auch die Entstehung gemeinsamer, über allgemeine Prinzipien schon weit hinausreichender europäischer Verfassungssätze[93], die durch völkerrechtliche Verträge wie die EMRK und die Europäische Charta der kommunalen Selbstverwaltung[94] initiiert werden, und der Rückfluß von der aus den

---

[90] So auch *Streinz* (Anm. 48), S. 961. Zur faktischen Situation siehe *Klaus Hänsch*, Europäische Integration und parlamentarische Demokratie, EA 1986, S. 191 ff. (197 ff.).

[91] Vgl. *Tomuschat* (Anm. 2), S. 36.

[92] Die verstärkte Einbeziehung der nationalen Parlamente in die Willensbildung wird ausdrücklich vom Europäischen Rat befürwortet (Schlußfolgerungen Dublin Juni 1990, Bull. Bundesregierung 1990, S. 724), ebenso von der Kommission, Mitteilung der Kommission über die Instrumente zur Verwirklichung des Binnenmarktes vom 7. 9. 1989, Dok. KOM (89) 422 endg., S. 16.

[93] *Jochen Abr. Frowein,* Die Herausbildung europäischer Verfassungsprinzipien, in: Festschrift für W. Maihofer (1988), S. 149 ff.

[94] BGBl. 1987 II S. 65; dazu *Franz-Ludwig Knemeyer,* Die Europäische Charta der kommunalen Selbstverwaltung (1989); *Rengeling* (Anm. 36), S. 899 f.

gemeinsamen Rechtsgrundsätzen gewonnenen Rechtsprechung des EuGH in die mitgliedstaatlichen Rechtsordnungen[95]. Die immer deutlicher aufscheinende mehrdimensionale Verfassungsvernetzung macht einsichtig, daß der Ausbruch aus der gemeinsamen Verfassungskultur immer schwieriger wird, daß er aber, geschähe er, desto empfindlichere Folgen für alle hätte. Die Gemeinschaft verfügt allerdings nicht über eine Homogenitätsgewährleistungs- oder Aufsichtskompetenz[96]. Doch geben, vor allem *Frowein* hat hierauf aufmerksam gemacht, Art. 224, 225 EWGV Hinweise darauf, daß die Mitgliedstaaten in einem gemeinschaftsrechtlich geordneten Verfahren ihre Beziehungen zu einem solch „faulenden Glied" suspendieren[97], ich meine sogar auf Dauer lösen können[98]. Der besprochene Verfassungsstandard ist zugleich eine rechtlich zwingende, freilich ungeschriebene *Aufnahme*voraussetzung für ein neues Mitglied. Der Europäische Rat hat dies schon in seiner Demokratieerklärung von 1978 zum Ausdruck gebracht[99].

## V. Grundrechts- und Vorrangfrage

Die Ausübung von Hoheitsgewalt durch die Gemeinschaft ist rechtsstaatlichen Begrenzungen, die Verfassungsstaaten zum Schutz ihrer Bürger entwickelt haben, unterworfen. Anders als das auch organisationsrechtlich bedeutsame und eben deshalb nicht bruchlos auf die Gemeinschaft übertragbare Demokratieprinzip sind die rechtsstaatlichen Anforderungen als inhaltliche Determinanten hoheitlicher Tätigkeit ohne weiteres auf die Gemeinschaft anwendbar.

---

[95] Als Beispiel diene der Eingang des Verhältnismäßigkeitsgrundsatzes in die französische Rechtsordnung.

[96] *Ipsen* (Anm. 16), S. 181.

[97] *Frowein* (Anm. 16), S. 312 ff.; dazu die Diskussion in EuR 1984, S. 98 f.

[98] Die Ausschlußfrage ist sehr streitig; vgl. dazu *Meinhard Hilf*, in: Groeben/Boeckh/Thiesing/Ehlermann, EWG-Kommentar (3. Aufl. 1983), Art. 240 Rdn. 6 ff. (13).

[99] Bull. EG 3-1978, S. 6; dazu *Meinhard Hilf*, Die rechtliche Bedeutung des Verfassungsprinzips der parlamentarischen Demokratie für den europäischen Integrationsprozeß, EuR 1989, S. 9 ff. (10).

### *1. Maßstäblichkeit nationaler Grundrechte für das Gemeinschaftsrecht?*

Ohne die Entwicklung des Grundrechtsschutzes auf der Gemeinschaftsebene[100] diskutieren zu können, wende ich mich ungesäumt der Frage zu, ob auch die nationalen Grundrechte Maßstäbe gemeinschaftlichen Handelns sind.

Die Antwort entscheidet nicht nur über ein materielles, sondern zugleich ein jurisdiktionelles Problem. Eine bejahende Antwort schaltet die nationalen Gerichtsbarkeiten nämlich notwendig in die Grundrechtsaufsicht über das Gemeinschaftsrecht ein; denn die Kollisionsfrage kann nur vor dem nationalen Rechtsanwender auftreten, weil nur hier beide Rechtsordnungen zusammenstoßen können[101]. Die europäische Gerichtsbarkeit ist auf die Auslegung und Anwendung des Gemeinschaftsrechts beschränkt[102]. Auch wo sie nationales Recht zu prüfen hat (Vertragsverstoßverfahren), ist Maßstab nur Gemeinschaftsrecht.

Die Geeignetheit nationaler Grundrechte als Maßstab des Gemeinschaftsrechts ist für drei Bereiche zu prüfen: das primäre und das sekundäre Gemeinschaftsrecht sowie die nationalen Ausführungsakte[103]. Vorab sind zwei grundsätzliche Einwände zu entkräften.

Die Ansicht, das Gemeinschaftsrecht werde durch die Anerkennung der Maßstäblichkeit nationaler Grundrechte erschüttert, da in

---

[100] Übersicht bei *Pernice/Grabitz,* Kommentar zum EWG-Vertrag, Art. 164 Rdn. 42 ff.; *Ingolf Pernice,* Gemeinschaftsverfassung und Grundrechtsschutz, NJW 1990, S. 2409 ff.; *Schwarze* (Anm. 53), S. 534 ff., 538 ff.; *Rudolf Streinz,* Grundrechtsprobleme im Gemeinschaftsrecht, in: Kremer (Hrsg.), Die Landesparlamente im Spannungsfeld zwischen europäischer Integration und europäischem Regionalismus (1988), S. 120 ff.; *Ulrich Everling,* Der Beitrag des Europäischen Gerichtshofs zur europäischen Grundrechtsgemeinschaft, in: Stern (Hrsg.), 40 Jahre Grundgesetz (1990), S. 167 ff.

[101] *Benda/Klein* (Anm. 58), S. 390 f.

[102] Vgl. etwa nur EuGH, Urt. vom 25. 4. 1989, Rs. 141/87, NJW 1990, S. 970.

[103] Zur Gesamtproblematik umfassend *Rudolf Streinz* (Anm. 8), passim, dessen Grundansatz ich allerdings nicht teile; vgl. auch die Besprechung von *Christian Tomuschat,* DöV 1990, S. 672 f.; anders *Rupert Scholz,* NJW 1990, S. 306 f. – Vgl. auch die Übersicht von *Michael Kloepfer,* EG-Recht und Verfassungsrecht in der Rechtsprechung des Bundesverfassungsgerichts, JZ 1988, S. 1089 ff., und *Engelbert Niebler,* Die Rechtsprechung des Bundesverfassungsgerichts zum Verhältnis des deutschen Rechts zum Recht der Europäischen Gemeinschaften, in: Festschrift für R. Lukes (1989), S. 495 ff.

seiner einheitlichen Anwendung bedroht[104], ist kein zureichendes Argument. Wie die Ausführungen zum nationalen Alleingang zeigen, kennt auch das geltende Gemeinschaftsrecht — wenn auch nur punktuell — den „Ausbruch" einzelner Mitgliedstaaten aus der sonst einheitlichen Ordnung, läßt ihn ausnahmsweise aus Gründen der Rechtsgüterschutzoptimierung zu. Zu erwähnen ist auch, daß die französischen Gerichte — ungeachtet ihres verstärkten Kontrollbewußtseins gegenüber der Exekutive und obwohl sie nunmehr auch gegenüber der lex posterior den Vorrang völkerrechtlicher Verträge durchzusetzen bereit sind[105] — immer noch die vorgehende Wirkung der Verfassung bejahen[106]. Eine ernsthafte Gefährdung der Gemeinschaft hat sich daraus offenbar nicht ergeben.

Der andere Einwand will das Gemeinschaftsrecht dem Maßstab nationaler Grundrechte deshalb entziehen, weil es eine autonome, vom nationalen Recht getrennte Rechtsordnung sei[107]. Wäre die Argumentation richtig, müßte sie umkehrbar sein und auch dem Gemeinschaftsrecht Maßstabsunfähigkeit im Verhältnis zum nationalen Recht attestieren. Zwar ist wegen der verschiedenen Rechtserzeugungssysteme und der unterschiedlichen Rechtsgenossenschaften die Vorstellung der getrennten Rechtsordnungen nicht falsch, doch wird durch den nationalen Rechtsanwendungsbefehl das Gemeinschaftsrecht im innerstaatlichen Rechtsraum wirksam und daher grundsätzlich in den Herrschaftsbereich des nationalen Verfassungsrechts einbezogen. Wenn es ihm nicht tatsächlich unterworfen wird, dann wegen des Inhalts des Rechtsanwendungsbefehls, der entsprechende Vorstellungen des Vertrages aufnimmt und wegen Art. 24 Abs. 1 GG auch aufnehmen darf[108].

---

[104] Vgl. EuGH, Slg. 1979, 3727 (3744); ferner *Pierre Pescatore,* Die Menschenrechte und die europäische Integration, Integration 1969, S. 103 ff. (109, 126); *Ipsen* (Anm. 27), S. 717 ff.

[105] Entscheidung des Conseil d'Etat v. 19. 6. 1990, Le Monde v. 7. 7. 1990, S. 7; Urt. des Conseil d'Etat v. 20. 10. 1989 — Nicolo — EuGRZ 1990, S. 49 ff.; dazu *Daniel Ludet / Rüdiger Stotz,* Die neue Rechtsprechung des französischen Conseil d'Etat zum Vorrang völkerrechtlicher Verträge, EuGRZ 1990, S. 93 ff.

[106] Vgl. dazu *Clemens Lerche,* Ein Sieg für Europa? — Anmerkung zum Urteil des Conseil d'Etat v. 20. 10. 1989, Fall Nicolo, ZaöRV 50 (1990), S. 599 ff.

[107] Diese These wird vor allem in der Rechtsprechung des EuGH vertreten, vgl. Slg. 1962, 97 (110); 1964, 1251 (1270) — und ist zunächst auch ohne Abstriche vom BVerfG übernommen worden, vgl. BVerfGE 22, 293 (296) und 31, 145 (174).

[108] Zutreffend stellt das Bundesverfassungsgericht in seiner neueren Rechtsprechung hierauf ab; BVerfGE 51, 187 (199); 73, 339 (374); 75, 223 (224); BVerfG, EuGRZ 1990, S. 377 ff. (386). Vgl. auch *Steinberger* (Anm. 51), S. 954. Zur Bedeu-

(a) Das *primäre Gemeinschaftsrecht* bietet für die hier erörterte Frage keine Probleme. Das Vertragsgesetz gemäß Art. 24 Abs. 1, 59 Abs. 2 GG muß die Grenzen der Integrationsgewalt beachten. Daß sie bisher überschritten wurden, ist nicht festzustellen[109]. Für die weitere Entwicklung ist es nicht auszuschließen. Auch prozessual tauchen keine nennenswerten Schwierigkeiten auf[110].

(b) Der Schwerpunkt der Problematik liegt darin, ob das *Sekundärrecht* an den Grundrechten des Grundgesetzes gemessen werden kann. Die Solange II-Entscheidung[111] ist insoweit nicht völlig eindeutig, und etwas kryptische Formulierungen im Urteil des 2. Senats zur Fernsehrichtlinie und im Beschluß einer Kammer desselben Senats zur Tabakrichtlinie[112] haben je nach Standpunkt neue Hoffnungen oder Besorgnisse geweckt. Eine Analyse ergibt indes folgendes:

Entgegen vielfach vertretener Ansicht hat der Solange II-Beschluß keinen nur prozessualen Rückzug angetreten[113]. Er ließe sich auch nicht begründen, auch nicht mit der durchaus wünschenswerten Kooperation mit dem Luxemburger Gericht. Aus Courtoisie dürfen weder Rechtsschutzlücken gelassen noch auf die Ausübung von Kompetenzen verzichtet werden. Das Bundesverfassungsgericht hat im 73. Band vielmehr die zutreffende prozessuale Folgerung aus der Erkenntnis gezogen, daß die Grundrechte des Grundgesetzes als Maßstabsnormen gegenüber Gemeinschaftsrecht nicht bzw. nur insoweit zur Verfügung stehen, als der nach Art. 24 Abs. 1 grundsätzlich

---

tung des Art. 24 Abs. 1 auch im Verhältnis zu Art. 32 und 59 Abs. 2 GG vgl. *Albert Bleckmann,* Zur Funktion des Art. 24 Grundgesetz, in: Festschrift für K. Doehring (1989), S. 63 ff.

[109] *Tomuschat* (Anm. 8), Art. 24 Rdn. 65; *Rojahn / v. Münch* (Anm. 57), Art. 24 Rdn. 34.

[110] Vgl. BVerfGE 52, 187 (199 f.); *Michael Sachs,* Normenkontrollverfahren bei primärem Gemeinschaftsrecht?, NJW 1982, S. 465 ff. — Zur Frage der Teilnichtigkeit in diesem Zusammenhang *Streinz* (Anm. 8), S. 164 ff.

[111] BVerfGE 73, 339 (375 ff., 387).

[112] BVerfGE 80, 74 (91) und Beschl. vom 12. 5. 1989, EuGRZ 1989, S. 339.

[113] So aber etwa *Paul Kirchhof,* Gegenwartsfragen an das Grundgesetz, JZ 1989, S. 453 ff. (454): „prozessuale Zuweisung von Verantwortlichkeit an den EuGH, die keine materielle Qualifikation enthält ...“; *Matthias Herdegen,* Europäisches Gemeinschaftsrecht und die Bindung deutscher Verfassungsorgane an das Grundgesetz, EuGRZ 1989, S. 309 ff. (310); *Hans H. Rupp,* Anmerkung, JZ 1987, S. 241 f. (242); *Udo Di Fabio,* Richtlinienkonformität als ranghöchstes Normauslegungsprinzip?, NJW 1990, S. 947; *Karl Heinrich Friauf,* in: Scholz/Friauf, Europarecht und Grundgesetz (1990), S. 29. Hingegen wohl wie hier *Rupert Scholz,* ebd., S. 85 f. Deutlich auch *Everling* (Anm. 37), S. 201.

mögliche Verzicht auf die Vorherrschaft des eigenen Verfassungsrechts die Erlaubnisgrenzen dieser Vorschrift überschreitet, also eine Aufgabe der Identität der geltenden Verfassungsordnung bedeutet[114]. Ein solcher Einbruch in die die Verfassungsordnung der Bundesrepublik Deutschland konstituierenden Strukturen liegt, wie das Bundesverfassungsgericht im Solange II-Beschluß zutreffend präzisiert hat[115], nicht schon dann vor, wenn der Gemeinschaftsakt einer konkreten grundgesetzlichen Grundrechtsgarantie nicht entspricht, sondern nur dann, wenn die Bedeutung dieses Rechts für die menschliche Freiheit grundsätzlich verkannt wird bzw. wenn die Rechtsgarantie auf Gemeinschaftsebene keinerlei Widerhall findet. Dies könnte der Fall sein — ist allerdings nicht zu erwarten —, wenn der EuGH z. B. die Rundfunk- und Pressefreiheit[116] im Gemeinschaftsrecht für irrelevant erklären würde[117]. Wenn der Vorbehalt jedoch nicht greift, kann das Gemeinschaftsrecht wegen des auf der Ermächtigung des Art. 24 Abs. 1 GG basierenden Rechtsanwendungsbefehls in den deutschen Rechtsraum einfließen und sich dort inhaltlich entgegenstehendem Recht, auch Verfassungsrecht gegenüber, im Sinne eines Anwendungsvorrangs[118] durchsetzen[119]. Vorausgesetzt ist, daß es sich um

---

[114] BVerfGE 73, 339 (375). Vgl. auch *Helmut Steinberger*, Auswärtige Gewalt unter dem Grundgesetz, in: Rechtsentwicklung unter dem Bonner Grundgesetz (1990), S. 101 ff. (121); *Tomuschat* (Anm. 8), Art. 24 Rdn. 61 ff. Auch die Enquête-Kommission Verfassungsreform, Schlußbericht, BT-Drs. 7/5924, S. 229 f., geht von dieser Ansicht aus. Sie wird der Sache nach auch vom italienischen Verfassungsgericht vertreten; dazu *Heike Wieland*, Italien: Gemeinschaftsrecht und Rechtsprechung, EWS 1990, S. 51 ff. (52).

[115] BVerfGE 73, 339 (376); zunächst weitergehende Formulierung noch in BVerfGE 37, 271 (280), allerdings auch schon mit angedeuteter Relativierungsmöglichkeit. Siehe auch BVerfGE 58, 1 (41) zu den Anforderungen an den Rechtsschutz auf der Ebene der zwischenstaatlichen Einrichtung.

[116] Zu denken wäre auch an das Recht auf Datenschutz (Persönlichkeitsrecht) — dazu *Reinhard Riegel*, Europäische Gemeinschaften und Datenschutz, ZRP 1990, S. 232 ff. — oder das Asylrecht, falls die EG eine einschlägige Regelungskompetenz entgegen der hier vertretenen Ansicht (siehe oben Anm. 40) für sich in Anspruch nähme. Nicht reicht aus, daß der EuGH bisher über ein Grundrecht nicht judiziert hat.

[117] Vgl. *Steinberger* (Anm. 54), S. 24.

[118] Dazu *Tomuschat* (Anm. 8), Art. 24 Rdn. 75–81; *Rojahn* (Anm. 57), Art. 24 Rdn. 42–59; *Bleckmann* (Anm. 108), S. 78 ff.; *Badura* (Anm. 17), S. 121 f. — Auch in Italien wird das Problem nicht durch eine Hierarchisierung der Rechtsordnungen, sondern durch eine als Kollisionsklausel wirkende Verfassungsbestimmung (Art. 11), die zum Anwendungsvorrang des Gemeinschaftsrechtes führt, gelöst, vgl. *Wieland* (Anm. 114), S. 52.

kompetenzgemäß gesetztes Gemeinschaftsrecht handelt, wobei die Prüfungskompetenz des EuGH mit zu berücksichtigen ist. Insoweit muß ich auf die früheren Ausführungen verweisen[120]. Im Ergebnis besagt dies, daß den Grundrechten des Grundgesetzes außerhalb des Vorbehaltsbereichs keine unmittelbare Maßstabsfunktion für das Gemeinschaftsrecht zukommt und deshalb auch die Prüfungskompetenz des Bundesverfassungsgerichts auf den Vorbehaltsbereich eingeschränkt ist[121]. Die für manche zum Hoffnungsträger avancierten Sätze aus dem Kammerbeschluß zur Tabakrichtlinie fügen sich in den erläuterten Zusammenhang harmonisch ein: „Soweit die Richtlinie den Grundrechtsstandard des Gemeinschaftsrechtes verletzen sollte, gewährt der Europäische Gerichtshof Rechtsschutz. Wenn auf diesem Wege der vom Grundgesetz als unabdingbar gebotene Grundrechtsstandard nicht verwirklicht werden sollte, kann das Bundesverfassungsgericht angerufen werden"[122].

Nicht ganz einfach ist allerdings die prozessuale Realisierung des „Identitätsvorbehalts". Eine direkte Überprüfung des Gemeinschaftsaktes als eines nicht-deutschen Rechtsaktes im Wege der Verfassungsbeschwerde oder der — abstrakten wie konkreten — Normenkontrolle scheidet entgegen dem Bundesverfassungsgericht aus[123]. Dem Betroffenen bleiben die Anfechtung des deutschen Ausführungsaktes und die Verfassungsbeschwerde gegen die letztinstanzliche Entscheidung[124]. Die Behauptung der Grundrechtsverletzung und damit die Zulässigkeit der Verfassungsbeschwerde verlangen jedoch, daß der Beschwerdeführer auch geltend macht, daß der vom Grundgesetz

---

[119] Prozessuale Folge ist, daß die Fachgerichte die Kollision zugunsten des Gemeinschaftsrechtes selbst auflösen, das entgegenstehende nationale Recht außer Anwendung lassen; BVerfGE 31, 145 (174f.); BVerfG, EuGRZ 1990, S. 377ff. (386). Dies gilt für entgegenstehendes nationales Verfassungsrecht auch, soweit die Gerichte nicht einen Einbruch in den „Identitätsvorbehalt" annehmen.

[120] S. o. III. 1. f).

[121] Vgl. *Wolfgang Zeidler,* Wandel durch Annäherung — Das Bundesverfassungsgericht und das Europarecht, in: Festschrift für H. Simon (1987), S. 727ff. (741): Die Inanspruchnahme der Gerichtsbarkeit des BVerfG komme nur da zum Zuge, „wo Organe der EG gleichsam prinzipiell versagen sollten und dadurch essentielle Verfassungsprinzipien verletzt werden".

[122] BVerfG, EuGRZ 1989, 339 (340); dazu *Klein/Beckmann* (Anm. 36), S. 180f.

[123] Zur unzulässigen prozessualen Konstruktion in BVerfGE 37, 271 (283ff.), der keine prinzipielle Absage in BVerfGE 73, 339 (387) erteilt wurde, vgl. *E. Klein,* Sekundäres Gemeinschaftsrecht und deutsche Grundrechte, ZaöRV 35 (1975), S. 67ff.

[124] BVerfGE 73, 339 (366).

vorausgesetzte und vom Gemeinschaftsrecht generell verbürgte Grundrechtsstandard unterschritten, im punktuellen Rechtsverstoß die Aufgabe der Gewährleistung dieses Standards zu sehen sei[125]. Schließlich bleibt, im Wege des konkreten oder abstrakten Normenkontrollverfahrens, das Vertragsgesetz daraufhin zu befragen, ob es (noch) als Grundlage eines solchen Sekundärrechtsaktes taugt, ob sich der in ihm enthaltene Rechtsanwendungsbefehl auch auf diesen Rechtsakt erstreckt. Das Bundesverfassungsgericht könnte in verfassungskonformer Auslegung des Vertragsgesetzes diese Frage verneinen und dem Gemeinschaftsrechtsakt damit seine innerstaatliche Anwendbarkeit nehmen[126]. In keinem Fall darf dies aber ohne Vorlage nach Art. 177 EWGV geschehen.

(c) Was die nationalen Umsetzungsakte angeht – ich beschränke mich im folgenden auf die *Richtlinienumsetzung* –, so handelt es sich um Akte deutscher Staatsgewalt, die grundsätzlich der Verfassungsbindung unterliegen. Allerdings reicht diese Bindung nur so weit, als der deutsche Gesetzgeber „frei" ist, sie erfaßt nicht den von der Richtlinie vorgeschriebenen Inhalt[127]. Eine andere Ansicht wäre rechtspolitisch unverständlich, weil sonst auf der Ebene der Umsetzung die Pflicht zur Beachtung des Gemeinschaftsrechts ausgehöhlt würde. Das rechtlich maßgebende Argument beruht wieder auf dem von Art. 24 Abs. 1 getragenen nationalen Rechtsanwendungsbefehl, der die Gemeinschaftsrichtlinie in den innerstaatlichen Rechtsraum als geltendes (wenngleich nicht grundsätzlich unmittelbar anwendbares) Recht[128] hereinläßt, den Gesetzgeber zu einer entsprechenden Legislativtätigkeit verpflichtet und ihn zugleich ermächtigt, im zwingend

---

[125] BVerfG, Kammerbeschl. v. 10. 4. 1987, NJW 1987, S. 3077. – Vgl. auch *Zeidler* (Anm. 121); *Gert Nicolaysen*, Tabakrauch, Gemeinschaftsrecht und Grundgesetz, EuR 1989, S. 215 ff. (224); *Georg Ress*, Wichtige Vorlagen deutscher Verwaltungsgerichte an den Gerichtshof der Europäischen Gemeinschaften, Die Verwaltung 20 (1987), S. 177 ff. (178).

[126] Dazu *Streinz* (Anm. 8), S. 160 ff.; *Steinberger* (Anm. 51), S. 70; *Brohm* (Anm. 5), S. 152. – Auch hier gibt es eine Parallele zur italienischen Rechtsauffassung, vgl. *Wieland* (Anm. 114), S. 52.

[127] Vgl. dazu BVerwGE 81, 49 (50 f.) und FG Hamburg, EFG 88, 374. Wie hier *Nicolaysen* (Anm. 125), S. 221 ff.; *Everling* (Anm. 100), S. 174 ff.; anders *Di Fabio* (Anm. 113), S. 948.

[128] *Eckart Klein*, Unmittelbare Geltung, Anwendbarkeit und Wirkung von Europäischem Gemeinschaftsrecht (1988), S. 12 f. – Vgl. auch EuGH, Urt. v. 22. 6. 1989, NVwZ 1990, S. 649.

gemeinschaftsrechtlich veranlaßten Bereich[129] von den Bindungen der Verfassung – freilich unter Beachtung des Identitätsvorbehaltes – abzusehen[130]. Bestehen Zweifel an der sachlichen Übereinstimmung der Richtlinie mit deutschen Grundrechten, liegt mit hoher Wahrscheinlichkeit auch ein Verstoß gegen den gemeinschaftsrechtlichen Grundrechtsstandard vor. In diesem Fall sollte schon vor Ablauf der Umsetzungsfrist auf Anregung des Parlaments eine Nichtigkeitsklage nach Art. 173 Abs. 1 EWGV zum EuGH erhoben werden[131]. Ist das deutsche Ausführungsgesetz erlassen, kann und sollte jedes Gericht, das mit seiner Auslegung befaßt ist und Zweifel an seiner Grundrechtskonformität hegt, den EuGH nach Art. 177 EWGV mit der Frage befassen, ob die Richtlinie den Anforderungen des gemeinschaftsrechtlichen Grundrechtsschutzes genügt. Über die Jurisdiktionsverklammerung partizipiert das deutsche Ausführungsgesetz am gemeinschaftsrechtlichen Standard, ein Unterschreiten dieses Niveaus wäre unzulässig[132]. Erklärt der EuGH die Richtlinie (ganz oder teilweise) für nichtig, wird die Sperre zur Anwendung der deutschen Grundrechte gegenüber dem deutschen Ausführungsgesetz aufgehoben. Verfassungsprozessual werden zur Überprüfung des Gesetzes insbesondere die Normenkontrollverfahren und die Verfassungsbeschwerde in Betracht kommen[133].

## 2. *Grundrechtsbindung der Bundesregierung im Rat*

Zu prüfen bleibt, ob nicht präventiv die Entstehung von Gemeinschaftsrecht, das dem Grundgesetz widerspricht, vermieden werden könnte. Postuliert wird – auf der Grundlage des Art. 1 Abs. 3 GG – die unbedingte Bindung der Mitglieder der Bundesregierung im Rat an die deutschen Grundrechte bei Diskussion und Beschlußfassung

---

[129] Bloß politische Stellungnahmen reichen hierzu nicht aus; richtig VG Braunschweig, NJW 1988, S. 1229.

[130] Wie hier *Albrecht Weber*, Rechtsfragen der Durchführung des Gemeinschaftsrechts in der Bundesrepublik (1987), S. 124; *Everling* (Anm. 37), S. 212. Anders *Herdegen* (Anm. 113), S. 311.

[131] Rechtspolitisch zu überlegen ist, ob nicht auch das zur Umsetzung verpflichtete Organ unmittelbar klageberechtigt sein sollte.

[132] Unrichtig insoweit *Nicolaysen* (Anm. 125), S. 223. Wohl wie hier *Everling* (Anm. 100), S. 176.

[133] Dabei ist die nach Art. 177 EWGV bestehende Vorlagepflicht auch des Bundesverfassungsgerichts zu beachten; BVerfGE 37, 271 (282).

über den Gemeinschaftsakt. Könne die Bundesregierung sich nicht durchsetzen, müsse sie gegen den Beschluß stimmen[134].

Diese Ansicht ist meines Erachtens überzogen. Gewiß sticht der Gegeneinwand nicht, daß die Regierungsmitglieder als Ratsmitglieder nur noch dem Gemeinschaftsrecht unterständen[135]. Die funktionelle Verdoppelung der Regierungsmitglieder hebt die Gehorsamspflicht der eigenen Verfassung gegenüber nicht auf. Entscheidend ist indes auch hier wieder Art. 24 Abs. 1 GG. Er ermächtigt in den ihm gezogenen Grenzen nämlich nicht nur zur Erteilung des (den Anwendungsvorrang einschließenden) Rechtsanwendungsbefehls gegenüber bereits gesetztem, mit nationalen Grundrechten nicht notwendig übereinstimmendem Gemeinschaftsrecht, sondern ermächtigt ebenfalls (in den gezogenen Schranken) zur Mitwirkung an der Setzung solchen Rechts; denn auch die Bestimmungen über die gemeinschaftsrechtliche Beschlußfassung sind vom Vertragsgesetz gebilligt[136]. Unter allen Umständen die Bundesregierung dazu anhalten zu wollen, vom Grundgesetz für verzichtbar erklärte Positionen gleichwohl keinesfalls preiszugeben, ist ein Widerspruch in sich. Das redet keiner Grundrechtssorglosigkeit das Wort; denn zumeist werden inhaltliche Kollisionen mit deutschen Grundrechten auch Verstöße gegen Gemeinschaftsgrundrechte indizieren, und die Bundesregierung ist dann aus dieser Rechtsbindung aufgefordert, der Kreation entsprechender Akte zu widersprechen. Unterliegt sie bei Mehrheitsentscheidungen dennoch, kann und sollte sie Nichtigkeitsklage zum EuGH erheben.

Das Bundesverfassungsgericht kann in diesem Zusammenhang nur bemüht werden, wenn die Verletzung des Vorbehaltsbereichs auf dem

---

[134] *Friauf/Scholz* (Anm. 113), S. 29 ff., 88 ff.; *Rudolf Streinz*, Gemeinschaftsrecht und Grundgesetz, in: Das Parlament Nr. 50 (8. 12. 1989), S. 16; *ders.*, Bundesverfassungsgerichtliche Kontrolle über die deutsche Mitwirkung am Entscheidungsprozeß im Rat der Europäischen Gemeinschaften (1990), S. 30 ff. (abgeschwächt); ebd., S. 36 ff. zu unterschiedlichen Stadien der Beschlußfassung im Rat.

[135] So aber *Nicolaysen* (Anm. 125), S. 218 f.

[136] Im Ergebnis ebenso *Tomuschat* (Anm. 8), Art. 24 Rdn. 87; *Herdegen* (Anm. 113), S. 313 f. In diese Richtung auch *Rudolf Bernhardt*, Die Grundrechte des Grundgesetzes und die internationalen Menschenrechtsgarantien, in: Rechtsentwicklung unter dem Bonner Grundgesetz (1990), S. 3 ff. (14), und *Everling* (Anm. 37), S. 226.

Spiel steht[137]. Zu berücksichtigen ist dabei, daß der EuGH noch keinerlei Gelegenheit hatte und ihm auch vor Beschluß über die Gemeinschaftsmaßnahme schwerlich Gelegenheit gegeben werden kann, den Gemeinschaftsakt auf seine Übereinstimmung mit höherem Gemeinschaftsrecht, also mit Grundrechten, zu prüfen.

### 3. *Fazit*

a) Der Grundrechtsbefund auf Gemeinschaftsebene ist insgesamt positiv zu bewerten[138]. Die Befürchtung, der EuGH orientiere sich beim Rückgriff auf die allgemeinen Rechtsgrundsätze am untersten mitgliedstaatlichen Niveau, hat sich nicht bestätigt, ebensowenig wie es wegen der Berücksichtigung der Gemeinschaftsinteressen eine Automatik des Optimalstandards geben kann[139]. Doch ist der sachliche Einfluß der deutschen Grundrechtsrechtsprechung evident. Es zeigt sich eine zunehmende Grundrechtsvernetzung im Kräftefeld Karlsruhe — Straßburg — Luxemburg[140]. Der EuGH sollte allerdings die Grundrechtsfragen ausführlicher ansprechen und dabei die Schutzbereiche und Grundrechtsschranken genauer definieren[141].

b) Der Verzicht auf einen eigenen Grundrechtskatalog oder den Beitritt zur EMRK wird nicht nur durch Realisierungsschwierigkeiten nahegelegt[142]. Entscheidender ist, daß die Gemeinschaft damit ein

---

[137] Ein Fall wäre der Erlaß der Kommunalwahlrichtlinie; vgl. *Klein/Beckmann* (Anm. 36), S. 183.

[138] Wegen des Rückgriffs auf die allgemeinen Rechtsgrundsätze der Mitgliedstaaten konnte die Rechtsprechung allerdings nicht systematisch angelegt sein.

[139] *Grabitz/Pernice* (Anm. 100), Art. 164 Rdn. 44. Als Beispiel aus der Rechtsprechung vgl. EuGH, Slg. 1982, 1575 f.

[140] Vgl. etwa BVerfGE 74, 358 (370); 3 Urteile des Europäischen Gerichtshofs für Menschenrechte vom 25. 8. 1987 (Sér. A Nr. 123) — Lutz, Englert, Nölkenbockhoff, EuGRZ 1987, S. 399 ff.; zum EuGH ist auf seine Rechtsschöpfung aus den allgemeinen Rechtsgrundsätzen zu verweisen.

[141] So wohl auch *Streinz* (Anm. 8), S. 423 ff. — Auch im Hinblick auf den Stil, die „grundrechtliche Rhetorik" des EuGH ist eine Korrektur angebracht; vgl. *Waldemar Schreckenberger,* Die Universalität der Menschenrechte, in: Festschrift für W. Maihofer (1988), S. 481 ff. (496).

[142] Dazu *Eckart Klein,* Das Verhältnis zwischen dem Grundrechtsschutz durch die Organe der Europäischen Menschenrechtskonvention und der Europäischen Gemeinschaften, Überlegungen de lege ferenda, in: Mosler/Bernhardt/Hilf (Hrsg.), Grundrechtsschutz in Europa (1977), S. 160 ff. Zur Überwindung solcher Schwierigkeiten *Walter Hallstein,* Europapolitik durch Rechtsprechung, in: Festschrift für F. Böhm (1975), S. 205 ff. (215). Kommissionspräsident *Delors* strebt den Beitritt zur MRK noch im Jahr 1990 an, EA 1990, D 269 ff. (277).

staatsähnliches Fundament erhielte. Gerade die Speisung durch die allgemeinen Rechtsgrundsätze der Mitgliedstaaten sind der Gemeinschaftsstruktur besonders adäquat. Ein Grundrechtskatalog würde übrigens die Frage zusätzlicher nationaler Grundrechtsmaßstäblichkeit bei inhaltlichen Diskrepanzen kaum entfallen lassen. Eine eigenständige Kataloglösung könnte auch eine unitarisierende Wirkung haben und den kompetentiellen Ausgriff der Gemeinschaft erleichtern[143].

c) Aus Gründen der Kompetenzbeschränkung der Gemeinschaft sollte man auch nicht versuchen, das Problem der „umgekehrten Diskriminierung", nämlich der eigenen Staatsangehörigen[144], dadurch zu lösen, daß die Beschränkung der Regelungskompetenz der Gemeinschaft auf grenzüberschreitende Sachverhalte aufgehoben wird[145]. Nur sie bietet ein klares Bollwerk gegen Eingriffe der Gemeinschaft in rein innerstaatliche Angelegenheiten. Den EuGH zur

---

[143] Historische Belege hierfür sind die Diskussionen um einen Grundrechtskatalog in der US-Verfassung und der Bismarckschen Reichsverfassung; vgl. *Joseph H. H. Weiler*, Protection of Fundamental Human Rights within the Legal Order of the European Communities, in: Bernhardt/Jolowicz (eds.), International Enforcement of Human Rights (1987), S. 113 ff. (117); *Ernst Rudolf Huber*, Deutsche Verfassungsgeschichte Bd. 3 (2. Aufl. 1963), S. 665 und 758. Das Problem verschärft sich noch bei der Herausarbeitung objektiver Grundrechtsgehalte, dazu *Ernst-Wolfgang Böckenförde*, Grundrechte als Grundsatznormen, Der Staat 1990, S. 1 ff. (23 ff.) und *Giorgio Malinverni*, Les fonctions des droits fondamentaux dans la jurisprudence de la Commission et de la Cour européennes des droits de l'homme, in: Festschrift für D. Schindler (1989), S. 539 ff. (542 f.). – Zur EG vgl. die vielsagenden Hinweise von *Carl Otto Lenz*, Zuständigkeiten und Initiativen der Europäischen Gemeinschaft im Bereich des Bildungswesens im Lichte der Rechtsprechung des Gerichtshofs (EuGH), in: Magiera (Hrsg.), Das Europa der Bürger in einer Gemeinschaft ohne Binnengrenzen (1990), S. 183 ff. (206); *Peter Selmer*, Aktuelle Rechtsfragen der Rundfunkfinanzierung unter Berücksichtigung europarechtlicher Aspekte, in: Ress (Hrsg.), Völkerrecht, Europarecht und Verfassungsrecht (1989), S. 43 ff. (58 f.). Der EuGH hat allerdings zutreffend judiziert, daß Grundrechte Kompetenzen nicht schaffen, sondern sie voraussetzen; dazu *Steindorff* (Anm. 22), S. 42. Doch berücksichtigt die Rechtsprechung (noch) nicht die möglichen objektiven Grundrechtsgehalte.

[144] Vor allem *Marion-Angela Reitmaier*, Die Zulässigkeit von Inländerdiskriminierungen nach dem EWG-Vertrag (1982); *Hedwig Schlachter*, Discrimination à rebours. Die Inländerdiskriminierung nach der Rechtsprechung des EuGH und des französischen Conseil d'Etat (1984).

[145] In diesem Sinn vor allem *Albert Bleckmann*, Die umgekehrte Diskriminierung (discrimination à rebours) nach dem EWG-Vertrag, RIW 1986, S. 917 ff. (918). Kritisch auch *Peter-Christian Müller-Graff*, Binnenmarktziel und Rechtsordnung (1989), S. 35 ff.

Aufgabe seiner diesbezüglich zurückhaltenden Rechtsprechung[146] aufzufordern, ist daher gefährlich[147]. Das Problem ist von den Mitgliedstaaten in eigener Verantwortung zu lösen[148]. Da Art. 3 Abs. 1 GG schwerlich weiterhilft, bleibt nur die politische Entscheidung, ob die hohen Maßstäbe (Bsp.: Reinheitsgebot) für die eigenen Staatsangehörigen im Inland beibehalten oder aufgegeben werden sollen[149].

d) Was die „Schlüsselnorm" Art. 24 Abs. 1 GG betrifft, so sind die ihm entnommenen Ermächtigungen in der Tat weitreichend, aber angesichts der korrespondierenden Aussage in der Grundgesetz-Präambel nicht überzogen. Sie geben den Weg zu einer europäischen Integration in einer ausbalancierten Weise frei. Die Aufopferungsbereitschaft[150] des Grundgesetzes geht weit, ist aber nicht schrankenlos und hält am Kern der verfassungsstaatlichen Errungenschaften unter Einschluß des Verfassungs*staates* selbst fest. Jedenfalls bislang ist auch die faktische „Opfersituation" alles andere als bedenklich[151]. Die EG haben den Menschen mehr Freiheit, nicht weniger gebracht. Zu einer Rückkehr zu oder gar hinter „Solange I" besteht kein Anlaß[152].

## VI. Die Bundesstaatlichkeit der Bundesrepublik Deutschland

### *1. Allgemeines*

„Als Bundesstaat in der Gemeinschaft"[153] sind der Bundesrepublik Deutschland auf der einen Seite die Mechanismen des Sicheinfügens in einen föderalen Verband besonders vertraut[154], auf der anderen Seite ergeben sich hieraus besondere Schwierigkeiten; denn es besteht die

---

[146] Vgl. EuGH Slg. 1982, 3723; 1984, 2539; 1985, 2605; 1986, 3211.

[147] So aber *Kewenig* (Anm. 31), S. 23 f.

[148] Vgl. dazu BGH, RIW 1985, 588; NJW 1990, 108. – BVerfG Beschl. vom 8. 11. 1989, NJW 1990, 1033. – Anders *Blumenwitz* (Anm. 31), S. 625 f.

[149] Der politische Druck lastet dabei schwer auf dem Gesetzgeber, vgl. *Brohm* (Anm. 5), S. 144 f.; *Everling* (Anm. 5), C 56 ff.

[150] Zum Begriff *Gunter Kisker*, Kooperation im Bundesstaat (1971), S. 129.

[151] *Erler* (Anm. 6), S. 46 („Vorleistung") und S. 110 („Opfersituation").

[152] Anders *Rupert Scholz*, Wie lange bis „Solange III"?, NJW 1990, S. 941 ff.

[153] *Hans Peter Ipsen*, Als Bundesstaat in der Gemeinschaft, Festschrift für W. Hallstein (1966), S. 248 ff.

[154] Vgl. *Josef Isensee*, Der Föderalismus und der Verfassungsstaat der Gegenwart, AöR 115 (1990), S. 248 ff. (259).

Gefahr, daß die Substanz der Bundesstaatlichkeit[155] – demokratischer Pluralismus, vertikale Gewaltenteilung, Effizienz, Bürgernähe – in den Strudel der Gemeinschaftskompetenzen gerät. Die Länderkompetenzen sind insbesondere im Hinblick auf Bildung, Kultur, Rundfunk und Strukturpolitik betroffen[156]. Auf den kommunalen Bereich gibt es ebenfalls erhebliche Einwirkungen[157]. Versuche der Bundesländer, den gefährlichen Trend zu stoppen, setzen auf der europäischen und der innerstaatlichen Ebene an[158].

### 2. *Die europäische Ebene*

Was die europäische Ebene angeht, kann nur auf die neuesten Entwicklungen hingewiesen werden:

Im Rahmen der im Dezember 1990 beginnenden Regierungskonferenzen werden die Gemeinschaftsverträge mit großer Wahrscheinlichkeit um eine allgemeine *Subsidiaritätsklausel* ergänzt werden, die allerdings entgegen den Wünschen der Bundesländer und des Bundesrates[159] kaum eine ausdrückliche Bezugnahme auf die dritte Ebene der Länder, Regionen und autonomen Gemeinschaften neben der Gemeinschaft und den Mitgliedstaaten enthalten wird. Auch der erreichte Integrationsstand wird unberührt bleiben. Doch kann auch diese Zukunftswirkung positive Folgen haben, gerade für die Gemein-

---

155 Zur Rechtfertigung des Bundesstaates *Otto Kimminich,* Der Bundesstaat, in: Isensee/Kirchhof (Hrsg.), Handbuch des Staatsrechts Bd. I (1987), S. 1113 ff. (1126 ff.).

156 Vgl. dazu *Meinhard Schröder,* Bundesstaatliche Erosionen im Prozeß der europäischen Integration, JÖR 35 (1986), S. 83 ff.; *Eberhard Grabitz,* Die deutschen Länder in der Gemeinschaft, EuR 1987, S. 310 ff.; *Streinz* (Anm. 26), S. 33 ff.

157 *Heinrich Siedentopf,* Europäische Gemeinschaft und kommunale Betätigung, DöV 1988, S. 981 ff.; *Peter Michael Mombaur / Hans Gerd von Lennep,* Die deutsche kommunale Selbstverwaltung und das Europarecht, DöV 1988, S. 988 ff.; *Rengeling* (Anm. 36), S. 893 ff.

158 Die Gelegenheit ist nicht ungünstig: vgl. nur *Magiera/Merten* (Hrsg.), Föderalismus und Europäische Gemeinschaft (1990); *Fritz Ossenbühl* (Hrsg.), Föderalismus und Regionalismus in Europa (1990); *Harry H. Kremer* (Hrsg.), Die Bundesrepublik Deutschland und das Königreich Spanien 1992 – Die Rolle der Länder und der Comunidades Autónomas im Europäischen Integrationsprozeß (1989).

159 Vgl. BRat-Drs. 550/90 (Beschl.) v. 24. 8. 1990. Zugrunde liegt der Beschluß der Regierungschefs der Länder vom 7. 6. 1990 (unveröff.), der seinerseits auf Vorschlägen beruht, die auf den beiden Konferenzen „Europa der Regionen" in München (1989) und Brüssel (1990) erarbeitet wurden; dazu *Franz-Ludwig Knemeyer,* Subsidiarität – Föderalismus, Dezentralisation, DVBl. 1990, S. 449 ff.

schaft selbst. Es beginnt sich in der Kommission[160] ein klareres Verständnis für die Bedeutung und Notwendigkeit einer über den Gedanken bloßer Dezentralisation hinausreichenden „Gemeinschaftsentlastung" abzuzeichnen[161]. Aufgrund dieser Tendenzen wird vielfach die Zukunft der dritten Ebene keineswegs düster, sondern sogar ausgesprochen optimistisch gesehen[162], ja sogar schon darauf hingewiesen, daß wohl die meisten Federn die zweite Ebene, die Mitgliedstaaten als solche werden lassen müssen[163].

Vertragsänderungen fordert der Bundesrat ferner im Hinblick auf die Einrichtung eines Regionalrats und die Erweiterung des direkten Klagerechts nach Art. 173 Abs. 1 EWGV für den Regionalrat einerseits, für die Länder und Regionen andererseits. Besonders problematisch ist die Anregung, Art. 2 Abs. 1 Fusionsvertrag dahin zu ändern, daß gegebenenfalls in den Ministerrat ein weiterer Vertreter entsandt werden kann, wobei die Stimmführerschaft innerstaatlicher Regelung vorbehalten bleiben soll[164].

### 3. *Die innerstaatliche Ebene*

Primär versuchen die Bundesländer auf die Willensbildung des Bundes, vor allem bei der Rechtsetzung im Rat Einfluß zu nehmen. Die einschlägigen Verfahren, die seit der Zustimmung zu den Römischen Verträgen geübt wurden, sind bekannt[165]. Heute steht das in Art. 2 EEA-Zustimmungsgesetz[166] geregelte Länderbeteiligungsverfahren im Mittelpunkt. Nur hierzu können wenige Bemerkungen gemacht werden.

---

160 *Delors*, EA 1990, D 269 ff. (278 ff.).

161 Hierzu *Renate Mayntz*, Föderalismus und die Gesellschaft der Gegenwart, AöR 115 (1990), S. 232 ff. (235 ff.).

162 *Mayntz* (Anm. 161), S. 243 f.

163 Vgl. die Besorgnis bei *Bleckmann* (Anm. 25), S. 268.

164 BRat-Drs. 550/90 (Beschl.). Vgl. dazu die Rede von Staatsminister *Stavenhagen*, BRat, 617. Sitzung v. 24. 8. 1990, S. 453 f.

165 Vgl. *Walter Rudolf*, Bundesländer und Europäisches Gemeinschaftsrecht, in: Festschrift für H.-J. Schlochauer (1981), S. 117 ff.; *ders.*, Die deutschen Bundesländer und die Europäischen Gemeinschaften nach der Einheitlichen Europäischen Akte, in: Festschrift für K. J. Partsch (1989), S. 357 ff.; *ders.*, Das akzeptierte Grundgesetz, Europa und die Länder, in: Festschrift für G. Dürig (1990), S. 145 ff.; *Stefan Schmidt-Meinecke*, Bundesländer und Europäische Gemeinschaft (2. Aufl. 1988).

166 BGBl. 1986 II S. 1102.

Die verfassungsrechtlichen Bedenken gegen das praktizierte Verfahren, wonach der Bund von einer ausschließliche Gesetzgebungsmaterien der Länder betreffenden Stellungnahme des Bundesrates „nur aus unabweisbaren außen- und integrationspolitischen Gründen abweichen" darf, liegen auf der Hand. Sie gründen sich auf die Organkompetenz der Bundesregierung für die auswärtigen Angelegenheiten[167]. Die Bedenken werden durch den Hinweis auf die weiche Formulierung nicht zerstreut[168]; denn gegen das völlige Fehlen rechtlicher Bindung spricht bereits die Regelungsform, vor allem wenn man bedenkt, daß eine identische Formulierung zuvor schon in einem Schreiben des Bundeskanzlers von 1979[169] enthalten war, eine rechtliche Aufwertung daher eindeutig gewollt war. Auch der Vorschlag, die Beteiligung des Bundesrates als administrative Mitwirkung im Sinne des Art. 50 GG zu deuten, die jederzeit durch einfaches Bundesgesetz begründet werden könne, überzeugt nicht[170], da auf diese Weise nicht die von der Verfassung selbst zugewiesenen Verantwortungsbereiche überschritten werden können. Bundestreue- und Kompensationsargument sind ebenso wenig tragfähig[171].

Dennoch gibt es eine diskutable Argumentation, um dieses Verfahren zu retten[172]. Auch sie ruht auf Art. 24 Abs. 1 GG. Gewiß spricht er primär die Außenbeziehungen an. Aber auch die sich aus der Übertragung von Hoheitsrechten ergebenden innerstaatlichen Verschiebungen werden normativ von Art. 24 Abs. 1 GG erfaßt. Sie in ihren

---

[167] Vor allem *Georg Ress,* Das deutsche Zustimmungsgesetz zur Einheitlichen Europäischen Akte — Ein Schritt zur „Föderalisierung" der Europapolitik, EuGRZ 1987, S. 367 ff.; *Frowein* (Anm. 13), S. 285 ff. Ohne Bedenken aber *Schwarze* (Anm. 56), S. 227 f.

[168] Vgl. dazu *Tomuschat* (Anm. 13), S. 34; siehe auch *Grabitz* (Anm. 156), S. 314 ff.

[169] Schreiben des Bundeskanzlers an den Vorsitzenden der Ministerpräsidentenkonferenz vom 19. 9. 1979, in: Bundesrat und Europäische Gemeinschaften, Dokumente (1988), S. 201 ff.

[170] So aber *Konrad Kruis,* Variationen zum Thema Kompetenzkompensation, in: Festschrift für W. Geiger (1989), S. 155 ff. (165 ff.).

[171] Vgl. *Herbert Bethge,* Die Rolle der Länder im deutschen Bundesstaat und ihre rechtlichen Einflußmöglichkeiten auf die nationale Gemeinschaftspolitik, in: Kremer (Anm. 158), S. 22 ff. (45); *Tomuschat* (Anm. 13), S. 27 f. Vgl. auch *Eckart Klein,* Die Kompetenz- und Rechtskompensation, DVBl. 1981, S. 661 ff.

[172] Ansatzweise vgl. hierzu schon *Georg Ress,* Die Europäischen Gemeinschaften und der deutsche Föderalismus, EuGRZ 1986, S. 549 ff. (558); *Steinberger* (Anm. 14), S. 114 f.; ähnlich auch *Eberhard Grabitz,* Die deutschen Länder in der EG-Politik, in: Hrbek/Thaysen (Hrsg.), Die Deutschen Länder und die Europäischen Gemeinschaften (1986), S. 169 f. (179).

Folgen abzumildern, auch unter dem Aspekt, daß in Durchführung des Integrationsprogramms die kritische Grenze, die Art. 24 Abs. 1 GG selbst gezogen ist, nicht erreicht und damit eine Kollision mit dem Gemeinschaftsrecht vermieden wird, dürfte daher zulässig sein, wobei die verfassungsändernde Kraft des Gesetzes nach Art. 24 Abs. 1 GG einzubeziehen ist. Die bislang auf die Fälle des Art. 59 Abs. 2 GG beschränkte Mitwirkung des Bundesrates in auswärtigen Angelegenheiten würde EG-spezifisch erweitert. Überwunden würden auch Bedenken gegen die Einbeziehung des Bundesrates in einen bislang dem kooperativen Föderalismus zugewiesenen Bereich[173]. Gerade die eben erörterte Entwicklung zeigt, daß die strikte Ausklammerung des Bundesrats aus der Zwischenländerkooperation zu überdenken ist. Seine Instrumentalisierung gerade für diese Ebene ist dort, wo schnell und nicht notwendig einstimmig entschieden werden sollte[174], durchaus adäquat. Der Bundesrat erhält durch diese neue Form der Länderkoordinierung und -mitsprache eine zusätzliche Funktion, die ihn der ausschließlichen Bundessphäre entzieht. Nichts macht die bestehende Ambivalenz deutlicher als die inhaltliche Ergänzung des Bundesratsverfahrens durch die am 17. 12. 1987 zwischen der Bundesregierung und den Regierungen der Länder abgeschlossene Vereinbarung[175].

Zweifel bleiben indes bestehen, die sich natürlich gegen die Binnenausweitung des ohnehin weitgespannten Art. 24 Abs. 1 GG richten. Dies erklärt den neuerlichen Versuch der Bundesländer, das Länderbeteiligungsverfahren durch Ergänzung des Art. 24 Abs. 1 GG abzusichern. Die vom Bundesrat vorgeschlagene Formulierung[176] geht allerdings schon deshalb erheblich weiter, weil davon alle zwischenstaatlichen Einrichtungen, auf die Hoheitsrechte übertragen werden, erfaßt sind[177]. Darüber hinaus sollen alle Übertragungsgesetze im

---

[173] Vgl. hierzu *Roman Herzog*, Die Beziehungen des Bundesrates zu Bundestag und Bundesregierung, in: Vierzig Jahre Bundesrat (1989), S. 167 ff. (175 ff.) einerseits, *Peter Badura*, Schlußbericht: Der Bundesrat in der Verfassungsordnung, ebd., S. 317 ff. (318 f.) andererseits.

[174] An der vorgesehenen Einstimmigkeit ist das im Schreiben des Bundeskanzlers von 1979 (Anm. 169) geregelte Verfahren in der Praxis wegen Schwerfälligkeit gescheitert.

[175] Vgl. *Rudolf*, Festschrift Dürig (Anm. 165), S. 155. — Abdruck der Vereinbarung in: Bundesrat und Europäische Gemeinschaften (Anm. 169), S. 428 ff.

[176] Gesetzentwurf des Bundesrates vom 16. 3. 1990, BT-Drs. 11/7391.

[177] Dies würde nach der Rechtsprechung des BVerfG auch die NATO betreffen, BVerfGE 68, 1 (93).

Sinne des Art. 24 Abs. 1 GG, nicht nur die, die Hoheitsrechte der Länder übertragen[178], der Zustimmung des Bundesrates unterworfen werden. Es ist einsichtig, daß die Bundesregierung hierzu ablehnend Stellung genommen hat[179]. Gleichwohl spricht einiges dafür, die schwierige verfassungsrechtliche Situation durch eine Änderung des Art. 24 Abs. 1 GG zu bereinigen, die einerseits die Übertragung ausschließlicher Länderkompetenzen von der Zustimmung des Bundesrates abhängig macht, andererseits das in Art. 2 EEA-Gesetz geregelte Verfahren auf eine gesicherte Grundlage stellt[180].

## *Schluß*

Das Grundgesetz ist punktuellem Änderungsdruck ausgesetzt. Als „offene" Verfassung steht es der Verklammerung der Rechtsordnungen und ihrer Institutionen nicht im Wege, weist jedoch die Letztverantwortung den nationalen Instanzen zu[181]. Die Bundesrepublik Deutschland kann damit ihrer Räson, die Freiheit der Deutschen zu bewahren[182], auch in Zukunft gerecht werden.

---

[178] So schon Enquête-Kommission Verfassungsreform (Anm. 114), S. 230. Die Vertragsgesetze zu den Römischen Verträgen waren Zustimmungsgesetze. Schwach die Begründung für die Zustimmungsbedürftigkeit der EEA, vgl. BT-Drs. 10/6392, S. 3 (wegen Art. 105 Abs. 3 GG).

[179] BT-Drs. 11/7391, S. 6 f.

[180] Nicht unmittelbar profitieren werden hiervon die Länderparlamente. Auch sie sollten die parlamentarische Kontrolle der Landesregierungen im Hinblick auf deren Tätigkeit im Bundesrat intensivieren. Gerade wenn der Bundesrat auch als Instrument der Länderkoordination begriffen wird, vermindern sich Bedenken, die eine Einwirkung der Länderparlamente auf die Bundesebene sonst hervorruft. Zum Problem vgl. *Hans H. Klein,* Die Legitimation des Bundesrates und sein Verhältnis zu Landesparlamenten und Landesregierungen, in: Vierzig Jahre Bundesrat (1989), S. 95 ff. (107 ff.); enger *Badura* (Anm. 173), S. 323 f. — Zur bisherigen Praxis die Übersichten bei *Hrbek/Thaysen* (Anm. 172), S. 283 ff. und 287 ff.

[181] Die Verfassung behält also ihre Kraft, das Bild des Staates zu fixieren; dazu *Georg Ress,* Staatszwecke im Verfassungsstaat — nach 40 Jahren Grundgesetz, VVDStRL 48 (1990), S. 56 ff. (68).

[182] *E. Klein* (Anm. 10), S. 469 ff.

*Leitsätze des 2. Berichterstatters über:*

## Der Verfassungsstaat als Glied einer europäischen Gemeinschaft

*1. Die Gründung der Europäischen Gemeinschaften (EG) ist die wichtigste und folgenreichste Entscheidung für das Europa der Nachkriegszeit gewesen. Gerade die Bundesrepublik Deutschland ist in hohem Maße Nutznießer dieser Entwicklung geworden.*

*2. Die Grundlage der EG bilden völkerrechtliche Verträge. Trotz aller Verselbständigung hat eine Ablösung von dieser Grundlage nicht stattgefunden. Die EG setzt nicht den Untergang der Nationalstaaten voraus, sondern ist zum Phänotypus eines Verbands offener Nationalstaaten geworden.*

*3. Aus der mitgliedstaatlichen Struktur der EG ergeben sich Folgerungen für ihre Kompetenzausstattung, Legitimationsbeschaffung und Rechtsordnung; daraus folgt auch ein gegenseitiges Interesse der Mitgliedstaaten an einem Mindestmaß von Verfassungshomogenität.*

*4. Die politische Finalität der Gemeinschaft zeichnet sich erst in groben Umrissen ab. Die Entwicklung sollte nicht präjudiziert werden.*

*5. Die Kompetenzverteilung zwischen der Gemeinschaft und den Mitgliedstaaten und ihre strikte Beachtung ist ein bislang eher vernachlässigtes Thema gewesen. Probleme ergeben sich insbesondere aus der Struktur der Kompetenznormen und ihrer dynamischen Interpretation. Es besteht eine Vermutung für das Vorliegen konkurrierender Kompetenzen.*

*6. Die Kompetenzüberschreitung durch Mitgliedstaaten ist eine Frage des rechtlichen (Nicht-)Dürfens, nicht des rechtlichen (Nicht-)Könnens. Die Vertragsverletzung kann der EuGH feststellen. Nationale Gerichte müssen die kompetenzwidrige Norm außer Anwendung lassen.*

*7. Auch die Feststellung von Kompetenzüberschreitungen der EG (Beispiele: Fernsehrichtlinie, Kommunalwahlrecht), was eine Sache des rechtlichen (Nicht-)Könnens der Gemeinschaft ist, fällt in den Aufgabenbereich des EuGH. Für die Mitgliedstaaten sind auch Fehlurteile des EuGH grundsätzlich verbindlich.*

*8. Die nationale Kontrolle von Kompetenzüberschreitungen der Gemeinschaft bezieht sich wegen der Jurisdiktionshoheit des EuGH nicht auf das aus politischen Gründen „Nicht-Übertragene", sondern auf das aus verfassungsrechtlichen Gründen „Nicht-Übertragbare".*

*9. Der nichtübertragbare Bereich ist zunächst aus dem Verständnis des Art. 24 Abs. 1 GG selbst zu erschließen. Dabei ist auch auf Art. 79 Abs. 3 GG zurückzugreifen, soweit er die Philosophie des Grundgesetzes formuliert.*

*10. Zur Vermeidung von Kompetenzkonflikten sollte sich die EG strikt am Subsidiaritätsprinzip orientieren. Es ist als Kompetenzverteilungs- und Kompetenzausübungsmaxime zu verstehen. Im letzteren Sinne beeinflußt es das Verständnis des gemeinschaftsrechtlichen Rücksichtnahmegebots.*

*11. Konkreter Anwendungsnutzen folgt hieraus u. a. für die Eröffnung von Beurteilungsprärogativen der Mitgliedstaaten und für den schonsamen Umgang mit den Instrumenten der Rechtsharmonisierung. Der „nationale Alleingang" ist nicht nur negativ zu bewerten.*

*12. Das Demokratiedilemma und das Problem der damit verbundenen Entparlamentarisierung des Rechts können durch die verstärkte Einbeziehung der nationalen Parlamente in die Integrationspolitik entschärft werden.*

*13. Besondere Bedeutung kommt der Aufrechterhaltung der demokratisch-rechtsstaatlichen Strukturen der Mitgliedstaaten selbst zu. Solange die Mitgliedstaaten die bestimmenden Faktoren der Gemeinschaft sind, sie selbst aber Verfassungsstaaten westlicher Prägung, ist die Gefahr, daß die Gemeinschaft korrekturlos aus dem Ruder läuft, weithin theoretisch.*

*14. Die Antwort auf die Frage nach der Maßstabsfunktion nationaler Grundrechte für das Gemeinschaftsrecht entscheidet nicht nur über ein materielles, sondern auch ein jurisdiktionelles Problem. Die Frage stellt sich vor allem im Hinblick auf das sekundäre Gemeinschaftsrecht und das gemeinschaftsrechtlich veranlaßte nationale Ausführungsrecht.*

*15. Die Ablehnung der Maßstäblichkeit deutscher Grundrechte folgt weder aus dem Postulat der einheitlichen Anwendung des Gemeinschaftsrechts noch aus der Trennung der Rechtsordnungen. Sie kann sich nur aus dem Inhalt des nationalen Rechtsanwendungsbefehls ergeben, der entsprechende Vorstellungen der Gemeinschaftsverträge aufnimmt und wegen Art. 24 Abs. 1 GG auch aufnehmen darf.*

*16. Die Rechtsprechung des Bundesverfassungsgerichts hat mit der Solange II-Entscheidung (BVerfGE 73, 339) keinen nur prozessualen Rückzug angetreten, sondern aus einer materiellen Situation die prozessuale Konsequenz gezogen.*

*17. Die Prüfungskompetenz des Bundesverfassungsgerichts ist auf die Kontrolle des „Identitätsvorbehaltes" beschränkt. Die prozessuale Realisierung dieses Vorbehalts bereitet Schwierigkeiten, ist aber möglich.*

*18. Art. 24 Abs. 1 GG verhindert die Entwicklung des Gemeinschaftsrechts zu einer „Verfassung" und die Entwicklung des EuGH zu einem „Verfassungsgericht".*

*19. Richtlinien-Ausführungsgesetze sind an deutschen Grundrechten nur zu messen, soweit der deutsche Gesetzgeber „frei", also nicht gemeinschaftsrechtlich determiniert ist. Das determinierte Ausführungsrecht partizipiert am gemeinschaftsrechtlichen Grundrechtsstandard.*

*20. Die Verfassungsbindung der Bundesregierung im Rat der EG wird durch die Reichweite des Art. 24 Abs. 1 GG bestimmt.*

*21. Der mitgliedstaatlichen Struktur der Gemeinschaft ist die Grundrechtsgewinnung aus den allgemeinen Rechtsgrundsätzen der Mitgliedstaaten eher adäquat als ein eigenständiger Grundrechtskatalog.*

*22. Das Problem der „umgekehrten Diskriminierung" ist von den Mitgliedstaaten in eigener Verantwortung zu lösen.*

*23. Die aus Art. 24 Abs. 1 GG gezogenen Folgerungen gehen weit, angesichts der grundgesetzlichen Präambelaussage aber nicht zu weit. Die faktische „Opfersituation" ist alles in allem nicht bedenklich. Die EG hat den Menschen einen realen Freiheitsgewinn gebracht.*

*24. Die Länder der Bundesrepublik Deutschland versuchen eine integrationspolitisch und -rechtlich veranlaßte Erosion ihrer Kompetenzen durch Aktionen auf der europäischen und der nationalen Ebene zu stoppen. Die gemeinschaftsrechtlichen Überlegungen zielen auf Vertragsänderungen im Rahmen der im Dezember 1990 beginnenden Regierungskonferenzen.*

*25. Auf der innerstaatlichen Ebene steht heute das Länderbeteiligungsverfahren nach Art. 2 EEA-Gesetz im Mittelpunkt. Die gefundene Regelung ist verfassungsrechtlich problematisch, läßt sich aber aus Art. 24 Abs. 1 GG entnommenen Überlegungen retten. Eine klare Absicherung durch Änderung des Art. 24 Abs. 1 GG wird vom Bundesrat gefordert.*

*26. Die Ausweitung der Gemeinschaftskompetenzen und die Verklammerung der Rechtsordnungen und Gerichtsbarkeiten lassen die Letztverantwortung der Mitgliedstaaten für ihre Bürger unberührt. Ihrer Räson, die Freiheit der Deutschen zu bewahren, kann die Bundesrepublik Deutschland daher auch in Zukunft gerecht werden.*

## Der Verfassungsstaat als Glied einer europäischen Gemeinschaft

3. Bericht von Prof. Dr. *Daniel Thürer*, Zürich

Inhalt

Gestatten Sie, daß ich mit einem Wort des Dankes beginne*. Des Dankes zunächst für die Wahl des Themas. Denn es ist, in einem rasch zusammenrückenden Europa, in der Tat eine der wohl grundlegendsten, aber noch weitgehend unbewältigten *Herausforderungen* an uns Öffentlichrechtler aller europäischen Länder, eine das Staatsrecht, Gemeinschaftsrecht und Völkerrecht zusammenordnende *Theorie*, *Rechtsgestaltungspolitik* und schließlich *Rechtsdogmatik* zu entwikkeln. Des Dankes aber auch dafür, daß der Vorstand auch einen Vertreter eines nicht der Europäischen Gemeinschaft angehörigen Staates unter die Referenten aufgenommen hat. Ein solcher mag zwar heute in der „Europäischen Familie der Nationen", von der seinerzeit in dieser Aula *Winston Churchill* gesprochen hatte[1], gelegentlich bloß als der etwas entfernte Cousin gesehen werden. Geht man indessen von einem *Europabild* aus, das *geographisch, historisch-kulturell*[2] *und institutionell über die EG in ihrer heutigen Gestalt hinausreicht*[3], so kann man sich in guten Treuen fragen, ob nicht auch derjenige ein guter Europäer sei, der zwar nüchtern anerkennt, daß zahlreiche öffentliche Ordnungs- und Gestaltungsaufgaben der modernen Gesellschaft optimal nur noch im zwischen- und überstaatlichen Rahmen bewältigt werden können[4], der aber auf der andern Seite auch bestrebt ist, die politische Identität seines Staates oder jenes Gehäuse so weit wie möglich intakt zu halten, das er sich in langer Tradition eingerichtet und ausgebaut hat[5].

---

* Meinen Assistenten Frau lic. iur. *Eliane Menghetti,* Frau lic. iur. *Michèle Sauvain* und Herrn Dr. iur. *Jürg Niederbacher* danke ich herzlich für ihre engagierte Mitarbeit.

[1] Vgl. *Karl Schmid,* Europa zwischen Ideologie und Verwirklichung — Psychologische Aspekte der Europäischen Integration, 2. Aufl., 1990, S. 37.

[2] Vgl. hierzu *Peter Häberle,* Europa in kulturverfassungsrechtlicher Perspektive, JöR 1983, S. 9 ff.

[3] Aufschlußreich hierzu: *Werner Weidenfeld* (Hrsg.), Die Identität Europas, 1985; *Carl J. Friedrich,* Europa — Nation im Werden? 1972.

[4] Als eindrückliche Gesamtschau: *Richard von Weizsäcker,* Europäische Tugenden in einer Zeit des Umbruchs — 8. Vorlesung der Gesellschaft ehemaliger Studierender der ETH Zürich, 1990, insbes. S. 14.

[5] Hierzu *Schmid,* a. a. O. (Anm. 1), S. 77 ff., und *Dietrich Schindler* in der Einführung zu diesem Buch, S. 13. Über die Schweiz als Integrationsmodell vgl. *Karl W. Deutsch,* Die Schweiz als ein paradigmatischer Fall politischer Integration, 1976; *ders.,* Nationenbildung — Nationalstaat — Integration, 1972, S. 94 ff. Vgl. *Christian Tomuschat,* Der Verfassungsstaat im Geflecht der internationalen Beziehungen (zit. Geflecht), VVDStRL 36 (1978), wo die Verfassunggebung im traditionellen Sinn als ein Stück nationaler Selbstdarstellung und Sinngebung bezeichnet wird (S. 9).

Ich habe mir nun vorgenommen, aus unserer Thematik „Der Verfassungsstaat als Glied einer europäischen Gemeinschaft" drei Problemkreise aufzugreifen. In einem ersten Teil werde ich einen Blick werfen auf die vielgestaltige *Gesamtheit von Institutionen,* die sich, in verschiedenen Verdichtungsformen und Geschwindigkeiten, auf europäischer Ebene gebildet haben und laufend fortentwickeln. Der zweite Problemkreis befaßt sich mit der *Einwirkung* der übergreifenden europäischen Ordnung *auf den Verfassungsstaat.* Und in einem dritten Teil werde ich schließlich, als Folgerung aus dem Gesagten, die Frage aufwerfen, ob wir nicht angesichts der beschriebenen Strukturwandlungen eines *neuen Konzepts und Begriffs der Staatlichkeit,* also des Staates als solchen, einer neuen Theorie — eben eines neuen Bildes — des Verfassungsstaates bedürfen.

Auf diese Weise zu versuchen, unseren Beratungsgegenstand aus einer weiteren, nicht allein auf die Europäische Gemeinschaft und Fragen der Rechtsdogmatik im strikten Sinne beschränkten Perspektive zu beleuchten, entspricht, wenn ich das richtig sehe, der besonderen Aufgabe, die mir der Vorstand in der heutigen Vortragsreihe zugedacht hat. Dabei verzeihen Sie es mir gewiß, wenn anstelle des „Abstractum" „Verfassungsstaat" ab und zu auch von *konkreten Verfassungsordnungen* wie vor allem von der mir besonders vertrauten *schweizerischen Bundesverfassung* die Rede sein wird. Auch werde ich versuchen, bei Gelegenheit das vor einigen Monaten in die Phase der diplomatischen Verhandlungen eingetretene Projekt zur Errichtung eines *Europäischen Wirtschaftsraums*[6] mitzuerfassen, dessen Ziel es ist, auf völkerrechtlicher, multilateraler Grundlage Kerngehalte des EG-Binnenmarktrechtes auf die EFTA-Staaten und Liechtenstein[7] zu erstrecken[8].

---

[6] Vgl. hierzu *Bruno Spinner,* Der Europäische Wirtschaftsraum: Ist das Völkerrecht der Herausforderung gewachsen? Erscheint demnächst in der Schweizerischen Juristen-Zeitung; *Hansjörg Seiler,* EG, EWR und schweizerisches Staatsrecht, 1990; *Daniel Thürer,* Auf dem Wege zu einem Europäischen Wirtschaftsraum? In: Schweizerische Juristen-Zeitung 1990 (zit. Europäischer Wirtschaftsraum), S. 93 ff.

[7] Vgl. hierzu den Bericht der Regierung des Fürstentums Liechtenstein vom 7. November 1989 betreffend Beurteilung der Entwicklung und des Standes des europäischen Integrationsprozesses, Umschreibung der liechtensteinischen Position und Absehbarkeit der künftigen Entwicklung.

[8] Zum Gang, Gegenstand und zur Tragweite der Verhandlungen vgl. *Jakob Kellenberger,* Schlußbemerkungen, in: Dietrich Schindler / Gérard Hertig / Jakob Kellenberger / Daniel Thürer / Roger Zäch (Hrsg.), Die Europaverträglichkeit

## I. Polyzentrisches europäisches Ordnungsgefüge

> *«... l'Europe, aujourd'hui, s'unifie... Ceci n'est pas une fin en soi. C'est un commencement en vue d'une meilleure organisation du monde qui nous permette d'échapper à la destruction.»* *Jean Monnet*[9]

Ausgangspunkt unserer Überlegungen ist also — um nun zum ersten Gegenstand des Referates zu kommen — die Erkenntnis, daß der europäische Verfassungsstaat Teil eines *umfassenden*, kooperative und integrative Züge tragenden gesamteuropäischen *Institutionen- und Ordnungsgefüges* geworden ist. Grundlegende Wandlungen in der Struktur, Funktion und Gestalt des Verfassungsstaates sind die Folge dieser Entwicklung. Dabei scheint es mir wichtig, diese bestehende und in rascher Fortentwicklung begriffene europäische Ordnung nicht einfach mit der Europäischen Gemeinschaft zu identifizieren, obwohl sie von dieser freilich über weite Strecken dominiert und mitgeprägt wird. Sie sollte auch nicht einseitig als System von die Europäische Gemeinschaft konzentrisch umgebenden Rechtskreisen konzipiert werden. Vielmehr scheint das Ordnungsgefüge, das die europäischen Staaten überwölbt und durchdringt, einen *polyzentrischen Charakter* zu haben. Wir haben eine Gesamtordnung vor uns, die von verschiedenen institutionellen Kernen aus mit vielgestaltigen Instrumenten eigenständige, miteinander verknüpfte und sich überschneidende Aufgabenfelder entwickelt hat. Lassen Sie mich dabei, die Komplexität der Gesamtlage etwas vereinfachend, vom Europa der EG, vom Europa der KSZE und vom Europa des Europarates sprechen.

---

des schweizerischen Rechts, Zürich 1990, S. 667 ff. Zu den staatsrechtlichen Aspekten eines EG- oder EWR-Beitritts vgl. *Dietrich Schindler*, Verfassungsrecht, in: Schindler/Hertig/Kellenberger/Thürer/Zäch, a. a. O., S. 21 ff.; zum aktuellen Stand der Verhandlungen vgl. nunmehr den Vortrag von *Mathias-Charles Krafft* vor dem Zürcherischen Juristenverein vom 25. Oktober 1990 mit Berichterstattung in der Neuen Zürcher Zeitung vom 29. Oktober 1990 (Nr. 251) S. 17.

[9] Diese, auf dem heutigen Entwicklungshintergrund besonders bemerkenswerten Worte entstammen einer Rede vom 11. Juni 1961 am Dartmouth College (New Hampshire), wiedergegeben in: La Communauté européenne et l'unité de l'Occident, Lausanne 1961, S. 9.

### A. *Europäische Gemeinschaft*

Mächtigste europäische Staatenverbindung und Regelungsinstanz ist die Europäische Gemeinschaft[10]. Sie hat, als Folge ihres supranationalen Charakters, die Souveränität der Mitgliedstaaten und damit auch die *Möglichkeit der Selbstgestaltung des Verfassungsstaates eingeschränkt,* ihm aber auch *Mitgestaltungsmöglichkeiten* und Entscheidungsmacht im übernationalen Raum erschlossen. Sie ist — bei aller Skepsis gegenüber der von Gemeinschaftsseite oft doktrinär verkündeten, in programmierbaren Bahnen offenbar irreversibel verlaufenden Geschichtsteleologie[11] — unverkennbar im Zuge, über ihre ursprünglich wirtschaftliche Zielsetzung hinaus gegen innen und außen in eine *politische Dimension* hineinzuwachsen[12]. Auch hat sie vor allem mit ihrem Binnenmarktprogramm[13] in zunehmendem Maße die *EFTA-Staaten in ihren Entwicklungssog einbezogen*[14]. Diese Län-

---

[10] Zu den Grundlagen vgl. *Pierre Pescatore,* Die Geschichte der Europäischen Einigung zwischen Realität und Utopie, 1990; *ders.*, Le droit d'intégration, Leiden/Genf 1972; *Hans Peter Ipsen,* Europäisches Gemeinschaftsrecht, 1972; *ders.*, Europäisches Gemeinschaftsrecht in Einzelstudien, 1984; *Walter Hallstein,* Der unvollendete Bundesstaat, 1969; *Jürgen Schwarze,* Europäisches Verwaltungsrecht, 2 Bände, 1988; *Albert Bleckmann,* Europarecht, 5. Aufl., 1990; *Bengt Beutler / Roland Bieber / Jörn Pipkorn / Jochen Streil,* Die Europäische Gemeinschaft — Rechtsordnung und Politik, 3. Aufl., 1987; *Michael Schweitzer / Waldemar Hummer,* Europarecht, 3. Aufl., 1990.

[11] Vgl. als kritische Bestandesaufnahme *Albert Bleckmann,* Politische Aspekte der europäischen Integration unter dem Vorzeichen des Binnenmarktes 1992, ZPR 1990, S. 265 ff.

[12] Vgl. etwa *Jochen Abr. Frowein,* Die vertragliche Grundlage der Europäischen Politischen Zusammenarbeit (EPZ) in der Einheitlichen Europäischen Akte, in: Liber Amicorum Pierre Pescatore (zit. Liber Amicorum), 1987, S. 247 ff.; *Thomas Oppermann,* Europäischer Rat und Europäische Politische Zusammenarbeit nach der Einheitlichen Europäischen Akte, in: Liber Amicorum, S. 537 ff.; *Werner von Simson,* Wachstumsprobleme der europäischen Verfassung (zit. Wachstumsprobleme), in: Festschrift für Hans Kutscher, 1981, S. 481 ff.; *Christian Tomuschat,* Solidarität in Europa, in: Liber Amicorum, a. a. O., S. 529 ff.

[13] Vgl. *Hans-J. Glaesner,* Die Einheitliche Europäische Akte, EuR 1986, S. 119 ff. Kritisch zur Einheitlichen Akte *Pierre Pescatore,* Die „Einheitliche Europäische Akte" — Eine ernste Gefahr für den Gemeinsamen Markt, EuR 1986, S. 153 ff.

[14] *Olivier Jacod-Guillarmod* (éd.), L'avenir du libre-échange européen (zit. Libre-échange), erscheint demnächst; *Hans Mayrzedt,* Zwischenbilanz der europäischen Integration: Diagnosen und Strategien, in: Außenwirtschaft 1988, S. 304 ff.; *Daniel Thürer,* The Role of Soft Law in the Actual Process of European Integration, in:

der, die seit 1973 je bilateral durch Freihandelsabkommen für Industrieprodukte und zahlreiche sektorielle Einzelvereinbarungen mit der Gemeinschaft verbunden sind[15], sehen sich nunmehr veranlaßt, in einem den bloßen Abbau von Handelshindernissen weit übersteigenden, *historisch wohl einmaligen Rezeptions- und Harmonisierungsprozeß* ihre Rechtsordnungen autonom an diejenige der Gemeinschaft anzupassen[16]. Darüber hinaus sind sie zur Zeit bestrebt, in multilateralen Verhandlungen mit der Gemeinschaft einen einheitlichen, umfassenden, vorwiegend auf die vier Grundfreiheiten des EWG-Vertrages abgestützten *Europäischen Wirtschaftsraum* zu errichten, so daß es heute insgesamt wohl richtig erscheint, den Begriff der europäischen Integration nicht mehr auf den Organisationstypus der Europäischen Gemeinschaft zu begrenzen, sondern auf die Einigungsprozesse in ganz Westeuropa auszuweiten[17]. Nicht minder bedeutsam aber ist, daß die Europäische Gemeinschaft auch für die sich neu konstituierenden Staaten *Mittel- und Osteuropas* zum bedeutsamen Anziehungspunkt der wirtschaftlichen Zusammenarbeit geworden ist. Gestützt auf ihre ausschließliche Kompetenz im Bereiche des Außenhandels hat sie seit 1988 bereits mit Ungarn, der Tschechoslowakei,

---

Libre-échange, S. 129 ff.; *ders.*, Europaverträglichkeit als Rechtsargument — Zu den Wegen und Möglichkeiten schweizerischer Rechtsanpassung an die neue Integrationsdynamik der Europäischen Gemeinschaft (zit. Europaverträglichkeit), in: Festschrift für Dietrich Schindler, Basel / Frankfurt a. M. 1989, S. 561 ff. Aus österreichischer Sicht: *Andreas Khol*, Von der Süderweiterung der EG zur EFTA-Erweiterung? EA 1988, S. 359 ff.; *Waldemar Hummer / Michael Schweitzer*, Österreich und die EG, Wien 1987. Aus finnischer Sicht: *Harto Hakovirta*, The European Economic Space — Functions and Prospects, in: Kari Möttölä and Heikki Patomäki (ed.), Facing the Change in Europe — EFTA Countries' Integration Strategies, Helsinki 1989, S. 71 ff.

[15] Vgl. *Pierre Pescatore*, Les relations entre la Communauté et la Suisse, Bulletin d'information du Centre d'Etudes Juridiques Européennes No. 27, Genf / St. Gallen 1983; *Michael Waelbroeck*, Les accords de libre-échange face à l'échéance de 1992, in: Libre-échange (Anm. 14); *Friedl Weiss*, The Functioning of the Free Trade Agreements, in: Libre-échange (Anm. 14).

[16] Vgl. Integrationsbericht (des Bundesrates) über die Stellung der Schweiz im europäischen Integrationsprozeß vom 24. August 1988 (Integrationsbericht), BBl. 1988 III, S. 249 ff., insbes. S. 345 und 380. Vgl. hierzu *Thürer*, Europaverträglichkeit (Anm. 14), S. 561 ff., insbes. S. 577 ff.

[17] Vgl. *Pierre Pescatore*, Synthèse et note documentaire, in: Libre-échange (Anm. 14) mit dem interessanten Hinweis auf die erstmalige Verwendung des Begriffs „Integration" in dem sowohl die Zollunion wie die Freihandelszone umfassenden Art. XXIV Ziff. 4 GATT; *Thürer*, Europaverträglichkeit (Anm. 14), S. 563.

Polen und der Sowjetunion bilaterale Handels- und Kooperationsverträge abgeschlossen, die ihrerseits aber wohl bloß Vorboten einer sich aufdrängenden, weit umfassenderen Einbeziehung dieser Länder in das europäische Staatensystem darstellen[18].

### *B. Konferenz für Sicherheit und Zusammenarbeit in Europa*

Jenseits der Europäischen Gemeinschaft und den Mitgliederkreis der Gemeinschaft, ja den gesamteuropäischen Raum überschreitend hat sich nun aber im Rahmen der KSZE auch ein zweiter für die europäischen Staaten wesentlicher Ordnungsrahmen herausgebildet. Es handelt sich dabei zur Zeit um einen vorwiegend *politischen Prozeß der Zusammenarbeit* im Bereiche der Sicherheit, der Wirtschaft und Ökologie, Wissenschaft sowie der Menschenrechte[19]. Die KSZE scheint aber in Begriff zu stehen, allmählich *institutionelle Formen* anzunehmen. Einzelne Staaten haben sogar Pläne entwickelt, auf der Grundlage der bestehenden Kooperation ein *europäisches Sicherheitssystem* aufzubauen. Sollte es in der Tat gelingen, dereinst im Rahmen des auf globaler Ebene geltenden UNO-Rechts eine regionale Ordnung der friedlichen Streitbeilegung und kollektiven Sicherheit zu errichten[20], so wäre dieser Vorgang auch für die nach außen gewandte Seite des Verfassungsstaates bedeutsam. Verschiedene Staaten wären vor die Herausforderung gestellt, ihre heute noch in einem *militärisch-politischen Verteidigungsbündnis* verankerte Sicherheitskonzeption grundlegend neu zu orientieren[21]. Für Staaten wie die Schweiz stellte sich die Frage, ob nicht ihre *dauernde Neutralität*[22] in dem Maße

---

[18] *Horst G. Krenzler,* Die Europäische Gemeinschaft und der Wandel in Mittel- und Osteuropa, in: Europa-Archiv, Folge 3, 1990, S. 89 ff.; *Eckart Klein,* Neuere Entwicklungen des Rechts der Europäischen Gemeinschaften (zit. Entwicklungen), DÖV 1990, S. 179 ff., insbes. S. 181; Entschließung des Europäischen Parlaments zu den jüngsten Entwicklungen in Mittel- und Osteuropa, Dok. B 3-599/89/Korr.

[19] Vgl. *Hans Heinrich Wrede,* KSZE in Wien — Kursbestimmung für Europas Zukunft, 1990. Zur Rechtsnatur vgl. etwa *Daniel Thürer,* "Soft Law" — Eine neue Form von Völkerrecht? ZSR 1985 I, S. 429 ff., insbes. S. 435 f.

[20] Vgl. ebenso das Memorandum betreffend eine europäische Sicherheitskommission der Tschechischen und Slowakischen Föderativen Republik vom 6. April 1990.

[21] Vgl. *Dieter Senghaas,* Die Architektur eines dauerhaften Friedens in Europa, Arbeitspapier der Schweizerischen Friedensstiftung Nr. 6, 1990.

[22] Zur dauernden Neutralität der Schweiz vgl. etwa *Dietrich Schindler,* Vereinbarkeit von EG-Mitgliedschaft und Neutralität, in: Olivier Jacot-Guillarmod /

anzupassen wäre oder letztlich gar hinfällig würde, in dem wirksame Institutionen die Sicherheit in Europa tatsächlich und glaubwürdig zu gewährleisten vermöchten. Gelänge es zudem, im Rahmen der KSZE als Teil einer umfassenden, vorbeugenden Friedenspolitik auch zukunftsträchtige Verfahren zum *kollektiven Schutz der Menschenrechte* und vor allem auch innerstaatlicher *Minderheiten* einzurichten, so würde die durch die KSZE entwickelte Ordnung offensichtlich auch in den Innenbereich des Verfassungsstaates hineinragen[23].

## C. *Europarat*

Als dritter Kern einer sich herausbildenden gesamteuropäischen Ordnung sei der Europarat genannt. Er ist zwar wegen der Schwäche seiner rechtlichen Handlungsinstrumente in den Schatten der Europäischen Gemeinschaft geraten. Für die Konzeption, Sicherung und Fortentwicklung des Verfassungsstaates aber ist er von erstrangiger Bedeutung[24]. Es handelt sich hier um die einzige internationale Orga-

---

Dietrich Schindler / Thomas Cottier, EG-Recht und schweizerische Rechtsordnung, Beiheft 10 zur Zeitschrift für Schweizerisches Recht 1990, S. 82 ff.; *Hans-Peter Brunner,* Neutralität und Unabhängigkeit der Schweiz im ausgehenden 20. Jahrhundert, Zürich 1989; *Jürg-Martin Gabriel,* Schweizer Neutralität im Wandel — Hin zur EG, Frauenfeld 1990; *Daniel Thürer,* Vorstellungen über die dauernde Neutralität vor dem Ersten Weltkrieg, heute und für die Zukunft, in: Schweizerisches Jahrbuch für Internationales Recht (Jubiläumsband) 1989, S. 73 ff. Zur dauernden Neutralität anderer europäischer Staaten vgl. etwa *Konrad Ginther,* Neutralität — Völkerrecht — Europarecht, in: Festschrift für Dietrich Schindler, Basel / Frankfurt a. M. 1989, S. 373 ff.; *Marianne von Grünigen,* Finnische Neutralität — Kontinuität im Wandel, in: Festschrift Schindler, a. a. O., S. 389 ff.; *David Kennedy / Leo Specht,* Austria and the European Communities, in: Common Market Law Review 1989, S. 615 ff.; *Karl Zemanek,* The Chaotic Status of the Laws of Neutrality, in: Festschrift Schindler, a. a. O., S. 443 ff.; *H. Lindholm,* Swedish Neutrality, Stockholm 1987, S. 38 ff.

[23] Vgl. das am 29. Juni 1990 verabschiedete «Document de la réunion de la Copenhague de la Conférence sur la dimension humanitaire de la CSCE».

[24] Vgl. *Rudolf Bernhardt,* Gerichtlicher Rechtsschutz in Grund- und Menschenrechtsfragen auf europäischer Ebene, in: Klaus Stern (Hrsg.), 40 Jahre Grundgesetz, 1990, S 197 ff.; *ders.,* Die Grundrechte des Grundgesetzes und die internationalen Menschenrechtsgarantien, in: Rechtsentwicklung unter dem Bonner Grundgesetz, 1989, S. 3 ff.; *ders.,* Grundrechtsschutz unter der Europäischen Menschenrechts-Konvention, in: Kritische Vierteljahresschrift für Gesetzgebung und Rechtswissenschaft 1990, S. 99 ff.; *Walter Kälin,* Die Europäische Menschenrechtskonvention als Faktor der europäischen Integration, in: Festschrift für Dietrich Schindler, 1989, S. 529 ff.; *Luzius Wildhaber,* Erfahrungen mit der Europäischen

nisation, deren eigentliche *«raison d'être»* es gerade darstellt, die materiellen und formellen *Grundwerte des Verfassungsstaates zu definieren und kollektiv zu garantieren.* In seinem Rahmen ist, wie dies der Europäische Gerichtshof für Menschenrechte ausdrückte[25], ein «ordre public européen» geschaffen worden, in dem die europäische Rechts- und Verfassungsgemeinschaft ihren kollektiven Ausdruck gefunden hat. Wenn es sinnvoll ist, vom *Typus des „europäischen Verfassungsstaates"* zu sprechen, so deshalb, weil er *im Rahmen des Europarates eine feste, verbindliche, gemeinsame Gestalt gefunden hat.*

In zweifacher Richtung kommt dem Europarat heute im gesamteuropäischen Ordnungszusammenhang eine besondere Bedeutung zu. Zum einen erweisen sich in *Staaten Mittel- und Osteuropas*[26] sein Statut und die auf seiner Grundlage abgeschlossenen Abkommen wie vor allem die Europäische Menschenrechtskonvention als wesentliche Maßstäbe der sich zur Zeit im Gange befindlichen totalen oder teilweisen Verfassungsrevisionen[27]. Vier dieser Staaten sind seit 1989 „spezielle Gäste" des Europarates[28] und vier Staaten Mittel- und Osteuropas haben einen Antrag um Aufnahme in den Europarat gestellt[29]. Während sich ihre bisherigen Verfassungen ausdrücklich oder implicite nach dem Vorbild der stalinistischen Verfassung der Sowjetunion von 1936 ausrichteten, entstammen nun, beim Übergang vom totalitären Staat zur offenen Gesellschaft und zum liberal-demokratischen, offenen Verfassungsstaat, wesentliche Leitbilder dem Europarat[30]. Die

---

Menschenrechtskonvention, in Zeitschrift für Schweizerisches Recht (ZSR) 1979 II, S. 235 ff.; *Daniel Thürer,* Neuere Entwicklungen im Bereich der Europäischen Menschenrechtskonvention (zit. Entwicklungen), in: Schweizerisches Zentralblatt für Staats- und Gemeindeverwaltung (ZBl.) 1988, S. 377 ff.; *ders.*, Europäische Menschenrechtskonvention und schweizerisches Verwaltungsverfahren, ZBl. 1986, S. 241 ff.

[25] Vgl. etwa *Thürer,* Entwicklungen (Anm. 24), S. 379.

[26] Vgl. zur politischen Gesamtlage der Beziehungen dieser Staaten zum Europarat: Conseil de l'Europe, Assemblée parlamentaire: Rapport du 26 avril 1990 sur les relations entre l'Europe, les Etats-Unis et le Canada dans les années 90 (Rapporteur: *M. Sager*), Doc. 6217 (zit. Bericht *Sager*).

[27] Council of Europe, Parliamentary Assembly: Committee on Legal Affairs and Human Rights, Accession of Non-Member States to the European Convention on Human Rights, Expert Study presented by *Zdzislaw Kedzia* Doc. AS/Jur. (42)4 (zit. Bericht *Kedzia*).

[28] Ungarn, Polen, Sowjetunion, Jugoslawien. Vgl. Bericht *Sager,* a. a. O. (Anm. 26), S. 24.

[29] Ungarn, Polen, Jugoslawien und die Tschechoslowakei, vgl. Bericht *Sager,* a. a. O. (Anm. 26), S. 24.

[30] Vgl. Bericht *Kedzia,* a. a. O. (Anm. 27), S. 3 ff., 8 ff.

Einhaltung der Satzung der Organisation und der in der EMRK aufgestellten Mindestgrundsätze der Rechtsstaatlichkeit scheint denn auch eine notwendige Voraussetzung für die Aufnahme in den Europarat[31] und in einem späteren Zeitpunkt allenfalls in die Europäische Gemeinschaft darzustellen[32]. Auf diese Weise wird die Möglichkeit geschaffen, eine minimale Homogenität der Verfassungsordnungen ganz Europas sicherzustellen, so wie etwa in der Schweiz der Bund beauftragt ist, im Verfahren der Gewährleistung die Kantonsverfassungen auf ihre Übereinstimmung mit dem Bundesrecht zu prüfen[33].

Der zweite Grund der besonderen Aktualität des Europarates und der Europäischen Menschenrechtskonvention scheint mir in seinem besonderen Verhältnis zur *Europäischen Gemeinschaft* zu liegen. Drei Gesichtspunkte stehen im Vordergrund. Erstens ist zwar dem Gerichtshof der Europäischen Gemeinschaft zu attestieren, daß es ihm gelungen ist, in Form allgemeiner Grundsätze des Gemeinschaftsrechts einen überzeugenden *Grundrechtsschutz* aufzubauen[34]. Er läßt sich dabei von den gemeinsamen Verfassungstraditionen der Mitgliedstaaten wie auch von der Europäischen Menschenrechtskonvention leiten[35]. Angesichts der Tatsache aber, daß es die Väter der Gemeinschaft unterlassen hatten, einen ausdrücklichen Katalog der Menschenrechte und der Grundfreiheiten in die Gründungsverträge aufzunehmen[36], und angesichts der bisher konsequenten Bestrebun-

---

[31] Vgl. dazu die Warnung *Kedzias* vor einer Aufweichung des europäischen Systems zum Schutze der Menschenrechte sowie des Europarates selbst und seine Forderung nach einer strikten Beachtung des durch Konventionstext und Straßburger Praxis vorgegebenen Standards bei einem Beitritt zum Europarat bzw. zur Europäischen Menschenrechtskonvention, a. a. O. (Anm. 27), S. 16.

[32] Zu dieser interessanten Verknüpfung zwischen den materiellen Voraussetzungen der Mitgliedschaft im Europarat (Art. 3 ff. der Satzung vom 5. Mai 1949) und den (materiell nicht spezifizierten) Aufnahmeregeln in Art. 237 EWG-Vertrag vgl. *Georg Ress*, Über die Notwendigkeit der parlamentarischen Legitimierung der Rechtsetzung der Europäischen Gemeinschaften (zit. Parlamentarische Legitimierung), in: Gedächtnisschrift für Wilhelm Karl Geck, 1989, S. 650 ff.

[33] Art. 6 BV. Vgl. *Dietrich Schindler*, Wechselwirkungen zwischen der inneren Struktur der Staaten und der internationalen Ordnung, in: Festschrift für Kurt Eichenberger, 1982, S. 72.

[34] Vgl. hierzu *Albert Bleckmann*, Die Bindung der Europäischen Gemeinschaft an die Europäische Menschenrechtskonvention, 1986; *Ress*, Parlamentarische Legitimierung (Anm. 32), S. 625 ff., insbes. S. 640 ff.

[35] *Meinhard Hilf*, Wielange noch Solange? EuGRZ 1987, S. 1 ff.; *Rudolf Streinz*, Der Verfassungsstaat als Glied einer europäischen Gemeinschaft, DVBl. 1990, S. 949 ff.

[36] Vgl. *Joseph H.H. Weiler*, Eurocracy and Distrust: Some Questions Concerning the Role of the European Court of Justice in the Protection of Fundamental

gen des Luxemburger Gerichtshofes, vorab die Entfaltung und den Vorrang des Gemeinschaftsrechts gegenüber dem Recht der Mitgliedstaaten sicherzustellen, scheint nicht unbedingt gewährleistet zu sein, daß der Grundrechtsschutz auch im Zuge eines weiteren Ausbaus der Gemeinschaftsaufgaben eine ebenso zielstrebige, dogmatisch durchgestaltete[37] Verwirklichung erfährt. Daß im Rahmen des Europarates besondere Gerichtsorgane eigens zum Schutze der Menschenrechte bestehen, erweist sich als eine zusätzliche Garantie dafür, daß — weiterhin gesichert durch ein fruchtbares polares Zusammenwirken dieser beiden Rechtsschutzinstanzen — die Rechte des Einzelnen auch in Zukunft nicht den Diktaten des Zusammenschlusses und der Verschmelzung der Staaten und ihrer Volkswirtschaft geopfert werden.

Zweitens fragt sich, ob sich nicht — rechtspolitisch gesehen — zwischen dem Europarat und der Europäischen Gemeinschaft vermehrt eine *Aufgabenteilung*[38] in dem Sinne einspielen könnte, daß verfassungs-, kultur- und ordnungspolitische Gestaltungsbereiche schwerpunktmäßig vom Europarat, wirtschaftspolitische Aufgaben dagegen von der Gemeinschaft wahrgenommen werden[39]. So anachronistisch dies heute auch aus der Sicht der dynamisch ausgreifenden Gemeinschaftsrechtsetzung[40] erscheinen mag, so hätten doch rechtliche und sachliche Gesichtspunkte dafür gesprochen, Fragen etwa der Programmgestaltung im Medienwesen allein im Aufgabenbereich des Europarates anzusiedeln[41] und sie nicht — sie künstlich einseitig allein

---

Human Rights within the Legal Order of the European Communities, in: Washington Law Review 1986, S. 1103 ff., insbes. S. 1111. Vgl. auch *ders.*, The European Court at a Crossroads: Community Human Rights and Member State Action, in: Liber Amicorum (Anm. 12), S. 821 ff.

[37] Hierzu *Christian Tomuschat,* Umweltschutz und Eigentum — Die Europäische Sicht, in: Fritz Ossenbühl (Hrsg.), Eigentumsgarantie und Umweltschutz, S. 47 ff., 52 ff.

[38] Vgl. hierzu *Ivo E. Schwartz,* Fernsehen ohne Grenzen: Zur Effektivität und zum Verhältnis von EG-Richtlinie und Europarats-Konvention, EuR 1989, S. 1 ff.

[39] Zum (extensiven) Verständnis der einschlägigen Gemeinschaftskompetenzen vgl. *Hans Peter Ipsen,* Der „Kulturbereich" im Zugriff der Europäischen Gemeinschaft, in: Gedächtnisschrift für Wilhelm Karl Geck, 1989, S. 339 ff.; *Wilfried Fiedler,* Impulse der Europäischen Gemeinschaft im kulturellen Bereich — Rechtliche Grundlagen und politische Fortentwicklung, in: Siegfried Magiera (Hrsg.), Das Europa der Bürger in einer Gemeinschaft ohne Binnengrenzen, 1990, S. 147 ff.

[40] Zur gemeinschaftsrechtlichen Perspektive vgl. *E.J. Mestmäcker / C. Engel / K. Gabriel-Bräutigam / M. Hoffmann,* Der Einfluß des europäischen Gemeinschaftsrechts auf die deutsche Rundfunkordnung, 1990, insbes. S. 34 ff.

[41] Vgl. Convention européenne sur la télévision transfrontière, Strasbourg 5. 6. 1989, Conseil de l'Europe, Série des Traités européens, No. 13/132.

von ihrer wirtschaftlichen Seite her betrachtend — unter die Dienstleistungsfreiheit des EWG-Vertrages zu subsumieren.

Drittens schließlich ist es durchaus denkbar, daß mit der ab 1993 bevorstehenden *Abschaffung der Binnengrenzen* zwischen Gemeinschaftsländern neue Schutzbedürfnisse des Individuums gegen die in vermehrtem Maße in den innerstaatlichen Bereich verlagerten Ordnungs-, Überwachungs- und Kontrolltätigkeiten der Verwaltungsbehörden entstehen. Gerade durch einen Wegfall der herkömmlichen polizeilichen Grenzkontrollen und die Ermöglichung einer gesteigerten Leistungskraft der Informationssysteme könnten im „Raum ohne Binnengrenzen" neue Gefahren für die Privatsphäre des Individuums entstehen, die ihrerseits nach einem effektiven und einheitlichen Schutz des Einzelnen durch die Menschenrechtskonvention und ihre Kontrollorgane rufen.

## II. Europarechtliche Einwirkungen auf das System des Verfassungsstaates

*„Alle diese, zum Teil fremden Gemeinden und Herrschaften wurden zusammengehalten durch ein vor Jahrhunderten gegebenes Wort."*
*Johannes von Müller (1752–1809) zum Grundgedanken des bündisch-föderativen Zusammenschlusses, hier mit Bezug auf die alte Eidgenossenschaft.*

Lassen Sie mich nun den zweiten Hauptgegenstand meines Referates aufgreifen und einige Gedanken dazu zusammenstellen, wie die auf der europäischen Ebene geschaffenen Organisationen und kollektiven Ordnungsverträge auf den Verfassungsstaat einwirken, ihn also begrenzen sowie seine Ziele und Funktionsweise, seine Struktur und Kompetenzordnung verdrängen, verzerren oder verstärken. Ich gestatte mir dabei, mich — *pars pro toto* — vor allem auf den „Verfassungsstaat Schweiz" zu beschränken; denn unsere Verfassungsordnung scheint mir, gleich einem Prisma, die auf sie einwirkenden europäischen Regelungen besonders klar in *teils divergierende, teils konvergierende, teils gleichläufige und teils gegenläufige Ordnungskonzepte und Grundtendenzen aufzubrechen.* Auf der Seite des dem Verfassungsstaat gegenübertretenden Europarechtes werde ich mich weitgehend auf das Recht der Europäischen Gemeinschaft konzentrieren. Dabei erscheint es nicht etwa als wirklichkeitsfremd, das System des EG-Rechts und des schweizerischen Verfassungsrechts dergestalt miteinander in Verbindung zu bringen. Denn die

Option eines Gesuches um Beitritt zur Europäischen Gemeinschaft wird auch in der offiziellen schweizerischen Integrationspolitik mittelfristig offengehalten[42]. Auch hätte der Abschluß eines EWR-Vertrages, sollte er sich verwirklichen lassen, durchaus vergleichbare Auswirkungen auf die schweizerische Verfassungsordnung wie ein Vollbeitritt zur Europäischen Gemeinschaft[43]. Ich möchte nun im vorliegenden Zusammenhang zunächst auf die formale Begrenzung der staatlichen Souveränität und damit auch die Eingrenzung der verfassunggebenden Gewalt innerhalb des Staates zu sprechen kommen, die sich aus den übergreifenden europäischen Ordnungsstrukturen ergeben. Dann werde ich versuchen, ihre Einwirkungen auf die materiellen Legitimationsgrundlagen der Verfassung sichtbar zu machen.

## *A. Begrenzung der Souveränität der Mitgliedstaaten und ihrer verfassunggebenden Gewalt*

> *"But when we come to matters with a European element, the Treaty is like an incoming tide. It flows into the estuaries and up the rivers. It cannot be held back."* *(Lord Denning)*
>
> *"They adopt a method which they call in English by strange words — at any rate they were strange to me — the schematic and teleological method of interpretation. It is not really so alarming as it sounds."*
> *(Lord Denning)*

Der Beitritt zur Europäischen Gemeinschaft also bedeutet, daß ein Mitgliedstaat — so die Formel des Europäischen Gerichtshofes im berühmt gewordenen ENEL-Urteil — „wenn auch auf einem be-

---

[42] Integrationsbericht (Anm. 16), S. 369 ff. Für eine weitergehende Öffnung: *Raimund E. Germann*, Pour une Constitution fédérale «Euro-compatible», ZSR 1990, S. 1 ff.

[43] Vgl. als umfassende Analyse das Sammelwerk *Schindler/Hertig/Kellenberger/Thürer/Zäch*, a. a. O. (Anm. 8). Zur staatsrechtlichen Problematik vgl. *Olivier Jacot-Guillarmod*, Conséquences, sur le fédéralisme suisse, d'une adhésion de la Suisse à la Communauté européenne, in: Jacot-Guillarmod/Schindler/Cottier (Hrsg.), a. a. O. (Anm. 22), S. 7 ff.; *ders.*, Conséquences, sur la démocratie suisse, d'une adhésion de la Suisse à la Communauté européenne, in: Jacot-Guillarmod/Schindler/Cottier, a. a. O. (Anm. 22), S. 39 ff.; *Willy Zeller* (Hrsg.), Europa 92 und die Schweiz, 1988.

grenzten Gebiet“ seine „Souveränitätsrechte“ beschränkt[44, 45]. Die *Beschränkung der Souveränität* manifestiert sich nach der Rechtsprechung des Gerichtshofes in den bekannten Prinzipien des Vorrangs des Gemeinschaftsrechts aller Stufen vor dem innerstaatlichen Recht sowie in den Grundsätzen der direkten innerstaatlichen Geltung und — sofern die einschlägigen Normen hierzu geeignet sind — in der unmittelbaren Anwendbarkeit[46] des Gemeinschaftsrechts im innerstaatlichen Bereich[47]. Diese Rechtsprechung erscheint nun spätestens seit dem Urteil *Regina v. Secretary of State for Transport* des House of Lords vom 18. Mai 1989[48] und dem Urteil *Nicolo* des französischen Conseil d'Etat vom 20. Oktober 1989[49] grundsätzlich auch von den Mitgliedstaaten allgemein anerkannt zu sein. Auch müßten diese Prinzipien naturgemäß für die Mitgliedstaaten eines EWR zum Tragen kommen[50]. Die Folge des Beitritts der Schweiz zur Europäischen Gemeinschaft oder zu einem EWR-Vertrag und der damit verbundenen Einschränkung ihrer Souveränität wäre nun also im innerstaat-

---

[44] Entscheid des EuGH im Rechtsstreit Costa v. ENEL, EuGH Rs. 6/64, Slg. 1964, S. 1251.

[45] Zur Wechselwirkung zwischen Supranationalität und Mitbestimmungsmacht der Mitgliedstaaten im Rahmen der EG vgl. *Joseph Weiler*, The Community System: The Dual Character of Supranationalism, in: Yearbook of European Law 1981/I, S. 267 ff.; *ders.*, Supranationalism Revisited — a Retrospective: The European Communities after 30 Years, in: Werner Maihofer (ed.), Noi si mura — Selected Working Papers of the European University Institute, Florenz 1986, S. 341 ff.

[46] Vgl. zur Gesamtproblematik *Arnold Koller*, Die unmittelbare Anwendbarkeit völkerrechtlicher Verträge, Bern 1971.

[47] Vgl. hierzu *Peter Badura*, Bewahrung und Veränderung demokratischer und föderativer Verfassungsprinzipien der in Europa verbundenen Staaten (zit. Verfassungsprinzipien), ZSR 1990, S. 115 ff.; *Hans D. Jarass*, Voraussetzungen der innerstaatlichen Wirkung des EG-Rechtes, NJW 1990, S. 2420 ff.; *Theodor A. Maunz*, Der Verfassungsstaat als Glied einer Europäischen Gemeinschaft, BayVBl. 1990, S. 545 ff.; *Joseph Weiler*, The European Community in Change: Exit, Voice and Loyality (Vorträge, Reden und Berichte aus dem Europa-Institut der Universität des Saarlandes / Nr. 109), 1987.

[48] Regina v. Secretary of State for Transport ex parte Factortame Ltd. — English High Court (Q. B. D.) and Court of Appeal, in Common Market Law Reports 55, 1989, S. 351 ff.

[49] Vgl. hierzu *J. L. Dewost*, Vorrang internationaler Verträge auch vor nachfolgenden nationalen Gesetzen — Zum Urteil Nicolo des französischen Staatsrates vom 20. 10. 1989, EuR 1990, S. 1 ff.

[50] Vgl. *Olivier Jacot-Guillarmod*, L'ordre juridique suisse face à l'ordre juridique communautaire: aspects normatifs et judiciaires, in: Schindler/Hertig/Kellenberger/Thürer/Zäch (Hrsg.), a. a. O. (Anm. 8), S. 1 ff., insbes. S. 13 ff.

lichen Bereich primär eine entsprechende sachliche *Einschränkung der verfassunggebenden Gewalt*. Der «pouvoir constituant» könnte sich nicht mehr entfalten, wo und soweit der übergeordneten Organisation ausschließliche Kompetenzen eingeräumt wurden, sie in Ausschöpfung konkurrierender Kompetenzen gesetzgeberisch tätig geworden ist oder sonst Rechtsnormen bestehen, denen Vorrang vor dem innerstaatlichen Recht zukommt[51]. Das Europarecht träte dergestalt im Rahmen seiner Geltung dem nationalen Verfassunggeber als eine heteronome Schranke entgegen. Bestehendes, dem übergeordneten Recht widersprechendes Verfassungsrecht erschiene als unanwendbar, und neues, mit dem übergeordneten Recht nicht vereinbares Verfassungsrecht dürfte nicht geschaffen werden.

Diese neue Rechtslage würde nun aber einen schweren *Einbruch gerade in das Verfassungssystem* der Schweiz bedeuten. Denn hier liegt die verfassunggebende Gewalt beim Volk und den Kantonen, und Praxis wie auch Lehre haben bisher überwiegend den *Bestand von materiellen Schranken der Verfassungsrevision* verneint[52, 53]. Grundgedanke ist dabei die radikaldemokratische Überzeugung, daß das Prinzip der Volkssouveränität[54] als Grundlage der Staatsgestaltung jederzeit und möglichst ungebrochen zum Durchbruch kommen soll. Der

---

[51] Rechtsvergleichend zu den Methoden der „föderativen" Kompetenzverteilung im Gemeinschaftsrecht und im staatsrechtlichen Rahmen vgl. *Koen Lenaerts*, Two hundred years of U.S. constitution and thirty years of EEC Treaty – Outlook for a Comparison (zit. U.S. constitution), in: Law and Taxation 1988, S. 7 ff., insbes. S. 20 ff.

[52] Vgl. hierzu *Jean-François Aubert*, Traité de droit constitutionnel suisse, Band 1, 1967, S. 130 ff.; *Hans Haug*, Die Schranken der Verfassungsrevision, Zürich 1947; *Werner Kägi*, Rechtsfragen der Volksinitiative auf Partialrevision (ein Beitrag zur Lehre von den inhaltlichen Schranken), ZSR 1956, S. 739 a ff.; *Jörg Paul Müller*, Materielle Schranken der Verfassungsrevision? In: Festschrift für Hans Haug, 1986, S. 195 ff.; *Hans Nef*, Materielle Schranken der Verfassungsrevision, ZSR 1942, S. 108 ff.; *Luzius Wildhaber*, Kommentar zur Bundesverfassung der Schweizerischen Eidgenossenschaft, Art. 121/22, Rdn. 116 mit Hinweisen.

[53] Zur rechtsvergleichenden Perspektive: *Hans Peter Ipsen*, Über Verfassungs-Homogenität in der Europäischen Gemeinschaft (zit. Verfassungs-Homogenität), in: Festschrift für Günter Dürig, 1990, S. 160 ff.

[54] Vgl. hierzu *Reinhold Zippelius*, Allgemeine Staatslehre, 10. Aufl., 1988, S. 122 ff.; *Jürgen Habermas*, Ist die Herrschaft der Revolution zum Stillstand gekommen? Volkssouveränität als Verfahren – Ein normativer Begriff der Öffentlichkeit? In: Forum für Philosophie, Bad Homburg, Die Ideen von 1789 in der deutschen Rezeption, Frankfurt a. M. 1989, S. 7 ff.; *Ulrich K. Preuss* (Hrsg.), Was heißt radikale Demokratie heute? In: Forum für Philosophie, Bad Homburg, a. a. O., S. 37 ff.

verfassungsrechtlich bedeutsamste Aspekt eines allfälligen EG- oder EWR-Beitritts wäre demnach für die Schweiz, daß das *Prinzip der Volkssouveränität in dem Maße aufgehoben würde, in dem die Schweiz sich supranationalem Recht unterwirft,* ähnlich wie in Großbritannien der EG-Beitritt die "sovereignty of the parliament" in Frage stellte[55]. Allein in Großbritannien ist es gelungen, die Parlamentssouveränität zumindest formal insofern aufrechtzuerhalten, als hier die Rechtsprechung den Grundsatz aufstellte, "Acts of Parliament" seien zu lesen, wie wenn sie eine Klausel enthielten, wonach die einschlägigen Vorschriften die unmittelbar anwendbaren Gemeinschaftsrechte von Angehörigen eines EG-Staates nicht beeinträchtigen dürften[56]. In der Schweiz wäre dagegen eine entsprechende Fiktion der Harmonie zwischen Volkssouveränität und Gemeinschaftsstatus jedenfalls dann nicht mehr aufrechtzuerhalten, wenn eine Volksinitiative auf Verfassungsrevision dem Gemeinschaftsrecht klar widerspräche. Die Bundesversammlung oder — bei einer Änderung der heute geltenden Rechtslage — das Bundesgericht hätte eine solche Initiative für ganz oder teilweise ungültig zu erklären, und der Konflikt zwischen dem verfassungsrechtlich unbegrenzten, jederzeit über jeden Gegenstand nach freiem Belieben verfügenden «pouvoir constituant» und den durch das Gemeinschaftsrecht gesetzten Schranken käme offen und sichtbar zum Ausbruch.

### *B. Auswirkungen auf die materiellen Legitimationsgrundlagen der Verfassung*

Abgesehen von der Beschränkung der staatlichen Souveränität und der verfassunggebenden Gewalt, wie sie sich aus der Unterwerfung des Verfassungsstaates unter supranationales Recht ergeben, ist der Verfassungsstaat durch die vielgestaltige europäische Ordnung nun

---

[55] Näheres hierzu insbesondere bei *J. W. Bridge,* Abstract Law and Political Reality in the Post-European-Accession British Constitution, in: Denning Law Journal 1987, S. 23 ff. Allgemein zur Parlamentssouveränität vgl. *Werner von Simson,* Das Common Law als Verfassungsrecht, in: Der Staat 1977, S. 75 ff.; *A. W. Bradley,* The Sovereignty of Parliament — in Perpetuity, in: Jefrey Jowell / Dawn Oliver, The Changing Constitution, 2. Aufl., Oxford 1989, S. 25 ff.; *J. Harvey / L. Bather,* The British Constitution and Politics, 5th edition, London/Basingstoke 1982, S. 8 ff.; *E. C. S. Wade / A. W. Bradley,* Constitutional and Administrative Law, 10. Aufl., London / New York, S. 60 ff.

[56] Vgl. *Bridge* (Anm. 55), S. 35 f. Zum Ganzen: *Lawrence Collins,* European Community Law in the United Kingdom, 4. Aufl., London/Dublin/Edinburgh 1990, S. 26 ff.

aber auch in seinen *materiellen Legitimationsgrundlagen*[57] herausgefordert. Lassen Sie mich dies wiederum anhand des Verfassungsstaates Schweiz veranschaulichen[58]. Ich gehe dabei vom Grundgedanken aus, daß die schweizerische Verfassungsordnung wie wohl diejenige sämtlicher Rechtsstaaten auch auf dem *Grundwert der Würde der menschlichen Person* basiert[59] und daß sie den Gedanken der Personwürde in *zwei Grundideen* konkretisiert und institutionell ausgestaltet, die sich teils ergänzen und teils gegenseitig beschränken: der Idee der *individuellen* und der Idee der *kollektiven Freiheit*[60]. Ich werde — um eine plakative, wenn auch nicht fachtechnische Ausdrucksweise zu verwenden — den ersten Fall als die Idee des Staates als „Markt frei zirkulierender Personen, Gedanken und Güter", den zweiten Fall als die Idee des Staates als „Republik" etikettieren.

## 1. Der Staat als Markt frei zirkulierender Personen, Gedanken und Güter

*«Nous ne coalisons pas des Etats, mais nous unissions des hommes.»* *Jean Monnet*

Grundlage der schweizerischen Verfassung ist entsprechend diesem Leitbild das Prinzip des liberalen Rechtsstaates: der Bindung des

---

57 Vgl. *Dieter Grimm,* Die Zukunft der Verfassung, in: Staatswissenschaften und Staatspraxis 1990, S. 5 ff. Zur neuen internationalen Legitimationsebene des Verfassungsstaatsrechtes vgl. *Peter Häberle,* Verfassung als öffentlicher Prozeß — Materialien einer Verfassungstheorie der offenen Gesellschaft (zit. Öffentlicher Prozeß), S. 416, 441.

58 Zu wesentlichen Konvergenzen im Grundrechtsdenken in einer viel weiteren, europäisch-angelsächsischen Verfassungstradition vgl. aber *Helmut Steinberger,* Bemerkungen zu einer Synthese des Einflusses ausländischer Verfassungsideen auf die Entstehung des Grundgesetzes mit deutschen verfassungsrechtlichen Traditionen, in: Klaus Stern (Hrsg.), 40 Jahre Grundgesetz, 1990, S. 54 ff.

59 Zum Ganzen *Peter Häberle,* Das Menschenbild im Verfassungsstaat (zit. Menschenbild), 1988, insbes. S. 32 ff.; *ders.,* Die Menschenwürde als Grundlage der staatlichen Gemeinschaft, in: Isensee/Kirchhof (Hrsg.), Handbuch des Staatsrechts der Bundesrepublik Deutschland, Band 1, 1987, S. 815 ff.; *Ernst Benda,* Die Menschenwürde, in: E. Benda / W. Maihofer / H.-J. Vogel (Hrsg.), Handbuch des Verfassungsrechts der Bundesrepublik Deutschland, 1983, S. 167 ff.; *Jörg Paul Müller,* Elemente einer schweizerischen Grundrechtstheorie, Bern 1982, S. 2 ff.; *Walter Haller,* Die persönliche Freiheit in der neueren Rechtsprechung des Bundesgerichts, in: Mélanges André Grisel, 1983, S. 95 ff.; *Thomas Pfisterer,* Von der Freiheit — nach der Revolution in Osteuropa, in: ZSR 1990 I, S. 339 ff., insbes. S. 347.

60 Näheres zu den Legitimationsgrundlagen des Verfassungsstaates bei *Christian Starck,* Grundrechtliche und demokratische Freiheitsidee, in: Isensee/Kirchhof

staatlichen Handelns an das Recht, der Gewaltenteilung und des Schutzes verfassungsrechtlich gewährleisteter Rechte des Individuums. Es ist nun interessant zu sehen, wie sehr *die auf europäischer Ebene geschaffenen Ordnungsinstrumente die dem Verfassungsstaat immanenten Prinzipien des liberalen Rechtsstaates stützen und erweitern*[61]. Dies gilt zunächst einmal für den Europarat und in seinem Schoße geschaffene völkerrechtliche Abkommen wie vor allem die *Europäische Menschenrechtskonvention,* die — wiewohl im Verhältnis zu den verfassungsmäßig gewährleisteten Rechten des Individuums bloß als Mindeststandard ausgestaltet — im Hoheitsbereich aller Mitgliedstaaten dazu beigetragen hat, den verfassungsmäßigen Grundrechtsschutz zu konkretisieren, inhaltlich zu erweitern und auf weitere Menschengruppen, vor allem Ausländer, auszudehnen. Sie hat eine menschenrechtliche Basisordnung geschaffen, die nun — auf freilich völkerrechtlich nicht verbindliche Weise — im Rahmen des KSZE-Prozesses auch auf neue Inhalte wie denjenigen der pluralistischen Demokratie und in Ansätzen bereits auf den Schutz von Minderheiten erweitert wird[62].

Bemerkenswert ist nun aber auch der weitere Tatbestand, daß sich auf europäischer Ebene, eingebettet in das weltweit geltende GATT-Recht[63], eine von den *Prinzipien der Freiheit, der Nichtdiskriminie-*

---

(Hrsg.), Handbuch des Staatsrechts der Bundesrepublik Deutschland, Band 2, 1987, S. 3 ff.; *Helmut Steinberger,* Konzeption und Grenzen freiheitlicher Demokratie, 1974; *Thomas Würtenberger,* Die Legitimität staatlicher Herrschaft. Eine staatsrechtlich-politische Begriffsgeschichte, 1973.

61 Vgl. insbesondere *Tomuschat,* Geflecht (Anm. 5), S. 50 ff. Nur verhältnismäßig schwach ausgebildet sind demgegenüber im heutigen Entwicklungsstand des Gemeinschaftsrechts die sozial- und umweltschutzrechtlichen Aufgaben gemäß Art. 117 ff. und Art. 130 r EWGV. Näheres hierzu etwa in: Sozialstaat EG: Die andere Dimension des Binnenmarktes (mit Beiträgen von *Werner Weidenfeld, Ulrich Weinstock, Wolfgang Däubler, Gerhard Fehs* und *Meinhard Hilf*), 1989; *Patrick Venturini,* Ein Europäischer Sozialraum für 1992 (Dokument der Kommission der Europäischen Gemeinschaften), Brüssel 1989; *Norbert Reich,* Förderung und Schutz diffuser Interessen durch die Europäischen Gemeinschaften, 1987; *Hans-Werner Rengeling* (Hrsg.), Europäisches Umweltrecht und europäische Umweltpolitik, 1988; *ders.,* Umweltvorsorge und ihre Grenzen im EWG-Recht, 1989.

62 Vgl. vorn, Anm. 23.

63 Vgl. *Ernst-Ulrich Petersmann,* Wie kann Handelspolitik konstitutionalisiert werden? Verfassungsrechtliche Bindungen der Handelspolitik (zit. Handelspolitik), in: Europa-Archiv 1989, S. 55 ff.; *Thomas Cottier,* Die Bedeutung des GATT im Prozeß der europäischen Integration, in: Jacot-Guillarmod/Schindler/Cottier (Hrsg.), a. a. O. (Anm. 22), S. 138 ff.

*rung und des Rechtsschutzes getragene Wirtschaftsordnung* herausgebildet hat, die — diesmal nicht als bloßer Mindeststandard konzipiert — darauf angelegt ist, den *nationalen Grundrechtsschutz grenzüberschreitend zu erweitern*[64], also etwa die verfassungsrechtlich gewährleistete Niederlassungsfreiheit, die Handels- und Gewerbefreiheit und andere Grundrechte zum Schutz der wirtschaftlichen, beruflichen und persönlichen Entfaltung in einem den Verfassungsstaat überspannenden geographischen Raum zu schützen[65]. Gedacht ist in diesem Zusammenhang zunächst an die vier Freiheiten und anderen grundrechtsähnlichen Garantien, wie sie — den rein wirtschaftlichen Rahmen bereits überschreitend — im EWG-Vertrag verankert sind[66] und grundsätzlich auch als Kernbestand in einen EWR-Vertrag aufgenommen werden sollen. Daneben aber sind auch im Rahmen des von der EFTA-Konvention und einem Netz bilateraler Abkommen zwischen EG und EFTA-Staaten getragenen gesamteuropäischen Freihandelssystems wesentliche Grundsätze vor allem des freien Warenverkehrs niedergelegt[67], und es wäre zu hoffen, daß sich die zuständigen innerstaatlichen Gerichte im Gegensatz zu ihrer bisherigen Praxis inskünftig vermehrt als Vollzugsorgane einer übergreifenden völkerrechtlichen Freihandelsordnung begreifen und sich damit in großzügiger Weise bereit finden würden, deren Anordnungen — sofern sie hierzu geeignet wären — unmittelbar anzuwenden und im Sinne von Rechten der Einzelpersonen und Unternehmen voll zum Tragen zu bringen[68]. Wesentlich ist also zu sehen, daß im Rahmen des Gemein-

---

[64] Zum Ganzen *Ernst-Ulrich Petersmann*, Die Verfassungsentscheidung für eine völkerrechtskonforme Rechtsordnung als Strukturpinzip der Schweizer Bundesverfassung (zit. Verfassungsentscheidung), Manuskript 1990 (erscheint demnächst im Archiv des öffentlichen Rechts), insbes. S. 4 f., 26 ff.

[65] Vgl. *Walter Kälin*, Die Europäische Integration und die Schweiz, in: Schweizerisches Jahrbuch für internationales Recht (Jubiläumsband) 1989, S. 105 ff., insbes. S. 117; *ders.*, Verfassungsgrundsätze der schweizerischen Außenpolitik, ZSR 1986, II, S. 349 ff.

[66] Vgl. *Waldemar Hummer*, Grundrechte und grundrechtsähnliche Verbürgungen in den Europäischen Gemeinschaften, in: Fritz Schwinde (Hrsg.), Aktuelle Fragen zum Europarecht aus der Sicht in- und ausländischer Gelehrter, Wien 1986, S. 60 ff.

[67] Vgl. hierzu die Einzeldarstellungen bei *Hans-Georg Koppensteiner* (Hrsg.), Rechtsfragen der Freihandelsabkommen der Europäischen Wirtschaftsgemeinschaft mit den EFTA-Staaten, Wien 1987.

[68] Vgl. hierzu *Franz Blankart*, Droit et politique dans les relations entre la Suisse et la Communauté, in: Libre-échange (Anm. 14); *Olivier Jacot-Guillarmod*, Les divergences de jurisprudence vues de Berne, moyens d'y remédier, in: Libre-

schaftsrechts und der genannten völkerrechtlichen Abkommen Grundfreiheiten verankert sind und potentiell entfaltet werden können, die in ihrer Gesamttendenz darauf angelegt sind, die *Rechtsstellung des Individuums über den Geltungsraum der Verfassung hinaus zu schützen und in entsprechendem Ausmaße die auswärtige Gewalt zu „konstitutionalisieren“*[69], d. h. zu begrenzen und im Interesse der Rechtssicherheit transparent zu machen[70].

Auch sei — als weiterer liberal-rechtsstaatlicher Grundzug der europäischen Ordnung — darauf hingewiesen, daß es zu den besonderen Strukturmerkmalen des europäischen Integrations- und Ordnungsrechts gehört, daß es auf europäischer und innerstaatlicher Ebene die *richterliche Gewalt* entscheidend aufwertet[71], ja gerade das Individuum durch die Einräumung subjektiver Rechte und entsprechender Rechtsmittel gezielt zum Wächter und Promotor der übergreifenden Ordnung einsetzt[72]. Dies gälte auch für einen EWR-Vertrag, mit dem aller Voraussicht nach wohl auch eine dem Europäischen Gerichtshof nachgebildete Rechtsschutzinstanz geschaffen würde und der innerstaatlich zu einem Ausbau der richterlichen Rechtskontrolle, insbesondere der Verfassungsgerichtsbarkeit, führen würde[73]. Insgesamt sei also als eine Grunderscheinung des europäi-

---

échange (a. a. O.); *ders.*, Gerichtlicher Protektionismus: Juristische Fatalität oder politische Herausforderung für den Freihandel in Europa? In: EFTA-Bulletin 4/1985, S. 8 ff.; *Petersmann*, Handelspolitik (Anm. 63), S. 56; *ders.*, Verfassungsentscheidung (Anm. 64), S. 18 ff.; *Daniel Thürer*, Europaverträglichkeit als Rechtsargument — Zu den Wegen und Möglichkeiten schweizerischer Rechtsanpassung an die neue Integrationsdynamik der Europäischen Gemeinschaft, in: Festschrift für Dietrich Schindler, 1989, S. 561 ff., insbes. S. 571 ff.; *ders.*, The Role of Soft Law in the Actual Process of European Integration, in: Libre-échange (Anm. 14).

[69] Vgl. *Petersmann*, Verfassungsentscheidung (Anm. 64), S. 5, 22.

[70] Zum Ganzen *Petersmann*, Handelspolitik (Anm. 63), S. 55 ff., insbes. S. 61.

[71] Vgl. hierzu *Jürgen Schwarze* (Hrsg.), Fortentwicklung des Rechtsschutzes in der Europäischen Gemeinschaft, Baden-Baden 1987; *Koenraad Lenaerts*, Le juge et la constitution aux Etats-Unis d'Amérique et dans l'ordre juridique européen (zit. Le juge), Brüssel 1988, S. 247 ff.; *Ulrich Everling*, Die Mitgliedstaaten der Europäischen Gemeinschaft vor ihrem Gerichtshof, EuR 1983, S. 101 ff.; *Hans Kutscher*, Über den Gerichtshof der Europäischen Gemeinschaft, EuR 1981, S. 392 ff.

[72] Vgl. *Lenaerts*, Le juge (Anm. 71), S. 567 ff.

[73] So erschiene insbesondere Art. 113 Abs. 3 BV, wonach Bundesgesetze, allgemeinverbindliche Bundesbeschlüsse und Staatsverträge einer verfassungsgerichtlichen Kontrolle entzogen sind, mit einer umfassenden richterlichen Prüfung des gesamten nationalen Rechts auf seine EWR-Konformität kaum vereinbar. Vgl.

schen Einigungsprozesses hervorgehoben, daß dieser in besonderem Maße vom modernen *Leitbild einer weiträumige Mobilität und Arbeitsteilung, Rechtssicherheit und Rechtsschutz gewährleistenden Ordnung geprägt* ist[74]. Die Grundanliegen des liberalen Rechtsstaates, vor allem der materielle und verfahrensmäßige Grundrechtsschutz des Individuums, finden in ihm eine Stärkung und konsequente Erweiterung.

## 2. Der Staat als Republik

> *"If we are not willing to rule in our turn, other men (Hegel's civil servants, professional politicians and professional revolutionaries, corporate bureaucrats, and so on) will rule out of theirs. They will call us citizens, but we will be something less. Perhaps I should say, they do call us citizens, but we are something less."* *(Michael Walzer)*

Verfolgen also Staats-, Völker- und Gemeinschaftsrecht grundsätzlich gleichlaufende rechtsstaatliche Ziel- und Ordnungsvorstellungen[75, 76], so läuft der europäische Einigungsprozeß, wie er sich vor allem im Rahmen der Europäischen Gemeinschaft herauskristallisiert, indessen der Grundidee und verfassungsstaatlichen Ausgestaltung des Staates als *Republik und Demokratie* entgegen, wie sie, in vielleicht einmaliger Weise, Verfassungstradition und Verfassungsrecht der Schweiz prägen[77]. Was ist damit gemeint? Republik – hier nicht als

---

*Aldo Lombardi,* Verfassungsrechtliche Auswirkungen eines Beitritts der Schweiz zum EWR-Vertrag, ZBl. 1990, S. 449. Zur Problematik von Art. 113 Abs. 3 BV im Lichte der EMRK vgl. *Jörg Paul Müller,* Die Verfassungsgerichtsbarkeit im Gefüge der Staatsfunktionen, VVDStRL 39, S. 55 ff., insbes. S. 63 ff.

[74] Vgl. als allgemeines Phänomen: *Michael Walzer,* The Communitarian Critique of Liberalism, in: Political Theory 1990, S. 6 ff.; *Max Imboden,* Politische Systeme – Staatsformen, Basel 1964, S. 62 ff. Auf die EG bezogen: *Ulrich Everling,* Von der Freizügigkeit der Arbeitnehmer zum Europäischen Bürgerrecht? EuR 1990, S. 81 ff.

[75] *Tomuschat,* Geflecht (Anm. 5), spricht in diesem Zusammenhang von einem „finalen Aktionsverbund" (S. 53) und „einer prinzipiell fast perfekten Parallelisierung der materiellen Zielsetzungen von Völkerrecht und staatlichem Recht" (S. 57).

[76] Vgl. hierzu *Ingolf Pernice,* Gemeinschaftsverfassung und Grundrechtsschutz – Grundlagen, Bestand und Perspektiven, NJW 1990, S. 2409 ff. Grundlegend bereits *Dietrich Schindler* (sen.), Gedanken zum Wiederaufbau des Völkerrechts, in: Festschrift für Max Huber, 1944, S. 99 ff., insbes. S. 112 ff.

[77] Vgl. hierzu etwa *Richard Bäumlin,* Lebendige oder gebändigte Demokratie? 1978.

Staatsform[78], sondern dem antiken Wortsinn entsprechend verstanden — bedeutet den Staat, der von seinen *Bürgern in gemeinsamer Verantwortung getragen* und seinen *Behörden als Treuhändern des Gemeinwohls*[79] verwaltet wird[80]. Es handelt sich also um ein „Gemeinwesen", in dem der politischen Freiheit des Bürgers ein zentraler Stellenwert zukommt: der Freiheit zur Mitwirkung an der öffentlichen Debatte wie auch zur kollektiven Selbstbestimmung des Volkes[81]. Die Idee der Republik hatte in der Antike, zur Zeit der Renaissance in verschiedenen Stadtstaaten Oberitaliens, im Genf *Rousseaus* und teilweise auch in der amerikanischen Verfassungstradition bis auf den heutigen Tag glänzende Darstellungsformen gefunden, aber auch, genossenschaftlich verstanden, das *Staatsdenken und die Staatspraxis der Schweiz* seit ihren Anfängen geprägt[82]. Es hat hier seinen Ausdruck gefunden in einer föderalistischen Staatsstruktur mit einer ausgedehnten Autonomie der Kantone und Gemeinden[83], in einer repräsentativen Demokratie mit einem in seiner Art einmaligen Einbau von Volksrechten[84], wobei diese gleichsam pyramidenförmig um so weiter ausgebaut sind, je kleiner der Verband ist, in einem weit ausgestalteten Parlamentsvorbehalt[85] und einer entsprechenden Beschränkung der Rechtsetzungskompetenzen der Exekutive[86].

---

[78] In diesem Sinne aber die Begriffsverwendung in Art. 85 Abs. 5 der französischen Verfassung von 1958 und Art. 139 der italienischen Verfassung von 1947. Vgl. hierzu *François Luchaire / Gérard Conac,* La constitution de la république française, 2. Aufl., Paris 1987, S. 1329; *Paolo Biscaretti di Ruffia,* Diritto costituzionale — Istituzioni di diritto pubblico, 13. Aufl., Neapel 1983, S. 239 ff.; *Costantino Mortati,* Istituzioni di diritto pubblico, Bd. 2, 8. Aufl., Padua 1969, S. 1125 ff.

[79] Vgl. hierzu *Josef Isensee,* Gemeinwohl und Bürgersinn im Steuerstaat des Grundgesetzes, in: Festschrift für Günter Dürig, 1990, S. 35 ff.

[80] Vgl. in diesem Zusammenhang *Dietrich Schindler,* Über die Notwendigkeit gemeinsamer Grundüberzeugungen in der Demokratie und Versuche, sie rechtlich zu verankern, in: Festschrift für Peter Schneider, 1990, S. 487 ff.

[81] Vgl. hierzu *Häberle,* Menschenbild, a. a. O. (Anm. 59), S. 16 ff.

[82] Vgl. *Daniel Thürer,* Der politische Status von Ausländern in der Schweiz — Rechtsposition im Spannungsfeld zwischen politischer Rechtlosigkeit und Gleichberechtigung? (zit. Politischer Status), in: Festschrift für Ulrich Häfelin, 1989, S. 199 f. mit weiteren Hinweisen zur amerikanischen und schweizerischen Literatur.

[83] Zum Ganzen vgl. *Peter Saladin,* Bund und Kantone, ZSR 1984 II, S. 432 ff.; *Blaise Knapp,* Le fédéralisme, ZSR 1984 II, S. 275 ff.

[84] Vgl. hierzu *René A. Rhinow,* Grundprobleme der schweizerischen Demokratie, ZSR 1984 II, S. 191 ff.

[85] Vgl. *Georg Müller,* Inhalt und Formen der Rechtsetzung als Problem der demokratischen Kompetenzordnung, 1979, S. 54 ff.

[86] *Andreas Auer,* Problèmes fondamentaux de la démocratie suisse, ZSR 1984 II, S. 34.

Vergleicht man nun dieses Staatsideal, wie es in den Institutionen des „Verfassungsstaates Schweiz“ besonders ausgeprägt verkörpert[87] und in der Staatsauffassung der Bürger noch weitgehend lebendig ist[88], mit der Grundkonzeption des Gemeinschaftsrechts, so stößt man auf *grundlegende Divergenzen.* Dieses hat, im Gegensatz zu dem in sich ruhenden „Staats“recht, naturgemäß keinen „statischen“ Charakter[89], sondern ist — vom Integrationsprinzip und letztlich der von ihm angestrebten politischen Finalität getragen — auf *dynamischen Wandel* angelegt[90]. Es hat entsprechend der ihm innewohnenden Teleologie mitunter wesensgemäß einen weitgehend *instrumentalen Grundcharakter*[91]. Es wird in einem demokratisch nur schwach legitimierten Verfahren von den im Ministerrat vertretenen Regierungen der Mitgliedstaaten auf Initiative der Kommission in einem *"top down"-Verfahren* gesetzt. Es wird von diesen EG-Behörden zusammen mit ihren Fachbürokratien und Experten und denjenigen der Mitgliedstaaten[92] und unter Einfluß von Interessengruppen *allenfalls „für“ das Volk oder „im Interesse der Gemeinschaftsbürger“* geschaffen, läßt sich aber nicht im entferntesten verstehen als *Herrschaft „durch“ das Volk und als genuiner Ausdruck seines politischen Willens*[93]. Für den demokratischen Verfassungsstaat bedeutet die Zugehörigkeit zur

---

[87] Vgl. hierzu die Typologie der politischen Ordnungen und insbesondere die Gegenüberstellung der „realen Volksherrschaft“ und der „pluralistischen Funktionsgemeinschaft“ bei *Imboden,* Politische Systeme, a. a. O. (Anm. 74), S. 27 ff., 62 ff.

[88] Grundsätzliche Betrachtungen zum Identifikationsbedürfnis des Bürgers mit seinem — allerdings nur als Teil eines größeren Ganzen lebensfähigen — Staat bei *Werner von Simson,* Wachstumsprobleme einer europäischen Verfassung, in: Festschrift für Hans Kutscher, S. 481 ff., insbes. S. 483 ff., 495.

[89] Zum „bodenständigen“, „radizierten“ und insofern statischen Charakter des Bundesstaatstyps vgl. *Josef Isensee,* Der Föderalismus und der Verfassungsstaat der Gegenwart, AöR 1990, S. 248 ff., insbes. S. 251 f.

[90] Zur grundsätzlichen Natur des Gemeinschaftsrechts vgl. etwa *Hans Peter Ipsen,* Europäisches Gemeinschaftsrecht in Einzelstudien, Baden-Baden 1984, S. 11 ff., 63 ff.; *Jürgen Schwarze,* Das Recht als Integrationsinstrument, in: Liber Amicorum (Anm. 12), S. 637 ff.

[91] Vgl. *Albert Bleckmann,* Teleologie und dynamische Auslegung des Gemeinschaftsrechts, EuR 1981, S. 101 ff.

[92] Zum bürokratischen Gepräge der EG-Willensbildung vgl. *David Kennedy,* Emerging Europe from the American Perspective, in: Reflexion — Publikationsorgan des Liberalen Instituts Zürich Nr. 23, 1990, S. 23 ff.

[93] Vgl. zur Gesamtthematik *Pfisterer,* a. a. O. (Anm. 59), S. 359; *John Burnheim,* Über Demokratie — Alternativen zum Parlamentarismus, Berlin 1985, insbes. S. 67 ff.

Europäischen Gemeinschaft, daß Rechtsetzungskompetenzen, die ordentlicherweise beim Volk oder den Parlamenten von Gliedstaaten und Zentralstaat liegen, im Falle ihrer Übertragung auf die Gemeinschaft von Regierungen und Verwaltungsbeamten wahrgenommen werden[94]. Im Bereiche der Konkretisierung und Ausführung des Gemeinschaftsrechts durch die Mitgliedstaaten, die an sich vom innerstaatlichen Organisations- und Verfahrensrecht beherrscht ist[95], wirken der durch knappe Fristansetzungen gekennzeichnete Rechtsetzungsrhythmus der Gemeinschaft sowie der oft technische Charakter und die hohe Normierungsdichte der Gemeinschaftserlasse grundsätzlich auf eine *Kompetenzwahrnehmung durch den Zentralstaat* statt durch dezentrale Organe hin; im Falle der dezentralen Ausführung auf eine sonst *ungewöhnliche Aktualisierung der zentralstaatlichen Aufsichtsbefugnisse;* und im Rahmen der gewaltenteiligen Aufgabenverteilung auf eine Zuständigkeitsverschiebung vom Gesetzgeber (Parlament und Volk) auf das Parlament und vom Parlament auf die Regierung und Verwaltung[96].

Für den *Verfassungsstaat Schweiz* also, dessen Identität vor allem durch einen starken Ausbau von Demokratie und Föderalismus geprägt wird, würden — abgesehen von der staatlichen Souveränitätsbeschränkung als solcher — vor allem die genannten Verengungen und Verzerrungen ihrer Staatsstruktur zugunsten von Zentralstaat und Exekutive das wohl wichtigste Bedenken gegen einen EG- oder

---

[94] Vgl. *Hans Heinrich Rupp,* Verfassungsprobleme auf dem Weg zur Europäischen Union, in: ZRP 1990, S. 1 ff., insbes. S. 3.

[95] Vgl. *Eberhard Grabitz,* Die Rechtsetzungsbefugnis von Bund und Ländern bei der Durchführung von Gemeinschaftsrecht (zit. Rechtsetzungsbefugnis), AöR 1986, S. 1 ff.

[96] Vgl. zum Ganzen *Heinrich Siedentopf / Christoph Hauschild,* Europäische Integration und die öffentlichen Verwaltungen der Mitgliedstaaten, DÖV 1990, S. 445 ff., insbes. S. 450 ff. Aus Schweizer Sicht: *Dietrich Schindler,* Verfassungsrecht, in: Schindler/Hertig/Kellenberger/Thürer/Zäch, a. a. O. (Anm. 8), S. 32 ff.; *ders.,* Auswirkungen der EG auf die schweizerische Staatsstruktur, in: Wirtschaftspolitische Mitteilungen, Heft 2, Zürich 1990; *ders.,* Mögliche Auswirkungen eines allfälligen Beitritts (der Schweiz zur EG), in: Horizont 92 — Die Schweiz im Zeichen der EG, Jahrbuch der Neuen Helvetischen Gesellschaft 1988/89, S. 39 ff.; *Jacot-Guillarmod,* L'ordre juridique suisse face à l'ordre juridique communautaire: Aspects normatifs et judiciaires, in: *Schindler/Hertig/Kellenberger/Thürer/Zäch,* a. a. O. (Anm. 8), S. 7 ff., 39 ff.; *Lombardi,* a. a. O. (Anm. 73), S. 441 ff.; Die europäische Integration und ihre Auswirkungen auf den schweizerischen Föderalismus, VPB 53/IV (1989) Nr. 55; *Thürer,* Europäischer Wirtschaftsraum, a. a. O. (Anm. 6), S. 100 f.

EWR-Beitritt darstellen[97]. Es wäre daher zu prüfen, ob nicht gewisse *kompensierende Maßnahmen* wie eine *Aufwertung des Parlaments* als Forum der grundsätzlichen und kritischen öffentlichen Debatte[98] oder eine Stärkung und Ausweitung *direkt-demokratischer Beteiligungsrechte* des Volkes vor allem an kantonalen und kommunalen *Entscheidungsprozessen* die genannten Wertdiskrepanzen und Substanzverluste an Demokratie teilweise wettmachen könnten[99].

## III. Gewandelte Staatlichkeit?

### A. *Befund: Tendenz zur Erosion aller Elemente des klassischen Staatsbegriffs*

> *„Europa ist nicht nur eine Rechenaufgabe; es ist auch ein Text, der gelesen sein will."* *(Karl Schmid)*
>
> *«Trois degrés d'évélation du pôle renversent toute la jurisprudence; un méridiat décide de la vérité... Plaisante justice qu'une rivière borne: vérité au-deci des Pyrinées, erreur au-delà.»* *(Blaise Pascal)*

Lassen Sie mich nun zum dritten Teil kommen: der Frage, ob sich nicht angesichts des Strukturwandels der europäischen Ordnung auch die Staatlichkeit als solche[100] gewandelt hat[101].

Die Rechtsentwicklungen in Europa erhellen auf eindringliche und faszinierende Weise, wie sehr die nationalen *Verfassungsordnungen in eine internationale Dimension hineingewachsen* sind. Es haben sich auf zwischen- und überstaatlicher Ebene Institutionen herausgebildet,

---

[97] Zu den Modalitäten der Aufnahme eines EWR-Vertrages ins schweizerische Recht im einzelnen vgl. *Olivier Jacot-Guillarmod*, L'administration fédérale face à l'ordre juridique communautaire: défis actuels, ZBl. 1990, S. 433 ff.

[98] Vgl. *Tomuschat*, Geflecht (Anm. 5), S. 35.

[99] Zu den Ausbaumöglichkeiten der direkten Demokratie vgl. *Alfred Kölz*, Reform der Volksrechte im Kanton Solothurn, in: Festschrift 500 Jahre Solothurn im Bund, 1981, S. 13 ff.

[100] *Peter Häberle* spricht plastisch von einem Wandel zum „Kooperativen Verfassungsstaat", in: Öffentlicher Prozeß (Anm. 57), S. 402 ff. Grundlegend sodann auch *Klaus Vogel*, Die Verfassungsentscheidung des Grundgesetzes für eine internationale Zusammenarbeit, 1964. Grundsätzlich zum Souveränitätsbegriff: *Luzius Wildhaber*, Entstehung und Aktualität der Souveränität, in: Festschrift für Kurt Eichenberger, 1982, S. 131 ff.

[101] Vgl. hierzu *Hans Peter Ipsen*, Europäische Verfassung — Nationale Verfassung, in: Bitburger Gespräche — Jahrbuch 1987, 1987, S. 37 ff., insbes. S. 50 ff.; *Heinrich Schneider*, Rückblick für die Zukunft, 1986, S. 203.

die in Form der Koordination, der Kooperation und der Integration mit je unterschiedlichen Schwerpunkten neue Ordnungsstrukturen im europäischen Staatensystem geschaffen haben. Auch zeichnen sich auf den verschiedenen Handlungsebenen Bestrebungen zu einer Rechtsangleichung und Rechtsharmonisierung großen Stils ab, die auch etwa das Privatrecht[102] und andere klassische Rechtsetzungsmaterien der Staaten erfassen. Im Unterschied zur traditionellen Methode der Nationalstaaten, je bilateral ihre Interessen auf dem Wege der diplomatischen Aushandlung von Konzessionen und Gegenkonzessionen durchzusetzen, ist die heutige europäische Ordnung durch die Tendenz geprägt, *gemeinsame öffentliche Güter multilateral durch kollektive Ordnungen und Organisationen zu sichern*[103]. In diesem Sinne sind in Europa Fortschritte erzielt worden, die überzeugende Vorbilder für eine zu schaffende Weltordnung sein könnten.

Das *Spiegelbild* dieser sich im Rahmen des europäischen Staatensystems abzeichnenden Strukturwandlungen ist auf nationalstaatlicher Ebene[104] ein *Wandel der Staatlichkeit, des Begriffs und des Konzepts des Staates überhaupt.* Läßt sich wohl überzeugend dartun, daß nach Hesiods geflügeltem Wort „Polemos pater panton" das Bild des klassischen europäischen Nationalstaates vom Krieg, Bürgerkrieg und anderen existenziellen Gefährdungen für seine absolute innere und äußere Souveränität geprägt war, so zeichnet sich heute im Zuge der Kooperation und Integration die *Tendenz zur Erosion aller Elemente des klassischen Staatsbegriffs*[105] ab. So ist zwar etwa der Anspruch der Staaten auf *äußere Souveränität* und *Unabhängigkeit* im Rahmen der Europäischen Gemeinschaften insofern gewahrt, als die Mitgliedstaa-

---

[102] Vgl. hierzu *Ernst A. Kramer*, Europäische Privatrechtsvereinheitlichung, in: Juristische Blätter 1988, S. 477 ff.; *Peter-Christian Müller-Graff*, Privatrecht und Europäisches Gemeinschaftsrecht, 1989.

[103] Vgl. *Petersmann*, Verfassungsentscheidung (Anm. 64), S. 34.

[104] Zum demokratischen Nationalstaat als dem traditionellen Ordnungskonzept vgl. *Wilfried Fiedler*, Die Nation als Rechtsbegriff — Bemerkungen zu ihrem völkerrechtlichen Stellenwert, in: Erik Jayme / Heinz-Peter Mansch, Nation und Staat im internationalen Privatrecht, S. 45 ff.

[105] Hierzu etwa *Klaus Stern*, Das Staatsrecht der Bundesrepublik Deutschland, Band 1, 2. Aufl., 1984, S. 7 ff.; *Peter Badura*, Staatsrecht, 1986, S. 1 ff.; *Karl Doehring*, Staatsrecht der Bundesrepublik Deutschland, 2. Aufl., 1980, Teil C; *Thomas Fleiner-Gerster*, Allgemeine Staatslehre, 1980, S. 120 ff.; *Konrad Hesse*, Grundzüge des Verfassungsrechts der Bundesrepublik Deutschland, 17. Aufl., 1990, S. 5 ff., 80 ff.; *Reinhold Zippelius*, Deutsches Staatsrecht, 27. Aufl. 1988, S. 1 ff.; *Peter Pernthaler*, Allgemeine Staatslehre und Verfassungslehre, 1986, S. 26 ff.

ten, als „Herren der Verträge“, kollektiv deren völkerrechtliche Fortentwicklung bestimmen[106] und als auch die Setzung sekundären Rechts in die Hände der Mitgliedstaaten gelegt ist, diese also einen intergouvernementalen Charakter hat; allein die Auflösung der eingegangenen völker- und gemeinschaftsrechtlichen Bindungen erscheint — zumindest im Falle der Gemeinschaft — als naturgemäß um so schwieriger, je souveränitätsfreundlicher deren Begründung ausgestaltet ist[107]. Was den Bereich der *inneren Souveränität* betrifft, zeichnet sich, besonders weit fortgeschritten bei der EG, zunehmend eine Aufgaben- und Machtteilung zwischen den Staaten und der übergeordneten Staatenverbindung ab, was zur Folge hat, daß klassische Themen der traditionellen staatlichen Außenpolitik zu Angelegenheiten europäischer Innenpolitik geworden sind[108].

Das *Staatsvolk* sodann, als zweites Grundelement des klassischen Staatsbegriffs, wird zwar noch immer von den Staaten definiert, denn diese befinden allein über Erwerb, Inhalt und Verlust der Staatsangehörigkeit. Doch verliert das Bürgerrecht in dem Maße an Bedeutung, als die verschiedenen europäischen Ordnungsinstrumente in ihrer Grundstruktur geradezu darauf angelegt sind, in dem von ihnen erfaßten Bereich Diskriminierungen der Individuen auf Grund ihrer Nationalität zu beseitigen[109] und die Grundrechte aller gegen Beeinträchtigung durch die hoheitliche Gewalt in einem umfassenden Raum gleichermaßen zu sichern[110]. Der Einzelne ist damit nicht mehr in dem Maße schicksalhaft auf Schutz und Refugium seines Heimatstaates

---

[106] Vgl. *Rudolf Bernhardt,* Die Europäische Gemeinschaft als neuer Rechtsträger im Geflecht der traditionellen zwischenstaatlichen Rechtsbeziehungen, EuR 1983, S. 199 ff.; *ders.*, Zur Auslegung des europäischen Gemeinschaftsrechts, in: Festschrift für Hans Kutscher, 1981, S. 17 ff.; *Eckart Klein,* Neuere Entwicklungen des Rechts der Europäischen Gemeinschaften, DÖV 1985, S. 900 ff., insbes. S. 901.

[107] Hierzu *Fritz W. Scharpf,* The Joint-Decision Trap: Lessons from German Federalism and European Integration, in: Public Administration 1988, S. 239 ff.

[108] Vgl. *Wolfgang Graf Vitzthum,* Der Föderalismus in der europäischen und internationalen Einbindung der Staaten, AöR 1990, S. 295.

[109] Vgl. etwa *Ulrich Everling,* Von der Freizügigkeit der Arbeitnehmer zum Europäischen Bürgerrecht? EuR 1990, S. 81 ff.

[110] Vgl. hierzu *Thomas Oppermann,* Sinn und Grenzen einer EG-Angehörigkeit (zit. EG-Angehörigkeit), in: Festschrift für Karl Doehring, 1989, S. 713 ff., insbes. S. 714 ff.; *Siegfried Magiera,* Die Europäische Gemeinschaft auf dem Wege zu einem Europa der Bürger, DÖV 1987, S. 221 ff.; *ders.,* Ansätze für ein Europa der Bürger in der Rechtsordnung der Europäischen Gemeinschaft, in: ders. (Hrsg.), Das Europa der Bürger in einer Gemeinschaft ohne Binnengrenzen, 1990, S. 13 ff.

angewiesen[111], wie dies beim klassischen Nationalstaat noch der Fall war. Ja, das Gemeinschaftsrecht würde sogar in den Kern der souveränen Befugnis des Staates zur Umschreibung seines eigenen Volkes eingreifen, wenn sich das Vorhaben der EG-Kommission verwirklichen ließe, Ausländern, wenn auch „nur" auf kommunaler Ebene, Aktivbürgerrechte zu gewähren[112] — eine Angelegenheit, die nach schweizerischem Staatsrecht in die Verfassungsautonomie der Kantone fiele[113, 114].

Schließlich verlieren — so das dritte Staatselement — durch die Enterritorialisierungstendenzen des europäischen Ordnungs- und Gemeinschaftsrechts auch die staatliche *Gebietshoheit* und die staatlichen *Grenzen* an Bedeutung, was besonders drastisch anläßlich der Verwirklichung des europäischen Binnenmarkts in Erscheinung treten wird[115].

---

[111] Vgl. hierzu *Josef Isensee,* Abschied der Demokratie vom Demos, in: Festschrift für Paul Mikat, 1989, S. 705 ff., insbes. S. 709 ff.; *Tomuschat,* Geflecht, a. a. O. (Anm. 5), S. 54 f.

[112] Vgl. hierzu etwa *Karl Doehring,* Nationales Kommunalwahlrecht für europäische Ausländer? In: Festschrift für Hans Kutscher, 1981, S. 109 ff.; *Jochen Abr. Frowein,* Schlußbericht zum Heidelberger Kolloquium über die Rechtsstellung von Ausländern nach staatlichem Recht und Völkerrecht, in: Jochen Abr. Frowein / Torsten Stein (Hrsg.), Die Rechtsstellung von Ausländern nach staatlichem Recht und Völkerrecht, 1987, S. 2078 ff.; *Eberhard Grabitz,* Europäisches Bürgerrecht zwischen Marktbürgerschaft und Staatsbürgerschaft, Köln 1971; *Kay Hailbronner,* Die deutschen Bundesländer in der EG (zit. Bundesländer), JZ 1990, S. 149 ff.; *Josef Isensee,* Die staatsrechtliche Stellung der Ausländer in der Bundesrepublik Deutschland, VVDStRL 32 (1974), S. 93; *Klein,* Entwicklungen (Anm. 18), S. 182 f.; *Siegfried Magiera,* Politische Rechte im Europa der Bürger, in: Manfred Zuleeg (Hrsg.), Ausländerrecht und Ausländerpolitik in Europa (zit. Ausländerrecht), 1987, S. 123 ff.; *ders.,* Kommunalwahlrecht in EG-Mitgliedstaaten, Europa-Archiv 1988, S. 475 ff.; *Oppermann,* EG-Angehörigkeit (Anm. 110), S. 721 ff.; *Helmut Quaritsch,* Staatsangehörigkeit und Wahlrecht, DÖV 1988, S. 9 ff.; *Manfred Zuleeg,* Juristische Streitpunkte zum Kommunalwahlrecht für Ausländer, Zeitschrift für Ausländerrecht und Ausländerpolitik 1988, S. 4 ff.; *ders.,* Die Vereinbarkeit des Kommunalwahlrechts für Ausländer mit dem deutschen Verfassungsrecht, in: Zuleeg, Ausländerrecht, a. a. O., S. 153 ff.

[113] Vgl. *Thürer,* Politischer Status (Anm. 82), S. 183 ff., insbes. S. 194 ff.

[114] Zum Umfang der Verfassungsautonomie der Kantone im Rahmen der schweizerischen Bundesverfassung vgl. *Peter Saladin,* Kommentar zur Bundesverfassung der Schweizerischen Eidgenossenschaft, Art. 6; *Gerhard Schmid,* Die Bedeutung gliedstaatlichen Verfassungsrechts in der Gegenwart, VVDStRL 46 (1988), S. 92 ff.; *Jean-François Aubert,* Traité de droit constitutionnel suisse, Band 1, 1967, S. 215 ff.; *Ulrich Häfelin / Walter Haller,* Schweizerisches Bundesstaatsrecht, 2. Aufl., 1988, S. 173.

[115] Kommissionspräsident *Jacques Delors* spricht von einer «banalisation des frontières».

### B. *Folgerungen: Vier konstitutionelle Prinzipien zur Legitimierung einer den Verfassungsstaat und seine internationalen und supranationalen Einbindungen umfassenden Gesamtordnung*

Was für theoretische und praktische Folgerungen sind aus diesem Gesamtbefund zu ziehen? Ich glaube, daß die europäischen Einigungsbestrebungen einen Stand erreicht haben, in dem es *nicht mehr möglich ist, das Staatsrecht und das übergeordnete Recht je ausschließlich für sich selbst, als in sich ruhende und selbstgenügsame Systeme zu begreifen*. Dies trifft vor allem auf das Gemeinschaftsrecht zu, das in besonderer Breite, Tiefe und Intensität in die Rechtsordnungen der Mitgliedstaaten einbricht[116] und sie durchdringt und, wenn auch in unterschiedlichem Ausmaß, zu einer vielfältigen Verklammerung und Verbindung aller Staats- und Gemeinschaftsorgane geführt hat. Es scheint aber auch über die Integration im engeren Sinne hinaus eine Herausforderung für die europäische Verfassungstheorie, Verfassungspolitik und Verfassungsdogmatik zu sein, von einem unabhängigen Standpunkt aus *konstitutionelle Prinzipien* organisatorischer und materieller Natur zu entwickeln, welche *die Staaten und ihre internationalen und supranationalen Einbindungen in ihrer Gesamtheit erfassen*[117].

Lassen Sie mich — ansetzend bei der „constitutio lata", aber auch übergreifend auf die „constitutio ferenda" — abschließend den Versuch unternehmen, vier Gesichtspunkte aufzuzeigen, die zur *Legitimierung einer solchen Gesamtkonzeption* heranzuziehen wären und denen ein um so größeres Gewicht beizumessen wäre, je höher der Integrationsgrad der betreffenden Staatenverbindung ist.

#### 1. Element Eins: Das Rechtsstaatsprinzip

Als Basis des umfassenden Ordnungssystems erschiene — so das erste Legitimationselement — das Rechtsstaatsprinzip, wie es in den Verfassungen aller europäischen Staaten statuiert oder mitenthalten ist und etwa in der Satzung des Europarates auf eindrückliche Weise proklamiert wird[118].

---

[116] Vgl. *Häberle*, Öffentlicher Prozeß (Anm. 57), S. 416 ff.

[117] Vgl. hierzu etwa *Badura*, Verfassungsprinzipien (Anm. 47), S. 155 ff.

[118] Vgl. die Präambel Abs. 3 und Art. 1 lit. a sowie Art. 3 der Satzung des Europarats vom 5. Mai 1950. Vgl. in diesem Zusammenhang auch *Wilfried Fiedler*, Die Funktion des Rechts in der Europäischen Einigungsbewegung, JZ 1986, S. 60 ff. Zum Begriff des Rechtsstaates vgl. *Ernst-Wolfgang Böckenförde*, Staat — Gesellschaft — Freiheit, 1976, S. 65 ff.; *Eberhard Schmidt-Aßmann*, Der Rechtsstaat, in: Isensee/Kirchhof (Hrsg.), Handbuch des Staatsrechts, Band 1, 1987, S. 987 ff.

## 2. Element Zwei: Klare Abgrenzung der Kompetenzen zwischen Staatenverbindung und Mitgliedstaaten (insbes. Subsidiaritätsprinzip)

Nach Maßgabe des Rechtsstaatsprinzips wären sodann klare Prinzipien und Regeln zur Abgrenzung der Kompetenzen zwischen Staatenverbindung und Mitgliedstaaten zu entwickeln[119], deren Einhaltung durch geeignete politische Verfahren, den Richter[120] oder — warum nicht? — schiedsrichterlich sicherzustellen wären. Leitbild einer solchen Kompetenzordnung, wie sie heute mit besonderer Dringlichkeit für die Europäische Gemeinschaft näher auszugestalten ist, müßte das *Subsidiaritätsprinzip*[121, 122] sein. Nach dieser Grundidee ist etwa eine unitarische Rechtsetzung für den ganzen Gemeinschaftsraum um so weniger geboten und den Mitgliedstaaten ein um so *größerer Spielraum zur eigenständigen und pluralistischen Rechtsetzung einzuräumen, je weiter entfernt eine Maßnahme von den Grundanliegen eines grenzüberschreitenden gemeinsamen, einheitlichen und wettbewerbsneutralen Marktes ist,* dies nach dem Prinzip "trade unites, politics divides". Einheit und Gleichheit sollten nach

---

[119] Zur Bedeutung einer klaren Kompetenzausscheidung zwischen der Staatenverbindung und den Mitgliedstaaten vgl. etwa *Rudolf L. Bindschedler,* Rechtsfragen der europäischen Einigung, 1954, S. 409. In bezug auf die Weiterentwicklung des Gemeinschaftsrechts vgl. *Siegfried Magiera,* Die Einheitliche Europäische Akte und die Fortentwicklung der Europäischen Gemeinschaft zur Europäischen Union (zit. Europäische Union), in: Gedächtnisschrift für Wilhelm Karl Geck, 1989, S. 507 ff., insbes. S. 524 f. Zur parallelen Verfassungslage im innerstaatlichen Bereich vgl. rechtsvergleichend *Michael Bothe,* Die Kompetenzstruktur des modernen Bundesstaates in rechtsvergleichender Sicht, 1977; *Jochen Abr. Frowein,* Die Entwicklung des Bundesstaates unter dem Grundgesetz, in: Rechtsentwicklung unter dem Bonner Grundgesetz, 1989, S. 17 ff.; *Max Imboden,* Die staatsrechtliche Problematik des schweizerischen Föderalismus, in: ders., Staat und Recht, 1971, S. 175 ff.

[120] Zu dieser — unter der Einheitlichen Europäischen Akte zu neuer Aktualität gelangenden — verfassungsgerichtlichen Funktion des Europäischen Gerichtshofes vgl. *Lenaerts,* U. S. Constitution (Anm. 51), S. 17 ff.

[121] Vgl. *Valéry Giscard d'Estaing,* Le principe de subsidiarité, Projet de rapport intermédiaire du 15 juin 1990, Commission institutionnelle, Parlament Européen, PE 139.293/rév.; *Kay Hailbronner,* Bundesländer (Anm. 112), S. 149 ff., insbes. S. 153 f.; *Jean Paul Jacqué / Joseph H. H. Weiler,* On the Road to European Union — A New Judicial Architecture, Florenz 1990, insbes. S. 13 ff.

[122] Vgl. in diesem Zusammenhang auch die Ausführungen von *Kay Hailbronner,* Bundesländer (Anm. 112), zum Postulat einer aus der Gemeinschaftstreue abgeleiteten Pflicht zur Respektierung der föderalistischen Grundstruktur des Grundgesetzes (S. 152 ff.).

dem Grundgedanken der Subsidiarität gerade im Interesse der Stabilität des Gesamtsystems nicht strapaziert werden, die *föderalistische Rechtsidee* also Leitgedanke sein, wenn das Werk gelingen soll. Rechtsmethodisch wären zur Bestimmung der Reichweite der jeweiligen materiellen Aufgabenzuständigkeit der Organisation die *Zielsetzung* und die *Struktur* der konstituierenden Verträge bedeutsam[123]. Vor allem aber wären auch aus dem den Mitgliedstaaten ausdrücklich oder stillschweigend zuerkannten *«domaine reservé»* Eingriffsschranken zum Schutze der staatlichen Souveränität zu entwickeln[124], so wie Lehre und Judikatur in verschiedenen Bundesstaaten auch mit gutem Grund immer wieder den Versuch unternommen haben, aus einer substanziell verstandenen Verfassungs- und Organisationsautonomie der Gliedstaaten (äußere) Schranken gegen übermäßige Eingriffe des Bundes in ihren inneren Zuständigkeitsbereich abzuleiten[125].

3. Element Drei: Erfordernis homogener Wertungsgrundlagen

a) *Allgemeines.* Je mehr sich die Verfassungen einer inter- oder supranationalen Organisation und diejenige der Mitgliedstaaten durchdringen, desto mehr scheint es geboten zu sein, daß beide Ordnungen auf homogenen Wertungsgrundlagen beruhen[126]. Es ist ein großes Verdienst des deutschen Bundesverfassungsgerichts[127] und auch des italienischen Corte Costituzionale, durch Aufstellung und Konkretisierung von Legitimationsanforderungen der nationalen Verfassungen an die Gemeinschaftsrechtsordnung zur *Grundrechtssicherung* in der Gemeinschaft beizutragen[128]. Man kann sich nun aber

---

[123] Vgl. *Albert Bleckmann,* Chancen und Gefahren der europäischen Integration (zit. Chancen), JZ 1990, S. 301 ff., insbes. S. 305 f.

[124] Vgl. *Bleckmann,* Chancen (Anm. 123), S. 306.

[125] Vgl. hierzu etwa *Daniel Thürer,* Bund und Gemeinden (zit. Bund und Gemeinden), 1986, S. 160 ff., 255 ff.

[126] Vgl. die grundlegende Studie von *Ipsen,* Verfassungs-Homogenität (Anm. 53), S. 159 ff., und *Tomuschat,* Geflecht (Anm. 5), S. 26 ff.; vgl. sodann *Rudolf Streinz,* a. a. O. (Anm. 35), S. 949 ff., insbes. S. 956 f.

[127] Hierzu *Helmut Steinberger,* Aspekte der Rechtsprechung des Bundesverfassungsgerichts zum Verhältnis zwischen Europäischem Gemeinschaftsrecht und deutschem Recht (zit. Rechtsprechung), in: Festschrift für Karl Doehring, 1989, S. 951 ff.; *Jochen Abr. Frowein,* Europäisches Gemeinschaftsrecht und Bundesverfassungsgericht, in: Bundesverfassungsgericht und Grundgesetz, Band 2, 1976, S. 187 ff.

[128] Vgl. hierzu *Karl Heinrich Friauf / Rupert Scholz,* Europarecht und Grundgesetz, 1990; *Steinberger,* Rechtsprechung (Anm. 127), S. 955 ff.; *Ulrich Everling,* Brauchen wir „Solange III"? EuR 1990, S. 195 ff.

fragen, ob sich auch andere Strukturprinzipien der staatlichen Verfassungen auf ähnliche Weise auf die Gemeinschaftsrechtsordnung „extrapolieren“ lassen. Gewiß zeigt sich erfahrungsgemäß, daß sich vor allem die Freiheit des Individuums im größeren Raum wirksam – ja vielleicht wirksamer – schützen läßt als im kleinen Verband. Dasselbe gilt möglicherweise auch für Aufgaben der *„gemeinsamen Wohlfahrt“*, von denen die schweizerische Bundesverfassung in ihrer Staatszielbestimmung spricht (Art. 2 BV). Sollten aber nicht – *de constitutione ferenda* – auch etwa das Demokratieprinzip oder allenfalls sogar das Föderalismusprinzip als Legitimationsgrundlagen für das Recht der Europäischen Gemeinschaft herangezogen werden?

b) *Das Demokratieprinzip.* Ich würde dies in bezug auf das Demokratieprinzip bejahen[129]. Es scheint mir in der Tat gerade in bezug auf die demokratische Fundierung zwischen dem Gemeinschaftsrecht und den Rechtsordnungen der Mitgliedstaaten eine Wertungsdiskrepanz zu bestehen, die dem Bürger als um so unerträglicher erscheinen muß, je mehr die seine Rechtsstellung unmittelbar erfassende Regelungsmacht der Gemeinschaft diejenige des Staates verdrängt[130].

---

[129] Grundlegend hierzu bereits *Hartwig Bülck*, Föderalismus als internationales Ordnungsprinzip, VVDStRL 21, 1964, S. 1 ff.; *Joseph K. Kaiser / Peter Badura*, Bewahrung und Veränderung demokratischer und rechtsstaatlicher Verfassungsstruktur in den internationalen Gemeinschaften, VVDStRL 23, 1966, S. 1–104. Zur neueren Entwicklung vgl. *Albert Bleckmann*, Studien zum Europäischen Gemeinschaftsrecht, 1986, S. 159 ff.; *Jochen Abr. Frowein / Meinhard Hilf*, Die rechtliche Bedeutung des Verfassungsprinzips der parlamentarischen Demokratie für den europäischen Einigungsprozeß, EuR 1983, S. 301 ff.; *Manfred Zuleeg*, Der Verfassungsgrundsatz der Demokratie und die EG, in: Der Staat 1978, S. 27 ff. Grundsätzlich aus staatsrechtlicher Sicht: *Ernst-Wolfgang Böckenförde*, Demokratie als Verfassungsprinzip, in: Isensee/Kirchhof (Hrsg.), Handbuch des Staatsrechts der Bundesrepublik Deutschland, Heidelberg 1987, S. 887 ff.; *Ulrich Ernst Gut*, Grundfragen und schweizerische Entwicklungstendenzen der Demokratie, Zürich 1983; *Karin Oellers-Frahm*, Demokratieverständnis und Verfassungsgerichtsbarkeit in der Bundesrepublik Deutschland und in Frankreich, in: Festschrift für Karl Doehring, 1989, S. 651 ff.

[130] Vgl. hierzu etwa *Albert Bleckmann*, Das Demokratieprinzip im Europäischen Gemeinschaftsrecht, in: Studien zum Europäischen Gemeinschaftsrecht 1986, S. 159 ff.; *Hans von der Groeben*, Legitimationsprobleme der Europäischen Gemeinschaft, Baden-Baden 1987; *Thomas Bruha*, Das Demokratisierungsdilemma der Europäischen Gemeinschaft, in: Beiträge und Berichte des Instituts für Politikwissenschaft der Hochschule St. Gallen, 1989; *Magiera*, Europäische Union (Anm. 119), S. 529 f.; *Fried Esterbauer*, Demokratie und Europäische Gemeinschaft, in: Festschrift für D. S. Constantopoulos, Thessaloniki o. J. (ca. 1977), S. 18 ff.

Dabei läßt sich, wie mir scheint, die Dominierung und Prägung der Rechtsetzung der Gemeinschaft durch Regierungs- und Verwaltungsbehörden[131] letztlich wohl nicht überzeugend mit dem Argument rechtfertigen, die Gemeinschaft befinde sich in einem eine solche Relativierung des Demokratieprinzips erfordernden Übergangsstadium[132], oder es seien ganz allgemein zur Bewältigung der Gestaltungsaufgaben der modernen Gesellschaft neue, sich allein an Sachverstand und Sachgerechtigkeit orientierende Legitimationsformen erforderlich. Im Gegenteil scheint mir — zur Zeit in höherem Maße als im Bereiche der Grundrechte — gerade in bezug auf das Demokratieprinzip eine *Legitimationsverstärkung* geboten[133]. Gewiß läßt sich nicht bestreiten, daß zahlreiche öffentliche Aufgabenbereiche wohl unwiderruflich in eine gesteigerte Größenordnung hineingewachsen sind und sich optimal nur im überstaatlichen Raum erfüllen lassen[134]. Dabei bietet aber gerade eine großräumige supranationale Staatenverbindung — im Gegensatz zur Alternative der naturgemäß stark von der Exekutive bestimmten Methode der zwischenstaatlichen Zusammenarbeit — die besondere Chance einer verstärkt demokratisch abgestützten Gestaltung.

Es wäre daher aus dem Grundgedanken einer demokratischen Legitimierung der Gemeinschaftsverfassung heraus zu wünschen, daß das *Europäische Parlament* — heute im wesentlichen bloß eine materielle Legislativkraft — auf dem Wege der institutionellen Reform des Gemeinschaftsrechtssystems *formelle, substanzielle Gesetzgebungsrechte* erhielte[135]. Das Parlament könnte dann zum „Forum der

---

[131] *Ress* spricht bei dieser atypischen Zuteilung der Rechtsetzungsbefugnisse an den Rat und z. T. auch an die Kommission, nicht aber an das Europäische Parlament treffend von einem „Geburtsfehler" der EG, in: Parlamentarische Legitimierung (Anm. 32), S. 625.

[132] Allgemein zur Wandelbarkeit auch der Grundprinzipien der öffentlichen Ordnung und der Machtlegitimation vgl. *Hans Peter Ipsen*, Utopisches im Parlaments-Entwurf einer Europäischen Union, in: Festschrift für Karl Carstens, S. 155 ff., insbes. S. 166 f.; *ders.*, Europäische Verfassungsbestrebungen aus der Sicht deutscher Verfassungstradition, in: Jürgen Schwarze / Roland Bieber (Hrsg.), Eine Verfassung für Europa, 1984, S. 147 ff.

[133] Vgl. die umfassende und subtile rechtliche Analyse von *Ress*, Parlamentarische Legitimierung (Anm. 32), S. 625 ff.

[134] Hierzu *Scharpf*, a.a.O. (Anm. 107), S. 239 ff., insbes. S. 240. Zum Gesamtprozeß vgl. auch *Werner Seidenfeld* (Mitverf.)/Bertelsmann Stiftung, Europäische Defizite, europäische Perspektiven — eine Bestandsaufnahme für morgen, Gütersloh 1988.

[135] Vgl. zum Ganzen *Joseph H. H. Weiler*, Parlement européen, intégration européenne, démocratie et légitimité, in: Le parlement européen dans l'évolution

öffentlichen Diskussion" *(Christian Tomuschat)*[136], zum Kristallisationspunkt einer profilierten öffentlichen Meinung werden, die im ganzen Gemeinschaftsraum Autorität genösse und Beachtung fände und auf diese Weise die Gemeinschaftspolitik mittrüge und mitgestaltete, so wie auch die nationalen Parlamente wesentlich dazu beitragen, die jeweilige nationale Politik im Volk zu verankern[137].

Freilich dürften die Kompetenzen eines solchen Parlamentes nicht unitarisch ausgestaltet sein. *Föderalistische Institute* und Instrumente[138] wären erforderlich: z. B. eine Zweite Kammer[139], ein näher auszugestaltendes Vetorecht bzw. ein Recht des Parlamentes eines Mitgliedstaates, einen Rechtsakt des Europäischen Parlaments als für diesen nicht anwendbar zu erklären[140], die konsequente Beschränkung des Europäischen Parlaments auf eine Rahmen- oder Grundsatzgesetzgebung in dafür geeigneten Materien, ein weiterer Ausbau von Schutz- und Ausnahmeklauseln[141, 142] bzw. der mit dem Binnenmarkt-

---

institutionnelle, Bruxelles 1988, S. 325 ff.; *Meinhard Hilf*, Die rechtliche Bedeutung des Verfassungsprinzips der parlamentarischen Demokratie für den europäischen Integrationsprozeß, in: Europarecht 1984, S. 9 ff.

[136] *Tomuschat*, Geflecht (Anm. 5), S. 35, mit interessanten Ausführungen zum Funktionswandel des nationalen Parlaments als Folge der internationalen Verflechtung.

[137] Zum "government by opinion", das in Großbritannien als wesentlicher betrachtet wurde als die exakte Repräsentativität des Parlaments, vgl. *Sir Ivor Jennings*, The British Constitution, 4. Aufl., Cambridge 1962, S. 3 ff., 9 ff. Zur EG-rechtlichen Seite vgl. *Alexander v. Brünneck*, Die öffentliche Meinung in der EG als Verfassungsproblem, EuR 1989, S. 249 ff.

[138] Vgl. hierzu *Kay Hailbronner*, Der nationale Alleingang im EG-Binnenmarkt, 1989.

[139] In diesem Sinne etwa *Ress*, Parlamentarische Legitimierung (Anm. 32), S. 666, 684. Vgl. hierzu die Kritik von *Streinz*, a. a. O. (Anm. 35), S. 957 ff.

[140] Vgl. etwa als interessanten Vorschlag *Alan Sked*, A Proposal For European Union, in: The Bruges Group — Occasional Paper 9, London 1990, S. 21. Vgl. auch den Hinweis auf die entsprechenden Vorschläge im Rahmen der Fouchet-Pläne von 1961/62 bei *Magiera*, Europäische Union (Anm. 119), S. 528.

[141] Vgl. *Ulrich Everling*, Zur föderalen Struktur der Europäischen Gemeinschaft, in: Festschrift für Karl Doehring, Berlin u. a. 1989, S. 179 ff.; *Claus-Dieter Ehlermann*, How Flexible is Community Law? An Unusual Approach to the Concept of "Two Speeds", in: Michigan Law Review 1984, S. 1274 ff. Zu den Möglichkeiten einer sog. abgestuften Integration gemäß Art. 8 c EWG-Vertrag und im Rahmen von 100 a EWG-Vertrag vgl. *Magiera*, Europäische Union (Anm. 119), S. 528.

[142] Zum Ganzen: *Eberhard Grabitz* (Hrsg.), Abgestufte Integration — Eine Alternative zum herkömmlichen Integrationskonzept? 1984.

programm[143] eingeführten indirekten Regelungstechnik der gegenseitigen Anerkennung von Rechtsakten[144] oder vielleicht sogar die Einführung gewisser direkt-demokratischer Instrumente, wie sie dem schweizerischen Staatsrecht bekannt sind[145].

c) *Das Föderalismusprinzip.* Auch das föderative Gestaltungsprinzip ließe sich, wie mir scheint, im Gemeinschaftsraum fruchtbar anwenden[146, 147, 148, 149]. Interessanterweise hat hier wiederum der

---

143 Vgl. die grundsätzlichen Betrachtungen zum Binnenmarktprogramm bei *Pierre Pescatore,* Die „Einheitliche Europäische Akte" — Gefahr für den Gemeinsamen Markt, EuR 1986, S. 153 ff.; *Renaud Dehousse,* 1992 and Beyond: The Institutional Dimension of the Internal Market Programme, in: Legal Issues of European Integration 1989, S. 109 ff.; *ders.,* Completing the Internal Market: Institutional Constraints and Challenges, in: Roland Bieber / Renaud Dehousse / John Pinder / Joseph H. H. Weiler (Eds.), 1992: One European Market? 1988, S. 311 ff.

144 Vgl. hierzu etwa *Winfried Brohm,* Auswirkungen des EG-Binnenmarktes auf das deutsche Recht, in: Staatswissenschaften und Staatspraxis 1990, S. 132 ff., insbes. S. 143 f.

145 Vgl. etwa die folgenden Instrumente der schweizerischen Bundesverfassung: Volksinitiative auf totale und partielle Verfassungsrevision (Art. 118 ff.), Volks- bzw. Kantonsreferendum gegen Bundesgesetze und allgemeinverbindliche Bundesbeschlüsse (Art. 89, 89bis), Volks- und Parlamentsreferendum gegen Staatsverträge (Art. 89 Abs. 2–5), Standesinitiative (Art. 93 Abs. 2), Befugnis von fünf Kantonen, die Einberufung der Bundesversammlung zu verlangen (Art. 86). Vgl. zu dieser Thematik neuerdings: *Aldo Lombardi / Rudolf Wertenschlag,* Formen der Volksinitiative im Bund: heute und morgen, 1990.

146 Zur Gesamtthematik „Bundesstaatlichkeit, Föderalismus, Regionalismus" vgl. *Wolfgang Graf Vitzthum,* a. a. O. (Anm. 108), S. 281 ff., insbes. S. 282 ff.; *Franz-Ludwig Knemeyer,* Subsidiarität — Föderalismus, Dezentralisation (zit. Subsidiarität), in: DVBl. 1990, S. 449 ff.; *von Simson,* Wachstumsprobleme (Anm. 12), S. 490. Grundsätzlich zum Föderalismus *Klaus Stern,* Föderative Besinnungen, in: Festschrift für Hans Huber, Bern 1981, S. 391 ff.

147 Aus grundsätzlicher Sicht: *Michael Burgers,* Federalism and European Union, London 1989; *Ferdinand Graf Kinsky,* Föderalismus: ein Weg aus der Europakrise, 1986; *Walter Hallstein,* Die Europäische Gemeinschaft, 1973, S. 364 ff.; *John Edward McWhiney / Pierre Pescatore,* Federalism and Supreme Courts and the Integration of Legal Systems, 1973; *John Pinder,* Hamilton und Proudhon, Das Ende einer föderalistischen Kontroverse? Integration 1987, S. 165 ff.; *Reinhold Biskup,* Europa — Von der Wirklichkeit zur Utopie? 1984.

148 Zur weiteren Frage des Spannungsverhältnisses zwischen Gemeinschaftsrecht und innerstaatlichem Föderalismus sind in Deutschland grundlegende Studien erschienen. Vgl. etwa die folgenden Abhandlungen und die darin enthaltenen Literaturangaben: *Kay Hailbronner,* Bundesländer (Anm. 112), S. 149 ff.; *Georg Ress,* Die Europäischen Gemeinschaften und der deutsche Föderalismus, EuGRZ 1986, S. 549 ff.; *ders.,* Das deutsche Zustimmungsgesetz zur Einheitlichen Europäi-

*Europarat* mit Konventionen und Resolutionen zum Schutze der kommunalen Selbstverwaltung und grenzüberschreitenden, transnationalen Zusammenarbeit[150] bzw. zum Schutze von Minderheiten[151] wesentliche Schrittmacherdienste geleistet[152]. Auch in der *Gemeinschaft* bestehen Anzeichen dafür, daß der föderative Gedanke auch über die bloße Regionalpolitik hinaus strukturprägende Bedeutung entfalten könnte[153]. Interessant ist in diesem Zusammenhang etwa, daß 1988 bei der EG-Kommission ein „Beirat der regionalen und lokalen Gebietskörperschaften der Mitgliedstaaten der EG" eingerich-

---

schen Akte — Ein Schritt zur Föderalisierung der Europapolitik, EuGRZ 1987, S. 361 ff. Vgl. auch die Sammelwerke *Dirk Heckmann / Klaus Messerschmidt*, Gegenwartsfragen des Öffentlichen Rechts (mit einschlägigen Beiträgen von *Rudolf Streinz, Hermann-Josef Blanke* und *Elke Luise Barnstedt*), Berlin 1988; *Rudolf Hrbek / Uwe Thaysen* (Hrsg.), Die deutschen Länder und die Europäischen Gemeinschaften (mit Beiträgen von *Rudolf Hrbek, Lutz G. Stavenhagen, Erich Schneider, Gebhard Ziller, Ottokar Hahn, Renate Hellwig, Claus-Dieter Ehlermann, Horst Seefeld, Eberhard Grabitz* und *Wolfgang Wessells*), 1986; *Siegfried Magiera / Detlef Merken* (Hrsg.), Bundesländer und Europäische Gemeinschaften (mit Beiträgen von *Siegfried Magiera, Christian Tomuschat, Rudolf Morawitz, Gerhard Memminger, Günter Jasperl, Fritz Stöger, Walter Rudolf, Rudolf Hrbek, Fausto Pocar, Maria Jesus Montoro Chiner, Ludwig Krämer, Frank Hennecke, Michael Schneider*), 1988. Vgl. sodann bereits *Walter Rudolf*, Bundesländer und Europäisches Gemeinschaftsrecht, in: Festschrift für Hans-Jürgen Schlochauer, 1981, S. 117 ff.; *Dieter Blumenwitz*, Europäische Gemeinschaft und Rechte der Länder, in: Gedächtnisschrift für Christoph Sasse, Band 1, 1981, S. 215 ff.

149 Zur Auswirkung der EG-Mitgliedschaft auf die Rechtsetzung im Bundesstaat vgl. *Grabitz*, Rechtsetzungsbefugnis (Anm. 95), S. 1 ff.

150 Vgl. hierzu *Ulrich Beyerlin*, Rechtsprobleme der lokalen grenzüberschreitenden Zusammenarbeit, 1988, insbes. S. 112 ff.; *ders.*, Dezentrale grenzüberschreitende Zusammenarbeit als transnationales Rechtsphänomen, in: Archiv des Völkerrechts 1989, S. 286 ff.

151 Vgl. Résolution 192 (1988) de la Conférence permanente des pouvoirs locaux et régionaux de l'Europe sur les langues régionales ou minoritaires en Europe.

152 Vgl. hierzu insbes. *Franz-Ludwig Knemeyer* (Hrsg.), Die Europäische Charta der kommunalen Selbstverwaltung: Entstehung und Bedeutung — Landesberichte und Analysen, 1989; *Philip Blair*, Die Gestaltung der kommunalen Selbstverwaltung in den europäischen Staaten, DÖV 1988, S. 1002 ff.; *Daniel Thürer*, Schweizerische Gemeindeautonomie und die Europäische Charta der kommunalen Selbstverwaltung, in: Festschrift für Otto K. Kaufmann, 1989, S. 221 ff.

153 Zum Regionalismus als europäische Bewegung vgl. *Hermann Lübbe*, Die Aufdringlichkeit der Geschichte, 1989, S. 30 ff.; *Peter Pernthaler*, Föderalismus und Regionalismus — Ein Ansatz zur Überwindung ihrer Gegensätze, in: Festschrift für Viktoria Stadlmayer, Bozen 1989, S. 159 ff. Rechtsvergleichend aus innerstaatlicher Sicht: *Fritz Ossenbühl* (Hrsg.), Föderalismus und Regionalismus in Europa, 1990, mit einem Landesbericht Schweiz von *Kurt Eichenberger*, S. 17 ff.

tet wurde und damit neben den zahlreichen „professionell-technokratischen" Lobbies der Privatinteressen und Fachverwaltungen auch eine „topokratische Lobby" zum Schutz und zur Förderung der spezifischen Autonomie und Vollzugsinteressen der Gemeinden und Regionen geschaffen wurde[154]. Interessant ist auch die Forderung, den Ländern, Regionen und Autonomen Gemeinschaften ein eigenständiges Klagerecht vor dem Europäischen Gerichtshof gegen Rat und Kommission einzuräumen, soweit sie in ihren Rechten beeinträchtigt sind[155]. *Ernst Forsthoff* hatte zwar seinerzeit angesichts der Bestrebungen der Gemeinden zur Einflußnahme auf die Bundesgewalt noch vor der Gefahr einer „polykratischen"[156] Auflösung der Staatsgewalt gewarnt, und *Hans Kelsen* hielt 1927 in bezug auf die staatsrechtliche Durchführung eines Anschlusses von Österreich an das Deutsche Reich apodiktisch fest, ein „Bundesstaat im Bundesstaat" bedeute auf der Ebene der technischen Organisation „eine heillose Komplikation"[157]. Wir haben seither aus der praktischen Wirklichkeit gelernt, daß es eben diese politisch-technischen Komplexitäten sind, die jede moderne föderalistische Ordnung naturgemäß prägen und die vom Recht nicht ignoriert, wohl aber in Bahnen gelenkt werden können.

### 4. Element Vier: Gebot der außenpolitischen Öffnung des Verfassungsstaates

Viertes und letztes Legitimationselement eines die Mitgliedstaaten und den übergeordneten Verband umfassenden Gesamtsystems wären *außenpolitisch offene Verfassungen der Mitgliedstaaten*[158]. Das deut-

---

[154] Vgl. hierzu *Heinrich Siedentopf*, Europäische Gemeinschaft und kommunale Beteiligung, DÖV 1988, S. 984; *Heinrich Siedentopf / Christoph Hauschild*, a. a. O. (Anm. 96), S. 449. Zum Phänomen und den Arten von Lobbies des Gemeinwesens vgl. *Thürer*, Bund und Gemeinden (Anm. 125), S. 80 ff., 175 ff., 266 ff., 292.

[155] Vgl. hierzu *Knemeyer*, Subsidiarität (Anm. 146), S. 454.

[156] Vgl. *Ernst Forsthoff*, Die öffentliche Körperschaft im Bundesstaat, 1981, S. 108.

[157] Zitiert bei *Georg Ress*, Die Europäischen Gemeinschaften und der deutsche Föderalismus, EuGRZ 1986, S. 549; *Claus Schöndube*, Fédéralisme allemand contre unification européenne? In: Le Fédéraliste (revue politique) 1987, S. 198 ff., insbes. S. 198/99.

[158] Grundsätzlich *Klaus Vogel*, Die Verfassungsentscheidung des Grundgesetzes für eine internationale Zusammenarbeit, Tübingen 1964, S. 3 ff.; *Grabitz*, Rechtsetzungsbefugnis (Anm. 95), S. 8. Vgl. insbesondere auch *Peter Häberles* Plädoyer für den Übergang vom „nationalen Verfassungsstaat" zum „kooperativen Verfassungsstaat" und für eine „verfassungsrechtliche Antwort auf den Wandel des Völkerrechts vom Koexistenzrecht zum Kooperationsrecht in der zunehmend verflochtenen und verfaßten Staaten*gemeinschaft*", in: Öffentlicher Prozeß (Anm. 57).

sche Grundgesetz mit seinem „Verfassungsentscheid für die Öffnung der deutschen Staatlichkeit" *(Klaus Vogel)* ist ein gutes Vorbild[159]. Die ungarische Verfassung[160], die sich seit ihrer Revision von 1989 gleich an der Spitze in eindrücklicher Abkehr von der strikt dualistischen Verfassungstradition der sozialistischen Staaten zum Völkerrecht als einem übergeordneten Rechtssystem hin öffnet[161], ist ein neuestes, überzeugendes Beispiel einer völkerrechtsfreundlichen Verfassung[162]. Und schließlich sei darauf hingewiesen, daß in wenigen Tagen in der Schweiz eine Volksinitiative auf Revision der Bundesverfassung lanciert werden soll, mit der u. a. verlangt wird, daß die Schweiz am Aufbau Europas mitwirkt und sich dabei u. a. für Demokratie und Föderalismus einsetzt[163, 164, 165] und daß der Bundesrat mit der Euro-

---

159 Zur deutschen Rechtslage *Georg Ress,* Staatszwecke im Verfassungsstaat — nach 40 Jahren Grundgesetz (zit. Staatszweck), VVDStRL 48, 1990, S. 56 ff., insbes. S. 79 ff. Für die Schweiz *Luzius Wildhaber,* Menschenrechte — Föderalismus — Demokratie und die verfassungsrechtliche Verankerung der Außenpolitik (zit. Außenpolitik), in: Festschrift für Werner Kägi, 1979, S. 423 ff.

160 Die Verfassung der Republik Ungarn von 1949 lehnt in ihrer revidierten Fassung von 1989 die Gewaltanwendung und -androhung in den internationalen Beziehungen ab und tritt für eine Zusammenarbeit zwischen allen Völkern und Ländern ein (Sektion 6); sie erklärt, daß die ungarische Rechtsordnung die allgemein anerkannten Regeln des Völkerrechts annehme und die Übereinstimmung zwischen den elementaren völkerrechtlichen Verpflichtungen mit dem innerstaatlichen Recht sicherstelle (Sektion 7); auch gewährleiste sie den Schutz der unverletzlichen und unveräußerlichen Menschenrechte (Sektion 8).

161 Näheres im Bericht *Kedzia,* a. a. O. (Anm. 27), S. 10 ff.

162 *Häberle,* Öffentlicher Prozeß (Anm. 57), S. 442.

163 Der Text der „Euro-Initiative" lautet:

„Die unterzeichneten stimmberechtigten Schweizer Bürgerinnen und Bürger stellen hiermit, gestützt auf Art. 121 der Bundesverfassung und gemäß dem Bundesgesetz vom 17. Dezember 1976 über die politischen Rechte, Art. 68 ff., folgendes Begehren:
Die Bundesverfassung wird wie folgt ergänzt:
*Art. 89bis (neu)*

Die Schweiz wirkt am Aufbau Europas mit. Sie setzt sich insbesondere für einen gesicherten Frieden und den globalen Schutz der Umwelt sowie für Demokratie und Föderalismus ein.
*Übergangsbestimmungen Art. 19 (neu)*

Im Rahmen seiner Europapolitik nimmt der Bund mit der Europäischen Gemeinschaft Beitrittsverhandlungen auf. Entsprechende Vereinbarungen werden gemäß bestehenden Verfassungsbestimmungen Volk und Ständen zur Abstimmung unterbreitet."

164 Vgl. etwa bereits die Forderungen nach Überwindung der Introvertiertheit und einer außenpolitischen Öffnung der schweizerischen Verfassungsordnung bei

päischen Gemeinschaft Beitrittsverhandlungen aufnimmt. Der Initiativtext scheint mir zumindest insofern vorbildlich zu sein, als er sich nicht mit einer bloßen Ermächtigung zur Kompetenzübertragung an über- oder zwischenstaatliche Organisationen begnügt, sondern materielle Zielumschreibungen der Europapolitik enthält[166, 167]. Sie sehen: Die vom Vorstand für die heutige Beratung gewählte Thematik kommt auch aus der politischen Sicht der Schweiz zur rechten Zeit. Ich zweifle nicht daran, daß wir im Zuge der fällig gewordenen außenpolitischen Öffnung gerade auch von unseren Nachbarn aus dem Norden und dem Osten[168] fruchtbare Impulse erhalten können.

---

*Wildhaber,* Außenpolitik (Anm. 159), S. 433; *Alois Riklin,* Die Schweiz in der Europäischen Gemeinschaft, in: Josef Gemperle (Hrsg.), Der Bund der Eid-Genossen, Modell oder Denkmal? 1990, S. 195 ff.

[165] Vgl. die eindrückliche Zusammenstellung und Kommentierung „völkerrechtsoffener" Verfassungstexte in *Häberle,* Öffentlicher Prozeß (Anm. 57), S. 432 ff.

[166] Zur Gesamtproblematik für die Schweiz vgl. *Alois Riklin,* Die Schweiz im europäischen Dilemma, Beiträge und Berichte des Institutes für Politikwissenschaft der Hochschule St. Gallen, 1990.

[167] Vgl. *Ress,* Staatszweck (Anm. 159), zur Internationalisierung und Europäisierung von Staatszwecken nach dem deutschen Grundgesetz (S. 79).

[168] Zur Rechtslage in Österreich vgl. etwa *Theo Oehlinger,* Verfassungsrechtliche Aspekte eines Beitritts Österreichs zu den EG, Wien 1988; *Norbert Wimmer / Wolfgang Mederer,* EG-Recht in Österreich, Wien 1990; *Wolfgang Burtscher,* EG-Beitritt und Föderalismus, Wien 1990.

*Leitsätze des 3. Berichterstatters über:*

# Der Verfassungsstaat als Glied einer europäischen Gemeinschaft

*I. Polyzentrisches europäisches Ordnungsgefüge*

*1. Der europäische Verfassungsstaat ist überwölbt und durchdrungen von einem Ordnungsgefüge, dessen wichtigste Zentren die Europäische Gemeinschaft (EG), die Konferenz für Sicherheit und Zusammenarbeit in Europa (KSZE) und der Europarat sind.*

*2. Die EG schränkt wegen ihres supranationalen Charakters die Gestaltungsfreiheit des Verfassungsstaates in besonderem Maße ein, erschließt ihm aber auch Mitgestaltungsmöglichkeiten und Entscheidungsmacht im überstaatlichen Raum. Sie hat vor allem mit ihrem Binnenmarktprogramm die EFTA-Staaten in ihren Entwicklungssog einbezogen. Diese sehen sich veranlaßt, ihre Rechtsordnungen autonom in großem Umfang derjenigen der EG anzupassen, und führen zur Zeit diplomatische Verhandlungen mit der EG zur Gründung eines Europäischen Wirtschaftsraumes (EWR). Auch hat die EG mit verschiedenen Staaten Mittel- und Osteuropas Handels- und Kooperationsverträge abgeschlossen.*

*3. Die KSZE scheint im Begriff zu stehen, allmählich eine institutionelle Form anzunehmen. Sollte es inskünftig gelingen, ein europäisches Sicherheitssystem zu errichten, so würden dadurch außenpolitische Grundpositionen, in geringerem Umfang auch innenpolitische Positionen des Verfassungsstaates betroffen.*

*4. Im Europarat hat der „europäische Verfassungsstaat“ seine gemeinsame, feste und verbindliche Gestalt erhalten. Die Satzung des Europarats und die Europäische Menschenrechtskonvention (EMRK) erweisen sich als wesentliche Maßstäbe und Steuerungsfaktoren für Verfassungsrevisionen in Mittel- und Osteuropa. Im Rahmen der EG kommt der EMRK und ihren Rechtsschutzorganen weiterhin eine unerläßliche Bedeutung zur Sicherung eines vollumfänglichen Menschenrechtsschutzes zu. Insgesamt sollte zwischen dem Europarat und der EG die Aufgabenverteilung nach rechtlichen und sachlichen Kriterien neu geregelt werden.*

*II. Europarechtliche Einwirkungen auf das System des Verfassungsstaates*

*5. Der Beitritt eines Staates zur EG bzw. zu einem EWR hat eine erhebliche Beschränkung der verfassunggebenden Gewalt im Staat zur Folge. Im Falle der Schweiz wäre der Einbruch in das Verfassungssystem besonders schwer, da hier die Existenz materieller Schranken der Verfassungsrevision verneint wird.*

*6. Die EMRK und die im europäischen Raum bestehenden Wirtschaftsordnungen stützen insgesamt die liberal-rechtsstaatlichen Gehalte des Verfassungsstaates: Sie stärken und erweitern den Grundrechtsschutz des Individuums und führen zu einer Aufwertung der richterlichen Gewalt auf der europäischen und der innerstaatlichen Ebene.*

*7. Der demokratisch nur schwach legitimierte Rechtsetzungsprozeß in der EG steht in grundsätzlichem Widerspruch zum demokratisch-föderalistischen Staatsideal, wie es in besonderem Maße im „Verfassungsstaat Schweiz" verkörpert ist. Bei der Konkretisierung und Ausführung des Gemeinschaftsrechts durch die Mitgliedstaaten zeichnet sich im Verhältnis zur ordentlichen verfassungsrechtlichen Zuständigkeitsordnung eine Kompetenzverlagerung von den Gliedstaaten zum Zentralstaat, vom ordentlichen Gesetzgeber (Parlament und Volk) zum Parlament und von der Legislative zu Regierung und Verwaltung ab.*

*III. Gewandelte Staatlichkeit?*

*8. Das europäische Staatensystem hat sich grundlegend gewandelt. Es ist gekennzeichnet durch die Tendenz, gemeinsame öffentliche Güter multilateral durch kollektive Ordnungen und Organisationen zu sichern.*

*9. Als Spiegelbild dieser Strukturwandlungen zeichnet sich auch eine Wandlung der Staatlichkeit als solcher ab. Alle Elemente des klassischen Staatsbegriffs sind Erosionstendenzen ausgesetzt, nämlich die äußere und innere Souveränität (vgl. z. B. die sich aus einer EG-Mitgliedschaft ergebenden Außenbindungen und die innere Aufgabenverteilung zwischen Verband und Mitgliedstaat), das Staatsvolk (vgl. z. B. eine Einführung des Kommunalwahlrechts für EG-Ausländer — in der Schweiz eine Angelegenheit der Kantone) und das Staatsgebiet (vgl. „Entterritorialisierungstendenz" im Zuge von EG 1992).*

*10. Gibt es (de constitutione lata und de constitutione ferenda) Legitimationsprinzipien, welche einem Gesamtsystem von supra- und internationalen Organisationen auf der einen Seite und den von ihnen eingebundenen Staaten auf der anderen Seite zugrunde liegen (sollten)? Versuch, vier Bereiche konstitutioneller Prinzipien aufzuzeigen: 1. Rechtsstaatsprinzip; 2. Grundsätze für eine sachgerechte und klare Kompetenzverteilung zwischen Organisation und Mitgliedstaaten (z. B. auf der Grundlage des Subsidiaritätsprinzips); 3. Erfordernis homogener Wertgrundlagen für die Verfassungen des Verbandes und der Mitgliedstaaten (z. B. in bezug auf den Grundrechtsschutz, die demokratische Fundierung und eine föderalistische Grundstruktur); 4. Gebot der außenpolitischen Öffnung des Verfassungsstaates.*

## 4. *Aussprache und Schlußworte*

# Der Verfassungsstaat als Glied einer europäischen Gemeinschaft

**Vorsitzender (Götz):** Sehr verehrte Kolleginnen und Kollegen, wir kommen jetzt zur Aussprache über das Thema „Der Verfassungsstaat als Glied einer europäischen Gemeinschaft" — leider mit einer großen Verspätung, deren Grund fast allen von uns bekannt ist, und ich möchte mich bei denen, die zu diesem Grund keinen Beitrag geleistet haben, sehr dafür entschuldigen, daß wir verspätet beginnen. Die drei Referate von heute vormittag sind auf große Resonanz gestoßen. Das läßt sich schon an dem Beifall, mit dem sie aufgenommen worden sind, ermessen, wie auch an der großen Zahl der vorliegenden Wortmeldungen. Lassen Sie mich die vorgeschlagene Gliederung unserer Diskussion erläutern und zu diesem Zwecke einige Worte vorausschicken, die die Auswahl des Themas durch den Vorstand und die damit verbundenen Vorstellungen erläutern. Die europäische Integration drängte sich gleichsam von selbst als erster Gegenstand unserer Zürcher Tagung auf. Es bedurfte keines besonderen Einfallsreichtums, keiner Kraftanstrengung, um Europa auf unsere heutige Tagesordnung zu setzen. Wir haben dabei nicht mehr getan, als uns der beeindruckenden Dynamik zu unterwerfen, die die Idee der europäischen Integration in den 80er Jahren und offensichtlich auch über die Schwelle der 90er Jahre hinaus in der politischen und juristischen Realität entfaltet. Eine solche Feststellung konnte man in den eineinhalb Jahrzehnten davor nicht immer mit gleicher Überzeugungskraft treffen, und dies mag erklären, daß unsere Vereinigung sich nach 1959 und 1964 erst jetzt wieder mit dem Integrationsthema befaßt. Man muß freilich hinzufügen, daß auch schon in den letzten Jahren die Anwesenheit der europarechtlichen Dimension in unseren Beratungen unübersehbar war, zuletzt besonders ausgeprägt im Vorjahr in Hannover beim Thema „Staatszwecke im Verfassungsstaat" (siehe Referat von Herrn *Ress*). Wiederum findet auch bei unserem heutigen Thema, wie also schon vor einem Jahr, der Begriff Verfassungsstaat Verwendung. Er wurde gewählt, um das Anrecht der Staatsrechtswissenschaft an der Behandlung der europäischen Angelegenheiten zu bezeichnen, gleichsam als Maßstabsbegriff, an dem wir den *impact* der europäischen Integration messen. Dabei geht es sowohl um die Verwirklichung verfassungsstaatlicher Inhalte und Grundsätze *in* den Integrationsgemeinschaften als auch um die Rolle des Staates als Glied der Gemeinschaften und die Einwirkung der Gemeinschaft auf die Verfassungsstaatlichkeit ihrer Glieder. Wenn wir bei der Abfassung des Themas von *einer* europäischen Gemeinschaft sprechen, so geschieht dies, um unsere Erörterung nicht auf die Europäische Gemeinschaft der zwölf Mitgliedstaaten zu beschränken und um zugleich die Zukunft der europäischen Einigung einzubeziehen. Es sollte aber keine Distanz zur EG darin zum Ausdruck kommen, ganz im Gegenteil. Die Europäische Gemeinschaft der zwölf Staaten wird selbstverständlich im Mittelpunkt unserer Bemühungen stehen müssen, denn sie ist ja soeben im Begriff, der Kern eines europäischen Wirtschaftsraumes in Westeuropa zu werden, und ihre Anziehungskraft auf die im Wandel befindlichen Staaten Osteuropas ist ganz unübersehbar. Der Vorstand war der Meinung, daß die vielen auf den Nägeln brennenden „harten", aktuellen Fragen des Verhältnisses der EG und ihrer Rechtsordnung zu den Mitgliedstaaten, insbesondere zur Verfassung der Bundesrepublik Deutschland, keinesfalls zu kurz kommen dürfen. In der Verteilung des Stoffes hat Herr *Klein* diesen Schwerpunkt übernommen, während Herr *Steinberger* und Herr *Thürer* die übergreifenden Zusammenhänge der Entfaltung des Verfassungsstaates und der europäischen Vereinigung vorgetragen haben, Herr *Steinberger* dabei die Struktur der Europäischen Gemeinschaft der 12 Staaten hervorhebend, Herr *Thürer* darüber hinaus die Gesamtheit der Formen der europäischen Einigung. Auf diesem Hintergrund habe ich Ihnen vorgeschlagen, daß wir an erster Stelle über die Elemente der Verfassungsstaatlichkeit *in* den Europäischen Gemeinschaften sprechen, an zweiter Stelle über das Verhältnis Staat und Gemeinschaft, insbesondere über die Aufgaben, die Kompetenzen sowie die Übertragung von Hoheitsgewalt und deren Grenzen, und daß wir schließlich drittens das Thema Föderalismus besonders hervorheben. Herr *Hans Peter Ipsen* hat hier Platz genommen, weil er sich freundlicherweise bereit erklärt hat, unsere Diskussion mit seinem Beitrag zu eröffnen. Bitte sehr.

**Hans Peter Ipsen:** Meine Damen und Herren, Herr Vorsitzender. Ich habe vergeblich versucht, mich dem Wunsch zu entziehen, hier als erster aufzutreten, da Herr *Badura* und Herr *Kaiser* als Referenten der Kieler Tagung zu unserem Thema geeigneter wären. Aber in einer Gemeinschaft wie der unsrigen hat man den Wünschen des Vorstandes zu folgen.

1. Zunächst zur Frage *integrierter Staatlichkeit:* In These 9 hat Herr *Thürer* die Wandlung der Staatlichkeit hervorgehoben unter den Einwirkungen des Integrationsprozesses. Das trifft in entscheidenden Dimensionen zu und berührt sich mit der Feststellung von Herrn *Klein* in seiner These 2. Weil ich in diesem Zusammenhang mit meinem „Zweckverband" genannt worden bin, sei klargestellt, daß ich gegen den heute verwendeten Terminus „Union" nichts habe unter der Voraussetzung, daß „Union" nicht gleichgesetzt wird mit „Bundesstaat". In dieser Beziehung bin ich allergisch, deshalb auch gegenüber jüngsten Vorschlägen der von der Bertelsmann-Stiftung getragenen Arbeitsgruppe, die auf die Schablone „Bundesstaat" zielt, ohne in Gestaltgebung, Entscheidungsverfahren und Modifizierung demokratischer Legitimation der Eigenart des Integrationsverbandes gerecht zu werden. Herr *Thürer* hat zuletzt in den Thesen 9 und 10 diejenigen Fragestellungen aufgeworfen, die ihm für die künftige Entwicklung in einer Gemeinschaft — ich begrüße es, daß der Vorstand das Thema mit dem Wort „einer" gekennzeichnet hat — wesentlich erscheinen, nämlich zum Rechtsstaatsprinzip und Grundrechtsschutz, zur Kompetenzverteilung, zur demokratischen Legitimation. Seine Fragen sind intensiver von Herrn *Steinberger* erörtert worden. Er hat sich nicht nur nicht als Anhänger des Bertelsmann-Zirkels erwiesen, sondern vorsichtig dosierend und auf eine schrittweise Entwicklung hindeutend eine Gestaltung der Gemeinschaft als Integrationsverband entwickelt, der seinerseits der Staatlichkeit entbehrt. Ich unterstreiche seine These 11: der Gemeinschaft kommt nach wie vor nicht Staatsqualität zu, sie ist und bleibt internationale Organisation. Herr *Steinberger* hat, glaube ich, in diesem Zusammenhang auch wohl (ohne den Ausdruck zu gebrauchen) den Zeitfaktor in Rechnung gestellt und dürfte dem Sinne nach dahin zu verstehen sein, daß der weitere Integrationsprozeß ein solcher von Schritten und Prozeduren ist, die sich an weitere Entwicklungen anpassen, also nicht ein solcher verfassungsrechtlicher „Verstaatlichung". In diesem Zusammenhang hat Herr *Donner,* der frühere Präsident des Europäischen Gerichtshofs, der hier anwesend ist, gemeint, die Entwicklung müsse gemessen in pragmatischen Schritten vor sich gehen.

2. Wenige Bemerkungen zum Thema *Grundrechtsschutz:* Ich unterstütze These 21 von Herrn *Klein,* in der er eine Kodifikation, einen eigenständigen Grundrechtskatalog der Gemeinschaft nicht für opportun hält und die Grundrechtsgewinnung aus allgemeinen Grundsätzen der Mitgliedstaaten bevorzugt. Wir dürfen nämlich nicht übersehen, daß unsere Vorstellungen vom Grundrechtsschutz, die auf unserem Grundgesetz beruhen, nicht schlechthin beispielhaft sein

müssen und können für eine Gemeinschaft von zwölf oder später vielleicht einmal noch mehr Mitgliedstaaten. Ich unterstütze ebenso These 23 von Herrn *Klein*, daß sich aus dem Vorgang der Integration für alle Beteiligten ein realer Freiheitsgewinn ergibt, der allein durch nationale Grundrechtsgewährleistungen mit räumlichem Geltungsbereich nicht erreichbar ist. Bei dieser Gelegenheit eine Bemerkung in eigener Sache: Ich habe früher vom „Marktbürger“ gesprochen und könnte mich heute dazu ermuntert fühlen angesichts der Zielsetzung „Binnenmarkt“. Mit der weiteren Politisierung der Gemeinschaft möge man aber getrost vom „Gemeinschaftsbürger“ sprechen. Zu den Grundrechtsvorstellungen der Referate erscheint mir ein besonderer Hinweis erforderlich in bezug auf den Kulturbereich, der ja auch unter bundesstaatlichen Gesichtspunkten anfällig ist. Unsere Tabak-Gutachter *Friauf* und *Scholz* haben das ja zuletzt hervorgehoben. Eingriffe der Gemeinschaft in den Kulturbereich sind vor allem gefördert worden unter Verwendung eines Terminus, den ich für gefährlich und unangebracht halte, nämlich durch den von *Ivo Schwartz* von der Brüsseler Kommission eingeführten Begriff der „Kulturwirtschaft“. Mit seiner Hilfe läßt sich unter Merkmalen wirtschaftlicher Relevanz des Verkehrs mit Kulturgut das Kulturelle einfangen. Herr *Klein* hat mit Recht darauf hingewiesen, daß man dosieren müsse, um das Essentielle eines Eingriffs zu erkennen, und dabei kann sich ergeben, daß die Berührung des Kulturellen das Wesentliche ist, nicht der wirtschaftliche Vorgang. Ich bin nach wie vor der Meinung, daß an einem Buch der Inhalt wesentlich ist, nicht Papier und Druckerschwärze. Zu meiner Genugtuung hat Herr *Schwartz* mir kürzlich mitgeteilt, er habe die weitere Verwendung des Begriffs „Kulturwirtschaft“ eingestellt. Zu Einwirkungen der Gemeinschaft auf Landeskompetenzen sollte aber auch bedacht werden, daß durch sie nicht gerade das Fundament deutscher Bundesstaatlichkeit ins Wanken gerät. Denn solche Einwirkungen sind in der Regel punktuell und peripher und berühren die Substanz der Staatsqualität der Länder nicht. Auch darf man nicht vergessen: wir sind der einzige Bundesstaat, und Gemeinschaftsregelungen sollen für alle Mitgliedstaaten gelten. Art. 5 EWGV sollte im Sinne der These 10 von Herrn *Klein* hilfreich sein.

3. Schließlich zur *demokratischen Legitimation* der Gemeinschaftshoheit und zu ihrem *Entscheidungsverfahren:* Thesen 25 ff. von Herrn *Steinberger* hierzu finden meinen Beifall, da sie meinen seit 30 Jahren vertretenen Auffassungen nahekommen. Zum Demokratieprinzip müssen wir uns von der Vorstellung lösen, europäische Integration und Ausübung von Gemeinschaftsgewalt dürfe nur in den parlamen-

tarischen Gestaltungsformen, in jenen Methoden demokratischer Legitimierung stattfinden, die für überlieferte Verfassungsstaatlichkeit seit Jahrzehnten und länger gelten. Ich pflichte mit Nachdruck Herrn *Steinberger* darin bei, daß neue Gestaltungen entwickelt werden müssen, die in spezifischer Adäquanz zur Technik der Integration stehen und insbesondere die durch Mitgliedstaaten vermittelten Legitimierungselemente beachten. Deshalb halte ich die Empfehlungen in den Thesen 32 und 33 für beachtlich. Ergänzt sei, daß Legitimierungsbeiträge auch dadurch erbracht werden, daß unter dem Vorbehalt politischer Leitentscheidungen der Sachverstand im Entscheidungsprozeß zur Geltung kommen muß, wie dies für das künftige Zentralbanksystem gefordert wird und auch der Grundvorstellung von der unabhängigen Kommission entspricht. Mit Recht ist auch darauf hingewiesen worden, daß die Integrationswahrnehmung in hohem Maße *exekutive* Wahrnehmung auch in der Regelsetzung ist und bleiben muß, nicht parlamentarische Legislative. Ich kann daher auch nicht die Umformung der Kommission in eine parlamentarisch gebundene Regierung und eine Verkürzung ihres Initiativrechts unter Einführung eines Gesetzgebungsmonopols des Parlaments befürworten.

**Kaiser:** Zu dem Referat von Herrn *Steinberger* beginne ich mit einer Frage, die anknüpft an die Ziffer acht seiner Leitlinien: Wird wirklich in voraussehbarer Zeit auch die Sicherheitspolitik zu den möglichen Zuständigkeiten einer Europäischen Gemeinschaft gehören? Ich verkenne nicht die Ansätze, die in der Einheitlichen Europäischen Akte dazu gegeben sind. Aber ich meine, mich doch auch erinnern zu sollen an den 30. August 1954, als das französische Parlament wider Erwarten die Verteidigungsgemeinschaft abgelehnt hat; man war niedergeschlagen im Auswärtigen Amt, was ich nie vergessen werde. 1963 hat der Bundestag, zur Enttäuschung *de Gaulles* in diesem Fall, den Elysee-Vertrag mit einer Präambel relativiert; die Atlantiker, meine ich, dürfen sich auch durch die jüngsten Entwicklungen bestätigt fühlen.

Herr *Thürer* meint, vor allem in einer besseren Verwirklichung des Demokratieprinzips eine Legitimationsverstärkung erkennen zu können. Das vielzitierte Demokratiedefizit wird meistens auf die Frage der Zuständigkeiten des Europäischen Parlaments bezogen, nicht auf die seiner Zusammensetzung. Für Europa gilt eben nicht das, was für Südafrika gefordert wird: "one man one vote".

Nun zögere ich wegen des Gleichgewichtsprinzips für Deutsche das gleiche, das gleiche Wahlrecht, das nicht im Vertrag gewährleistet ist, zu fordern mit der Folge, daß die Zahl der deutschen Abgeordneten ganz erheblich im Europäischen Parlament vermehrt werden müßte. Das Prinzip des Gleichgewichts ist ein Rechtsgut, das ich durchaus neben das Rechtsgut des Demokratieprinzips stellen möchte. Gewiß haben die Franzosen, hat *Mitterrand* in den letzten Monaten versucht, Freundschaft durch Gleichgewichtspolitik sehr alten Zuschnitts zu ersetzen, mit nur geringen Erfolgen. Polen war enthusiastisch dabei, schon die Tschechen waren aber zu klug dazu, und bei *Gorbatschow* ist *Kohl* dem französischen Präsidenten zuvorgekommen. Ich meine, man sollte das Prinzip des Gleichgewichts gerade als Deutscher, auch in bezug auf die Zusammensetzung des Europäischen Parlaments, nicht aus dem Auge lassen.

Es vergeht, seitdem die deutsche Einigung aktuell geworden ist, kaum eine Gelegenheit, daß nicht an unsere Adresse alle möglichen Mahnungen gesprochen werden, offenbar muß das auch bei einer Staatsrechtslehrertagung so sein: Mahnungen mal von Freunden innerhalb der EG und auch nicht weniger deutlich von außerhalb der EG. Ich plädiere also für Maßhaltung auch in bezug auf die Zusammensetzung des Europäischen Parlaments. Freilich, daraus, meine ich, müsse man doch nun Folgerungen ziehen für die Frage der Zuständigkeit. Wenn schon aus Gründen des Gleichgewichts das Europäische Parlament nicht eine vollkommen demokratische Repräsentation sein kann, um nicht das Gewicht der Deutschen innerhalb der EG noch mehr zu verstärken, dann folgen daraus auch Grenzen für die Zuständigkeit des Europäischen Parlaments. Unter diesem Gesichtspunkt stimme ich ganz der Meinung zu, die mehrfach ausgesprochen wurde, die nationalen Parlamente haben ihre Kontrollfunktion zu verstärken.

**Frowein:** Herr Vorsitzender, meine Damen und Herren. Erlauben Sie mir vier kurze Bemerkungen zu diesen so eindrucksvollen drei Referaten. Ich beginne mit der These eins von Herrn Kollegen *Thürer*, der uns so eindrucksvoll formuliert hat, der europäische Verfassungsstaat sei überwölbt und durchdrungen von einem Ordnungsgefüge, das in den vielfältigen Gemeinschaften existiert. Man kann sagen, und das ist eine der ganz großen Wandlungen unseres Verfassungsstaates gegenüber dem alten, daß die Europäischen Gemeinschaften zum Verfassungsprozeß aller ihrer Mitgliedstaaten gehören durch die dauernde Praxis der Staatsorgane in den Gemeinschaften. Die Zur-Verfügung-Stellung der Gemeinschaftsorgane für Krisenzeiten und Krisensituationen gehört hierher. Wir sollten erkennen, daß der deutsche Einigungsprozeß in diesem Zusammenhang auch eine Krisensituation für Europa, freilich eine großartig bewältigte war, in der das Vorhandensein der Gemeinschaftsinstitutionen von großer Bedeutung für die Lösung war. Der dialektische Einfluß, der innerhalb dieses Systems zwischen Gemeinschaftsordnung und nationaler Verfassungsordnung besteht, ist in allen Referaten deutlich zum Ausdruck gekommen. –

Die zweite Bemerkung bezieht sich auf die Ausbildung der Homogenität durch Grundrechtsschutz in Verfahren, sowohl dem Verfahren der Gemeinschaft selbst, als dem Verfahren der Europäischen Menschenrechtskonvention, das ich in diesem Zusammenhang aus verständlichen Gründen erwähne. Es wurde darauf hingewiesen, daß die Entwicklung der Homogenität im amerikanischen Verfassungsrecht über den Grundrechtsschutz von besonderer Bedeutung war. Herr *Klein* hat eine gewisse Warnung gegenüber einem Katalog in These 21, die Herr *Ipsen* schon erwähnt hat, für die Gemeinschaft eingefügt. Dieser Warnung kann ich mich durchaus anschließen, andererseits möchte man hoffen, daß sowohl die Gemeinschaft als die Mitgliedstaaten die dialektische Beeinflussung durch das europäische Grundrechtssystem vor allem der Europäischen Menschenrechtskonvention alle so stark beachten, wie das unser Gastgeberstaat, die Schweiz, mit der Rechtsprechung seines Bundesgerichts tut. –

Die dritte Bemerkung bezieht sich auf das Verhältnis der Europäischen Menschenrechtskonvention zu der Europäischen Gemeinschaft. Eine neuere Entscheidung der Kommission kann in gewissem Sinne als eine weitere „Solange"-Entscheidung angesehen werden. Man kann über sie streiten, aber ich glaube, auch hier sehen wir in besonderer Weise die Einwirkung des Gemeinschaftsverfassungsrechts auf andere europäische Verfassungssysteme. –

Die vierte und letzte Bemerkung ist eine Frage. Sie bezieht sich darauf, ob wir die Zielsetzung der Wirtschafts- und Währungsunion und ihre Bedeutung für das mitgliedstaatliche Verfassungsrecht nicht vielleicht noch etwas stärker berücksichtigen müssen. Wir wissen alle, daß wir hier bisher über Formelkompromisse noch nicht recht hinweggekommen sind, aber es wird einer der großen Entscheidungsprozesse der nächsten Zeit sein, ob es gelingt, darüber hinwegzukommen.

**Hans-Peter Schneider:** Ich möchte zwei Bemerkungen machen: die erste zum Thema Souveränität und Staatlichkeit und die zweite speziell zur Problematik des sogenannten „Demokratiedefizits" der EG. Zunächst zum ersten Komplex: So sehr man Herrn *Ipsen* darin wird zustimmen müssen, daß es äußerst problematisch, ja geradezu gefährlich ist, im Zusammenhang mit der EG von Staatlichkeit zu sprechen oder hier etwa schon Rudimente eines Bundesstaates erkennen zu wollen, so glaube ich doch auf der anderen Seite, daß diese

Feststellung Rückwirkungen hat auf das Verhältnis des Begriffs des Nationalstaats, des nationalen Staates *als Mitglied der EG*. Wir müssen doch gleichzeitig erkennen, daß sich hier im Zusammenhang mit dem Integrationsprozeß der Begriff des nationalen Staates oder der Staatlichkeit auf nationaler Ebene stark verändert hat. Wir haben heute einen nach oben hin „offenen" Staat; es ist ein Staat, der Kompetenzen übertragen kann und übertragen hat. So frage ich mich, Herr *Steinberger*, ob man dann noch, so wie Sie es getan haben, von einem „Rechtsstatus" der Souveränität sprechen kann. Ich denke, daß diese nationale oder nationalstaatliche Souveränität jedenfalls nicht mehr mit dem klassischen Souveränitätsbegriff übereinstimmt, wie ihn etwa *Bodin* definiert hat, als «absolue et perpétuelle». Vielmehr ist es — wenn Sie so wollen — eine «souveraineté relative et temporaire». Also, es ist ein Integrationsprozeß, der eine andere Form von Souveränität hervorbringt als die, von der wir im Völkerrecht bisher ausgegangen sind.

Die zweite Bemerkung betrifft, Herr *Steinberger*, Ihre Thesen zu den Möglichkeiten, das Demokratiedefizit in der EG abzubauen. Sie sagten hier, daß Sie für eine Intensivierung der parlamentarischen Kontrolle durch das Parlament keine Chance sähen. Ich hoffe, ich habe Sie da richtig verstanden. Aus meiner Sicht hat jedoch das Europäische Parlament seine Kontrollmöglichkeiten noch keineswegs ausgeschöpft. Wenn wir hier beispielsweise nationales Parlamentsrecht zum Vergleich heranziehen, dann fallen mir durchaus noch einige Instrumente ein, von denen das Europäische Parlament bisher nicht hinreichend Gebrauch gemacht hat: angefangen bei den Untersuchungsausschüssen über Aktenvorlagerechte, die Interpellation, das Zitierrecht bis hin zu der Frage des Auskunfts- und Informationsrechts von Ausschüssen — alles Instrumente, die gerade die Kontrollfunktion des Europäischen Parlaments sehr stark intensivieren könnten, und zwar ohne daß eine Vertragsveränderung erforderlich würde, weil diese klassischen Kontrollrechte des Parlaments im wesentlichen durch Parlamentsbrauch oder Geschäftsordnungsrecht entwickelt worden sind. Ich würde also anregen wollen, über diese Formen klassischer Parlamentskontrolle noch einmal nachzudenken und sie vielleicht auch im Europäischen Parlament heimisch zu machen.

**Schwarze:** Ich möchte zwei kurze Bemerkungen machen. Die erste ist eine Zustimmung zur Grundkonzeption des Referats von Herrn *Steinberger* und dort insbesondere zu der Schwerpunktbildung für die zukünftige Verfassungsdiskussion in Europa. Ebenso wie Herr *Thürer* sieht Herr *Steinberger* zu Recht den Schwerpunkt unserer Verfassungsdiskussion für die Zukunft in Fragen der objektiven Gestalt und der Struktur des institutionellen Systems in der Gemeinschaft und nicht in Grundrechtsfragen. Hier stimme ich ausdrücklich der These von Herrn *Steinberger* in Nummer 16 zu, wonach der Grundrechtsstandard gegenwärtig jedenfalls einigermaßen befriedigend gelöst ist und wir weit wichtigere Fragen vor uns haben, wie etwa das Demokratiedefizit in der Gemeinschaft. Der Weg, den Herr *Steinberger* weist, scheint mir sehr unterstützenswert: auf Gemeinschaftsebene selbst Lösungen zu suchen und hier die Rechte des Europäischen Parlaments auszubauen. So sehr man mit Herrn *Ipsen* über zukünftige neue Kontrollformen nachdenken mag, solange wie sie nicht vorhanden sind, scheint mir der pragmatische Weg der zu sein, die Rechte des Parlaments zu stärken. Daß dies freilich die Verantwortlichkeit des Europäischen Parlaments nachdrücklich beeinflussen wird, ist eine andere Frage. Meine weitere Bemerkung betrifft die Frage des Verhältnisses von nationalem Verfassungsrecht zum Europarecht. Hier möchte ich mich nachdrücklich gegen die These 18 von Herrn *Klein* wenden, wonach als Verstoß gegen Artikel 24 oder jedenfalls als mit diesem Artikel unvereinbar bezeichnet wird, von einem europäischen Verfassungsgericht und von einer europäischen Verfassung zu sprechen. Ich würde mich entschieden dafür aussprechen, auf Gemeinschaftsebene beide Begriffe beizubehalten und möchte eine abschließende grundsätzliche Bemerkung zur Frage des Verhältnisses von deutschem Verfassungsrecht und europäischem Gemeinschaftsrecht machen. Mir scheint, daß wir nicht nur defensive Abwehrlinien aus der Sicht des deutschen Verfassungsrechtes gegenüber dem Europarecht ziehen, sondern daß wir uns vielmehr darum bemühen sollten, die Gestaltungschance, die auch für das deutsche Verfassungsrecht sich bietet, zu nutzen und unsere wertvollen Verfassungsvorstellungen, wie den Föderalismus — um ein ganz wichtiges Beispiel zu nennen — in den Prozeß des Ringens um die zukünftige Gestalt der europäischen Integration einzubringen. Daß wir nicht den buchstabengetreuen Abdruck aller unserer Verfassungsvorstellungen in Europa im Ringen aller Mitgliedstaaten um die beste europäische Verfassung wiederfinden können, scheint mir eine Selbstverständlichkeit. Ich glaube, alle Referate haben bestätigt, daß wir eindrucksvolle Beispiele dafür haben, daß das deutsche Verfassungsrecht sich mit seinen Vorstellungen maßgeblich auch in Europa und dem europäischen Recht wiedergefunden hat und künftig wiederfinden wird.

**Rupp:** Herr Vorsitzender, meine Damen und Herren, die drei Vorträge des heutigen Vormittags waren so gehaltvoll, daß man eigentlich die schriftliche Fassung abwarten müßte, um zu einer angemessenen Würdigung zu gelangen. Einen Grundunterschied glaube ich jedoch schon jetzt zwischen dem Vortrag von Herrn *Steinberger* und demjenigen von Herrn *Klein* feststellen zu können: Er liegt — wenn ich das recht sehe — darin, daß Herr *Steinberger* im Gegensatz zu Herrn *Klein* die europäischen Wirtschaftsgemeinschaften nicht mehr als Zweckverbände im Sinne *H. P. Ipsens*, sondern schon in einem Prozeß befindlich ansieht, der irgendwie auf ein mit Allzuständigkeit ausgestattetes europäisches Gemeinwesen hinausläuft. Leider hat uns Herr *Steinberger* nicht gesagt, was es mit diesem europäischen Gemeinwesen auf sich habe. Er hat einen europäischen Bundesstaat, ja ein europäisches Gemeinwesen mit Staatsqualität überhaupt abgelehnt. Er hat es auch — wenn ich ihn recht verstanden habe — für verfehlt gehalten, das demokratische Prinzip in Gestalt des Parlamentarismus der westlichen Demokratien als Konstruktionselement eines europäischen Gemeinwesens zu fordern, und er hat in diesem Zusammenhang betont, daß es noch kein europäisches Volk gebe. Solange ich aber noch nicht weiß, wie der von Herrn *Steinberger* empfohlene Weg und das mit ihm verfolgte Ziel beschaffen ist, bin ich nicht bereit, diesen Weg ins Ungewisse mitzugehen, das Grundgesetz außer acht zu lassen und mich blindlings einer offenen Entwicklungsdynamik anzuvertrauen, von der niemand weiß, wohin sie führt. Deshalb stimme ich Herrn *Klein* mit Nachdruck zu: Der EuGH sollte sich nicht anmaßen, die Integration über die Ziele der Wirtschaftsgemeinschaft hinaus zu betreiben und als Verfassungsgericht einer noch nicht bestehenden europäischen Verfassung zu fungieren. Er sollte vielmehr den Bestand des bisher Erreichten festigen, strikt auf die Kompetenzen von Gemeinschaft und Mitgliedstaaten achten und nicht eine Entwicklung forcieren, an deren Ende bestenfalls eine aufgeklärte Bürokratie als gesamteuropäische Herrschaftsform steht.

**Riedel:** Herr Vorsitzender, ich möchte nun nicht, wie die Vorredner den drei Referenten und dem Vorstand für die hervorragende Auswahl der Themen noch einmal danken, der Beifall spricht für sich selbst. Lassen Sie mich kurz zur Frage Stellung nehmen, die Herr *Steinberger* mit Thesen 25 ff. zum Verhältnis Grundrechtsschutz und Demokratiedefizit im Rahmen der Europäischen Gemeinschaften aufgeworfen hat. M. E. hat Herr *Steinberger* völlig zu Recht auf die Grenzen der richterlichen Rechtsfortbildung hingewiesen, es sei denn im Rahmen einer Vertragsänderung. Irgendwann wird nämlich in der Tat das Demokratiedefizit überdeutlich und kann dann auch durch die Luxemburger Rechtsprechung nicht mehr aufgefangen werden. Zu

Recht hat Herr *Steinberger* deshalb einer gemeinschaftsrechtlichen Grundrechtseuphorie gewisse Grenzen gewiesen. Man kann nämlich nicht alles und jedes rechtspolitisch Wünschbare gewinnen durch pauschalen Verweis auf die allgemeinen Rechtsgrundsätze und auf die „gemeineuropäischen Standards" der Menschenrechte, ohne dabei die Legitimationsfrage zu stellen. Es bleiben letztlich Marktgrundrechte bzw. marktgerichtete Freiheitsrechte, mehr nicht; auch wenn der Europäische Gerichtshof seine Kompetenzen extensiv auslegt. So wünschenswert und wichtig die gemeineuropäischen Standards sein mögen, wie Herr *Frowein* in mehreren Beiträgen intensiv ausgeführt hat, wenn es darum geht, kreativ und innovativ bestehende offene Normen auszulegen und damit eine Fortentwicklung des Grundrechtsschutzes in der Gemeinschaft zu bewirken, so sehr muß davor gewarnt werden, einen kompletten Grundrechtskatalog daraus zimmern und basteln zu wollen — dies hat auch Herr *Klein* hervorgehoben. Wenn kleinste Ansätze dann zu einem gesamten Tableau eines Grundrechtsschutzes zusammengestellt würden, könnte das sogar dazu verleiten, jegliche fundamentale Veränderung im Hinblick auf eine verfassungsmäßige Revision der Europäischen Gemeinschaft für entbehrlich zu halten. Mit dem Hinweis darauf, daß der bestehende Grundrechtsschutz gut genug sei, daß die Vereinigten Staaten von Europa, oder zumindest eine stärkere Integrationsform als im Moment vorhanden, entbehrlich seien, könnten notwendige und grundlegende Reformen der Gemeinschaft vertagt werden.

Die Lösungsvorschläge allerdings, wie denn den Demokratiedefiziten der Gemeinschaft beizukommen ist, werfen eine Fülle von Problemen auf, die ich hier nicht ausführen möchte. Nur zwei kleine Anmerkungen: die Schaffung einer zusätzlichen Institution, etwa einer Regional- oder Föderalkammer — darauf haben auch andere schon hingewiesen — wäre kaum akzeptabel für andere Staaten außer der Bundesrepublik, die föderalismusgeschärft in diese Debatte geht. Für Engländer und Franzosen etwa bereitet das ganz außerordentliche Schwierigkeiten, um es gelinde auszudrücken. Vor allem ist dieser Vorschlag zu kompliziert. Wenn Sie bedenken, wie schwierig es ist, das bestehende Institutionen-Parallelogramm den Hörern der Europarechtsvorlesung zu verdeutlichen und zu sagen, was verglichen mit der nationalen Regelung dem Rat, dem Parlament und der Kommission gerade nicht voll entspricht, so würde eine neue, zusätzliche Schiene über eine zweite Föderalkammer die Dinge zweifellos erheblich komplizierter gestalten. Als realistische Lösung empfehlen sich deshalb nicht so sehr demokratische, sondern eher konkordanzdemokratische Verfahrensweisen, von denen Herr *Steinberger* sprach. In der Tat richten sich seine Lösungsvorschläge möglichst dicht an den gegebenen Verhältnissen in Europa aus und machen das prinzipiell Wünschenswerte nicht zum Dreh- und Angelpunkt der Überlegungen.

Eine ganz kurze Frage noch an Herrn *Steinberger* zu These 32: Was ist der Vorteil der Distanz des Europäischen Parlaments zur Kommission, bzw. was ist der konkrete Nachteil? Ich vermag nichts als Vorteile zu sehen, wenn die Kommission direkt durch das Europäische Parlament gewählt würde. Und schließlich noch eine weitere Frage an Herrn *Thürer:* Sind die vier von Ihnen zur Verfassungsstaatlichkeit genannten Standards, wie sie auch in der Demokratieresolution der Parlamentarischen Versammlung des Europarates von 1983 zum Ausdruck kommen und die als Aufnahmebedingungen für den Europarat benannt werden, geeignet, die Demokratiedefizite in den Europäischen Gemeinschaften selber auszugleichen? Denn immerhin legen wir ja diese Standards jetzt an die neuen Kandidaten des zentralen und östlichen Europas, die als ersten Schritt dem Europarat beitreten wollen, um dann den Beitritt zum Europarat als Einflugschneise in die sehr viel wichtigere und ökonomisch interessantere Europäische Gemeinschaft zu benutzen. Sehen Sie hier einen Zusammenhang? Vielen Dank.

**Scherer:** Sehr geehrter Herr Vorsitzender, meine Damen und Herren. Alle drei Referenten waren sich einig in der schlimmen Diagnose, daß die EG an einem chronischen Demokratiedefizit leidet. Sie waren sich auch einig in der naheliegenden Therapieempfehlung, daß man dem Europäischen Parlament viel weiterreichende Entscheidungs- und Rechtsetzungsbefugnisse einräumen soll, als dies nach dem geltenden EG-Primärrecht der Fall ist.

Ich möchte „integrationsadäquat", wie Herr *Ipsen* das formuliert hat, auf einen weiteren Aspekt der notwendigen Therapie hinweisen, nämlich auf die erforderliche Demokratisierung der Ausübung des Initiativrechts der Kommission. Hier haben sich in der Praxis der Kommission bereits erste Ansätze zu einer Demokratisierung herausgebildet, die — wie ich meine — fortentwicklungswert sind. Die Kommission präsentiert vor der Erschließung und Verrechtlichung neuer Politikbereiche ihre politischen Zielvorstellungen und ihre geplanten Aktionslinien der europäischen Öffentlichkeit oft in der Form von sogenannten Green Papers. Beispiele aus neuerer Zeit sind das Grünbuch zur Reform des Urheberrechts, das Grünbuch „Fernsehen ohne Grenzen", das Grünbuch zur Telekommunikation. Die in diesen und anderen Grünbüchern enthaltenen Politikvorschläge werden nicht nur den Organen der EG, sondern auch der interessierten europäischen Fachöffentlichkeit zugänglich gemacht, und daraufhin eingehende Kommentare und Stellungnahmen werden bei der Umsetzung in Rechtsetzungsvorschläge mehr oder weniger stark berücksichtigt.

Ich finde, daß dieses Verfahren, das bislang noch nicht formalisiert und verrechtlicht ist, eine Möglichkeit darstellen könnte, die EG-Rechtsetzungsprozesse zu demokratisieren. Eine Verrechtlichung dieses Verfahrens, sein Ausbau zu einem europaweiten öffentlichen Anhörungsprozeß, an dem nicht nur, wie bislang, die organisierte Fachöffentlichkeit, sondern auch die nicht organisationsfähigen Interessengruppen zu beteiligen wären, vielleicht auch die Kombination dieses Verfahrens mit plebiszitären Elementen, wie sie Herr *Thürer* vorgeschlagen hat, könnten zu einer weiteren Demokratisierung der Initiativrechtsausübung, und damit zu einer Demokratisierung des Rechtsetzungsprozesses insgesamt, beitragen.

**Meyer:** Mein Beitrag läßt sich schwer unter einen der vorgegebenen Gliederungspunkte einordnen. Mir ist nämlich aufgefallen, daß alle drei Referenten sich jeglicher Strategie enthalten haben; sie haben vielmehr — in unterschiedlicher Weise — eine defensive Position bezogen. Am defensivsten war Herr *Klein,* und insofern war sein Beitrag auch am konsequentesten. Ich weiß aber nicht, ob es der Sinn der Vereinigung ist, in 20 Jahren das Thema wieder zu debattieren und dann festzustellen, daß die Gemeinschaft vielleicht doch schon ein Staat ist. Und was haben wir in der Zwischenzeit getan? Nichts! Müßte man die Frage nicht doch strategisch angehen?

Als Laie auf dem Gebiet habe ich viel gelernt, das gestehe ich zu. Aber mir fehlt die Überlegung, was denn wahrscheinlich geschehen wird. Herr *Klein* hat gesagt, die politische Finalität sei in groben Umrissen vorhanden. Er hat aber nicht gesagt, wie sie denn aussieht. Wenn die Finalität in groben Umrissen vorhanden ist, dann müßten wir doch klären, wie wir uns zu verhalten haben, wenn die Entwicklung den anvisierten Gang nimmt. Müßten wir nicht Bedingungen festlegen für den Fall der einzelnen Schritte, die dann zu tun sind? Offensichtlich haben wir es doch mit einem gleitenden System des schleichenden Umbaus zu einem Staat und mit einer schleichenden Aushöhlung der Souveränität der Mitgliedstaaten zu tun. Das scheint mir evident zu sein. Und ebenso evident scheint mir zu sein, daß nun, nachdem wir die Wirtschaft als das maßgebliche Instrument der politischen Bewegung entdeckt und die deutsche Einigung zunächst über die Wirtschaft und über die Währung herbeigeführt haben, auch in Europa der gleiche Weg eingeschlagen wird. Wenn aber der Zug Wirtschaft in Europa abgefahren ist, dann springen wir doch nachher mit unseren demokratischen Strukturen, mit den Grundrechten erst als Letzter auf den Zug. Und mir stellt sich die Frage, ob eine strategische Überlegung nicht dahin gehen müßte, vielleicht vorher diese wichtigen Bedingungen eines stabilen wirtschaftlichen Systems zu klären, bevor wir immer mit hechelnder Zunge hinter dem Zug der Wirtschaft herlaufen.

**Zuleeg:** Gestatten Sie mir zunächst drei persönliche Bemerkungen. Der deutsche Richter am Gerichtshof ist im Zusammenhang mit einem Urteil zu den Rechten des Parlaments genannt worden. Ich möchte doch aus dem Selbstverständnis eines Gerichtshofs als Kollegialorgan hinzufügen, daß ich diese Erwähnung in dem Sinne auffasse, daß ich als Berichterstatter dabei eine Rolle gespielt habe. Die zweite Bemerkung ist ein Dank an alle drei Redner. Ich bin ja in besonderem Maß betroffen und habe mit großem Interesse gelauscht. Ich finde, daß alle drei Redner eindrucksvolle Beiträge geliefert haben, die bestimmt bei unserer Arbeit in Luxemburg von Vorteil sein können. Die dritte Bemerkung persönlicher Art ist die Frage, ob ich mich überhaupt an der Diskussion beteiligen sollte. Ich meine, grundsätzlich sollte ich mich darauf beschränken zuzuhören, aber zwei Aspekte, die bisher nicht ins Licht gerückt worden sind, sollten es doch wert sein, hervorgehoben zu werden. Der erste Aspekt knüpft an eine Äußerung von Herrn *Steinberger* an, die jetzt von Herrn *Riedel* aufgegriffen worden ist. Die Rede ist von marktgerichteten Freiheiten. In diesem Zusammenhang mahnt Herr *Steinberger* an, daß der Gerichtshof doch auf seine Kompetenzgrenzen achten müsse. Ich möchte betonen, daß die Gemeinschaft zwar als Wirtschaftsgemeinschaft gegründet worden ist und damit vom Sachgebiet her einem bestimmten Zweck dient, daß aber der Gerichtshof – allerdings nicht nur dieser, sondern auch die politischen Organe – durchaus andere Ziele und andere Aspekte als die wirtschaftlicher Art mit einbezogen haben, und ich meine auch, einbeziehen müssen; denn die Integration der Wirtschaft ist kein Selbstzweck. Der Gerichtshof hat etwa zur Arbeitnehmerfreizügigkeit immer wieder unterstrichen, daß diese Freiheit aus wirtschaftlichen Gründen gewährt wird, aber sie erfüllt zugleich das Anliegen einer Betätigung in Freiheit. In diesem Zusammenhang ist sogar das Wort von der grundrechtlichen Freiheit gefallen. Es ist aber auch in einem so nüchternen Bereich wie dem des freien Warenverkehrs zu erkennen, daß der Gerichtshof seine Kompetenz und die der Gemeinschaft nicht einfach auf die wirtschaftliche

Seite beschränken kann. Wird die Freiheit des Warenverkehrs im Interesse des Verbraucherschutzes, der Umwelt und anderer Schutzgüter mehr zurückgedrängt, dann müssen neben wirtschaftlichen Zielen zugleich andere Ziele berücksichtigt werden. Wenn die Gemeinschaft daran geht, aus wirtschaftlichen Gründen Recht zu vereinheitlichen, dann kann diese Vereinheitlichung nicht so geschehen, daß allein die wirtschaftlichen Interessen maßgeblich sind, und so geschieht es auch nicht. Dementsprechend ist bei der Kompetenzfrage zu beachten: Die Wirtschaftsgemeinschaft ist kein Verein zur Beförderung der Wohlfahrt allein. Das ist zwar auch wichtig, aber eine ganze Reihe von Zielen sind darüber hinaus zu berücksichtigen. Sie werden zum Teil in den Verträgen, vor allem in den Präambeln, genannt und durch die politischen Gemeinschaftsorgane und durch die Rechtsprechung des Gerichtshofs ausgestaltet. Um das Wort vom Zweckverband aufzugreifen, könnte man vielleicht auch noch darauf hinweisen, daß Herr *Ipsen* noch einen anderen Begriff geprägt hat, nämlich den des Integrationsverbands, in dem nicht der Zweck Wirtschaft allein erscheint, sondern vielfältige Zwecke.

Die zweite Bemerkung gilt dem Referat von Herrn *Klein*. Ich habe natürlich mit Genugtuung gehört, daß Sie, Herr *Klein*, dem Gerichtshof die letzte Entscheidung zugestehen wollen, und bin selbstverständlich sehr befriedigt, daß wir die Befugnis haben, Fehlurteile zu fällen. Ich hoffe, daß sie nicht allzu zahlreich sind. Aber ich möchte auch hier auf einen Gesichtspunkt aufmerksam machen, der noch nicht genügend in Erscheinung getreten ist und der ebenfalls mit einer Mahnung an den Gerichtshof zusammenhängt. Sie haben den Gerichtshof aufgefordert, von der Rolle abzulassen, Motor der Integration zu sein. Gleichzeitig ist in Ihrem Referat, aber auch in den anderen beiden Referaten immer wieder hervorgehoben worden, wie wichtig es ist, daß der Gerichtshof rechtsstaatliche Erfordernisse umwandelt in Erfordernisse einer Rechtsgemeinschaft. Es wird anerkannt, daß er auf diesem Gebiet große Fortschritte gemacht hat. In französischen Zeitungen liest man immer wieder einmal Beiträge, die Front machen gegen ein „gouvernement des juges", gegen die Regierung der Richter des Gerichtshofs. Was hat man dabei im Auge? Das, was wir hier als rechtsstaatliche Erfordernisse ansehen, daß der Gerichtshof beispielsweise verlangt, daß Grundrechte eingehalten werden, daß er das Demokratieprinzip auf europäischer Ebene als Bestandteil des Gemeinschaftsrechts festgelegt hat. Das erregt das Ärgernis von manchen Personen, die in diesen Zeitungen schreiben. Ich möchte darauf hinweisen, daß die Kompetenzfragen, die hier aufgeworfen wurden und die vielleicht für manche Anwesende der

Stein des Anstoßes sind, dem Gerichtshof keine vorrangige Rolle geben. Den ersten Rang genießen in diesem Zusammenhang die politischen Organe. Wir am Gerichtshof haben in der Regel darüber zu befinden, ob die politischen Gemeinschaftsorgane von der Kompetenz, die der Vertrag gewährt, richtig Gebrauch gemacht haben. Aber in dem Bereich, den ich gerade genannt habe, dem Bereich, der den Verfassungsstaat berührt, da ist der Gerichtshof über das hinausgegangen, was in den Verträgen ursprünglich angelegt worden ist. Nachträglich, etwa in der Präambel zur Einheitlichen Europäischen Akte, hat man manches aufgenommen, etwa sich zur Demokratie bekannt. Deshalb meine ich, und damit möchte ich abschließen, wie Herr *Thürer*, daß Verfassungsgrundsätze wie Rechtsstaatlichkeit und Demokratie und ihre Ausprägungen in einer supranationalen Gemeinschaft genauso vorhanden sein und beachtet werden müssen wie in einem Verfassungsstaat. Die Rechtsprechung des Gerichtshofs dient diesem Zweck, auch wenn das in ganz erheblichem Maße Rechtsfortbildung erfordert. Sie ist durch ein solches Anliegen gerechtfertigt.

**Grabitz:** Herr Vorsitzender, ich will erst eine Bemerkung machen als einer, der nicht erst seit 1985 die besondere Dynamik der Integrationsentwicklung in seiner täglichen Arbeit gemerkt hat und dann positiv reagiert wie der Vorstand hier oder negativ wie einige Kollegen. Diese Entwicklung hat ja seit langem eingesetzt, und es mag noch so viel staatsrechtlicher Sachverstand aufgeboten werden, die Entwicklung geht weiter bis zur Erosion des Staates, wie wir ihn heute kennen. Ich kann nur das unterstreichen, was Herr *Thürer* gesagt hat, es ist ein anderer Staat, den wir heute haben, und dieser wird sich noch weiter ändern. Die Frage ist bloß, welche Elemente weist dieser Staat auf. Das ist ja unser Thema. In diesem Zusammenhang eine Bemerkung zu Herrn *Steinberger*. Ich teile seine Auffassung nicht ganz, daß wir auf dem bisherigen Wege in den nächsten Jahren weiter gehen können, das Parlament mit einem Recht mal hier, einem Recht mal dort auszustatten, dann vielleicht ganz an der Beschlußfassung des Rates beteiligen. Es ist doch völlig uneinsichtig, warum über die Abmessung von Kraftfahrzeugen das Parlament ein stärkeres Mitwirkungsrecht hat als bei der Verabschiedung der Getreidemarktordnung oder ihrer Änderung. Das ist die derzeitige Lage und die Folge davon, daß man hier allzu pragmatisch vorgeht. Es wird in bestimmten Bereichen dazu kommen, daß wir die schlichte einfache Mehrheitsregel einführen müssen, weil es keine vernünftige andere Regelung gibt. Etwas ganz anderes ist es, und darauf ist schon hingewiesen worden, daß wir in bestimmten Bereichen Subsidiaritätselemente in dem Sinne einführen, daß wir Verfahren erfinden, die die Subsidiarität sichern, und nicht bloß einen materiell-rechtlichen Grundsatz. Das bisherige Verfahren zur Sicherung der Subsidiarität besteht im Prinzip der Einstimmigkeit. Wir kennen dieses Prinzip im Bereich des Umweltschutzes. Grundsätzliche Übertragungen an die Gemeinschaft bedürfen der Einstimmigkeit, Ausführung dann des Mehrheitsbeschlusses mit Beteiligung des Parlaments usw.

Nun eine Bemerkung noch an Herrn *Klein* im Gewande einer Inversion der Themenstellung Nr. 2: Ich sage nicht „Staat und Gemeinschaft", sondern drehe das um, „Gemeinschaft und Staat"; dann paßt sie auch unter Punkt 1. Ich habe Herrn *Klein* so verstanden, daß er in vielerlei Beziehung aus den Verfassungsstrukturen, oder den Strukturen des Verfassungsstaates, Grenzen nicht nur der Kompetenzübertragung, sondern auch der Kompetenzausübung herleiten will. Und er sucht diese Grenzen in Art. 24. Das ist introvertiert nationalstaatlich gedacht. Wir bedürfen dieses Hilfsmittels eigentlich gar nicht mehr. Wenn es richtig ist, daß Bestandteil des Gemeinschaftsrechtes allgemeine Rechtsgrundsätze und Bestandteil dieser allgemeinen Rechtsgrundsätze auch das Rechtsstaatsprinzip und andere rechtsstaatliche Elemente sind, dann verstehe ich gar nicht, warum wir nicht allfällige Versuche der Kompetenzüberschreitung durch die Gemeinschaften, durch die Gemeinschaftsorgane aus diesen gemeinschaftsrechtlichen Grenzen entnehmen. Dazu brauchen wir nicht mehr den Art. 24 zu bemühen, der m. E. seine Funktion erledigt hat als Maßstab dafür, ob die Grenzen der Übertragung überschritten worden sind. Aber wenn sie einmal übertragen worden sind, dann können wir getrost auf das zurückgreifen, was wir übertragen haben, nämlich die rechtsstaatlichen Strukturen der Gemeinschaft als Grenzen für die Kompetenzausübung der Gemeinschaft.

**Häberle:** Herr Vorsitzender, verehrte Kolleginnen und Kollegen. Erlauben Sie eine Vorbemerkung, ein erstes Stichwort zu Herrn *Thürers* LS 4 bzw. zu seinem Begriff „europäischer Verfassungsstaat", ein zweites zum Thema Europäisierung der Rechtswissenschaften, insonderheit der Staatsrechtslehre als Jahrhundertaufgabe sowie eine Nachfrage bzw. Fußnote zu Herrn *Steinberger*. — Vorweg: Es ist eine glückliche Fügung, daß wir über unser Thema gerade hier und heute in Zürich nachdenken. Denn einerseits hat die Schweiz in langer Geschichte seit 1848 klassische Bauelemente zur Architektur des Verfassungsstaates beigesteuert und in Gestalt der jüngeren Teil- und Totalrevisionen der Kantonsverfassungen neue Wachstumsringe und

Wachstumsfermente in bezug auf den Typus Verfassungsstaat auf der europäischen Ebene geschaffen, auf der sie andererseits heute ihren Weg sucht. — Zum *ersten* Punkt, Herrn *Thürers* Leitsatz 4 hat mich sehr beeindruckt. Sein Begriff „europäischer Verfassungsstaat" bedarf nur noch der Ergänzung um die nordamerikanisch-atlantische Dimension, die Herr *Steinberger* mit Recht auch heute in seinem Referat betont hat. Methodologisch ist an Herrn *Thürers* These 4 bemerkenswert, daß er die Elemente des europäisch-nordamerikanischen Verfassungsstaates von positiven europarechtlichen Texten her konturiert: die Texte der EMRK, der Satzung des Europarates, des Europäischen Kulturabkommens. Hinzuzunehmen ist von der KSZE auch noch das neue gute Dokument des Kopenhagener Treffens über die „menschliche Dimension" vom Juni 1990. In all diesen Texten schlagen sich Elemente des europäisch/atlantischen Verfassungsstaates nieder wie „Herrschaft des Rechts", Grundrechte, Menschenrechte, auch auf freie Wahlen, „wahrhafte Demokratie"; auch ist Bezug genommen auf das „gemeinsame kulturelle Erbe an geistigen Gütern und Werten" und den Pluralismus sowie die Subsidiarität. Mit dieser auch textlichen Konstituierung des Typus Verfassungsstaat führe ich in den *zweiten* Punkt hinüber. Wir stehen dank einer besonderen Stunde und dank des heutigen Themas vor einer *Europäisierung der Rechtswissenschaften,* vor allem der Staatsrechtslehre im ganz großen Stil. Die Privatrechtswissenschaft ist hier mit ihren reichen Erfahrungsschätzen und tiefen Kulturzusammenhängen bislang weiter in ihrer „Europäisierung" und „Internationalisierung". Wir stehen vor der Aufgabe, das Europäische in allen Rechtsgebieten innerlich zu verarbeiten, ein- und herauszuarbeiten. Unsere Staatsrechtslehrer-Vereinigung hat jetzt die *Europäisierung der Staatsrechtslehre* zu vollbringen. Dabei geht es nicht einfach um Rechtsangleichung oder Rechtsvergleichung, so wichtig diese „fünfte" Auslegungsmethode ist. Es müssen die gemeineuropäischen Grundwerte, Standards bzw. allgemeinen Rechtsgrundsätze bei allem Respekt vor den nationalen Rechtskulturen erschlossen werden. — Nun zur Nachbemerkung zu Herrn *Steinberger.* Er hat an einer eher verschwiegenen Stelle seines Referates, also nicht in Leitsatzform, einen Zusammenhang hergestellt zwischen der persönlichen Selbstbestimmung bzw. Freiheit und der Verfassunggebung. Große Zustimmung zu dieser — nationalstaatlich gesprochen — Verquickung von Art. 1 und 20 Grundgesetz! Die Verfassunggebung vom Einzelnen her zu denken, muß zu einer Revision der alten Lehre von der Volkssouveränität führen. Eine Nachbemerkung zu Herrn *Thürer* kann ich in Ihrer maßgeschneiderten Gliederung, Herr Vorsitzender, nicht unterbringen. Wir müssen uns im Blick auf Herrn *Thürers* letzten Leitsatz der Relativierung der klassischen drei Staatselemente stellen, Stichwort etwa „Kommunalwahlrecht für Ausländer". Hier warten Riesenaufgaben auf uns. Die „Fußnote": Ich stimme gerne Herrn *Meyer* in dem zu, was er zu Kultur und Wirtschaft gesagt hat; es geht heute alles sehr stark von dieser aus. Eben darum müssen wir die Vielfalt der Kulturen bzw. Regionen von Europa bewahren und das Subsidiaritätsprinzip gegen den wirtschaftlichen Eurokratismus Brüssels im Sinne des von Herrn *H.P. Ipsen* Gesagten verteidigen.

**Dicke:** Ich werde wahrscheinlich den Anwesenden in unterschiedlichem Maße wehetun mit der Behauptung, daß ich davon ausgehe, daß die Europäischen Gemeinschaften schon ein Bundesstaat sind. Das nicht, weil ich dem Bertelsmann-Verlag oder sonst jemandem nahestehe, sondern es hängt damit zusammen, daß ich das Staatsrecht in der Bundesrepublik gelernt habe und heute einen Lehrstuhl in der Schweiz habe. Alles das, was ich in der Bundesrepublik zum Bundesstaat, zur Demokratie und zum Rechtsstaat gelernt habe, das habe ich dort doch bis zum gewissen Grad als eine unbedingt notwendige Ordnung erachtet, habe dann allerdings in der Schweiz einsehen müssen, daß diese Prinzipien auch ganz anders ausgeformt werden können und man dabei auch sehr gut leben kann. Daß man die Europäischen Gemeinschaften weithin noch nicht als Bundesstaat ansieht, das mag an politischen Gründen liegen, es liegt sicher auch daran, daß wir gemeinhin davon ausgehen, daß man Demokratie, Bundesstaat und Rechtsstaat vervollkommnen muß. Und das ist etwas, was gleichzeitig nicht geht, das ist, wie wenn man bei einem Auto gleichzeitig auf die Fußbremse tritt, die Handbremse zieht und das Gaspedal klemmt. Denn die Demokratie ist ein Mechanismus zum Bremsen der Staatsgewalt, der Bundesstaat mit seiner vertikalen Gewaltenteilung bremst die Staatsgewalt und die Rechtsstaatlichkeit bremst noch einmal die Staatsgewalt. Wenn man zuviele Bremsen hat, und der Staat irgendwie funktionieren muß, dann muß etwas auf der Strecke bleiben. In Deutschland, wenn abgestimmt wird im Rahmen von Art. 29 GG, ob Lippe-Detmold ein selbständiges Bundesland werden will und die Abstimmung geht nicht richtig aus, dann wird halt die Verfassung geändert und es passiert nichts. Und in der Schweiz, wenn das Bundesgericht grundsätzlich sagt, wir brauchen für die Eingriffe der Polizei eine gesetzliche Grundlage, und das Volk beschließt kein Polizeigesetz, deswegen wird die Polizei auch nicht mit Wattebäuschchen ausgerüstet, sondern hat gleichwohl ihre Schußwaffen und schießt dann eben ohne gesetzliche Grundlage. Und insofern haben wir in der Bundesrepublik einen Staat, der sich in erster Linie an der Rechtsstaatlichkeit orientiert und dann kommen Demokratie und Bundesstaatlichkeit in zweiter Linie. Die Bundesstaatlichkeit ist ja auch schon zum Teil auf der Strecke geblieben, wenn Landesparlamente im Jahr nur noch 2–3 Gesetze erlassen. In der Schweiz orientiert man sich radikaldemokratisch an der Demokratie und hat sehr viel mehr Bundesstaatlichkeit als in der Bundesrepublik, und die Rechtsstaatlichkeit muß bisweilen auf der Strecke bleiben. Und in den Europäischen Gemeinschaften haben wir die umgekehrte Situation, daß die Bundesstaatlichkeit quasi perfektioniert ist mit dem Entscheidungsorgan, dem Rat, das föderativ zusammengesetzt ist und wo auf der Basis der Luxemburger Vereinbarungen ein relatives Vetorecht besteht. Die Rechtsstaatlichkeit funktioniert äußerst zufriedenstellend und deswegen haben wir das Demokratiedefizit. Das Demokratiedefizit wird dann abgebaut werden in den Europäischen Gemeinschaften, wenn die Bürger es leid sind, bevormundet zu werden von der Bürokratie in Brüssel, und wenn die öffentliche Meinung auf mehr Demokratie drängt. Ich darf in diesem Zusammenhang vielleicht darauf verweisen, daß die Schweiz seit 1848 ein Bundesstaat ist. Man wollte damals die Wirtschaftspolitik erst vereinheitlichen, was in den Europäischen Gemeinschaften schon in erheblichem Maß geschehen ist. Man hat sich 1848 über die Währungsunion überhaupt keine Gedanken gemacht, sondern die einheitliche Währung sollte erst nach der Verfassung von 1874 eingeführt werden. Und gedauert hat es dann letztendlich bis 1892. Das heißt, es gibt selbstverständlich unterschiedliche Aggregatzustände des Bundesstaates, und die Europäischen Gemeinschaften sind noch in einem relativ rudimentären. Sie werden sich — wie das schon gesagt wurde — ohne unsere staatsrechtlichen Überlegungen weiter entwickeln, da können wir nichts daran ändern. Wir könnten bestenfalls Strategien entwickeln, wie wir uns darauf einstellen. Danke schön.

**Zacher:** Herr *Steinberger,* Sie haben am Anfang Ihrer Ausführungen gesagt: Europa entwickelt sich im Rahmen der Demokratie, des Rechtsstaats und des Sozialstaats. Und wenn ich nichts überhört habe, haben Sie den Sozialstaat dann nicht weiter ausgeführt. Hier sehe ich ein Problem. Wenn wir vom europäischen Sozialstaat reden, müssen wir auch über die institutionellen Konsequenzen der Verteilung sprechen. Alles, was wir so über Europarecht diskutieren, handelt von der Entfaltung der erwerbswirtschaftlichen Freiheit oder allgemeiner von der persönlichen Entfaltung, aber nicht von der Verteilung und erst recht nicht von der Umverteilung. Nun ist es auch im nationalen

Rahmen ein institutioneller Unterschied, ob wir Freiheiten gestalten, Entfaltung ermöglichen, Freiheiten binden oder ob wir verteilen oder umverteilen. Wir sehen das ganz deutlich etwa an der Rechtsprechung des Bundesverfassungsgerichts zu sozialrechtlichen Fragen, wo immer nur das Negative gesagt werden kann. Nie positiv: wie eine Regelung zu treffen ist. Nur: so geht es nicht. Und selbst das nur mit größter Zurückhaltung. Weil jede Entscheidung immense budgetäre Konsequenzen hat, die jenseits der Disposition eines Gerichts liegen. Wir haben im nationalen Recht eine notwendige Dialektik zwischen der Rechtsprechung zu Verteilungsfragen und ihrer politischen, legislativen Entscheidung. So hat etwa das Bundessozialgericht eines Tages gesagt, Zahnersatz gehöre zu den Leistungen der Krankenversicherung. Aber das war so teuer, daß der Gesetzgeber alsbald gesagt hat, das gehöre doch nicht hinein. Wir haben hier ein sehr wichtiges Zusammenspiel zwischen Gerichtsbarkeit und Politik. Nun sagen Sie, Europa sei eine Konsensdemokratie. Ich frage mich aber, ob die gleiche Konsensdemokratie, die für die Entfaltung und Bindung von Freiheiten gut ist, auch für die Verteilung und Umverteilung zweckmäßig und sinngerecht ist.

Wenn wir nun konkret auf Europa zugehen, können wir die soziale Expansion Europas in drei Bereichen wahrnehmen. Der eine ist, daß die Freizügigkeit wächst. Es sind ja weitere Planungen im Gange, die Freizügigkeit zu erweitern. Das eröffnet auch die Freizügigkeit zu anderen Umverteilungsquellen. Wer in die Bundesrepublik zuwandern kann, wandert sehr häufig auch zu besseren Sozialleistungen. Die zweite Dimension, in der sich die Dinge entwickeln, ist die der sozialen Sicherheit der Wanderarbeitnehmer. Sie wird immer intensiver entwickelt, sei es hinsichtlich des persönlichen Geltungsbereichs, sei es hinsichtlich der sachlichen Reichweite. Sie wird immer intensiver ausgestaltet. Auch daraus erwachsen Verteilungswirkungen. Sie kennen alle die Rechtsprechung des Europäischen Gerichtshofs, der hier sehr weit gegangen ist, der etwa gesagt hat: auch wenn die Familie eines italienischen Gastarbeiters in Italien lebt, und die Kinder dort dem Arbeitsmarkt zur Verfügung stehen, haben sie in der Bundesrepublik Anspruch auf Arbeitslosenleistungen. Hier ergibt sich also im Rahmen der Ausweitung des Wanderarbeitnehmerstatuts eine Ausweitung der Umverteilungsmechanismen. Die dritte soziale Dimension Europas, von der ich hier gar nicht reden möchte, ist eine Harmonisierung des Sozialleistungssystems, d.h. bis zu einem gewissen Grad eine einheitliche Verteilungsordnung für Europa. Eine solche einheitliche Verteilungsordnung haben wir, was immer auch diskutiert werden mag, für Europa nicht. Und wir werden sie auf absehbare Zeit auch nicht bekommen. Verteilungspolitik vollzieht sich in Europa wesentlich über die soziale Flankierung der Freizügigkeit.

Nun haben wir im Augenblick — und jetzt komme ich zur Konkordanzdemokratie zurück — eine ungleiche Verteilung der verteilungspolitischen Rollen von Gerichtshof und Politik. Wenn der Gerichtshof die soziale Absicherung der Freizügigkeit ausprägt und ausdehnt, ist die Politik nicht reaktionsfähig. Denn das Einstimmigkeitsprinzip bedeutet, daß jedes Land, das an der Verteilungswirkung, die der Gerichtshof erzielt hat, interessiert ist, ein Vetorecht dagegen hat, die Verteilungswirkung legislativ zu korrigieren. Wir haben eine Blockade der politischen Reaktion auf die Verteilungsänderungen, die durch die Rechtsprechung bewirkt werden. Aber ich frage mich auch für die Zukunft, ganz allgemein und unabhängig von dem aktuellen Problem, ob Einstimmigkeit im Rat oder auch die Mehrheitsverhältnisse im Parlament die richtige Ordnung sind, die übernationalen, zwischennationalen Verteilungsprobleme, die in Europa — bei dem enormen Wohlstandsgefälle innerhalb Europas — vor uns stehen, zu lösen. Anders ausgedrückt: ob die gleichen Konkordanzen, die vielleicht für die Entfaltung und Bindung von Freiheit taugen, auch geeignet sind, die sozialen Herausforderungen Europas zu bestehen.

Und damit bin ich bei meinen Schlußbemerkungen zu Herrn *Thürer*. Ich glaube, daß zu den Grundprinzipien der Legitimität eines europäischen Gemeinwesens, welchen Namen und Charakter es immer haben mag, in der Tat auch die Verteilungsgerechtigkeit gehört. Sie wird erwartet. Natürlich stellen sich unter Verteilungsgerechtigkeit die Menschen extrem unterschiedliche Dinge vor, und damit bin ich wieder bei Herrn *Steinberger*. Der Austrag dieser eminent unterschiedlichen Erwartungen an Verteilungsgerechtigkeit kommt auf die Institutionen zu. Sie müssen imstande sein, aus der Vielfalt der Interessen und Meinungen eine leistungsfähige Politik zu machen.

**Vorsitzender:** Danke, Herr *Zacher*. Nachdem Sie unsere Diskussion um eine neue Dimension, die sozialstaatliche, erweitert haben, sind wir an dem Punkt, an dem ich den Referenten die Gelegenheit zu den Zwischenworten geben kann. Auch dafür ist leider die Zeit begrenzt, so daß ich die Referenten gebeten und ermutigt habe, bei diesen Zwischenworten Zusammenfassungen zu machen, Schwerpunkte zu bilden. Ich sage das, weil vielleicht nicht auf jeden Beitrag eingegangen werden kann. Ich gebe jetzt Herrn *Steinberger* das Wort.

**Steinberger:** Das Prinzip der Volkssouveränität als Legitimationsidee ist in der Tat auf das in der Idee der Freiheit des Einzelnen wurzelnde Konsensprinzip rückführbar, wie es früher, etwa bei *John Locke* in der Idee des Gesellschaftsvertrages anzutreffen war. Seit *David Hume* glaubte man, diese Vorstellung sei überwunden. In den pluralistischen Demokratien kommt es als Legitimationsprinzip wieder zum Tragen.

Zur Frage einer Regionalkammer als Gemeinschaftsorgan: Die deutsche Bundesregierung ist skeptisch, ihr ein Mitentscheidungsrecht einzuräumen. Ich meine indes, daß die Regionen über die Regierungsvertreter im Ministerrat nicht hinlänglich repräsentiert sind. Gewiß gibt es angesichts der unterschiedlichen Verfassungsstrukturen der Mitgliedstaaten Schwierigkeiten, die repräsentierten Einheiten zu bestimmen; französische Departements und belgische Communautés sind höchst unterschiedliche Gebilde. Dies ist gewiß zugestanden. Aber das Aufflammen des Regionalismus ist eine der auffälligsten Entwicklungen im Nachkriegs-Europa — auch in seinem freien Teil — vom Baskenland bis zum Baltikum, von Vorarlberg bis nach Flandern; wenn es innerhalb der Gemeinschaft nicht gelingt, diese Bewegungen politisch angemessen aufzufangen, kann es zu schwerwiegenden Erschütterungen kommen.

Könnte man es nicht jedem Mitgliedstaat überlassen, innerhalb seines „Kontingents" die Einheiten zu definieren, die in einer Regionalkammer repräsentiert würden?

Ungleich schwieriger ist es, die Materien zu bestimmen, in denen einer solchen Kammer ein Mitentscheidungsrecht eingeräumt werden könnte. Ich sehe hier nur eine gleichsam verfahrensrechtliche Lösung, nämlich dieses Organ selbst durch einen qualifizierten Beschluß im konkreten Einzelfell entscheiden zu lassen, ob es sich in regionalspezifischen Interessen berührt sieht.

Zu Herrn *Schneider:* Bei einer europäischen Nabelschau könnte man daran denken, das Souveränitätsprinzip umzuformulieren. Aber der Souveränitätsbegriff ist nach wie vor vom allgemeinen Völkerrecht und seiner Rechtsidee bestimmt, und das mit gutem Grund. Kein Staat in der Welt bezweifelt, daß etwa Frankreich nach wie vor ein souveräner Staat ist. Nur diese Praxis ist für das Völkerrecht maßgeblich.

Die von mir angesprochenen Modelle, die Funktionen des Europäischen Parlaments zu stärken, sind nicht notwendigerweise als zeitliche Stufungen gemeint. Ich bejahe aus dem Demokratieprinzip des Gemeinschaftsrechts schon derzeit ein sich über den ganzen Kompetenzbereich der Verträge erstreckendes allgemeines Befassungsrecht des Parlaments mit der Zulässigkeit „schlichter" Parlamentsbeschlüsse, auch ein Untersuchungsrecht. Welche Art Untersuchungsbefugnisse gegenüber Kommission oder Rat und ihren nachgeordneten Stellen in Betracht kommen, ist freilich eine andere Frage; sie können, ebensowenig wie ein Zitierrecht mit Folgepflicht, nicht unmittelbar aus dem Demokratieprinzip des Gemeinschaftsrechts hergeleitet werden.

Zur Demokratisierung des Initiativrechts der Kommission, die Herr *Scherer* ausgesprochen hat. Dieser Gedanke hängt von dem Demokratiebegriff ab, den man zugrunde legt. Die Kommission pflegt vor einem Initiativvorschlag eine große Zahl von Beratergremien bis weit in den privaten Bereich hinein zu konsultieren. Was sie dabei hört, muß freilich sehr genau erwogen werden. Nicht immer dient der Wunsch, den Standard einer technischen Normierung zu erhöhen, echten Sicherheitsbedürfnissen, sondern vielleicht nur dem Versuch, die japanische Konkurrenz für eine Weile aus dem Feld zu schlagen.

Ob ich den Strategieanforderungen von Herrn *Meyer* genügt habe, wage ich nicht zu beurteilen. Vielleicht, daß man meinen Überlegungen, ein neues europäisches Gleichgewicht unter den Konstellationen der Gegenwart auszutarieren, gewisse Strategieüberlegungen entnehmen will.

Zu Herrn *Rupp:* Daß ich Ihnen die Form nicht liefern konnte, die Europa letztendlich annehmen wird, bestätige ich Ihnen; ich kenne sie in der Tat nicht. Einen Mindeststandard an föderalen, rechtsstaatlichen, sozialstaatlichen und demokratischen Komponenten aber wird sie aufweisen müssen, soll sie Bestand haben.

Zu Herrn *Zacher:* Ich konnte im Referat schlicht aus zeitlichen Gründen nur einige Komponenten des Rechtsstaats- und des Demokratieprinzips ansprechen und mußte notgedrungen das Sozialstaatsprinzip, wiewohl es zum Mindeststandard von Verfassungsstaatlichkeit gehört, aussparen. Seine Bedeutung für das Gemeinschaftsrecht liegt freilich auf der Hand: wir haben in der Gemeinschaft ein sehr großes soziales Gefälle, etwa bei der Arbeitslosigkeit — in ländlichen Gebieten Spaniens bis über 50 % —, oder beim Pro-Kopf-Einkommen im Jahr Unterschiede bis zu 340 %; eine Jugendarbeitslosigkeit von 5 Millionen. Aber auch insoweit habe ich Zweifel, daß die Probleme mit dem Instrumentarium parlamentarischer Mehrheitsherrschaft angemessen zu lösen sein werden. Auch hier sollte nach geeigneten Strukturen von Konkordanzdemokratie gesucht werden.

Der Gerichtshof hat den Schutz- und Anwendungsbereich des Art. 48, bei dem der Rat mit qualifizierter Mehrheit und nunmehr in Zusammenarbeit mit dem Parlament beschließt, sehr weit erstreckt, etwa dem Werksstudenten, der acht Monate in einem englischen

Betrieb gearbeitet hatte, einen Anspruch auf Zulassung zur Universität Edinburgh zu inländergleichen Bedingungen zuerkannt; sobald es aber an die eigentlichen Sozialleistungen, die Stipendien für den Lebensunterhalt ging, blockte der Gerichtshof ab, offenbar aus der Sorge, es werde einen Sog zu den Mitgliedstaaten mit fetten Stipendientöpfen geben, der dann diese Mitgliedstaaten zu einer kargen Kost veranlassen, also sozial kontraproduktiv würde.

Andererseits hat der Rat, vom Gerichtshof nahezu unbeanstandet, den Anwendungsbereich des Art. 128 sehr weit erstreckt, einer Vorschrift, die auf die Berufsausbildung — etwa die Umschulung von Arbeitskräften — zugeschnitten ist und im Kapitel über den Sozialfonds steht, und sich dadurch auszeichnet, daß der Rat hier mit schlichter Mehrheit und ohne formalisierte Mitwirkung des Parlaments entscheidet.

**Eckart Klein:** Aus den Stellungnahmen betreffen mich, wenn ich das richtig sehe, vier Diskutanten, und ich möchte mich zunächst auf fünf Fragen, die in diesen Stellungnahmen aufgetreten sind, beschränken. Zunächst, Herr *Grabitz,* glaube ich, gibt es bei uns Übereinstimmung, aber auch eine Divergenz. Wenn ich Ihren Gedankengang richtig aufgefaßt habe, dann meinen Sie, daß Rechtsstaatlichkeit, Demokratie und Grundrechte inzwischen so sehr gemeinschaftsrechtlich verankert sind, daß diese Grenze ausreicht, um die Gemeinschaft in Schranken zu halten, und wir deshalb den zugegebenermaßen schwierigen Weg über die Grenzen der Integrationsgewalt des Artikels 24 nicht gehen müssen. Im ersten Teil Ihrer Überlegung stimme ich Ihnen voll zu. Sie betrifft das primäre Gemeinschaftsrecht, das Handlungen der Gemeinschaftsorgane selbstverständlich begrenzt. Insofern entnehmen wir aus dem Gemeinschaftsrecht selbst, und zwar dem vorrangigen Gemeinschaftsrecht, die Grenzen für die Handlungen der Gemeinschaftsorgane. Ich glaube aber, daß Sie mit der Folgerung, deswegen werde der zweite Schritt entbehrlich, nicht Recht haben. Denn es kann ja nun eben sein, und das war der Punkt, den ich hier versucht habe darzustellen, es kann nun sein, daß die Gemeinschaft diese gemeinschaftsrechtlich gezogenen Grenzen verkennt. Der Europäische Gerichtshof entscheidet darüber als Gemeinschaftsorgan. Auch er kann aber diese vom — wie wir übereinstimmen — vom Gemeinschaftsrecht gezogenen Grenzen verkennen. Ich meine, es dient der Ausbalancierung der Gemeinschaft, daß hier eine letzte Korrekturmöglichkeit durch die Mitgliedstaaten vorhanden ist. Und das ist nur über die Grenzen der Integrationsgewalt zu bewerkstelligen. Deswegen meine ich, daß — ungeachtet unserer Übereinstimmung auf der ersten Ebene — von mir nicht die Folgerung gezogen werden könnte, daß das zweite Element entbehrlich wäre. Das führt mich zum Beitrag von Herrn *Schwarze*. Herr *Schwarze*, Verfassungsrecht – Verfassungsgericht. Natürlich, und als Völkerrechtler stimme ich Ihnen da ja gerne zu, wir sind gewohnt, von den Verfassungen Internationaler Organisationen zu reden. Man spricht von der Verfassung der Vereinten Nationen, von der Verfassung der ILO und so weiter. In diesem Sprachgebrauch habe ich gegen den Begriff der Verfassung auch der Gemeinschaft überhaupt nichts einzuwenden. Auch insofern nicht, als die Gemeinschaftsverträge im Rang dem Sekundärrecht vorgehen und deshalb, wenn Sie so wollen, auch den „Vorrang der Verfassung" vor dem abgeleiteten Gemeinschaftsrecht darstellen. Das ist in der These 18 in der Tat etwas verkürzt wiedergegeben worden. In meinen Ausführungen habe ich das dahin näher erläutert, daß ich den Begriff der „Verfassung" auf die Gemeinschaft angewendet in einem ganz bestimmten Sinne nicht benutzen möchte. Der Begriff der „Verfassung" – wenn ich das aus dem Gedächtnis jetzt wiederholen darf – kommt nicht in Betracht, soweit dies die völkerrechtliche Mediatisierung der Glieder bedeutet. Der Begriff paßt auch nicht, soweit „Verfassung" die einzige Rechtsgeltungsquelle innerhalb ihres eigenen Geltungsbereichs darstellt. Das heißt also, der Vorrang des Gemeinschaftsrechtes im innerstaatlichen Recht ist keine Frage des „Verfassungsbefehls" im Sinne dieser Gemeinschaftsverträge als „Verfassung". Sondern es ist eine Frage oder eine Folge des nationalen Rechtsanwendungsbefehls, und ich meine, das unterscheidet schon diesen Verfassungsbegriff, wenn man ihn denn verwenden will, von dem Verfassungsbegriff, den man normalerweise staatsrechtlich hat. Dasselbe gilt für den Begriff des Verfassungsgerichts. Selbstverständlich kann man sagen, der EuGH entscheidet darüber, ob die einzelnen Organe im Rahmen ihres Kompetenzbereichs gehandelt haben, ob sie das Primärrecht beachtet haben, und so weiter. Insofern kann man durchaus sagen, der EuGH entscheidet über die Kompetenzen von Mitgliedstaaten und Gemeinschaft und nimmt somit Aufgaben eines Verfassungsgerichts in einem föderalistischen Verbund wahr. Da gebe ich Ihnen recht. Aber ich verbinde mit der Vorstellung des Verfassungsgerichts, und da haben wir jetzt wieder bezüglich des EuGH das Minuszeichen, daß es das letzte Wort in jedem Fall hat. Nun zeigt aber meine Stellungnahme zu Herrn *Grabitz*, daß es Bereiche gibt und geben muß, in denen die Mitgliedstaaten durch ihre Organe, also etwa durch ein Verfassungsgericht, das Bundesverfassungsgericht bei uns, dieses letzte Wort dem EuGH aus dem Mund nehmen können, nämlich soweit es um die Definition der Grenzen der Integrationsgewalt von Artikel 24 Absatz 1 geht.

**Grabitz:** Muß in diesem Falle das Bundesverfassungsgericht nach Artikel 177 vorlegen? Ist das Bundesverfassungsgericht dann auch — unterstellt man eine Fehlinterpretation des EuGH im Rahmen des Vorabentscheidungsverfahrens — gebunden? Hier kommt es zum Schwur!

**Eckart Klein:** Herr *Grabitz*, selbstverständlich, ich habe das auch in meinen Ausführungen gesagt, wäre hier eine Vorlage nach Artikel 177 geboten. Die gemeinschaftsrechtliche Interpretation des Europäischen Gerichtshofs wäre insofern auch verbindlich; allerdings über die Frage des nicht übertragbaren Bereichs, also über die Frage der Grenzen der Integrationsgewalt können meines Erachtens nur die Mitgliedstaaten und die zur Auslegung dieser Grenzen kompetenten Organe entscheiden.

**Dicke:** Zwischenfrage: Herr *Klein* oder auch Herr *Steinberger:* Was machen denn diejenigen Mitgliedstaaten der Europäischen Gemeinschaften, die keinen Artikel 24 Grundgesetz und kein Bundesverfassungsgericht oder keinen Artikel 11 italienische Verfassung und keine Corte Costituzionale haben. Die sind dann wehrlos, und die Deutschen und die Italiener können sich wehren, oder wie stellen Sie sich das vor?

**Eckart Klein:** Für alle Mitgliedstaaten kann ich das jetzt nicht beantworten. Aber ich meine, daß in jedem Mitgliedstaat die Möglichkeit gegeben ist, entweder durch einen Akt des nationalen Gesetzgebers oder eben durch die einfachen Gerichte, die mit diesen Fragen befaßt sind, einen Strich zu ziehen, der im Grunde auf dasselbe hinausläuft wie das, was hier mit den Grenzen der Integrationsgewalt beschrieben worden ist. — Ich möchte jetzt nur noch auf die Stellungnahme von Herrn *Zuleeg* eingehen. Meine Warnung vor einer Überschätzung der Rolle des Europäischen Gerichtshofs als Motor der Integration bezog sich darauf, daß der Europäische Gerichtshof, und ich glaube, da gibt es zwischen uns keine Diskrepanzen, daß der Europäische Gerichtshof nicht in extensiver Weise die Kompetenzen der Gemeinschaft auslegen soll. Es ging mir nicht um die Frage, daß der Europäische Gerichtshof natürlich auch im Rückgriff auf die Rechtsgrundsätze, auf die Verfassungstraditionen der Mitgliedstaaten, Integration weiterführt. Das ist natürlich richtig. Auch die Frage der zusätzlichen Verankerung des Rechtsstaatsprinzips, die zusätzliche Verankerung der Grundrechte innerhalb des Gemeinschaftsrechts ist eine Frage der Integration, und insofern ist freilich gegen die Rolle des Europäischen Gerichtshofs als Motor der Integration in der Tat nichts einzuwenden.

**Thürer:** Ich möchte mich, der Aufforderung von Herrn *Götz* entsprechend, nur ganz knapp fassen und in allgemeiner Form auf zwei von verschiedenen Votanten aufgeworfene Problemkomplexe eingehen. Der eine betrifft die Struktur und die Eigenart der Europäischen Gemeinschaft, und der zweite Punkt wird sich auf die demokratischen Grundlagen des Gemeinschaftsrechts beziehen. Was ihre *Struktur* betrifft, ist die Gemeinschaft gewiß mehr als eine internationale Organisation. Ich war aber erfreut zu hören, daß die meisten Redner auch der Auffassung sind, daß die Gemeinschaft keinen Staat darstellt, keinen Bundesstaat also, und auch nicht darauf angelegt ist, in automatischer Sachlogik notwendig Bundesstaatlichkeit zu erlangen. Ich glaube, daß die Gemeinschaft in der Tat ein Gebilde „sui generis" ist, ein Gebilde ohne Vorbild. Der ganze Gemeinschaftsprozeß verriete auch seine eigentliche Grundidee, wenn ein „Übernationalstaat" angestrebt würde, die Idee des Nationalstaates also auf die europäische Ebene projiziert würde, nachdem sie ja eben auf der einzelstaatlichen Ebene überwunden werden sollte. Ein europäischer Bundesstaat würde auch die Gefahr in sich tragen, zu einer „Fortress Europe" zu werden und sich gegen die anderen europäischen Staaten, die nicht Mitglieder der Gemeinschaft sind, abzuschließen, sich aber auch abzuschließen gegenüber der außereuropäischen Welt, wo heute ja die großen politischen Probleme liegen. Denken Sie etwa an die transatlantischen Beziehungen, aber auch die Beziehungen zur Dritten Welt. Was das *Demokratieprinzip* betrifft, da kommen wir um die Feststellung, glaube ich, nicht herum, daß wir bei der Europäischen Gemeinschaft ein „gouvernement des administrations" vor uns haben. Ich hätte nichts gegen ein „gouvernement des juges" einzuwenden, aber ein „gouvernement des administrations" ist mir doch von meinem demokratischen Staatsverständnis her etwas unheimlich. Gewiß herrschen bei den Trägern der EG-Politik Sachverstand, Effizienz und eine große Leistungskraft vor, doch fehlt den Fachleuten, die in der EG-Kommission, in den Expertengremien der Kommission und des Ministerrates sowie im Rahmen der Mitgliedstaaten die Politik der Europäischen Gemeinschaft bestimmen, eine genügende Legitimation durch den Willen des Volkes. Daher eben die Forderung, daß das Europäische Parlament mit mehr Kompetenzen ausgestattet würde. Erst wenn das Europäische Parlament gewichtige Gestaltungsbefugnisse besäße, wäre es auch in der Lage, zu einem Zentrum zu werden, um das herum sich eine öffentliche Meinung herausbilden könnte. Ich glaube auch, daß, wenn das Europäische Parlament namhafte Kompetenzen zuerkannt erhielte, vermehrt Kandidaten ins Parlament gewählt würden, die nicht unbedingt eine expansiv-zentralistische

Europapolitik betreiben würden, daß also eine Vermehrung der Parlamentskompetenzen eher einen bremsenden Effekt auf die Entwicklungsdynamik des Europäischen Gemeinschaftsrechts entfalten könnte. Und nun noch eine Antwort zur speziellen Frage von Herrn *Riedel.* Es ist in der Tat so, daß der Europarat für die *Aufnahme neuer Mitglieder* strenge Anforderungen aufstellt. Gestern hat die Parlamentarische Versammlung der Aufnahme Ungarns zugestimmt, wobei allerdings der endgültige Entscheid erst durch das Ministerkomitee getroffen wird. Polen wurde aber vorerst noch zurückgewiesen, weil seine zweite Parlamentskammer (der Sejm) nicht in einem Verfahren gewählt wurde, das dem demokratischen Mindeststandard der Europaratssatzung voll entspricht. Die Aufnahme von Polen in den Europarat wird daher erst fürs nächste Jahr erwartet. Es ist nun in der Tat nicht konsequent, daß der Europarat im Hinblick auf die demokratische Verfassungsstruktur strenge Anforderungen an die beitrittswilligen Staaten stellt, daß sich sinnvollerweise die Gemeinschaft bei der Aufnahme neuer Mitgliedstaaten an diesen Standards orientiert, obwohl Art. 237 EWG-Vertrag darüber nichts aussagt, daß aber die Funktionsweise und Aufgabenerfüllung der Gemeinschaft als solcher so schwach demokratisch ausgestaltet ist. Noch ein Wort zum besonderen Hinweis von Herrn *Häberle* zur schweizerischen Rechtslage. Ich bin mit seiner Aufforderung natürlich sehr einverstanden, auf dem Gebiete der Verfassungswissenschaft grenzüberschreitend vermehrt zusammenzuarbeiten. Ich glaube, daß wir Schweizer gerade in dieser Hinsicht, nämlich in bezug auf die Öffnung der Staatlichkeit, vom deutschen Grundgesetz lernen können. Wir haben in der Schweiz zwar auch eine Verfassung, merkwürdigerweise eine Kantonsverfassung, die weltoffen ist. Es ist dies die Verfassung des Kantons Jura. Da heißt es, der Kanton Jura arbeite mit den anderen Kantonen, aber auch grenzüberschreitend mit Nachbarregionen zusammen und er sei offen zur Welt und solidarisch mit anderen Völkern. Was aber die Öffnung der schweizerischen Bundesverfassung betrifft, da muß noch ein ganz gewaltiger Schritt getan werden. Damit möchte ich abschließen.

**Vorsitzender:** Dankeschön, Herr *Thürer.* Die schweizer Nachdenklichkeiten in Sachen Demokratie lassen uns, die wir in die Dynamik der europäischen Einigung so eingespannt sind, sicherlich nicht unbeeindruckt. Meine Damen und Herren, wir kommen zum zweiten und dritten Abschnitt der Diskussion. Es liegen insgesamt 13 Wortmeldungen vor. Es wird möglich sein, daß alle, die sich gemeldet haben, ihren Beitrag erbringen können. Ich wäre aber dankbar, wenn das Zeitmaß von 5 Minuten nicht nur eingehalten würde, sondern wenn Sie sich mit einem Zeitmaß von 4 Minuten begnügen könnten. Dann könnte ich um 17.50 Uhr, und das habe ich vor, den Referenten Gelegenheit zu den Schlußworten geben. Ich gebe in Eröffnung des zweiten Abschnittes der Diskussion, der sich schwerpunktmäßig mit dem Verhältnis von Staaten und Gemeinschaft unter dem Gesichtspunkt der Aufgaben- und Kompetenzenordnung befassen soll, Herrn *Wildhaber* das Wort.

**Wildhaber:** Herr Vorsitzender, meine Damen und Herren. Mein Punkt liegt eigentlich nahe beim Punkt eins. Ich möchte mich zur These elf von Herrn *Steinberger* äußern, wonach die Souveränität ganz klassisch bei den Mitgliedstaaten liegt, nicht bei der EG. Man fühlt sich erinnert an die Aussagen von *Max Huber* im Palmas-Fall und von *Anzilotti* im deutsch-österreichischen Zollunionskonflikt: Der souveräne Staat ist gewissermaßen einfach der Normalfall, und es ist aus dieser Sicht offensichtlich, daß die Integration am Normalfall nichts geändert hat. Der Staat kann sich seiner Hoheitsrechte durch Vertrag entäußern; er kann seine Souveränität gewissermaßen nach oben abbauen. Ich würde dies lieber nicht eine „Erosion" nennen, Herr *Thürer* und Herr *Grabitz*, ich würde eher sagen, der Normalfall habe sich offenbar in seiner Bandbreite erweitert, so daß mehr darunter fällt. Damit gehe ich über zu den Thesen sechs bis sieben von Herrn *Klein*. Dort können wir lesen, daß eigentlich der EuGH bei Kompetenzüberschreitungen zu entscheiden habe, wobei Herr *Klein* vorsichtig geschrieben hat, der EuGH entscheide „für Mitgliedstaaten". Was gilt für Drittstaaten? Für Drittstaaten ist es doch so, daß de facto der EuGH Verträge einseitig auslegt und entscheidet (mit welchen Worten auch immer wir dies bezeichnen). Man kann diese Aussage noch generalisieren und dabei an die EWR-Verhandlungen denken. Die EFTA-Staaten finden sich dort mit der Aussage der EG-Behörden konfrontiert, daß sie den bestehenden „acquis communautaire" übernehmen müßten, und dazu auch den zukünftigen „acquis communautaire" in der Form, in der er endgültig durch den EuGH festgelegt werde. Das ist natürlich kein klassisches allgemeines Völkerrecht mehr, das ist der Primat des Europarechts; und das ist gewiß souveränitätsrelevant. An dieser Entdeckung sind wir wohl unterdessen in der Schweiz, und sie fällt uns nicht gerade leicht: Die EG-Souveränitätsverzichte gelten offenbar nicht nur für die EG-Staaten, sondern auch für Drittstaaten, und zwar entgegen der Wimbledon-Formel des Ständigen Internationalen Gerichtshofs, ohne daß die Staaten überhaupt zugestimmt haben.

Lassen Sie mich dazu noch eine Schweizer Fußnote hinzufügen. Herr *Steinberger* sagte (wenn ich es so ausdrücken darf), die Stunde der Integration sei die Stunde der Exekutive. Das ist in der Schweiz nicht so. Von der jetzigen EWR-Stunde weiß man nicht recht, wem sie gehört. Aber soviel ist sicher, am Schluß wird die Stunde der Abstimmung für Volk und Stände schlagen. Die Stunde der Exekutive schlägt in der Schweiz erst bei den ganz großen Krisen, etwa beim Vollmachtenregime des 2. Weltkriegs. Das ist für mich als Schweizer ja doch recht tröstlich. In dieser Hinsicht ist offenbar die europäische Integration doch aus Schweizer Optik nicht als ganz große Krise zu betrachten. Und vielleicht, so könnten wir dann abschließend zur Schweiz mit Galilei sagen, vielleicht bewegt sie sich doch.

**Ress:** Herr Vorsitzender, ich möchte einige Bemerkungen zu dem Theorieproblem machen. Uns fehlt offensichtlich eine sachgerechte Theorie für völkerrechtliche Zwischenzustände, also eine Theorie, die jenen Zustand beschreibt und erklärt, der zwischen einer klassischen internationalen Organisation und dem, was wir unter einem „normalen" Staat verstehen, besteht. Die Europäische Gemeinschaft kann nicht, wie Herr *Dicke* gemeint hat, schon als ein Staat qualifiziert werden. Eine solche Klassifikation würde den Staatsbegriff verfälschen. Der EG fehlt nicht nur die Kompetenz-Kompetenz, sondern auch die Allverantwortung gegenüber den Gemeinschaftsangehörigen. Der Zwischenstand, den wir bei der EG vor uns haben, läßt sich auch nicht mit dem klassischen Souveränitätsverteilungsprinzip deuten. Herr *Klein* hat diese Verteilung auf die Formel von *Können* und *Dürfen* zu bringen versucht und die Ansicht vertreten, die Mitgliedstaaten seien nur obligatorisch gebunden, könnten demnach jederzeit die Verpflichtungen gegenüber der EG noch brechen. Aber wie steht es denn damit im Rechtsraum? Wenn von der Europäischen Gemeinschaft ein Rechtsakt mit Wirkung in den Mitgliedstaaten gesetzt wird, z. B. eine Verordnung, so können die Mitgliedstaaten zwar Akte setzen, die dem nicht entsprechen, die aber in demselben Augenblick, in dem sie diese Rechtsakte setzen, wegen des Vorrangs des EG-Rechts nicht zur Anwendung kommen (wie Herr *Klein* sagte. Andere sagen: überhaupt nicht in rechtliche Geltung erwachsen). Was ist das für eine Souveränität, in der in einem Teil des Rechtsraums des Staates nicht mehr die rechtliche Fähigkeit besteht, wirksam im eigenen Staat Recht durchzusetzen? Die Souveränitätsfrage reduziert sich dann auf die Fähigkeit, aus der Gemeinschaft auszutreten. Vorher, bevor diese Frage sich wirklich stellt, haben wir einen Zustand, in dem — ich zitiere Herrn *Steinberger* aus einem früheren Referat vor dem Heidelberger Max-Planck-Institut — „die Souveränitätsfrage in der Schwebe ist". Genau diesen Zustand haben wir zwischen der Gemeinschaft und den Mitgliedstaaten.

Meine zweite Bemerkung: Es wurde von der Bindung der Gemeinschaft an allgemeine Rechtsgrundsätze gesprochen und die Frage aufgeworfen, ob auch die Mitgliedstaaten an die EG-rechtlichen Grundsätze gebunden sind. Diese Wechselwirkung zeigt sich deutlich, wenn bei der Umsetzung von EG-Recht und bei dessen Anwendung im mitgliedstaatlichen Rechtsraum gerade die EG-Grundsätze Anwendung finden. Sie setzen sich in den einzelnen Mitgliedstaaten durch. Diesen Vorgang kann man z. B. beim allgemeinen Rechtsgrundsatz des Verhältnismäßigkeitsprinzips beobachten, das sich wie eine Art Sauerteig auch in all jenen Staaten ausbreitet, die davon vorher noch kaum gehört haben. Es setzt sich über die EG generell in den Mitgliedstaaten durch. Es ist wie eine osmotische gegenseitige Beeinflussung, nicht nur ein einseitiger Rechtsbindungsprozeß.

Die dritte Bemerkung: das Demokratiedefizit der EG. Ich kann mich nicht mit der Vorstellung zufrieden geben, daß im Rahmen der Europäischen Gemeinschaften die Grundelemente des demokratischen Verfassungsstaates, so wie er sich in Europa — auch als Voraussetzung für Mitgliedschaften im Europarat und für die EMRK — entwickelt hat, nämlich des *parlamentarisch-demokratischen* Staates, nunmehr in einer anderen, abgeschwächten Form akzeptabel oder als Entwicklungsmöglichkeit sogar begrüßenswert sein sollen. Wir müssen bedenken: jeder Rechtsetzungsakt der EG im Rahmen der Rechtsvereinheitlichung bedeutet einen Kompetenzübergang auf die EG. In dem Maße, in dem dieser Zustand sich fortsetzt, und er setzt sich täglich fort, setzt sich auch die Entparlamentarisierung im Verhältnis zu den Mitgliedstaaten durch. Dem steht auf der europäischen Ebene kein Gewinn an Parlamentarismus gegenüber, weil dem Europäischen Parlament — trotz der Einführung des Verfahrens der Zusammenarbeit in der EEA — echte Gesetzgebungsbefugnis (Letztentscheidungsbefugnis) fehlt. Diese Befugnis liegt nach wie vor beim Rat — d. h. einem Organ aus Regierungsvertretern. Diese Entwicklung führt auf lange Sicht, wenn und soweit sie sich fortsetzt, in der Bundesrepublik zu einem verfassungswidrigen Zustand. Er ist für die Europäischen Gemeinschaften ein Strukturproblem und meiner Ansicht nach für die Mitgliedstaaten nicht hinnehmbar. Das Strukturproblem läßt sich nur mit einer Verstärkung der Kompetenzen des Europäischen Parlaments beseitigen. Hier kann man die Vorschläge von Herrn *Steinberger* aufgreifen. Man kann auch an qualifizierte Mehrheiten für bestimmte Entscheidungen des Europäischen Parlaments denken, um dem Gedanken der Konkordanzdemokratie auch im Parlament Rechnung zu tragen. Ohne eine grundlegende Reform des Europäischen Parlaments kommen wir jedoch nicht aus.

Die vierte Bemerkung: das *ultra-vires*-Problem ist nicht so zu lösen, daß nur auf einen nationalen Vorbehalt des „Nicht-mehr-Dürfens" abgestellt wird. Theoretisch ist es zwar möglich, daß die verfassungsrechtlichen Grenzen der Übertragbarkeit mit den Funktionsgrenzen der internationalen Organisation zusammenfallen. Dies wird selten der Fall sein, da oft weniger übertragen wird, als nach Verfassungsrecht theoretisch übertragbar ist. Ob an die EG z. B. alles bis zur Grenze der Verfassungs„identität" übertragen wurde, ist eine offene Frage und m. E. eher zu verneinen. Für jede internationale Organisation als *Funktions*organisation — auch die EG hat nur einen derartigen funktionsorientierten übertragenen Kompetenzbereich — stellt sich die *ultra-vires*-Frage. Und gerade dadurch unterscheidet sich die internationale Organisation vom Staat. Diese Frage stellt sich bei jeder Organtätigkeit. Sie stellt sich auch bei der Gerichtstätigkeit im Rahmen einer internationalen Organisation. Ich kann mich nicht mit dem Satz befreunden, daß sich bei den Gerichtsentscheidungen das *ultra-vires*-Problem von vornherein überhaupt nicht mehr stellt, weil einem „Gericht" die Satzungsauslegung übertragen würde. Es stellt sich natürlich als Problem, weil diese Übertragung auf einen Gerichtshof keine absolute, keine mit Kompetenz-Kompetenz ist. Man mag, ja muß deshalb die Kategorie der „unrichtigen" EuGH-Urteile in solche klassifizieren, die mehr oder weniger unrichtig sind, auf der einen Seite diejenigen, die sich noch im „Integrationsprogramm" halten, auf der anderen diejenigen, die herausfallen, eigentlich „nichtig" sind. Sie sind *ultra vires*. Das wäre also eine schwere und evidente Überschreitung des rechtlichen Rahmens der internationalen Organisation. Mit anderen Worten: ich kann nicht sehen — und das löst die Frage auf, die Herr *Dicke* gestellt hat —, daß es keine rechtliche Grenze für die Organtätigkeit mehr gibt, wenn sie in Urteilen des EuGH ihren Ausdruck findet. Natürlich tritt das, was Herr *Klein* über die Relevanz der nationalen Grenze der Übertragbarkeit sagt, hinzu, aber das ist eine andere Ebene. Ich spreche über die völkerrechtliche Ebene, die neben der Ebene und den Übertragungsbedingungen der nationalen Verfassung steht.

Schließlich eine Schlußbemerkung. Ich stimme der These von Herrn *Klein* völlig zu, die sich auf Grenzen der verfassungsgerichtlichen Kontrolle der europa-gerichteten Regierungstätigkeit im Kabinett bezieht. Es gibt keine Unterschiede zwischen *ex-ante*-Verfassungsmäßigkeit und *ex-post*-Verfassungsmäßigkeit. Die Anforderungen, die *ex ante* an die Tätigkeit der Regierungsmitglieder im Rat zu stellen sind, müssen schon im Lichte des Art. 24 GG gesehen werden.

**Kisker:** Ein paar Hinweise zu Herrn *Kleins* Verständnis des Bundesverfassungsgerichts als ein Instrument nationaler Kontrolle von Kompetenzüberschreitungen der Gemeinschaften (Thesen 7–9): Herr *Klein* betont die Beschränkung dieser Befugnis auf die Sicherung des verfassungsrechtlich nicht Übertragbaren (Identitätsvorbehalt). Dem stimme ich zu. Die zur Diskussion stehende Nationale Kontrolle kann aus Respekt vor den Befugnissen des Europäischen Gerichtshofes nicht mehr sein als eine „Notbremse". Aber läßt sich nicht doch etwas präziser sagen, wann diese Notbremse „greift", wie sich also verhindern läßt, daß z. B. die Europäische Wirtschaftsgemeinschaft, gestützt etwa auf die „sweeping-clause" des Art. 235 EWG-Vertrag, zentrale Grundsätze unserer Verfassungsordnung in ähnlicher Weise „vom Tisch wischt", wie das der US-amerikanische Supreme Court, gestützt auf die Commerce-Clause der amerikanischen Verfassung, getan hat. Herr *Ipsen* hat eben einleuchtend ausgeführt, daß das, was die Rundfunkrichtlinie zum Schutz des europäischen Films vorsieht, unsere Identität nicht in Frage stellt. Wie aber wäre zu entscheiden, wenn die Europäische Wirtschaftsgemeinschaft dazu übergehen sollte, die „Dienstleistung" Rundfunk umfassend zu regeln und wenn sie darin vom Europäischen Gerichtshof gedeckt werden sollte. Mir scheint, daß in einem solchen Fall die von Herrn *Klein* gezogene Grenze überschritten wäre. Herr *Ipsen* würde das vermutlich immer noch anders sehen.

Der Streit um die rechtsdogmatische Begründung eines Rechts auf nationale Kontrolle erinnert übrigens an die Diskussionen, welche in der ersten Hälfte des vergangenen Jahrhunderts in den USA geführt wurden. Die Verteidiger der State-Rights-Doctrine, an ihrer Spitze *John C. Calhoun*, behaupteten damals, daß die zuständigen Organe der Einzelstaaten berechtigt seien, sich gleichsam in die Bresche zu werfen (Interposition), um schwerwiegende Kompetenzanmaßungen des Federal Government zu korrigieren. Der Streit mündete bekanntlich in einen Bürgerkrieg. Soweit wird es in Europa wohl kaum kommen, zumal Präsident *Delors*, anders als Präsident *Lincoln*, vorläufig noch nicht einmal über eine „Eingreiftruppe" verfügt. — Rechtsdogmatisch sind wir wohl auch besser dran als *John C. Calhoun*, der es mit Übergriffen der Zentralstaatsgewalt in einem Bundesstaat zu tun hatte. Ein Recht der Subsysteme auf Interposition ist innerhalb eines „Zweckverbandes" gewiß leichter zu begründen als innerhalb eines Bundesstaates.

**Rack:** Ich möchte zum Schlagwort Subsidiarität einige Worte sagen, das in allen drei Referaten eine Rolle gespielt hat. Am stärksten wohl bei Herrn *Klein,* aber auch in den beiden anderen Berichten. In der Sache selbst möchte ich eine Art „caveat" wiederholen, zu dem mich europäische Subsidiaritätsdiskussionen in den letzten Jahren bereits mehrmals motiviert haben. Ich verweise diesbezüglich auf die Speyerer Tagung, die Herr *Magiera* organisiert hatte, zum Thema Bundesländer und Europäische Gemeinschaften oder vor wenigen Monaten die Tagung am Collège d'Europe in Brügge über Subsidiarität.

Meine Intervention steht unter dem bekannten Stehsatz: „Die Botschaft hör ich wohl, allein mir fehlt der Glaube." Und was ich damit meine, ist folgendes: So wichtig es wäre und so richtig ich es auch hielte, dem Prinzip der Subsidiarität im Rahmen der zukünftigen Struktur Europas zum Durchbruch zu verhelfen, so sehr warne ich vor der semantischen Falle des bloßen Schlagwortes. Der Terminus Subsidiarität, oder das neue französische Kunstwort *subsidiarité,* wird nämlich in einschlägigen Diskussionen mitunter verwendet, um damit etwas ganz anderes zum Ausdruck zu bringen bzw. um damit ganz anderen Vorstellungen zum Durchbruch zu verhelfen. Subsidiarität in dieser *Newspeak*variante dient nicht selten dazu, um damit für die EG Kompetenzen an Land zu ziehen, die sie bisher noch nicht hatte.

Ein klassischer Beispielsfall, wie Subsidiarität mißverstanden werden kann, ist m. E. die Vorschrift des Art. 130r Abs. 4 des EWG-Vertrages. Dort wird Subsidiarität interpretiert in die Richtung eines reinen Opportunitätsprinzips: Alles, was die Gemeinschaft besser kann als die Staaten, soll sie tun. Mit dem Subsidiaritätsprinzip, jedenfalls, so wie wir es kennen, hat diese Selbstbedienungsvorschrift nichts zu tun. Dies geht auch aus dem erst jüngst von *Giscard d'Estaing* präsentierten Bericht zum Thema Subsidiarität hervor, und ich bin mir nicht sicher, ob der Präsident der Kommission *Jacques Delors* — wann immer er das Wort Subsidiarität in den Mund nimmt — tatsächlich meint, die Staaten und womöglich noch kleinere Einheiten sollten durch dieses Prinzip in ihrem Kompetenzbestand geschützt werden. Eher scheint mir das Gegenteil der Fall zu sein.

Ich glaube daher, und das möchte ich nun als Forderung an den Schluß meiner Intervention setzen, daß man sehr wohl mit gutem Grund über eine allfällige Neuverteilung von Zuständigkeiten zwischen der Gemeinschaft, den Mitgliedstaaten und allenfalls auch ihren Unterorganisationen, wie Regionen, Ländern, Gemeinden u. ä. verhandeln kann und verhandeln soll. Das sollen aber die dazu befugten politischen bzw. Rechtserzeugungsinstanzen machen, und das mag dann in Form eines justitiablen Katalogs von neu verteilten Zuständigkeiten festgeschrieben werden.

Und wenn diese Zuständigkeiten zuletzt dann auch noch vom Gerichtshof dahingehend überprüft werden, ob sie auch eingehalten werden, dann habe ich überhaupt keine Bedenken mehr, was das Thema Subsidiarität dem Grunde nach anlangt.

Ein letztes ganz kurzes und abschließendes Wort zu einem etwas anderen Thema, das heute — wie ich meine zu Recht — an den Rand der Tagung gerückt worden ist: Das, was im Zusammenhang mit den Verhandlungen über den europäischen Wirtschaftsraum, den EFTA-Staaten — fast will ich sagen — zugemutet wird, das stimmt unter dem Gesichtspunkt Subsidiarität wieder sehr nachdenklich. Denn das, was die Gemeinschaft hier von den EFTA-Staaten verlangt, ist eine echte Preisgabe ihrer Souveränität. Die Gemeinschaft macht den EFTA-Staaten das Angebot, alles das zu tun, was sie selbst für richtig hält. Ihr auf diesem Weg zu folgen, ohne nicht auch den Versuch zu unternehmen, in irgendeiner Form an der inhaltlichen Gestaltung des zukünftigen Gemeinschaftsrechts mitzusprechen, müßte unweigerlich zu einer Satellisierung der EFTA-Staaten führen.

Wenn ich die Wortmeldung von Herrn *Wildhaber* vorhin richtig verstanden habe, so erkennt man auch hier in der Schweiz die echte Gefahr für die Souveränität, die mit der Einladung in den EWR verknüpft ist — ohne entsprechenden Ausgleich, wohlgemerkt — und ich kann mir nur wünschen, daß dieses Erkennen zu ähnlichen Schlußfolgerungen führt, wie das bei uns in Österreich der Fall war.

**Pernice:** Erlauben Sie mir zwei kleine Randbemerkungen zu dem Referat von Herrn *Steinberger* aus der Praxis und eine etwas grundsätzlichere Überlegung, sowie zum Schluß ein Wort zu dem, was Herr *Rack* zum Subsidiaritätsprinzip sagte. Die erste Randbemerkung betrifft das Stichwort „status activus". Herr *Steinberger*, ich bin Ihnen dankbar, daß Sie den *status activus* im Hinblick auf die Beteiligung des Bürgers im Rahmen der Wahlen zum Europäischen Parlament erwähnt haben. Es gibt natürlich noch andere Formen, das wollten Sie sicher auch nicht leugnen. Denken Sie etwa an die Beschwerderechte des Bürgers, sowohl in formalisierten Verfahren wie etwa im Kartellverfahren nach Art. 3 der Verordnung Nr. 17, als auch als informelle Beschwerderechte, wie sie besonders im Umweltbereich jetzt praktisch an Bedeutung gewinnen: Bürger, die sehen, daß bestimmte Richtlinien der Gemeinschaft in den Mitgliedstaaten nicht umgesetzt oder nicht angewendet werden, können sich per Beschwerde an die

Kommission wenden, sie aufmerksam machen auf mögliche Vertragsverletzungen, welche die Kommission dann letztlich vor dem Gerichtshof geltend machen kann.

Ich möchte zweitens eine Bemerkung machen zum Thema Öffentlichkeit der Beschlußfassung des Ministerrats. Ich bin ganz Ihrer Meinung, Herr *Steinberger*, daß das sicher nicht der richtige Weg zu einer Demokratisierung ist. Ein Beispiel nur: Die schwierigsten, politisch am meisten kontroversen Fragen im Ministerrat werden häufig nicht in der normalen Sitzung entschieden, sondern beim Mittagessen, wenn die Minister mit dem Kommissar „ganz intim" zusammensitzen und niemand zuhört.

Erlauben Sie mir jetzt eine kurze grundsätzliche Bemerkung, meine Damen und Herren. Herr *Thürer* hat hervorgehoben, daß der Beitritt eines neuen Staates als Mitgliedstaat zur Gemeinschaft eine Beschränkung der Volkssouveränität mit sich bringt. Dasselbe gilt natürlich für die Mitgliedstaaten, die bereits beigetreten sind. In meinen Augen ist die Volkssouveränität geteilt, und damit auch die Souveränität, eine geteilte Souveränität nämlich zwischen der Hoheitsausübung auf der staatlichen Ebene einerseits und der Hoheitsausübung durch die Europäische Gemeinschaft andererseits. Der Bürger ist eben souverän, d. h. das Volk ist souverän in bezug auf die nationalen Verfassungen, soweit diese reichen — soweit aber nach Art. 24 GG Kompetenz übertragen worden ist, übt der „nationale" Bürger gemeinsam mit allen „nationalen" Bürgern der anderen Mitgliedstaaten eine gemeinsame europäische Volkssouveränität aus. Damit ist, auf dem Wege über nationale Parlamente, Regierungen und Institutionen der Europäischen Gemeinschaft, auch das Handeln der Europäischen Gemeinschaft mittelbar demokratisch legitimiert. Der Gedanke der geteilten Souveränität hat auch Bedeutung für die Frage, ob denn die Mitgliedstaaten noch „Herren der Verträge" sind. Auch da bin ich Herrn *Thürer* dankbar, wenn er sagt, sie sind es kollektiv, aber nicht mehr einzeln. Ich glaube, das ist ein wesentlicher Punkt: Der Beitritt zur Gemeinschaft, die Übertragung von Hoheitsgewalt ist für den einzelnen Mitgliedstaat unwiderruflich, weil es keine Kündigungsklausel gibt. Nur durch einen gemeinsamen *actus contrarius* oder eine einstimmig beschlossene, von allen nationalen Parlamenten ratifizierte Änderung der EWG-Verträge ist es möglich, diese Verfassung zu ändern.

Wenn Sie mir jetzt noch am Schluß gestatten, einen Satz zu dem Wort Subsidiarität zu sagen, und wie es Herr *Delors* handhabt: Es steht mir vielleicht nicht zu, Herrn *Delors* hier zu verteidigen, aber ich möchte doch darauf hinweisen, daß die Idee der Subsidiarität und diese als Prinzip zu beachten, im Rahmen des Gemeinschaftshandelns, an Herrn *Delors* von Herrn *Strauß* herangetragen worden ist. Herr *Strauß* wußte sicher, wovon er sprach. Herr *Delors* hat gute Berater und weiß auch, wovon er spricht, wenn es darum geht, die Subsidiarität des Handelns der Gemeinschaft zu betonen, und ich kann Ihnen sagen, in der Praxis, auch wenn es vielleicht nicht nach außen sichtbar ist, achten jedenfalls Herr *Delors* und sein Kabinett sehr darauf, daß im Zweifel eingehend begründet wird, warum ein Handeln der Gemeinschaft notwendig ist. Vielen Dank.

**Nicolaysen:** Ich habe mich zu dem Referat von Herrn *Klein* zu Wort gemeldet, weil ich dem ersten Referat weithin zustimmen kann: Die Methode des *"piecemeal engineering"*, des *"trial and error"* ist diejenige, die sich in der Gemeinschaft bewährt hat. Die großen Konzepte sind allesamt gescheitert und führten immer nur ein Stückchen weiter in diesem Scheitern.

Ich kann auch den Resultaten von Herrn *Klein* in einigen Ergebnissen sehr gerne zustimmen, so insbesondere in der Interpretation der Rechtsprechung des Bundesverfassungsgerichts in „Solange II“ und auch in den Beschlüssen zur Tabakrichtlinie. Ich kann ihm aber vielfach nicht zustimmen, was die Begründung angeht, und das liegt an einem Unterschied im Grundkonzept, das Sie selber bezeichnet haben, auch indem Sie sich als Völkerrechtler bezeichnet haben, gerade eben noch. Ich bin Europarechtler. Der Unterschied liegt darin, wenn man es auf einen Nenner bringt (und die drei Minuten erlauben nicht mehr), daß Sie die gemeinschaftliche Kompetenz jeweils auf einen Rechtsanwendungsbefehl der Mitgliedstaaten zurückführen wollen. Für mich ist Art. 24 GG die Ermächtigung zur Teilnahme an dem Gründungsakt einer Gemeinschaft, die dann selbständig wird und unabhängig von den Mitgliedstaaten sich betätigt im Rahmen ihrer Kompetenz, die ihr verliehen wird, im Rahmen der Zielsetzungen, die ihr vorgeschrieben sind, und die unter der Kontrolle des Gerichtshofs steht, so wie es in einem Staat (die Gemeinschaft ist kein Staat) der Fall ist, unterworfen dem Verfassungsgericht etwa.

Das ist ein Unterschied, der sich überall und immer wieder auswirkt, etwa wenn Sie beim Vorrang des Gemeinschaftsrechts verzichten wollen auf die Begründung: gleichmäßige Geltung in allen Mitgliedstaaten sei einzuhalten, und Autonomie des Gemeinschaftsrechts sei das entscheidende Kriterium. Das ist in einer Ihrer Thesen (Leitsatz 15) nicht mehr akzeptiert worden, obwohl dies die Eckpfeiler von Vorrang und Geltung des Gemeinschaftsrechts in den Mitgliedstaaten sind.

Das zeigt sich am Ende auch, wenn Sie das Abstimmungsverhalten der Minister im Rat sehr wohl (und das habe ich mit Freude gehört) im Prinzip nicht mehr den Grundrechtsbindungen der nationalen Verfassungen aussetzen wollen, aber die Begründung ist eine andere. Meine Begründung ist die, daß der Minister dort nicht mehr deutsche nationale Hoheitsgewalt ausübt, sondern daß er an einem Organakt der Gemeinschaft teilnimmt. Er schließt dort keinen Vertrag, sondern er beteiligt sich am Erlaß gemeinschaftsrechtlicher Rechtsetzung als Mitglied des Organs Rat. Daß er dabei politischen Abhängigkeiten, Weisungen aller möglichen Art ausgesetzt sein kann, das ist eine nichtrechtliche Frage, das wird man jederzeit akzeptieren. — Ich danke.

**Schachtschneider:** Herr Vorsitzender, ich möchte zu 3 Aspekten Stellung nehmen. Zunächst zur Frage, wer ist Hüter der europäischen Vertragstreue: Das sind die Mitgliedstaaten, nicht der Europäische Gerichtshof. Souveränität läßt sich, republikanisch konzipiert, nur auf die gemeinschaftliche Autonomie der Bürgerschaft gründen. Die Hoheitsrechte sind zur Ausübung auf die europäischen Organe übertragen. Diese Übertragung steht immer unter dem Vorbehalt des Willens der Völker. Die Europäische Gemeinschaft hat keine Rechte, die Europatreue zu erzwingen. Der Europäische Gerichtshof kann seinerseits die Verträge verletzen, wie Herr *Klein* dargestellt hat. Der Europäische Gerichtshof darf die Mitgliedstaaten nicht regieren. Zweitens zum exekutivischen Parlamentarismus im Parteienstaat: Parlamentarische Gesetzgebung wäre auch in der Europäischen Gemeinschaft als Form der Verwirklichung der gemeinsamen Freiheit exekutiver, judikativer Gesetzgebung überlegen, wenn das Parlament denn ein freiheitliches Parlament wäre. Der Europäische Parlamentarismus ist aber in den Nationen und in der Gemeinschaft parteienstaatlich. Die parlamentarisch notwendige Mehrheitsregel verbietet es meines Erachtens so lange, als der Parlamentarismus parteienstaatlich ist, diesem Parlament die Gesetzgebung zu übertragen, wenn man ein Europa mit unitarischer Tendenz seines Föderalismus nicht will. Das Vetorecht im Rat wahrt die nationalen Interessen und läßt den Mitgliedern die Möglichkeit demokratischer Verfassung. Das Demokratieprinzip wird durch eine Verstärkung des Parlamentarismus in Europa nicht gefordert, schon gar nicht das Prinzip Republik, auf das Herr *Thürer* hingewiesen hat, solange die Demokratie mit Parteienstaatlichkeit verwechselt wird. Drittens zu den europäischen Grundrechten: Welche Wirkung haben Grundrechte heutzutage? Sie aktivieren im wesentlichen das Sachlichkeitsprinzip. Das Verhältnismäßigkeitsprinzip als die Wirkung solcher Grundrechte bewirkt eine Kompetenzverschiebung. Das Gericht erhält eine Gesetzgebungsfunktion ohne die adäquate Legitimation. Eine Grenzziehung zwischen vertragsgerechter Grundrechtshandhabung und verbleibendem elementaren Freiheitsschutz durch das Bundesverfassungsgericht hieße, Grenzen ziehen zu wollen zwischen Zweckmäßigkeit und Zweckmäßigkeit. Hilfreich wäre eine Formulierung von Grundrechten, die es ausschlösse, daß der Europäische Gerichtshof lediglich legislative Kompetenzen hat. Danke schön.

**Pitschas:** Meine Damen und Herren, sehr geehrter Herr Vorsitzender. Ich möchte die These von Herrn *Klein* in Nr. 26 nachdrücklich unterstützen und Ihnen, Herr *Grabitz,* intensiv widersprechen. Ob uns damit gedient ist, daß wir Art. 24 des GG in der vorgeschlagenen Art verabschieden, ist eine Frage, die unser Nationalstaat nach meiner Vermutung nicht ohne Schaden beantworten wird. Die Letztverantwortung der Mitgliedstaaten für ihre Bürger können wir jedenfalls nicht von uns weisen. Es rächt sich an dieser Stelle, denke ich, daß wir in den beiden ersten Entscheidungen des Bundesverfassungsgerichts kein internationales Verfassungsrecht haben ausprägen können. Damit wäre es an der Zeit, so meine ich — und dies ist ein erster Mängelbefund für mich aus der heutigen Diskussion —, verfassungsdogmatischer und also auch von der nationalen Verfassung her zu argumentieren. Das heißt auch, das Nationalstaatsprinzip als ein fortwirkendes und die Souveränitätswahrung beeinflussendes Rechtsprinzip unserer Verfassung im Rahmen des Art. 24 zur Geltung zu bringen.

Gestatten Sie mir eine Anschlußbemerkung, die noch einmal zurückkehrt auf das, was Herr *Zacher* bereits formuliert hat. Wir sind bei Art. 24 GG — insofern widerspreche ich etwas Ihnen, Herr *Klein,* zur These 18 — aufgefordert zu gestalten, was im europäischen Raum passiert. Das bedingt insbesondere, daß wir im Rahmen eines noch zu findenden internationalen Verfassungsrechts auch unserem *Sozialstaatsgedanken* in einer europäischen Form zur Geltung verhelfen. Leider ist in allen Referaten dieses Thema nicht aufgegriffen worden. Herr *Steinberger* hat für seinen Teil erklärt, warum. Die „Zeitpeitsche" mag ein Argument sein. Aber in allen drei Referaten ist das Thema als solches nicht grundsätzlich behandelt worden. Wir sprechen also bei Herrn *Thürer* von einem europäischen *Wirtschaftsraum,* lassen aber den europäischen *Sozialraum* außen vor. Wir sprechen von einer zaghaften Harmonisierung des Sozialrechts und sollten doch von einer Koordination sprechen. Das würde ich zu Herrn *Kleins* These Nr. 11 bemerken wollen. Mein Plädoyer geht somit dahin, doch noch einmal darüber nachzudenken, ob wir den Sozialstaatsgedanken europaweit nicht als nationale Aufforderung des Art. 24 GG allen Referaten anfügen. Vielen Dank.

**Vedder:** Vielleicht kann ich am Ende noch etwas europarechtlich Positives einflechten. Ich möchte zu den Einbrüchen in die durch das Grundgesetz verfaßte Staatlichkeit kurz Stellung nehmen. Ich kann das nur in Stichworten tun. Diese Einbrüche gibt es. Herr *Grabitz* hat das ja deutlich gesagt. Sie werden eher noch zunehmen.

Art. 24 Abs. 1 als *sedes materiae* fungiert hier als eine Art Weichzeichner des Verfassungsrechts. Das ist vielleicht etwas hart ausgedrückt, aber Weichzeichner scheint mir ein treffendes Bild: es geht nichts verloren, aber die Konturen sind nicht mehr so scharf. Die vom Bundesverfassungsgericht geprägte Formel von den unaufgebbaren Grundstrukturen der Verfassung trägt beiden, dem Gemeinschaftsrecht und den Anforderungen unserer Verfassung, in guter Weise Rechnung. Dies ist allerdings aus der Sicht des nationalen Rechts ein gravierender Vorgang, ist aber die notwendige und unausweichliche Konsequenz der Verfassungsentscheidung für eine offene Staatlichkeit.

Was können wir also tun? Vielleicht kann das eine Strategie im Sinne von Herrn *Meyer* sein. Wir müssen versuchen, möglichst viel von unserer Verfassungsstaatlichkeit in der EG wiederzufinden. Die EG entwickelt sich, es ist ein Prozeß, und wir können — ich glaube, die Debatte heute ist eine Gelegenheit dazu — dazu beitragen, daß sich durch eine Vervollkommnung der Gemeinschaftsrechtsordnung weit über das hinaus, was dem Wortlaut nach geschrieben steht, der Konflikt entschärft. Wir finden schon viel auf Gemeinschaftsrechtsebene über das hinaus, was die Verträge formuliert haben.

Wir finden die Grundrechte des Gemeinschaftsrechts. Es entwickelt sich sogar — zaghaft noch — eine Grundrechtsdogmatik. Ganz wichtig ist — hinter dem Stichwort der Grundrechte häufig zu kurz gekommen — die große Zahl von rechtsstaatlichen Grundsätzen. Hier entwickelt sich — und hat sich weitgehend schon entwickelt — ein Verwaltungsrecht der Europäischen Gemeinschaften, ein freiheitsgewährleistendes, individualschützendes Verwaltungsrecht. Ich kann aus Zeitgründen hier keine Beispiele nennen. Weiterhin entscheidend wichtig ist — das ist noch nicht erwähnt worden — und darin sehe ich einen Teil des *status activus:* das Klagerecht von Individuen, also Unternehmen und Einzelpersonen, nach Art. 173 Abs. 2 EWGV ist durch die Rechtsprechung des EuGH weit ausgedehnt worden. Kriterium ist die unmittelbare und individuelle Betroffenheit des potentiellen Klägers; wenn beides gegeben ist, kann er klagen. Auch hier eine Einbruchstelle für die Entwicklung von Verwaltungsrecht.

Wir haben also sowohl materiellrechtlich wie verfahrensrechtlich auf der Gemeinschaftsrechtsebene starke Garantien. Vielleicht noch nicht ausreichende, aber starke Garantien, und es ist von daher kein Zufall, wenn in der Solange I-Entscheidung das Gericht nur etwa eine dreiviertel Seite gebraucht hat, um festzustellen, daß ein materieller Verstoß gegen Art. 12 und 14 GG ziemlich offensichtlich nicht vorliegt. So ist ja die Situation, daß auch materiell die Garantien auf der Gemeinschaftsrechtsseite weitestgehend dem entsprechen, wie wir es auf nationaler Ebene gewohnt sind.

Es hätte mich sehr gereizt, etwas zur Frage der Bundesstaatlichkeit in der EG zu sagen; es fehlt die Zeit dazu. Ich möchte schließlich Herrn *Thürer* noch eine Frage stellen. Der Europäische Wirtschaftsraum: ich sehe darin den Versuch, zwei unvereinbare oder schwer vereinbare Dinge zusammenzubringen, einerseits die Mitentscheidung der EFTA-Staaten bei der Weiterentwicklung des Gemeinschaftsrechts als EWR-Recht — *codécision* —, andererseits das prononcierte Pochen der EG auf ihre Entscheidungsautonomie. Wie kann man sich eine Lösung vorstellen? Vielen Dank!

**Vorsitzender:** Danke, Herr *Vedder*. Trotz der vorgerückten Stunde wird nun ein weiterer und letzter Diskussionspunkt aufgerufen, der den Fragenkreis des Föderalismus speziell betrifft. Ich habe den Zuspruch von Herrn *Leisner* erfahren, diesen Punkt besonders hervorgehoben zu haben, und Herr *Leisner* wird so freundlich sein, die Schlußrunde zu eröffnen.

**Leisner:** Die drei Redner des heutigen Tages haben dem Namen der Vereinigung Ehre gemacht. Sie haben als Staatsrechtslehrer gesprochen, nicht als Gemeinschaftsrechtslehrer. Der Staat ist gut weggekommen, fast möchte man sagen: Der Nationalstaat ist tot, es lebe der Mitgliedstaat, dieses letztere Teilwort dreimal unterstrichen. Wir haben gehört, daß diesem Staate keine allzu große Gefahr droht, denn seine Souveränität werde sich nicht entscheidend wandeln. Wir leben noch nicht in einem Bundesstaat, werden dort vielleicht nie leben. Selbst der Staatenbund wurde unter Vorbehalte gestellt. Allerdings frage ich mich, wie es nun um diesen Begriff der Souveränität steht, der diesen Staat trägt. Wir Deutschen haben zwar Erfahrung darin, denn wir haben jetzt wohl das fünfte Mal seit 1945 unsere „Souveränität zurückbekommen". Man kann diesen Begriff offenbar beliebig fraktionieren und auch reduzieren. Dann wäre es wohl denkbar, daß man die „Staatlichkeit" beibehält und eben an der „Souveränität"

Abstriche macht. Allerdings bleibt die Frage: Ein Staat, der kaum mehr Wirtschaftspolitik führen kann, der nicht einmal mehr über seine strategischen Energiereserven selbst verfügen darf — worin ist er eigentlich noch souverän?

Müssen wir daher nicht doch den Föderalismus ernster nehmen in Europa, auf zwei Ebenen: Einerseits darin, daß er eben, wenn noch nicht da, so doch im Kommen ist — es wurde ja heute mehrfach gesagt. Dies ist doch der Schwung, mit dem überhaupt, wenn es einen europäischen Schub denn gibt, die Entwicklung abläuft. Wenn wir das nur in Richtung auf eine Zweckgemeinschaft deuten — was vielen sympathisch sein mag —, dann könnten wir die Akten über Europa schließen. Ich glaube also, wir sollten den Föderalismus als einen vielleicht noch weit entfernten, nie ganz zu erreichenden Stern, durchaus auf europäischer Ebene sehen. Hier steht ja auch jene „fraktionierte Souveränität" zur Verfügung, die wir brauchen, wenn wir unseren alten guten Staat im nationalen Bereich, wenigstens in einigem, erhalten wollen. Denn wir wollen doch nicht in Europa das wiederholen, was viele in Deutschland tun, die über die Staatsqualität der Gliedstaaten nur mehr lächeln.

Nun zur anderen Ebene des Föderalismus: Was wird mit den Föderalismen in den Staaten Europas? Nur wenige Thesen haben sich damit heute näher beschäftigt, obwohl hier eines der größten europäischen Probleme liegt. Ist eine Länderkammer eine Lösung, die aber nur wenige Kompetenzen haben soll, noch weit weniger als der Bundesrat hat? Und was berührt, andererseits, denn nicht die Länder, wird damit der Erosion der Länderstaatlichkeit wirklich begegnet? Schwierig ist es auch, eine solche Länderkammer zu schaffen, einen „Föderalismus der dritten Ebene", drei Ebenen des Föderalismus kennen wir doch bisher nicht. Am nächsten liegt aber doch wohl, was auch heute schon angeklungen ist: daß man innerstaatlich den Föderalismus stärkt, auf Europa zu. Anders wird sein Überleben kaum möglich sein, denn die Föderalismen Europas, die Regionalismen sind zu unterschiedlich, und der Freistaat Bayern möchte bei aller Wertschätzung Italiens nicht einfach wie eine Regione behandelt werden.

Deswegen müssen wir vertieft darüber nachdenken, wie gerade in unserem Land der Bundesrat hier verstärkt ins Spiel zu bringen ist, sei es auch mit einer „Instruktion der Regierungsstimmen" für Brüssel.

Eine letzte Bemerkung noch zum Begriff des „Mindeststandards" in der ersten These von Herrn *Steinberger*. Ich darf Sie doch so verstehen, Herr *Steinberger*, wenn Sie sagen, dazu gehört im Verfassungsstaat die Rechtsstaatlichkeit, daß dann auch die Grundrechte — jedenfalls in ihren Grundausprägungen — dazu gehören. Andernfalls wäre es ja unerträglich, wenn die Sozialstaatlichkeit — was immer man darunter verstehen mag —, zwar dazu gehörte, nicht aber die Grundrechte. Und wenn man nun schon die viel berufene Sozialstaatlichkeit dazurechnet, eines der frömmsten Wörter unserer Verfassung, dann müßte allerdings eines endlich geschehen: Wir müßten dann, wenigstens in Europa, deutlicher zeigen, was man denn eigentlich unter diesem Sozialstaat und unter der sozialen Gerechtigkeit zu verstehen hat.

**Fastenrath:** Ich bitte um Nachsicht, wenn ich noch einmal zurückkomme auf die Bemerkungen von Herrn *Pitschas* und Herrn *Grabitz* sowie auf die Ausführungen von Herrn *Klein* zum Verständnis des Art. 24. Herr *Klein* ist davon ausgegangen, daß die Verfassung die einzige Rechtsgeltungsquelle in einem Staat ist und daß fremdes Recht nur dann gelten könne, wenn ein Anwendungsbefehl in dieser Verfassung enthalten ist. Dies entspricht sicherlich der herrschenden Auffassung in der Bundesrepublik Deutschland und auch in Österreich. Das Bundesverfassungsgericht hat das ebenso gesagt. Sehr viel krasser hat *Bleckmann* das Bild vom Souveränitätspanzer entworfen, in den dann allerdings Art. 24 eine Bresche schlage. Ich frage mich, ob dieses Verständnis heutzutage noch zeitgemäß ist. Es beruht letztlich auf dem Dualismus, der insbesondere von *Triepel* um die Jahrhundertwende, in der hohen Zeit des Nationalismus entwickelt worden ist. Ich meine, daß dieses Denken heute überholt sein sollte. Wir können uns diesbezüglich ein Beispiel an unseren Schweizer Gastgebern nehmen, die nicht von dieser dualistischen Sicht ausgehen, sondern den Monismus vertreten. Damit übertragen sie dem Staat auch nicht die alleinige Letztverantwortung für das Wohl und Wehe ihrer Bürger, sondern lassen ganz selbstverständlich das Völkerrecht im Staat gelten, so daß auch das Völkerrecht ein Stückchen Verantwortung trägt, gleichgültig wie weit die Schweiz dazu beigetragen hat. In diesem Zusammenhang können wir auf einen vielzitierten Begriff rekurrieren, den der Vorsitzende unserer Vereinigung vor — ich glaube — 27 Jahren geprägt hat und den Herr *Vedder* heute ebenfalls schon verwendet hat: den Begriff der offenen Staatlichkeit. Das scheint mir sehr viel zeitgemäßer.

Wenn wir von dieser Sicht ausgehen, die auch Herr *Grabitz* vorgetragen hat, erlaubt Art. 24, Hoheitsrechte auf einen anderen Hoheitsträger zu übertragen; aber dann darf dieser Hoheitsträger die Hoheitsrechte auch ausüben, es gibt keine Bresche, die vom Bundesverfassungsgericht überwacht werden könnte, sondern das Gemeinschaftsrecht gilt ohne weiteres in der Bundesrepublik. Das schließt einen

Grundrechtsschutz durch das Bundesverfassungsgericht nicht aus. Denn wir wissen ja, daß man aus den Grundrechten auch Schutzpflichten des Staates herleiten kann. Und diese Schutzpflichten könnte man dann aktivieren: Man könnte die Bundesrepublik Deutschland notfalls dazu verpflichten, die Geltung des Gemeinschaftsrechts zurückzudrängen. Das wäre ein dogmatisch sauberer Weg, um zu einer Zuständigkeit deutscher Gerichte zur (mittelbaren) Überprüfung des Gemeinschaftsrechts zu kommen. Evtl. müßte freilich dann, wenn eine solche fremde Hoheitsgewalt im Staat ausgeübt wird — das hat Herr *Vedder* auch schon angesprochen —, der Zugang für Private zum Europäischen Gerichtshof verbessert werden. Also nicht nur in demokratischer Hinsicht, auch auf der Rechtsschutzseite ist im Gemeinschaftsrecht manches verbesserungsfähig und -bedürftig.

Wie unpraktisch dieses Denken mit der Verfassung als einziger Rechtsgeltungsquelle ist, erkennt man daran, daß ganz einfache Dinge — wie gemeinsame Zolldienststellen zweier Länder auf einem Staatsgebiet — auf größte Schwierigkeiten stoßen. Die Österreicher haben deswegen eigens Verfassungsgesetze erlassen müssen. In Deutschland sind wir noch nicht soweit gekommen, aber wir haben nichtsdestoweniger das Problem, wie wir das eigentlich rechtfertigen wollen; allenfalls hilft eine analoge Anwendung des Art. 24, um die Ausübung fremder Hoheitsgewalt zu rechtfertigen, also beispielsweise die Erhebung von Zoll durch einen österreichischen Zöllner auf deutschem Staatsgebiet. Darüber ist bislang nicht sehr viel nachgedacht worden. Ich glaube, wir müssen uns im Rahmen der europäischen Einigung um eine Verfassung und ein Verfassungsverständnis bemühen, daß wir nicht nur Gemeinschaftsrecht, sondern auch fremdes ausländisches Recht anwenden können, um die Probleme lösen zu können, die im Zusammenhang mit dem Schengener Abkommen und dem freien Personen- und Warenverkehr auf uns zukommen. Zwischen den Staaten muß mehr Zusammenarbeit möglich sein. Es muß möglich sein, daß die Gemeinden grenzübergreifend beispielsweise mit Verkehrsbetrieben oder Versorgungsbetrieben tätig sind. Das bringt noch erhebliche Schwierigkeiten, Herr *Beyerlin* hat das in seiner Habilitationsschrift ausgeführt. Nun noch zum Föderalismusproblem: Die Länder oder die lokalen Hoheitsträger müssen in die Lage versetzt werden, grenzübergreifend mit entsprechenden Partnern im Ausland tätig zu werden. Das läßt sich schon durch eine andere Auslegung des Art. 32 als die herrschende bewirken. Hierüber habe ich schon anderenorts geschrieben und brauche es hier nicht zu wiederholen.

**Kisker:** Herr *Steinberger* hat eben von einem „Aufflammen" des Regionalismus in Europa gesprochen. Ich bin nicht sicher, daß man die Entwicklung so sehen kann. – Wenn im Baskenland oder in Korsika Bomben geworfen werden oder in Italien eine „Lega Lombarda" Furore macht, dann sagt das noch nicht viel über den Trend. Für Italien glaube ich aus eigener Erfahrung sagen zu können, daß die Regionen wenig politisches Gewicht haben und daß auch ihre Entwicklungschancen eher skeptisch zu beurteilen sind. Es scheint, daß die zentralstaatliche Bürokratie, die den Regionen „Arm in Arm" mit den Gemeinden das Leben schwer macht, ihre Position mit Erfolg verteidigt. In Frankreich und dem Vereinigten Königreich sieht es vermutlich ähnlich aus. – Es fehlen allerdings empirisch orientierte, institutionenvergleichende Untersuchungen zum Thema Regionalismus in Europa, die solche Vermutungen verläßlich untermauern könnten. Herr *Ossenbühl* hat da mit seinem Bonner Symposion von 1989 einen dankenswerten Anfang gemacht.

Herr *Klein* hat ganz am Rande seines Referates eine These aufgestellt, die auf mittlere oder längere Sicht verblüffende Perspektiven eröffnet. Er weist zutreffend darauf hin, daß die Diskussion über die nach Europa abfließenden Länderkompetenzen verdeckt, daß die größeren Verluste beim Bund zu verbuchen sein werden, dessen Kompetenzen für das heraufkommende Europa ihrer Natur nach regelmäßig interessanter sind als die Kompetenzen der Länder. Langfristig könnte dies bedeuten, daß der Bund zum bloßen Vermittler zwischen Gemeinschaft und Ländern degeneriert, daß also z. B. der Bundestag sich fast nur noch damit befaßt, Richtlinien des Ministerrates in nationales Recht umzusetzen. Eine solche Entwicklung würde innerbundesstaatlich zu einer weiteren Aufwertung der Länder und zu einer Abwertung des Bundes führen. Man könnte dann möglicherweise versucht sein zu fragen, ob der Bund nicht überflüssig ist, ob man seine Restfunktionen nicht auf die europaunmittelbar zu stellenden Länder übertragen sollte. – Blickt man nur auf die Bundesrepublik, so scheint derartiges nicht undenkbar. Angesichts der oben angesprochenen Schwäche des Regionalismus in den meisten unserer europäischen Partnerstaaten ist es freilich unwahrscheinlich, daß diese eine solche Fortentwicklung in Richtung auf ein konsequent konzipiertes „Europa der Regionen" mittragen würden.

**Fleiner-Gerster:** Herr Vorsitzender, meine Damen und Herren, ich habe mich eigentlich zu Punkt 2 und 3 gemeldet. Ich muß ganz kurz auf Punkt 2 zurückgreifen, nämlich zum Vorschlag von Herrn *Thürer*, dessen Vortrag ich außerordentlich geschätzt habe und dem ich auch weitgehend folge betreffend die Änderung des Volksinitiativrechts. Wenn wir das Volksinitiativrecht auf Grund eines EG-Beitritts ändern würden, hätte dies zur Folge, daß wir einen Volksinitiativ-Zensur-Vogt einführen müßten. Sollte eine EG-widrige Initiative eingereicht werden, sollte es dem Volk nicht verwehrt werden, auch einmal einen EG-freundlichen Entscheid gegen die Initianten fällen zu können. Ich glaube nicht, daß wir die Volksrechte und die Volkssouveränität infolge eines Beitritts ändern müßten. Faktisch allerdings führte ein EG-Beitritt zu wesentlichen Einschränkungen der Volksrechte.

Zu Punkt 3: Ich glaube tatsächlich, daß die Souveränitätslehre, angefangen von Hobbes über die Französische Revolution bis — wenn ich gestatten darf, auch *Kelsen* zu zitieren — zu *Kelsen,* uns eigentlich den Weg auf dem europäischen Kontinent für einen echten Föderalismus verwehrt hat. Herr *Steinberger,* ich bin mit Ihnen einverstanden, daß Frankreich souverän ist, aber auch die Vereinigten Staaten von Amerika sind souverän. Im Gegensatz zu den Franzosen haben auch die Verfassungsväter der Vereinigten Staaten angenommen, daß ihre Souveränität teilbar ist. Australien ist auch souverän, aber die Gouverneure in den Gliedstaaten von Australien sind Vertreter der Krone. Und gegen gewisse Entscheide der Gouverneure der Gliedstaaten ist immer noch ein Appeal an das Privy Council möglich. Und schließlich weiß ich nicht, wo die Souveränität jetzt in Kanada liegt, nachdem der Meech-Lake-Accord nicht angenommen worden ist. Was würde schließlich passieren, wenn Westminster, was formell immer noch möglich ist, den British-Canadian-Act widerrufen würde? Also ich glaube, gerade die angelsächsische Lehre und die Lehre des Commonwealth könnten uns manches zeigen, was uns veranlassen müßte, zu einer pragmatischen Sicht der Souveränität zu kommen und die Vorstellung einer formellen und absoluten Souveränität aufzuweichen. Der *genius loci* hier sagt mir, daß wir uns im Grunde genommen durchaus an die Lehre von *Althusius* zurückerinnern können, der beeinflußt von der Bundestheologie von *Zwingli* die Lehre vertreten hat, daß wir nicht nach der Souveränität fragen müssen, sondern nach dem Regierungsmandat. Es geht im Grunde genommen darum, daß wir nach den verschiedenen Arten von „Government" fragen und welches Government welche Legitimität hat, wer berechtigt ist, welcher Art welche Legitimität zu geben: die Bevölkerung der Stadt, der Provinz, des Landes, der Europäischen Gemeinschaft? Ich glaube, dies ist die entscheidende Frage. Denn der Mensch als soziales Wesen im Sinne von *Aristoteles* braucht sowohl Freiheit wie auch Herrschaft. Die Frage ist nur, wieviel Herrschaft und wo die Herrschaft ausgeübt wird. Ich glaube, dieser Ansatz würde uns zu einem Pluralismus der Herrschaft führen. Danke.

**Vorsitzender:** Vielen Dank, Herr *Fleiner-Gerster*. Unsere Diskussion ist damit um 18.00 Uhr beendet, aber noch nicht unsere wissenschaftliche Beratung, zu der auch die Schlußworte gehören. Ich gebe nun Herrn *Thürer* als erstem die Gelegenheit, sein Resümee vorzutragen.

**Thürer:** Gestatten Sie mir einige wenige Schlußbemerkungen. Der erste Punkt betrifft das von einigen Rednern erwähnte *Subsidiaritätsprinzip*. Dieser Grundsatz wird im kommenden Dezember in Rom auch Gegenstand der Debatten der Intergouvernementalen Konferenz zur Schaffung einer Europäischen Union sein. Eignet er sich als tragfähige Grundlage für die Reform des Gemeinschaftsrechtssystems? Ich glaube, den Verfassungserfahrungen verschiedener Bundesstaaten wie etwa der Schweiz oder der Bundesrepublik Deutschland entnehmen zu können, daß sich das Subsidiaritätsprinzip als solches wohl kaum als justitiabel erweist, es also kaum geeignet ist, ohne weitere Konkretisierung vom Richter unmittelbar angewandt zu werden. Eine Kombination mit Grundprinzipien der Rechtsordnung wie etwa dem Verhältnismäßigkeitsprinzip könnte aber dazu beitragen, es operabel zu machen. Für das Gemeinschaftsrecht könnte auch konkretisierend als Grundsatz beigezogen werden, daß die Gemeinschaft nur legitimiert sei, Aufgaben an die Hand zu nehmen, die erhebliche grenzüberschreitende Wirkungen haben. Auch wäre anzustreben, den politischen Grundgedanken des Subsidiaritätsprinzips inskünftig in Form eines präzisen Kataloges von Gemeinschaftskompetenzen Gestalt zu geben. Auf dem Hintergrund einer solchen positivierten Kompetenzordnung und zu deren Auslegung und Ergänzung könnte das Subsidiaritätsprinzip dann durchaus rechtliche Relevanz erlangen. Interessant schienen mir auch die Hinweise von Herrn *Kisker* auf die *amerikanische Föderalismusdiskussion*. In den Vereinigten Staaten rückten die Bundesstaatslehre und die Rechtsprechung des Supreme Court immer wieder den 10. Verfassungszusatz in den Vordergrund. Diese Bestimmung sieht u. a. vor, daß jene Kompetenzen den Gliedstaaten vorbehalten bleiben, die nicht auf den Bund übertragen wurden. Diesem Verfassungsgrundsatz wurde immer wieder auch eine eigenständige, substanzielle Bedeutung beigemessen. Sie erwies sich dann als materielle Schranke gegen Eingriffe des Bundes in den Hoheitsbereich der Gliedstaaten, als Anordnung also zum Schutze einer eigenen Kompetenzsphäre der Einzelstaaten. Dieses — in der neuesten Rechtsprechung des amerikanischen Supreme Court allerdings wieder in den Hintergrund gerückte — Prinzip einer verfassungsrechtlich gewährleisteten, substanziellen Autonomie der Gliedstaaten könnte möglicherweise auch für die Rechtsprechung des Europäischen Gerichtshofes zur Verteilung der Kompetenzen zwischen Gemeinschaft und Mitgliedstaaten fruchtbar gemacht werden. Von verschiedenen Votanten wurde sodann gerügt, in den Referaten sei das *Sozialstaatsprinzip* zu kurz gekommen. In der Tat habe ich versucht, den Vergleich der Grundstruktur der Verfassungsordnungen der Mitgliedstaaten und derjenigen der Europäischen Gemeinschaft auf zwei tragende, systembestimmende Komponenten zurückzuführen: das Prinzip der individuellen, liberalen Freiheit (das Prinzip des „Marktes", in einem weitesten Sinne verstanden) und das Prinzip der demokratischen Selbstbestimmung des Volkes (das Prinzip der „Republik", ebenfalls in einem weiten Sinn verstanden). Daß dabei die Sozialstaatlichkeit nicht besonders hervorgehoben wurde, ist kein Zufall. Denn das Sozialstaatsprinzip scheint mir (noch) nicht zu den tragenden Legitimationsgrundlagen des Gemeinschaftsrechtssystems in seiner heutigen Ausgestaltung zu gehören. Gewiß wäre ein weiterer Ausbau der sozialstaatlichen Gehalte des Gemeinschaftsrechts „de lege ferenda" wünschenswert. Doch wäre eine effektive Aufgabenwahrnehmung der Gemeinschaft in diesem Bereich angesichts der dafür erforderlichen Ressourcenverschiebung von den einen Bevölkerungsschichten auf die andern und von den einen Regionen auf die anderen unendlich schwieriger in die Wege zu leiten als die Verwirklichung des Gemeinsamen Marktes, die bloß negative Maßnahmen — eben den Abbau von Schranken für den grenzüberschreitenden Wirtschaftsverkehr und entsprechende institutionelle Sicherungen — verlangt. Auch ist die Verabschiedung sozialstaatlicher Maßnahmen in der Gemeinschaft zur Zeit mit erheblichen prozeduralen Hindernissen verbunden, da hierfür in der Regel eine einstimmige Beschlußfassung im Ministerrat vorgesehen ist. Gestatten Sie mir nun noch ein Wort zur speziellen Frage von Herrn *Vedder,* ob und in welcher Form sich allenfalls im Rahmen eines *EWR-Projekts* ein *Mitbestimmungsrecht der EFTA-Staaten* verwirklichen ließe. Hier liegt in der Tat eines der zentralen Probleme des auszuhandelnden Vertragswerks. Nach den Umrissen eines EWR-Vertrages, wie sie heute sichtbar sind, würde dieser die Übernahme des weitaus größten Teils des vor allem im Rahmen der vier Grundfreiheiten entwickelten „acquis communautaire" durch die EFTA-Partner bedeuten. Es handelte sich dabei wohl um die 1000 Rechtsakte bzw. um Verordnungs- und Richtlinientexte von insgesamt mehr als 10 000 Druckseiten. Die große Frage ist dann, ob und in welcher Form die EFTA-Staaten auch an der Weiterentwicklung des Gemeinschaftsrechts partizipieren könnten. Wie läßt sich ein substantieller Einfluß auf die Inhaltgebung des zukünftigen Gemeinschaftsrechts verwirklichen und damit sicherstellen, daß auch erst zu schaffendes EG-Recht von den EFTA-Staaten akzeptiert und reibungslos übernommen werden könnte? Von EFTA-Seite wird in den laufenden diplomatischen Verhandlungen — aus ihrer Sicht durchaus legitimerweise — ein eigentliches Mitbestimmungsrecht im Willensbildungsprozeß der Gemeinschaft gefordert. Die Gemeinschaft aber vertritt — aus ihrer Perspektive ebenfalls verständlich — den Standpunkt, eine solche eigentliche Mitbestimmung würde ihren ohnehin schon schwerfälligen Rechtsetzungsprozeß weiter komplizieren und vertrage sich nicht mit dem Ziel der Gemeinschaft, in erster Priorität eine Vertiefung und die Autonomie des Gemeinschaftsprozesses sicherzustellen. Realistischerweise ist somit wohl davon auszugehen, daß die EFTA-Staaten im Rahmen eines EWR-Projektes, wenn sich ein solches überhaupt verwirklichen läßt, wohl höchstens eine Form der Mitwirkung am *„decision shaping"*, wie es im Brüsseler Jargon heißt, erreichen könnten, also eine Form der Teilhabe an der internen Willensbildung der Gemeinschaft, sei dies bereits auf Kommissionsebene, im Verfahren vor dem COREPER oder vor dem Ministerrat. Ein eigentliches Teilhaberecht am *„decision making"* der Gemeinschaft aber scheint eine nur schwer zu erfüllende Wunschvorstellung zu sein.

Und nun noch ein abschließendes Wort zur Intervention von Herrn *Fleiner*. Er hat auf die mögliche Unvereinbarkeit von *schweizerischen Volksinitiativen* mit übergeordnetem EWR- oder EG-Recht hingewiesen. Er hat die Ansicht vertreten, solche Volksbegehren sollten nicht einer „Vorzensur" zur Abklärung ihrer EWR- oder EG-Rechtskonformität unterworfen werden. Man solle das Volk einmal entscheiden lassen, dies auch auf die Gefahr hin, daß im nachhinein die Volksinitiative für unzulässig erklärt würde. Diese Auffassung erscheint aus demokratischer Sicht zunächst durchaus attraktiv. Trotzdem erblicke ich in ihr eine gewisse Gefahr. Es würde einen letztlich doch sehr gravierenden Einbruch in unsere Demokratie bedeuten, wenn eine Volksinitiative zustande käme und möglicherweise von einem großen Volks- und Ständemehr befürwortet, im nachhinein dann aber etwa vom Bundesgericht, einem EWR-Gerichtshof oder dem Europäischen Gerichtshof für null und nichtig erklärt würde. Wären in einem solchen Fall nicht schwerwiegende Legitimitätsprobleme für die europäische Ordnung die Folge? Würde nicht die Loyalität der Bevölkerung dem übergeordneten Recht gegenüber einer nur schwer tragbaren Belastungsprobe ausgesetzt? Es schiene mir daher bei Berücksichtigung aller maßgeblichen Umstände doch empfehlenswert, eine *vorgängige* Kontrolle der Europarechtskonformität von Volksinitiativen zu ermöglichen bzw. sicherzustellen. Dabei könnte es sich um eine Rechtsüberprüfung durch das Parlament handeln; vorzuziehen aber wäre wohl eine Kontrolle durch das Bundesgericht, möglicherweise verbunden mit einem Vorlageverfahren an eine europäische Gerichtsinstanz.

**Eckart Klein:** Verehrte Kollegen, es ist schwierig, aus der Fülle der interessanten Anregungen jetzt noch für das Schlußwort etwas herauszugreifen und darauf adäquat zu reagieren. Wenn ich nicht alles berücksichtigen kann, bitte ich um Ihr Verständnis. Ich bedanke mich jedenfalls schon jetzt sehr herzlich für alle interessanten Bemerkungen.

Ich möchte beginnen mit einigen Ausführungen zu meiner Grundkonzeption, die Herr *Nicolaysen* angesprochen hat. Er meint, der Unterschied liege im wesentlichen darin, daß ich Völkerrechtler bin und er Gemeinschaftsrechtler. Ich würde eigentlich bedauern, wenn sich darauf wirklich die Unterschiedlichkeit zurückführen ließe, denn ich befasse mich ja auch, auch wenn vielleicht das Referat nicht den Eindruck vermittelt hat, mit europäischem Gemeinschaftsrecht. Ich glaube, es wäre nicht richtig, wenn man diese Entgegenstellung in den Vordergrund rücken würde. Für mich wichtiger ist eigentlich, daß ich mich frage, wie kommt es zu diesen unterschiedlichen Grundkonzeptionen. Für mich beginnt es mit dem Versuch, über dogmatische Überlegungen zu meinem Ergebnis zu gelangen, und da kann ich nun nicht um die Tatsache herumkommen, daß die Grundlage der Gemeinschaft völkerrechtliche Verträge sind, die von den Mitgliedern als Staaten in voller Souveränität abgeschlossen wurden, soweit Souveränität heute noch bei der Verklammerung der Staaten zur Lösung globaler Probleme eine Bedeutung hat, und die hat sie noch, allerdings in abgeschwächter Weise. Es sind also die Vertragspartner, die die Grundlage der Gemeinschaft legen. Daraus folgt für mich, und nun mag das eine völkerrechtliche Schlußfolgerung sein oder jedenfalls eine Folgerung, die ich aus völkerrechtlichen Kenntnissen ziehe, daß sich dies auf das weitere Leben, auf die weitere Existenz, auf das Tätigwerden der dadurch geschaffenen Institutionen auswirkt. Sie bleiben in einer gewissen Weise von denjenigen abhängig, die zur Herstellung dieser zwischenstaatlichen Einrichtungen — wie der Art. 24 sagt — beigetragen haben. Und das führt dann — wie ich meine — dazu, daß es die Zustimmung zu dem völkerrechtlichen Vertrag innerhalb der einzelnen Mitgliedstaaten ist, die den Rechtsanwendungsbefehl sowohl für den Vertrag als auch für das darauf basierende Recht, das Sekundärrecht, gibt, und daß sich von diesem Rechtsanwendungsbefehl auch alles weitere — wie der Anwendungsvorrang vor allem — ableitet. Und ich meine, das ist, Herr *Fastenrath*, auch keine überholte Konzeption aus dem Beginn dieses Jahrhunderts. Ich will auf den alten Theorienstreit über Monismus und Dualismus, in dem sich die Standpunkte ohnehin weitgehend angenähert haben, nicht näher eingehen. Aber Tatsache ist einfach, wie im Rahmen der Staatenpraxis sich immer wieder zeigt, daß es Divergenzen zwischen völkerrechtlichen Verpflichtungen und innerstaatlichen Anforderungen gibt, und daß die Staaten sich eben, wenn Sie so wollen, nach diesem dualistischen Prinzip überwiegend verhalten. Das ist eine Tatsache, die man zur Kenntnis zu nehmen hat.

Zweiter Punkt: Ultra-vires-Frage. Vor allem Herr *Ress*, wenn ich das richtig sehe, hat sie aufgeworfen. Es ist interessant, daß Herr *Ress* mich dahin interpretiert hat, daß er meint, ich hätte gesagt, die ultra-vires-Frage hätte ich für den EuGH ausgeschaltet, während Herr *Schachtschneider* mich dahin verstanden hat, ich hätte allein die Mitgliedstaaten zum Hüter des Gemeinschaftsrechts gemacht. Ich wollte eigentlich eine Position beziehen, die dazwischen liegt. Mir ging es darum zu sagen, daß selbstverständlich die Gemeinschaft begrenzte Kompetenzen übertragen bekommen hat, und daß die Gemeinschaft mit diesen begrenzten Kompetenzen oder in den Grenzen der ihr übertragenen Kompetenzen leben muß, und daß natürlich auch der EuGH als Organ dieser Gemeinschaft nicht über die Grenzen disponieren kann. Auch er ist an die Grenzen gebunden. Das Problem entsteht daraus, daß dem EuGH — auch das ist durch die Verträge geschehen — die Aufgabe übertragen ist, die Kompetenzgrenzen, weil sie im Vertrag festgesetzt sind, zu überwachen und darüber zu judizieren, und daß man zugestehen muß, daß die Mitgliedstaaten nicht bei einem Urteil, das ihnen nicht behagt, das sie aus ihrer Sicht und möglicherweise auch objektiv zu Recht als Fehlurteil betrachten, sagen können, wir lehnen diese Interpretation des EuGH ab. Hier zu versuchen, zwischen Fehlurteilen unterschiedlicher Kategorie zu differenzieren, erscheint mir nicht machbar. Ich glaube, das ist eine Evidenzargumentation, die nicht nachvollziehbar ist — mit einer Ausnahme, aber darauf habe ich ausdrücklich hingewiesen. Es ist die Ausnahme, die wieder unter den Identitätsvorbehalt, die Grenzen des Art. 24 Abs. 1 fällt: Wenn nämlich der EuGH sozusagen seine Rolle als Rechtsprechungsorgan aufgeben, die gesicherten, anerkannten Methoden der Interpretation von Recht vollständig vernachlässigen würde. Das wäre ein Punkt, der gleichzeitig die Grenzen des Art. 24 Abs. 1 aktualisieren würde.

Dritter Punkt: Subsidiarität — Ich stimme Herrn *Rack* zu, daß mit diesem Begriff möglicherweise mißverständlich gearbeitet wird. Vor allem auf die Arbeiten des Europäischen Parlaments, auf den Bericht von Herrn *Giscard d'Estaing* wurde schon mehrfach hingewiesen. Wir finden ähnliche Ansätze in den Berichten der Abgeordneten *Colombo* und *Martin*. Hier wird in der Tat versucht, mit dem Begriff der Subsidiarität gleichzeitig eine Kompetenzerweiterung – über deren Berechtigung man streiten kann – mitzubegründen. Ich glaube aber, das wird außerhalb des Europäischen Parlaments realistischer gesehen. Ich bin mit Herrn *Pernice* der Auffassung, daß sich aus den Ausführungen des Kommissionspräsidenten *Jacques Delors* eine größere Ernsthaftigkeit dessen, was mit Subsidiarität gemeint ist, ergibt. Für mich ist entscheidend, daß sich mit der zunehmenden Etablierung dieses Begriffs innerhalb der Gemeinschaft offenbar ein gewisser atmosphärischer Wandel abzuzeichnen beginnt. Man beginnt zu verstehen, daß es nicht möglich ist, unbesehen und ohne näheres Nachdenken einfach immer weiter die Kompetenzgrenzen, ich will jetzt mal nicht sagen zu überschreiten, aber zumindest zu strapazieren. Hier wird ein gewisses Warnschild deutlich, das sich die Kommission vor die Ausübung ihrer Kompetenzen selbst stellt. Und wenn das Subsidiaritätsprinzip nur dazu dient, die Gemeinschaft anzuhalten, etwa das Prinzip der Gemeinschaftstreue zu aktivieren für eine zurückhaltende, die Mitgliedstaaten schonende Ausübung ihrer eigenen Kompetenzen, dann ist mit dem Eingehen dieses Begriffs in das Gemeinschaftsrecht oder in die Gemeinschaftspolitik doch schon Erhebliches gewonnen.

Die schwierigste Frage hat mir eigentlich – wie ich das sehe – Herr *Kisker* gestellt, wenn er danach fragt, was eigentlich nun mit dem Identitätsvorbehalt ist. Ich muß ganz offen gestehen, daß ich jetzt nicht in der Lage bin, hier einen Katalog vorzulegen, der das inhaltlich beschreibt, was damit gemeint ist. Nun ist das ja keine ungewöhnliche Situation. Wir haben das im Zusammenhang, um nur ein Beispiel zu nennen, etwa hinsichtlich des Schutzes der kommunalen Selbstverwaltung auch kennengelernt. Gleichwohl ist es immer wieder gelungen, und vor allem in der letzten Zeit zunehmend, das Bewußtsein wachzurufen, daß es notwendig ist, gewisse Grenzen zu beachten. Und ich sehe die wesentliche Aufgabe des Identitätsvorbehalts darin, einfach zu zeigen, im Sinn eines Ausrufungszeichens, daß es Grenzen für die Gemeinschaft gibt, die sie zu beachten hat und bei deren Überschreitung die entsprechenden kompetenten Organe der Mitgliedstaaten die Anwendung des Gemeinschaftsrechtes für den innerstaatlichen Bereich verbieten können. Das ist, glaube ich, als Grenze, als Erinnerungsposten von großer Bedeutung. Ich stimme Herrn *Kisker* übrigens auch darin zu, daß die Länder möglicherweise viel weniger als der Bund von der ganzen politischen Entwicklung tangiert werden. *Bleckmann* (ZRP 1990, S. 268) hat kürzlich in einem Aufsatz davor gewarnt, daß der Mitgliedstaat/Bund derjenige sei, der sozusagen zwischen zwei Mühlsteine gerate: auf der einen Seite die Gemeinschaft, auf der anderen Seite die Regionen oder die Bundesländer. Ob diese Gefahr wirklich so stark ist, weiß ich nicht. Aber ich glaube, daß man in der Tat häufig die Zukunft der Länder und der Regionen zu schwarz sieht. Sie werden gerade im Vollzug des Gemeinschaftsrechts nach wie vor besondere Bedeutung haben, auch wenn nicht zu verkennen ist, daß der Bund über den Art. 87 Abs. 3 GG manche Fragen des Vollzugs, der eigentlich nach der grundsätzlichen Verteilung den Ländern zusteht, für sich in Anspruch genommen hat.

Zwei ganz kurze Bemerkungen zum Schluß. Es handelt sich um Restposten, die ich aus der ersten Runde noch mitgeschleppt habe. Herr *Schwarze*, auch wenn wir uns vielleicht in der Grundkonzeption und bei den Begriffen Verfassungsrecht und Verfassungsgericht nicht ganz einigen können, in einem, glaube ich, und das wollte ich hervorheben, besteht sicher kein Widerspruch zwischen uns. Daß wir nämlich in der Tat das tun sollten, was Sie angeregt haben, was ich auch versuchte anzusprechen, daß wir vor allem die Gestaltungschance nutzen sollten, die das Gemeinschaftsrecht für die nationalen Rechte läßt oder die für die nationalen Rechte im Hinblick auf das Gemeinschaftsrecht besteht. Also nicht immer nur defensiv-abwehrend denken, sondern versuchen, die Entwicklung positiv zu beeinflussen. Dem würde ich ohne weiteres zustimmen. Letzte Bemerkung zu Herrn *Meyer*. Seiner Feststellung möchte ich nicht ausweichen, da ich glaube, daß sie in der Tat richtig ist. Es ist auch mein Eindruck, speziell von meinem eigenen Referat, daß hier die Linien eher defensiv gezogen sind. Das liegt darin, Herr *Steinberger* hat schon darauf hingewiesen, daß wir uns einfach schwer tun, bei dieser unglaublich schnellen Entwicklung auszumachen, in welche Richtung die Gemeinschaft wirklich läuft. Wir haben noch längst nicht den Binnenmarkt verdaut und stehen bereits jetzt im Dezember 1990 vor zwei weiteren Regierungskonferenzen. Die Dinge überschlagen sich, die Einigung Deutschlands hat der europäischen Einigung einen weiteren Impetus gegeben. Wir kommen nicht nach, das ist unser Fehler, das gestehe ich zu, oder ist jedenfalls mein Fehler, aber damit müssen wir leben. Die aktuellen Probleme, die sich derzeit, und das war mein Thema, im Verhältnis Mitgliedstaat und Gemeinschaft, gestellt haben, sind mehr von diesem defensiven Charakter, den Sie angesprochen haben, charakterisiert. Nochmals herzlichen Dank.

**Steinberger:** Zu Herrn *Wildhaber:* Von der Stunde der Exekutiven war im Referat im Zusammenhang mit der derzeitigen allgemeinen politischen Entwicklung in Europa und der Frage der Stärkung der Befugnisse des Europäischen Parlaments die Rede. Ich habe hinzugefügt, daß dabei die nationalen Parlamente gefordert seien. Als Deutscher wäre ich dabei ebensowenig beunruhigt wie Sie als Schweizer.

Zu Herrn *Rack:* Die Gefahr beim Subsidiaritätsprinzip besteht darin, daß man es seitens der Gemeinschaft als eine Art Opportunitätsprinzip verstehen könnte: Was immer die Gemeinschaft besser als die Mitgliedstaaten bewältigen kann, solle sie in ihre Kompetenzhände nehmen. Ein Vertrauen darauf, daß ihr dabei der Gerichtshof Einhalt gebieten werde, ist aufgrund der bisherigen Rechtsprechung (noch?) nicht begründet. Aber wir sollten nicht immer wie hypnotisiert auf die Frage der Justitiabilität starren. Wenn es gelänge, einen Subsidiaritätsgrundsatz in der Weise zu verankern, daß die politischen Organe der Gemeinschaft gehalten wären, vor der Öffentlichkeit darzulegen und zu begründen, warum eine Angelegenheit nicht von den Mitgliedstaaten wahrgenommen werden könne, wäre politisch viel gewonnen, eine erhebliche Hemmschwelle aufgebaut.

Zur föderalen Struktur der Gemeinschaft: Sind wir hier nicht zu sehr auf die uns vertrauten Strukturen fixiert? Vielleicht — ich bin dessen nicht sicher —, daß der Freistaat Bayern nicht bereit wäre, neben einem County Platz zu nehmen, aber wie wäre ein Platz neben einem gewählten Vertreter der Stadt Paris, London, Mailand oder Madrid?

Zum Ausgreifen der Gemeinschaft in die Kulturpolitik. Hier wird mitunter reichlich verharmlost: Was die gegenwärtige Anerkennung der Ausbildungsqualifikationen, etwa das dreijährige Fach- oder Hochschulstudium, anbetrifft, handle es sich um bildungspolitische Marginalien. Demgegenüber nur ein paar Stichworte aus einschlägigen Tagesordnungen von Gemeinschaftsorganen:

— Qualitätskontrollen bei der Lehrerausbildung; — Änderung der Pädagogik; — der Didaktik im (allgemeinen, nicht lediglich beruflichen) Schulbereich; — Curricula-Gestaltung; — Gesundheitserziehung; — Umwelterziehung; — Verkehrserziehung; — Schulische Betreuung behinderter Kinder; — Fortbildung der Lehrer im sprachlichen Bereich; — die Auswirkungen von Programmen wie ERASMUS auf die Mitgliedstaaten und die Mitverwaltung durch sie. Die Kommission gibt mehr Stipendienmittel aus, als ihr zur Verfügung stehen, und erwartet, daß die Mitgliedstaaten einspringen. Mit diesen finanziellen Programmen werden Berichtspflichten verbunden. ERASMUS, ein im Hochschulbereich ohne Zweifel beliebtes Programm, tendiert auf ein European credit transfer system. Wie wirken sich solche Programme auf die Numerus-clausus-Problematik aus? Das waren nur einige Stichworte — Marginalien betreffen sie wahrlich nicht.

Ob eine angemessene Kompensation des Kompetenzverlustes der deutschen Bundesländer durch eine innerstaatliche Stärkung föderalistischer Strukturen zu erreichen ist, erscheint mir als eine offene Frage; der Bund hat sehr viel mehr an Kompetenzsperren hinzunehmen als die Länder. Indes muß das nicht ausschließen, eine Artikulationsmöglichkeit der Regionen auf der Gemeinschaftsebene einzuführen.

**Vorsitzender:** Frau Kollegin, meine Herren Kollegen. Wir sind am Ende unserer Aussprache angelangt, an dem Punkt, an dem sich die drei Referate des Vormittags und eine lange, fruchtbare, facettenreiche Debatte zu einem gemeinsamen Abschluß zusammenfügen. Der Dank dafür gebührt den Referenten und den Diskussionsteilnehmern. Ich möchte diesen Dank in unser aller Namen aussprechen. Es drängt mich aber, auch unseren Schweizer Kollegen und besonders den Zürchern ein Wort des Dankes dafür zu sagen, daß wir an diesem Ort über Europa sprechen konnten. Die Symbolkraft von Ort und Zeit war geradezu überwältigend. Das ist an diesem Tage oft angeklungen. Aber der Eindruck des Symbolkräftigen ist, meine ich, noch nicht aufgebraucht. Wir haben an dem Ort und in dem Raum getagt, wo *Winston Churchill* am 19. September 1946 die Europäer aufrief, das Vereinte Europa zu schaffen, damit sie in wenigen Jahren so frei und glücklich seien wie die Schweizer. Die Symbolkraft des 4. Oktober 1990, des Tages Zwei der deutschen Einheit, ist uns als ein Geschenk der politischen Umwälzungen dieses Jahres 1990 zugefallen. Ich bedanke mich bei Ihnen, daß ich an diesem Tage Ihre Aussprache leiten durfte, und schließe damit unsere heutigen wissenschaftlichen Beratungen.

Zweiter Beratungsgegenstand:

# Verwaltungsrecht als Vorgabe für Zivil- und Strafrecht

1. Bericht von Prof. Dr. *Meinhard Schröder*, Trier

## Inhalt

## A. Allgemeine Beschreibung des Problems

### *I. Seine Aktualität*

Verwaltungsrechtliche Vorprägungen eines Sachverhaltes sind im Zivil- und Strafrecht prinzipiell geläufig. Man denke nur an genehmigungsbedürftige Privatrechtsgeschäfte, an die schon vom Reichsgericht im Grundsatz anerkannte rechtfertigende Wirkung öffentlich-rechtlicher Genehmigungen im Recht der unerlaubten Handlungen[1], an die Jahre zurückreichende Diskussion über die Auswirkungen des baurechtlichen auf den zivilrechtlichen Nachbarschutz[2]. Verfahrensrechtlich ist auf § 148 ZPO hinzuweisen, der ausdrücklich die Aussetzung des Rechtsstreits im Hinblick auf vorgreifliche verwaltungsrechtliche Klärungen ermöglicht. Im Strafrecht ist die Anknüpfung an das Verwaltungsrecht seit jeher in § 113 StGB oder im Amtsträgerbegriff (§ 11 StGB) offenkundig. Über die Strafbewehrung der Nichtbefolgung von Verwaltungsakten ist schon Anfang der 70er Jahre diskutiert worden[3]. Die strafrechtliche Legalisierungswirkung öffentlich-rechtlicher Erlaubnisse hat gleichfalls Tradition[4]. Worin liegt demnach die besondere Aktualität und Problematik des Themas? Man wird diese Frage nicht einheitlich für das Zivil- und Strafrecht beantworten können.

*Zivilrechtliche* Relevanz hat vor allem die ständige Ausweitung und Ausdifferenzierung des Verwaltungsrechts. Sie beeinflußt, um nur einige Stichworte zu nennen, in wachsendem Maße das private Immissionsschutzrecht[5], sie fördert den Ausbau umweltspezifischer Ver-

---

[1] *RGZ* 161, 203 ff.

[2] Siehe nur *Marburger,* Ausbau des Individualschutzes gegen Umweltbelastungen als Aufgabe des bürgerlichen und des öffentlichen Rechts, Gutachten für den 56. DJT 1986, Vhdlg. Bd. I C 38 ff.; *K. Kleinlein,* Das System des Nachbarrechts, 1986.

[3] *Schenke,* Strafbarkeit der Zuwiderhandlung gegen einen sofort vollziehbaren, nachträglich aufgehobenen strafbewehrten Verwaltungsakt, JR 1970, 449; *P. Krause,* Strafbarkeit des Verstoßes gegen rechtswidrige Verwaltungsakte? – BGH, NJW 1969, 2023, JuS 1970, 221; *D. Lorenz,* Die Folgepflicht gegenüber rechtswidrigen Verwaltungsakten und die Strafbarkeit des Ungehorsams, DVBl. 1971, 165; *Stern,* Die Bindungswirkung von Verkehrszeichen im Ordnungswidrigkeitsverfahren, in: Festschrift f. R. Lange, 1976, 859; *Arnhold,* Die Strafbewehrung von Verwaltungsakten, 1978; *Gerhards,* Die Strafbarkeit des Ungehorsams gegen Verwaltungsakte, NJW 1978, 86; *Haaf,* Die Fernwirkung behördlicher Entscheidungen, 1984.

[4] *RGSt.* 37, 151 ff. zu § 167 StGB.

[5] *Marburger,* wie vor, C 102 ff., 106 ff., 111 ff.

kehrspflichten im Rahmen des § 823 Abs. 1 BGB[6] und verändert den Begriff der Schutzgesetze des Abs. 2, unter den nun auch umweltrechtliche Vorschriften bis hin zu Emissions- und Immissionsgrenzwerten fallen können[7]. Die Legalisierungswirkung öffentlich-rechtlicher Genehmigungen erreicht durch deren ständige Ausweitung eine neue haftungsrechtliche Dimension[8]. Die Beweislastregeln verändern sich[9]. Einen gesicherten Konsens gibt es noch nicht. Die Meinungsfronten verlaufen vielfach zwischen einer öffentlich-rechtlichen und einer zivilrechtlichen Betrachtungsweise. Alles in allem drängt die Frage mehr denn je, inwieweit dem Umwelt- und öffentlichen Nachbarrecht eine Führungsrolle über zivilrechtliche Ansprüche zukommt[10], ob mit einer „Interpretationsherrschaft" über die verwaltungsrechtlich nicht ohnehin präkludierten Ansprüche zu rechnen ist[11].

Was die *Beziehungen des Verwaltungsrechts zum Strafrecht* anlangt, so ist die Entwicklung eher umgekehrt. Veränderungen haben sich durch das Strafrecht ergeben. Bemerkenswert ist zunächst dessen Ausweitung auf Materien, die in enger Verbindung zum Verwaltungsrecht stehen. Das gilt etwa für das Subventions-, vor allem aber das Umweltstrafrecht. Seine Herauslösung aus dem sogenannten Nebenstrafrecht und der Einbau in das StGB hat begriffliche und inhaltliche Abhängigkeiten der Strafgesetzgebung und -anwendung vom Verwaltungsrecht augenfällig gemacht[12]. Suspekt erscheint vor allem die Bindung an Entscheidungen der Verwaltung, die mit strafrechtlichen Kategorien unvereinbar sein soll, weil sie dazu führen kann, daß verwaltungsrechtswidriges Verhalten strafrechtlich perpetuiert wird

---

[6] *Marburger,* wie vor, C 120 ff.; *U. Hübner,* Haftungsprobleme der technischen Kontrolle, UTR 4 (1988), 121 (146 f.).

[7] *BGHZ* 86, 356 (362); *Marburger,* wie vor, C 122 f.

[8] Dazu jüngst *G. Wagner,* Öffentlich-rechtliche Genehmigung und zivilrechtliche Rechtswidrigkeit, 1989 und *Peine,* Privatrechtsgestaltung durch Anlagengenehmigung, NJW 1990, 2442 ff.

[9] Vgl. *Kloepfer,* Umweltrecht, 1989, § 4 Rdn. 320 ff. m. Nachw.; ferner *Marburger,* a. a. O., C 123 ff.; *Hübner* (Fn. 6), S. 148 ff.; *Hoppe/Beckmann,* Umweltrecht, 1989, § 11 Rdn. 27 f.

[10] *Breuer,* Ausbau des Individualschutzes gegen Umweltbelastungen als Aufgabe des öffentlichen Rechts, DVBl. 1986, 846 (854).

[11] *Kloepfer,* wie vor, § 4 Rdn. 302.

[12] Vgl. *Ossenbühl,* Empfehlen sich Änderungen im strafrechtlichen Umweltschutz, insbesondere in Verbindung mit dem Verwaltungsrecht?, Referat in: Vhdlg. des 57. DJT, Bd. II, L 42 mit Fn. 17.

oder an sich strafbares Tun rechtfertigt[13]. Dementsprechend gibt es Tendenzen einer Befreiung des Strafrechts vom „publizistischen Denken“[14], das Bestreben, einer „Kastration des Strafrechts“, seiner Abhängigkeit von Einzelentscheidungen der Verwaltung mit Ermessens- und Beurteilungsspielraum[15] durch verwaltungsrechtsunabhängige strafrechtliche Bewertungen vorzubeugen. Das zum Teil ungenügende Verständnis verwaltungsrechtlicher Gegebenheiten[16], vor allem des verwaltungsrechtlich maßgeblichen Opportunitätsprinzips[17] verstärkt solche Tendenzen noch. — Eine zweite Beobachtung hängt damit zusammen, besitzt aber auch eigenes Gewicht: Es gibt den Versuch, oder soll man sagen die Versuchung, vermeintliche oder wirkliche Vollzugsdefizite der Verwaltung ohne hinreichende Würdigung der Verwaltungsrechtslage mit Mitteln des Strafrechts auszugleichen. Beispiele liefert neben dem Umweltstrafrecht[18] das Steuerstrafrecht. Vielleicht unter dem Eindruck der öffentlichen Mißbilligung haben Strafgerichte die mittelbare Parteienfinanzierung über staatsbürgerliche Vereinigungen, die jahrelang unbeanstandet geblieben war, als Steuerhinterziehung im Sinne des § 370 AO gewertet, noch ehe die steuerrechtliche Abzugsfähigkeit derartiger Spenden geklärt war[19]. Das Unbehagen an strafrechtlichen Sanktionen bei verwaltungsrechtlich ungeklärten Sachlagen, das angesichts dieser Steuer-

---

[13] Siehe nur *Kühl*, Probleme der Verwaltungsakzessorietät des Strafrechts, insbesondere im Umweltstrafrecht, Festschrift Lackner, 1987, 815 (834 ff.) und *Schall*, Umweltschutz durch Strafrecht: Anspruch und Wirklichkeit, NJW 1990, 1263 (1266 ff.).

[14] Formulierung von *Loos*, Gemeinschädliche Sachbeschädigung (§ 304 StGB) durch Überkleben von Wahlplakaten? — LG Wiesbaden, NJW 1978, 2107, JuS 1979, 699 (701).

[15] Prononciert etwa *R. Keller*, Empfehlen sich Änderungen im strafrechtlichen Umweltschutz, Referat in: Vhdlg. des 57. DJT, Bd. II L 19; *Kühl*, wie Fn. 13.

[16] Dazu *Heine*, Verwaltungsakzessorietät des Umweltstrafrechts, NJW 1990, 2425 (2427).

[17] *Samson*, Konflikte zwischen öffentlich-rechtlichem und strafrechtlichem Umweltschutz, JZ 1988, 800 (802 f.); *Heine/Meinberg*, Empfehlen sich Änderungen im strafrechtlichen Umweltschutz, insbesondere in Verbindung mit dem Verwaltungsrecht?, Gutachten für den 57. DJT, in: Vhdlg. Bd. I D 56.

[18] Vgl. *Hansmann*, Verwaltungshandeln und Strafverfolgung — Konkurrierende Instrumente des Umweltrechts?, in: Dokumentation zum 9. Verwaltungsrichtertag 1989, 217 (225 f.).

[19] Näher *P. Kirchhof*, Der bestandskräftige Steuerbescheid im Steuerverfahren und Steuerstrafverfahren, NJW 1985, 2977 (2978 ff.) und *Kohlmann*, Steuerstrafrecht, § 370 AO Rdn. 62 ff. und die Klärung durch *BFH*, NJW 1986, 1897, NJW 1988, 1110.

strafverfahren artikuliert wurde[20], beleuchtet einen weiteren Aspekt der zunehmend problematischen Beziehungen zwischen Verwaltungsrecht und Strafrecht.

Verständlich, daß auf dem skizzierten Hintergrund der Topos der Einheit oder Widerspruchsfreiheit der Rechtsordnung bemüht wird[21]: Sind doch die Beziehungen zwischen dem Verwaltungsrecht und dem Zivil- und Strafrecht dichter denn je, produzieren aber gerade dadurch vielfache, noch nicht bewältigte Kollisionen. So kommt es zu divergierenden Rechtsfolgen. Für den *Bürger* sind sie mißlich, weil er nicht versteht, weshalb sein verwaltungsrechtlich erlaubtes oder nicht beanstandetes Verhalten gleichwohl zivil- oder strafrechtliche Sanktionen nach sich zieht. Als an öffentlich-rechtlichen Vorgängen unbeteiligter Dritter kann er enttäuscht sein, wenn seine zivilrechtlichen Ansprüche durch verwaltungsrechtliche Vorgaben eingeschränkt oder ausgeschlossen werden[22]. Aus der *Sicht der Verwaltung* geht es um ihre Beurteilungs- und Entscheidungskompetenz, die durch eine verwaltungsrechtsferne Zivil- und Strafrechtspraxis womöglich konterkariert wird, und um das Risiko einer strafrechtlichen Verantwortlichkeit des Amtswalters.

## *II. Begriffliche Erfassung*

Die Aufgabe, Kriterien und Maßstäbe zu finden, die sicherstellen, daß verwaltungsrechtliche Vorprägungen eines Sachverhalts auch im Zivil- und Strafrecht angemessen beachtet werden, bringt der Begriff der verwaltungsrechtlichen Vorgabe weitaus besser zum Ausdruck als der zum Teil übliche der Akzessorietät. Bekanntlich werden Kollisionen zwischen Verwaltungsrecht und Strafrecht, insbesondere dem Umweltstrafrecht nach verbreiteter Konvention unter dem Stichwort der Akzessorietät behandelt. Durchweg wird dabei zwischen einer Verwaltungsrechtsakzessorietät und einer Verwaltungsaktsakzessorietät unterschieden. Erstere soll die Abhängigkeit des Strafrechts von Verwaltungsrechtsvorschriften, letztere von Einzelfallentscheidungen der Verwaltung bezeichnen[23]. Hin und wieder wird die Akzessorietät

---

20 Dazu etwa *Volk*, Spenden — Steuern — Strafrecht, JZ 1983, 223 ff.; *H. Coing*, Die Parteispendenaffäre und der Rechtsstaat, FAZ Nr. 118 v. 23. 5. 1985, S. 11.

21 Siehe etwa *Hansmann* (Fn. 18), S. 220.

22 Siehe dazu *Wagner* (Fn. 8), S. 111 ff.; *Ossenbühl*, Verwaltungsrecht als Vorgabe für Zivil- und Strafrecht, DVBl. 1990, 963 (968).

23 Statt vieler: *Breuer*, Konflikte zwischen Verwaltung und Strafverfolgung, DÖV 1987, 169 (179).

auch auf die Begrifflichkeit bezogen, um hervorzuheben, daß das Strafrecht Begriffe des Verwaltungsrechts übernommen habe[24]. Drei Gründe lassen es angezeigt erscheinen, den Begriff der Akzessorietät zu vermeiden, erst recht nicht in bezug auf das Zivilrecht anzuwenden, wo er bisher auch nicht üblich ist.

*Erstens* liegt im Begriff der Akzessorietät die Behauptung einer prinzipiell feststehenden, lediglich erläuterungsbedürftigen Abhängigkeit des Straf- und womöglich Zivilrechts vom Verwaltungsrecht. Eine derart feststehende Beziehung gibt es indessen schon im Verhältnis Verwaltungsrecht—Strafrecht nicht. Nach wie vor wird die Akzessorietät als unangemessene Abhängigkeit des Strafrechts vom Verwaltungsrecht bekämpft[25], gibt es keinen Konsens über ihren Inhalt, sondern eher unklare Vorstellungen[26]. Eine Übernahme dieses Streits in das Zivilrecht durch Verwendung von Akzessorietätsvorstellungen bringt nichts ein.

*Zweitens* bestehen grundsätzliche Bedenken, ob Akzessorietätsvorstellungen einer Auflösung von Wertungsdifferenzen zwischen verschiedenen Teilrechtsordnungen überhaupt gerecht werden. Auf diese Weise würde nämlich die „akzessorische" Rechtsordnung zur bloßen Neben- bzw. Annexordnung, der im Blick auf das Verwaltungsrecht von vornherein eigenständige Bewertungen eines Sachverhaltes versagt sind. Ein solches Ergebnis mag sich nach eingehender rechtlicher Beweisführung ergeben, sollte jedoch nicht begrifflich präjudiziert werden.

*Drittens* ist der materiell-rechtliche Begriff der Akzessorietät wenig geeignet, die verfahrensrechtlichen Aspekte des Themas zu erfassen. Durch die in ihm angelegte Behauptung einer feststehenden Beziehung des Verwaltungsrechts zum Straf- bzw. Zivilrecht suggeriert er, daß verwaltungsrechtliche Fragen ausnahmslos bloße „Vorfragen" sind, über die der Zivil- oder Strafrichter selbst entscheidet. In Wahrheit stellt sich gerade angesichts besonders enger Beziehungen zwischen dem Verwaltungsrecht und dem Zivil- und Strafrecht die

---

[24] Vgl. *Schall* (Fn. 13), S. 1265; *Prümm*, Umweltschutzrecht, 1989, S. 358.

[25] Siehe *Trifterer*, Umweltstrafrecht, in: Lexikon des Rechts (1989), 919 (Reduktion der Akzessorietät); zuletzt *Schall*, wie vor, S. 1265 ff. — Zu optimistisch: *Tröndle*, Verwaltungshandeln und Strafverfolgung — Konkurrierende Instrumente des Umweltrechts, in: Dokumentation zum 9. Verwaltungsrichtertag 1989, 233 ff. (233) und *Gerhardt*, Verwaltungsrecht als Vorgabe des Zivil- und Strafrechts, BayVBl. 1990, 549 (551).

[26] *Tiedemann*, Tatbestandsfunktionen im Nebenstrafrecht, 1969, S. 45; *Kühl* (Fn. 13), S. 826; *Papier*, Diskussionsbeitrag, in: Vhdlg. des 57. DJT, Bd. II L 102.

Frage, ob die in der Verfahrensaussetzung liegende Chance, Wertungswidersprüche zwischen Teilrechtsordnungen zu vermeiden[27], mehr als bisher genutzt werden muß. Auch unter dem verfahrensrechtlichen Blickwinkel erscheint damit der Begriff der verwaltungsrechtlichen Vorgabe umfassender und neutraler als der der Akzessorietät.

### *III. Die Frage einer einheitlichen Vorgabetypologie im Zivil- und Strafrecht*

Das Thema zielt auf typologische Aufbereitung: Zu bestimmen ist, wie das Zivil- und Strafrecht die einzelnen verwaltungsrechtlichen Vorgaben nach Art, Dichte und Bindungswirkung einschließlich eventueller verfahrensrechtlicher Konsequenzen zu berücksichtigen hat. Denkbar ist, daß die Typologie für das Zivil- und Strafrecht die gleiche ist und folglich die ihr zugrunde liegenden Kriterien und Maßstäbe hier wie dort gelten. Indessen bestehen Zweifel, ob eine einheitliche Vorgabentypologie gelingen kann[28]. Gewiß können sich Gemeinsamkeiten herausstellen, die für das Zivil- und Strafrecht gleichermaßen Bedeutung haben[29]. Das mag etwa unter dem Gesichtspunkt der Sicherung der Beurteilungs- und Entscheidungsfreiheit der Verwaltung oder verfahrensrechtlicher Konsequenzen aus verwaltungsrechtlichen Vorgaben der Fall sein. Auf der anderen Seite ist mit mehr oder weniger markanten Unterschieden zu rechnen, die eine getrennte Behandlung des Zivil- und Strafrechts methodisch wie sachlich rechtfertigen. Ohne Anspruch auf Vollständigkeit gehören dazu etwaige zivil- und strafrechtssystematische Besonderheiten, die auch in einer Typologie verwaltungsrechtlicher Vorgaben nicht ohne weiteres untergehen dürfen. Des weiteren sind die verwaltungsrechtlichen Vorgaben im Strafrecht — typischerweise anders als im Zivilrecht — nicht nur ein Thema der Rechtsanwendung, sondern auch auf der Ebene der Gesetzgebung zu bedenken.

---

[27] Hierzu *Baumbach/Lauterbach/Albers/Hartmann*, ZPO, 48. Aufl. 1990, vor § 148 ZPO Anm. 2; *K. Schmidt*, Verfahrenskoordination bei Anfechtungssachen im Falle der Bestätigung angefochtener Beschlüsse, NJW 1979, 409 (411); speziell zum Steuerstrafverfahren: *Isensee*, Aussetzung des Steuerstrafverfahrens — Rechtsstaatliche Ermessensdirektiven, NJW 1985, 1007 (1008).

[28] Zustimmend *Ossenbühl* (Fn. 22), S. 967 f.

[29] Insofern sind vergleichende Untersuchungen, etwa zur Legalisierungswirkung öffentlich-rechtlicher Genehmigungen, die das Zivil- und Strafrecht einbeziehen, im Ansatz berechtigt: siehe nur *Wagner* (Fn. 8).

## B. Gründe und Gegengründe für eine Vorgabewirkung des Verwaltungsrechts

### *I. Ausgangslage*

Rekurriert man auf den Topos der Einheit oder Widerspruchsfreiheit der Rechtsordnung, liegt es nahe, die Forderung zu erheben, daß sich das Zivil- und Strafrecht zu verwaltungsrechtlichen Vorprägungen eines Sachverhalts nicht in Widerspruch setzen dürfe: Was verwaltungsrechtlich gestattet ist, kann auch zivil- und strafrechtlich nicht beanstandet werden[30]. Fragwürdig wird diese Forderung, sobald man sich vor Augen führt, daß die Teilbereiche der Rechtsordnung unterschiedliche Aufgaben haben, ihre Verhaltensanweisungen deshalb nicht von vornherein übereinstimmen und auch nicht übereinstimmen müssen[31]. Aus dieser Vorüberlegung ergibt sich die *Ambivalenz des Vorgabeproblems*. Es gibt Gründe für, aber auch gegen eine Vorgabewirkung des Verwaltungsrechts im Zivil- und Strafrecht. Sie sollen zunächst in einem Überblick festgehalten und ihre rechtlichen Fundamente, die nicht immer offen zutage liegen, bestimmt werden.

### *II. Gründe*

#### *1. Gründe, die im Zivil- und Strafrecht selbst liegen*

Mitunter ergeben sich bereits aus einschlägigen Normen des Zivil- und Strafrechts Gründe, die eine Verpflichtung begründen, die Anknüpfung an verwaltungsrechtliche Vorgaben zu suchen. Durch ihre vorrangige Beachtung vollziehen die rechtsanwendenden Instanzen eine gesetzgeberische Entscheidung nach, die womöglich Kollisionen mit dem Verwaltungsrecht ausschließen soll. Zugleich wird der schwierige Rekurs auf allgemeinere Prinzipien und Grundsätze über die Berücksichtigung verwaltungsrechtlicher Vorgaben ganz oder teilweise entbehrlich.

Beispiele in diesem Sinne bieten die Duldungspflicht bei Eigentumsstörungen (§ 1004 Abs. 2 BGB), die auch verwaltungsrechtliche Gründe haben kann, und der Begriff der Ortsüblichkeit im Sinne des § 906 BGB, in dem sich im Einzelfall gleichfalls Verwaltungsrecht und

---

30 Vgl. zuletzt *Ossenbühl*, wie vor, S. 968, mit Einschränkung für das Strafrecht.

31 Vgl. *P. Kirchhof*, Unterschiedliche Rechtswidrigkeiten in einer einheitlichen Rechtsordnung, 1978, S. 10; *H. Vogel*, Wertungsdivergenzen zwischen Steuerrecht, Zivilrecht und Strafrecht, NJW 1986, 2986.

Zivilrecht verzahnen können[32]. Im Strafrecht finden sich Normen, die verwaltungsrechtliche Begriffe rezipieren und damit ein starkes Indiz für ihre verwaltungsrechtskonforme Auslegung begründen[33], oder die im Tatbestand an vollziehbare, nicht notwendigerweise rechtmäßige Verwaltungsakte anknüpfen, was den Verzicht auf eine Rechtmäßigkeitsprüfung durch die Strafjustiz nahelegt[34]. Ferner schafft die wirksame verwaltungsrechtliche Erlaubnis oder Genehmigung einen prinzipiellen Grund für ihre rechtfertigende Wirkung auch im Zivil- und Strafrecht, weil deren Rechtfertigungsgründe nicht abschließend festliegen[35].

### 2. *Übergeordnete, insbesondere verfassungsrechtliche Gründe*

Häufiger wird das einfache Recht keine „speziellen Lösungshilfen" bereithalten, die eine „Brücke" zum Verwaltungsrecht schlagen sollen[36]. Dann können sich Gründe für eine Vorgabewirkung aus übergeordneten, insbesondere verfassungsrechtlichen Postulaten ergeben.

#### *a) Der Topos der Einheit und Widerspruchsfreiheit der Rechtsordnung*

Ein höchst problematischer Grund für die Vorgabewirkung des Verwaltungsrechts ist die immer wieder berufene[37] *Einheit der Rechtsordnung*. Angesichts unterschiedlicher Aufgaben der Teilrechtsordnungen, deren Auffächerung und Differenzierung in Einzelaussagen „Errungenschaft eines um Einzelfallgerechtigkeit und Situationsnähe bemühten Rechtsstaates" ist[38], erweist sich der Einheitstopos als viel

---

[32] Vgl. statt aller: *Schlichter*, in: ders./Stich, Berl. Komm. z. Baugesetzbuch (1988), Vorbem. zu den §§ 29–38 Rdn. 4; siehe auch *Ossenbühl* (Fn. 22), II 1.

[33] Siehe dazu BT-Drucks. 8/2382, S. 10; *Winkelbauer*, Die Verwaltungsakzessorietät, 1985, S. 12 und *Prümm*, wie Fn. 24; andererseits *BGH*, NJW 1987, 1280 betr. § 326 Abs. 1 Nr. 3 StGB; s. auch *BGH*, NJW 1990, 2477 f.

[34] *BVerfGE* 75, 329 (346); 80, 244 (256) und *Chr. Bickel*, Anwendungsprobleme des Umweltstrafrechts aus öffentlich-rechtlicher Sicht, in: Meinberg/Möhrenschlager/Link (Hrsg.), Umweltstrafrecht, 1989, 261 (261 f.); Näheres unten C. II. 4. b).

[35] Vgl. bereits *Kirchhof* (Fn. 31), S. 27.

[36] Formulierung von *Kirchhof*, wie vor.

[37] Siehe Beschlüsse der strafrechtlichen Abteilung des 57. DJT 1988, Vhdlg. Bd. II sub. A 7 a L 1980; *Heine/Meinberg* (Fn. 17), D 48; *Rogall*, Diskussionsbeitrag, in: Vhdlg. d. 57. DJT, Bd. II L 120.

[38] *Kirchhof*, wie vor, S. 8; im gleichen Sinne *Wagner* (Fn. 8), S. 94; siehe auch *Hallwaß*, Rechtmäßigkeit behördlich geduldeter Umweltbeeinträchtigungen, NuR 1987, 297 (300), der von einer weiten Auslegung des Einheitsgedankens mit entgegengesetzten Ergebnissen spricht.

zu pauschaler Maßstab für die Verknüpfung von Teilrechtsordnungen. Er ist deshalb auch nicht rechtsstaatlich begründbar, vielmehr dazu angetan, legitime, nach Art. 3 sogar verfassungsrechtlich notwendige Wertungsdifferenzen zwischen Rechtsgebieten hinter einem bloßen Ideal der Einheit[39] verschwinden zu lassen. Man denke nur an die vom Standpunkt des Steuerrechts aus einleuchtende, in §§ 40 ff. AO angeordnete Besteuerung zivilrechtlich mißbilligter Rechtsgeschäfte[40].

Solchen Wertungsdifferenzen trägt der Versuch, die Anknüpfung an verwaltungsrechtliche Vorgaben im Zivil- und Strafrecht mit Hilfe des *Grundsatzes der Widerspruchsfreiheit der Rechtsordnung* zu erreichen[41], besser Rechnung. Weit führt er indessen nicht. Er läßt offen, wann — gemessen an den unterschiedlichen Aufgaben und Konstellationen des Zivil- und Strafrechts im Verhältnis zum Verwaltungsrecht — eine rechtsstaatlich mißbilligenswerte Desorientierung des Bürgers infolge widersprüchlicher Verhaltensanweisungen[42] eintritt. Die Widerspruchsfreiheit der Rechtsordnung umschreibt somit zwar ein rechtsstaatlich gebotenes Ergebnis. Sie bestimmt indessen nicht, wann und wie an das Verwaltungsrecht anzuknüpfen ist.

### *b) Systemgerechtigkeit*

Zu den im Verwaltungsrecht wurzelnden Gründen für eine Vorgabewirkung des Verwaltungsrechts gehört das vor allem mit Art. 3 GG in Verbindung stehende Gebot der Systemgerechtigkeit. Es beinhaltet nicht nur für den Gesetzgeber selbst, sondern auch für die rechtsanwendenden Instanzen die Verpflichtung zur folgerichtigen Weiterführung einer einmal statuierten gesetzlichen Ordnung. Seiner Anwendung auf die Beziehungen des Verwaltungsrechts zum Zivil- und Strafrecht steht auf den ersten Blick entgegen, daß hier verschiedene Regelungssysteme in einen folgerichtigen Zusammenhang gebracht werden sollen. Ein prinzipieller Einwand ist dies aber nicht. Willkür in der Rechtsetzung und -(s)anwendung kann es auch dann geben, wenn Sachverhalte in den einzelnen Teilrechtsordnungen ohne ein-

[39] Dazu eingehend und überzeugend *P. Fischer,* in: Hübschmann/Hepp/Spitaler, AO, § 40 Rdn. 19; ferner *E. J. Lampe,* Diskussionsbeitrag, wie Fn. 37, L 158; *Samson* (Fn. 17), S. 801 f; richtig jetzt auch die Bedenken bei *Gerhardt* (Fn. 25), S. 550.

[40] Dazu *Kirchhof,* wie vor, S. 10, und in neuerer Zeit *H. Vogel* (Fn. 31).

[41] So etwa *Ossenbühl* (Fn. 22), durchgängig; *Wagner,* wie vor, S. 95, 99.

[42] Diese Konkretisierung des Rechtsstaatsprinzips beispielsweise *Breuer* (Fn. 23), S. 177; *Wagner,* wie vor, S. 151.

leuchtenden Grund unterschiedlich bewertet werden[43]. Zu beachten ist allerdings, daß die dirigierende Kraft der Systemgerechtigkeit, bedingt durch die Eigengesetzlichkeiten der Teilrechtsordnungen, schwächer ist als im Kontext einer einzelnen Rechtsmaterie[44]. Am ehesten wird sie mit Bezug auf das Strafrecht wirken, soweit dieses mit dem Ziel der Sanktionsverstärkung eingesetzt wird.

### *c) Vertrauensschutz und administrativer Kompetenzschutz*

Das Verwaltungsrecht ist auf administrativen Vollzug angewiesen und ausgerichtet. Auch der Bürger erfährt es regelmäßig in der von der Verwaltung „konkretisierten und mediatisierten Gestalt"[45]. Daraus ergeben sich zusätzliche Gründe gerade für die Vorgabewirkung administrativer Entscheidungen im Zivil- und Strafrecht. Sie liegen nicht allein im *Schutz desjenigen, der auf die Legalisierungswirkung behördlicher Gestattungen vertrauen können soll*[46] — im Zivilrecht freilich nur mit Einschränkungen, wenn es um Ansprüche Dritter geht, über die verwaltungsrechtlich nicht entschieden wurde. Die zivil- und strafrechtliche Anknüpfung an administrative Entscheidungen kann auch aus Gründen des *Kompetenzschutzes der Verwaltung* geboten sein, wenn die Zusammenschau zivil- oder strafrechtlicher Normen mit dem Verwaltungsrecht einen Beurteilungs- und Entscheidungsvorrang der Verwaltung im Verhältnis zu abweichenden Einschätzungen der ordentlichen Gerichtsbarkeit ergibt. Je nach Rechtslage kann ein solcher Vorrang über die Bindung an wirksame behördliche Festlegungen dadurch hinausgehen, daß zivil- oder strafrechtliche Bewertungen eines Sachverhalts nicht ohne vorgängige Entscheidung der Verwaltung vorgenommen werden dürfen, wie dies im Steuerrecht diskutiert wird[47]. Immer ist der Vorrang Ausdruck einer spezifischen Verantwortung und Qualifikation der Exekutive in der Bestimmung dessen, was für die Gesetzeskonkretisierung not-

---

[43] Vgl. bereits *Kirchhof,* wie vor, S. 31 und *H. Schneider,* Gesetzgebung, 1982, Rdn. 57 f.; zweifelnd *Breuer,* wie vor, S. 176 f.

[44] Vgl. dazu v. Mangoldt/Klein/Starck, Grundgesetz, 3. Aufl., Art. 3 Rdn. 37 und *Jarass/Pieroth,* Grundgesetz, 1989, Art. 3 Rdn. 19.

[45] *Breuer* (Fn. 23), S. 177.

[46] So die strafrechtliche Literatur, siehe etwa *Horn,* Umweltstrafrecht — eine After-Disziplin, UPR 1983, 362 (367); *Seier,* Probleme des Umweltstrafrechts, JA 1985, 23 (25).

[47] Vgl. die entsprechende Einschätzung in bezug auf das Steuerstrafrecht bei *Isensee* (Fn. 27), S. 1009 f. und *Kirchhof* (Fn. 19), S. 2984.

wendig und für den Bürger im Einzelfall rechtens sein soll[48]. Er steht deshalb in direkter Beziehung zum Gewaltenteilungsgrundsatz und zum rechtsstaatlichen Gebot klarer Kompetenzabgrenzung[49].

### d) *Grundrechtlicher Sanktions- und Verfahrensschutz*

Als Sanktions- und Verfahrensschranke zum Schutz der Grundrechte kann sich das Verwaltungsrecht auswirken, wenn aus Verstößen *strafrechtliche* Konsequenzen gezogen werden sollen. Hintergrund dieses Ansatzes ist, daß Strafen im freiheitlichen Rechtsstaat immer letztes Mittel bleiben müssen[50], weil sie typischerweise den stärksten Eingriff mit sich bringen. Unausweichlich wird deshalb bei Anknüpfung an die Verletzung verwaltungsrechtlicher Pflichten eine „vergleichende Gesamtwürdigung verwaltungsrechtlicher, ordnungswidrigkeitenrechtlicher und strafrechtlicher Reaktionsmöglichkeiten"[51]. Dabei kann sich herausstellen, daß der Einsatz der Strafsanktion prinzipiell nicht erforderlich oder im Einzelfall unangemessen ist[52].

Bei strittiger Verwaltungsrechtskonformität eines Verhaltens, von der die Strafbarkeit abhängt, können sich aus dem Postulat „Strafe als ultima ratio" und aus der verfahrensprägenden Dimension der Grundrechte[53] Auswirkungen auf den zeitlichen Ablauf des Strafverfahrens ergeben. Der Strafrichter wird in einem solchen Falle zu prüfen haben, ob nicht trotz bestehender Vorfragenkompetenz dem grundrechtsschonenderen Verwaltungs- bzw. Verwaltungsgerichtsverfahren[54] der Vortritt zu lassen ist, sofern eine Aussetzung hierzu verfahrensrechtlich die Möglichkeit bietet. Die bislang nicht konsensfähige Erweiterung der Garantie des Art. 19 Abs. 4 GG auf den Schutz vor dem

---

[48] Mit Recht betont von *Isensee,* wie vor, S. 1009; *Kirchhof,* wie vor, S. 2987. Vgl. auch *Ossenbühl* (Fn. 12), L 42 ff. und jüngst *Gerhardt* (Fn. 25), S. 551 ff.

[49] Im ersteren Sinne *Isensee,* wie vor, S. 1009, und *Kirchhof,* wie vor; im letzteren Sinne: *Breuer* (Fn. 23), S. 179, 180.

[50] Siehe etwa *BVerfGE* 6, 389 (433); 39, 1 (47); — im strafrechtlichen Schrifttum ist z. T. von „Subsidiarität" des Strafrechts die Rede, so etwa *H. L. Günther,* Die Genese eines Straftatbestandes, JuS 1978, 8 (13).

[51] Zum ganzen bereits *Breuer,* wie vor, S. 177.

[52] Vgl. *Ossenbühl* (Fn. 12), L 40 ff. und *Schendel,* Sanktionen im Umweltrecht, dargestellt am Beispiel des Wasserrechts, UTA 9 (1989), 189 (201 ff).

[53] In diese Richtung bereits *Isensee* (Fn. 27), S. 1010. — Allgemein zur verfahrensprägenden Dimension der Grundrechte zuletzt *Stern,* Staatsrecht, Bd. III/1 (1988), § 69 V 6, 7.

[54] Argument von *Kirchhof* (Fn. 19), S. 2984.

Richter[55] wird damit entbehrlich. Keinesfalls hilft Art. 101 Abs. 1 Satz 1 GG weiter: Da das Verwaltungsrecht nach §§ 262 StPO[56] und 396 AO prinzipiell in die strafgerichtliche Vorfragenkompetenz fällt, verletzt die Mitentscheidung darüber nicht den gesetzlichen Richter[57].

## *III. Gegengründe*

Gegengründe gegen eine Vorgabewirkung des Verwaltungsrechts werden — veranlaßt durch die in der Gesetzgebung besonders augenfällige Abhängigkeit des Strafrechts vom Verwaltungsrecht — vor allem im strafrechtlichen Schrifttum thematisiert. Dabei spielt der Gesichtspunkt eine erstrangige Rolle, dem Strafrecht die Eigenständigkeit zu sichern. Als deren Ausdruck erscheint die Möglichkeit autonomer Ausformung des Rechtsgüterschutzes[58], der Anspruch, den Grad der Berücksichtigung des Verwaltungsrechts von den maßgeblichen Wertungen des Strafrechts abhängig zu machen[59] und sich von verwaltungsrechtlichen Vorgaben zu befreien, sofern Eigengesetzlichkeiten und Regelungsziele des Strafrechts es notwendig machen[60]. Über die Tragfähigkeit dieses Autonomieanspruchs ist an dieser Stelle nichts zu sagen. Daß er aber in bestimmten Problemzusammenhängen einen Grund gegen die Vorgabewirkung des Verwaltungsrechts oder für deren Einschränkung darstellen kann, läßt sich nicht von vornherein in Abrede stellen. Das gilt sinngemäß auch für das Zivilrecht. Es unterscheidet sich vom Verwaltungsrecht durch „grundsätzlich unterschiedliche Ausgangspunkte und Funktionen"[61], auch dann noch, wenn es u. a. in bezug auf die Eigentumsordnung einer wachsenden „Entprivatisierung" ausgesetzt sein sollte[62].

---

[55] Vgl. *Kirchhof,* wie vor, m. Nachw. in Fn. 94. — Nach der nicht überzeugenden Auffassung von *Kühl* (Fn. 13), S. 846, zwingt Art. 19 Abs. 4 zur eigenständigen Prüfung des Strafrichters.

[56] Der insoweit entsprechend gilt: *Gollwitzer,* in: Loewe/Rosenberg, StPO, 24. Aufl., § 262 Rdn. 1 (1986).

[57] Zutreffend *Gollwitzer,* wie vor, Rdn. 5 m. Nachw.

[58] *Rudolphi,* Primat des Strafrechts im Umweltschutz? (I), NStZ 1984, 193 (194); siehe auch *Breuer* (Fn. 23), S. 178.

[59] *Schünemann,* Die Strafbarkeit von Amtsträgern im Gewässerstrafrecht, wistra 1986, 235 (239); *Heine/Meinberg* (Fn. 17), D 121.

[60] *Winkelbauer,* Die Verwaltungsabhängigkeit des Umweltstrafrechts, DÖV 1988, 723 (725).

[61] Vgl. nur *Maurer,* Allgemeines Verwaltungsrecht, 7. Aufl. 1990, § 3 Rdn. 13.

[62] Vgl. *Isensee,* Die Ambivalenz des Eigentumsgrundrechts, in: Ossenbühl (Hrsg.), Eigentumsgarantie und Umweltschutz, 1990, 3 ff., 11 ff.

## C. Verwaltungsrechtliche Vorgaben im Strafrecht

### *I. Bestandsaufnahme der Verknüpfungen zwischen Verwaltungsrecht und Strafrecht in der Strafgesetzgebung*

Geht man den Gründen und Gegengründen einer Vorgabewirkung des Verwaltungsrechts im Strafrecht genauer nach, erweist sich, im Grundsätzlichen wie bei der notwendigen Auffächerung in Einzelprobleme, eine Bestandsaufnahme der Strafgesetzgebung als hilfreich. Aus ihr ergeben sich Fragen an den Gesetzgeber. Sie bestimmt zu einem wesentlichen Teil den Rahmen, in dem die Rechtsanwendung verwaltungsrechtliche Vorgaben folgerichtig weiterzuführen und dadurch zur Widerspruchsfreiheit der Rechtsordnung beizutragen hat[63].

#### *1. Tatbestandliche Anknüpfung*

Am verbreitetsten ist in der Strafgesetzgebung die tatbestandliche Anknüpfung an das Verwaltungsrecht. Im Detail bietet sich ein höchst unterschiedliches Bild, das nur stichwortartig beschrieben werden kann.

(1) *Begriffe, die aus dem Verwaltungsrecht stammen oder ihm geläufig sind,* werden z.T. explizit modifiziert[64]. In der Regel ist es jedoch der Rechtsanwendung überlassen, zu bestimmen, ob ein Begriff im verwaltungsrechtlichen oder in einem spezifisch strafrechtlichen Sinne zu verstehen ist[65].

---

[63] Hierzu allgemein: *P. Kirchhof* (Fn. 31), S. 31 f.

[64] Zum Gewässerbegriff: § 324 StGB und *Schönke/Schröder/Cramer,* § 324 Rdn. 3; *Steindorf,* Leipziger Kommentar zum StGB (LK), § 324 Rdn. 8; zum Anlagenbegriff: § 325 StGB und *Schönke/Schröder/Stree,* Rdn. 4; *Steindorf,* LK § 325 Rdn. 17; zum Abfallbegriff: § 326 Abs. 1 StGB und *Schönke/Schröder/Lenckner,* Rdn. 2a.

[65] Beispiele sind neben der altbekannten rechtmäßigen Diensthandlung im Sinne des § 113 StGB die Begriffe der öffentlichen Sicherheit in § 125 Abs. 1 StGB, des Giftes bzw. der gesundheitsgefährdenden Stoffe, der Freisetzung von Giften in Umweltmedien (§§ 319, 330 a StGB) und der schädlichen Umwelteinwirkungen im Umweltstrafrecht. Auch der Subventionsbegriff des § 264 Abs. 6 StGB gehört hierher, soweit er darauf abstellt, daß die Subvention wenigstens teilweise einen Wirtschaftsförderungszweck haben muß: *Schönke/Schröder/Lenckner,* § 264 Rdn. 19; *Tiedemann,* in: LK § 264 Rdn. 41.

(2) Vermehrt ist die als Ordnungswidrigkeit geläufige *Mißachtung*[66] *eines vollziehbaren Verwaltungsaktes* durch das Umweltstrafrecht zum Tatbestand von Strafnormen geworden[67].

(3) Nur selten knüpft die Strafbarkeit ausdrücklich an die *Rechtmäßigkeit einer Amtshandlung* an: Im Strafgesetzbuch vor allem beim Widerstand gegen die Staatsgewalt (§ 113 StGB) sowie beim Vollstreckungs- und Siegelbruch (§ 136 StGB).

(4) Mehrfach stellt das Strafgesetzbuch das *Handeln ohne vorherige verwaltungsbehördliche Gestattung* unter Strafe — so beim unerlaubten Glücksspiel (§ 284 StGB) und neuerdings im Umweltstrafrecht.

(5) Die im Nebenstrafrecht verbreitete *Anknüpfung der Strafbarkeit an näher bezeichnete Verwaltungsrechtsnormen* findet sich auch im Strafgesetzbuch, so in § 315 a Abs. 1 Nr. 2, der grob pflichtwidrige Verstöße gegen Rechtsvorschriften zur Sicherheit des Verkehrs erfaßt, die zur Gefährdung von Personen und Sachgütern führen, und im Umweltstrafrecht.

(6) Neuerdings greift der Gesetzgeber im Strafgesetzbuch verstärkt zu einer im Schrifttum als „Zauberformel" apostrophierten Tatbestandsumschreibung[68]: Für strafbar erklärt werden bestimmte *Verhaltensweisen, die „unter Verletzung verwaltungsrechtlicher Pflichten"* erfolgen[69]. Nach der geltenden, künftig generalisierten Legaldefinition umfaßt die Formel Verstöße gegen Rechtsvorschriften, vollziehbare Untersagungen, Anordnungen und Auflagen, die dem Strahlen- bzw. Umweltschutz dienen[70]. Bemerkenswert ist zudem, daß die Strafbarkeit derzeit durchweg erst bei groben Verstößen der genannten Art

---

[66] Vgl. nur § 144 Abs. 1 Nr. 3 GewO; § 46 Abs. 1 Nr. 3 AtomG; § 39 Gentechnikgesetz.

[67] §§ 311 d, 327, 328 Abs. 1, 329 Abs. 1 Satz 2, 330 Abs. 1 Nr. 2–4 StGB. — Außerhalb des Umweltstrafrechts ist auf die nach § 20 Vereinsgesetz strafbare Zuwiderhandlung gegen ein vollziehbares Vereinigungsverbot hinzuweisen. Darüber hinaus stellt § 85 Abs. 1 Nr. 2 StGB mit höherem Strafmaß die Mißachtung eines unanfechtbaren Vereinigungsverbotes unter Strafe.

[68] So *Steindorf*, in: LK vor § 324 Rdn. 10.

[69] Derzeit: §§ 311 d, 325 StGB. Künftig maßgebend auch für die Bodenverunreinigung, sonstige Immissionen, die Nichtablieferung radioaktiver Abfälle, die Lagerung von Gefahrstoffen oder radioaktiven Stoffen und die Beförderung gefährlicher Güter: Entwurf eines Strafrechtsänderungsgesetzes — Zweites Gesetz zur Bekämpfung der Umweltkriminalität, BT-Drucks. 11/6453 v. 14. 2. 1990, §§ 324 a, 325 a, 326 Abs. 3, 328 Abs. 3, Abs. 4.

[70] §§ 311 d Abs. 4, 325 Abs. 4 StGB; BT-Drucks. a. a. O., § 330 d Nr. 4.

einsetzt, während das künftige Recht stärker differenzieren will[71]. Im Einzelfall wird damit eine Gewichtung der verletzten verwaltungsrechtlichen Pflicht notwendig[72].

(7) Einen besonderen Fall der Verletzung verwaltungsrechtlicher Pflichten stellt die *Anknüpfung der Strafbarkeit an die Verletzung von Informationspflichten zum eigenen Vorteil* dar. So ist für den Tatbestand des Subventionsbetruges nach § 264 StGB u. a. wesentlich, daß der Täter unvollständige oder unrichtige Angaben über subventionserhebliche Tatsachen macht oder solche Angaben unterläßt. Darauf, ob dieses Verhalten Einfluß auf die Subventionsentscheidung gehabt hat, kommt es nicht an. Demgegenüber muß bei der Steuerhinterziehung nach § 370 AO die ähnlich formulierte Verletzung der steuerrechtlichen Informationspflichten zu einer Steuerverkürzung geführt haben.

### 2. *Berücksichtigung des Verwaltungsrechts als Rechtfertigungsgrund*

Verschiedentlich knüpfen Strafnormen trotz Nähe des geschützten Rechtsgutes zum Verwaltungsrecht an dieses nicht im Tatbestand an. Verwaltungsrechtskonformes Handeln kann dann im Rahmen des Rechtswidrigkeitsurteils Berücksichtigung finden. Das trifft etwa auf die Vergiftungstatbestände (§§ 319, 330 a StGB), die Gewässerverunreinigung (§ 324 StGB), z. T. die Abfallbeseitigung (§ 326 Abs. 1 StGB) sowie die schwere Umweltgefährdung (§ 330 a StGB) zu[73].

### 3. *Berücksichtigung des Verwaltungsrechts als Strafbarkeitseinschränkung*

Strafbarkeitseinschränkend berücksichtigt die Strafgesetzgebung z. T. die Auswirkungen einer Straftat auf Rechtsgüter, die (auch) verwaltungsrechtlich geschützt sind, und das Bemühen um Rückgängigmachung.

---

[71] §§ 311 d Abs. 4, 325 Abs. 4 StGB. Im gleichen, an die grobe Pflichtwidrigkeit anknüpfenden Sinne BT-Drucks. a. a. O., § 311 d Abs. 3, §§ 325 Abs. 2, 328 Abs. 3, 4; demgegenüber einfacher Verstoß nach §§ 311 d Abs. 1, 324 a, 325 Abs. 1, 325 a, 326 Abs. 3 des Entwurfes.

[72] Siehe nur *Schönke/Schröder/Stree*, § 325 Rdn. 8. — Entsprechendes gilt für den Tatbestand der Abfallbeseitigung, soweit dieser auf wesentliche Abweichungen von einem vorgeschriebenen oder zugelassenen Verfahren abstellt. Damit wird im Sinne einer Minimaklausel ausgeschlossen, daß jede an sich verwaltungsrechtswidrige Abweichung den Tatbestand erfüllt.

[73] Streitig wie hier *Steindorf*, LK § 326 Rdn. 60; *Sack*, Umweltstrafrecht, § 326 Rdn. 145. Teilweise abweichend *Schönke/Schröder/Lenckner*, § 326 Rdn. 16.

(1) Im Umweltstrafrecht hat das Bestreben, geringfügige Verstöße gegen das Verwaltungsrecht von der Strafbarkeit auszunehmen[74], seinen Niederschlag auch in einem Strafausschließungsgrund sui generis, der sog. Minima-Klausel gefunden[75]. Danach bleibt die Beseitigung geringer Abfallmengen straflos, wenn sie „offensichtlich" nicht zu schädlichen Umwelteinwirkungen führt (§ 326 Abs. 5 StGB).

(2) *Vorschriften, die einen Anreiz zur Beseitigung der Folgen eines Verwaltungsrechtsverstoßes schaffen sollen,* begegnen in unterschiedlichen Varianten: Nach § 330 b StGB kann die Strafe gemildert oder von ihr abgesehen werden, wenn der Täter im Falle einer schweren Umweltgefährdung oder der Freisetzung von Giften freiwillig die Gefahr abwendet oder sich bei Abwendung durch Dritte darum ernsthaft bemüht. Beim Subventionsbetrug bleibt straflos, wer die Subventionsgewährung verhindert oder sich darum ernsthaft bemüht (§ 264 Abs. 4 StGB). Ähnliches gilt für die Steuerhinterziehung bei Selbstanzeige (§ 373 AO).

### *II. Ausgewählte Einzelfragen*

#### *1. Eingrenzung*

Um das gesetzliche Erscheinungsbild der Verknüpfungen des Verwaltungsrechts mit dem Strafrecht ranken sich zahlreiche Kontroversen. Aus diesen können nur wenige aufgegriffen werden. Dabei handelt es sich um solche, die einerseits von prinzipiellem, zukunftsbezogenem Interesse sind, an denen sich andererseits die Tragfähigkeit der Gründe für und gegen eine Vorgabewirkung des Verwaltungsrechts genauer demonstrieren läßt.

#### *2. Die Vorgabewirkung des Verwaltungsrechts für den Strafgesetzgeber*

Die Bestandsaufnahme des materiellen Strafrechts ergibt eine unterschiedliche Verknüpfungsdichte mit dem Verwaltungsrecht, je nachdem, ob die Anknüpfung auf der Ebene der Tatbestandsumschreibung erfolgt, ob sich die „verwaltungsrechtliche Vorwürdigung des Sach-

---

[74] Vgl. oben 1. (6.), am Ende, aber auch § 329 Abs. 3 StGB und das dort genannte Merkmal schwerwiegender Eingriffe (hierzu BT-Drucks. 8/2382, S. 22 und allgemein *Ostendorf,* Das Geringfügigkeitsprinzip als strafrechtliche Auslegungsregel, GA 1982, 333 f.).

[75] Siehe dazu *Steindorf,* LK, § 326 Rdn. 67.

verhaltes" im „generellen Negativbegriff" „unbefugt" „versteckt"[76] oder im Bereich der Schuld bzw. Rechtsfolgen zu berücksichtigen ist. Die Ansicht, daß die Entscheidung des Gesetzgebers für die eine oder andere Variante letztlich ohne Bedeutung sei, wenn nur die Konkordanz mit dem Verwaltungsrecht im Ergebnis angemessen gewährleistet werde[77], überzeugt nicht. Erfolgt die Berücksichtigung nicht schon im Tatbestand, ist die Vorgabewirkung des Verwaltungsrechts schwächer: Der Gesetzgeber hat sich für eine verwaltungsrechtsunabhängige Fixierung des strafwürdigen Verhaltens entschieden; der strafrechtsspezifische Freiraum zur Berücksichtigung verwaltungsrechtlicher Vorgaben ist zugunsten der Strafjustiz zumindest tendenziell und kollisionsfördernd erweitert. An diese Beobachtung schließt die Frage an, inwieweit sich der Strafgesetzgeber bei der Gestaltung der Straftatbestände von verwaltungsrechtlichen Vorprägungen eines Lebensbereichs lösen darf. Ein auffälliges und vieldiskutiertes Beispiel ist die weitgehend verwaltungsrechtsunabhängige Gestaltung des Straftatbestandes der Gewässerverunreinigung.

In diesem Zusammenhang ist die Ansicht geäußert worden, dem Strafrecht bleibe in bezug auf Lebensbereiche, die durch das Verwaltungsrecht und dessen administrative Konkretisierung „besetzt" sind, grundsätzlich keine Domäne zu eigenständiger Normierung. Verwaltungsrechtsunabhängig dürfe nur „superqualifiziertes" Handlungs- und Erfolgsunrecht strafrechtlich sanktioniert werden[78]. Die Gesetzgebung entspricht ihr *aufs Ganze* gesehen durchaus, indem sie mit steigender Tendenz verwaltungsrechtliche Vorgaben bereits in die tatbestandliche Umschreibung strafwürdigen Unrechts aufnimmt. Andererseits dürfte es gerade im *Einzelfall* schwerfallen, den Strafgesetzgeber auf eine sanktionsverstärkende, unmittelbar an das Verwaltungsrecht anschließende Ausgestaltung des Straftatbestandes festzulegen. Die Einheit der Rechtsordnung ist dazu als Pauschalformel nicht geeignet. Das Gebot der Widerspruchsfreiheit verbietet zwar die Desorientierung des Bürgers durch widersprüchliche Verhaltens-

---

[76] So *Tiedemann*, Die Neuordnung des Umweltstrafrechts, 1980, S. 25 in bezug auf das Umweltstrafrecht.

[77] Generell bejahend: *Tiedemann/Kindhäuser*, Umweltstrafrecht — Bewährung oder Reform, NStZ 1988, 337 (342). Verneinend: *Breuer* (Fn. 23), S. 180; *Samson* (Fn. 17), S. 801. Vorsichtiger *Papier*, Zur Disharmonie zwischen Verwaltungs- und strafrechtlichen Bewertungsmaßstäben im Gewässerstrafrecht, NuR 1986, 1 (2).

[78] So insbesondere *Breuer* (Fn. 23), S. 178, und *ders.*, Empfehlen sich Änderungen des Umweltstrafrechts, insbesondere in Verbindung mit dem Verwaltungsrecht, NJW 1988, 2072 (2077).

anweisungen. Als ergebnisorientierter Maßstab zwingt es jedoch nicht zu einer bereits am Straftatbestand ansetzenden Anknüpfung an verwaltungsrechtliche Vorgaben. Bleibt der Topos der Systemgerechtigkeit. Ihm mag man entnehmen, daß eine das Verwaltungsrecht „konsequent" weiterführende Strafgesetzgebung in besonderem Maße gefordert ist, wenn es um die strafrechtliche Bewertung eines Lebensbereiches geht, dessen Gestaltung Aufgabe der Verwaltung und der von ihr in Form gebracht ist. Doch verfügt der Gesetzgeber über eine weitgehende Freiheit, sozialschädliches Verhalten strafrechtlich zu fixieren. Deshalb läßt sich kaum der Vorwurf der Systemwidrigkeit erheben, wenn sich der Strafgesetzgeber aus Gründen, die nicht evident sachwidrig sind und hinreichendes Gewicht besitzen, für einen strafrechtlichen Rechtsgüterschutz entscheidet, bei dem die Verwaltungsrechtswidrigkeit nur eine unter mehreren sozialschädlichen Verhaltensweisen darstellt und deshalb Einfluß erst auf das Rechtswidrigkeitsurteil oder die Schuldfeststellung gewinnt. Solche Gründe liegen nicht nur im Schutz höchstpersönlicher Rechtsgüter. Sie können auch, wie bei § 324 StGB, umweltspezifischer Natur sein oder allgemeiner darauf beruhen, daß der Gesetzgeber in der administrativen Konkretisierung eines Lebensbereiches keinen sicheren oder flächendeckenden Schutz erblickt[79]. Aus verwaltungsrechtlicher Sicht mag dieses Ergebnis „befremdlich" erscheinen[80]. Aus strafrechtspolitischer Sicht kann es unvermeidbar sein. Wegen der bereits hervorgehobenen kollisionsfördernden Wirkung einer vom Verwaltungsrecht abweichenden tatbestandlichen Umschreibung strafbewehrten Verhaltens ist der Gesetzgeber allerdings gut beraten, wenn er von seiner Gestaltungsfreiheit in bezug auf verwaltungsrechtliche Vorprägungen bei der Strafrechtsnormierung nur sparsam Gebraucht macht.

### 3. *Die strafrechtliche Relevanz von Verwaltungsvorschriften*

Die strafrechtliche Relevanz von Verwaltungsvorschriften läßt sich am Beispiel des Subventionsbetruges und des Umweltstrafrechts demonstrieren.

#### a) *„Gesetzesvertretende" Verwaltungsvorschriften*

Bei gesetzesfrei gewährten Subventionen ergeben sich die subventionserheblichen Tatsachen, über die getäuscht wird oder deren

---

[79] Siehe hierzu *Steindorf*, LK, § 324 Rdn. 6 betr. § 324 StGB.

[80] So *Breuer*, Änderungen des Umweltstrafrechts (Fn. 78), S. 2079 betr. § 324 StGB.

Angabe „entgegen den Rechtsvorschriften über die Subventionsgewährung“ unterbleibt, typischerweise aus *Verwaltungsvorschriften, die die „Funktion von gesetzesvertretenden Verordnungen“ haben*[81]. Die Vorgabewirkung dieser Vorschriften für das Strafrecht wird im Hinblick auf den Gesetzesvorbehalt des Art. 103 Abs. 2 GG diskutiert[82].

Unproblematisch ist die Vorgabewirkung bei positiven Täuschungshandlungen. § 264 Abs. 1 Nr. 1 StGB umschreibt, insoweit dem allgemeinen Betrugstatbestand vergleichbar, die Täuschungshandlung selbst und hinreichend präzise. In der Bezugnahme der Verwaltung auf Verwaltungsvorschriften liegt deshalb keine den Gesetzesvorbehalt involvierende konstitutive Bestimmung des Straftatbestandes[83]. Anders liegt es bei der rechtsvorschriftswidrig unterlassenen Angabe subventionserheblicher Tatsachen im Sinne des § 264 Abs. 1 Nr. 2 StGB. Fallen darunter auch Verwaltungsvorschriften, bestimmen diese Inhalt und Umfang der Aufklärungspflicht konstitutiv. Aus der Sicht des Strafrechts ist dies mit Art. 103 Abs. 2 GG unvereinbar, weil danach die Strafbarkeit nur durch außenverbindliche Rechtsnormen festgelegt werden darf. Man behilft sich deshalb mit der in § 3 Subventionsgesetz statuierten allgemeinen Offenbarungspflicht über subventionserhebliche Tatsachen[84]. Verwaltungsrechtlich könnte entgegengehalten werden, daß „gesetzesvertretende“ Verwaltungsvorschriften in der Leistungsverwaltung zunehmend als „originäres Administrativrecht mit Außenwirkung“ aufgefaßt werden und diese Entwicklung folgerichtig auch zu einer Neuinterpretation des strafrechtlichen Gesetzesvorbehaltes führen müsse[85]. Indessen ist diese Entwicklung nicht abgeschlossen. Daß das Strafrecht ihr vorgreift, wird man nicht verlangen können. Eine konstitutiv die Strafbarkeit bestimmende Vorgabewirkung gesetzesvertretender Verwaltungsvorschriften scheidet deshalb solange und insoweit aus, wie die Außenwirkung im Verwaltungsrecht nicht definitiv geklärt ist.

---

[81] Vgl. *Ossenbühl,* in: Erichsen/Martens, Allgemeines Verwaltungsrecht, 8. Aufl. 1988, § 7 IV 2 b) bb) m. w. Nachw.

[82] *W. Löwer,* Rechtspolitische und verfassungsrechtliche Bedenken gegen das 1. Wirtschaftskriminalitätsgesetz, JZ 1979, 621 (629 f.); *Ranft,* Die Rechtsprechung zum sogenannten Subventionsbetrug (§ 264 StGB), NJW 1986, 3163 (3170 f.); *Schönke/Schröder/Lenckner,* § 264 Rdn. 34, 52 f.; *BayObLG,* NJW 1982, 2202 f.

[83] Abweichend nur *Löwer,* a. a. O.

[84] *Schönke/Schröder/Lenckner,* a. a. O., Rdn. 53 m. w. Nachw.; vgl. aber auch *BayObLG,* wie vor.

[85] So *Löwer,* wie vor. – Zum Grundsätzlichen auch *Ossenbühl,* Verwaltungsvorschriften und Grundgesetz, 1968, S. 493 ff.

### *b) Normkonkretisierende Verwaltungsvorschriften*

aa) Erhebliche Konflikte mit dem Strafrecht zeichnen sich bei den sogenannten normkonkretisierenden Verwaltungsvorschriften ab, wie sie namentlich im Umweltrecht zur näheren Festlegung naturwissenschaftlich-technischer Standards (gesetzlich) vorgesehen sind[86]. Wegen ihrer angeblich fehlenden Außenwirkung wird ihnen als solchen die bindende Wirkung abgesprochen[87]. Erst durch die Bezugnahme in einem Verwaltungsbescheid sollen sie auch strafrechtliche Relevanz bekommen[88], nach anderer Ansicht für die strafrechtliche Würdigung nur Anhaltspunkte bieten[89], zumal wenn sie mit strafrechtlichen Verhaltensmaßstäben nicht übereinstimmen[90]. Dem entspricht, daß die Strafgesetzgebung von ihnen keine Notiz nimmt[91], obschon sich im Verwaltungsrecht inzwischen eine Bindung der Verwaltungsgerichte an normkonkretisierende Verwaltungsvorschriften abzeichnet. Diese Bindung beruht wesentlich darauf, daß die Vorschriften naturwissenschaftlich-technische Aussagen enthalten und ihr Zustandekommen in einem besonderen Verfahren eine Sachgerechtigkeit verbürgt, die Abweichungen nur bei Veralten oder atypischen Fallgestaltungen erlaubt[92].

Für den Bereich des Strafrechts sollte aus den nachfolgend genannten Gründen gleichfalls eine *prinzipielle Bindung der Strafjustiz an*

---

[86] Vgl. nur § 7 a WHG; § 48 BImSchG; § 4 Abs. 5 AbfallG; § 45 Abs. 2 Strahlenschutzverordnung und *Ossenbühl,* Autonome Rechtsetzung der Verwaltung, in: Isensee/Kirchhof, Handbuch des Staatsrechts, Bd. III (1988), § 65 Rdn. 7 ff.

[87] Siehe *Rudolphi* (Fn. 58), S. 250; *Schönke/Schröder/Stree,* § 325 Rdn. 19; *Steindorf,* LK, § 325 Rdn. 6; *Tiedemann/Kindhäuser* (Fn. 76), S. 243 f.

[88] *Möhrenschlager,* Neuere Entwicklungen im Umweltstrafrecht des Strafgesetzbuches, NuR 1983, 209, 213.

[89] *Schönke/Schröder/Stree,* wie vor; verwaltungsrechtsnäher (generelle Aussagekraft als Sachverständigengutachten): *Heinz,* Probleme des Umweltstrafrechts im Spiegel der Literatur, NStZ 1981, 253 (257); *Schönke/Schröder/Stree,* § 325 Rdn. 19.

[90] So etwa *Rudolphi* (Fn. 58), S. 251; *Schönke/Schröder/Stree,* wie vor; *Lackner,* StGB, 18. Aufl. 1989, § 325 Anm. 5; *Sack,* Umweltstrafrecht, § 325 StGB Rdn. 40 (trotz prinzipieller Bejahung der Bindungswirkung in Rdn. 18).

[91] Dazu BT-Drucks. 11/6453, S. 11 sub. 4 und S. 30, linke Spalte. – Dies in gewissem Gegensatz zur Bezugnahme auf allgemeine Regeln der Technik in den §§ 323 und 330 Abs. 1 Nr. 3 StGB. Bedenken hinsichtlich dieser Bezugnahme aber bei *Schünemann,* Die Regeln der Technik im Strafrecht, Festschrift Lackner, 1987, 367 ff.; dazu *Lackner,* § 323 Anm. 2 b.

[92] *BVerwGE* 72, 300 (320 f.) – Whyl; *OVG Münster,* DVBl. 1988, 152 (153) – TA Luft.

*normkonkretisierende Verwaltungsvorschriften* angenommen werden[93]. Einerseits ist der strafrechtliche Pflichtverstoß ohne Zuhilfenahme der darin niedergelegten Standards, insbesondere Grenzwerte, häufig nicht zu ermitteln und können strafrechtliche Freiräume entstehen, wenn nur der Erlaubnisbescheid Verbindlichkeit erzeugt[94]. Das gilt namentlich dann, wenn die Strafbarkeit an die Verletzung verwaltungsrechtlicher Pflichten anknüpft. Andererseits sind die Strafverfolgungsorgane weder befugt noch in der Lage, die im strafrechtlichen Schrifttum erhobene Forderung nach eigenständigen strafrechtlichen Grenzwerten zu erfüllen: rechtlich nicht, weil es sich dabei um eine verhaltensbestimmende Standardisierung handelt, die einer spezifischen Sachverantwortung für die Gestaltung der Verwaltungsrechtslage entspringt. Sie ist dem Verwaltungsgesetzgeber, hinsichtlich der näheren Spezifizierung der Verwaltung, vorbehalten[95]. Hinzu kommt, daß die Standardisierung nicht in der strafrechtstypischen Einzelfallbeurteilung, sondern nur generalisierend erfolgen kann, wenn man nicht in Dilettantismus verfallen will. Ein Sachverständigengutachten im Einzelfall ersetzt sie jedenfalls nicht[96].

Ein besonderer, die Bindung der Strafjustiz an normkonkretisierende Verwaltungsvorschriften tragender Gesichtspunkt ergibt sich aus der Sicht des Bürgers. Er darf prinzipiell darauf vertrauen, daß sein durch normkonkretisierende Verwaltungsvorschriften mitgeprägter Pflichtenumfang auch strafrechtlich respektiert wird.

Bleibt das Bedenken, daß eine Bindung der Strafjustiz an normkonkretisierende Verwaltungsvorschriften mit dem strafrechtlichen Gesetzesvorbehalt des Art. 103 Abs. 2 GG kollidiert. Es läßt sich nicht dadurch überwinden, daß ein Verwaltungsakt den Vorschriften Außenverbindlichkeit gibt. Auch in diesem Fall müßte zusätzlich

---

[93] So *Ossenbühl* (Fn. 22), S. 969 und 972 und wie Fn. 12, L 44 f.; vgl. auch *Hansmann* (Fn. 18), S. 227 und *Breuer* (Fn. 23), S. 178, wonach das verwaltungsrechtsbezogene Strafrecht am Konkretisierungspotential des Verwaltungsrechts teilhaben muß.

[94] Vgl. *Ossenbühl*, Diskussionsbeitrag, in: Vhdlg. d. 57. DJT (1988), Bd. II, L 134; *Laufhütte*, Überlegungen zur Änderung des Umweltstrafrechts, DRiZ 1989, 337 (338). — Ob sie originäres Administrativrecht darstellen (dazu zuletzt eingehend *M. Gerhardt*, Normkonkretisierende Verwaltungsvorschriften, in: Dokumentation zum 9. Verwaltungsrichtertag, 1989, 40 ff.), kann aus den im Text genannten Gründen offenbleiben.

[95] *BVerwGE* 72, 300 (316 f.) im Anschluß an *VG Schleswig*, NJW 1980, 1296; *OVG Lüneburg*, NVwZ 1985, 35 f.

[96] Vgl. auch *Seelmann*, Atypische Zurechnungsstrukturen im Umweltstrafrecht, NJW 1990, 1257 (1261 sub. IV 1); positiver *Hansmann* (Fn. 18), S. 226 f.

darauf abgestellt werden, daß normkonkretisierende Verwaltungsvorschriften keine „verwaltungsautonomen" Standards setzen, sondern generalklauselartig umschriebene Vorgaben der Verwaltungsgesetzgebung näher auszeichnen und deshalb die Strafbarkeit nicht konstitutiv bestimmen. Vieles spricht dafür, daß sie, ähnlich wie in § 264 Abs. 1 Nr. 1 StGB, dann auch unabhängig von Verwaltungsakten Bezugspunkt des Strafrechts sein können.

bb) Von der Bindungswirkung für die Strafjustiz zu unterscheiden ist die *Frage, ob administrative Standards in normkonkretisierenden Verwaltungsvorschriften in jedem Falle und womöglich als alleiniger Maßstab für den strafrechtlichen Pflichtverstoß taugen.* Zur Veranschaulichung kann die Kontroverse über die strafrechtliche Relevanz der wasserrechtlichen Überwachungswerte dienen[97], die in den Verwaltungsvorschriften zu § 7a WHG vorgesehen und im Einzelfall durch den Erlaubnisbescheid festgesetzt werden. Nach den einschlägigen Vorschriften gilt ein Überwachungswert als eingehalten, wenn das arithmetische Mittel der letzten fünf gewässeraufsichtlichen Untersuchungsergebnisse diesen Wert nicht überschreitet, alternativ auch dann, wenn hiervon fünf Untersuchungsergebnisse unter dem Überwachungswert bleiben und keine Einzelprobe um mehr als 100 % darüber liegt[98]. Strafrechtlich geht es darum, ob die Überschreitung eines Überwachungswertes ohne weiteres als „unbefugte" Gewässerverunreinigung qualifiziert werden darf.

Letztlich beruhen alle hier nicht weiter behandelten Schwierigkeiten bei der strafrechtlichen Verarbeitung der wasserrechtlichen Überwachungswerte darauf, daß ein aus Gründen der Verwaltungsvereinfachung geschaffenes und daraufhin konzipiertes Kontrollinstrument der Verwaltung zur Konkretisierung des strafrechtlichen Pflichtverstoßes herangezogen wird[99]. Dahinter steht die stillschweigende Annahme, das Strafrecht lasse sich mit allen verwaltungsrechtlichen Entwicklungen in ein stimmiges Verhältnis bringen. Sie ist durchaus problematisch, weil die Bedürfnisse der Verwaltung nicht ohne weiteres mit den spezifischen Anforderungen konvergieren, die Art. 103

---

[97] Jüngste kritische Darstellung bei *Kloepfer/Brandner,* Rechtsprobleme der Grenzwerte für Abwassereinleitungen, ZfW 28 (1989), 1 (17 ff.).

[98] Beispiel für die erste Variante: 2. AbwasserVV vom 10. 1. 1980 Pkt. 2.3, für die zweite Variante: RahmenabwasserVV vom 1. 9. 1989, beide abgedruckt bei *Kloepfer,* Umweltschutz, Nr. 200/2 und 200/0.

[99] Berechtigte Bedenken bei *Salzwedel,* Diskussionsbeitrag, in: Vhdlg. d. 57. DJT (1988), Bd. II L 139; *Ossenbühl* (Fn. 12), L 50, 52; *Gieseke/Wiedemann/Czychowski,* WHG, 5. Aufl. 1989, § 324 Rdn. 33 m. w. Nachw.

Abs. 2 GG und die Verhältnismäßigkeit an den strafrechtlichen Eingriff stellen. Auch bei prinzipieller Bindung der Strafjustiz an normkonkretisierende Verwaltungsvorschriften wird deshalb die Prüfung notwendig, ob einschlägige Standards nach Zweck und Ausgestaltung auch strafrechtsspezifischen Maßstäben, etwa der Sorgfaltspflicht, genügen. Womöglich müssen i. E. schärfere Anforderungen an den strafrechtlichen Pflichtverstoß gestellt werden. Einiges spricht dafür, daß dies jedenfalls bei den wasserrechtlichen Überwachungswerten der Fall ist[100].

### *4. Die Vorgabewirkung einzelfallbezogenen Verwaltungshandelns*

Die schärfsten Frontstellungen des Strafrechts, insbesondere auch in der Praxis, haben sich in der Vergangenheit gegen die Vorgabewirkung des einzelfallbezogenen Verwaltungshandelns herausgebildet.

#### *a) Zur prinzipiellen Abhängigkeit des Strafrechts von administrativen Einzelanordnungen*

Soweit die prinzipielle Abhängigkeit des Strafrechts von administrativen Einzelanordnungen moniert wird, ist die Annahme bestimmend, daß letztlich nicht der Gesetzgeber, sondern die Verwaltung in Widerspruch zu Art. 103 Abs. 2, 104 Abs. 1 Satz 1 und 92 GG über die inhaltliche Ausgestaltung der Straftatbestände und die Strafbarkeit befinde. Besonders anstößig wirken dabei Konkretisierungsspielräume der Verwaltung, offensichtlich weil sie strafrechtlichen Legalitätsvorstellungen zuwiderlaufen[101]. In der Sache überzeugen die Bedenken nicht.

Das *BVerfG* beanstandet die Anknüpfung einer Strafandrohung an gesetzeskonkretisierende Verwaltungsakte unter dem Blickwinkel der Art. 103 Abs. 2, 104 Abs. 1 Satz 1 GG nur, wenn die Verwaltungsakte mangels einer ausreichenden Ermächtigungsgrundlage inhaltlich nicht hinreichend bestimmt sind[102]. Es akzeptiert damit die rechtsstaatliche Funktion verhaltensbestimmender Einzelakte der Verwaltung auch als Bezugspunkt des Strafrechts. Das entspricht der Überlegung, daß in der Regel erst der das Verwaltungsgesetz konkretisierende Verwal-

---

[100] In diesem Sinne auch *Salzwedel, Ossenbühl,* wie vor, und *Papier,* Strafrechtliche Probleme des Gewässerschutzes, in: Krebs/Oldiges/Papier, Aktuelle Probleme des Gewässerschutzes, 1989, 61 (72, 73 f.).

[101] Prononciert *Kühl* (Fn. 13), S. 834 ff.; *Schall* (Fn. 25), S. 1266; *AG Nördlingen,* NStZ 1986, 315 ff.; zum folgenden auch *Heine* (Fn. 16), S. 2430 ff.

[102] *BVerfGE* 75, 329 (346); 78, 344 (382 f.); 80, 244 (256 f.).

tungsakt festlegt, was für den Bürger rechtens ist. Ohne diese Konkretisierung ergäben sich erhebliche Probleme hinsichtlich der Bestimmtheit der Strafandrohung und könnten nur die allergröbsten verwaltungsrechtlichen Verstöße strafrechtlich geahndet werden, was dem Strafrecht einen guten Teil seiner Effizienz nähme[103]. Jedenfalls nimmt die Verwaltung mit Erlaß eines gesetzeskonkretisierenden Verwaltungsaktes keine Aufgabe der Strafgesetzgebung bzw. Strafrechtspflege wahr. Der Verwaltungsakt bleibt Vollzugsakt des Verwaltungsgesetzes auch dann, wenn er strafrechtliche Relevanz haben soll[104].

### *b) Die Tatbestandswirkung von Verwaltungsakten*

Die zum Teil als „sklavische" Abhängigkeit des Strafrechts vom Verwaltungsrecht kritisierte *Bindung der Strafjustiz an wirksame, wenngleich im Einzelfall fehlerhafte Verwaltungsakte* ist die Konsequenz der sogenannten Tatbestandswirkung von Verwaltungsakten.

aa) Existenz und Inhalt eines Verwaltungsaktes sind von allen Behörden und Gerichten, die nicht zur Aufhebung befugt sind, als maßgeblich hinzunehmen[105]. Als normale Folge der äußeren und inneren Wirksamkeit bedarf die *Tatbestandswirkung des Verwaltungsaktes* grundsätzlich keiner besonderen Anordnung[106]. Der Gesetzgeber kann sie aber in der Gestaltung der Rechtsnorm besonders zum Ausdruck bringen, wie er sie andererseits auch ausschließen kann. Das Strafrecht bietet für alle genannten Modalitäten Beispiele. Die besondere Anordnung kann in Vorschriften gesehen werden, die bei der Umschreibung des tatbestandlichen Unrechts an (vollziehbare) Verwaltungsakte ohne Rücksicht auf ihre inhaltliche Richtigkeit anknüpfen[107]. Ein Ausschlußfall ist § 113 Abs. 3 StGB, wonach nur die rechtmäßige Diensthandlung strafbarkeitsbegründend wirkt[108]. Die

---

[103] Siehe *Ossenbühl* (Fn.12), L 47; *ders.*, Diskussionsbeitrag, in: Vhdlg. d. 57. DJT (1988), L 134; *Hansmann* (Fn.18), S. 227. Aus strafrechtlicher Sicht im wesentlichen zutreffend: *Tiedemann/Kindhäuser* (Fn. 76), S. 344; *Winkelbauer* (Fn. 60), S. 725. — Siehe auch *Heine/Meinberg*, Das Umweltstrafrecht — Grundlagen und Perspektiven einer erneuerten Reform, GA 1990, 3 (15 f.).

[104] Zutreffend *Breuer* (Fn. 78), S. 2078; im strafrechtlichen Schrifttum: *Rudolphi* (Fn. 58), S. 249; *Meurer*, Umweltschutz durch Umweltstrafrecht, NJW 1988, 2065 (2067 f.); *Heine/Meinberg* (Fn.17), D. 55 f.

[105] Statt aller: *Kopp*, Verwaltungsverfahrensgesetz, 4. Aufl. 1986, Vorbem. 26 zu § 35.

[106] *Kopp*, wie vor, Rdn. 29; *Kirchhof* (Fn. 19), S. 2983.

[107] Vgl. oben B. II. 1.

[108] *Kirchhof*, wie vor, mit Fn. 85.

besondere Anordnung fehlt schließlich durchweg, wo der Verwaltungsakt erst auf das strafrechtliche Rechtswidrigkeitsurteil einwirkt. Weitere Klärungen sind vom Strafgesetzgeber derzeit nicht zu erwarten[109].

Die Tatbestandswirkung beruht letztlich auf den Prinzipien der Funktionenteilung und der Rechtsstaatlichkeit. Sie schützt primär die Zuständigkeit und Verantwortung der Erlaßbehörde für die Konkretisierung und Gestaltung der Verwaltungsrechtslage[110], zugleich aber auch die prinzipiell berechtigte Erwartung des einzelnen, daß seine durch einen Verwaltungsakt bestimmten Rechte und Pflichten nicht von dritter Seite anders bestimmt oder annulliert werden[111]. Dementsprechend problematisch sind Bestrebungen im Strafrecht, die auf eine Befreiung von der Tatbestandswirkung zielen: sei es, daß sie die Bindungswirkung nur bei rechtmäßigen Verwaltungsakten anerkennen[112] oder sie von einer nach spezifisch strafrechtlichen Gesichtspunkten vorzunehmenden Rechtmäßigkeitsprüfung abhängig machen wollen[113]. Beides bedingt einen strafgerichtlichen Kontrollanspruch in bezug auf die Rechtmäßigkeit strafrechtsrelevanter Verwaltungsakte. Das Strafrecht wird als Korrektiv verwaltungsbehördlicher Entscheidungen eingesetzt[114]. Soweit hierin nicht bereits ein Verstoß gegen die strafgesetzliche Anordnung der Tatbestandswirkung liegt, wird der administrative Interpretations-[115] und Konkretisierungsvorrang mißachtet, der sich aus der gesetzlich begründeten Vollzugsverantwortung der Verwaltung ergibt. Darüber hinaus steht der Adressat eines strafgerichtlich nicht für bindend erachteten Verwaltungsaktes im Ergebnis womöglich einer Verhaltensanforderung gegenüber, mit der er nach der Verwaltungsrechtslage nicht rechnen mußte. Derartige Auswirkungen einer Befreiung von der Tatbestandswirkung sind verfassungs- und verwaltungsrechtlich nicht annehmbar. Gleichwohl bedarf die Vorgabewirkung der Verwaltungsakte für die Strafjustiz in verschiedener Hinsicht weiterer Absicherung und Erläuterung.

---

[109] Vgl. BT-Drucks. 11/6413, S. 11.

[110] *Isensee* (Fn. 27), S. 1009 und *Kirchhof,* wie vor, S. 2983 f. (beide für das Steuerrecht). Allgemein insbesondere *Ossenbühl* (Fn. 22), III. 3. c); siehe jetzt auch *Gerhardt* (Fn. 25), S. 551 f.

[111] *Isensee,* wie vor, S. 1010. — Gegen diesen Gesichtspunkt aber *Gerhardt,* wie vor.

[112] So etwa *LG Hanau,* NJW 1988, 571; *OLG Frankfurt,* UPR 1988, 28 (31).

[113] So *Schünemann* (Fn. 59), S. 239. Zum Ganzen auch *Schönke/Schröder/Cramer,* vor § 324 Rdn. 16 b/c m. w. Nachw.

[114] *Hansmann* (Fn. 18), S. 228.

[115] Ausdruck von *Isensee* (Fn. 27), S. 1009.

bb) Ein *erster* Punkt betrifft die Annahme, daß sich die Tatbestandswirkung nicht auf sogenannte *deklaratorische Verwaltungsakte* beziehe. Die Verurteilung wegen Steuerhinterziehung durch verdeckte Parteispenden beruhte u. a. darauf, daß die Strafgerichte einschlägige Steuerbescheide unbeachtet ließen. Sie gingen davon aus, die Bescheide seien bloß „deklaratorisch", die maßgebliche von den Betroffenen verkürzte Steuerschuld könne daher in unmittelbarem Durchgriff auf das Steuergesetz bestimmt werden[116]. Dem ist nachdrücklich zu widersprechen: Auch in Verwaltungsbereichen mit sehr dichten gesetzlichen Vorgaben wie im Steuerrecht haben Verwaltungsakte i. d. R. konstitutive Wirkung, zumindest in dem Sinne, daß sie die Individualrechtslage „durch und im Umfang der Reduzierung tatsächlicher und/oder rechtlicher Unschärfen"[117] klären und stabilisieren[118]. Deshalb bedarf es in den Fällen, in denen steuererhebliche, den Behörden bekannte, rechtlich strittige Vorgänge im *Steuerbescheid* steuermindernd berücksichtigt wurden, auch nicht der Konstruktion einer behördlichen Duldung, um die Strafbarkeit wegen Steuerverkürzungen auszuschließen[119].

cc) Bekämpft wird die Bindung der Strafgerichte an Verwaltungsakte auch in den Fällen, in denen sie zur Strafbarkeit des Verstoßes gegen einen rechtswidrigen Verwaltungsakt oder des Handelns ohne behördliche Gestattung führen kann[120]. Bemängelt wird das Fehlen eines hinreichenden Strafbedürfnisses; es werde letztlich nur der

---

116 Vgl. *AG Köln*, NJW 1985, 1037 (1040); *AG Bochum*, ebd., S. 1968 (1970): Nur das Gesetz bestimmt die Steuerschuld. Noch schärfer: *LG Hamburg*, NJW 1986, 1885 (1886): Kein Interpretations- und Konkretisierungsvorrang in der Finanzverwaltung. In der Sache ebenso *BGH*, NJW 1987, 1274 (1275), der, wie schon *OLG Hamm*, NJW 1978, 283 (284), jede Bindung an Entscheidungen der Finanzbehörden ablehnt.

117 Formulierung von *P. Fischer*, in: Hübschmann/Hepp/Spitaler, AO, § 38 Rdn. 11.

118 Überzeugend: *Kirchhof* (Fn. 19), S. 2978; *ders.*, Strafwürdigkeit einer den Steuerbescheid erfüllenden Steuerzahlung? NJW 1986, 1315. — Ablehnend *Rößler*, Nochmals: Der bestandskräftige Steuerbescheid im Steuerverfahren und im Steuerstrafverfahren, ebd., S. 972 f.; *Reiß*, Widersprechende Entscheidungen von Straf- und Finanzgerichten in derselben Rechtssache, StuW 1986, 68 (70); *Hermes/Wieland*, Die staatliche Duldung rechtswidrigen Verhaltens, 1988, S. 97 ff.; *Tipke/Lang*, Steuerrecht, 12. Aufl. 1989, S. 136.

119 Hierzu *Hermes/Wieland*, wie vor, S. 62 ff. und *Rüping*, Die Mitverantwortung des Staates als Strafverfolgungsverbot, 1983.

120 Im strafrechtlichen Schrifttum etwa: *Ostendorf*, Die strafrechtliche Rechtmäßigkeit rechtswidrigen hoheitlichen Handelns, JZ 1981, 165 (170); *Kühl* (Fn. 13), S. 849 ff; *Schall* (Fn. 25), S. 1267.

*Verwaltungsungehorsam* pönalisiert. Andererseits hält man es für unangemessen, wenn die spätere Aufhebung des Verwaltungsaktes bzw. die Erteilung der Erlaubnis die Strafbarkeit unberührt läßt[121]. Der zuerst genannte Einwand trägt nur, wenn der Verstoß gegen den Verwaltungsakt oder die Genehmigungspflicht als alleiniger Grund für die Strafbarkeit zu werten ist. Im Kernstrafrecht geht es jedoch durchweg auch um den Schutz dahinterstehender materieller Rechtsgüter, so daß von einem bloßen Verwaltungsungehorsam nicht die Rede sein kann[122]. Im übrigen bestehen erhebliche Bedenken, ob die aus strafrechtlicher Sicht unverhältnismäßige Pönalisierung des Verwaltungsungehorsams durch die Befreiung von der Tatbestandswirkung erzielt werden darf und nicht vielmehr der Weg über Art. 100 GG zu beschreiten wäre. — Schwerer wiegt die Befürchtung, daß *nach Begehung der Tat eintretende Korrekturen der Verwaltungsrechtslage strafrechtlich nicht berücksichtigt* werden. Aber auch insoweit bedarf es keiner Einschränkung der Tatbestandswirkung. Die bekannte Entscheidung des Bundesgerichtshofs zum Verkehrsstrafrecht, wonach die spätere Aufhebung die Strafbarkeit wegen Verstoßes gegen ein Verkehrszeichen nicht berührt[123], kann kaum Allgemeingültigkeit beanspruchen[124]. Sie mag auf staatliche Ordnungsinteressen zutreffen, überzeugt aber nicht, wenn die Strafbarkeit an die Verletzung anderer materieller, hinter dem Verwaltungsakt stehender Schutzinteressen verwaltungsrechtlicher Art anknüpft[125]. Bleiben Korrekturen des Verwaltungsaktes hier unberücksichtigt, ist der Strafzweck verfehlt, die Bestrafung unverhältnismäßig. Treten solche Korrekturen noch während des Strafverfahrens ein, muß ihnen durch einen besonderen Strafaufhebungsgrund Rechnung getragen wer-

---

[121] Siehe *Lackner,* § 325 Anm. 3 c; *Schönke/Schröder/Cramer,* Vor § 324 ff. Rdn. 21; *Dahs/Redeker,* Empfehlen sich Änderungen im strafrechtlichen Umweltschutz, insbesondere in Verbindung mit dem Verwaltungsrecht, DVBl. 1988, 803 (810).

[122] Zutreffend hervorgehoben bereits von *Breuer* (Fn. 23), S. 181. Im strafrechtlichen Schrifttum: *Tiedemann/Kindhäuser* (Fn. 76), S. 243 f.; *Rengier,* Die öffentlich-rechtliche Genehmigung im Strafrecht, ZStW 1989, 874 (881). Siehe in diesem Zusammenhang neuerdings *BGH,* NJW 1990, 918 zu § 132 a StGB, der auch insoweit auf materielle Interessen abstellt.

[123] *BGHSt.* 23, 86 (93).

[124] So aber zuletzt *OLG Karlsruhe,* NJW 1988, 1604 (1605) betr. das Volkszählungsgesetz.

[125] In diesem Sinne bereits *Lorenz* (Fn. 3), S. 170 f. Zum folgenden auch *Hill,* Die befugte Gewässerbenutzung nach dem Wasserhaushaltsgesetz, GewArch 1981, 183 (186).

den[126]. Stehen sie noch aus, bedarf es zusätzlich verfahrensrechtlicher Lösungen, insbesondere im Wege der Aussetzung des Verfahrens[127]. Darauf ist zurückzukommen.

dd) Im Blick speziell auf die *Tatbestandswirkung behördlicher Gestattungsakte* sind zwei zusätzliche Aspekte hervorzuheben. Die Bindung rechtfertigt nicht die Verletzung strafrechtlich geschützter Individualrechtsgüter wie Leben und Gesundheit[128]. Andererseits darf sie nicht für Erlaubnisse „zurückgedrängt" werden, die „veraltet" sind, unredlich erworben oder deren Rechtswidrigkeit der Erlaubnisnehmer kennt, wie dies im Strafrecht unter Berufung auf das Rechtsmißbrauchsverbot geschieht[129]. Auch hier liegt ein Übergriff in die Entscheidungs- und Beurteilungskompetenz der Verwaltung vor, der sich zudem in Widerspruch zu den verwaltungsrechtlichen Regeln über die Rücknahme rechtswidriger Verwaltungsakte setzt. Zumindest bei tatbestandsbestimmenden Erlaubnissen, die hinsichtlich ihrer Wirksamkeit und Bestandskraft schon von Gesetzes wegen auf das Verwaltungsrecht verweisen, ist auch Art. 103 Abs. 2 GG verletzt, weil die gesetzliche Verweisung zu Lasten des Angeklagten mißachtet wird[130].

### *c) Die strafrechtliche Ersetzung behördlicher Gestattungen*

Der administrative Interpretations- und Konkretisierungsvorrang ist auch ausschlaggebend für die Bewertung der strafrechtlichen Ersetzung behördlicher Gestattungsakte.

---

[126] Siehe *Schönke/Schröder/Cramer,* Vor § 324 Rdn. 21; *Wüterich,* Die Bedeutung von Verwaltungsakten für die Strafbarkeit wegen Umweltvergehen, NStZ 1987, 106 (108) und *Möhrenschlager,* Reformansätze und Perspektiven, in: Meinberg/Möhrenschlager/Link (Fn. 5), 291 (293).

[127] Siehe bereits *Gerhards* (Fn. 3), S. 89; zuletzt *Ossenbühl* (Fn. 22), S. 973, unter Bezugnahme auf *Isensee* (Fn.27) und *Kirchhof* (Fn.19) — beide zum Steuerrecht.

[128] Vgl. *Heine/Meinberg* (Fn.17), D 50 f. und *Schall* (Fn. 25), S. 1267, jeweils m. w. Nachw.; zum Umfang der Legalisierungswirkung behördlicher Gestattungen jüngst auch *Heine* (Fn. 101), S. 2431 ff.

[129] Besonders bemerkenswert: *StA Mannheim,* NJW 1976, 585 (586) für veraltete Genehmigungen; *LG Hanau,* NJW 1988, 571 (576) für Kenntnis der Rechtswidrigkeit. — Nachweise zum Schrifttum, das vielfach auf Unredlichkeit abstellt, bei *Schall,* wie vor. — Zum folgenden *Gerhardt* (Fn. 25), S. 552.

[130] Weitgehend überzeugend *Rengier* (Fn. 122), S. 885 ff. und *Ossenbühl* (Fn. 22), S. 973. Vgl. auch schon die Stellungnahmen von *Dolde* und *Horn* zum Urteil des LG Hanau in NJW 1988, 2339 (2331) bzw. 2335 (2336 f.); *Möhrenschlager* (Fn. 126), S. 293, der deshalb eine Korrektur der §§ 43 f. VwVfG erwägt. — Abweichend für rechtfertigende Erkenntnisse etwa *Lenckner,* Behördliche Genehmigungen und der Gedanke des Rechtsmißbrauchs im Strafrecht, Festschrift für G. Pfeiffer, 1988, 27 (35 ff.).

aa) Zur Diskussion steht zunächst, inwieweit ungenehmigtes, verwaltungsrechtlich jedoch *genehmigungsfähiges Verhalten* strafrechtlich als genehmigt behandelt werden kann. Mit Recht wird dies verneint, soweit dadurch eine Verkürzung der in Verwaltungsgesetzen häufig anzutreffenden administrativen Beurteilungs- und Ermessensspielräume in bezug auf die Erteilung von Genehmigungen eintritt[131]. Anderes soll gelten, wenn ein Rechtsanspruch auf die Erteilung der Genehmigung, insbesondere infolge einer Ermessensreduzierung auf Null besteht[132]. Diese Ausnahme verdient jedoch keine Zustimmung[133]. Mit dem gesetzlichen Erfordernis einer behördlichen Gestattung wird immer eine spezifische Verantwortung der Verwaltung für die Erteilung bzw. Ablehnung begründet, die ihr die Strafjustiz nicht abnehmen kann. Das gilt auch für die Klärung, ob in concreto eine Ermessensschrumpfung eingetreten ist. Die nachträglich erteilte Genehmigung muß freilich strafrechtlich in gleicher Weise wie bei der Tatbestandswirkung eines Verwaltungsaktes berücksichtigt werden.

bb) Nur mit Einschränkungen zuzustimmen ist der Auffassung, die bewußtem und aktivem *Dulden seitens der Behörde* strafrechtlich die Wirkung einer Gestattung beilegen möchte, um (sachgerechten) Opportunitätserwägungen der Verwaltung auch strafrechtlich Geltung zu verschaffen[134]. Von der tatsächlichen Schwierigkeit der Feststellung einer solchen Duldung im Einzelfall einmal abgesehen, mag man argumentieren: „Was die zuständige Behörde nicht, nicht mehr oder nur nach einer angemessenen Übergangsfrist verbieten darf", sollte prinzipiell auch strafrechtlich nicht unerlaubt sein[135]. Akzeptabel ist dies jedoch nur, wenn die „aktive" behördliche Hinnahme eines Verhaltens nach den einschlägigen Normen des Verwaltungsrechts überhaupt als Erteilung einer Erlaubnis bzw. Genehmigung qualifiziert werden darf, insbesondere kein förmlicher Gestattungsakt vor-

---

[131] Vgl. statt vieler *Heine/Meinberg* (Fn.17), D 51 m. Nachw. in Fn. 114.

[132] So etwa *Rudolphi* (Fn. 85), S. 197 f.; *Papier* (Fn. 77), S. 6; *ders.*, Strafrechtliche Probleme des Gewässerschutzes (Fn. 100), S. 66 f.; *J. Brauer*, Die strafrechtliche Behandlung genehmigungsfähigen, aber nicht genehmigten Verhaltens, 1988, S. 56 ff., 114 ff.

[133] Weitgehend übereinstimmend *Breuer* (Fn. 23), S. 181 und neuerdings *Rengier* (Fn. 122), S. 902 ff.

[134] Nachweise bei *Heine/Meinberg* (Fn.17), D 51; neuerdings auch *Rengier,* wie vor, S. 906 f.; *Fluck,* Die Duldung des unerlaubten Betreibens genehmigungsbedürftiger Anlagen, NuR 1990, S. 197 ff. und *Wasmuth/Koch,* Rechtfertigende Wirkung der behördlichen Duldung im Umweltstrafrecht, NJW 1990, 2434 ff.

[135] *Papier,* wie Fn. 145.

liegen muß[136]. Entsprechendes gilt, wenn die Behörde in Kenntnis bestimmter Verhaltensweisen nicht einschreitet. Die mit der Verwaltungsrechtslage nicht abgestimmte Annahme einer tatbestands- oder rechtswidrigkeitsausschließenden Wirkung verletzt den Entscheidungsvorrang der Verwaltung. Davon unberührt bleibt die Berücksichtigung bei der Schuldfeststellung[137].

### 5. *Die Strafbarkeit von Amtsträgern*

Der Umstand, daß die strafgerichtliche Verurteilung des Bürgers in der Praxis an fehlerhaften, wenngleich bindenden administrativen Vorgaben scheitern kann, legt den strafrechtlichen Durchgriff auf den verantwortlichen Amtswalter nahe. Er wird vor allem im Umweltstrafrecht diskutiert und in der einschlägigen strafgerichtlichen Praxis unternommen[138].

Im Kern geht es bei der Strafbarkeit vom Amtsträgern darum, ob jeder Verstoß eines Amtswalters gegen Verwaltungsrecht ein strafrechtliches Risiko nach sich ziehen und dies sogar dann gelten sollte, wenn, wie im Falle der verdeckten Parteispenden, der Verstoß verwaltungsrechtlich noch gar nicht (abschließend) geklärt ist. Wer diese Fragen grundsätzlich bejaht, macht die Strafjustiz funktionswidrig zur Kontrollinstanz über den Verwaltungsvollzug und zerstört auf dem Weg über die Amtsträgerhaftung den verfassungsrechtlich und gesetzlich begründeten Interpretations- und Konkretisierungsvorrang der Verwaltung[139]. Zudem wird die Handlungsbereitschaft des Amtswalters geschwächt[140], und zwar selbst dann, wenn ein Ermittlungsverfahren später nicht zur Verurteilung führt[141]. Das gilt insbesondere für Bereiche der Verwaltung, die rechtlich und tatsächlich schwierige Fragen aufwerfen und von daher besonders fehleranfällig sind[142]. Aus

---

[136] Zutreffend *Breuer,* Probleme der Zusammenarbeit zwischen Verwaltung und Strafverfolgung auf dem Gebiete des Umweltschutzes, AöR 115 (1990), 448 (465); *Hansmann* (Fn. 18), S. 227; vgl. auch *Hermes/Wieland* (Fn. 118), S. 14ff., 105.

[137] Dazu im Zusammenhang mit der Parteispendenaffäre *LG München I,* DSt. 1982, 482 (483); *BFH,* FR 1987, 71f.

[138] Jüngste eingehende Darstellung mit Nachweisen aus strafrechtlicher Sicht bei *Tröndle* (Fn. 25); verwaltungsrechtlich: *Papier,* Strafbarkeit von Amtsträgern im Umweltstrafrecht, NJW 1988, 1113ff.; *Breuer* (Fn. 78), S. 2083f.

[139] Vgl. bereits *Breuer,* wie vor, S. 2083; im strafrechtlichen Schrifttum erkannt von *Steindorf,* LK, § 324 Rdn. 57, 66ff.; siehe auch *Bickel* (Fn. 25), S. 277ff.

[140] Zuletzt hervorgehoben von *Hansmann* (Fn. 18), S. 228.

[141] Dazu *Tröndle* (Fn. 25), S. 237.

[142] Vgl. *Breuer,* wie vor.

diesen Gründen kommt eine strafrechtliche Verantwortlichkeit des Amtswalters nur in Betracht, wenn sein Verhalten durch ein über die bloße Verwaltungsrechtswidrigkeit hinausweisendes Unrecht qualifiziert ist[143] — etwa bei kollusivem Zusammenwirken mit Privatpersonen, sonstigem unredlichen Verhalten und bei der Verletzung höchstpersönlicher Individualrechtsgüter. Dieserhalb erwogene Spezialregelungen müssen vor Art. 3 GG Bestand haben. Ihre Beschränkung auf einzelne Bereiche des Verwaltungsvollzuges wie des Umweltrechts muß sachlich einleuchten[144]. Der Nachweis dürfte nicht leicht gelingen.

### 6. *Die Aussetzung des Strafverfahrens*

Bei der Bewältigung potentieller Konflikte zwischen Verwaltungsrecht und Strafrecht spielen verfahrensrechtliche Möglichkeiten, die zur Vermeidung von Wertungswidersprüchen und daraus erwachsenden Entscheidungsdivergenzen beitragen können, bis heute nur eine bescheidende Rolle[145].

Angesichts der häufigen *Vorgreiflichkeit verwaltungsrechtlicher Fragen im Strafverfahren* richtet sich die Aufmerksamkeit zwangsläufig auf dessen *Aussetzung* — dies um so mehr, als solche Fragen in der Strafrechtspraxis zum Teil höchst anfechtbar behandelt werden[146]. Auf den ersten Blick scheint die Aussetzung das immer gegebene Mittel zu sein, um einem bestehenden Entscheidungsvorrang der Verwaltung bzw. der Verwaltungsgerichtsbarkeit und dem grundrechtlich bedingten Sanktions- und Verfahrensschutz Rechnung zu tragen. Bei genauerer Betrachtung ergeben sich jedoch Zweifel.

Nach den einschlägigen Vorschriften (§§ 262 Abs. 2 StPO, 396 AO)[147] steht die Aussetzung im Ermessen der Organe der Strafjustiz. Eine generelle Aussetzungspflicht scheidet damit von vornherein aus. Diskutabel ist die Verdichtung des Aussetzungsermessens bis hin zur

---

143 Zutreffend *Papier* (Fn. 100), S. 78 f.

144 Richtig erkannt in BT-Drucks. 8/3633, S. 20 betr. den Umweltschutz.

145 Ein früher Hinweis auf ihre Bedeutung bei *Tiedemann* (Fn. 26), S. 52 f.

146 *Bickel*, NStZ 1988, 181 (182) — Urteilsanm.; *Winkelbauer*, Atomrechtliches Genehmigungsverfahren und Strafrecht — LG Hanau, NJW 1988, 571, JuS 1988, 691 (691 f.). Für das Steuerrecht: *Klaus Ulsenheimer*, Das Madaus-Urteil des Amtsgerichts Köln — Leitfaden oder Irrweg im Dickicht der Parteispendenaffäre, NJW 1985, 1929.

147 § 154 d StPO kann hier außer Betracht bleiben, weil er sachfremde Erwägungen eines Anzeigeerstatters, die aufwendige Ermittlungen nach sich ziehen können, abwehren soll: siehe *Kleinknecht/Meyer*, StPO, § 154 d Anm. 1.

Aussetzungspflicht im Einzelfall. Im Schrifttum wird eine Aussetzungspflicht seit langem mit guten Gründen befürwortet, wenn sich die Aufhebung eines sanktionsbewehrten Verwaltungsaktes abzeichnet[148]. Das Umweltstrafrecht hat ihr weitere Zustimmung verschafft[149]. Die strafrechtliche Praxis hat sich dieser Forderung jedoch bislang verschlossen. Neue Gesichtspunkte für eine Verdichtung des Aussetzungsermessens haben sich in der Parteispendenaffäre herauskristallisiert. Sie sind umfassender und verdienen eine genauere Betrachtung.

Nach Auffassung des *BVerfG* muß der Strafrichter die Aussetzung im Steuerstrafverfahren bei *„schwierigen steuerrechtlichen" Fragen* von Amts wegen nach pflichtgemäßem Ermessen prüfen[150]. Deutlicher und weitergehend erscheinen im steuerrechtlichen Schrifttum als ermessensreduzierende Kriterien etwa die Gefahr widersprüchlicher Auslegung, die Klärungsbedürftigkeit grundsätzlicher steuerrechtlicher Fragen, die strafgerichtliche Abweichung von einer bestimmten Besteuerungspraxis bzw. einschlägigen Steuerbescheiden oder von einer informalen behördlichen Duldung[151]. Zweifellos wäre die damit erzielte Einengung der Vorfragenkompetenz aus der Sicht des *gesamten* Verwaltungsrechts wünschenswert. Sie reduziert das Risiko divergierender Entscheidungen gerade bei der häufig strittigen oder nicht geklärten Verwaltungsrechtskonformität durch die Beschneidung strafrechtsautonomer Wertung. Die für die Aussetzung im Steuerstrafverfahren entwickelten Grundsätze können jedoch auf andere Strafverfahren nur begrenzt übertragen werden. Sie beruhen nämlich entscheidend auf der Unselbständigkeit des Steuerstrafrechts, auf dessen Charakter als bloßem „Folgerecht" des Steuerrechts[152]. Die

---

[148] *Stern* (Fn. 3), S. 869, 875; *Gerhards* (Fn. 3), S. 89.

[149] Siehe etwa *Wüterich* (Fn. 126), S. 109; *Dahs/Redeker* (Fn. 121), S. 810 m. w. Nachw.; *Winkelbauer*, wie vor; *Möhrenschlager* (Fn. 126), S. 293.

[150] NJW 1985, 1915. — Eingehend zu § 396 AO: *Kohlmann*, Aussetzung des Steuerstrafverfahrens gemäß § 396 AO und prozessuale Fürsorgepflicht, Festschrift Klug, Bd. II (1983), 507 ff.; siehe auch *Gast-de Haan*, Ermessensschranken bei der Aussetzung des Besteuerungsverfahrens gemäß § 396 AO, DStZ 1983, 254 f., die ungeklärte steuerrechtliche Fragen treffend als Musterfall der Aussetzung bezeichnet.

[151] Vgl. *Isensee* (Fn. 27), S. 1010; *Kirchhof* (Fn. 19), S. 2984 f.; *Kohlmann* (Fn. 19), § 396 AO Rdn. 45; *Tipke/Lang* (Fn. 118), S. 763. — Weitgehend ablehnend: *Reiß* (Fn. 118), S. 70, 72 und *Heuer*, Die Rechtspflicht zur Aussetzung des Steuerstrafverfahrens bei divergenzgeneigten Vorfragen — § 396 AO im System der Rechtsordnung, DStZ 1985, 291 (292 ff.).

[152] Vgl. *Isensee*, wie vor, S. 1008 f.; *Kirchhof*, wie vor. S. 2982.

lediglich sanktionsverstärkende Qualität des Steuerstrafrechts zwingt den Strafrichter in besonderer Weise dazu, seine Entscheidungen mit dem vorgreiflichen Steuerschuldrecht sorgfältig abzustimmen. Eine vergleichbare Rechtslage gibt es außerhalb des Steuerstrafrechts im sonstigen „Nebenstrafrecht" sowie bei den Strafnormen des „Kernstrafrechts", die ausdrücklich und unmittelbar im Tatbestand an das Verwaltungsrecht anknüpfen, nach geläufigem Sprachgebrauch also „akzessorisch" gestaltet sind. Allzu große Erwartungen sollten allerdings in die sich danach für durchaus erhebliche Bereiche des Verwaltungsrechts abzeichnende Einengung der strafgerichtlichen Vorfragenkompetenz nicht gesetzt werden. So ist damit zu rechnen, daß Gesichtspunkte, die das Aussetzungsermessen reduzieren könnten, durch Erwägungen des Beschleunigungsgebotes zurückgedrängt werden[153], zumal die Aussetzung im Geltungsbereich der StPO keinen Einfluß auf die Verjährung hat[154]. Schon im Steuerrecht zeigt sich außerdem, daß die Strafgerichte den Schwierigkeitsgrad einer Rechtsfrage bzw. den Klärungsbedarf herunterspielen[155] oder auf die Kenntnis des Angeklagten von der Verwaltungsrechtslage abstellen[156], um der Aussetzung auszuweichen. Damit ist auch im Geltungsbereich des § 262 Abs. 2 StPO zu rechnen. Man mag dies als Ermessensmißbrauch tadeln[157]: Das Risiko revisionsgerichtlicher Aufhebung — die Revision müßte wohl auf einen Verfahrensfehler gestützt werden — ist vorerst gering, wie einschlägige Aussagen des *BGH* ergeben[158]. Das könnte sich ändern, wenn das *BVerfG* auf der Grundlage einer Verfassungsbeschwerde gegen ein letztinstanzliches Urteil Gelegenheit bekommt, genauer festzulegen, wann die Ablehnung der Aussetzung den grundrechtlich gebotenen Sanktions- und Verfahrensschutz verletzt.

## *III. Schlußbemerkung*

Prototypische Bedeutung für die vielfältigen Aspekte der Vorgabewirkung auf das Strafrecht haben derzeit das Umwelt- und Steuerrecht. Abgeschlossen ist die Entwicklung damit sicher nicht: Der

---

[153] Dazu *LG Bonn*, NJW 1985, 3033 (3034) betr. das Steuerrecht, und allgemein *Dahs/Redeker* (Fn. 121), S. 810 f.

[154] Statt vieler: *Lackner*, § 78 Anm. 1 b) cc).

[155] So *LG Bonn*, wie vor.

[156] So *LG Hamburg*, NJW 1986, 1885 (1887).

[157] *Kirchhof*, wie vor, S. 2985.

[158] NJW 1987, 1274; vgl. auch *BGH*, NStZ 1985, 126.

Gesetzgeber wird sie fördern; die wissenschaftliche Diskussion und rechtspraktische Behandlung bedarf weiterer Vertiefung. In einer Zwischenbilanz wird man immerhin festhalten können, daß das Kardinalproblem in der funktionsgerechten Abgrenzung der Verantwortungsbereiche der Verwaltung einerseits und der Organe der Strafjustiz andererseits liegt[159]. Die Abgrenzung muß gleichermaßen gewährleisten, daß der Bürger nicht durch die Inanspruchnahme „verwaltungsrechtlichen Nebenwissens“[160] seitens des Strafrichters zwischen die Fronten gerät. In dem Maße, in dem dies gelingt, ist die rechtsstaatliche Aufgabe einer widerspruchsfreien Rechtsordnung erfüllt.

---

[159] Siehe jetzt auch *Gerhardt* (Fn. 25), S. 552.

[160] Ausdruck von *Lüderssen,* Diskussionsbeitrag, in: Vhdlg. des 57. DJT (1988), Bd. II L 114.

*Leitsätze des Berichterstatters über:*

## Verwaltungsrecht als Vorgabe für Zivil- und Strafrecht

### *A. Allgemeine Beschreibung des Problems*

*1. Der Begriff der verwaltungsrechtlichen Vorgabe ist der Fragestellung angemessener als der im Strafrecht übliche der Akzessorietät.*

*2. Denkbar ist, daß die einzelnen verwaltungsrechtlichen Vorgaben nach Art, Dichte und Bindungswirkung einschließlich verfahrensrechtlicher Konsequenzen im Zivil- und Strafrecht gleichermaßen Geltung beanspruchen. Mehr oder weniger markante Unterschiede rechtfertigen jedoch methodisch wie sachlich eine getrennte Behandlung. Zu diesen Unterschieden rechnen zivil- und strafrechtssystematische Besonderheiten sowie der Umstand, daß verwaltungsrechtliche Vorgaben im Strafrecht nicht nur ein Thema der Rechtsanwendung, sondern auch der Gesetzgebung sind.*

### *B. Gründe und Gegengründe für eine Vorgabewirkung des Verwaltungsrechts*

*3. Die Teilbereiche der Rechtsordnung haben unterschiedliche Aufgaben; ihre Verhaltensanweisungen stimmen deshalb nicht von vornherein überein und müssen dies auch nicht. Daraus resultiert die Ambivalenz des Vorgabeproblems: Es gibt Gründe für, aber auch gegen eine Vorgabewirkung des Verwaltungsrechts für das Zivil- und Strafrecht.*

*4. Mitunter ergeben sich bereits aus einschlägigen Normen des Zivil- und Strafrechts Gründe, die Anknüpfung an verwaltungsrechtliche Vorgaben zu suchen. Durch ihre vorrangige Beachtung vollziehen die rechtsanwendenden Instanzen eine gesetzgeberische Entscheidung nach, die womöglich Kollisionen mit dem Verwaltungsrecht ausschließen soll.*

*5. a) Ein höchst problematischer Grund für die Vorgabewirkung des Verwaltungsrechts ist die Einheit der Rechtsordnung. Er ist rechtsstaatlich nicht begründbar, vielmehr dazu angetan, legitime, nach Art. 3 GG verfassungsrechtlich notwendige Wertungsdifferenzen zwi-*

*schen Rechtsgebieten hinter einem bloßen Ideal der Einheit verschwinden zu lassen.*

*5. b) Der Grundsatz der Widerspruchsfreiheit der Rechtsordnung umschreibt zwar ein rechtsstaatlich gebotenes Ergebnis. Er bestimmt indessen nicht, wann und wie an das Verwaltungsrecht anzuknüpfen ist.*

*6. Es bestehen keine grundsätzlichen Bedenken, das Gebot der Systemgerechtigkeit auf die Beziehungen des Verwaltungsrechts zum Zivil- und Strafrecht anzuwenden. Allerdings ist seine dirigierende Kraft, bedingt durch die Eigengesetzlichkeiten der Teilrechtsordnungen, schwächer als im Kontext einer einzelnen Rechtsmaterie. Am ehesten wird es mit Bezug auf das Strafrecht wirken, soweit dieses mit dem Ziel der Sanktionsverstärkung eingesetzt wird.*

*7. Zusätzliche Gründe kommen für die Vorgabewirkung administrativer Einzelentscheidungen in Betracht.*

*a) Prinzipiellen Respekt verdient das Vertrauen in die Legalisierungswirkung behördlicher Gestattungen.*

*b) Die Anknüpfung an administrative Entscheidungen kann auch aus Gründen des Kompetenzschutzes der Verwaltung geboten sein, wenn die Zusammenschau zivil- oder strafrechtlichter Normen mit dem Verwaltungsrecht einen Beurteilungs- und Entscheidungsvorrang der Verwaltung im Verhältnis zu abweichenden Einschätzungen in der ordentlichen Gerichtsbarkeit ergibt. Der Vorrang ist Ausdruck einer spezifischen Verantwortung und Qualifikation der Exekutive in der Bestimmung dessen, was für die Gesetzeskonkretisierung notwendig und für den Bürger im Einzelfall rechtens sein soll. Er steht in direkter Beziehung zum Gewaltenteilungsgrundsatz und zum rechtsstaatlichen Gebot klarer Kompetenzabgrenzung.*

*8. a) Strafen müssen im freiheitlichen Rechtsstaat letztes Mittel bleiben. Unausweichlich wird deshalb bei Anknüpfung an die Verletzung verwaltungsrechtlicher Pflichten eine vergleichende Gesamtwürdigung verwaltungsrechtlicher, ordnungswidrigkeitenrechtlicher und strafrechtlicher Reaktionsmöglichkeiten. Dabei kann sich herausstellen, daß der Einsatz der Strafsanktion prinzipiell nicht erforderlich oder im Einzelfall unangemessen ist.*

*8. b) Bei strittiger Verwaltungsrechtskonformität eines Verhaltens, von der die Strafbarkeit abhängig ist, können sich aus dem Postulat Strafe als ultima ratio und aus der verfahrensprägenden Dimension der Grundrechte Auswirkungen auf den zeitlichen Ablauf des Strafverfahrens ergeben. Sie kann Anlaß zur Prüfung geben, ob nicht trotz bestehender Vorfragenkompetenz dem grundrechtsschonenderen Verwaltungs- bzw. Verwaltungsgerichtsverfahren der Vortritt zu lassen ist, sofern hierzu verfahrensrechtlich die Möglichkeit besteht.*

*9. Gründe gegen eine Vorgabewirkung des Verwaltungsrechts liegen in dem berechtigten Anliegen, dem Zivil- und Strafrecht die Eigenständigkeit zu sichern. Ausdruck dieser Eigenständigkeit sind insbesondere vom Verwaltungsrecht abweichende Ausformungen des Rechtsgüterschutzes sowie Eigengesetzlichkeiten und besondere Regelungsziele.*

## *C. Verwaltungsrechtliche Vorgaben im Strafrecht*

*10. a) Stärker als im Zivilrecht ist in der Strafgesetzgebung die Anknüpfung an das Verwaltungsrecht, die auf verschiedenen Ebenen erfolgt, charakteristisch.*

*10. b) Geschieht die Anknüpfung nicht schon im Tatbestand, ist die Vorgabewirkung des Verwaltungsrechts schwächer: Der Gesetzgeber hat sich für eine verwaltungsrechtsunabhängige Fixierung des strafwürdigen Verhaltens entschieden; der strafrechtsspezifische Freiraum zur Berücksichtigung verwaltungsrechtlicher Vorgaben ist zugunsten der Strafjustiz zumindest tendenziell und kollisionsfördernd erweitert.*

*10. c) Der Gesetzgeber verfügt über eine weitgehende Freiheit, sozialschädliches Verhalten strafrechtlich zu fixieren. Deshalb läßt sich kaum der Vorwurf der Systemwidrigkeit erheben, wenn er sich aus Gründen, die nicht evident sachwidrig sind und hinreichendes Gewicht besitzen, für einen strafrechtlichen Rechtsgüterschutz entscheidet, bei dem die Verwaltungsrechtswidrigkeit nur eine unter mehreren sozialschädlichen Verhaltensweisen darstellt und deshalb Einfluß erst auf das Rechtswidrigkeitsurteil oder die Schuldfeststellung gewinnt. Solche Gründe liegen nicht nur im Schutz höchstpersönlicher Rechtsgüter, sie können auch darauf beruhen, daß der Gesetzgeber in der administrativen Konkretisierung eines Lebensbereiches keinen sicheren oder flächendeckenden Schutz erblickt. Von seiner Gestaltungsfreiheit sollte er nur sparsam Gebrauch machen.*

*11. Eine konstitutiv die Strafbarkeit bestimmende Vorgabewirkung „gesetzesvertretender" Verwaltungsvorschriften scheidet derzeit aus.*

*12. Sogenannte „normkonkretisierende" Verwaltungsvorschriften sollten grundsätzlich auch die Strafjustiz binden.*

*a) Darin niedergelegte Standards, insbesondere Grenzwerte, sind zur Konkretisierung des strafrechtlichen Pflichtverstoßes häufig unentbehrlich. Sie entspringen einer spezifischen Sachverantwortung für die Verwaltungsrechtslage, die den Organen der Strafjustiz nicht zukommt. Der Bürger darf prinzipiell darauf vertrauen, daß sein durch normkonkretisierende Verwaltungsvorschriften mitgeprägter Pflichtenumfang auch strafrechtlich respektiert wird.*

*b) Etwaige Bedenken gegen eine Bindung unter dem Gesichtspunkt des Art. 103 Abs. 2 GG lassen sich nicht allein durch die Außenverbindlichkeit des Verwaltungsaktes überwinden. Auch in diesem Fall muß zusätzlich darauf abgestellt werden, daß normkonkretisierende Verwaltungsvorschriften keine „verwaltungsautonomen" Standards setzen, sondern generalklauselartig umschriebene Vorgaben der Verwaltungsgesetzgebung näher auszeichnen und deshalb die Strafbarkeit nicht konstitutiv bestimmen. Vieles spricht dafür, daß sie dann auch unabhängig von Verwaltungsakten Bezugspunkt des Strafrechts sein können.*

*c) Die Bindung enthebt nicht der Prüfung, ob einschlägige Standards nach Zweck und Ausgestaltung auch strafrechtsspezifischen Maßstäben, etwa der Sorgfaltspflicht, genügen.*

*13. Die Anknüpfung einer Strafandrohung an gesetzeskonkretisierende Verwaltungsakte ist unter dem Blickwinkel der Art. 103 Abs. 2, 104 Abs. 1 Satz 1 GG unbedenklich. Ohne den konkretisierenden Verwaltungsakt ergeben sich erhebliche Probleme hinsichtlich der Bestimmtheit der Strafandrohung und können nur die allergröbsten verwaltungsrechtlichen Verstöße strafrechtlich geahndet werden.*

*14. a) Die Bindung der Strafjustiz an wirksame, wenngleich im Einzelfall fehlerhafte Verwaltungsakte ist die Konsequenz der sogenannten Tatbestandswirkung.*

*14. b) Die Tatbestandswirkung beruht letztlich auf den Prinzipien der Funktionenteilung und Rechtsstaatlichkeit. Sie schützt primär die Zuständigkeit und Verantwortung der Erlaßbehörde für die Konkretisierung und Gestaltung der Verwaltungsrechtslage, zugleich aber auch die prinzipiell berechtigte Erwartung des einzelnen, daß seine durch einen Verwaltungsakt bestimmten Rechte und Pflichten nicht von dritter Seite anders bestimmt oder annulliert werden.*

*15. Deklaratorische Verwaltungsakte sind von der Tatbestandswirkung nicht ausgenommen. Auch in Verwaltungsbereichen mit sehr dichten gesetzlichen Vorgaben, wie im Steuerrecht, haben Verwaltungsakte in der Regel konstitutive Wirkung in dem Sinne, daß sie die Individualrechtslage klären und stabilisieren. Diese Wirkung darf ihnen nicht durch einen unmittelbaren strafgerichtlichen Durchgriff auf das Verwaltungsgesetz genommen werden.*

*16. a) Die Strafbarkeit des Verstoßes gegen einen rechtswidrigen Verwaltungsakt oder des Handelns ohne behördliche Gestattung läßt sich nicht generell mit dem Argument bekämpfen, es werde letztlich nur der Verwaltungsungehorsam pönalisiert. Das Kernstrafrecht schützt durchweg auch materielle Rechtsgüter. Im übrigen bestehen erhebliche Bedenken, ob die aus strafrechtlicher Sicht unverhältnismä-*

*ßige Pönalisierung des Verwaltungsungehorsams durch die Befreiung von der Tatbestandswirkung erzielt werden darf und nicht der Weg über Art. 100 GG zu beschreiten wäre.*

*16. b) Die Entscheidung des Bundesgerichtshofs, wonach die spätere Aufhebung die Strafbarkeit wegen Verstoßes gegen ein Verkehrszeichen nicht berührt, mag auf den Schutz staatlicher Ordnungsinteressen zutreffen, überzeugt aber nicht, wenn die Strafbarkeit auch an die Verletzung anderer materieller Schutzinteressen anknüpft. Korrekturen des Verwaltungsaktes müssen dann entsprechend der Verfahrenslage berücksichtigt werden.*

*17. a) Die Tatbestandswirkung behördlicher Gestattungsakte erfaßt nicht die Verletzung strafrechtlich geschützter Individualrechtsgüter.*

*17. b) Die Bindung an Erlaubnisse, die angeblich veraltet sind, unredlich erworben oder deren Rechtswidrigkeit der Erlaubnisnehmer kennt, läßt sich strafrechtlich nicht unter Berufung auf das Rechtsmißbrauchsverbot beseitigen. Anderenfalls käme es zu einem Übergriff in die Entscheidungs- und Beurteilungskompetenz der Verwaltung und zu einem Widerspruch zu den Regeln über die Rücknahme rechtswidriger Verwaltungsakte. Bei tatbestandsbestimmenden Erlaubnissen, die hinsichtlich ihrer Wirksamkeit und Bestandskraft schon von Gesetzes wegen auf das Verwaltungsrecht verweisen, ist auch Art. 103 Abs. 2 GG verletzt, weil die gesetzliche Verweisung zu Lasten des Angeklagten mißachtet wird.*

*18. a) Ungenehmigtes, verwaltungsrechtlich jedoch genehmigungsfähiges Verhalten darf strafrechtlich nicht als genehmigt behandelt werden. Mit dem gesetzlichen Erfordernis einer behördlichen Gestattung wird immer eine spezifische Verantwortung der Verwaltung für die Erteilung bzw. Ablehnung begründet, die ihr die Strafjustiz nicht abnehmen kann. Dies gilt auch für die Klärung, ob in concreto eine Ermessensschrumpfung eingetreten ist. Die nachträglich erteilte Genehmigung muß strafrechtlich in gleicher Weise wie bei der Tatbestandswirkung eines Verwaltungsaktes berücksichtigt werden.*

*18. b) Die sogenannte aktive behördliche Duldung eines Verhaltens vermag strafrechtlich nur zu rechtfertigen, wenn sie nach den einschlägigen Normen des Verwaltungsrechts als Erteilung einer Erlaubnis bzw. Genehmigung qualifiziert werden kann. Entsprechendes gilt, wenn die Behörde in Kenntnis bestimmter Verhaltensweisen nicht einschreitet. Anderenfalls ist der Entscheidungsvorrang der Verwaltung verletzt. Davon unberührt bleibt die Berücksichtigung bei der Schuldfeststellung.*

*19. Eine Strafbarkeit von Amtsträgern kommt nur bei über die bloße Verwaltungsrechtswidrigkeit hinausweisendem Unrecht in*

*Betracht. Anwendungsfälle sind kollusives Zusammenwirken mit Privatpersonen, sonstiges unredliches Verhalten und die Verletzung höchstpersönlicher Individualrechtsgüter. Dieserhalb erwogene Spezialregelungen müssen vor Art. 3 GG Bestand haben.*

20. *Das Ermessen zur Aussetzung des Strafverfahrens kann sich insbesondere zur Vermeidung widersprüchlicher Entscheidungen bei schwierigen und klärungsbedürftigen Verwaltungsrechtsfragen oder bei strafgerichtlicher Abweichung von einer etablierten Verwaltungspraxis zur Aussetzungspflicht verdichten. Dies kann jedoch nur dort gelten, wo das Strafrecht unmittelbar und sanktionsverstärkend im Tatbestand an das Verwaltungsrecht anknüpft. Ein Gegengesichtspunkt kann das Beschleunigungsgebot sein. Das Risiko einer revisionsgerichtlichen Aufhebung wegen fehlerhafter Ausübung des Aussetzungsermessens ist bisher gering.*

# Verwaltungsrecht als Vorgabe für Zivil- und Strafrecht

2. Bericht von Prof. Dr. *Hans D. Jarass*, Bochum

## Inhalt

## I. Einleitung

### *1. Die Vorgaben des Verwaltungsrechts für das Privatrecht als Untersuchungsfeld*

Nach den Ausführungen von Herrn Schröder, die vor allem dem Strafrecht gewidmet waren, ist es nunmehr meine Aufgabe, die Vorgaben des Verwaltungsrechts für das *Privatrecht* zu behandeln. Dieses Teilthema mag weniger spektakulär sein als der von Herrn Schröder behandelte Bereich, der in den vergangenen Jahren zu engagierten, gelegentlich sogar empörten Stellungnahmen führte. Interessant ist das privatrechtliche Teilthema allemal, auch deshalb, weil es in seiner Gesamtheit bislang wenig Aufmerksamkeit gefunden hat. Eine umfassende dogmatische Aufbereitung fehlt. Nur für einzelne Anwendungsfelder, vor allem im Bereich des Nachbarrechts, gibt es nähere Untersuchungen. Die Perspektive der Rechtswissenschaft ist — nicht ohne Grund — ganz darauf gerichtet, das öffentliche vom privaten Recht zu trennen[1]. Dabei gerät das Zusammenspiel und die Zuordnung der beiden Rechtsbereiche nur zu leicht aus dem Blickfeld.

Bei unserem Thema geht es um die Einflüsse des Verwaltungsrechts auf die Beziehungen zwischen Privatpersonen. Ähnliche Fragen stellen sich, wenn es um den Einfluß des Verwaltungsrechts auf Beziehungen zwischen einer Privatperson und dem privatrechtlich handelnden Staat geht[2]. In diesem Falle schrumpft jedoch die für unser Thema kennzeichnende Dreiecksbeziehung häufig zu einem Zwei-Personen-Verhältnis. Nicht zuletzt aus diesem Grunde werde ich den Einfluß des Verwaltungsrechts auf das Verwaltungsprivatrecht lediglich am Rande berühren.

### *2. Die „Publifizierung“ und Verdrängung des Privatrechts*

Die Feststellung, daß unser Thema bisher übergreifend noch kaum untersucht wurde, gilt nur für rechtsdogmatische Untersuchungen. Auf der rechtspolitischen Ebene wird der Einfluß des Verwaltungsrechts auf das Privatrecht seit langem diskutiert. Bereits 1919 wies

---

[1] Dazu etwa *D. Schmidt*, Die Unterscheidung von privatem und öffentlichem Recht, 1985.

[2] In unserem Zusammenhang *Ossenbühl*, DVBl. 1990, 966; *Gerhardt*, BayVBl. 1990, 553. Allgemein dazu *Ehlers*, Verwaltung in Privatrechtsform, 1984.

*Hedemann* auf die „Publifizierung des bürgerlichen Rechts" hin[3]. In Frankreich stellte *Georges Ripert* im Jahre 1949 lakonisch fest: »Tout devient droit public«[4]. *Ludwig Raiser* sprach 1972 von einem „Rückzug" des Privatrechts und fragte, ob es sich dabei „um einen irreversiblen Vorgang handelt"[5]. Das darin zum Ausdruck kommende Unbehagen des Privatrechtlers hat *Medicus* in einem Vortrag im letzten Jahr (im Hinblick auf die negatorische Unterlassungsklage) gar zu der Feststellung veranlaßt, daß das „zivilrechtliche Urgestein" von dem öffentlich-rechtlichen „Schutt", durch den es überlagert werde, befreit werden müsse[6].

Die wachsende Bedeutung des öffentlichen Rechts zu Lasten des Privatrechts[7], die natürlich auch von den Fachvertretern des öffentlichen Rechts konstatiert wurde, wie etwa von *Peter Badura,* um nur einen Namen zu nennen[8], betrifft nicht nur das Verwaltungsrecht. Die außerordentliche Gestaltungskraft, die das Verfassungsrecht unter dem Grundgesetz entwickelt hat, gehört mit dazu. Doch der Anteil des Verwaltungsrechts ist nicht unerheblich.

Nun sollte man die Publifizierung und Verdrängung des Privatrechts durch das öffentliche Recht nicht überschätzen: Die Gefahr, daß das Privatrecht zu einer Randerscheinung wird, wie das bei Privatrechtlern gelegentlich anklingt[9], besteht nicht. Aber als Trendaussage ist sie zutreffend. Das ist um so bemerkenswerter, als noch um die Jahrhundertwende die Emanzipation des Verwaltungsrechts vom Privatrecht das Thema war. Den Selbststand des Verwaltungsrechts gegenüber dem sehr viel älteren Privatrecht herzustellen und zu sichern, war für *Otto Mayer* eine zentrale Aufgabe der Verwaltungsrechtswissenschaft[10].

---

[3] *Hedemann,* Einführung in die Rechtswissenschaft, 1. Aufl. 1919, 134; 2. Aufl. 1927, 228.

[4] *Ripert,* Le Déclin du droit, 1949, 37 unter Übernahme einer Formulierung von Jean Portalis.

[5] *Raiser,* Die Zukunft des Privatrechts, 1971, 14.

[6] *Medicus,* NuR 1990, 150.

[7] Die Gewichtsverschiebung zwischen dem öffentlichen Recht und dem Privatrecht beruht nicht darauf, daß privates Recht aufgehoben und durch öffentliches Recht ersetzt wird. Vielmehr wird das formell unveränderte Privatrecht durch öffentliches Recht unterlaufen, überholt und überlagert; *Schmidt* (Fn. 1), 17.

[8] *Badura,* Staatsrecht, 1986, A 6; *Berg,* Verw. 1988, 319 ff.

[9] Vgl. die Nachweise bei *Schmidt* (Fn. 1), 16.

[10] *O. Mayer,* Deutsches Verwaltungsrecht, Bd. 1, 3. Aufl. 1924, 14, 113 ff; dazu *Forsthoff,* Verwaltungsrecht, 10. Aufl. 1973, 52, 168 f.

Schließlich möchte ich schon eingangs darauf hinweisen, daß unser Thema mit plakativen Charakterisierungen nicht zu bewältigen ist. Die These, das Privatrecht fördere die Freiheit des Bürgers, während das öffentliche Recht sie beschränke[11], ist sowenig hilfreich wie die umgekehrte Aussage, daß das öffentliche Recht dem Allgemeininteresse zum Durchbruch verhelfe, das Privatrecht dagegen nur Individualinteressen fördere[12].

## II. Problembeschreibung anhand ausgewählter Problemfelder

### *1. Einfluß auf die Auslegung und Anwendung des § 906 BGB*

Der Stellenwert des Verwaltungsrechts für das Privatrecht ist bislang vor allem im Bereich des Nachbar- und Umweltrechts diskutiert worden. Das legt es nahe, unser Thema von dieser Seite her anzugehen. Im Zentrum des privaten Nachbarrechts steht die Vorschrift des § 906 BGB. Sie bestimmt, welche Einwirkungen ein Nachbar dulden muß und welche Schutz- und Ausgleichsansprüche er gegebenenfalls geltend machen kann. Die Bedeutung dieser Regelung ist erheblich größer als man das auf den ersten Blick vermutet. Insbesondere gilt sie nicht nur für Abwehransprüche, sondern wird auch auf Schadensersatzansprüche angewandt[13]. Der Einfluß des Verwaltungsrechts auf diese Vorschrift ist daher nicht ohne Interesse.

a) § 906 BGB gilt für unwägbare Einwirkungen und damit für nichts anderes als für Immissionen. Das legt einen Einfluß des öffentlichen Immissionsschutzrechts nahe. Er kann zunächst bei den Kriterien der Wesentlichkeit und der Ortsüblichkeit ansetzen, die die Grenze der hinzunehmenden Einwirkungen beschreiben. In einer Entscheidung aus diesem Jahre hat denn auch der Bundesgerichtshof festgestellt, daß wesentliche Beeinträchtigungen i. S. d. § 906 Abs. 1 BGB identisch sind mit den schädlichen Umwelteinwirkungen des Bundes-Immissionsschutzgesetzes[14]. Praktische Folgen für das Privat-

---

[11] So *Zöllner,* JuS 1988, 329 ff; dagegen zu Recht *Schmidt* (Fn. 1), 166 ff, 196 ff; *Ossenbühl,* DÖV 1990, 966 f.

[12] Vgl. *Kloepfer,* in: Breuer u. a. (Hrsg.), Umweltschutz und Privatrecht, 1990, 44.

[13] Etwa *Baur,* in: Soergel, Bürgerliches Gesetzbuch, 11. Aufl. 1978, § 906 Rdn. 6. Darüber hinaus gelten die Vorgaben des § 906 BGB auch für Pächter und Mieter der Nachbargrundstücke. Endlich werden die Abgrenzungen des § 906 Abs. 1, Abs. 2 S. 1 BGB auch auf die Eigentümer beweglicher Sachen angewandt; *BGHZ* 92, 143/149.

[14] *BGH,* DVBl. 1990, 772; ebenso *BVerwGE* 79, 254/258.

recht hat das Immissionsschutzrecht weniger auf der Ebene der Gesetze und Rechtsverordnungen als auf der Ebene der Verwaltungsvorschriften. So werden die TA Luft und die TA Lärm zur Bestimmung der Wesentlichkeit von Einwirkungen herangezogen[15]. Eine echte Bindung wird allerdings durchweg abgelehnt; die Einhaltung von Verwaltungsvorschriften oder deren Überschreitung sind bei der Beweiswürdigung zu berücksichtigen[16]. Zur Illustration sei auf die Baumschulentscheidung oder die Kupolofenentscheidung des Bundesgerichtshofs verwiesen[17].

Neben dem Immissionsschutzrecht kann auch das öffentliche Baurecht das private Nachbarrecht beeinflussen. Für die Diskussion um die zureichende Beachtung des Verwaltungsrechts steht dieser Bereich sogar ganz im Vordergrund. In der vieldiskutierten *Tennisplatzentscheidung*[18] ging es um die Frage, ob der Umstand, daß ein Tennisplatz in einem bauplanungsrechtlich dafür vorgesehenen Gebiet liegt, privatrechtliche Abwehr- und Schadensersatzansprüche ausschließt. Die Rechtsprechung und die überwiegende Auffassung in der Literatur lehnen das ab[19]. Die bauplanungsrechtliche Ausweisung spiele weder für die Frage der Erheblichkeit noch für die Frage der Ortsüblichkeit eine entscheidende Rolle[20]. Sie bilde allenfalls einen gewissen Anhaltspunkt, ein Indiz. In der verwaltungsrechtlichen Literatur wird das, etwa von *Hans-Jürgen Papier*, kritisiert, weil auf diese Weise die baurechtlichen Planungen durchkreuzt werden können[21].

---

[15] *Baur* (Fn. 13), § 906 Rdn. 24; *Roth* in: Staudinger, Das Bürgerliche Gesetzbuch, 12. Aufl. 1989, § 906 Rdn. 178.

[16] *Baur* (Fn. 13), § 906 Rdn. 25 mit Nachw.; *Gerlach*, JZ 1988, 161. Zudem ist die Überschreitung der Grenzwerte aussagekräftiger als deren Einhaltung; *BGHZ* 70, 102/110; *Marburger*, Gutachten zum 56. Deutschen Juristentag, 1986, C 107 ff.

[17] *BGHZ* 70, 102/105 ff; 92, 143/148, 151 ff.

[18] *BGH*, NJW 1983, 751; dazu *Peine*, JuS 1987, 169 ff.

[19] *BGH*, NJW 1983, 751; 1976, 1205; DVBl. 1971, 745; *Medicus*, JZ 1986, 784; *Hohloch*, in: Kimminich/v. Lersner/Storm (Hrsg.), Handwörterbuch des Umweltrechts, Bd. 2, 703 f; *Säcker*, in: Münchener Kommentar zum Bürgerlichen Gesetzbuch, 2. Aufl. 1986, § 906 Rdn. 16 ff.

[20] *Roth* (Fn. 15), § 906 Rdn. 188 ff. Insbesondere komme es für die Ortsüblichkeit entscheidend auf die tatsächlichen Verhältnisse, nicht auf die baurechtliche Ausweisung an; *BGH*, DVBl. 1971, 749; NJW 1976, 1205; 1983, 752; *Baur* (Fn. 13), § 906 Rdn. 12.

[21] *Papier*, in: Pickart/Gelzer/Papier (Hrsg.), Umwelteinwirkungen durch Sportanlagen, 1984, 97; *Trzaskalik*, DVBl. 1981, 71; *Kleinlein*, NVwZ 1982, 668; *Peine*, JuS 1987, 175 f; *Gaentzsch*, NVwZ 1986, 601 ff.

b) Vor allem die Aussagen der TA Luft werden von der Rechtsprechung noch bei anderen Voraussetzungen des § 906 BGB genutzt. Das Überschreiten von Grenzwerten der TA Luft wird etwa als Anhaltspunkt herangezogen, ob Schutzvorkehrungen (i. S. d. Abs. 2 S. 1) zumutbar sind oder ob die hinzunehmende Beeinträchtigung die Nutzung des Nachbargrundstücks (i. S. d. Abs. 2 S. 2) über das zumutbare Maß hinaus behindert[22]. Ein Grenzwert der TA Luft kann damit für ganz unterschiedliche Tatbestandsmerkmale Bedeutung erlangen, obwohl ein bestimmter Grenzwert eigentlich nur Aussagen zu *einer* Frage enthalten kann[23]. Für die Praxis wird dieser Befund dadurch entschärft, daß Verwaltungsvorschriften die Zivilgerichte nicht wirklich binden, sondern allein einen Anhaltspunkt liefern, der dann im Einzelfall ein sehr unterschiedliches Gewicht haben kann[24].

## 2. *Einfluß auf Kausalitätsfeststellungen*

Ein auf den ersten Blick überraschender, zugleich aber zunehmend wichtig werdender Einfluß des Verwaltungsrechts zeigt sich im Bereich der Kausalitätsfeststellungen. Ein privatrechtlicher Abwehr- oder Schadensersatzanspruch setzt voraus, daß die von einer Anlage ausgehenden Emissionen zu Immissionen im Einwirkungsbereich geführt haben und diese Immissionen ursächlich für die Beeinträchtigung des Betroffenen waren. Dieser doppelte *Ursachennachweis* ist dem Betroffenen etwa bei Luftverunreinigungen häufig nicht möglich. Um so wichtiger ist für ihn, daß die Rechtsprechung in der Überschreitung der Immissionsgrenzwerte, aber auch der Emissionswerte der TA Luft ein Indiz für die Ursächlichkeit der Anlage sieht[25].

Dieser Ansatz wird im Entwurf des neuen Umwelthaftungsgesetzes aufgegriffen und ausgebaut[26]. Die dort vorgesehene Vermutung der Ursächlichkeit von Anlagen, die „nach den Gegebenheiten des Einzel-

---

[22] Zu Abs. 2 S. 1 *BGHZ* 90, 102/111; *Marburger* (Fn. 16), C 110 f; *Hagen*, UPR 1985, 193. Insoweit wirkt auch der Einfluß des neuen § 17 Abs. 2 BImSchG; *Roth* (Fn. 15), § 906 Rdn. 208. Außerdem *BGHZ* 64, 220/223. Zu Abs. 2 S. 2 *Baur* (Fn. 13), § 906 Rdn. 13; *Roth* (Fn. 15), § 906 Rdn. 234; *Hager*, NJW 1986, 1964.

[23] Vgl. dazu *Hansmann*, in: Landmann/Rohmer, Gewerbeordnung, Bd. 3, § 48 BImSchG Rdn. 28 ff.

[24] S. oben a. Zur praktischen Bedeutung beweisrechtlicher Differenzierungen s. unten Fn. 77.

[25] *BGHZ* 70, 102/107; 92, 143/149 ff; *Roth* (Fn. 15), § 906 Rdn. 176; *Hager*, NJW 1986, 1966.

[26] Vom 23. 2. 1990, BR-Drs. 127/90.

falles geeignet (sind), den entstandenen Schaden zu verursachen“[27], ist ausgeschlossen, wenn der Anlagenbetreiber alle auf Schäden der fraglichen Art bezogenen verwaltungsrechtlichen Pflichten eingehalten hat[28].

### 3. *Ausschluß von Ansprüchen durch Genehmigungen und Zulassungen*

a) Kommen wir zu einer anderen Form des verwaltungsrechtlichen Einflusses auf das Privatrecht: Bei einer Reihe von Genehmigungen und Zulassungen sehen die einschlägigen Gesetze ausdrücklich vor, daß nach Unanfechtbarkeit der betreffenden Genehmigung bzw. Zulassung privatrechtliche Ansprüche nicht mehr geltend gemacht werden können. Diese *Präklusionswirkung* geht dabei unterschiedlich weit: § 14 BImSchG schließt ebenso wie § 23 GentG Ansprüche auf Einstellung des Anlagenbetriebs aus[29], nicht jedoch Ansprüche auf Schutzvorkehrungen oder Schadensersatz[30]. § 75 Abs. 2 VwVfG schließt für Planfeststellungen auch Schutzvorkehrungsansprüche aus[31]. Und § 11 WHG präkludiert sogar Schadensersatzansprüche[32]. In der zivilrechtlichen Literatur werden die Präklusionsnormen zudem als allgemeine Rechtfertigungsklauseln betrachtet, mit der Folge, daß auch Schadensersatzansprüche gemäß § 823 BGB entfallen[33]. Die verwaltungsrechtliche Literatur lehnt das überwiegend ab[34].

---

27 Sofern keine Ursache außerhalb der vom Umwelthaftungsgesetz erfaßten Anlagen in Betracht kommt; § 7 des Entwurfs.

28 Die Pflichten ergeben sich aus Auflagen sowie aus vollziehbaren Anordnungen und Rechtsvorschriften; vgl. § 6 des Entwurfs. Soweit verwaltungsrechtlich gebotene Kontrollen zur Einhaltung dieser Pflichten durchgeführt wurden und sich dabei keine Anhaltspunkte für die Verletzung von Betriebspflichten ergaben, wird die Einhaltung der Pflichten vermutet.

29 Soweit sie nicht auf besonderen Titeln beruhen; *Baur* (Fn. 13), § 903 Rdn. 94.

30 Die Vorschrift gilt auch für atomrechtliche und gentechnische Genehmigungen sowie für luftverkehrsrechtliche Genehmigungen; § 7 Abs. 6 AtG; § 11 LuftVG. Darüber hinaus ist § 14 BImSchG bei verschiedenen landesrechtlichen Zulassungen anwendbar; *Roth* (Fn. 15), § 906 Rdn. 26.

31 Ob Ansprüche aufgrund besonderer privatrechtlicher Titel präkludiert werden, ist umstritten; dafür *Kopp*, VwVfG, 4. Aufl. 1986, § 75 Rdn. 3; dagegen zu Recht *Bonk*, in: Stelkens/Bonk/Leonhardt, VwVfG, 3. Aufl. 1990, § 75 Rdn. 23.

32 Dazu *Giesecke/Wiedemann/Czychowski*, Wasserhaushaltsgesetz, 5. Aufl. 1990, § 11 Rdn. 3.

33 *Wagner*, Öffentlich-rechtliche Genehmigung und zivilrechtliche Rechtswidrigkeit, 1989, 20, 108 f; *Fikentscher*, Schuldrecht, 7. Aufl. 1985, 793 f; *Gerlach*, Privatrecht und Umweltschutz im System des Umweltrechts, 1989, 222.

34 *Feldhaus*, § 14 Anm. 11; *Stich/Porger*, § 14 Anm. 23; widersprüchlich *Peine* JZ 1990, 201.

Die Rechtsprechung hat zu dieser Frage keine Stellung bezogen[35]. Im Ergebnis hat sie allgemeine Schadensersatzansprüche — soweit ersichtlich — niemals an einer der genannten Präklusionsvorschriften scheitern lassen. Möglicherweise liegt das aber auch daran, daß sie auf die Präklusionsvorschriften höchst selten eingeht, obwohl es in vielen Entscheidungen um Anlagen ging, bei denen diese Vorschriften durchaus eine Rolle hätten spielen können[36].

b) Nach einer im Vordringen befindlichen Meinung in der verwaltungsrechtlichen Literatur sollen nicht nur Genehmigungen, für die eine ausdrückliche Regelung der dargestellten Art vorhanden ist, privatrechtliche Ansprüche ausschließen und einschränken[37]. *Rüdiger Breuer* nimmt etwa für die *Baugenehmigung* an, daß ihr eine formellrechtliche Gestaltungswirkung zukomme, die privatrechtliche Abwehransprüche ausschließe, solange die Genehmigung besteht[38]. Die Rechtsprechung hat das nicht akzeptiert, weder für die Baugenehmigung[39], noch für andere Genehmigungen, bei denen eine Präklusion gesetzlich nicht angeordnet ist[40]. Die in § 1004 Abs. 2 BGB vorgesehene Duldungspflicht ändert daran nichts. Die Vorschrift hat nach ganz h. A. keine bindungsbegründenden Wirkungen, sondern weist nur auf andernorts begründete Bindungen hin[41].

---

[35] *RGZ* 84, 298/303; 122, 134/138; 159, 129/135 sprechen eher für die verwaltungsrechtliche Literatur.

[36] Vgl. *Wagner* (Fn. 33), 14 f.

[37] Allerdings ist dabei nicht immer klar, ob die Präklusion durch die der Genehmigung zugrunde liegenden Vorschriften oder durch die Genehmigung selbst bewirkt wird.

[38] *Breuer,* in: v. Münch (Hrsg.), Besonderes Verwaltungsrecht, 8. Aufl. 1988, 649 f; ebenso *Schapp,* Das Verhältnis von privatem und öffentlichem Nachbarrecht, 1978, 164 ff; *Schrödter,* in: ders., Baugesetzbuch, 4. Aufl. 1980, § 31 Rdn. 23; *Gaentzsch,* NVwZ 1986, 605.

[39] *BGH,* NJW 1959, 2014; *BayObLGZ* 1979, 1625; ebenso *Steinberg,* NJW 1984, 462; *Kleinlein,* NVwZ 1982, 669; *Gerlach,* JZ 1988, 172; *Baur,* in: Gedächtnisschrift für Martens, 1987, 550 f; vorsichtig *Roth* (Fn. 15), § 906 Rdn. 33.

[40] *BGHZ* 69, 118/124; speziell zur gaststättenrechtlichen Genehmigung *BGH,* NJW 1959, 2014; zur wasserrechtlichen Erlaubnis BGHZ 88, 34/40 f. Anders *RGZ* 161, 208 für bergbauliche Berechtigungen; durch die Einführung eines bergrechtlichen Planfeststellungsverfahrens ist dieses Problem überholt. Gegen eine Bindungswirkung bei einfachen Genehmigungen *Hagen,* UPR 1985, 197; *Wagner* (Fn. 33), 203 ff; *Roth* (Fn. 15), § 906 Rdn. 34.

[41] Vgl. *Wagner* (Fn. 33), 131; *Medicus,* in: Münchener Kommentar zum Bürgerlichen Gesetzbuch, 2. Aufl. 1986, § 1004 Rdn. 56; *Gurski,* in: Staudinger, Bürgerliches Gesetzbuch, 12. Aufl. 1989, § 1004 Rdn. 129 ff.

*4. Deliktische Schadensersatzansprüche*

Verwaltungsrechtliche Vorgaben spielen des weiteren bei deliktischen Schadensersatzansprüchen eine Rolle. Praktische Relevanz hat das weniger im Bereich des behandelten privaten Nachbarrechts: Nach Auffassung der Rechtsprechung wird die Unerlaubtheit der betreffenden Handlung entscheidend durch die Vorgaben des § 906 BGB bestimmt[42]. In anderen Fällen kommt demgegenüber der Einfluß des Verwaltungsrechts auf die Auslegung und Anwendung des § 823 BGB zum Tragen, etwa bei einem Streit um eine Wassernutzung[43].

a) Gemäß *§ 823 Abs. 2 BGB* muß Schadensersatz leisten, wer gegen ein Gesetz verstößt, das den Schutz eines anderen bezweckt. Schutzgesetze können anerkanntermaßen auch Normen des Verwaltungsrechts sein[44], nicht jedoch Verwaltungsvorschriften[45]. Darüber hinaus stuft die Rechtsprechung selbst Verwaltungsakte als Schutzgesetze ein, etwa die Anordnungen einer Jagdbehörde[46] oder die Nebenbestimmung zu einer Genehmigung[47]. Kennzeichnend für Schutzgesetze ist, daß sie zumindest auch einen Individualschutz gewähren sollen[48]; ein wichtiges Indiz bildet die hinreichend klare Abgrenzung des Kreises der geschützten Personen[49]. Schließlich sei darauf hingewie-

---

[42] *BGHZ* 90, 255/258; Roth (Fn. 15), § 906 Rdn. 56; *Baur* (Fn. 13), § 906 Rdn. 6. Damit erspart sich die Zivilrechtsprechung ein genaueres Eingehen auf verwaltungsrechtliche Normen. S. oben.

[43] S. dazu *BGHZ* 69, 1 ff.

[44] *Schäfer,* in: Staudinger, Bürgerliches Gesetzbuch, 12. Aufl. 1986, § 823 Rdn. 576, auch untergesetzlicher Art, etwa gemeindliche Satzungen (OLG Düsseldorf, VersR 1980, 142). Für berufsrechtliche Satzungen soll das dagegen nicht gelten; *Schäfer,* a. a. O., § 823 Rdn. 577.

[45] *Medicus,* JZ 1986, 783; Mertens, in: Münchener Kommentar zum Bürgerlichen Gesetzbuch, 2. Aufl. 1986, § 823 Rdn. 158; einschränkend *Hoppe/Beckmann,* Umweltrecht, 1989, § 15 Rdn. 12.

[46] *BGHZ* 62, 265/267; *OLG Hamm,* JZ 1981, 277; *Steffen,* in: Kommentar der Reichsgerichtsräte zum Bürgerlichen Gesetzbuch, 12. Aufl. 1989, § 823 Rdn. 538.

[47] *OLG Hamm,* JZ 1981, 277. In der Literatur wird dies kritisiert, das Ergebnis aber gleichwohl akzeptiert, indem man die Ermächtigungsnorm als Schutznorm einstuft; *Mertens* (Fn. 45), § 823 Rdn. 153.

[48] *BGHZ* 66, 388/390.

[49] *BGHZ* 40, 306/307; *Schäfer* (Fn. 44), § 823 Rdn. 579. Diese Definition stimmt weitgehend mit der Bestimmung des drittschützenden Charakters öffentlich-rechtlicher Normen überein, ohne daß deshalb im Ergebnis immer Einigkeit besteht (vgl. *BGHZ* 40, 306/312). Die Einstufung einer Norm als Schutznorm hängt nicht nur davon ab, ob dies im Lichte der Schutznorm sinnvoll, sondern auch davon, ob

sen, daß die Verletzung eines Schutzgesetzes nicht nur eine Tatbestandsvoraussetzung ist, sondern unter gewissen Voraussetzungen zudem ein Indiz für die Ursächlichkeit und das Verschulden bildet[50].

b) Auch im Bereich des *§ 823 Abs. 1 BGB* können verwaltungsrechtliche Regelungen Einfluß nehmen. So werden die durch Genehmigungen verliehenen Rechtspositionen gelegentlich als durch Abs. 1 geschützte, subjektive Rechte eingestuft, etwa eine wasserrechtliche Bewilligung[51]. In Betracht kämen auch Genehmigungen für berufliche und wirtschaftliche Tätigkeiten; in der Praxis wird darauf jedoch kaum zurückgegriffen.

Einen weiteren Ansatzpunkt liefern die für § 823 Abs. 1 BGB bedeutsamen *Verkehrssicherungspflichten*. Der Bundesgerichtshof hat dazu in einer jüngeren Entscheidung festgehalten, daß Gesetze und Rechtsverordnungen, wenn sie Regelungen für gefährliche Produkte enthalten, die Sorgfaltspflichten des Herstellers konkretisieren, weshalb ihre Verletzung auf eine Pflichtverletzung hinweist. Andererseits enthalten die Normen in aller Regel kein „abschließendes Verhaltensprogramm", mit der Folge, daß ihre Beachtung eine Verkehrspflichtverletzung nicht ausschließt[52].

Endlich wird in Einzelfällen angenommen, daß die Einhaltung von verwaltungsrechtlichen Vorgaben einen Rechtfertigungsgrund bildet oder das Verschulden ausschließt[53]. Insgesamt können verwaltungsrechtliche Regelungen bei vielen Tatbestandsvoraussetzungen der deliktischen Ansprüche bedeutsam werden. Bedenkt man das, muß es

---

das im Sinne der Deliktshaftung tragbar ist (*BGHZ* 66, 390; *Steffen* [Fn. 46], § 823 Rdn. 52). Ein fehlender drittschützender Charakter im öffentlichen Recht schließt aber negativ einen Schutzgesetzcharakter aus (*BGHZ* 86, 362 m. Nachw.).

50 Zur Ursächlichkeit *BGH*, VersR 1961, 828; LM § 823 Nr. 11 b E f; *Schäfer* (Fn. 44), § 823 Rdn. 609. Zum Verschulden *Steffen* (Fn. 46), § 823 Rdn. 566; *Mertens* (Fn. 45), § 823 Rdn. 164.

51 *BGH*, NJW 1976, 46; *BGHZ* 69, 1/6 f. Dabei ist allerdings die Reichweite der subjektiv-rechtlichen Position zu beachten.

52 *BGH*, NJW 1987, 372; 1987, 1011. Dementsprechend kann eine Treppe auch dann verkehrsunsicher sein, wenn sie baupolizeilich genehmigt wurde (*BGH*, VersR 1962, 332; ebenso *BGH*, VersR 1969, 665; NJW 1987, 373). Anders dagegen *BGHZ* 62, 265/270 für die Pflichten des Jagdausübungsberechtigten. Verwaltungsvorschriften werden als Anhaltspunkt für die Bestimmung der Verkehrssicherungspflichten genutzt; *Schäfer* (Fn. 44), § 823 Rdn. 577.

53 Zur Rechtfertigung s. *Steffen* (Fn. 46), § 823 Rdn. 390; *Diederichsen*, Gutachten zum 56. Deutschen Juristentag 1986, Bd. II, L 65 sowie die Regelung des § 1 Abs. 2 Nr. 4 ProdHG. Zum Verschulden *BGHZ* 90, 143/152; *Schäfer* (Fn. 44), § 823 Rdn. 504.

überraschen, daß die Zivilgerichte auf verwaltungsrechtliche Regelungen doch in recht wenigen Fällen eingehen.

### 5. *Rechtswidrige Rechtsgeschäfte*

Ein anderes Problemfeld ist der Einfluß des Verwaltungsrechts auf die Gültigkeit von Rechtsgeschäften. Gemäß § 134 BGB sind Rechtsgeschäfte nichtig, die gegen ein gesetzliches Verbot verstoßen. Solche Verbotsgesetze sind insbesondere in verwaltungsrechtlichen Normen enthalten; sie bilden sogar das Hauptanwendungsfeld des § 134 BGB[54].

Ob eine bestimmte Vorschrift ein Verbotsgesetz ist, muß an Hand des Gesetzeszwecks beurteilt werden. Dabei spielt die Unterscheidung von Verbotsgesetzen und bloßen Ordnungsvorschriften eine wichtige Rolle[55]. Verbotsgesetze kennzeichnet eine Mißbilligung von Inhalt und Erfolg des Rechtsgeschäfts, während Ordnungsvorschriften sich gegen äußere Umstände richten[56]. Die Anwendung dieser Unterscheidung ist im Einzelfall mit großen Unsicherheiten behaftet. So ist ein Verkauf nach Ladenschluß wirksam[57], nicht dagegen ein Vertrag, der gegen das Schwarzarbeitsgesetz[58] oder gegen das Verbot von Darlehensverträgen im Reisegewerbe verstößt[59]. Eine Beratung unter Verstoß gegen das Rechtsberatungsgesetz wird als nichtig angesehen[60], nicht jedoch ein Bankgeschäft oder eine Beratung durch einen Steuerberater unter Verletzung der jeweiligen Vorschriften[61].

---

[54] *Hefermehl* in: Soergel, Das Bürgerliche Gesetzbuch, 12. Aufl. 1986, § 134 Rdn. 6; *Canaris*, Gesetzliches Verbot und Rechtsgeschäft, 1983, 16. Umstritten ist, ob das Schutzgesetz notwendig ein förmliches Gesetz sein muß (so *Mayer-Maly*, in: Münchener Kommentar zum Bürgerlichen Gesetzbuch, 2. Aufl. 1984, § 134 Rdn. 28), oder ob auch eine Rechtsverordnung genügt (*BGHZ* 37, 363/365). Verwaltungsakte können dagegen keine Verbotsgesetze sein; *Brox* in: Erman, Bürgerliches Gesetzbuch, 7. Aufl. 1981, § 134 Rdn. 8.

[55] Vgl. *Hefermehl* (Fn. 54), § 134 Rdn. 20; *Mayer-Maly* (Fn. 54), § 134 Rdn. 47 ff. Als bloße Ordnungsvorschrift wird etwa die Preisangabenverordnung eingestuft; *BGH*, WM 1979, 52; 1980, 1113; ZIP 1982, 1046.

[56] *Hefermehl* (Fn. 54), § 134 Rdn. 14, 20; *Brox* (Fn. 54), § 134 Rdn. 11.

[57] *Canaris* (Fn. 54), 34 f.

[58] *BGHZ* 85, 39/44; 89, 369.

[59] Zum Verbot des § 56 Abs. 1 Nr. 6 GewO *BGHZ* 71, 358/360 ff.

[60] *BGHZ* 37, 258/262. Ebenso ist der Spielvertrag, der die SpielbankenVO verletzt, nichtig; *BGHZ* 37, 363/365 f.

[61] Zu Bankgeschäften *BGH*, WM 1972, 853; 1978, 1269; 1980, 377. Zum Steuerberater *BGHZ* 78, 269/271; 78, 263/265 f.

### 6. *Unlauterer Wettbewerb*

Damit komme ich zu einem letzten Problemfeld. Gemäß § 1 UWG ist ein sittenwidriger Wettbewerb verboten. Bei einem Verstoß gegen diese Norm können Konkurrenten, aber auch bestimmte Verbände auf Unterlassung klagen[62]. Das ist in unserem Zusammenhang deshalb von Interesse, weil sich die Frage stellt, ob ein Wettbewerbsverhalten, das gegen verwaltungsrechtliche Regelungen verstößt, sittenwidrig ist oder nicht[63].

Bei einer Reihe von Vorschriften des Verwaltungsrechts wird das uneingeschränkt bejaht, etwa bei verschiedenen Vorschriften des Heilmittelrechts[64] oder der Rechtsberatung[65], deren Verletzung automatisch zum Verdikt der Sittenwidrigkeit führt. Solche Vorschriften werden als *wertbezogene* Normen bezeichnet[66]. In anderen Fällen müssen zu dem Verstoß gegen eine verwaltungsrechtliche Norm noch weitere, individuelle Umstände hinzutreten, die für die Sittenwidrigkeit sprechen. Hierher gehören Verstöße gegen das Personenförderungs- und das Güterkraftverkehrsgesetz[67], gegen das Ladenschlußgesetz[68] oder gegen das Textilkennzeichnungsgesetz[69]. Der Verwaltungsrechtsverstoß hat in diesen Fällen allein indiziellen Charakter. Normen dieser Art werden als *wertneutrale* Vorschriften charakterisiert[70]. Schließlich gibt es Fälle, in denen der Verstoß gegen verwaltungsrechtliche Normen für § 1 UWG ohne jede Relevanz ist[71].

---

[62] S. § 13 Abs. 2 UWG.

[63] Eine privatrechtsbeeinflussende Wirkung kommt außer Gesetzen auch Satzungen und Verwaltungsakten zu; *Mees*, WPR 1985, 374.

[64] *BGHZ* 22, 167; 23, 184; BGH, GRUR 1970, 558.

[65] *BGH*, GRUR 1961, 418; *BGHZ* 48, 12; *BGH*, GRUR 1972, 607; kritisch dazu *Tilmann*, WPR 1987, 293 ff.

[66] Näher *Baumbach/Hefermehl*, Wettbewerbsrecht, 16. Aufl. 1990, § 1 Rdn. 613 ff; *Sack*, WRP 1985, 9. Neben der Verletzung solcher wettbewerbsbezogenen Normen ist die Verletzung von Normen, die eine unmittelbar wettbewerbsregelnde Zielsetzung verfolgen, ohne weiteres sittenwidrig (*BGH*, GRUR 1963, 538; *Schricker*, JurA WR I 1970, 72).

[67] *BGH*, GRUR 1960, 193; 1973, 212.

[68] *BGH*, GRUR 1976, 438; 1981, 424.

[69] *BGH*, GRUR 1980, 302.

[70] *Baumbach/Hefermehl* (Fn. 66), § 1 Rdn. 630 ff; *Mees*, WRP 1985, 375; *Sack*, WRP 1985, 9; *Schricker*, Gesetzesverletzung und Sittenverstoß, 1970, 260.

[71] Dabei handelt es sich um Vorschriften, deren Verletzung sich auf den Wettbewerb nicht auswirkt, es sei denn, der Schutzzweck der verletzten Norm

## III. Systematisierung der privatrechtsbeeinflussenden Wirkung verwaltungsrechtlicher Regelungen

### *1. Einflußintensität*

Die skizzierten Problemfelder ergeben ein außerordentlich vielfältiges, geradezu verwirrendes Bild verwaltungsrechtlichen Einflusses auf das Privatrecht. Sucht man diese Landschaft etwas übersichtlicher zu gestalten, dann kann man zunächst an Hand der Einflußintensität differenzieren. Bislang hat man insoweit praktisch nur zwei Gruppen unterschieden: Bindung des Privatrechts und keine Bindung[72]. Das wird dem erhobenen Befund nicht gerecht. Neben der vollen Bindung gibt es die Fälle der indiziellen Wirkung des Verwaltungsrechts. Das wird sich noch als bedeutsam erweisen[73]. Sehen wir uns die drei Stufen näher an:

a) Der Einfluß des Verwaltungsrechts ist am größten, wenn die verwaltungsrechtlichen Regelungen zwingend beachtet werden müssen. Ich bezeichne das als *privatrechtsbindende Wirkung*. Eine solche Bindung vermitteln etwa die behandelten Präklusionsnormen, die verwaltungsrechtlichen Schutzgesetze des § 823 Abs. 2 BGB, die verwaltungsrechtlichen Verbotsgesetze des § 134 BGB und die wertbezogenen Vorschriften des § 1 UWG[74].

b) Geringer ist der Einfluß des Verwaltungsrechts, wenn verwaltungsrechtliche Regelungen im privatrechtlichen Bereich als Indiz, als Anhaltspunkt für eine Anspruchsvoraussetzung genutzt werden. Hierher gehören die Fälle, in denen verwaltungsrechtliche Vorgaben in der Beweiswürdigung Berücksichtigung finden. Die Verletzung verwaltungsrechtlicher Normen wirkt dann beweiserleichternd oder umgekehrt beweiserschwerend[75]. Beispiele liefern die Bedeutung verwaltungsrechtlicher Regelungen für die Wesentlichkeit von Einwirkungen im Bereich des § 906 BGB, für den Nachweis der Ursächlich-

---

verlangt eine Berücksichtigung; *Baumbach/Hefermehl* (Fn. 66), § 1 Rdn. 665. Hierher wird der Verstoß gegen das Verbot des § 49 Abs. 4 PBefG gerechnet, Mietwagen derart bereit zu stellen, daß damit ein taxiähnlicher Verkehr erreicht wird.

[72] Differenzierter allerdings *Ossenbühl*, der die influenzierende Einwirkung unter dem Topos der Wertungsvorgaben erfaßt (*Ossenbühl*, DVBl. 1990, 963), ohne jedoch die Kategorie bei den Rechtsfolgen fruchtbar zu machen (*Ossenbühl*, DVBl. 1990, 963).

[73] S. unten V 3; V 4.

[74] S. oben II 3–6.

[75] S. oben II 2.

keit, für die Verletzung von Verkehrssicherungspflichten oder für das Verschulden. Des weiteren gehören hierher die wertneutralen Normen im Bereich des § 1 UWG, deren Verletzung nur einen Anhaltspunkt für die Sittenwidrigkeit liefert[76]. Ich bezeichne das als *indizielle Wirkung* des Verwaltungsrechts für das Privatrecht.

Die tatsächliche Bedeutung der indiziellen Wirkung kann sehr unterschiedlich ausfallen[77]. Sie mag einer privatrechtsbindenden Wirkung nahekommen, andererseits aber auch weit davon entfernt bleiben. Wenn die Verletzung einer Norm ein Indiz für das Vorliegen einer bestimmten Voraussetzung ist, dann hängt die tatsächliche Bedeutung dieser Vermutung davon ab, wie schwierig es rein tatsächlich ist, einen Gegenbeweis zu führen. Die Vermutung der Wesentlichkeit etwa kann im Einzelfall durchaus widerlegt werden, während dies bei der Vermutung der Kausalität von Luftverunreinigungen meist ausgeschlossen ist[78].

c) Schließlich sind in vielen Fällen konkurrierende Normen des öffentlichen Rechts privatrechtlich irrelevant. Man kann sie als *privatrechtsneutrale Normen* bezeichnen.

### 2. *Einflußgrundlage*

a) Die Einflüsse des Verwaltungsrechts auf das Privatrecht lassen sich des weiteren nach der Art ihrer Grundlage unterscheiden. Diese kann zunächst im *Privatrecht* angesiedelt sein, das sich für die verwaltungsrechtlichen Vorgaben öffnet, das verwaltungsrechtliche Regelungen rezipiert.

Dazu kann das Privatrecht *ausdrücklich* auf bestimmte öffentlich-rechtliche Regelungen verweisen. Das mag ganz konkret geschehen, etwa wenn die Wirksamkeit einer Kündigung ausdrücklich von einer behördlichen Genehmigung abhängig gemacht wird[79]. Die Rezep-

---

[76] S. oben II 6.

[77] Nur ein begrenztes praktisches Gewicht kommt dagegen dem Umstand zu, daß die Rspr. den beweisrechtlichen Stellenwert zu differenzieren sucht. Die genaue Abgrenzung zwischen einer Beweiserleichterung, einer Vermutung oder einem bloßen Anhaltspunkt ist in der Anwendung meist nur schwer auszumachen. Entsprechendes gilt für den Umstand, daß die Rechtsprechung der Überschreitung von Grenzwerten meist ein höheres Gewicht für die zivilrechtliche Beurteilung zuerkennt als der Einhaltung der Grenzwerte; etwa *BGHZ* 70, 102/110.

[78] S. oben II 1.

[79] Etwa in § 9 MutterSchG.

tionsnorm kann aber auch sehr viel allgemeiner formuliert sein. Prototypen sind § 823 Abs. 2 BGB bzw. § 134 BGB[80].

Eine Rezeption verwaltungsrechtlicher Vorgaben kann des weiteren über die Auslegung von Tatbestandsvoraussetzungen privatrechtlicher Normen erfolgen, ohne daß das Privatrecht ausdrücklich auf Normen des Verwaltungsrechts verweist. Das ist der Fall, wenn verwaltungsrechtliche Vorgaben als Anhaltspunkt für die Wesentlichkeit einer Beeinträchtigung oder die Verletzung von Verkehrssicherungspflichten genutzt werden[81]. Ein anderes Beispiel ist die Einstufung einer Genehmigung als subjektives Recht im Sinne des § 823 Abs. 1 BGB. Auch das Merkmal der Sittenwidrigkeit in § 1 UWG ist hier einzuordnen[82].

b) Der Einfluß des Verwaltungsrechts auf das Privatrecht kann andererseits durch *verwaltungsrechtliche Regelungen* bewirkt werden[83]. In diesem Falle erzwingt das Verwaltungsrecht *selbst* die Beachtung verwaltungsrechtlicher Vorgaben. Besonders klar ist das bei den Präklusionsvorschriften[84]. Hierher gehören aber auch Regelungen, die umgekehrt vorsehen, daß ein Verwaltungsakt privatrechtliche Ansprüche erzeugt, wie etwa die Ausübung des gemeindlichen Vorkaufsrechts[85].

### 3. *Einflußnehmende Größe*

Wenn bislang von einem Einfluß des Verwaltungsrechts auf das Privatrecht gesprochen wurde, dann konnte das den Eindruck erwekken, daß es allein um den Einfluß verwaltungsrechtlicher Gesetze, Rechtsverordnungen, Satzungen geht. Diese Perspektive wäre jedoch zu eng. Der Einfluß geht auch von Verwaltungsvorschriften und zudem von Verwaltungsakten aus[86]. Er kann also an unterschiedlichen Größen anknüpfen.

---

[80] Probleme ergeben sich hier regelmäßig daraus, herauszufinden, *welche* verwaltungsrechtlichen Normen zu diesen in Bezug genommenen Rechtsvorschriften zählen.

[81] S. oben II 1.

[82] S. oben II 6.

[83] Möglicherweise zusätzlich zur privatrechtlichen Fundierung.

[84] S. oben II 3.

[85] Gemäß §§ 24ff BauGB; dazu *VGH BW*, NVwZ 1982, 687. Sofern man Bebauungsplänen oder Genehmigungen kraft ihrer Rechtsnatur eine Bindungswirkung für das Privatrecht zuspricht, gehört dies ebenfalls in diese Fallgruppe.

[86] Privatrechtspräkludierende Wirkungen können auch dem Verhalten von Privatpersonen zuerkannt sein, wie das bei § 10 Abs. 3 S. 3 BImSchG der Fall ist; *BVerwG*, DVBl. 1973, 645; *Jarass*, Bundes-Immissionschutzgesetz, 1983, § 14

a) Was zunächst die privatrechtsbeeinflussenden *Rechtsnormen* des Verwaltungsrechts betrifft, so ist bemerkenswert, daß häufig eine ausreichende Bestimmtheit verlangt wird. Konkretere Verwaltungsrechtsnormen haben eher eine privatrechtsbeeinflussende Wirkung als vage Grundsatznormen[87]. Wo eine privatrechtsbeeinflussende Wirkung angenommen wird, ist sie bindender oder indizieller Natur.

*Verwaltungsvorschriften* besitzen dagegen generell nur eine indizielle, keine privatrechtsbindende Wirkung[88]. Das mag man damit begründen, daß Verwaltungsvorschriften grundsätzlich ohne Außenwirkung bleiben. Andererseits können jedenfalls bestimmte Verwaltungsvorschriften Außenwirkungen entfalten[89]. Doch betreffen diese Außenwirkungen regelmäßig das Verhältnis zwischen Staat und Bürger. Sie auch im Verhältnis zwischen zwei Privatpersonen anzuwenden, bedeutet einen zusätzlichen Schritt.

b) Bei *Verwaltungsakten* verhält es sich mit der Wirkungsintensität gerade umgekehrt wie bei den Verwaltungsvorschriften. Wenn sie eine privatrechtsbeeinflussende Wirkung besitzen, ist sie regelmäßig privatrechts*bindender* Art[90]. Man spricht dann von privatrechtsgestaltenden Verwaltungsakten[91]. Unser Thema stellt sich damit nicht nur auf der Normebene, wie man das vielleicht auf den ersten Blick vermutet, sondern auch und gerade auf der Vollzugsebene. Es geht um die Frage, wer letztlich darüber entscheiden kann, ob verwaltungsrechtli-

---

Rdn. 2; a. A. *Peine*, NJW 1990, 2444. Voraussetzung ist aber eine entsprechende gesetzliche Regelung. Daher ist die Rspr. abzulehnen, wonach Abwehransprüche gegen eine Anlage ausgeschlossen sind, falls sie gemeinwichtiger Natur ist (*BGH*, NJW 1970, 856; NJW 1984, 1242f; s. aber auch *BGHZ* 66, 40f; kritisch *Roth* (Fn. 15), § 906 Rdn. 30).

[87] Dies wurde vor allem im Bereich des § 823 Abs. 2 BGB herausgestellt; *BGHZ* 40, 306/307; *BayObLG*, VersR 1978, 568; *Steffen* (Fn. 46), § 823 Rdn. 539, 545; *Schäfer* (Fn. 44), § 823 Rdn. 578. Bei Grundrechten ist man großzügiger.

[88] S. oben II 1; II 4.

[89] S. dazu etwa *Jarass*, NJW 1987, 1328ff.

[90] Die Bindungswirkung ist keineswegs die bloße Folge der Bindungen, die den durch den Verwaltungsakt angewandten Normen zukommen. Einmal besitzen Verwaltungsakte in vielen Fällen Bindungswirkungen für das Privatrecht, ohne daß die angewandten Normen eine vergleichbare Wirkung entfalten. Zum zweiten läßt das Anknüpfen der Bindung an Verwaltungsakte die Bindung auch dann zum Tragen kommen, wenn der Verwaltungsakt rechtswidrig, aber wirksam ist.

[91] *L. Schmidt*, Unmittelbare Privatrechtsgestaltung durch Verwaltungsakt, 1975, 16f; *Maurer*, Allgemeines Verwaltungsrecht, 6. Aufl. 1988, 160ff; *Stelkens* in: Stelkens/Bonk/Leonhardt (Fn. 31), § 35 Rdn. 126; *Meyer/Borgs*, VwVfG, 2. Aufl. 1982, § 35 Rdn. 30; enger *Forsthoff* (Fn. 10), 209. Für eine Beschränkung auf Fälle der gewollten Bindung, *Wertenbruch* in: Festschrift für R. Schmidt, 1965, 101.

che Normen eingehalten werden: allein die verwaltungsgerichtlich kontrollierte Exekutive oder auch der Zivilrichter[92].

## IV. Theoretischer Hintergrund

Sucht man die privatrechtsbeeinflussende Wirkung des Verwaltungsrechts im Gesamtbau des Rechts und der Rechtsdogmatik zu verorten, dann bieten sich dazu verschiedene Ansätze bzw. Konzepte an, die sich gegenseitig nicht ausschließen, sondern jeweils bestimmte Aspekte unseres Problems zu erhellen vermögen.

### *1. Dritt- bzw. Ausstrahlungswirkung*

a) Wenn verwaltungsrechtliche Regelungen das Privatrecht beeinflussen, dann heißt das, daß eine Regelung, die eine Rechtsbeziehung zwischen Staat und Bürger steuert, über diese primäre Regelungswirkung hinaus in einer Rechtsbeziehung zwischen zwei Bürgern von Relevanz ist. Betrachtet man unser Thema aus dieser Perspektive, dann tritt es in Parallele zur Dritt- oder Ausstrahlungswirkung der Grundrechte[93]. Dort geht es ebenfalls um den Einfluß von — an sich das Verhältnis von Staat und Bürger steuernden — Normen auf die Beziehungen zwischen Privatpersonen[94].

Eine solche Sicht kann sich darauf berufen, daß die Ausstrahlungswirkung der Grundrechte mit den in ihnen enthaltenen *Wertentscheidungen* bzw. objektivrechtlichen Grundsatznormen begründet wird[95]. Interessanterweise spielt der Wertgehalt einer Norm auch bei der Abgrenzung der privatrechtsbindenden Normen des Verwaltungsrechts eine Rolle[96], wenn auch nicht in allen Fallgruppen[97].

---

[92] Ähnlich *Ossenbühl*, DVBl. 1990, 964.

[93] Dazu *Stern*, Das Staatsrecht der Bundesrepublik Deutschland, Bd. III/1 1509 ff.

[94] So gesehen sind die Ausstrahlungswirkung der Grundrechte wie die verwaltungsrechtlichen Vorgaben für das Privatrecht Teile eines größeren Themas: der Ausstrahlungswirkung des öffentlichen Rechts auf das Privatrecht.

[95] *BVerfGE* 7, 198/205 f; *BVerfG*, JZ 1990, 692; *Jarass*, AöR 110 (1985), 363 ff.

[96] Im Bereich des § 134 BGB kommt es darauf an, ob eine Norm eine mißbilligende und damit wertende Entscheidung gegen das verbotene Verhalten trifft oder eine bloße Ordnungsregelung enthält; ganz ähnliche Argumente werden im Bereich des § 1 UWG verwandt (s. oben II 6). Allgemein zum systembildenden Charakter von Werten *Peine*, Das Recht als System, 1983, 76 ff.

[97] Etwa im Bereich des § 823 Abs. 2 BGB. Immerhin wird Strafgesetzen im Zweifel ein Schutznormcharakter zuerkannt, während dies bei den Ordnungswidrigkeitentatbeständen gerade umgekehrt gesehen wird; *Canaris* in: Festschrift für Larenz, 1983, 50, 64, 75; zurückhaltender *Schäfer* (Fn. 44), § 823 Rdn. 593.

Vergleichbar erscheint des weiteren die Differenzierung von unmittelbarer und mittelbarer Grundrechtsbindung einerseits und von privatrechtsbindender bzw. indizieller Wirkung des Verwaltungsrechts andererseits, zumal sich insoweit auch auf der Rechtsfolgenseite Parallelen zeigen werden[98].

b) Ein wesentlicher *Unterschied* zwischen der Ausstrahlungswirkung der Grundrechte und der privatrechtsbeeinflussenden Wirkung des Verwaltungsrechts liegt darin, daß Grundrechte einen höheren Rang als das Privatrecht besitzen, während Verwaltungsrecht und Privatrecht grundsätzlich auf der gleichen Rangstufe stehen. Das erklärt, warum es, anders als im Verhältnis von Grundrechten und Privatrecht, nicht nur eine Ausstrahlungswirkung des Verwaltungsrechts auf das Privatrecht gibt, sondern auch eine Ausstrahlung des Privatrechts auf das Verwaltungsrecht[99]. So wird etwa die immissionsschutzrechtliche Erheblichkeit durch privatrechtliche Dienstbarkeiten beeinflußt[100]. Das Sozialversicherungsrecht stützt sich an vielen Stellen auf privatrechtliche Vorgaben[101]. Allerdings ist nicht zu übersehen, daß die Ausstrahlungswirkung des Privatrechts auf das Verwaltungsrecht erheblich seltener als die umgekehrte Ausstrahlungswirkung auftritt. Der Grund dafür dürfte vor allem darin liegen, daß das öffentliche Recht meist viel detailliertere Normierungen aufweist. Dementsprechend wird bei vagen Verwaltungsrechtsnormen eine privatrechtsbindende Wirkung nicht selten abgelehnt; andererseits werden Verwaltungsakte auch dort herangezogen, wo an sich nur auf Gesetze verwiesen wird[102].

### 2. *Durchsetzung verwaltungsrechtlicher Standards*

Betrachtet man das Problem der verwaltungsrechtlichen Vorgaben für das Privatrecht aus der Sicht der *Verwaltungswissenschaften,* dann stößt man schnell auf das Thema der Implementation von Rechtsnor-

---

98 Ebenso wie eine unmittelbare Grundrechtsbindung kann auch eine privatrechtsbindende Wirkung des Verwaltungsrechts nur dort angenommen werden, wo sie gesetzlich vorgesehen ist; s. unten V 3.

99 *Ossenbühl,* DVBl. 1990, 964.

100 *OVG NW,* UPR 1989, 390.

101 S. dazu in unserem Zusammenhang *D. Schmidt* (Fn. 1), 19. Des weiteren wird der öffentlich-rechtliche Abwehranspruch gegen hoheitliche Immissionen von der Regelung des § 906 BGB beeinflußt; *Baur* (Fn. 13), § 906 Rdn. 7.

102 S. oben II 4; II 6.

men, auf deren Durchsetzung und Vollzug[103]. Hintergrund des damit angesprochenen Forschungsfeldes ist die Einsicht, daß der Erlaß verwaltungsrechtlicher Standards allein soziale Konflikte nicht löst, auch wenn das nicht selten angenommen wird, daß es vielmehr entscheidend auf den Vollzug und die Umsetzung dieser Standards ankommt[104].

Auf diesem Hintergrund lassen sich verwaltungsrechtliche Vorgaben für das Privatrecht als eine Verwendung privatrechtlicher Instrumente zur Durchsetzung verwaltungsrechtlicher Standards begreifen[105]. Das ist im Bereich des § 823 Abs. 2 BGB, des § 134 BGB oder des § 1 UWG besonders deutlich. Die Verletzung verwaltungsrechtlicher Festsetzungen wird durch privatrechtliche Reaktionen sanktioniert. Eine solche Sicht unserer Problemstellung läßt verständlich werden, warum (insbesondere im Bereich des § 823 BGB und des § 134 BGB) darauf abgestellt wird, ob das Verwaltungsrecht bereits einen ausreichenden Sanktionsapparat zur Verfügung stellt bzw. ob privatrechtliche Sanktionen zusätzlich sinnvoll sind[106]. Des weiteren kann diese Sicht den Befund erklären, daß privatrechtliche Sanktionen eher bei Verstößen zum Einsatz kommen, die den Verwaltungsbehörden in der Regel verborgen bleiben, etwa bei Verstößen gegen das Schwarzarbeits- oder das Rechtsberatungsgesetz[107].

Nicht in allen Fällen der privatrechtsbeeinflussenden Wirkung paßt diese Sichtweise. Zum Teil *verdrängt* das Verwaltungsrecht das Privatrecht; denken Sie an die behandelten Präklusionsnormen. Hier spielt folglich die Durchsetzung verwaltungsrechtlicher Standards keine Rolle. Wo das aber der Fall ist, wirkt das Privatrecht *verwaltungsrechtsunterstützend.* Die zivilgerichtliche Durchsetzung tritt neben die verwaltungsgerichtliche Durchsetzung. Die vereinzelten Versuche, diese Parallelität abzuschwächen[108], vermögen nicht zu überzeugen[109]. Selbst eine der letzten Bastionen der rein zivilrechtli-

---

[103] Zur Implementationsforschung etwa *Mayntz* (Hrsg.), Implementation politischer Programme, 1983; *Mazmanian,* Effective Policy Implementation, 1981.

[104] Vgl. *Jarass,* Jahrbuch des Umwelt- und Technikrechts, 1988, 97 ff.

[105] *Jarass* (Fn. 104), 98.

[106] Zu § 823 Abs. 2 BGB *Steffen* (Fn. 46), § 823 Rdn. 546. Zu § 134 BGB *BGHZ* 71, 362; *Mayer-Maly* (Fn. 54), § 134 Rdn. 3; *Brox* (Fn. 54), § 134 Rdn. 12.

[107] S. oben II 5.

[108] *Konrad,* BayVBl. 1984, 37; *Schwerdtfeger,* NVwZ 1983, 201.

[109] *Kloepfer* (Fn. 12), 48 f; *Peine,* JuS 1987, 172; *Roth* (Fn. 15), § 906 Rdn. 10, 13; *Baur* in: Festgabe für Sontis, 1977, 191; *Ossenbühl,* DVBl. 1990, 968; *Marburger* (Fn. 16), C 42.

chen Bewältigung von Nachbarkonflikten im Bereich der wasserrechtlichen Erlaubnis ist vor wenigen Jahren gefallen[110].

### *3. Überschreitung von Organisations- bzw. Systemgrenzen*

a) Schließlich läßt sich unser Problem als die Frage nach dem optimalen Grad der Organisationsdifferenzierung begreifen. Die Systemtheorie würde von der Abgrenzung von Teilsystemen mit jeweils eigenständiger Rationalität und der Problematik der Entdifferenzierung sprechen[111]. Das Verwaltungsrecht und das Privatrecht sind jeweils spezifischen Subsystemen anvertraut. Für die Auslegung und Anwendung des Verwaltungsrechts sind die Verwaltung und die Verwaltungsgerichte zuständig, für die Anwendung und Auslegung des Privatrechts die Zivilgerichte[112]. Beide Subsysteme besitzen eine spezifische Vollzugskultur. Die Frage nach den Vorgaben des Verwaltungsrechts für das Privatrecht wandelt sich in dieser Perspektive zur Frage nach dem Stellenwert von Entscheidungen der Verwaltung und der Verwaltungsgerichtsbarkeit für die Zivilgerichtsbarkeit[113].

Die Bedeutung einer spezialisierten Gerichtsbarkeit für das entsprechende materielle Recht kann nicht hoch genug veranschlagt werden. Das allgemeine Verwaltungsrecht ist weithin ein Produkt der Verwaltungsgerichte[114]. Dementsprechend ist das (allgemeine) Verwaltungsrecht in den Ländern ohne eigene Verwaltungsgerichtsbarkeit weniger entwickelt. In den USA war noch bis in den dreißiger Jahren umstritten, ob es ein eigenständiges Administrative Law gibt, als eigenes Rechtsgebiet neben dem Common Law[115]. Die Bildung von Subsystemen erlaubt eine Spezialisierung und damit prinzipiell eine Erhöhung

---

[110] *BVerwG*, DVBl. 1987, 1265; dazu *Kunig*, DVBl. 1988, 237 ff.

[111] Vgl. dazu *Luhmann*, Politische Planung, 1971, 59 ff; *Mayntz*, Soziologie der öffentlichen Verwaltung, 3. Aufl. 1985, 12 ff.

[112] Vergleichbare Subsystembildungen finden sich übrigens auch in der Wissenschaft sowie, wenn auch weniger ausgeprägt, in der Berufswelt; vgl. *Ossenbühl*, DVBl. 1990, 963.

[113] In dieser Perspektive gehört auch der Stellenwert des sachlichen Verwaltungsrechts sowie von Verwaltungsakten für das Staatshaftungsrecht zu unserem Thema (vgl. *Gerhardt*, BayVBl. 1990, 553), etwa wenn die Zivilgerichte die Anwendung der Präklusionsregeln der §§ 214 ff BauGB auf Entschädigungsansprüche wegen rechtswidriger Bebauungspläne ablehnen. Zur Bedeutung von Genehmigungen für das Staatshaftungsrecht *Finkelnburg/Ortloff*, Öffentliches Baurecht, Bd. 2, 2. Aufl. 1990, 98 f; *BGH*, NJW 1985, 3027.

[114] *Jarass*, DÖV 1981, 813 f; *Jarass*, DÖV 1985, 377 ff.

[115] *Jarass*, DÖV 1985, 377 f.

der Leistungsfähigkeit. In diesem Sinne definiert *Luhmann* in der ihm eigenen plakativen Form Gerechtigkeit „als adäquate Komplexität des Rechtssystems"[116], wobei Komplexität in der Schaffung und Erhaltung autonomer Subsysteme besteht.

Auf diesem Hintergrund bedeutet die Beachtung verwaltungsrechtlicher Vorgaben durch die Zivilgerichte eine Überschreitung von Systemgrenzen. Das impliziert tendenziell eine Entspezialisierung und damit eine Reduzierung der Leistungsfähigkeit. Dazu kommt das Risiko widersprüchlicher Feststellungen, da die verwaltungsrechtlichen Vorgaben auch von den Verwaltungsgerichten bearbeitet werden[117]. Die Beachtung von verwaltungsrechtlichen Regelungen im Privatrecht, die sicherlich zur Einheit der Rechtsordnung beiträgt, hat auf dem Systemhintergrund auch einen umgekehrten Effekt. Die Überschreitung der System- bzw. Organisationsgrenzen erzeugt Widersprüche.

Dieser Zusammenhang dürfte mit ein Grund für die Zurückhaltung der Zivilgerichte bei der Beachtung verwaltungsrechtlicher Vorgaben sein. Der Zivilrichter beschäftigt sich nur selten mit den Feinheiten des Verwaltungsrechts, weshalb das Fehlerrisiko groß ist, wenn er sich doch damit befaßt. So sucht er diese Situation möglichst zu vermeiden[118]. Solange daher die Trennung von Zivil- und Verwaltungsgerichtsbarkeit fortbesteht, wird eine Beachtung von verwaltungsrechtlichen Vorgaben im Privatrecht im Prinzip besonders fehleranfällig sein. Das ist nicht nur bedauerlich, weil es damit im Einzelfall zu unzutreffenden Entscheidungen kommt. Gravierender ist, daß eine verstärkte Beschäftigung der Zivilgerichte mit dem Verwaltungsrecht zu Differenzen mit der Verwaltungsgerichtsbarkeit führen wird.

b) Die Folgeprobleme der Entdifferenzierung halten sich allerdings in Grenzen, wenn es ausreichende Mechanismen für die Abstimmung zwischen den Zivilgerichten einerseits und der Verwaltung bzw. der Verwaltungsgerichtsbarkeit andererseits gibt. Wenig Hoffnungen sollte man insoweit auf den *Gemeinsamen Senat* der Obersten Bundesgerichte setzen[119]. Das Instrument der *Aussetzung* des Zivilrechts-

---

[116] *Luhmann,* Rechtssystem und Rechtsdogmatik, 1974, 23; ebenso *Wagner* (Fn. 33), 94.

[117] S. oben IV 2.

[118] Vgl. die Argumentation bei *Diederichsen* (Fn. 53), L 59.

[119] *Gerhardt,* BayVBl. 1990, 550. Er kann nur angerufen werden, wenn sich der Rechtsstreit bereits auf der Ebene des Bundesverwaltungsgerichts bzw. des Bundesgerichtshofs befindet.

streits kann nur wenig mehr leisten[120]; Herr Schröder hat dazu das Notwendige gesagt. Dagegen könnte eine gesicherte *Bindung* der Zivilgerichte an Verwaltungsakte und verwaltungsgerichtliche Entscheidungen die Folgeprobleme der Entdifferenzierung stark abschwächen. Eine echte Bindung an Verwaltungsakte besteht aber, wie noch zu erörtern sein wird, nur in Teilbereichen[121]. Eine Bindung an verwaltungsgerichtliche Entscheidungen besteht nur im Rahmen der Rechtskraft und ist damit auf die Parteien des Verwaltungsprozesses beschränkt[122]. Sie ist folglich in unserem Zusammenhang, in dem es um die Auswirkungen verwaltungsrechtlicher Regelungen auf die Beziehung zwischen zwei Bürgern geht, nicht nutzbar.

Zusammenfassend kann festgehalten werden, daß eine stärkere Bindung der Zivilgerichte an verwaltungsrechtliche Normen — neben den nicht zu verkennenden Vorteilen — Probleme für die sachgerechte und konsistente Fortentwicklung des Verwaltungsrechts durch die Rechtsprechung aufwirft. Eine unreflektierte, fachchauvinistische Befürwortung einer Dominanz des Verwaltungsrechts kann sich auch zu Lasten des Verwaltungsrechts auswirken.

## V. Nichtbeachtung der verwaltungsrechtlichen Legalität und die Einheit der Rechtsordnung

### 1. *Die Fälle der Nichtbeachtung der verwaltungsrechtlichen Legalität*

a) Im letzten Teil soll aus dem weiten Feld unseres Themas den Fällen näher nachgegangen werden, in denen Verwaltungsrecht und Privatrecht in Konflikt geraten, weil die verwaltungsrechtliche Legalität im Privatrecht unbeachtet bleibt[123]. Sie haben in der bisherigen

---

[120] Grundlage ist § 148 ZPO.

[121] S. unten IV 3—5.

[122] Die Feststellung der Zivilgerichte, sie seien zwar nicht an Verwaltungsakte, wohl aber — aus Gründen der Rechtskraft — an Verwaltungsakte bestätigende Urteile der Verwaltungsgerichte gebunden (*BGHZ* 77, 338/341 f; 90, 4/12; 95, 238 ff; *BGH*, DVBl. 1985, 1135; *Roth* [Fn. 15], § 906 Rdn. 35 f), betrifft durchweg Fälle des Verwaltungsprivatrechts oder des Staatshaftungsrecht und damit Beziehungen zwischen Staat und Bürger.

[123] Auf die Problemgruppe der ausreichenden Beachtung der verwaltungsrechtlichen *Illegalität* kann ich nicht näher eingehen; s. immerhin unten V 5. Dieses Problem stellt sich, wenn die Verletzung einer verwaltungsrechtlichen Norm im Bereich des § 823 Abs. 2 BGB, des § 134 BGB oder des § 1 UWG keine Berücksichtigung findet. Gravierende Spannungen zwischen Verwaltungsrecht und Privatrecht stellen sich hier sehr viel weniger. Vielmehr steht die sachgerechte Auslegung

Diskussion besondere Aufmerksamkeit gefunden. Im Bereich des Nachbar- und Umweltrechts wird etwa kritisiert, wenn das Privatrecht einem Dritten das Recht gibt, ein bestimmtes Verhalten zu unterbinden, obgleich das Verhalten den öffentlich-rechtlichen Vorgaben voll entspricht und dies vielleicht zudem durch einen behördlichen Bescheid bestätigt wurde[124].

In diesem Bereich entwickelt unser Thema eine besondere Brisanz. Es stellt sich die Frage, ob nicht die *Einheit der Rechtsordnung*, verstanden als ihre Widerspruchsfreiheit, bedroht wird[125]. Das kann man nicht auf die leichte Schulter nehmen. Die *Widerspruchsfreiheit* ist ein unverzichtbares und zentrales Element der Rechtsordnung. *Paul Kirchhof* bezeichnet sie als „Geltungsgrund der Rechtsordnung". *Fritz Ossenbühl* spricht von einem „obersten Prinzip der Rechtsordnung"[126]. Sie bildet denn auch den wesentlichen Kern des Grundsatzes der Systemgerechtigkeit[127].

b) Ein Widerspruch kann in derartigen Fällen nur auftreten, wenn ein bestimmtes Verhalten durch das Verwaltungsrecht und das Privatrecht zumindest teilweise unter den gleichen Gesichtspunkten bewertet wird[128]. Fehlt es an einer solchen Überschneidung, ist ein Widerspruch ausgeschlossen. Wenn etwa eine Personbeförderungsgenehmigung für eine Omnibuslinie erteilt wird, steht das einer privatrechtlichen Klage gegen eine Haltestelle aus Lärmschutzgründen nicht entgegen, da der Lärm bei der Erteilung dieser Genehmigung keine Rolle spielt[129].

Ob es um die gleichen oder um verschiedene Gesichtspunkte geht, ist allerdings nicht immer so einfach zu beurteilen. Können zum Beispiel die Grenzwerte des Fluglärmgesetzes in privatrechtlichen Rechtsstreitigkeiten zur Beurteilung der Zumutbarkeit des Lärms herangezogen werden? Der Bundesgerichtshof hat das zu Recht abge-

---

und Anwendung der privatrechtlichen Rezeptionsnormen im Mittelpunkt (so auch *Gerhardt*, BayVBl. 1990, 553), wozu allerdings Verwaltungsrechtler mehr als bislang beitragen könnten.

124 S. etwa *Gaentzsch*, NVwZ 1986, 605.

125 Dazu *Ossenbühl*, DVBl. 1990, 967; *Gerhardt*, BayVBl. 1990, 550; *Wagner* (Fn. 33), 90 ff, 95.

126 *Kirchhof*, Unterschiedliche Rechtswidrigkeiten in einer einheitlichen Rechtsordnung, 1978, 8; *Ossenbühl*, DVBl. 1990, 967.

127 *Peine* (Fn. 96), 99 ff.

128 Siehe auch das Beispiel bei *Gerhardt*, BayVBl. 1990, 550 zum Befähigungsnachweis.

129 *BGH*, DVBl. 1984, 473; ebenso *BVerwG*, DVBl. 1990, 774 ff.

lehnt, weil das Fluglärmgesetz vor allem durch Baubeschränkungen künftige Kollisionsfälle gravierender Art vermeiden will, ohne ein Urteil über weniger gewichtige Fälle abzugeben[130]. Insgesamt muß immer genau geprüft werden, ob das Verwaltungsrecht und das Privatrecht tatsächlich auf die gleichen Gesichtspunkte abheben. Wenn das zutrifft, kann man von *Konkurrenzfällen* sprechen.

### 2. *Normwidersprüche und Wertungswidersprüche*

a) Die Beurteilung der unterschiedlichen Reaktion von Privatrecht und Verwaltungsrecht in solchen Konkurrenzfällen hängt zunächst davon ab, ob darin ein Normwiderspruch liegt oder ob man allenfalls einen Wertungswiderspruch annehmen kann. Ein Normwiderspruch besteht, wenn zwei Regelungen an den gleichen Tatbestand zwei miteinander unvereinbare Rechtsfolgen knüpfen[131]. Er „*muß* beseitigt werden, sei es dadurch, daß einer Norm der Vorrang zuerkannt wird, sei es dadurch, daß beide eingeschränkt werden, da es logisch undenkbar ist, daß einander ausschließende Rechtsfolgen nebeneinander eintreten“[132].

In unserem Zusammenhang liegen die Voraussetzungen eines Normwiderspruchs vor, wenn das Verwaltungsrecht ein bestimmtes Verhalten einer Privatperson verbietet bzw. die Behörde ermächtigt, das Verhalten zu unterbinden, während das Privatrecht einem Dritten das Recht gibt, eben dieses Verhalten gerichtlich zu erzwingen. Solche Fälle sind selten, kommen aber vor. Man denke an eine Baumschutzsatzung, die das Fällen von Bäumen verbietet, wenn und soweit das private Nachbarrecht dem Nachbarn einen Anspruch auf Beseitigung von Bäumen in der Nähe der Grundstücksgrenze gibt[133]. Eine Konstellation dieser Art ist jedoch in den hier interessierenden Fällen der

---

130 *BGHZ* 69, 105/144 ff. Ein Wertungswiderspruch läge allenfalls vor, wenn die Grenzwerte des Fluglärmrechts überschritten sind und das Zivilrecht den Lärm gleichwohl als zumutbar einstufen würde. Das wäre aber eine unzureichende Berücksichtigung der verwaltungsrechtlichen Illegalität, nicht Legalität.

131 *Larenz*, Methodenlehre der Rechtswissenschaft, 1983, 256. Zum Teil wird auch von einem logischen Widerspruch gesprochen; *Noll*, Gesetzgebungslehre, 1973, 207; *Peine* (Fn. 96), 99 ff.

132 *Larenz* (Fn. 131), 321; *Engisch*, Einheit der Rechtsordnung, 46 ff; *Bydlinski*, Juristische Methodenlehre und Rechtsbegriff, 1982, 463 f; *Peine*, JZ 1990, 210.

133 Ein solcher Anspruch ist in den Nachbarrechtsgesetzen der Länder vorgesehen.

verwaltungsrechtlichen Legalität regelmäßig nicht gegeben. Wenn ein bestimmtes Verhalten den verwaltungsrechtlichen Vorgaben entspricht, dann schreibt das Verwaltungsrecht dieses Verhalten nicht vor, sondern läßt es nur zu. Soweit daher das Privatrecht einem Dritten das Recht gibt, dieses Verhalten zu unterbinden oder wegen dieses Verhaltens Schadensersatz zu verlangen, liegt darin kein logischer Widerspruch und damit kein Normwiderspruch[134]. Auch sind aus diesem Grunde die Voraussetzungen einer echten Spezialität nicht gegeben[135]. Was sich dagegen aufdrängt, ist ein Wertungswiderspruch.

b) Mit der Kategorie des Wertungswiderspruchs sind Fälle gemeint, in denen die unterschiedlichen Folgen zweier Normen zwar logisch miteinander vereinbar sind, die zugrunde liegenden Wertungen einander aber widersprechen[136] bzw. die Befolgung der einen Norm dem Zweck der anderen Norm widerspricht[137]. Die Kategorie der Wertungswidersprüche ist in ihrer Abgrenzung viel diffuser als die Kategorie des Normwiderspruchs[138]. Was ihre Behandlung angeht, so haben insbesondere *Engisch* und *Larenz* herausgearbeitet, daß Wertungswidersprüche nach Möglichkeit aufgelöst werden sollen, daß dies aber nicht notwendig geschehen muß[139]. Gegenläufige Gesichtspunkte, wie etwa Zieldifferenzierungen, können rechtfertigend wirken, wenn nicht gar den Widerspruch beseitigen[140]. Die Entscheidung darüber, ob die Zivilgerichte in den Konkurrenzfällen an die verwaltungsrechtlichen Vorgaben zu binden sind, läßt sich daher nicht

---

[134] Ebenso *Peine*, NJW 1990, 2446. Darüber hinaus wäre ein Normwiderspruch denkbar, wenn die Entscheidung des Verwaltungsrechts über die Rechtmäßigkeit des Verhaltens für das gesamte Recht bindend wäre. Das kann aber, wie dargelegt, in der Regel nicht angenommen werden; s. unten V 3, aber auch V 5.

[135] Dieser Grundsatz kommt nur dort zum Tragen, wo der Tatbestand der spezielleren Norm alle Merkmale der allgemeineren Norm enthält und darüber hinaus zumindest ein zusätzliches Merkmal; *Larenz* (Fn. 131), 256 f. Für eine Spezialität baurechtlicher Regelungen jedoch *Peine*, JuS 1987, 173.

[136] *Larenz* (Fn. 131), 321. Zum Teil wird insoweit von einem axiologischen Widerspruch gesprochen; *Noll* (Fn. 131), 207 f; *Peine* (Fn. 96), 102 ff.

[137] Insoweit kann man auch von einem teleologischen Widerspruch sprechen; *Noll* (Fn. 131), 208; *Peine* (Fn. 96), 104 ff. Von einer Gleichsetzung axiologischer und teleologischer Widersprüche geht offensichtlich *Canaris*, Systemdenken und Systembegriff in der Jurisprudenz, 1969, 47 aus.

[138] Vgl. *Peine* (Fn. 96), 102 ff.

[139] *Engisch* (Fn. 132), 63; *Larenz* (Fn. 131), 321; *Noll* (Fn. 131), 208; a. A. *Peine* (Fn. 96), 105, der alle Widersprüche als logische einstuft.

[140] Näher dazu *Kirchhof* (Fn. 126), 32 ff.

pauschal und generell mit der Widerspruchsfreiheit der Rechtsordnung begründen. Vielmehr kommt es auf weitere Gesichtspunkte an. Das macht eine differenzierende Analyse erforderlich, wenn die Folgen für das Problem der verwaltungsrechtlichen Legalität gezogen werden.

### *3. Der Einfluß der Genehmigungskonformität*

Kommen wir zunächst zu der durch eine *Einzelfallentscheidung* vermittelten Legalität, vor allem also zur Bindung der Zivilgerichte an die Genehmigungskonformität. Eine solche Bindung besteht sicherlich in den Fällen, in denen das entsprechende Gesetz sie vorsieht, insbesondere bei Genehmigungen, die mit einer Präklusionswirkung verbunden sind. Problematisch ist sie hingegen bei Genehmigungen, bei denen eine solche Regelung fehlt oder gar eine Präklusion ausdrücklich ausgeschlossen wird[141], und die im folgenden als einfache Genehmigungen bezeichnet werden.

Das positive Recht spricht in solchen Fällen eher gegen eine Bindung der Zivilgerichte, auch wenn es nicht völlig ausgeschlossen ist, statt des Umkehrschlusses einen Analogieschluß zu ziehen. Wichtiger sind verfassungsrechtliche Bedenken gegen eine pauschale Bindungswirkung von einfachen Genehmigungen. Anders als die Genehmigungen mit ausdrücklicher Präklusionswirkung gewähren sie für die Verkürzung der privatrechtlichen Positionen keine Kompensation, etwa einen Anspruch gegen den Staat[142]. Sie sehen auch keine Anhörung des Drittbetroffenen vor[143]; bemerkenswerterweise beschränkt etwa § 23 GenTG die Präklusion auf Genehmigungen, die nach einer Öffentlichkeitsbeteiligung ergehen. Private Rechte ohne derartige Kompensationen abzuschneiden ist jedenfalls nicht in allen Anwendungsfällen mit den Grundrechten vereinbar[144], zumal Prüfungsge-

---

[141] § 19 Abs. 2 BImSchG für die vereinfachte immissionsschutzrechtliche Genehmigung. Die baurechtliche Genehmigung ergeht unbeschadet privater Rechte; vgl. etwa § 75 Abs. 7 NdsBauO.

[142] So können im Rahmen des Planfeststellungsverfahrens Entschädigungsansprüche begründet werden.

[143] Genehmigungen, denen eine Präklusionswirkung zukommt, ergehen regelmäßig in einem förmlichen Verfahren. Bemerkenswerterweise schließt § 23 GenTG eine Präklusionswirkung für Genehmigungen ohne Öffentlichkeitsbeteiligung aus.

[144] *Wagner* (Fn. 33), 203 ff (allerdings sehr weitgehend); *Ossenbühl*, DVBl. 1990, 967.

genstand dieser Genehmigungen regelmäßig allein die öffentlichrechtlichen Vorgaben sind, die Genehmigungsbehörde über die Verkürzung der privaten Rechte also überhaupt nicht nachzudenken braucht. Eine echte Bindung der Zivilgerichte an verwaltungsrechtliche Genehmigungen ist daher nur akzeptabel, wenn sie ausdrücklich gesetzlich geregelt ist[145] und zudem die verfassungsrechtlichen Voraussetzungen eingehalten werden.

Daran vermag auch die einem Verwaltungsakt zukommende Bindungswirkung, außer in den noch zu erörternden Fällen des derivativen Privatrechts, nichts zu ändern. Mit den damit angesprochenen Stichworten der Tatbestands- und der Feststellungswirkung, der Gestaltungswirkung oder ganz allgemein der Bestandskraft[146] begibt man sich auf ungesichertes Gelände. Wieweit etwa die Feststellungen einer Genehmigung auch für Beziehungen des Adressaten zu anderen als der entscheidenden Behörde und damit innerhalb des Verwaltungsrechts verbindlich sind, ist bekanntlich umstritten[147]. Noch problematischer wird dies naturgemäß, wenn die Bindungswirkungen auf die Beziehungen zwischen dem Adressaten und einer dritten Privatperson erstreckt werden sollen[148].

Die Ablehnung einer echten Bindung der Zivilgerichte an einfache Genehmigungen läßt allerdings das Problem eventueller Wertungswidersprüche ungelöst. Daher ist es bedeutsam, daß die dargestellten Bedenken gegen eine privatrechtsbindende Wirkung der Genehmigungskonformität für eine lediglich indizielle Wirkung nicht oder doch sehr abgeschwächt gelten. In den Konkurrenzfällen ist daher einer Genehmigung eine indizielle Wirkung zuzuerkennen[149]. Die Zivilgerichte müssen die Genehmigungserteilung als Anhaltspunkt

---

[145] H. A., etwa *Peine*, NJW 1990, 2445 ff; *Wagner* (Fn. 33), 203 ff. Liegt eine solche Bindung vor, kommt die Bindung auch bei rechtswidrigen Genehmigungen zum Tragen, sofern kein Rechtsmißbrauch vorliegt; dazu *Wagner* (Fn. 33), 243 ff, 256; *Peine*, NJW 1990, 2448 f.

[146] Ausführlich *Seibert*, Die Bindungswirkung von Verwaltungsakten, 1969, 69 ff.

[147] Vgl. etwa *BVerwG*, NVwZ 1990, 559; DVBl. 1990, 57 f; *OVG NW*, NVwZ 1985, 356; *Seibert* (Fn. 146), 353 ff, 395 ff; *Fluck*, VerwArch 79 (1988), 406 ff; *Staupe*, DVBl. 1988, 609 ff; *Peine*, JZ 1990, 201; *Wagner* (Fn. 33), 40 ff; *Kollmann*, DÖV 1990, 189; *Gerhardt*, BayVBl. 1990, 554; *Jarass*, Konkurrenz, Konzentration und Bindungswirkung von Genehmigungen, 1984, 68 ff.

[148] Hier eine volle Bindung allein wegen der Natur des Verwaltungsakts anzunehmen, würde bedeuten, daß der Dritte kein bloßer Dritter, sondern ebenfalls Adressat des Verwaltungsakts würde.

[149] Auch sie ermöglicht den Zivilgerichten eine Aussetzung gemäß § 148 ZPO.

beachten — was gegenwärtig noch sehr unzureichend geschieht —, können aber auch zu einem abweichenden Votum gelangen.

### *4. Der Einfluß der Verwaltungsnormkonformität*

Damit komme ich zu der Frage, wie es mit der Bindung der Zivilgerichte an die durch Verwaltungs*normen* vermittelte Legalität bestellt ist. Können die Zivilgerichte ein Verhalten im Hinblick auf bestimmte Gesichtspunkte als rechtswidrig einstufen, obwohl das Verhalten den Verwaltungsnormen entspricht, in denen die gleichen Gesichtspunkte eine Rolle spielen?

a) Eine Bindung der Zivilgerichte an Normen des Verwaltungsrechts ist bislang vor allem für Bebauungspläne gefordert worden und sei daher für sie etwas näher analysiert. Gegen eine echte Bindung an Bebauungspläne spricht zunächst, daß ein Bebauungsplan bereits innerhalb des Verwaltungsrechts die konkreten Anforderungen anderer Normen nicht pauschal auszuschalten vermag, etwa die Anforderungen des Immissionsschutz- oder des Gaststättenrechts[150]. Des weiteren ist zu beachten, daß Bebauungspläne die konkreten Konflikte, um die es im Privatrecht geht, nur in sehr vager Form behandeln können. So richtig es ist, daß ein Bebauungsplan die kollidierenden privaten Interessen zum Ausgleich bringen soll[151], so richtig ist es auch, daß dieser Ausgleich nicht alle Einzelheiten aller möglichen Konflikte im Anwendungsbereich des Bebauungsplans zu erfassen vermag[152]. Wenn ein Gewerbegebiet ausgewiesen wird, dann liegt darin keine Entscheidung, daß alle von Gewerbebetrieben erzeugten Belastungen, und seien sie auch nur durchschnittlicher Art, hingenommen werden müßten. Mit derart weitreichenden Festlegungen wäre die planaufstellende Behörde völlig überlastet. Das Bundesverwaltungsgericht hat zu Recht darauf hingewiesen, daß in einem Bebauungsplan — trotz des Grundsatzes der Konfliktbewältigung — nicht alle nachbarlichen Konflikte gelöst werden können und müssen, daß ein Teil von ihnen vielmehr in den Genehmigungen abzuarbeiten ist[153]. Der Bebauungsplan kann insoweit nur so etwas wie ein vorläufiges positives Gesamturteil (im untechnischen Sinne) enthalten. Das

---

150 *Hagen,* UPR 1985, 197.

151 Vgl. *Peine,* JuS 1987, 174.

152 So auch *Hagen,* UPR 1985, 198 f.

153 *OVG Berlin,* DVBl. 1984, 147 ff; *Sendler,* WiVerw. 1985, 211 ff; *Battis/Krautzberger/Löhr,* BauGB, 2. Aufl. 1987, § 9 Rdn. 4, 89.

gilt für die Errichtung von Gebäuden, noch mehr aber für deren Nutzung, auf die es im Privatrecht regelmäßig ankommt. All dem wird eine echte Bindung der Zivilgerichte an Bebauungspläne nicht gerecht[154], vor allem auch deshalb ,— und das hat besonderes Gewicht —, weil häufig selbst der Begründung eines Bebauungsplans nicht genau zu entnehmen ist, wieweit die konkreten Einzelkonflikte thematisiert und behandelt wurden.

Wenn demgegenüber für eine Bindung der Zivilgerichte an Bebauungspläne angeführt wird, sie sei erträglich, weil und soweit die Zivilgerichte über die Rechtmäßigkeit und damit über die Wirksamkeit des Bebauungsplanes entscheiden können[155], dann ist dieses Argument wegen der Ausschlußvorschriften der §§ 214 ff BauGB Bedenken ausgesetzt. Vor allem aber steht einer echten Privatrechtsbindung das erörterte Problem der widersprüchlichen Auslegung von Verwaltungsnormen durch Zivilgerichte und Verwaltung bzw. Verwaltungsgerichtsbarkeit entgegen[156].

Was bleibt, ist die Gefahr der Behinderung planerischer Gestaltung durch das Privatrecht. Nun sollte man diese Gefahr nicht überschätzen. *Ossenbühl* hat nicht ganz Unrecht, wenn er „den praktischen Konfliktsfall, der von den Zivilgerichten in untragbarem Widerspruch zur öffentlichen Bau- und Planungsordnung entschieden worden wäre"[157], vermißt. Gleichwohl sollte die Gefahr einer Behinderung der Bauleitplanung nicht ganz außer Betracht bleiben. Bebauungsplänen kann und muß deshalb eine indizielle Wirkung zuerkannt werden, die etwa für die Wesentlichkeit i. S. d. § 906 BGB bedeutsam werden kann[158]. Dem Bebauungsplan wird dabei um so größeres Gewicht zukommen, je genauer er auf den betreffenden Konflikt belegbar eingegangen ist[159].

---

154 Im Ergebnis ebenso *Hagen*, UPR 1985, 196 ff; *Marburger* (Fn. 16), C 102 ff; *Diederichsen* (Fn. 53), L 58 ff; a. A. *Papier* (Fn. 21), 104 ff; *Gerlach*, JZ 1988, 173.

155 *Ossenbühl*, DVBl. 1990, 966.

156 S. oben IV 3.

157 *Ossenbühl*, DVBl. 1990, 969; ebenso *Marburger* (Fn. 16), C 105 f.

158 Anerkanntermaßen beeinflußt die bauplanerische Ausweisung die Erheblichkeit von Umweltbeeinträchtigungen im Immissionschutzrecht; *BVerwG*, NVwZ 1983, 155 f; *Jarass* (Fn. 86), § 3 Rdn. 30. Wenn daher der BGH die Wesentlichkeit von Beeinträchtigungen i. S. d. § 906 BGB als mit den erheblichen Umweltbeeinträchtigungen im Sinne des Bundes-Immissionsschutzgesetzes kongruent erklärt (oben Fn. 14), kann auf diesem Weg die bauplanerische Ausweisung auch im Bereich des § 906 BGB Wirkungen entfalten; vgl. *Gaentzsch*, NVwZ 1986, 604.

159 Im Ergebnis kann man daher die Ausführungen von *Gerlach*, JZ 1988, 173 weithin akzeptieren.

b) Dieses Ergebnis dürfte sich verallgemeinern lassen, auch wenn aus Zeitgründen dem nicht nachgegangen werden kann. Der durch Verwaltungsrechtsnormen vermittelten Legalität kommt eine bindende Wirkung nur zu, wo das Gesetz sie vorsieht[160]. Im übrigen hat die Legalität (in Konkurrenzfällen) eine indizielle Wirkung, die vor allem dort praktische Wirkungen entfaltet, wo das Verwaltungsrecht erheblich detaillierter als das Privatrecht ist. Dann entwickelt sich die an sich gegebene wechselseitige Beeinflussung zu einer Einbahnstraße vom Verwaltungs- zum Privatrecht[161]. Das muß von den Zivilgerichten stärker als bisher beachtet werden. Ihnen ist, um mit *Kloepfer* zu sprechen, die Harmonisierung von öffentlichem und privatem Recht, namentlich im Bereich des Umweltschutzes, aufgegeben[162].

### 5. *Verwaltungsnormkonformität vs. Verwaltungsaktskonformität*

Eine besondere Variante des Problems verwaltungsrechtlicher Legalität ergibt sich schließlich, wenn ein Zivilgericht einen Verstoß gegen verwaltungsrechtliche Vorschriften annimmt und daraus privatrechtliche Konsequenzen zieht, obwohl die Exekutive in einer Genehmigung das fragliche Verhalten als verwaltungsrechtskonform eingestuft hat[163]. Das Gericht erkennt etwa einen Schadensersatzanspruch wegen der Verletzung baurechtlicher Normen zu, obwohl eine Baugenehmigung erteilt wurde. Fälle dieser Art treten nur auf, wo Privatrechtsnormen an das Verwaltungsrecht anknüpfen. In Anlehnung an die Terminologie im Nachbarrecht[164] geht es um Fälle des *derivativen Privatrechts.* Hier stellt sich die Frage, was von den Zivilgerichten beachtet werden muß: die in ihrer Sicht aus Normen des Verwaltungsrechts folgende Illegalität oder die durch den Verwaltungsakt vermittelte Legalität. Es geht um die Frage der Konkretisierungskompetenz[165].

---

160 Soweit ersichtlich, ist das bislang nirgends geschehen. Bei den Fällen der echten Bindung an Verwaltungsrechtsnormen geht es immer um die Beachtung der verwaltungsrechtlichen *Il*legalität.

161 Im Einzelfall mag die indizielle Wirkung fast einer Bindung gleichkommen, etwa bei den Zeitvorgaben der RasenmäherVO.

162 *Kloepfer,* Umweltrecht, 1990, § 4 Rdn. 302.

163 Zu diesem Problem in größerem Zusammenhang *Engisch* (Fn. 132), 13 ff.

164 Etwa *Breuer,* DVBl. 1983, 438; *Baur* (Fn. 13), § 903 Rdn. 76.

165 Vgl. dazu *Mertens* (Fn. 45), § 823 Rdn. 154 a.

Die Zivilgerichte sind an die Konkretisierung durch den Verwaltungsakt sicherlich gebunden, wenn und soweit dem Verwaltungsakt kraft gesetzlicher Regelung eine Bindungswirkung zukommt[166]. Eine Bindung der Zivilgerichte ist darüber hinaus (im Bereich des derivativen Privatrechts) anerkannt, wenn der Verwaltungsakt hinsichtlich der für das Privatrecht bedeutsamen Normen des Verwaltungsrechts *gestaltenden* Charakter hat[167]. Wenn etwa von einer drittschützenden Baurechtsnorm eine Befreiung erteilt wird, dann kann nicht ein Schadensersatzanspruch wegen Verletzung dieser Norm gewährt werden[168]. Entsprechendes gilt für eine ladenschlußrechtliche Ausnahmegenehmigung.

Unsicher ist dagegen, ob dies auch gilt, soweit Verwaltungsakte *Feststellungen* treffen[169]. Für eine Gleichbehandlung von gestaltenden und feststellenden Entscheidungsgehalten spricht, daß andernfalls die Bestandskraft von Verwaltungsakten unschwer unterlaufen werden kann[170]. Ist etwa streitig, ob ein Bauvorhaben die baurechtlichen Abstandsvorschriften einhält und hat der Nachbar die Anfechtung der Baugenehmigung versäumt, könnte die Frage über einen quasi-negatorischen Unterlassungsanspruch doch noch gerichtlich erörtert werden. Das wäre ein Wertungswiderspruch, der einem Normwiderspruch nahekommt. Soweit daher ein Verwaltungsakt verbindlich die Vereinbarkeit eines Verhaltens mit bestimmten öffentlich-rechtlichen Normen feststellt, muß daran — wegen der dem Verwaltungsakt eigenen Bindungswirkung[171] — auch der Zivilrichter (im Bereich des derivativen Privatrechts) gebunden sein[172]. Damit wird zudem die

---

166 Beispiele liefern die Präklusionsnormen.

167 Allgemeine Auffassung, etwa *Breuer,* DVBl. 1983, 438.

168 *BGHZ* 66, 354/356 f. Als Begründung wird meist angeführt, daß der Verwaltungsakt das materielle Recht ändert; *Ossenbühl,* DVBl. 1990, 968.

169 Dafür *Breuer,* DVBl. 1983, 438; *Baur* (Fn. 13), § 903 Rdn. 76; *Ossenbühl,* DVBl. 1990, 968; dagegen *Mertens* (Fn. 45), § 823 Rdn. 154 a; *Marburger,* Die Regeln der Technik im Recht, 1979, 482 f. Die zivilgerichtlichen Entscheidungen, in denen eine Bindung an die Baugenehmigung abgelehnt wurde, betreffen — soweit ersichtlich — ausnahmslos keine verwaltungsderivativen Fälle.

170 Des weiteren spricht *für* die Gleichbehandlung die Unsicherheit der Abgrenzung von gestaltenden und feststellenden Entscheidungen; vgl. *Seibert* (Fn. 146), 117 f. *Dagegen* kann man anführen, daß die Bindungswirkung feststellender Verwaltungsakte bereits innerhalb des Verwaltungsrechts besonders umstritten ist.

171 Dazu oben V 3.

172 Allerdings kann er der Nachbarklage gestützt auf originäres Privatrecht stattgeben; insoweit hat er nur die indizielle Wirkung der Genehmigung zu beachten. Die Bedeutung des Streits darf daher nicht überschätzt werden.

Beurteilungs- und Entscheidungskomptenz der Verwaltung für die Anwendung des Verwaltungsrechts sichergestellt.

Allerdings dürfen die im einzelnen häufig unsicheren Grenzen des Aussagegehalts eines feststellenden Verwaltungsakts nicht unbeachtet bleiben[173]. Die Feststellung der Rechtmäßigkeit einer Gaststätte in einer Baugenehmigung enthält etwa keine *bindenden* Feststellungen dazu, ob der Betrieb der Gaststätte den rechtlichen Vorgaben entspricht[174]. Für diese Frage liefert die Baugenehmigung allenfalls Anhaltspunkte.

## VI. Schluß

Summiert man die gewonnenen Befunde, dann zeigt sich, daß die Zuordnung von Verwaltungsrecht und Privatrecht bzw. von Exekutiventscheidungen und zivilgerichtlichen Entscheidungen in weiten Bereichen durch *Berücksichtigung* der verwaltungsrechtlichen Regelungen, nicht aber durch eine *Bindung* an sie gekennzeichnet ist. Das kann man, auch im Hinblick auf den Verwaltungsrechtsvollzug, hinnehmen. Die negativen Rückwirkungen der Eigenständigkeit der Zivilgerichtsbarkeit auf den Vollzug des Verwaltungsrechts können, soweit sie überhaupt auftreten, in aller Regel hingenommen werden. Die Situation stellt sich insoweit völlig anders dar als im Verhältnis von Strafrecht und Verwaltungsrecht[175]. Wenn das von den Strafgerichten nicht immer beachtet wird, liegt die Schuld dafür allerdings nicht notwendig bei den Strafgerichten. Denkbar ist auch, daß der Vollzug von Verwaltungsrechtsnormen derart im argen liegt, daß die Strafgerichte sich zu einer Korrektur veranlaßt sehen. Die Korrektur führt dann zu gravierenden Problemen. Der eigentliche Grund für diese Schwierigkeiten liegt in solchen Fällen aber in den Vollzugsdefiziten der Verwaltung, die ihrerseits auf noch tieferliegende Probleme, auch des materiellen Rechts, verweisen können[176]. Das sollte man im Auge behalten.

---

[173] Zu restriktiv jedoch *Kollmann,* DÖV 1990, 193ff.

[174] Zur Frage, ob die Baugenehmigung überhaupt verbindliche Feststellungen neben der Freigabe enthält: *Seibert* (Fn. 146), 335ff, 353. Zur Reichweite der immissionsschutzrechtlichen Genehmigung, *BVerwG,* UPR 1990, 154f.

[175] Zum Strafrecht etwa *Ossenbühl,* Gutachten zum 57. Deutschen Juristentag, 1988, L 42; *Breuer,* DÖV 1987, 169ff.

[176] Für die Bundesrepublik könnte man etwa fragen, ob die Spannungen zwischen Strafrecht und Steuerrecht in der Parteispendenaffäre nicht auf die unzureichenden "Checks and balances", denen die Parteien unterliegen, zurückzuführen sind.

Im Verhältnis von Privatrecht und Verwaltungsrecht spielen derartige Probleme, wenn überhaupt, äußerst selten eine Rolle. Gleichwohl ist die skizzierte Einsicht auch hier von Nutzen: Die Ausstrahlungswirkung des Verwaltungsrechts auf das Privatrecht ist eine Folge der Leistungsfähigkeit des öffentlichen Rechts und seiner Umsetzung. Wenn es eine Aufgabe unserer Vereinigung ist, zur Leistungsfähigkeit des öffentlichen Rechts beizutragen, dann ist die Publifizierung und Verdrängung des Privatrechts ein gutes Zeichen. Allerdings darf man das Pferd nicht am Schwanze aufzäumen: Man kann nicht die weitere Publifizierung des Privatrechts unabhängig von der Leistungsfähigkeit des öffentlichen Rechts verlangen. Vielmehr gilt es die Leistungsfähigkeit des öffentlichen Rechts auszubauen; dann wird auch seine Ausstrahlungswirkung auf das Privatrecht weiter zunehmen.

*Leitsätze des 2. Berichterstatters über:*

## Verwaltungsrecht als Vorgabe für Zivil- und Strafrecht

### Die Vorgaben des Verwaltungsrechts für das Privatrecht

*I. Einleitung*

*1. Trotz der vielfach konstatierten Publifizierung und Verdrängung des Privatrechts durch das öffentliche Recht ist der Einfluß des Verwaltungsrechts auf das Privatrecht dogmatisch noch wenig aufbereitet.*

*II. Problembeschreibung anhand ausgewählter Problemfelder*

*2. Bei der Anwendung des § 906 BGB greift die Rechtsprechung bei verschiedenen Tatbestandsvoraussetzungen auf immissionsschutzrechtliche Vorgaben zurück, sieht in ihnen aber regelmäßig nur Anhaltspunkte. Was das öffentliche Baurecht angeht, ist die Rechtsprechung noch zurückhaltender.*

*3. Erhebliches praktisches Gewicht hat der Umstand, daß die Überschreitung von Grenzwerten der TA Luft als Indiz für die Ursächlichkeit einer Anlage gewertet wird. Im Entwurf des neuen Umwelthaftungsgesetzes wird dieser Ansatz aufgegriffen und erweitert.*

*4. Verschiedene, in einem förmlichen Verfahren zu erteilende Genehmigungen und Zulassungen schließen kraft ausdrücklicher Regelung privatrechtliche Ansprüche aus. Gleichwohl spielt die Präklusionswirkung in der Zivilrechtsprechung fast keine Rolle. Bei einfachen Genehmigungen, bei denen eine Präklusionswirkung fehlt, lehnt die herrschende Auffassung eine Bindung der Zivilgerichte ab.*

*5. Bei deliktischen Schadensersatzansprüchen spielen Regelungen des Verwaltungsrechts als Schutzgesetze i. S. d. § 823 Abs. 2 BGB eine Rolle. Darüber hinaus werden im Bereich des § 823 Abs. 1 BGB zum Teil die durch Genehmigungen verliehenen Rechte als geschützte subjektive Rechte eingestuft. Des weiteren kann die Beeinträchtigung verwaltungsrechtlicher Pflichten einen Anhaltspunkt für die Verletzung von Verkehrssicherungspflichten liefern. Endlich spielen verwaltungsrechtliche Regelungen im Rahmen der Rechtswidrigkeit und des Verschuldens gelegentlich eine Rolle.*

*6. Die Gültigkeit von (privaten) Rechtsgeschäften hängt über § 134 BGB teilweise von der Einhaltung verwaltungsrechtlicher Vorschriften ab. Dabei wird zwischen Verbotsgesetzen und Ordnungsvorschriften unterschieden.*

*7. Die Frage, ob ein Wettbewerbsverhalten, das gegen verwaltungsrechtliche Regelungen verstößt, sittenwidrig i. S. d. § 1 UWG ist, wird differenziert beantwortet: Die Verletzung bestimmter Regelungen ist generell sittenwidrig, die Verletzung anderer Regelungen nur dann, wenn weitere Umstände hinzutreten.*

## *III. Systematisierung der privatrechtsbeeinflussenden Wirkung verwaltungsrechtlicher Regelungen*

*8. Hinsichtlich der Intensität des verwaltungsrechtlichen Einflusses auf das Privatrecht lassen sich drei Stufen unterscheiden:*
- *Die Vorgaben müssen zwingend beachtet werden (privatrechtsbindende Wirkung).*
- *Die Vorgaben bilden einen zu beachtenden Anhaltspunkt (indizielle Wirkung).*
- *Die Vorgaben spielen keine rechtliche Rolle.*

*9. Die Grundlage für den Einfluß des Privatrechts findet sich zum Teil im Privatrecht selbst, wenn es auf verwaltungsrechtliche Regelungen verweist oder wenn bei der Auslegung privatrechtlicher Normen verwaltungsrechtliche Vorgaben genutzt werden. In anderen Fällen folgt der verwaltungsrechtliche Einfluß aus entsprechenden Bestimmungen des Verwaltungsrechts.*

*10. Einfluß auf das Privatrecht nehmen zunächst verwaltungsrechtliche Gesetze, Rechtsverordnungen und Satzungen. Dies geschieht um so eher, je detaillierter diese Regelungen sind. Einfluß nehmen des weiteren Verwaltungsvorschriften, denen generell nur eine indizielle Wirkung zukommt. Schließlich liefern Verwaltungsakte, vor allem Genehmigungen, Vorgaben für das Privatrecht, und zwar durchweg in privatrechtsbindender Form. Damit erstreckt sich unser Thema nicht nur auf die Normebene, sondern auch auf die Vollzugsebene.*

## *IV. Theoretischer Hintergrund*

*11. Der Einfluß des Verwaltungsrechts auf das Privatrecht steht in einer gewissen Parallele zur Ausstrahlungswirkung der Grundrechte auf das Privatrecht. In beiden Bereichen spielt der Wertgehalt der Einfluß nehmenden Norm des öffentlichen Rechts eine Rolle. Ein wesentlicher Unterschied liegt darin, daß Grundrechte einen höheren Rang als das Privatrecht besitzen, während Verwaltungsrecht und Privatrecht grundsätzlich auf der gleichen Rangstufe stehen.*

*12. Aus der Sicht der Verwaltungswissenschaften kann man die Beachtung verwaltungsrechtlicher Vorgaben für das Privatrecht als eine Verwendung privatrechtlicher Instrumente zur Durchsetzung verwaltungsrechtlicher Standards begreifen. Eine solche Sicht läßt verständlich werden, warum darauf abgestellt wird, ob das Verwaltungsrecht bereits einen ausreichenden Sanktionsapparat zur Verfügung stellt. Nicht in allen Fallgruppen wirkt jedoch das Privatrecht verwaltungsrechtsunterstützend; zum Teil wird es vom Verwaltungsrecht verdrängt.*

*13. Schließlich läßt sich unser Problem auch als die Frage nach dem optimalen Grad der Organisationsdifferenzierung begreifen. Für die Auslegung und Anwendung des Verwaltungsrechts sind die Verwaltung und die Verwaltungsgerichte zuständig, für die Anwendung und Auslegung des Privatrechts die Zivilgerichte. Auf diesem Hintergrund bedeutet die Beachtung verwaltungsrechtlicher Vorgaben durch die Zivilgerichte eine Überschreitung der Systemgrenzen. Das impliziert tendenziell eine Entspezialisierung und damit eine Reduzierung der Leistungsfähigkeit. Dazu kommt das Risiko widersprüchlicher Feststellungen, da die verwaltungsrechtlichen Normen auch von den Verwaltungsgerichten bearbeitet werden.*

## *V. Die Nichtbeachtung der verwaltungsrechtlichen Legalität und die Einheit der Rechtsordnung*

*14. Wenn Zivilgerichte den Umstand unberücksichtigt lassen, daß ein bestimmtes Verhalten den verwaltungsrechtlichen Vorgaben entspricht und das vielleicht sogar durch eine Genehmigung bestätigt wurde, stellt sich die Frage, ob nicht die Einheit der Rechtsordnung, verstanden als ihre Widerspruchsfreiheit, bedroht wird. Die Gefahr von Widersprüchen kann allerdings nur auftreten, wenn ein bestimmtes Verhalten vom Verwaltungsrecht und vom Privatrecht zumindest teilweise hinsichtlich der gleichen Gesichtspunkte bewertet wird (Konkurrenzfälle).*

*15. Die Nichtbeachtung der verwaltungsrechtlichen Legalität durch die Zivilgerichte stellt keinen echten Normwiderspruch dar, der auf jeden Fall aufgelöst werden müßte, wenn und weil das Verwaltungsrecht ein Verhalten, das zivilrechtlich unterbunden werden kann, nicht vorschreibt, sondern nur zuläßt. Was sich aufdrängt, ist ein Wertungswiderspruch, der aber nicht notwendig aufgelöst werden muß. Gegenläufige Gesichtspunkte können rechtfertigend wirken, wenn nicht gar den Widerspruch beseitigen.*

*16. An die durch eine Genehmigung vermittelte Legalität sind die Zivilgerichte gebunden, wenn dies gesetzlich vorgeschrieben ist, insbesondere bei Genehmigungen mit Präklusionswirkung. Im übrigen vermittelt die Genehmigungskonformität (in den Konkurrenzfällen) einen Anhaltspunkt, was von den Zivilgerichten stärker berücksichtigt werden sollte.*

*17. Bei der durch Normen des Verwaltungsrechts vermittelten Legalität ist die Situation nicht anders. Insbesondere ist eine echte Bindung der Zivilgerichte an Bebauungspläne aus verschiedenen Gründen nicht akzeptabel. Andererseits muß einem Bebauungsplan eine indizielle Wirkung zugestanden werden, um die Gefahr einer Behinderung der bauplanerischen Gestaltung durch das Privatrecht zu minimieren. Für sonstige verwaltungsrechtliche Normen dürfte, vorbehaltlich abweichender gesetzlicher Regelungen, nichts anderes gelten. Über die indizielle Wirkung des Verwaltungsrechts können und müssen die Zivilgerichte für eine stärkere Harmonisierung von öffentlichem und privatem Recht sorgen.*

*18. Schließlich stellt sich in bestimmten Fällen die Frage, was von den Zivilgerichten beachtet werden muß: Die in ihrer Sicht aus Normen des Verwaltungsrechts folgende Illegalität oder die durch eine Genehmigung vermittelte Legalität. In solchen Fällen des derivativen Privatrechts besteht eine Bindung der Zivilgerichte an die Konkretisierung durch eine Genehmigung sicherlich insoweit, als die Genehmigung gestaltende Wirkungen hat. Darüber hinaus wird man auch hinsichtlich bindender Feststellungen eine echte Bindung der Zivilgerichte anzunehmen haben. Allerdings sind dabei die (häufig unsicheren) Grenzen des Aussagegehalts einer Genehmigung zu beachten.*

## *VI. Schluß*

*19. Die Publifizierung und Verdrängung des Privatrechts spricht für die Leistungsfähigkeit des öffentlichen Rechts. Eine Fortsetzung dieser Entwicklung kann legitimerweise nur verlangt werden, wenn die Leistungsfähigkeit des öffentlichen Rechts weiter ausgebaut wird.*

*3. Aussprache und Schlußworte*

## Verwaltungsrecht als Vorgabe für Zivil- und Strafrecht

**Vogel:** Meine Damen und Herren! Der Vorstand hat zwei Mitglieder aus den Ländern Schweiz und Österreich gebeten, kurze Berichte darüber zu geben, wie die Problematik in ihren Ländern aussieht. Frau *Weber-Dürler* wird über das Thema aus schweizerischer Sicht berichten, Herr *Öhlinger* aus österreichischer Sicht. Damit treten wir gewissermaßen schon am Vormittag in die Diskussion ein.

**Weber-Dürler:** Sehr geehrte Damen und Herren, die beiden Referenten haben uns aufs beste mit geistiger Nahrung versorgt. Unmerklich ist die Stunde herangerückt, in der das Bedürfnis nach leiblichen Genüssen überhandzunehmen pflegt. Ich fasse mich deshalb kurz und beschränke meine Bemerkungen auf *zwei zivilrechtliche* und *zwei strafrechtliche Fragen*, welche den Diskussionsstand in der Schweiz widerspiegeln.

Aus dem *Zivilrecht* möchte ich zunächst vergleichshalber das *Nachbarrecht* herausgreifen, weil es in der deutschen Diskussion eine wichtige Rolle spielt. Im privaten Nachbarrecht der Schweiz lassen sich *keine direkten Bezüge zum öffentlichen Recht* aufdecken. Rechtsprechung und herrschende Lehre betonen, der *privatrechtliche Immissionsschutz* (Art. 679 und 684 ZGB) sei *vom öffentlichen Recht unabhängig. Öffentlich-rechtliche Bewilligungen oder Genehmigungen* schließen privatrechtliche Unterlassungsansprüche grundsätzlich nicht aus. Die *Zuordnung eines Gebiets* zu einer bestimmten *Zone* gilt nach einem vielzitierten älteren Urteil nur als Indiz für die Ortsüblichkeit. Eine ähnliche Funktion wird dem *Umweltschutzgesetz* von 1983 oder besser seinen *Ausführungsbestimmungen* prophezeit, zumindest aus privatrechtlicher Warte. Allein, diese Ausführungsbestimmungen — ich denke an die Luftreinhalte-Verordnung und die Lärmschutzverordnung — stehen erst seit kurzem in Kraft, und das Bundesgericht bemüht sich zur Zeit, den kantonalen Verwaltungsgerichten die Bedeutung dieser Erlasse für das öffentliche Baurecht klarzumachen. Es ist deshalb m. E. verfrüht, jetzt schon eine Aussage darüber zu treffen, inwieweit die Grenzwerte dieser Verordnungen die privatrechtliche Rechtsprechung beeinflussen werden.

*Zweite Frage:* Gibt es im schweizerischen Zivilrecht andere Bereiche, in denen eine größere Abhängigkeit vom Verwaltungsrecht besteht? Eine Abhängigkeit des Zivilrichters von *Verwaltungsnormen* bewirken die verschiedenen *Bestimmungen,* welche *Widerrechtlichkeit* voraussetzen, etwa eine widerrechtliche Schädigung oder einen widerrechtlichen Zweck. Auch Verstöße gegen öffentlich-rechtliche Normen können die Nichtigkeit eines Vertrags, eine Haftpflicht oder die Aufhebung einer juristischen Person nach sich ziehen. Eine Abhängigkeit von *Verwaltungsakten* ist im Bereich der *zivilrechtlichen Nebengesetze* anzutreffen, die von öffentlich-rechtlichen Elementen durchsetzt sind. Traditionelles Hauptbeispiel ist das *landwirtschaftliche Bodenrecht.* Die Anwendbarkeit des Sonderrechts wird großenteils durch Verfügung begründet; ferner wird etwa der Schätzwert eines Heimwesens im Hinblick auf die Belastbarkeit und das bäuerliche Erbrecht durch Verfügung festgelegt. Diese Verfügungen sind gemäß ausdrücklicher Gesetzesvorschrift für den Zivilrichter verbindlich (Art. 3 Abs. 4 und Art. 7 Abs. 2 BG über die Entschuldung landwirtschaftlicher Heimwesen, SR 211.412.12). Erwähnenswert ist noch das *Bundesgesetz über den Erwerb von Grundstücken durch Personen im Ausland* (SR 211.412.41). Es soll die „Überfremdung des einheimischen Bodens" verhindern, einen Mißstand, zu dem — wie mir genau bekannt ist — auch einige deutsche Staatsrechtslehrer beigetragen haben, die nicht davor zurückgeschreckt sind, in der Schweiz ein Ferienhaus oder eine Zweitwohnung zu erwerben. Das erwähnte Bundesgesetz unterstellt den Erwerb von Grundstücken einer Bewilligungspflicht und kennt als Sanktion die Nichtigkeit des Rechtsgeschäfts. Nicht genug: Wie eine findige Praxis entdeckte, kann eine zur Umgehung gegründete Aktiengesellschaft aufgelöst werden, mit der Folge, daß ihr Vermögen ans Gemeinwesen fällt und wohltuend zur Gesundung der kantonalen Finanzrechnung beiträgt (BGE 112 II 1 ff.). Der Zivilrichter ist an rechtskräftige Verwaltungsentscheidungen über die Bewilligungspflicht sowie über die Erteilung oder Verweigerung der Bewilligung gebunden (BGE 108 II 460 f.); diese Bindung ist im Gesetz nicht ausdrücklich vorgesehen und entspricht einem allgemeinen Grundsatz.

*Dritter Punkt: Im Strafrecht* möchte ich wiederum zunächst einen vergleichenden Blick auf ein in Deutschland brisantes Problem werfen. Das *Umweltstrafrecht* ist in der Schweiz bis jetzt nicht ins Kernstrafrecht vorgedrungen; es ist als Annex im *Umweltschutzgesetz* und im *Gewässerschutzgesetz* integriert. Wie in Deutschland gibt es dazu *wenig publizierte Judikatur,* was beim relativ jungen Umweltschutzgesetz weniger erstaunt als bei der viel weiter zurückreichenden

Gewässerschutzgesetzgebung. Auch vom Fallmaterial her sind die Urteile eher enttäuschend, betreffen sie doch oft *Bagatellen.* Was die *Verwaltungsakzessorietät* anbetrifft, werfen die Strafbestimmungen — wiewohl sie in Verwaltungsgesetzen stehen — die *gleichen Probleme* wie in Deutschland auf. Verschiedene Tatbestände umschreiben die strafbare Handlung als *Verletzung einer bestimmten Gesetzesvorschrift oder* einer *Ausführungsverordnung,* verweisen also auf Verwaltungsnormen. Eine zweite Gruppe von Strafbestimmungen schließt sich an *Verwaltungsakte* an, knüpft die Straffolge ans Nichtbefolgen einer Verfügung oder ans Fehlen einer Bewilligung. Die verschiedenen Aspekte der Verwaltungsakzessorietät haben bis jetzt weder in der Rechtsprechung noch in der Wissenschaft besondere Beachtung gefunden.

*Vierter und letzter Punkt:* Gibt es im schweizerischen Strafrecht andere Bereiche, in denen die heute behandelte Problematik mehr in Erscheinung getreten ist? In dieser Hinsicht enthält das schweizerische Strafgesetzbuch eine echte Perle für die Verwaltungsrechtslehrer, nämlich den *Art. 292 StGB,* wonach der *Ungehorsam* gegen eine Verfügung mit Haft oder Buße bestraft wird. Dem Bestimmtheitserfordernis sucht diese Blankettstrafnorm Genüge zu tun, indem die Verfügung ausdrücklich auf die drohende Strafe und den fraglichen Artikel des StGB hinweisen muß. Von Interesse ist vor allem die Frage, *ob der Strafrichter die Verfügung vorfrageweise auf ihre Rechtmäßigkeit prüfen darf.* Daß der Richter einen die Nichtigkeit der Verfügung bewirkenden Mangel beachten muß, ist selbstverständlich. Im übrigen scheiden sich die Geister. Aus strafrechtlicher Sicht vertritt *Stratenwerth* die Meinung, eine gesetzwidrige Verfügung verdiene keinen strafrechtlichen Schutz. *Gygi* nimmt die andere Extremposition ein; er erblickt in Art. 292 StGB ein reines Vollstreckungsmittel und folgert, im Vollstreckungsverfahren könne eine rechtskräftige Verfügung nicht mehr in Frage gestellt werden. Das *Bundesgericht* hat in der neueren Rechtsprechung eine *differenzierte Lösung* entwickelt (BGE 98 IV 106 ff.), die ich in groben Zügen skizzieren möchte. *Gebunden* ist der Strafrichter an eine Verfügung, deren Rechtmäßigkeit durch ein *Verwaltungsgericht* festgestellt wurde. Umgekehrt hat der Strafrichter die Verfügung zu *überprüfen,* wenn diese *nicht an ein Verwaltungsgericht* gezogen werden konnte. Die in der Schweiz z. T. fehlende Verwaltungsgerichtsbarkeit wird also kompensiert durch eine strafrichterliche Prüfung. Fragwürdig ist die dritte Regel für den dazwischenliegenden Fall: Der Strafrichter darf die Verfügung auf eine *offensichtliche Rechtsverletzung* überprüfen, wenn der Bürger von der Möglichkeit verwaltungsgerichtlicher Kontrolle keinen Gebrauch gemacht hat oder der Entscheid des Verwaltungsgerichts noch aussteht. Diese differenzierte Lösung, welche das Bundesgericht zu Art. 292 StGB entwickelte, hat sich in weiteren Fällen der unrechtsbegründenden Verfügung durchgesetzt und auch schon ihren Niederschlag im Bundesgesetz über das Verwaltungsstrafrecht gefunden (Art. 77 Abs. 4; SR 313.0). Während die Bindung des Richters an Verfügungen im Zivilrecht als feste Regel gilt, bestehen im Strafrecht also Ausnahmen, welche mit dem besonderen Gewicht der Strafe begründet werden und sich einseitig zugunsten des Bürgers auswirken. Ich danke Ihnen.

**Öhlinger:** I. Wenn mein Bericht zur Diskussion Positives beitragen und sich nicht im Blick auf eine etwas exotische Rechtsordnung erschöpfen soll, so kann dies wohl nur darin bestehen, ein sehr stark durch die jeweilige positive Rechtsordnung geprägtes Thema durch einige zusätzliche Aspekte anzureichern. Meine Aufgabe ist es gewissermaßen, den „Möglichkeitssinn" anzuregen, um ein Wort von *Robert Musil* zu gebrauchen.

Das fällt freilich bei diesem Thema nicht leicht. Im Prinzip stellen sich die Probleme in Österreich wohl nicht viel anders, als sie in den beiden Referaten dargelegt wurden. Unterschiede liegen in den Details der gewissermaßen zufälligen positiv-rechtlichen Regelungen, in die sich zu verlieren aber wohl nicht lohnt.

Deutliche Unterschiede betehen allerdings im *theoretischen Bezugsrahmen*. Es mag insofern eine nationale Besonderheit sein, daß sich in Österreich die Verwaltungsrechtswissenschaft mit dieser Thematik, von einer Ausnahme abgesehen (nämlich der Frage der *Bindung* der Zivilgerichte an verwaltungsbehördliche Bescheide) systematisch noch nicht beschäftigt hat. Soweit das Verwaltungsrecht dem Zivilrecht oder Strafrecht *vorgegeben* ist, wird es zu einem Thema der Zivilistik oder der Strafrechtsdogmatik, zu dem die Verwaltungsrechtler bisher nur wenig beigetragen haben. Ich bin mir nicht sicher, inwieweit uns die heutigen Referate zu einer Revision dieser öffentlich-rechtlichen Abstinenz veranlassen werden.

II. a) Um in der Reihenfolge der Referate mit dem *Strafrecht* zu beginnen! Hier gibt es in der Tat eine nationale Besonderheit zu vermelden, die den Fragenkomplex quantitativ und vielleicht auch qualitativ etwas reduziert. Wir kennen neben dem eigentlichen oder judiziellen Strafrecht ein eigenständiges *Verwaltungsstrafrecht*. Ein Vergleich etwa des Straßenverkehrsrechts oder des Steuerrechts zeigt, daß in manchen Fällen, die in Deutschland vor dem Strafrichter abzuhandeln sind, in Österreich die von der Sache her zuständige

Verwaltungsbehörde auch die Strafe zu verhängen hat. Das trifft vor allem Delikte mit einem hohen Grad an Verwaltungsakzessorietät, die eben dann keine ist, wenn Strafbehörde und Verwaltungsbehörde identisch sind.

Vor allem von Verwaltungspraktikern wird diese *Einheit von materiellem Verwaltungsrecht und Strafrecht* positiv bewertet und zur Rechtfertigung des Verwaltungsstrafrechts insgesamt ins Treffen geführt, weil es die Einheit von Sachvertand und Strafrechtskompetenz dort garantiere, wo es um die Anwendung eher komplexer Regelungen, wie etwa im Steuerrecht, geht, deren genaue Kenntnis von einem Strafrichter nicht unbedingt erwartet werden kann. Ob dieses Argument richtig ist, wäre sicherlich eine Diskussion wert. Hätten die Anhänger dieses Arguments heute Herrn *Schröder* hören können, wären sie darin wohl bestärkt worden.

Im übrigen fällt ab kommendem Jahr das Verwaltungsstrafrecht, ausgenommen das Finanzstrafrecht, in der 2. oder 3. Instanz in die Zuständigkeit gerichtsähnlicher sog. „Unabhängiger Verwaltungssenate“, so daß sich unser Thema an der Nahtstelle zwischen der allgemeinen Verwaltung und dieser unabhängigen Verwaltungsbehörden wiederfinden wird.

b) Abgesehen davon kennt natürlich auch das österreichische Strafrecht viele Fälle der *Verwaltungsakzessorietät,* neuerdings im besonderen im Umweltstrafrecht, das erst 1989 ganz in diesem Sinne neu gestaltet wurde. Von den fünf damals geschaffenen spezifischen Umweltstraftatbeständen des StGB ist nur ein einziger nicht-verwaltungsakzessorisch. Alle anderen beziehen sich auf ein Handeln, das — so wörtlich — „entgegen einer Rechtsvorschrift oder einem behördlichen Auftrag“ erfolgte — das österreichische Umweltstrafrecht ist also eindeutig nicht nur verwaltungs*rechts*-, sondern auch verwaltungs*akt*akzessorisch. Damit stellt sich auch hier das Problem der Vorgabe rechtswidriger Verwaltungsakte, das allerdings von der Strafrechtsdogmatik meines Erachtens richtig nicht als Bindungsproblem verstanden, sondern ausschließlich mit strafrechtsdogmatischen Kategorien, z. B. der Rechtfertigung, zu erfassen versucht wird.

c) Das Problem der Verwaltungs*akt*akzessorietät hat auch bei uns in einem Steuerverfahren mit politischem Einschlag eine Rolle gespielt. Es gibt nämlich eine Rechtsprechung des Obersten Gerichtshofs (OGH), wonach der Strafrichter an die verwaltungsbehördliche Feststellung des Bestehens einer Abgabenschuld dem Grunde und der Höhe nach gebunden ist und lediglich die subjektive Tatseite demnach Gegenstand selbständiger richterlicher Beurteilung sein kann. Der OGH schließt dies aus der Anordnung des Finanzstrafgesetzes, daß die Hauptverhandlung vor dem Gericht erst nach Vorliegen eines rechtskräftigen Abgabenbescheides durchgeführt werden darf. Aus einer ähnlichen, auf das verwaltungsbehördliche Strafverfahren bezogenen Regelung in Verbindung mit der verfassungsgesetzlichen Unschuldsvermutung folgert demgegenüber der VfGH genau das Gegenteil. Politisch brisant sind freilich positive Bescheide der Finanzverwaltung.

d) Eine allgemeine Verwaltungsrechtsakzessorietät des Strafrechts besteht darin, daß Verwaltungsrechtsnormen eine Richtlinie für die *objektive Sorgfaltswidrigkeit bei Fahrlässigkeitsdelikten* bilden. Das kann zu Lücken eines rechtspolitisch wünschenswerten Strafrechtsschutzes dort führen, wo das Verwaltungsrecht lückenhaft ist. Das wird im Augenblick am Beispiel der *Gentechnologie* diskutiert. Die potentiellen Gefahren für Leben und Gesundheit von Menschen durch gentechnologische Manipulationen fallen unter die Tatbestände der fahrlässigen Tötung und fahrlässigen Körperverletzung. Verwaltungsrechtsnormen, denen man objektive Verhaltensmaßstäbe beim Einsatz gentechnischer Methoden entnehmen könnte, fehlen aber noch weitgehend, so daß eine strafrechtliche Studie[1] zu dem Schluß kommt, daß im Hinblick auf die Gefahren der Gentechnologie weniger das Strafrecht selbst, als vielmehr das Verwaltungsrecht einer Ergänzung bedarf, um einen zeitgemäßen Strafrechtsschutz herbeizuführen.

III. Zahlreiche Beispiele einer „Vorgabe des Verwaltungsrechts" finden sich im Zivilrecht.

a) Um mit dem *privatrechtlichen Immissionsschutzrecht* zu beginnen! Hier wurde die österreichische Rechtslage schon 1916 der deutschen Rechtslage angepaßt, allerdings systematisch zusammengefaßt im ABGB, wo sich sowohl der dem §906 BGB ähnliche Unterlassungsanspruch *als auch* der bloße Schadenersatzanspruch bei *behördlich genehmigten* Anlagen findet (§364 Abs. 2 und 364a ABGB). Dieser unterschiedliche systematische Zusammenhang mag zu unterschiedlichen Akzenten in der Auslegung und Anwendung geführt haben. Die österreichischen Gerichte tendieren jedenfalls, von der Verwaltungsrechtslehre unbeeinsprucht, dazu, die den Abwehranspruch ausschließenden Voraussetzungen eher eng zu interpretieren. Eine *bau*behördliche Genehmigung wird jedenfalls unbestritten nicht anerkannt. Der Verwaltungsrechtler kann dazu nur sagen, daß abstrakt gesehen natürlich auch eine baubehördliche Genehmigung

---

[1] *Burgstaller,* Gentechnologie und österreichisches Strafrecht, Wien 1990.

eine behördliche Genehmigung ist, aber er kann nicht bestreiten, daß §364a ABGB aus sich heraus oder im Kontext des bürgerlichen Rechts eine einschränkende Auslegung verlangt. Allerdings korrespondieren damit auch die öffentlich-rechtlichen Bauordnungen, die in den Bauverhandlungen ungelöst gebliebene privatrechtliche Ansprüche ausdrücklich auf den Zivilrechtsweg verweisen.

Was *planungsrechtliche* Vorgaben betrifft, so wäre an sich die Rechtslage in Österreich insofern klar, als Flächenwidmungs- und Bebauungspläne in Österreich heute unbestritten als *Verordnungen* gelten und ihre Verbindlichkeit von den Gerichten daher aufgrund einer eindeutigen verfassungsrechtlichen Regelung (Art. 89 B-VG) nicht in Frage gestellt werden kann. Das gilt selbst dann, wenn sich eine Widmung auf ein einzelnes Grundstück bezieht. Ein Gericht könnte allenfalls die Verfassungsmäßigkeit einer solchen Verordnung vom VfGH prüfen lassen.

Allerdings scheinen die Gerichte damit Schwierigkeiten zu haben, was nicht eine Tennisplatz-, sondern eine *Fußballplatzentscheidung* illustriert. In einem als Wohngebiet gewidmeten Bereich mußte ein Kläger den Lärm eines Fußballstadions (Austria-Salzburg) hinnehmen, weil er den tatsächlichen Gegebenheiten gemäß angeblich ortsüblich war und es nach dem OGH nur auf diese *tatsächlichen* Gegebenheiten ankommen soll, nicht auf — so der OGH wörtlich — „fiktive" Zustände, die sich aus einem nicht realisierten Flächenwidmungsplan ergeben. Das ist verwaltungsrechtlich sicher höchst fragwürdig begründet. Hinzuzufügen ist allerdings, daß es das Stadion schon gab, bevor sich die Kläger dort ansiedelten und der Bebauungsplan geändert wurde. Gegen Vollzugsdefizite eines solchen Planes wäre aber wohl das verwaltungsrechtliche Instrumentarium einzusetzen. Insofern kann man dem OGH im Ergebnis beipflichten.

Wie unser OGH ihren Tennisplatzfall entschieden hätte, läßt sich im Lichte dieser Entscheidung schwer prognostizieren, auch deshalb, weil dem OGH die Judikatur des BGH vielleicht vertrauter ist als Vorgaben des österreichischen Verwaltungsrechts — dies ganz im Sinne der europäischen Dimension des Privatrechts, die gestern Herr *Häberle* so positiv apostrophiert hat. Bei Vorliegen einer gesetzmäßigen Widmung als „Sportstätte" — die Gesetzmäßigkeit wäre nach Landesrecht zu beurteilen —, wäre m. E. eine Klage des Nachbarn abzuweisen, weil die Frage der Ortsüblichkeit auf der Ebene des für das Gericht verbindlichen Gesetzesrechtes (im materiellen Sinn) geregelt wäre. Um es pointiert und vielleicht für einen Privatrechtler unerträglich schmerzhaft zu formulieren: der Bebauungsplan als lex specialis zum ABGB! Planungsfehler oder sonstige Rechtsmängel der

Flächenwidmung wären mit dem öffentlich-rechtlichen Instrumentarium zu bekämpfen. Je konkreter und flächenmäßig begrenzter eine solche Widmung ist, desto größer mag z. B. der Verdacht einer im Hinblick auf den Gleichheitssatz verfassungswidrigen Unsachlichkeit sein. Ist die Widmung weniger konkret, bleibt für die Beurteilung der Ortsüblichkeit durchaus Raum.

Immissionen aus Grundstücken, die Zwecken der Hoheitsverwaltung dienen, können auch in Österreich mit privatrechtlichen Mitteln nicht abgewehrt werden. Das haben kürzlich die Anrainer eines Flugplatzes in der Steiermark erfahren, die die Stationierung der — äußerst umstrittenen — neu gekauften Abfangjäger des Bundesheeres verhindern wollten. Der OGH hat sich dabei ausdrücklich auf Rechtsprechung und Lehre in der BRD berufen. Ich hoffe, er hat diese richtig gesehen.

b) Es gibt auch im österreichischen Recht, ich möchte fast sagen: naturgemäß, eine dem § 823 Abs. 2 BGB vergleichbare Regelung. Sie lautet in der etwas altertümlichen, aber so angenehmen Sprache unseres ABGB aus 1811, daß, wer ein Gesetz, das den zufälligen Beschädigungen vorzubeugen sucht, übertreten hat, für allen Nachteil haftet, welcher außer dem nicht erfolgt wäre (§ 1311 ABGB). Solche Gesetze heißen auch in der österreichischen Lehre *Schutzgesetze*.

Ein von Herrn *Jarass* nur kurz angesprochenes Problem stellt sich in Österreich im Hinblick auf das Alter dieser Regelung, nämlich die Frage, ob als *Schutzgesetze* auch *individuelle Verwaltungsakte* in Betracht kommen. Das ABGB spricht zwar von „Gesetzen", stammt aber aus einer Zeit, der unsere heutige gewaltentrennende Systematik der Rechtsatzformen noch unbekannt war. Entscheidend kann daher nur die Wertung sein, ob der Tatbestand der schadenersatzrechtlichen Rechtswidrigkeit auch an Verhaltenspflichten anknüpfen soll, die in individuell-konkreten Verwaltungsakten festgelegt sind[2]. So formuliert wird freilich eines deutlich: es geht bei dieser nur scheinbar spezifisch öffentlich-rechtlichen Frage ausschießlich um eine *Auslegung der einschlägigen zivilrechtlichen Haftungsgrundlage*. Der Beitrag des Öffentlichrechtlers muß sich auf die relativ banale, aber vielleicht dem Zivilisten nicht unbedingt geläufige Einsicht beschränken, daß auch ein Verwaltungsakt, und zwar selbst der formloseste — wie etwa die Anordnung eines Verkehrspolizisten, anzuhalten oder weiterzufahren — *Normqualität* hat. Das ist jedenfalls in der öster-

[2] *Karollus*, Funktion und Dogmatik der Haftung aus Schutzgesetzverletzungen, Wiener Habilitationsschrift, 1990.

reichischen öffentlich-rechtlichen Lehre seit *Kelsen* und *Merkl* — diese beiden Stammväter einer eigenständigen österreichischen Verfassungs- und Verwaltungsrechtswissenschaft dürfen in einem österreichischen Landesbericht natürlich nicht fehlen — völlig unbestritten, und diese Einsicht macht es dem Zivilisten vielleicht leichter, auch individuelle Verwaltungsakte als potentielle Schutzgesetze anzuerkennen. Nach dem OGH ist ein Schutzgesetz beispielsweise eine von einer Behörde bescheidmäßig genehmigte Betriebsvorschrift einer Seilbahn, weil sie, so wörtlich, eine „*obrigkeitliche* Verfügung zum Schutz der beförderten Personen" beinhaltet. Es ist dies aber, wie gesagt, eine Frage, die ausschließlich aus der zivilrechtlichen Haftungsnorm heraus zu beantworten ist, wozu der Verwaltungsrechtswissenschaftler, von einigen wenigen fundamentalen Basiskenntnissen abgesehen, nichts Wesentliches beitragen kann. Auf die sich in diesem Zusammenhang stellende Frage nach der Bindung des Zivilrichters an *rechtswidrige, aber rechtskräftige* Verwaltungsentscheidungen komme ich noch zurück.

Auch die Frage, was *materiell eine Schutznorm darstellt*, wird vom Telos der zivilrechtlichen Schadenersatzregelung vorgegeben. Gewiß ist der Zivilrichter dabei genötigt, Verwaltungsrecht in seinem Bestand zu ermitteln — schon das ist ja nicht immer ganz einfach —, zu interpretieren und im besonderen auf seinen Zweck zu hinterfragen. Dabei mag die Hilfe der Verwaltungsrechtswissenschaft nützlich sein, denn man kann sich nicht des Eindrucks erwehren, daß die Privatrechtler dabei gelegentlich etwas unsicher dilettieren. Ob der so ermittelte Inhalt und Zweck einer gegebenen verwaltungsrechtlichen Regelung einen *Schutzzweck* bildet, m. a. W.: ob diese Regelung den in einem konkreten Fall eingetretenen Schaden verhindern wollte, bleibt aber eine *genuin zivilrechtliche* Frage. Es gibt eine reiche Judikatur etwa zur Straßenverkehrsordnung, welche ihrer Bestimmungen Schutzgesetze sind — das ist die Regel — und welche allenfalls nicht. Ich sehe keinen systematischen Ansatzpunkt im Verwaltungsrecht selbst, der zu dieser Differenzierung beitragen könnte. Auch zu der in der Privatrechtslehre offenbar umstrittenen Frage, ob es auf den subjektiven oder objektiven Zweck des Gesetzes ankommt, liefert das Verwaltungsrecht selbst keinen dogmatischen Anhaltspunkt, außer vielleicht den negativen, daß der Gesetzgeber bei Festlegung verwaltungsrechtlicher Verhaltensnormen die schadenersatzrechtliche Dimension kaum einmal mitbedenkt, so daß der subjektive Schutzzweck schwer feststellbar ist.

Die Tatsache, daß die österreichische *Verwaltungsgerichtsbarkeit* Gesetze stark am *Wortlaut* haftend anzuwenden pflegt und gegenüber teleologischen Erwägungen sehr zurückhaltend ist, mag zwar für den Zivilrichter wenig hilfreich sein, weil dieser das Verwaltungsrecht teleologisch interpretieren *muß* — ob nun subjektiv oder objektiv, sei dahingestellt —, aber dabei nur selten auf die Zweckfeststellung des an sich für das Verwaltungsrecht primär zuständigen Verwaltungsgerichtshofs zurückgreifen kann, sondern den Zweck selbständig ermitteln muß. Beide Arten von Gerichten müssen aber die gleiche Verwaltungsrechtsnorm in jeweils völlig, und zwar *strukturell, unterschiedlichen* Fallkonstellationen anwenden — der VwGH in einem Verwaltungsrechtsverhältnis, im wesentlichen also im Verhältnis Staat — Privater, die Zivilgerichte in einem Zivilrechtsverhältnis —, so daß sich diese unterschiedlichen methodischen Zugänge gar nicht gegeneinander ausspielen lassen: dem Zivilgericht ist die teleologische Methode von seinem Ausgangspunkt vorgegeben; inwieweit die Teleologieskepsis der Verwaltungsgerichtsbarkeit gerechtfertigt ist, ist zwar ein Problem, es läßt sich aber gewiß nicht aus diesem Ausgangspunkt her aufrollen.

c) Ähnlich verhält es sich in der Frage der *Auswirkung von Verletzungen verwaltungsrechtlicher Regelungen auf zivilrechtliche Rechtsgeschäfte*. Ein Vertrag, der gegen ein gesetzliches Verbot verstößt, ist auch nach ABGB (§ 879) nichtig. Ob eine Verletzung solcher Vorschriften tatsächlich die Ungültigkeit eines Rechtsgeschäftes bewirkt, hängt davon ab, ob es von den Zivilgerichten als Verbotsgesetz im Sinne des ABGB anerkannt wird. Hier ist die Rechtslage in Österreich offenbar nicht anders als in Deutschland.

Hinzufügen möchte ich noch dem, was Herr *Jarass* gesagt hat, daß das Zivilrecht ein viel differenzierteres Sanktionensystem als die Alternative gültig/ungültig kennt. Nicht Ungültigkeit, sondern eine nachträgliche Unmöglichkeit der Erfüllung auf seiten einer Gemeinde mit der Verpflichtung zum Ersatz des Nichterfüllungsschadens stellte z. B. der OGH im folgenden Fall fest: Eine Gemeinde hatte mit einem Unternehmer einen Vertrag über den Abbau einer Schottergrube auf gemeindeeigenem Grund geschlossen. Eine dafür erforderliche behördliche Bewilligung wurde später aufgrund einer negativen Stellungnahme derselben Gemeinde im Interesse einer benachbarten Wohnsiedlung verweigert.

d) An diesem Fall ließe sich zugleich sowohl die Wirkung *nachträglicher* verwaltungsrechtlicher Sachverhalte als auch die Wirkung der verwaltungsrechtlichen *Vollzugsebene* auf den Bestand zivilrechtlicher Verträge erörtern. Ein österreichisches Spezifikum mag dabei die Wirkung verwaltungsbehördlicher Entscheidungen auf zivilrechtliche Rechtsgeschäfte *ein und derselben Gebietskörperschaft* sein. Wir kennen ja in Österreich einen vergleichsweise exzessiven Umfang *privatrechtlicher Verwaltung*, die durch keinen inhaltlichen Begriff der öffentlichen Aufgaben begrenzt ist, sondern eine prinzipiell auf allen Verwaltungsgebieten bestehende Alternative zu behördlichem Handeln darstellt. (Zuletzt wurde dazu auf unserer Münchner Tagung referiert.) Öffentlich-rechtliche und privatrechtliche Aufgabenerfüllung sind daher auf allen Ebenen eng verzahnt und verwaltungsbehördliche Entscheidungen insofern nicht selten eine „Vorgabe“ zivilrechtlicher Rechtsgeschäfte ein und derselben Gebietskörperschaft. Dazu, in aller Kürze ein viel diskutierter Fall. Eine Gemeinde hatte als Baubehörde die Errichtung einer Tankstelle genehmigt. Als Verwalterin der Straße und damit als Privatrechtssubjekt verweigerte später dieselbe Gemeinde — in Wahrheit natürlich eine andere Abteilung des Magistrats — die privatrechtliche Zustimmung zur Benutzung des Gehsteiges für die Zu- und Abfahrt. Während das Berufungsgericht der Gemeinde unter Berufung auf die Vertragsfreiheit Recht gab, entschied der OGH auf einen Kontrahierungszwang der Gemeinde und entwickelte in diesem Zusammenhang wichtige Grundsätze einer von der Verwaltungspraxis oft als rechtlich völlig ungebunden verstandenen „Privatwirtschaftsverwaltung“.

Der Fragenkomplex der öffentlich-rechtlichen Grenzen der „Privatwirtschaftsverwaltung“ der Gebietskörperschaften dürfte, wie gesagt, in Österreich besonders brisant sein, er überschreitet freilich unser engeres heutiges Thema insofern, als es dabei primär *verfassungsrechtliche* (wenngleich nicht nur grundrechtliche, sondern auch verwaltungsorganisatorische) Vorgaben von im übrigen doch eher atypischen Zivilrechtsverhältnissen geht.

e) Eine Fallgruppe, bei der die österreichischen Zivilgerichte die Vorgabe des Verwaltungsrechts pauschal und unkritisch zu akzeptieren pflegen und gerade deshalb zu Fehlurteilen kommen, bildet die *Vertretung öffentlich-rechtlicher Körperschaften im Privatrechtsverkehr.* Im besonderen zu Gemeinden verweist unser altes ABGB auf die *„Verfassungen derselben“* (§ 867). Nun sehen die Gemeindeordnungen in der Regel vor, daß der *Bürgermeister* die Gemeinde nach außen vertritt, sie binden aber die Gültigkeit verschiedener Rechtsgeschäfte an die Mitwirkung *kollegialer Organe*, etwa den *Gemeinderat.* Für die Rechtsprechung bedeutet das Fehlen dieser Mitwirkung automatisch die Ungültigkeit des Rechtsgeschäfts. Eine gründliche zivilrechtliche Untersuchung[3], der man auch von öffentlich-rechtlicher

[3] *Wilhelm*, Die Vertretung der Gebietskörperschaften im Privatrecht, Wien 1981.

Seite nur zustimmen kann, hat gezeigt, wie sehr diese Judikatur das Erfordernis eines zivilrechtlichen Vertrauensschutzes verkennt, der ungleich *differenziertere* Lösungen verlangen würde.

IV. Ein Thema, das in Österreich seit rund siebzig Jahren sehr eingehend diskutiert wird, ist, wie schon gesagt, die *Bindung der Zivilgerichte an verwaltungsbehördliche Entscheidungen*. Am Anfang dieser Diskussion steht ein spektakulärer Fall, der vielleicht gerade deshalb die Dimension des Problems etwas verzerrt hat, die sog. *Sever-Ehen*. Sever, niederösterreichischer sozialdemokratischer Landeshauptmann nach dem Ersten Weltkrieg, dispensierte aufgrund einer Bestimmung des ABGB, die Landeshauptleute an sich zur Dispens von Ehehindernissen ermächtigte, vom Ehehindernis eines bestehenden Ehebandes, was praktisch auf eine dem damaligen österreichischen Eherecht noch unbekannte Scheidung hinauslief. Die Gerichte erklärten die Zweitehen der so Dispensierten für ungültig, der VfGH wiederum hob diese gerichtlichen Urteile auf (Art. 138 BVG). Das hatte Auseinandersetzungen zur Folge, die tief in die damalige politische Zerklüftung der österreichischen Gesellschaft hineinreichten und sogar 1929 zur Umgestaltung des Verfassungsgerichtshofes und damit zusammenhängend auch zur Emigration Hans Kelsens nach Köln führten.

Im Alltag der Gerichte und Verwaltungsbehörden stellt sich die Bindungsproblematik freilich weniger spektakulär, aber dafür dogmatisch um einiges diffiziler.

Die öffentlich-rechtliche Lehre vertritt, wie schon damals der VfGH, das Prinzip einer *uneingeschränkten Bindung der Gerichte* an rechtskräftige Verwaltungsakte, die keine Prüfung auf ihre Rechtmäßigkeit zuläßt. Eine gewisse Abschwächung dieser rigorosen These bildet die – erst mit einer Studie *Günther Winklers* erfolgte – Anerkennung *absolut nichtiger Verwaltungsakte* bei evidenten und gravierenden Rechtsfehlern. Wahrscheinlich hätte sich schon das Problem der Sever-Ehen damit lösen lassen. Im wesentlichen ist dies auch heute die Auffassung des Obersten Gerichtshofs – dies freilich ganz im Gegensatz zur Privatrechts*lehre*, die die Bindung überwiegend ablehnt. Im Alltag tendieren die Gerichte heute sogar eher zu einer *zu weitgehenden Bindung*, was durch den damit verbundenen *Entlastungseffekt* motiviert sein mag. Die Gerichte sehen nämlich nicht immer die Grenze dieser Bindung, die darin liegt, daß sich die Rechtskraft nur auf die *an einem Verfahren beteiligten Parteien* erstreckt. Gegenüber einer Partei des zivilgerichtlichen Verfahrens, die nicht auch im Verwaltungsverfahren Partei mit allen ihren Mitwirkungsrechten war, erwächst ein Bescheid nicht in Rechtskraft und bindet schon deshalb nicht die Gerichte.

Die öffentlich-rechtliche Lehre begründet die pauschale Bindungsthese mit einer aus der Verfassung abgeleiteten *Gleichwertigkeit der beiden Staatsfunktionen Gerichtsbarkeit und Verwaltung*. Tatsächlich wurde gerade mit dieser Gleichwertigkeit die Juridifizierung der Verwaltung zu Beginn des Jahrhunderts erheblich vorangetrieben, gipfelnd in den *Verwaltungsverfahrensgesetzen von 1925*, die ein dem Zivilprozeß zumindest angenähertes Verwaltungsverfahren eingeführt haben und die auch eine dem Gerichtsurteil *gleichartige Rechtskraft der Verwaltungsbescheide* ohne Differenzierung zwischen deklarativen und konstitutiven Akten normieren.

Dieses Gleichwertigkeitskonzept ist allerdings durch die – einen Bestandteil der Bundesverfassung bildende – *Europäische Menschenrechtskonvention* in Frage gestellt worden, und zwar durch deren Garantie eines Anspruchs auf eine richterliche Entscheidung über zivilrechtliche Ansprüche und Verpflichtungen – eine Bestimmung, von der auch sonst ganz erhebliche Erschütterungen der österreichischen Rechtsordnung ausgegangen sind. Erst kürzlich hat der Straßburger Gerichtshof in einem Österreich betreffenden Fall („Obermeier") festgestellt, daß eine Bindung eines Zivilgerichts an eine von einer Verwaltungsbehörde entschiedene zivilrechtliche Vorfrage mit Art. 6 der Konvention nicht vereinbar wäre. Die Tragweite dieser Formulierung wird erst deutlich, wenn man sich vergegenwärtigt, was alles nach der extrem weiten Auslegung des Straßburger Gerichtshofs eine zivilrechtliche Frage bilden kann – nämlich das meiste, was traditionellerweise von Verwaltungsbehörden zu entscheiden ist, sofern davon subjektive Rechte berührt werden. Die österreichische Rechtswissenschaft wird diese Entscheidung noch aufarbeiten müssen.

**Vorsitzender (Papier):** Meine Damen und Herren, ich eröffne die Aussprache zum zweiten Beratungsgegenstand „Verwaltungsrecht als Vorgabe für Zivil- und Strafrecht". Die historisch gewachsene Differenzierung unserer Rechtsordnung hat immer schon zu Problemen geführt, wenn es um das Verhältnis beider Teilrechtsordnungen oder der verschiedenen Teilrechtsordnungen zueinander geht. Diese Probleme haben sich mit zunehmender Regelungsdichte des Verwaltungsrechts eher gesteigert. Sie treten heute, wenn auch nicht ausschließlich, so doch schwerpunktmäßig vor allem im Umweltrecht zutage, insbesondere seitdem der Gesetzgeber im Kernstrafrecht das Umweltstrafrecht normiert hat und sich nun auch anschickt, ein spezifisches Umwelthaftungsrecht zivilrechtlicher Art einzuführen. Die Referenten haben jeweils, so habe ich es empfunden, differenzierte Standpunkte eingenommen und sind nicht der Versuchung erlegen, einen unbedingten und durchgehenden Vorrang des Verwaltungsrechts „fachchauvinistisch", um Herrn *Jarass* zu zitieren, zu befürworten, also dem Straf- und dem Zivilrecht stets den Rang eines bloßen Folgerechts zuzubilligen. Für die Themenstellung ist dann auch ganz bewußt der etwas apodiktisch wirkende Begriff der Akzessorietät vermieden worden und der eher „abgefederte" Begriff der Vorgabewirkung verwendet worden. Auf der anderen Seite sind die Referenten doch deutlich den Tendenzen entgegengetreten, die dahin gehen, das Zivil-, aber vor allen Dingen das Strafrecht vom „publizistischen Denken zu befreien", einer Tendenz, wie sie vornehmlich in der Strafrechtspflege anzutreffen ist, um wirkliche oder auch nur vermeintliche Vollzugsdefizite im Verwaltungsrecht mit den Mitteln des Straf- und Zivilrechts auszugleichen.

Meine Damen und Herren, Herr *Schröder* hat sich schwerpunktmäßig mit dem Verhältnis des Verwaltungsrechts zum Strafrecht, Herr *Jarass* mit dem Verhältnis zum Zivilrecht befaßt. Beide Referenten haben es aber nicht versäumt, die Probleme allgemein zu beschreiben und auch allgemeine Lösungsansätze zu bieten. Damit ist in gewisser Weise auch eine grobe Gliederung unserer Diskussion vorgezeichnet, die sich zunächst unter I. den allgemeinen Fragen der Vorgabewirkungen einschließlich der verfahrensrechtlichen Probleme widmen sollte; in einem zweiten Teil dann den spezifischen Fragen der Wirkungen auf das Strafrecht und schließlich drittens dem Verhältnis zwischen Verwaltungsrecht und Zivilrecht. Der allgemeine Teil wird damit nur sehr grob skizziert. Ich darf einige Stichworte nennen, die im Rahmen dieses Diskussionspunktes behandelt werden könnten und die sich auch in den Referaten widerspiegeln. Erstens: Gründe und Gegengründe für eine Vorgabewirkung des Verwaltungsrechts. Hier haben die Referenten übereinstimmend auf den Gedanken der Einheit der Rechtsordnung, der Widerspruchsfreiheit der Rechtsordnung und auf die Systemgerechtigkeit hingewiesen. Ich will die verschiedenen Topoi, die insbesondere Herr *Schröder* in seinem Referat erwähnt hat, hier nicht noch einmal wiederholen. Im allgemeinen Teil der Diskussion könnten zweitens die Vorgaben des Verwaltungsrechts auf den verschiedenen Ebenen behandelt werden: einerseits auf der Ebene der Verwaltungsrechtsnorm, einschließlich der Satzung, also beispielsweise des Bebauungsplans, der Verwaltungsrichtlinien und schließlich andererseits der Verwaltungsakte. Hier könnten dann auch die speziellen Wirkungen der Verwaltungsakte behandelt werden, also etwa die Tatbestandswirkung, Feststellungswirkung, Präklusionswirkung. Dritter Aspekt im allgemeinen Teil der Diskussion ist die Bindungswirkung einerseits und die nur indizielle Wirkung des Verwaltungsrechts andererseits, ein Gedanke, der vornehmlich im Referat von Herrn *Jarass* sehr prononciert herausgearbeitet wurde. Viertens, immer noch zum allgemeinen Teil, die Frage, welche Folgeprobleme ergeben sich aus der, wie Herr *Jarass* es formulierte, Entdifferenzierung: Geht es wirklich um die Reduzierung der Leistungsfähigkeit und die besondere Fehleranfälligkeit der Rechtsanwendung? Als fünfter Aspekt im allgemeinen Teil könnten die verfahrensrechtlichen Fragen, die Vorfragenkompetenz, beweisrechtliche Fragen und vor allen Dingen die Aussetzungsproblematik angesprochen werden. Auf die Punkte II. und III. habe ich bereits eingangs hingewiesen, insoweit möchte ich keine weiteren Untergliederungen vorschlagen. Hier könnten die besonderen Probleme angesprochen werden, bis hin zu den praktischen Fällen des Umweltstrafrechts, des Steuerstrafrechts, und der Aussetzungsprobleme.

Ich wäre Ihnen sehr dankbar, wenn sie wieder die Diskussionskarten verwenden würden und die Gliederungspunkte angeben könnten, zu denen Sie sprechen wollen — möglicherweise verbunden, soweit sie sich zum allgemeinen Teil melden, mit einem der von mir eben genannten Stichworte. Aber das ist nicht in einem exklusiven Sinne gemeint: Sie können auch andere Stichworte hier in die Diskussion einbringen. Schönen Dank.

**Badura:** Das Thema „Verwaltungsrecht als Vorgabe für Zivil- und Strafrecht" hat mit einer gewissen Zwangsläufigkeit eine große Fülle von Einzelheiten und Einzelfragen zutage gefördert, und die Referenten haben sich mit großer Regsamkeit und großem Scharfsinn auf die Suche nach einem roten Faden begeben. Sie haben allerdings zu Recht eine Generallösung vermieden, in folgenden vier Punkten vor allem. 1. Sie sind nicht der Versuchung erlegen, sich einfach darauf zurückzuziehen, daß das Gesetz eben die wesentliche Entscheidung zu treffen hätte. Der Umstand, daß es derselbe Gesetzgeber ist, der privatrechtliche und verwaltungsrechtliche Sätze erläßt, ändert doch nichts daran, daß es einen in unserer Rechts- und Verfassungsordnung tief verankerten Unterschied zwischen den Gesetzen des Privatrechts und denen des Verwaltungsrechtes gibt, auch wenn zum Teil eine gewisse Austauschbarkeit der Instrumente bestehen mag. Eine gewisse Austauschbarkeit, die allerdings nur dann so gesehen werden kann, wenn man den instrumentalen Charakter des Rechtes sehr in den Vordergrund stellt und damit die innere Verschiedenheit etwas beiseite schiebt. Zweitens ist der Gedanke der Einheit oder Widerspruchsfreiheit der Rechtsordnung zwar zu Recht genannt worden — er hat ja zum Teil eine verfassungsrechtliche Seite — aber er ist keineswegs geeignet, wie vor allem Herr *Schröder* in These 5 sehr einleuchtend dargelegt hat, als eine Art Zauberstab für die Lösung zu dienen. 3. In dem Thema sind die Beziehung zum Privatrecht und die zum Strafrecht sozusagen gleichgeschaltet worden, ich glaube aber, daß gerade die beiden Vorträge deutlich gezeigt haben, daß hier eigentlich doch recht verschiedene Dinge vorliegen. Während in einem Falle es darum geht, daß der Gesetzgeber Privatautonomie und Privatrechtsbeziehungen zu ordnen hat und gegebenenfalls sie durch verwaltungsrechtliche Intervention oder Modifikation beeinflußt, haben wir es in dem anderen Falle mit der staatlichen Strafgewalt zu tun und mit der Frage, inwieweit sie durch verwaltungsrechtliche Regelungen normativ beeinflußt oder, was die Jurisdiktion anbetrifft, auch gebunden werden könnte. 4. Ich glaube, daß ein Grundsatz unserer Rechtsordnung die selbständige Entscheidungskompetenz jedes Richters der einzelnen Gerichtsbarkeiten ist, und daß deswegen die Vorfragenkompetenz als Grundsatz zu unserer Rechts- und Gerichtsorganisation gehört. Es ist also eine Ausnahme, finde ich, wenn man sagt, daß es eine Bindung im Bereiche der Vorfragen gibt, und es mag durchaus so sein, daß die „Verwaltungsakzessorietät", wie man das nennt, aufgrund selbständiger Beurteilungs- und Entscheidungskompetenz der Exekutive sich insbesondere im Bereich dieses Sanktionsrechtes findet, also etwa im Umweltstrafrecht, wo in der Tat man dann sagen kann, daß durch diese besonderen Entscheidungsregeln der, wie ich meine, Grundsatz der Vorfragenkompetenz des Richters verdrängt wird, in diesem Bereich.

Schließlich ist das, was von den Referenten ja erwartet wurde, der rote Faden also, letzten Endes eine dogmatische Aufgabe. Aber die beiden Vorträge haben, wie ich finde, sehr deutlich gezeigt, daß unsere Verwaltungsrechtsdogmatik letzten Endes auf den materiellen Grundsätzen und Garantien des Verfassungsrechtes aufbaut und daß auch für dieses Thema, wie kaum anders zu erwarten war, die wesentlichen Präjudizien für die dogmatische Behandlung der Fragen sich aus dem Rechtsstaatsgedanken, den Grundrechten und anderen materiellen Prinzipien ergeben.

*Jarass* hat, wenn ich noch einige Bemerkungen zu den beiden Einzelbereichen sagen darf, mit vollem Recht darauf hingewiesen, daß das Verwaltungsrecht eine gewisse Sozialisierung des Rechtsstoffes bewirkt. Er hat das Wort von der „Publifizierung" des Zivilrechtes zitiert. In der Tat ist das Ansteigen des Verwaltungsrechtes seit der Zeit des ersten Krieges sicherlich der Ausdruck eben der sozialstaatlichen Expansion der Staatsaufgaben. Diesen Vorgang kann man, wie ich glaube, nur dann richtig verstehen, wenn man die Konfrontation dieses Zugriffs oder dieser Gestaltungsaufgabe des Staates mit den Privatrechtsbeziehungen vor Augen hat, für die Privatautonomie, Vertragsfreiheit und Eigentum grundsätzlich bestimmend sind. Dies belegen die Beispiele von Herrn *Jarass* zur Entwicklung vom privatrechtlichen zum öffentlich-rechtlichen Nachbarrecht, zum Baurecht, zur Präklusion privatrechtlicher negatorischer Ansprüche und anderes. Alles das zeigt diese, nicht überall, aber jedenfalls in erheblichem Maße bestehende Konfrontation, wobei auch die Beobachtung interessant ist, daß bei § 906 BGB möglicherweise die Opferschwelle des Privatrechts — der privatrechtlichen Zumutbarkeit — mit Hilfe von immissionsschutzrechtlichen Klauseln oder sogar Verwaltungsvorschriften beeinflußt sein könnte.

Der allgemeine Hintergrund für das Thema „Verwaltungsrecht und Privatrecht" sind die Grundrechte. Wie ich finde, haben sich mittlerweile im Planungsrecht und im technischen Sicherheitsrecht gewisse Teildogmatiken entwickelt. Sehr stark durch die Rechtsprechung des Bundesverwaltungsgerichts beeinflußt, haben sich hier — vielleicht stärker als in anderen Bereichen — Teildogmatiken entwickelt, abgeleitet insbes. aus der gesetzlichen Planungsaufgabe und dem rechtsstaatlichen Abwägungsgebot. Dies mündet im übrigen in die Frage, in welcher Weise diese Teile unserer Rechtsordnung in einer rechtsstaatlich einwandfreien Weise, zugleich aber in einer Weise, die der Verwaltung die Erfüllung ihrer Aufgabe ermöglicht, zu normieren seien.

Was das Strafrecht nun anbetrifft, kann es nicht anders sein — wie es Herr *Schröder* sagte —, daß wir hier eine autonome Ausformung des Rechtsgüterschutzes haben, wenn auch z. T. in Anknüpfung an verwaltungsrechtliche Pflichten. Gerade wenn man den Vortrag von Herrn *Schröder* gehört hat, glaube ich, muß man um so deutlicher fordern, daß die Strafbarkeit an eine eindeutige, sachlich und zeitlich bestimmte und berechenbare Pflichtverletzung anknüpfen muß. Es ist in der Tat eine grundlegende Aufgabe des Strafrechtes, d. h. in der ersten Reihe eine rechtsstaatliche Aufgabe des Gesetzgebers, dafür zu sorgen, daß die Pflichten, an die Strafrechtssanktionen anknüpfen, klar, eindeutig, bestimmt und unzweifelhaft niedergelegt werden, mit Einbeziehung auch des Falles, daß das Strafrecht bei „Sanktionsrecht", wie es genannt worden ist, an verwaltungsrechtliche Pflichten anknüpft und dort möglicherweise ein Teil der Strafnorm durch verwaltungsrechtliche Entscheidungen fixiert sein kann, unbeschadet natürlich dessen, was Herr *Schröder* auch sagte, daß die Strafe die ultima ratio sein muß. Die Rechtsprechungsaufgabe der Strafjustiz also wird zu unterscheiden sein von der rechtsstaatlichen Aufgabe des

Gesetzgebers. Diese beiden Ebenen sind ja auch in den Thesen von Herrn *Schröder* unterschieden worden, wenn auch vielleicht etwas mehr immanent als explizit. Die Rechtsprechungsaufgabe der Strafjustiz also, die anknüpfen muß an den Gedanken der Gewaltenteilung und an die Aufteilung der Verantwortung zwischen der Exekutive und dem Richter. Diese Aufteilung der Verantwortung liegt, wie ich finde, den Thesen 7b, 12, 14, 17b von Herrn *Schröder* zugrunde, wo er für verschiedene Bereiche, etwa für die normkonkretisierenden Verwaltungsvorschriften oder für die Frage der Tatbestandswirkung des Verwaltungsaktes oder für die abschließende Bindungswirkung einer Erlaubnis, je nach ihrer begrenzten Regelungswirkung natürlich, auf diese unterschiedliche Verantwortung der einen oder anderen Seite hingewiesen hat. Das ist in meinen Augen auch der rechtsstaatliche Hintergrund, der dann eine hinreichende Klarheit für die Rechtsprechungsaufgabe des Strafrichters liefern müßte. Ich möchte schließen mit der Betonung, daß ich auch finde, daß die grundrechtliche Schutzwirkung sich hier auch in Verfahrensnormen äußern kann, also etwa in der Frage der Aussetzung, wenn für den Strafrichter sich abzeichnet, daß er andernfalls in eine Kollisionssituation geraten würde. Auch an dieser Stelle zeigt sich also, daß die Lösung in einer öffentlichrechtlichen Dogmatik auf der Grundlage der rechtsstaatlichen Grundsätze und Garantien gefunden werden muß.

**Rupp:** Herr Vorsitzender, meine sehr verehrten Damen und Herren, ich möchte an das anknüpfen, was Herr *Badura* gesagt hat. Wir haben in den neueren Wirtschaftsgesetzen häufig gleich drei Sanktionssysteme bei Rechtsverletzungen: einmal des Verwaltungsrechts, sodann des Zivilrechts und schließlich — bei groben Verstößen — des Strafrechts. Musterbeispiel dafür ist nicht so sehr das UWG, das hier genannt worden ist, sondern das GWB. Es enthält verwaltungsaufsichtsrechtliche Bestimmungen in Gestalt der Kontrolle durch das Bundeskartellamt, sodann umfaßt es zivilrechtliche Vorschriften über den Schutz des einzelnen gegen wettbewerbsbeschränkende Kartelle und zum dritten entsprechende Strafvorschriften. Wir haben es also — systemtheoretisch gesprochen — mit drei Sanktionssystemen zu tun, die die Einhaltung der Rechtsordnung erzwingen sollen. *Jhering* hatte es bekanntlich geradezu als moralische Pflicht angesehen, das individuelle Recht durchzusetzen, weil damit sich ein Stück objektiver Rechtsordnung verwirkliche. Der „Kampf ums Recht" wird dadurch legitimiert. Heute sehen wir, daß dieses — zivilrechtliche und zivilprozessuale — Durchsetzungssystem aus vielerlei Gründen nur noch bedingt greift — die Verbandsklage, wie sie das GWB kennt, zeugt davon. Deshalb gibt es daneben das verwaltungs- und das strafrechtliche Sanktionssystem. So ist es beispielsweise auch beim Immissionsschutz. Der Unterschied liegt nur darin, daß das Bundesimmissionsschutzgesetz nur das verwaltungsrechtliche Instrumentarium des Umweltschutzes enthält und das zivilrechtliche im BGB, das strafrechtliche nunmehr im Strafgesetzbuch enthalten ist. Dies mag der Grund sein, daß das verwaltungsrechtliche Instrumentarium mit demjenigen des Zivilrechts nicht harmoniert: § 906 BGB schließt den zivilrechtlichen Abwehranspruch — der überdies als eigentumsrechtlicher, nicht als personenbezogener konzipiert ist — u. a. dann aus, wenn die Beeinträchtigung „ortsüblich" ist. Es kommt also für den zivilrechtlichen Schutzanspruch darauf entscheidend an, ob das in Betracht stehende Gebiet ohnehin immissionsbelastet ist und — so scheint das Gesetz anzunehmen — eine weitere Belastung nicht zu Buch schlägt. So gesehen handelt es sich bei der „Ortsüblichkeit" des § 906 II BGB um einen deskriptiven Begriff. Das Interessante liegt nun darin, daß die Zivilgerichte angesichts des Umstandes, daß auf diese Weise ein wirksamer Umweltschutz nicht möglich ist, über eine Neuinterpretation des § 906 II BGB den zivilrechtlichen Umweltschutz dem Standard des verwaltungsrechtlichen Umweltschutzes anzunähern versucht haben, und zwar dadurch, daß sie die „Ortsüblichkeit" nicht mehr als faktische, sondern als gesollte Größe, also präskriptiv, interpretieren, nämlich im Sinne der vom Immissionsschutzgesetz postulierten Werte. Dieser Vorgang der Uminterpretation eines Ist-Befundes in einen am Immissionsschutzgesetz orientierten Sollenbefund und die dadurch bewirkte Harmonisierung zweier Sanktionssysteme scheint mir — so problematisch dieser Weg interpretationstheoretisch auch sein mag — für unser Thema außerordentlich interessant zu sein.

Noch etwas Zweites möchte ich sagen, nämlich zum Thema der Einheit der Rechtsordnung, das heute wiederholt angeklungen ist. Ich glaube, es gibt keinen Rechtsgrundsatz der Einheit der Rechtsordnung, und zwar deshalb nicht, weil die personalen Beziehungsstrukturen des Rechts immer relational und deshalb auch die Kategorien der Rechtmäßigkeit und Rechtswidrigkeit relativ sind.

Ein Wort noch zu den Verwaltungsvorschriften als Kontrollmaßstäben, nachdem beide Referenten sich mit diesem Problem und mit der Unterscheidung von norminterpretierenden, normkonkretisierenden und normergänzenden Verwaltungsvorschriften zum Zwecke der Gewinnung von „Außenrecht" auseinandergesetzt haben. Ich meine, man sollte diese Ladenhüter endgültig beiseite legen. Denn der Umstand, daß — wie sich inzwischen herumgesprochen haben dürfte

— auch Verwaltungsvorschriften Rechtsnormen sind und kein „impermeables“ Nichtrecht, allerdings „Innenrecht“ in dem schon von *Adolf Merkl* gebrauchten Sinn, begründet absolut nicht einen Umschlag von Innen- in Außenrecht. Auch das Hantieren mit norminterpretierenden, normkonkretisierenden und normergänzenden Verwaltungsvorschriften mit dem Ziel, die „Außenwirkung“ bestimmter Verwaltungsvorschriften zu erreichen, sollte — so meine ich — so schnell wie möglich wieder der Rechtsgeschichte überlassen werden. Denn dieses Hantieren ist verfassungsrechtlich unhaltbar, weil es das verfassungsrechtliche Erfordernis der gesetzlichen Ermächtigung mißachtet und es der Verwaltung überläßt, ob sie ihren Verwaltungsvorschriften Außen- oder nur Innenwirkung geben will, und es ist methodisch verfehlt, weil es zur Bestimmung der Normqualität eine Unterscheidung von bloß „norminterpretierenden“ einerseits und „normkonkretisierenden“ oder „normergänzenden“ Normen andererseits nicht gibt. Wir sollten — wie ich meine — die vergeblichen Distinktionen der Vergangenheit nicht wieder aufnehmen.

**Bettermann:** Das Thema, das heute behandelt wird, ist nicht neu. In den ersten Jahren nach dem Kriege waren die Eingriffe der öffentlichen Verwaltung in das wirtschaftliche und gesellschaftliche Gefüge und damit in das Privatrecht an der Tagesordnung. Da haben uns die heute erörterten Probleme insbesondere der Vorfragenkompetenz und der Bindung an Verwaltungsakte, bei denen damals bei bestimmten Behörden, etwa Wohnungsämter und Straßenverkehrsämter, die Vermutung für die Rechtswidrigkeit sprach, stark beschäftigt.

Dies ist ein Feld, auf dem mit allgemeinen Grundsätzen wenig auszurichten ist, wo die Gefahr der Verallgemeinerung nur partiell richtiger Aussagen groß ist. Wenn irgendwo der Satz „bene cernit, qui bene distinguit“ gilt, dann ist es hier.

Zum Beispiel hat Herr *Schröder* unter Ziffer 18 gesagt, der Strafrichter könne eine fehlende, aber gesetzlich vorgeschriebene Genehmigung nicht ersetzen. Das halte ich für richtig, wenn es sich um eine Ermessensgenehmigung handelt. Aber bei gebundenen Genehmigungen erscheint mir das fraglich. Wenn die Genehmigungsvoraussetzungen vorliegen, also das Handeln, dessen Rechtmäßigkeit und Strafbarkeit zur Diskussion stehen, materiell rechtmäßig ist, soll dann trotzdem die Strafsanktion eintreten? Hat doch Herr *Schröder* die Strafe als die *ultima ratio* des Rechtsstaats bezeichnet — freilich eine Behauptung, die ohne Diskussion mit den Strafrechtlern und Kriminologen m. E. nicht unbesehen akzeptiert werden kann. Ich kenne jedenfalls andere Sanktionen, die im Einzelfall sehr viel einschneidender und belastender sind als Strafen.

Aber selbst innerhalb der gebundenen Erlaubnisse würde ich noch Bedenken haben, daß der Strafrichter von der materiellen Rechtmäßigkeit oder Rechtswidrigkeit auszugehen habe. Wenn jemand ohne Fahrerlaubnis fährt (zu unterscheiden vom Fahren ohne Führerschein), so kann kaum ein Zweifel sein, daß der Strafrichter diese Erlaubnis, obwohl sie eine gebundene ist, nicht substituieren darf. Bei fehlender Bauerlaubnis, wo also unerlaubtes Bauen strafbar oder bußgeldbewehrt sein sollte, ist das schon zweifelhafter. Da würde es vielleicht naheliegen zu sagen: wenn bloß Ordnungswidrigkeit, handelt es sich um ein Formaldelikt, so daß die Ordnungswidrigkeitssanktion eingreifen muß, wenn ohne Erlaubnis gebaut worden ist, also verfahrensrechtliches Unrecht begangen wurde. Aber auch das wäre voreilig, wieder eine unzulässige Verallgemeinerung. Denn vom Ordnungswidrigkeitengesetz (OWiG) werden nicht nur bloße Verstöße gegen die öffentliche Ordnung und Sicherheit, reines Verwaltungsunrecht, erfaßt. Vielmehr sind bei der Entkriminalisierung zahlreiche Delikte gravierenden Unrechtgehalts, echte Straftatbestände, ins OWiG hinübergeschoben worden.

Gravierend in der neueren Entwicklung sind die Steuerstrafprozesse. In Hamburg hatten wir den Spendenprozeß gegen den Reemtsmavorstand. Da war offenkundig, daß der Strafkammervorsitzende die Sache unter allen Umständen durchziehen und zu einer Verurteilung kommen wollte, obwohl der Fall noch beim Finanzamt hing. Jeden Tag berichtete das Hamburger Abendblatt über den Prozeß und verschaffte so dem Vorsitzenden Publizität. Es wundert mich, daß Herr *Schröder* nicht energischer eine Reform des § 262 StPO in Vorschlag gebracht hat. Die Aussetzung wegen sachfremder oder kompetenzfremder Vorfragen muß ja nicht im Ermessen des Richters stehen. Wir haben im geltenden Recht genügend Fälle obligatorischer Aussetzung. Sie brauchen in der Zivilprozeßordnung nur bei § 148 weiterzulesen, da finden Sie Fälle von Aussetzungszwang. Näher liegt uns Art. 100 GG, der die Aussetzung zur Pflicht macht. Es wird hier immer nur an die Vorlage gedacht, aber Art. 100 GG spricht von Aussetzung und Vorlage. Es ist ein Fall der Vorlage wegen kompetenzfremder, nämlich verfassungsrechtlicher Vorfragen. Es muß darüber nachgedacht werden, in welchen Fällen die Aussetzung wegen streitbefangener Vorfragen obligatorisch gemacht werden soll. Auch hier muß man wieder differenzieren. Wir können nicht generell die Aussetzung von Zivil- und Strafverfahren wegen vorgreiflicher Verwaltungsverfahren zur Pflicht machen, weil dann die Gefahr besteht, daß durch die Anfechtung des Verwaltungsakts die Durchführung des Justizprozesses um Jahre verzögert wird, wenn der Verwaltungsprozeß durch die Instanzen getrieben wird. Nach fünf oder sieben Jahren aber ist die Bestrafung uninteressant, auch wenn keine Verjährung eingetreten ist. Aber hier haben wir Instrumente, die weiterhelfen — z. B. den Suspensiveffekt. Wo die Anfechtung des vorgreiflichen Verwaltungsaktes aufschiebende Wirkung hat und diese nicht im Einzelfall ausgeschlossen worden ist, da muß, meine ich, der Strafrichter den Ausgang des Verwaltungsstreits abwarten — wobei vielleicht der Streit wieder hochkommt, ob der Suspensiveffekt Vollzugshemmung oder Wirksamkeitshemmung auslöst. Im Steuerrecht hat die Anfechtung von Steuerbescheiden generell keine aufschiebende Wirkung; aber sie kann im Einzelfall wiederhergestellt werden, notfalls durch das Gericht, wenn die Behörde es abgelehnt hat. Wenn die Aussetzung der Vollziehung angeordnet ist, dann ist damit von kompetenter Stelle entschieden, daß ernsthafte Bedenken gegen die Rechtmäßigkeit des Steuerbescheids bestehen. Also kann nicht nur, sondern muß m. E. der Strafrichter warten, bis der Steuerstreit ausgetragen ist.

**Bullinger:** Herr Vorsitzender, meine sehr verehrten Damen und Herren, ich möchte wieder anknüpfen an das, was Herr *Badura* sagte. Ich glaube, daß die beiden Referate eigentlich vor dem falschen Publikum gehalten wurden. Herr *Schröder* hätte vor der Vereinigung der deutschen Strafrechtslehrer und Herr *Jarass* vor der Vereinigung der deutschen Zivilrechtslehrer sprechen müssen. Beide wären dabei auf ein unterschiedlich abwehrendes Vorverständnis gestoßen. Bei den Vertretern des Strafrechts läßt sich durchaus Verständnis dafür wekken, daß eine Verwaltungsentscheidung, die ja auch die Durchsetzung des Rechts bezweckt, und eine strafgerichtliche Entscheidung aufeinander bezogen und wechselseitig abhängig sein können. Freilich findet sich die Vorstellung, daß letztlich der unabhängige Strafrichter frei entscheiden müsse. Aber das läßt sich beheben. Dagegen wären Sie, Herr *Jarass*, mit ihrem Vortrag vor der Vereinigung der deutschen Zivilrechtslehrer nach meiner nun mittlerweile über 25jährigen Erfahrung in Freiburg auf ein fast unüberwindlich ablehnendes Vorverständnis gestoßen. Denn das Zivilrecht wird, anders als das Strafrecht, immer noch weitgehend als eine dem Öffentlichen Recht gegenüber nicht nur autonome, sondern antinomische Ordnung verstanden. Das Zivilrecht lebt modellhaft von der Vorstellung, die eigentlich mehr vom Schuldrecht herkommt, es handele sich um eine nicht national gebundene, weltrechtsfähige Ordnung einer als autonom gedachten Erwerbs- und Verkehrsgesellschaft. Für sie sind Interventionen eines

Staates in Form seines nationalen Verwaltungsrechts nicht eine Vorgabe, sondern eine Störgabe, etwas Fremdes, das man möglichst restriktiv handhabt und als Zivilrichter oder Zivilrechtslehrer, wenn es irgend geht, gar nicht erwähnt. Nicht Unkenntnis, sondern innere Ablehnung bestimmt also hier das Verständnis. Das große Problem ist, wie man dieses negative Vorverständnis überwinden kann.

In ähnlicher Weise wird im angelsächsischen Recht traditionell das *common law* als vorgegebene Ordnung betrachtet, in die der Gesetzgeber störend eingreift. Das *House of Lords* fragte eines Tages, es war 1959, die Parteien eines Prozesses, ob sie nicht ein Gesetz angewendet sehen wollten, das immerhin schon 10 Jahre in Kraft sei. Alle Beteiligten zogen es aber vor, es beim *common law* zu belassen. Das zeigt Ihnen, wie stark ein negatives Vorverständnis durchschlagen kann.

Meine Hoffnung geht dahin, daß Sie, Herr *Jarass*, mit Ihrem Referat dazu beigetragen haben, das negative Vorverständnis des Zivilrechts gegenüber dem Verwaltungsrecht abzubauen. Im Wege steht aber immer noch ein Überlegenheitsgefühl auf seiten des Zivilrechts. Nur die Zivilgerichte sind „ordentliche Gerichte“, und die Einführung eines neuen Landgerichtspräsidenten ist ein größeres Ereignis als die Einführung eines neuen Verwaltungsgerichtspräsidenten. Wir müssen also das Verwaltungsrecht aufwerten, damit es dann unbefangen als Vorgabe auch für das Zivilrecht betrachtet werden kann.

**Hans-Peter Schneider:** Herr Vorsitzender, meine Damen und Herren, im Unterschied zu Herrn *Bullinger* glaube ich doch, daß beide Referenten ihre Vorträge heute vor dem richtigen Publikum gehalten haben. Denn es geht hier nicht um irgendeinen Prioritäten- oder, was das Zivilrecht angeht, auch Anciennitätenstreit. Jedenfalls sollten wir nicht der Versuchung erliegen, diesen Streit fortzusetzen, sondern wie Herr *Jarass* in seinen einleitenden Bemerkungen sehr deutlich gemacht hat, aufzeigen, daß es gar nicht darum geht, wer hier letzten Endes wem etwas vorgibt, sondern um die Frage einer sach- und funktionsgerechten Arbeitsteilung innerhalb einer nach Problem- und Lebensbereichen, auch nach Sanktionsformen gegliederten Rechtsordnung. Wenn man die Dinge so sieht, dann muß man allerdings, und da würde ich Herrn *Bettermann* voll zustimmen, sehr vorsichtig sein mit jeder Art von Generalisierung und sehr genau differenzieren, d.h. sich fragen, ob und wie jeweils ein Rechtsgebiet von seinen Strukturen her in der Lage ist, Anforderungen des anderen aufzunehmen oder nicht.

Wenn ich noch einmal das Beispiel des Steuerstrafrechts aufgreifen darf. Hier war es ja so, daß in den meisten mir bekannten Fällen lediglich vorläufige Steuerbescheide vorlagen, also sog. Steuerbescheide unter Vorbehalt der Nachprüfung, so daß das eigentliche Besteuerungsverfahren nicht einmal abgeschlossen war, weil immer noch die Außenprüfung bevorstand. Hier ist es natürlich in der Tat so, daß wir zunächst einen bestandskräftigen Steuerbescheid brauchen. Dem würde ich zustimmen. Ich würde aber davor warnen, für die Strafverfahren eine Aussetzungsregelung vorzusehen, weil dies die Vorfragekompetenz, an der Herr *Badura* mit Recht festhalten möchte, letzten Endes doch in Frage stellen würde. Wenn wir eine Aussetzung ermöglichen, heißt das ja, daß insoweit jedenfalls die Vorfragekompetenz nicht akzeptiert wird. Dabei besteht im übrigen das Problem der Verjährung. Die meisten Strafgerichte standen doch unter ungeheurem Verjährungsdruck. Das muß man, glaube ich, der Vollständigkeit halber hinzufügen.

Eine letzte Bemerkung noch zum Punkt „Systemgerechtigkeit“. Ich glaube nicht, daß dieses Prinzip, ähnlich übrigens wie die Einheit der Rechtsordnung, einen brauchbaren Maßstab dafür abgibt, wer sich nach wem zu richten hat. Denn welches System soll denn im konkreten Fall eigentlich maßgeblich sein? Ich wähle ein Beispiel aus dem Sozialrecht und will das, was Herr *Badura* für den Richter gesagt hat, auch auf den Gesetzgeber beziehen. Wir haben im Sozialrecht eine sehr komplizierte Regelung der Hinterbliebenenversorgung: das sog. Anrechnungsmodell. Jeder weiß, daß sich dieses Modell nur schwer einfügt in die zivilrechtlichen Vorgaben des Versorgungsausgleichs. Bei der Teilhaberente wäre das relativ einfach gewesen. Soll nun der Gesetzgeber, einem Prinzip der Systemgerechtigkeit folgend, sagen: Da die zivilrechtliche Versorgungsausgleichsregelung bestimmte Strukturen vorgibt, muß sich das öffentliche Recht, hier das Sozialrecht, dem anbequemen? Ich bin nicht dieser Meinung. Ich bin der Meinung, daß hier der Gesetzgeber im Bereich des öffentlichen Rechts durchaus eigene Wege gehen kann, die nicht von irgendeinem „System“ her vorgegeben sind, und daß es im Konfliktfall um das Problem einer sach- und funktionsgerechten Harmonisierung geht, die im wesentlichen der Richter zu leisten hat.

**v. Arnim:** Herr Vorsitzender, meine Damen und Herren, ich möchte auf die Frage eines eventuellen Imperialismus des Öffentlichen Rechts auf Kosten des Strafrechts und des Zivilrechts, die Herr *Bullinger* und Herr *Schneider* eben angesprochen haben, nicht insgesamt eingehen. Ich möchte nur einen Teilausschnitt ansprechen und eine Bemerkung machen zu dem Fall: günstiger Steuerbescheid und dennoch strafrechtliche Verfolgung, also zur steuerlichen Parteispendenaffäre, die eben von Herrn *Schneider*, aber auch von Herrn *Bettermann* behandelt worden ist. Herr *Schröder* geht ja davon aus, hier sei die finanzbehördliche Entscheidung maßgeblich, und in der Tat spricht vieles dafür, aus der Sicht des Steuerzahlers sein Vertrauen auf den günstigen Verwaltungsakt zu schützen und ihn davor zu bewahren, daß er strafrechtlich wegen desselben Sachverhaltes noch einmal belangt wird. Ich meine aber, daß man dem Verhältnis Finanzamt — Strafgericht doch nicht voll gerecht wird, wenn man nicht auch auf die Frage der Unabhängigkeit des Entscheidenden eingeht, — wir haben eine ähnliche Frage in anderem Zusammenhang auf einer früheren Tagung einmal unter dem Stichwort Distanz oder distance diskutiert. Ein Grund für das An-sich-reißen der Entscheidungen durch die Strafgerichte war ja doch wohl die Befürchtung, daß die Verwaltung hier nicht ganz unabhängig, nicht ganz unbefangen war, weil eine Art Zusammenspiel zwischen Verwaltung, Parteien und Steuerpflichtigen hier stattgefunden hatte, wenn Sie so wollen, etwas überspitzt gesagt, ein Kollusionsdreieck. Ich spreche also das Milieu des Verwaltungsvollzugs an, das Herr *Jarass* am Schluß seines Referats kurz erwähnt hat. Bedenkt man, daß die Parteispendenaffäre tiefgehende Auswirkungen hatte — Stichworte: Erschütterungen des Rechtsstaats, Beeinträchtigung der Legitimation des Parteienstaates —, dann muß man das Eingreifen der Staatsanwaltschaften und die Einschaltung der unabhängigen Strafgerichte zumindest auch unter dem Aspekt der Aktivierung einer Legitimationsreserve zur Bewältigung der Parteispendenaffäre und zur Wiederherstellung des öffentlichen Vertrauens in die Rechtsstaatlichkeit verstehen. Wie immer man in der Sache dazu Stellung nimmt, meine ich doch, daß dieser Aspekt gerade von der Staatsrechtslehre nicht ausgeblendet werden sollte, wenn sie sich nicht ihrerseits dem Vorwurf aussetzen will, sie würde ebenfalls zu wenig Distanz zu den politischen Parteien haben.

**Vogel:** Eine Bemerkung im Anschluß an Herrn *von Arnim*. Der Gedanke der Legalitätsreserve leuchtet mir einerseits ein. Denn es ist ja in der Tat so: wenn die Verwaltung das Recht zu Lasten des Bürgers verletzt, kann sich der Bürger verteidigen; wenn sie aber das Recht zugunsten bestimmter Bürger, jedoch zu Lasten der Allgemeinheit verletzt, gibt es niemanden, der klagen kann. Es gilt dann der alte Satz, wo kein Kläger ist, ist auch kein Richter. Also: Zustimmung zum Gedanken der Legalitätsreserve. Aber die systematisch richtige Lösung wäre dann doch wohl nicht die, daß der Staatsanwalt Anklage wegen strafbarer Handlungen erhebt — die Strafgerichte können nun einmal, wie sich etwa in der Parteispendenaffäre gezeigt hat, schwierige öffentlich-rechtliche Fragen nicht immer richtig beurteilen —, sondern die systematisch richtige Lösung müßte darin bestehen, daß der Staatsanwalt (oder sonst ein Vertreter des öffentlichen Interesses) Klagebefugnis vor den fachlich zuständigen Gerichten erhält.

**Ossenbühl:** Herr Vorsitzender, meine sehr verehrten Herren Kollegen! Die Referenten hatten es mit dem Thema schwer, denn sie konnten nicht einen bunten Ballon der Visionen steigen lassen, um diesem Ballon dann sinnend nachzuschauen, sondern sie mußten auf dem Boden der Tatsachen und im Rahmen des juristischen Alltagsgeschäfts bleiben und hier enge Parzellen vermessen. Denn der Teufel steckt bei dem gestellten Thema im Detail. Das Problem der Zuordnung zwischen Zivilrecht und Strafrecht einerseits und Verwaltungsrecht andererseits läßt sich nicht durch ein globales Prinzip lösen. Einheit der Rechtsordnung und Widerspruchslosigkeit der Rechtsordnung sind Ziele, die wir anstreben müssen. Aber auf welchem Wege wir dahinkommen, ob mit der Präponderanz des einen oder anderen Systems, das ist die große Frage. Nun, ich will keine Bemerkung machen zu speziellen Einzelheiten, dazu habe ich mich an anderer Stelle geäußert. Ich will auch nicht den von Herrn *Rupp* leichthändig hingeworfenen Fehdehandschuh zum Streit über die Verwaltungsvorschriften aufnehmen. Der Zahn der Zeit, Herr *Rupp*, hat gewissermaßen die Argumentationslast inzwischen so umgekehrt, daß ich mich zunächst in Schweigen hüllen kann.

Ich will nur einige Bemerkungen machen zum Ambiente der Problemstellung und drei kurze Lösungshinweise geben. Dabei möchte ich mich auf das Verhältnis zwischen Strafrecht und Verwaltungsrecht beschränken, also das Zivilrecht ausklammern. Für die Genese der ganzen Problematik nicht unwichtig zu wissen ist, seit wann das Problem auf dem Tisch liegt. Ursache des Problems war das vor etwa 10 Jahren erlassene 18. Strafrechtsänderungsgesetz, welches das Umweltstrafrecht vom Nebenstrafrecht in das Kernstrafrecht transplantiert hat. Wie wir gesehen haben, hat die Schweiz das nicht getan. Deshalb stellen sich dort die Probleme nicht. Die Transplantation des Umweltstrafrechts ins Kernstrafrecht hat eine bestimmte Motivation und einen bestimmten praktischen Effekt gehabt. Die Motivation war die, daß man sagte, Umweltschutz allein mit den Mitteln des Verwaltungsrechts funktioniert nicht. Wir müssen die große Keule des Strafrechts holen. Dadurch wurde das Strafrecht gewissermaßen gleichrangig mit dem Verwaltungsrecht im Umweltrecht als Sanktionsmechanismus etabliert. Diese Gleichordnung hat von der vormaligen im Nebenstrafrecht existierenden Nachordnung des Strafrechts zu einer Konkurrenz zwischen Verwaltungsrecht und Strafrecht geführt. Da hinter dem Verwaltungs- und Strafrecht riesige Institutionen stehen, auch zur Konkurrenz zwischen diesen Institutionen. Dahinter steckt, wie es übertreibend ausgedrückt worden ist, ein bürgerkriegsähnlicher Zustand in der Praxis. Das Problem besteht darin, Strafrecht und Verwaltungsrecht so aneinanderzukoppeln, daß beide in Harmonie zueinander stehen. Um insoweit weiter zu kommen, ist es zunächst einmal notwendig, daß man sich in aller Kürze klarmacht, wo das Trennende liegt. Das Trennende liegt einmal darin, daß wir eine völlig unterschiedliche Dogmatik zwischen Strafrecht und Öffentlichem Recht haben. Zweitens darin, daß wir vom positiven Recht her bedingt auch eine institutionelle Trennung zwischen Strafrecht und Öffentlichem Recht vorfinden. Wir haben im Strafrecht die Gerichte und die Staatsanwaltschaft und im Verwaltungsrecht die Verwaltungsbehörden, die beide nebeneinander und unabhängig voneinander arbeiten. Wir haben drittens, jetzt komme ich zu den wichtigeren Punkten, erhebliche Unterschiede in den Zielen, die sich das Strafrecht setzt und die das Verwaltungsrecht anstrebt. Wir haben erhebliche Unterschiede in den Wertsetzungen, in den Handlungsformen usw. Dazu nur ein Beispiel. Wir halten im Umweltschutz das Kooperationsprinzip hoch. Ohne Kooperation sind die komplexen Probleme des Umweltschutzes gar nicht zu lösen. Immer wenn die Verwaltungsrechtler „Kooperation“ sagen, hören die Staatsanwaltschaften „Kollusion“. Dritter Punkt: Die größte Schwierigkeit der Verknüpfung besteht in der Kontaktlosigkeit, in der Entfremdung, in dem gegenseitigen Mißtrauen zwischen Verwaltungsbehörden einerseits und Staatsanwaltschaft, aber auch Strafrichtern andererseits bei der Erfüllung ein- und derselben Aufgabe, nämlich der Realisierung des Umweltschutzes. Die Strafrechtler sagen, das Verwaltungsrecht hat versagt, jetzt machen wir's mal. Dabei gehen sie soweit, sogar die Beamten in den Umweltbehörden als Mittäter anzusehen, indem sie ihnen vorwerfen, bei der Erteilung von Wasserbescheiden beispielsweise zumindest fahrlässig, wenn nicht schon grob fahrlässig oder mit dolus eventualis Wertsetzungen angegeben zu haben, die völlig unvertretbar seien. Auf der Basis solcher Vorwürfe verfolgen sie ihre Kollegen in den Umweltschutzbehörden und setzen sie hinter Schloß und Riegel. In Nordrhein-Westfalen hat es vor zwei Jahren über 100 Ermittlungsverfahren gegen Hauptverwaltungsbeamte gegeben, die in den Kommunen verantwortlich sind für den Betrieb von Kanalisationsanlagen, und denen vorgeworfen wurde, daß sie unter Schädigung der Umwelt falsche Werte angegeben hätten. Das alles hat seine Ursache, wie sich dann herausgestellt hat, darin, daß Unklarheiten bestehen über die Frage des Standards, der Werte usw. Nun, meine Herren, das ist der eigentliche Punkt. Hinter der Diskussion, die hier emotionsfrei geführt wird, steckt eine brodelnde Wirklichkeit mit erheblichen Komplikationen.

Drei Bemerkungen zu der Frage, wie läßt sich eine Harmonisierung wenigstens annähernd erreichen? Erstens müssen wir fächerübergreifende Diskussionen führen. Was Herr *Bullinger* sagt, hat natürlich wie immer, wenn er was sagt, nicht nur ein Körnchen Wahrheit für sich, sondern es ist vollkommen richtig zu sagen, wir müßten jetzt mit den Strafrechtlern diskutieren. Im Grunde genommen hätten wir die Strafrechtler und Zivilrechtler heute einladen müssen. Wir haben insoweit die Generalprobe schon hinter uns beim Juristentag in Mainz 1988. Aus dieser Erfahrung heraus darf ich sagen, daß eine solche Diskussion sehr fruchtbar sein kann. Und es ist ja, in Parenthese gesprochen, heute so, daß kein Mensch mehr Beamter bei einer Umweltschutzbehörde werden will, weil er dann mit einem Bein im Knast sitzt. Das war also eine sehr positive Erfahrung. Es hat sich nämlich gezeigt, daß die Strafrechtler viele verwaltungsrechtliche Dinge nicht verstehen, und daß die Verwaltungsrechtler in vielen Dingen die Realität auch nicht richtig einschätzen. Man muß also zu einer Kooperation kommen. Zweiter Punkt: Wir brauchen klare gesetzgeberische Aussagen. Vor allem Aussagen, die dazu führen, daß der Bürger nicht unter diesem Behördenkrieg leidet. Die Rechtsordnung ist für den Bürger da. Deshalb muß der Dispositionsschutz des Bürgers auch ersten Rang haben. Wir dürfen nicht immer nur auf den Rechtsgüterschutz schauen. Der Kern des ganzen Problems liegt darin, daß es technisch unmöglich ist, die Standard- und Immissionswerte, deren Überschreitung zu Strafsanktionen führt, exakt festzulegen. Letzter Punkt: Ich sehe das Heil mit Herrn *Schröder* in einer verfahrensrechtlichen Lösung. Herr *Bettermann* hat schon m. E. zu Recht gesagt, insoweit hätte man gegenüber den geltenden Aussetzungsregeln offensiver vorgehen können und fragen müssen, ob sie noch zeitgemäß sind. Aber es bestehen Bedenken, ob der Gesetzgeber einen Ausweg bieten kann oder ob nicht vielleicht das Bundesverfassungsgericht doch irgendwann einmal die gestellte Frage aufgreifen muß. Denn es geht nicht nur um eine Frage der rechtstechnischen Zuordnung zweier Disziplinen. Letztlich steckt dahinter eine existentielle verfassungsrechtliche Frage, nämlich die, ob der Staat gegenüber dem Bürger mit mehreren Zungen sprechen darf oder nicht.

**Häberle:** Herr Vorsitzender, verehrte Kolleginnen und Kollegen. Ich konzentriere mich auf drei Fragen: Erstens auf das Problem „Einheit der Rechtsordnung" in Herrn *Schröders* Leitsatz 5 a und b sowie Herrn *Jarass'* Leitsatz 14. Zweitens folgt ein Wort zu der Frage, ob unser heutiges Problem nicht auch im größeren Zusammenhang des europäischen und internationalen Rechts steht, ich meine vor allem das europäische Verwaltungsrecht, das europäische Privat- und Arbeitsrecht. Drittens ein Wort zum hohen Rang des Privatrechts im Ganzen freiheitlicher Verfassungen. Doch zunächst eine nicht nur scherzhafte Vorbemerkung zu Herrn *Bullinger.* Ganz offenkundig unterschätzt er die Wirkung seiner Freiburger Antrittsvorlesung aus den 60er Jahren über das „Öffentliche Recht und Privatrecht". Herr *Brohm* und ich, damals junge Assistenten, saßen in den letzten Reihen und sogen alles gehörig in uns auf, einschließlich der Fußnoten. Herr *Bullinger* schlug den Weg des „Gemeinrechts" vor, als Relativierung des Dualismus von Öffentlichem und Privatem Recht. Herr *Bullinger,* Sie hätten die Kollegen vom Zivilrecht und Strafrecht vor allem in diese Antrittsvorlesung schicken sollen, dann wären wir alle heute insgesamt weiter. — Jetzt zum *ersten* Punkt. Ich bin sehr dankbar, daß beide Referenten und eben auch Herr *Badura* und Herr *Rupp* das geleistet haben, was auf der Tagesordnung steht: eine „Entzauberung" der meist unreflektiert als vorgegeben fingierten Formel der „Einheit der Rechtsordnung". Oft genug hat diese Schablone den Zugang zu den differenzierten Strukturen und Funktionen der Teilrechtsordnungen, die ja historisch wandelbar sind, die Einsicht in ihre propria, ihre unterschiedlichen Gerechtigkeitskriterien verdeckt. —

Die *zweite* Frage: Ist das Thema von heute nicht etwas zu nationalrechtlich-introvertiert aufgefaßt worden? Die Vorgabefunktion des Privat- und Strafrechts für das Verwaltungsrecht steht jetzt doch in einem europäischen Gesamtrahmen. Ich verweise auf Gestriges zum Thema „Europäisierung, Internationalisierung" des Rechts. Ich erinnere an die hervorragende Trierer Arbeit von *Müller-Graff* zum Privatrecht im Europarecht; 1991 wird sich die Strafrechtslehrertagung in Bochum mit dem Problem des Strafrechts auf der europäischen Ebene befassen. In dem Maße, wie alle Teilrechtsgebiete in die europa- und internationalrechtlichen Dimensionen hineinwachsen, können wir unser heutiges Vorgabe-Problem nicht mehr von der „Einheit" der (nationalen) Rechtsordnung her angehen. Hier rückt die Ganzheit des Europäischen vor Augen. — Zum *dritten* Punkt, zum hohen Stellenwert des Privatrechts im Rahmen der anderen Teilrechtsordnungen bzw. der Verfassung. Hier habe ich gewisse Vorbehalte gegenüber dem letzten Leitsatz (19) von Herr *Jarass,* wo Privatrecht und öffentliches Recht im Sinne eines Vorrangdenkens bzw. im Namen der Leistungsfähigkeit gegeneinander ausgespielt werden. Wenn man wie ich derzeit in halboffizieller Mission vom Wissenschaftsrat aus die ostdeutschen Länder der Ex-DDR besucht und die osteuropäischen Länder hinzunimmt, dann wird einem schlagartig klar, was eine Privatrechtsordnung, „Treu und Glauben“, „gute Sitten“, „ehrbarer Kaufmann“ und ähnliche rechtsethische Prinzipien, wie wir sie im gemeineuropäischen Privatrecht und seiner Privatrechtsgesellschaft aus dem BGB und ZGB kennen, für die Gerechtigkeit, für die private *und* öffentliche Freiheit eines politischen Gemeinwesens bedeuten. Im übrigen sind Eigenwert und Eigenständigkeit des Privatrechts und seine die Verfassung mitkonstituierende Bedeutung jüngst von *Konrad Hesse* in seinem Karlsruher Vortrag „Verfassungsrecht und Privatrecht“ von 1988 herausgearbeitet worden. Vielen Dank.

**Thieme:** Man kann unser Thema auf verschiedenen Ebenen diskutieren. Man kann es auf der Ebene der Institutionen diskutieren. Dann stellt man alsbald fest, daß die Differenziertheit der Institutionen, die unser Recht zu wahren haben, so etwas wie inkongruente Teilordnungen des Rechtes entstehen lassen. Es ist sicherlich notwendig, darüber etwas zu sagen. Diese Differenzierheit ist ein empirischer Befund, der nicht weiter belegt werden muß.

Es geht aber, so glaube ich, hier doch mehr darum, das Recht als solches anzusprechen und nicht seine Institutionen. Jedenfalls möchte ich mich darauf beschränken. Dabei stößt man natürlich auf den Topos der „Einheit der Rechtsordnung“. Das ist eine Leerformel, die — wir haben es gehört — nichts nützt. Im Gegensatz zu dieser Formel halte ich allerdings die „Widerspruchslosigkeit der Rechtsordnung“ für einen ganz erheblichen Wert, der gepflegt werden sollte und das halte ich auch für unsere Aufgabe.

Dann stellt sich die Frage, ob das, was wir akademisch pflegen, was wir mit dem Begriff des Verwaltungsrechts bezeichnen, in seiner Abgrenzung sinnvoll ist. Da habe ich unter dem Gesichtspunkt der Widerspruchslosigkeit der Rechtsordnung ganz erhebliche Bedenken. Das beginnt damit, daß es gewisse Materien gibt, die weder dem Zivilrecht noch dem Öffentlichen Recht zuzuordnen sind; ich denke etwa an das Personenrecht. Und wenn ich etwa an unsere Hamburger Deiche denke, die öffentlich-rechtlich sind, und nebenan beginnen die niedersächsischen Deiche, und die gehören dann dem Zivilrecht an, dann wird einem klar, daß die Abgrenzung des Verwaltungsrechts ganz vordergründig ist und keinen allzu großen Erkenntniswert hat.

Das können wir im Strafrecht fortsetzen, bei den verschiedenen Sanktionsordnungen. Ich will nicht werten, ob die eine schärfer ist als die andere. Aber da ist der Verwaltungszwang, mit dem man zunächst einmal vorgeht, im Immissionsrecht auch. Weiter wird die ganze Palette der verwaltungsrechtlichen Normen ja im Grunde durch das Ordnungswidrigkeitenrecht erledigt, das Bußgeld. Die Zahl der strafrechtlichen Verfahren ist demgegenüber dann ja nur noch eine Winzigkeit, die das Wesentliche gar nicht mehr erledigt. Wir würden auch gar nicht auskommen, wenn nicht die Masse der Verfahren über das Bußgeldrecht, nämlich durch die Verwaltung selbst erledigt werden würde.

Nun stelle ich die Frage: Was bedeutet denn eigentlich Verwaltungsrecht, die Arbeit mit dem Verwaltungsrecht? Da rekurrieren wir, das haben die Referenten auch getan, auf die Verfassung, die den Vorrang des Privatrechts, der marktwirtschaftlichen Ordnung kennt. Aber genauso gut wissen wir, daß der Markt nicht überall funktioniert. Dann kommt die Verwaltung mit ihrer spezifischen Ordnung und legt sich über den Markt. Jetzt haben wir den Konflikt. „Markt versus staatlichen Eingriff." Auf diesem Konfliktfeld befinden wir uns, und dieses Konfliktfeld muß dann natürlich, und das haben die Referenten ja auch getan, ganz sorgfältig Stück für Stück abgeschritten werden, wie wir die Konflikte im einzelnen erledigen. Wenn wir als Beispiel dafür das Baurecht nehmen, das mit dem Immissionsrecht kollidiert, so sind das zum Teil keine Konflikte in dem Sinne, wie sie hier gesehen worden sind. Wenn ich einen bauplanungsrechtlich zulässigen Bau habe, der gleichwohl nicht zulässig ist, weil er mit dem Immissionsrecht konfligiert, bedeutet das doch, daß jeweils eine gewisse Intention hinter jeder Teilrechtsordnung des Verwaltungsrechts steht. Wir müssen die einzelnen Teilrechtsordnungen des Verwaltungsrechts nehmen und sie gesondert sehen und dann auch fragen, etwa im Eigentumsrecht, was beschränkt wird. Ist es wirklich so, wenn mir das Verwaltungsrecht sagt, du darfst das Eigentum nicht so nutzen, wie du möchtest, daß damit die Frage entschieden ist? Es stellt sich doch — genauso wie im Zivilrecht oder einer anderen Teilrechtsordnung — die zweite Frage: Wenn man das nicht nutzen darf, wenn man sein Recht verliert, bekommt man dann eine Entschädigung? Die Differenziertheit der Rechtsfiguren, die wir entwickelt haben, muß hier wirksam werden. Ich danke den Referenten dafür, daß sie diese Differenzierheit zum Tragen gebracht haben.

**Kloepfer:** Die Thematik, die wir hier behandeln, führt zu Fragen der Gerechtigkeitssicherung, der Rechtssicherung und der Zuständigkeitssicherung. Es ist hier gegen die Vorstellung der Einheit der Rechtsordnung sehr scharf formuliert worden.

Soweit sich dies auf die Einheit der Rechtsordnung als Rechtsvorstellung bezieht, ist diese Kritik auch richtig. Ich glaube aber, daß es auch Vorstellungen außerhalb rechtlicher Faßbarkeit als Gesetzgebungsmaximen gibt, gewissermaßen als rechtspolitische Maximen. Es ist vernünftig, Rechtsordnungen nach gewissen einheitlichen Vorstellungen zu formulieren und eine Harmonie innerhalb der Rechtsordnung anzustreben. Daß das nicht perfekt zu erreichen ist, ist wieder eine andere Frage, aber als politische Gesetzgebungsmaxime halte ich die Einheit der Rechtsordnung für eine wichtige Sache. Insoweit hat die Vorstellung der Einheit der Rechtsordnung auch die Aufgabe der Gerechtigkeitssicherung.

Im übrigen wird dies ja auch rechtlich in ganz vorsichtiger Sicht durch die durchgängige Bindung der Gesetzgebung an unsere Verfassung gewährleistet. Interessant ist dabei für die Juristen sicherlich die Frage, welche Instrumente und Gedankenfiguren zur Sicherung der Rechtseinheit führen können. Die Systemgerechtigkeit — dies ist m. E. von Herr *Schröder* ganz zutreffend behandelt worden — wird (aus der Ableitung aus Art. 3 GG heraus verständlich) nicht allzu viel bringen. Für meine Begriffe führen die Erwägungen, die hier anzustellen sind, zu einem grundsätzlichen Defizit unserer verfassungsrechtlichen und einfachrechtlichen Konzeption überhaupt. Wir haben es bis heute aus meiner Sicht nicht geschafft, uns grundsätzlich von den punktuellen Betrachtungsweisen zu lösen. Wir können sehr schön sagen, der Verwaltungsakt gegenüber dieser Person wird die und jene Rechtsfrage berühren. Was wir nicht können oder kaum können, sind Fragen der Belastungskumulation rechtlich in den Griff zu bekommen, oder eben die Fragen, die hier eine Rolle spielen, nämlich einerseits bespielsweise die verwaltungsaktmäßige Behandlung einer Sache und dann deren strafrechtliche Bewertung. Gerade in dieser gesamthaften Betrachtung fehlen uns weitgehend einheitliche Rechtsmaßstäbe.

Es ist von den Referenten zutreffend darauf hingewiesen worden, daß wesentliche Problemgehalte, die wir hier zu behandeln haben, solche der Zuständigkeitssicherung sind, wobei sich freilich — und ich glaube, auch das haben die Referenten im Grundsatz richtig gesehen — das Problem der Verwaltungsrechtsaktakzessorietät und das der Verwaltungsaktsakzessorietät sich doch sehr unterschiedlich stellen. In der Tat — bei der Verwaltungsaktsakzessorietät geht es maßgeblich um die Fragen der Gewaltenteilung. Anders ist dies aber, aus meiner Sicht jedenfalls, bei der Verwaltungsrechts- oder Verwaltungsnormakzessorietät; dort bleibt dies primär eine Frage von Gesetzgeber zu Gesetzgeber. Und für diesen Problembereich möchte ich wenigstens als Idee noch einbringen, Teillösungen aus der verfassungsrechtlichen

Kompetenzordnung — z. B. aus Art. 74 GG — zu entwickeln. Insoweit kann man fragen, ob hier nicht eine Vorstellung der Verfassung zugrunde liegt, wonach ein bestimmter Ordnungsbereich der Strafrechtspflege, ein bestimmter Ordnungsbereich der Zivilrechtspflege und des jeweiligen Verwaltungszweigs vorhanden ist. Ich hätte jedenfalls verfassungsrechtliche Bedenken, gestützt nur auf Art. 74 Nr. 1 GG, gewissermaßen über den Umweg zivilrechtlicher Regelungen oder über den Umweg gar von Strafrechtsnormen, die ganzen Kompetenzen an sich zu ziehen, die etwa dem Bund im Bereich der Verwaltungsrechtsregelungen vorenthalten sind. Es ist doch ganz unmöglich, die Begrenzung des Art. 75 GG auf den Wasserhaushalt dadurch zu umgehen, daß ich sage, das mache ich jetzt im Strafrecht und damit habe ich die ganze Regelungskompetenz.

Ich gebe zu, daß in den meisten Fällen dieser Kompetenzansatz verwischt werden kann durch die Möglichkeit der Kompetenzkombination, wie wir sie kennen. Das schließt aber die grundsätzliche Rückgriffsmöglichkeit auf die Kompetenzordnung zur Lösung der Verwaltungsnormakzessorietät nicht aus.

Wichtig ist, daß die Kollisionsregelung bei Normkollisionen an sich Aufgabe des Gesetzgebers ist. Er tut dies auch häufig, wie etwa im Baurecht oder in der Altlastenregelung im Einigungsvertrag; da steht ja ausdrücklich drin: Privatrechtliche Ansprüche bleiben unberührt.

Eine Bemerkung noch zur sog. Gleichrangigkeit der Rechtsnormen, gerade im Hinblick auf das Verhältnis von Zivil- und Verwaltungsrecht. Herr *Jarass* vertritt wohl die Ansicht, daß im Prinzip beides gleichrangig ist. Ich kenne auch andere Überlegungen, die durchaus auch ohne Fachchauvinismus davon ausgehen, daß es ein gewisses Indiz dafür geben könnte, Verwaltungsrecht im Zweifel vorgehen zu lassen. Warum? Weil das Verwaltungsrecht eben typischerweise das Gemeinwohlinteresse zum Ausdruck bringt. Allerdings ist dies nicht zwingend, weil heute das Zivilrecht auch als Mittel der staatlichen Politik dient. Frage, Herr *Jarass:* Könnte es nicht so sein, daß die Bindung des Privatrechts an das Verwaltungsrecht nicht auch Ausdruck der Verfassungsbindung des Privatrechts sein kann und daß sich jedenfalls dann automatisch eine Höherrangigkeit des Verwaltungsrechts insoweit ergibt, als das Verwaltungsrecht dann sozusagen den verfassungsrechtlichen Ordnungsauftrag durchsetzt?

Eine letzte Bemerkung und eine Anregung bei der weiteren Behandlung des Themas. Die Referenten haben ja recht daran getan, sich auf das Thema, wie es der Vorstand vorgegeben hat, zu beschränken. Aber interessant könnte es doch sein, die Erfahrungen zu verarbeiten, die wir gemacht haben mit der Thematik: Verwaltungsrecht als

Vorgabe von Verwaltungsrecht bzw. mit der Frage: Verwaltungshandeln als Vorgabe von Verwaltungshandeln.

Zu berücksichtigen sind etwa die Legalitätswirkungserwägungen, die in der Altlastenproblematik angestellt worden sind. Hier haben wir eine ganze Menge Erfahrungsmaterial, daß Verwaltungsrechtsnormen oder Verwaltungsentscheidungen unter bestimmten Voraussetzungen andere Verwaltungsentscheidungen binden. Ich glaube, diese Einbeziehung der verwaltungsinternen Bindungsproblematik wäre eine schöne Abrundung, jedenfalls bei der weiteren Erkundung unseres Themas.

**Pitschas:** Herr Vorsitzender, meine Damen und Herren! Die Frage, wie die Ressource Recht in ihrer Steuerungskraft durch Kongruentsetzung verschiedener Teilrechtsordnungen am besten eingesetzt werden kann, hat m. E. Herr *Jarass* in ganz vorzüglicher Weise — wenn ich das sagen darf — angegangen. Er hat zu These 10 seine Erörterungen nicht nur auf die Normebene beschränkt, sondern er hat sich auch der Vollzugsebene zugewendet. Dies aber bedeutet, daß er die Frage ausdrücklich stellt: *Wer* entscheidet über die Anwendung des Verwaltungsrechts? Und ich möchte hinzufügend ergänzen: *Wie* wird entschieden? Denn die Antwort auf diese Teilfrage — wie wird entschieden? — ist zugleich eine Antwort darauf, wer entscheidet. Herr *Jarass* hat das Thema dann in den weiteren Thesen Nr. 12 und 13 in einer verwaltungswissenschaftlichen Art ausgeführt, die ich ganz überzeugend fand, soweit sie nämlich daran ansetzte, das *privatrechtliche Instrumentarium* in den Dienst der Kongruentsetzung und der verwaltungsrechtlichen Bindung zu stellen. Allerdings meine ich — Herr *Jarass*, Sie entschuldigen das bitteschön —, daß Sie diese verwaltungswissenschaftlichen Ansätze nicht hinreichend weiter- oder durchgeführt haben. Die Indienstnahme des Privatrechts erinnert bei Ihnen etwas an den Steuerungstyp — Sie entschuldigen die verwaltungswissenschaftliche Wortwahl —, der Hierarchie. Es wird in einer Art Stufensetzung das Privatrecht in den Dienst des verwaltungsrechtlichen Bindungswillens genommen. Anders würde ich aus einer verwaltungswissenschaftlichen Sicht argumentieren: Das Privatrecht hat Selbststand und es wirkt in diesem Sinne selbststeuernd, also weder antinomisch zum Verwaltungsrecht noch gar autonom, sondern in einem durchaus von dem jeweiligen Teil-Gesetzgeber so und nicht anders gewollten eigenständigen Regelungsmuster. Nun muß man dann allerdings verwaltungswissenschaftlich einen weiteren Schritt gehen. Wir können nicht dabei stehenbleiben, die Instrumente zu betrachten, sondern wir müssen die *Akteure* ins Auge fassen.

Akteure sind hier auf der einen Seite die Privatleute — Privatrecht —, auf der anderen Seite die Richter — Strafrecht. Zunächst zu den Privatleuten. Wir finden, und dies ist durchaus in einem verfahrensrechtlichen Sinne gedacht, die Privatleute auf der Basis des Privatrechts als ihre eigenen Steuerungsinstanzen vom Gesetzgeber selbst eingesetzt. Das heißt mit anderen Worten: Für mich stellt sich nicht mehr in ihrer Schärfe die Frage der Bindungswirkung, sondern für mich erhebt sich dann eher die Frage, wieweit belasse ich als Verwaltungsrechtler dem Privatmann und damit der Privatautonomie die Geltungskraft, ihre Steuerungskraft. Ich sehe die Dinge also nicht antinomisch, sondern durchaus zugunsten des Zivilrechts miteinander verbunden. Was dann bedeutet, daß ich eine Art Kompetenzverteilungsregel jetzt verwaltungsrechtlich entwickle, wodurch ich zu einem Gegensatz, Herr *Jarass*, zu Ihren Thesen 17 und 18 komme. Mit der indiziellen Wirkung des *Verwaltungsrechts* kann ich dann nicht mehr schrecklich viel anfangen, sondern ich sage, eher hat das *Privatrecht* eine indizielle Wirkung. Und auch die These 18 mag ich nicht unterschreiben. Es gibt dann wohl kaum ein derivatives Privatrecht.

Etwas mehr noch erschreckt hat mich bei Herrn *Schröder* aus dieser verwaltungswissenschaftlichen Sicht, aus der Akteursperspektive, seine sehr die Geltung des Strafrechts abwehrende Sicht der Dinge. Akteurspezifisch gesehen, muß man sich doch auch in die Lage des Strafrichters versetzen. Das klang bei Herrn *Ossenbühl* vorhin nicht so sehr an. Ich denke nicht, daß der Mitarbeiter einer Vollzugsbehörde im Umweltschutz immer mit einem Bein im „Knast" steht, sondern — wenn man die Dinge aus der Sicht des Strafrichters sieht — dann muß man sagen, warum macht ihr denn das bei Euch im Verwaltungsrecht so? Konkret: Bei der These Nr. 14 b von Herrn *Schröder* ist die Rede von der Tatbestandswirkung des Verwaltungsakts, bei der prinzipiell die Verantwortung der Erlaßbehörde geschützt werden soll. Nein, denke ich, wir müssen auch sehen, daß prinzipiell die Zuständigkeit des Akteurs „Strafrichter" geschützt werden muß. Kompetenzverteilungsregeln sind folglich zu entwickeln mit der Konsequenz, die Herr *Bettermann* angedeutet hat. Wir müssen in das Prozessuale hinein und in diesem Bereich der Eigenart des strafgerichtlichen Verfahrens als eines *gerichtlichen* Prozesses seinen Wert belassen. Konsequenz: Ich kann mich mit der These 14 b nicht anfreunden und dann auch nicht mit der These 12 a von Herrn *Schröder*. Die spezifische Verantwortung für die Verwaltungsrechtslage ist, so meine ich, zugleich eine spezifische Verantwortung des *Strafrichters* für die Strafrechtslage vor Gericht. Wir müssen — und damit kehre ich zurück abschließend zur Verwaltungswissenschaft —

eben wirklich sehen, wer handelt und in diesem Sinne dem je handelnden Akteur seinen vom Gesetzgeber zugedachten Steuerungsspielraum belassen. Auftretende Konflikte müssen wir *prozessual* lösen. Hier schließe ich mich Herrn *Bettermann* an. Vielen Dank.

**Bullinger:** Bevor sich ein Mißverständnis einschleicht: Herr *Pitschas* meinte eben, die Vorstellung von der autonomen Struktur des Privatrechts sei meine eigene Meinung. Ich habe ja nur versucht, das Selbstverständnis des Privatrechts darzustellen, um zu sagen, daß es überwunden werden muß, bevor Herr *Jarass* mit seiner nüchternen Funktionsanalyse zum Zuge kommen kann.

**Meyer:** Ich habe eine Frage an Herrn *Pitschas.* Ich will Ihnen einen von den hypothetischen Fällen schildern, wie sie in Frankfurt nicht selten Realität werden. Die Stadt will einen Hochhausbau zulassen, da eine potente Investorgruppe Interesse zeigt. Doch das Baurecht läßt es nicht zu. Aus der Sicht der Stadt sind das einzige Problem die Nachbarn, die vielleicht klagen könnten. Was wird also gemacht? Dem Bauherrn wird gesagt: Wenn Du die Widerspruchsrechte abkaufst, dann bekommst Du die Baugenehmigung. So geschieht es. Der Preis für ein solches Abkaufen ist in einem Falle dem Vernehmen nach 50 Millionen DM gewesen, 50 Millionen DM! Angesichts eines solchen Falles frage ich Sie, ob das für Sie ein Beispiel dafür ist, daß wir in solchen Fällen dem Markt sein Recht geben sollen. Denn die Verträge, die mit den Nachbarn gemacht worden sind, sind privatrechtliche Verträge, als solche außerordentlich koscher, wenn auch teuer.

**Jörn Ipsen:** Herr Vorsitzender, meine Damen und Herren. Es trifft sich gut, daß ich mich der Fragestellung von der Verfassungsdogmatik her nähern möchte, anders als Herr *Pitschas,* der sich der Frage mehr verwaltungswissenschaftlich genähert hat. Ich möchte den von Herrn *Jarass* zum Schluß angeführten Gesichtspunkt des Vollzugsdefizits in der Verwaltung aufgreifen und in Frage stellen, daß ein solches durch straf- und zivilgerichtliche Rechtsprechung ausgeglichen werden kann. Die in der Literatur spürbaren Versuche einer stärkeren Verselbständigung namentlich des Umweltstrafrechts scheinen mir auf enge, auch verfassungsrechtliche, Grenzen zu stoßen. Wird eine behördliche Genehmigung erteilt, ein Verhalten also erlaubt, so kann der Strafrichter es nicht mit der Begründung als verboten und damit strafbar ansehen, die Genehmigung sei rechtswidrig. Ich würde im übrigen hier Unterschiede machen wollen zwischen Erlaubnissen und Steuerbescheiden. Meines Erachtens verlangen die Steuerbescheide gerade in den Parteispendenaffären eine andere Beurteilung. Denn das sollte in der Diskussion um die Parteispenden doch nach wie vor nicht übersehen werden: Gegenstand der Steuerbescheide waren eben nicht Zuwendungen an Parteien, sondern solche an verkappte Spenden-Sammelstellen, möge auch die Finanzverwaltung von deren Aufgaben gewußt haben. Diese Kollusionsfälle aber scheinen mir für unser Thema eher atypisch zu sein. Bei der Frage der Verselbständigung des Strafrechts gegenüber dem Verwaltungsrecht sind die Gesichtspunkte, die dagegen sprechen, so zahlreich, daß ich sie hier nicht alle nennen kann. Ich möchte aber erwähnen, daß sich mit einer solchen Verselbständigung eine für das Verwaltungsrecht typische ex-post-Betrachtung an die Stelle der im Strafrecht gebotenen ex-ante-Beurteilung setzen würde, mit anderen Worten könnte ein Erlaubnisinhaber nie sicher sei, sich nicht strafbar zu machen, wenn er von der Erlaubnis Gebrauch macht: Ein im Hinblick auf Art. 103 GG unhaltbares Ergebnis, das auch durch vorgebliche Vollzugsdefizite, etwa im Umweltschutzrecht, nicht gerechtfertigt werden könnte. Vollzugsdefizite haben zeitweise auch die Zivilrechtsprechung zu stärkerem Ausgreifen in das Verwaltungsrecht veranlaßt. Als Beispiel sei nur an die vom BGH in seiner früheren Rechtsprechung vorgenommene Verknüpfung von kommunalrechtlicher und wettbewerbsrechtlicher Zulässigkeit bzw. Unzulässigkeit wirtschaftlicher Betätigung der Gemeinden erinnert. Für beide Fälle würde ich meinen, daß — ohne daß ich mich einer „fachchauvinistischen Befürwortung einer Dominanz des Verwaltungsrechts“ verdächtig machen möchte — das Vollzugsdefizit nur durch eine Vervollkommnung des verwaltungsrechtlichen und des verwaltungsgerichtlichen Rechtsschutzes auszugleichen ist, nicht dagegen durch eine verfassungsrechtlich zweifelhafte, in jedem Fall dysfunktionale Aktivität der Straf- und Ziviljustiz. Herzlichen Dank.

**Bayer:** Herr Vorsitzender, wenn Sie erlauben, ein paar nicht ganz unkritische Bemerkungen zu den systematischen Grundlagen der vier Referate dieses Vormittags. Ich habe, und ich glaube, Herrn *Bullinger* ist es genauso gegangen, den Eindruck gewonnen, es gibt, wenn wir den Referaten folgen, drei Rechtsgebiete: das Verwaltungsrecht, das Strafrecht und das Zivilrecht. Alle drei stehen fein säuberlich — Herr *Bullinger* spricht von „autonom“ — nebeneinander, haben im Grundsatz nichts miteinander gemein. Sind sie gleichwohl miteinander „verknüpft“, vielleicht sagt man neudeutsch besser „vernetzt“, so nur aufgrund des Gedankens von der Einheit der Rechtsordnung, rein rechtstechnisch durch die Verweisungstechniken, über die hier heute morgen gesprochen worden ist. Ich halte diesen Ansatz, wie ich ausführen möchte, für bedenklich, ich halte ihn für gefährlich, nach meiner Meinung ist es eher so, daß sich die drei großen eben genannten Rechtsgebiete schon von Hause aus nicht wirklich trennen lassen. Ich möchte das, Herr *Schröder*, an dem von Ihnen gewählten Beispiel der Steuerhinterziehung, § 370 der Abgabenordnung, demonstrieren. Sie haben den § 370 AO mit Hilfe der bekannten Begriffe „Nebenstrafrecht" oder „Strafrecht als Folgerecht zum Steuerrecht" charakterisiert. Darin steckt sicherlich ein erhebliches Maß an Wahrheit, aber es ist nicht die ganze Wahrheit, man wird wohl etwas präziser fragen müssen: Ist § 370 AO denn nun „Strafrecht" oder „Verwaltungsrecht", sprich „Steuerrecht"? Die Antwort auf diese Frage wird von keiner Seite eindeutig gegeben. Früher galt wie selbstverständlich, zu finden bei dem großen Straf- und Völkerrechtler *Franz von Liszt*, der Satz: Steuerdefraudation oder, wie wir heute sagen, Steuerhinterziehung ist Strafrecht. Das Thema bildet einen selbstverständlichen Bestandteil seines Lehrbuchs, anders als heute, in den modernen Lehrbüchern des Strafrechts ist dazu nichts mehr zu finden. Umgekehrt haben sich nunmehr die Steuerrechtler des § 370 angenommen, bei ihnen gehen die Meinungen durcheinander, wenn ich es richtig sehe, behandelt man den § 370 hier überwiegend unter der *headline* „Steuerrecht", ist also offenbar der Meinung, das Steuerstrafrecht sei Steuerrecht. Wie dem indessen auch sei, ganz sicher ist: Der § 370 AO knüpft eine spezifisch strafrechtliche Sanktion an das, was Sie, Herr *Schröder*, mit dem Begriff der Verletzung verwaltungsrechtlicher, steuerrechtlicher Aufklärungspflichten umschrieben haben. Ich würde mich Ihnen insoweit auch anschließen wollen, freilich mit der Folge, daß wir von § 370 AO auf Vorschriften wie die §§ 140 ff. AO verwiesen werden, also auf die Regeln über die steuerlichen Buchführungs- und Bilanzierungspflichten. Damit wären wir dann in der Tat im Verwaltungsrecht, im steuerlichen Verwaltungsrecht. Nur, wenn wir den § 140 AO noch einmal seinerseits nehmen, werden wir von dort sofort in ein nächstes Rechtsgebiet verwiesen, nämlich in das der §§ 238 ff. HGB, früher, vor dem Bilanzrichtliniengesetz, der §§ 38 ff. HGB. Das sieht so aus, als wenn wir uns nunmehr im Privatrecht befinden würden, denn es geht ja um einen klassischen Privatrechtstext, das HGB. Nur, sind wir wirklich im Privatrecht? Nein, wir sind eben nicht im Privatrecht, wir sind im Öffentlichen Recht. Die Frage ist bisher wenig diskutiert worden, aber immerhin: Das Reichsgericht in Strafsachen hat bereits im Jahre 1886 in einer berühmten Entscheidung aus dem 13. Band gesagt, daß das Recht der „Bilanzziehung" dem „öffentlichen Interesse" dient. Die Literatur hat daraus zu Beginn dieses Jahrhunderts in den ersten großen Kommentaren zum Aktienrecht dann die Konsequenz gezogen: Das Bilanzrecht ist Öffentliches Recht und noch konkreter, das Bilanzrecht ist Verwaltungsrecht. Es gibt ein Bilanzverwaltungsrecht und es gibt ein Bilanzstrafrecht. Wenn Sie sich heute in den Kommentaren zu §§238ff. HGB umschauen, alle Kommentatoren, etwa *Baumbach/Duden/Hopt* in ihrer Einleitung, sind sich darin einig: Das Bilanzrecht ist ein Teil des Öffentlichen Rechts. Die Begründung fällt schwer, ich will ihr hier auch nicht mehr nachgehen, ich will jetzt nur noch zwei Konsequenzen ziehen.

Meine erste These: Aus Ihrem Referat, Herr *Schröder*, könnte man, bezogen auf §§370ff. AO, den Schluß ableiten, wir haben es hier mit einem Verweisungszusammenhang zwischen Strafrecht, Verwaltungsrecht und Privatrecht zu tun. Man könnte dem entgegenhalten: Ausgehend von §370 AO begegnen uns dreimal Normen derselben Art, das Verwaltungsrecht, sprich: Steuerrecht, in der Gestalt des §370 AO, das Verwaltungsrecht, sprich: Steuerrecht, in der Gestalt des §140 AO und das Verwaltungsrecht, sprich: Bilanzrecht, in der Gestalt der §§238ff. HGB. Die zweite These, die ich riskieren würde, ist die: Ich bin mit Ihnen der Meinung, daß man die Technik der Verweisungsnormen wohl am ehesten aus dem Gedanken erklären kann: Es bedarf der Fachkompetenz, derjenige, der das Fachwissen hat, soll entscheiden. Es gibt nun, das ist mein letzter Hinweis, ein hochbedeutsames aktuelles „Verwaltungs"-Gesetz, nämlich das D-Mark-Bilanz-Eröffnungsgesetz für die Betriebe in der ehemaligen DDR. Aus dem, was ich hier entwickelt habe, könnte man folgern: Dieses Gesetz bedarf nunmehr der Anwendung, und eben dazu müßten eigentlich die Öffentlichrechtler, die Verwaltungsrechtler berufen sein, sie müßten also in großer Zahl in den deutschen Osten strömen, um dort das Gesetz zur Anwendung zu bringen. Jeder weiß, das genaue Gegenteil ist der Fall. Es strömt kein Verwaltungsrechtler, es strömt freilich auch kein Zivilrechtler. Wer dorthin geht, ist im Zweifel nicht Jurist, er ist Wirtschaftsprüfer oder Steuerberater. Und dieses würde dann zusammengefaßt zu der These führen: Uns begegnet zumindest an einzelnen Stellen der Rechtsordnung weder eine Publifizierung des Privatrechts noch eine Privatisierung des Öffentlichen Rechts, es vollzieht sich vielmehr ein Prozeß einer gewissen „Entrechtlichung". Vielleicht könnte man dem Vorstand für eine spätere Tagung einmal das Thema vorschlagen: Die Betriebswirtschaftslehre als Vorgabe des Verwaltungsrechts. Dankeschön.

**Vorsitzender:** Wie bereits angekündigt, erhalten die Referenten jetzt die Gelegenheit, sich zu äußern, zunächst Herr *Jarass*, dann Herr *Schröder*.

**Jarass:** Zunächst darf ich mich für die Anregungen der Diskussionsbeiträge bedanken. Ich werde nur zu den Beiträgen etwas sagen, in denen an mich Fragen gestellt wurden oder die sich mit meinen Überlegungen nicht vollständig decken.

Der erste Beitrag, auf den ich eingehen möchte, ist von Herrn *Bullinger* gekommen und betrifft die Frage, ob die Kultur bzw. Unkultur der „Zivilrechtler" nicht so verfestigt ist, daß man gegen die Ausblendung des öffentlichen Rechts mit rationalen und sachlichen Überlegungen nicht ankommen kann, daß man — ich überspitze etwas — mit einer Haubitze ansetzen muß, um die Wand zu durchbrechen. Diese Bedenken sind nicht ohne Grundlage. Trotzdem würde ich optimistischer sein. Wenn man sich die heutigen Großkommentare zum Bürgerlichen Gesetzbuch ansieht, dann finden sich durchaus Öffnungen, sehr viel mehr als vor 10 oder 20 Jahren. Des weiteren erinnere ich mich an ein Gespräch, das ich im Vorfeld dieser Veranstaltung mit einem zivilrechtlichen Kollegen geführt habe, einem Kollegen, der sich gerade mit dem Verhältnis von öffentlichem Recht und Privatrecht intensiv beschäftigt hat. Als er von dem Thema unserer Tagung erfuhr, hat er spontan angemerkt, daß die „Öffentlich-Rechtler" hier den „Zivilrechtlern" wieder einmal voraus sind. Auch die zivilrechtlichen Kollegen müßten sich mit dem Thema beschäftigen. Das nehme ich als ein gutes Zeichen; zudem ist das ein Kompliment für den Vorstand. Wenn Sie des weiteren darauf hinweisen, daß ein Landgerichtspräsident sehr viel mehr Ansehen als der Präsident eines Verwaltungsgerichts hat, dann kann man demgegenüber anführen, daß die jungen Juristen mit den besseren Noten zunächst zu den Verwaltungsgerichten und erst dann zu den Zivilgerichten streben. Ich meine daher, daß auf Dauer durchaus Hoffnung besteht, hier voranzukommen. Nichtsdestoweniger muß man sich der Widerstände bewußt sein. Nur stetes Bohren kann hier Fortschritte bringen.

Herr *Häberle* hat zwei Punkte aufgegriffen: Zunächst die EG-rechtliche Dimension. Dahinter verbergen sich schwierige Probleme. Von Ihren Beiträgen wissen wir aber, daß Sie vor solchen Fragen nicht zurückschrecken. Da ich mich mit dem EG-Recht in den letzten Jahren intensiv beschäftigt habe, finde ich die Frage zwangsläufig besonders interessant. Auf der Ebene des EG-Rechts stellen sich die Dinge allerdings zum Teil etwas anders dar, und zwar deshalb, weil es dort die institutionelle Trennung von Privatrecht und öffentlichem

Recht nicht gibt. Für das EG-Recht spielt es meist keine Rolle, ob die betreffende Vorschrift des EG-Rechts privatrechtlicher oder öffentlich-rechtlicher Natur ist. Das liegt sicherlich auch daran, daß es nur einen Gerichtshof gibt. Die Frage der Abgrenzung und Zuordnung von privatem und öffentlichem Recht ist daher im EG-Recht sehr viel weniger gravierend als innerstaatlich. Die Frage von Herrn *Häberle* hat allerdings noch eine zweite Dimension: In welchem Verhältnis steht etwa das EG-Privatrecht und das innerstaatliche öffentliche Recht? Besteht da nicht die Gefahr, daß das öffentliche Recht zu kurz kommt, weil das EG-Recht Vorrang hat, wie wir gestern gehört haben? Die Antwort auf diese Frage erfaßt auch bereits das von Herrn *Kloepfer* angesprochene Problem. Sieht man sich die Konflikte zwischen Privatrecht und öffentlichem Recht näher an, und überlegt man, wie sie sich auflösen lassen, dann ist in den meisten Fällen mit den gängigen Kollisionsregeln „höherrangiges/niederrangiges Recht" oder „lex specialis/lex generalis" nicht viel zu bewegen. *Engisch* und *Larenz,* auf die ich mich bei meinen Überlegungen stark gestützt habe, haben dazu herausgearbeitet, daß man häufig mit einer teleologischen Reduktion arbeiten muß, weil die anderen Kriterien bei näherem Zusehen nicht weiterhelfen. Wenn dem aber so ist, dann stellt sich die Spannung zwischen EG-Privatrecht und nationalem Verwaltungsrecht nicht so kritisch dar. Bewältigt ist das Problem damit aber natürlich nicht; man wird darüber weiter nachdenken müssen. Schließlich waren Sie mit meiner letzten These nicht ganz zufrieden, in der ich die Leistungsfähigkeit des öffentlichen Rechts nach Ihrem Geschmack zu sehr herausgestellt habe. An sich war meine These durchaus vorsichtig gemeint. Zwar will ich dem öffentlichen Recht seine Leistungsfähigkeit nicht absprechen; die Verdrängung und Publifizierung des privaten Rechts ist ein Indiz für diese Leistungsfähigkeit. Aber — und gerade das wollte ich betonen — die Verdrängung und Publifizierung ist nur dann berechtigt und legitim, wenn das öffentliche Recht tatsächlich leistungsfähiger ist. Dabei kommt es nicht nur auf das öffentliche Recht selbst, sondern auch auf den Vollzug an. In diesem Sinne handelt es sich nicht nur um ein Problem, das uns betrifft, sondern alle, die an der Umsetzung des Verwaltungsrechts beteiligt sind.

Aus den Überlegungen von Herrn *Kloepfer* möchte ich zunächst einen Punkt aufgreifen, der mir wichtig ist, weil eine Reihe von Beiträgen sich doch etwas kritisch mit dem Prinzip der Einheit der Rechtsordnung befaßt haben. Dafür lassen sich durchaus Gesichtspunkte anführen, zumal sich hinter der Einheit der Rechtsordnung alles Mögliche verbergen kann. In meinen Ausführungen habe ich das

Prinzip sogleich auf die Widerspruchsfreiheit der Rechtsordnung beschränkt. Unter der Einheit der Rechtsordnung kann man aber auch ganz andere Dinge verstehen. Ähnliches gilt etwa für die Einheit der Verfassung, die manche Bedenken auslösen kann; die Widerspruchsfreiheit der Verfassung kann man sehr viel eher akzeptieren. Wenn man aber die Einheit der Rechtsordnung als Widerspruchsfreiheit versteht, dann meine ich, daß darin ein wichtiges Postulat liegt, nicht nur auf der Normebene, auf der Widersprüche vom Gesetzgeber beseitigt werden müssen. Vielmehr stellt sich hier eine Aufgabe auch für uns als Rechtswissenschaftler. Ich sehe es geradezu als ein ethisches Postulat der Rechtswissenschaft, zur Widerspruchsfreiheit der Rechtsordnung beizutragen, auch auf der Wertungsebene. Das bedeutet sicherlich nicht, daß wir alle Teilrechtssysteme über einen Kamm scheren können und sollen. Sie haben spezifische Rationalitäten, die voneinander abweichen können, weil sie verschiedene Ziele zu erreichen haben. Auf eine andere Frage von Herrn *Kloepfer* kann ich keine abschließende Antwort geben. Es ging dabei darum, wie die Kollisionsfälle aufgelöst werden müssen. Sie haben dazu interessante Überlegungen gebracht und gefragt, ob man die Kollisionsfälle nicht über die Kompetenzordnung und die Kompetenznormen der Verfassung bewältigen kann. Das Problem stellt sich übrigens nicht nur im Verhältnis von Privatrecht und Verwaltungsrecht, sondern auch in anderen Zusammenhängen. In einem Fall, mit dem ich kürzlich beschäftigt war, ging es darum, daß ein Landesrundfunkgesetz die Beteiligung einer öffentlich-rechtlichen Rundfunkanstalt an einem privatrechtlichen Rundfunkunternehmen vorsieht. Gegen die Beteiligung schritt dann das Kartellamt ein, unter Berufung auf das Kartellrecht, weil die Rundfunkanstalten eine marktbeherrschende Stellung haben. Hier haben Sie einen Konflikt zwischen dem Rundfunkrecht einerseits und dem Wettbewerbsrecht andererseits. Diesen Konflikt könnte man versuchen, mit Hilfe des Grundsatzes der Spezialität aufzulösen; man könnte anführen, das Rundfunkrecht sei spezieller. Bei genauerem Zusehen zeigt sich jedoch, daß der Grundsatz der Spezialität, der übrigens noch bemerkenswert wenig untersucht wurde, hier nicht weiterhilft. Auch die Kollisionsnorm „Bundesrecht bricht Landesrecht“ kann nicht zum Tragen kommen. Man wird die Lösung des Konflikts vielmehr von einer anderen Seite her versuchen müssen, die ich in einer Monographie demnächst vorstellen werde. Es gilt zwischen zwei Ebenen zu unterscheiden: Der Ebene der Normkollision, auf der man den Konflikt meist zu lösen sucht, und der Ebene der Normanwendungskollision, auf der nach meiner Meinung das genannte Problem eigentlich bewältigt werden müßte. Das führt dazu, daß man nicht pauschal dem Rundfunkrecht oder dem Wettbewerbsrecht den Vorrang geben muß, sondern daß man, je nach Sachverhalt, zu einer unterschiedlichen Lösung kommen kann. Dieser Ansatz dürfte ganz generell bei Konflikten zwischen Privatrecht und Verwaltungsrecht weiterhelfen.

Schließlich war Herr *Pitschas* mit der Figur des „derivativen" Privatrechts nicht zufrieden. Wenn ich Ihren Beitrag richtig verstanden habe, dann wollten Sie sagen, daß es ein derivatives Privatrecht gar nicht gebe, daß das Privatrecht immer autonom und eigenständig neben dem Verwaltungsrecht stehe. Lassen Sie mich zunächst an einem Beispiel illustrieren, daß Privatrecht und Verwaltungsrecht durchaus dem gleichen Ziel dienen können, daß sie also nicht unverbunden nebeneinanderstehen müssen: Als man über den Erlaß des Gesetzes zur Regelung der Allgemeinen Geschäftsbedingungen nachdachte, hatte man auch überlegt, eine Behörde zu schaffen, der jeder Entwurf Allgemeiner Geschäftsbedingungen vorzulegen ist und die dann geprüft hätte, ob sie genehmigt werden können oder nicht. Man hat dann auf diesen verwaltungsrechtlichen Weg verzichtet und einen privatrechtlichen Weg gewählt. Bestimmte Standards können also verwaltungsrechtlich oder zivilrechtlich durchgesetzt werden. Besonders deutlich wird dies auch an der Vorschrift des § 823 Abs. 2 BGB, die für die Durchsetzung von verwaltungsrechtlichen Standards ein zusätzliches Instrument darstellt. Und in diesem Bereich wird die privatrechtliche Durchsetzung durch verwaltungsrechtliche Standards bestimmt. Diesen Zusammenhang hat, wenn ich recht sehe, erstmals Herr *Breuer* treffend mit dem Begriff des derivativen Nachbarrechts belegt, der sich durchaus verallgemeinern läßt.

**Schröder:** Da die Überlegungen zur Einheit der Rechtsordnung, soweit ich sehe, weitgehend Zustimmung gefunden haben, möchte ich darauf nicht weiter eingehen. Die Widerspruchsfreiheit, hat Herr *Thieme* nochmals besonders betont, müsse gepflegt werden. Das ist auch meine Auffassung. Nur war ich der Meinung, daß man daraus nicht allzuviel für die Frage der konkreten Anknüpfung an das Verwaltungsrecht entnehmen könne. Verschiedene Diskussionsteilnehmer haben mit Recht betont, daß allgemeine Grundsätze hier überhaupt wenig ergiebig seien und man eine Detailbetachtung vornehmen müsse. Eine wichtige, in der Zukunft zu leistende Aufgabe besteht vermutlich darin, einzelne Teilrechtsbereiche des Verwaltungsrechts konkreter auf ihre Vorgabewirkung in bezug auf das Strafrecht und Zivilrecht zu untersuchen und sich nicht immer auf das Verwaltungsrecht schlechthin zu beschränken. Hier könnten sich durchaus verschiedene Lösungen anbieten. — Sehr wichtig fand ich den Hinweis von Herrn *Rupp*, daß sich neuerdings in einem Gesetz verschiedene Sanktionsinstrumente verwaltungsrechtlicher, zivilrechtlicher und strafrechtlicher Art finden. Darin kann ein Hinweis des Gesetzgebers auf die notwendige Gesamtwürdigung der Instrumente liegen. — Kritisch ist unter dem Gesichtspunkt der allgemeinen Grundsätze, insbesondere von Herrn *Bettermann*, die Frage der Genehmigungsfähigkeit bei gebundenen Erlaubnissen angesprochen worden. Ausgangspunkt meiner Überlegungen zu These 18 war die meist diskutierte und z. T. bejahte Behauptung, daß bei einer Ermessensreduzierung auf Null der Strafrichter die Genehmigung ersetzen könne. Insoweit bleibe ich dabei, daß es eine Entscheidung der Verwaltung bleiben muß, ob eine Ermessensreduzierung auf Null erfolgt ist, oder nicht. Die andere Frage ist, wenn es nicht um eine Ermessenserlaubnis, sondern um eine gebundene Erlaubnis geht, etwa eine Bauerlaubnis, ob dann der Strafrichter davon ausgehen darf, daß keine strafbare Handlung vorliegt. Sicherlich ist der Eingriff in die Verwaltungsrechtsordnung hier geringer, wenngleich ich meine, daß auch insoweit die Beurteilungs- oder Entscheidungskompetenz der Verwaltung berührt ist. Man muß sich auch einmal über die Konsequenzen klarwerden: Wenn man über das Strafrecht die Erlaubnis sozusagen erschleichen könnte, wird es verwaltungsrechtlich uninteressant, sie einzuholen, weil jedenfalls strafrechtlich keine Konsequenzen drohen. Herr *Bettermann* hat weiter kritisch angemerkt, daß die Vorstellung von der Strafe als *ultima ratio* eigentlich nicht zutreffe. Darüber kann man natürlich nachdenken. Es handelt sich hierbei allerdings, wenn ich es recht sehe, um eine gängige Auffassung sowohl in der Rechtsprechung des Bundesverfassungsgerichts wie auch in der Strafrechtslehre und Praxis, die in erster Linie am Freiheitsentzug orientiert ist. Aber in der Tat kann man fragen, ob die heutige Strafpraxis, soweit sie auf Geldstrafen hinausläuft, wirklich so scharf ist, daß man die Strafe als ultima ratio ansehen muß. Auf der anderen Seite bleibt immer die gesellschaftliche Diskriminierung, die mit der Strafe in besonderer Weise verbunden ist. Zu den Verwaltungsvorschriften, Herr *Rupp*, die Sie besonders angesprochen haben, möchte ich nur ganz kurz anmerken: Ich habe mich bemüht, obwohl ich der neueren verwaltungsrechtlichen Einordnung zuneige, für die strafrechtliche Betrachtung nicht einfach auf das Verwaltungsrecht zu verweisen und zu sagen, was sich neuerdings hier abzeichnet, muß so auch im Strafrecht gelten. Denn die Hürde des Art. 103 Abs. 2 muß trotzdem überwunden werden, was nicht ganz einfach ist. — Eine ganze Reihe von Bemerkungen galten der Frage der Aussetzung des

Strafverfahrens. Ich bin dankbar, daß diese Überlegungen so vielfältig aufgegriffen worden sind. Ich bin — ganz im Sinne von Herrn *Badura* — der Meinung, daß die Vorfragenkompetenz im Prinzip eine fest verankerte Institution in unserer Rechtsordnung ist. Empfehlungen oder Überlegungen, die Vorfragenkompetenz einzuschränken, gar gesetzgeberisch zu einer generellen Aussetzungspflicht auch nur bei kompetenzfremden Vorfragen zu machen, werden wahrscheinlich rechtspolitisch wenig Erfolg haben. Schon im Steuerrecht ist ja die Entwicklung genau umgekehrt verlaufen. Hier gab es ursprünglich eine Aussetzungspflicht mit der Maßgabe, daß die Entscheidung des Reichsfinanzhofs und später des Bundesfinanzhofs abzuwarten war, was zu erheblichen Schwierigkeiten in der Praxis geführt hat und dann zu der Neufassung der Abgabenordnung. In Betracht kommt daher auf der Grundlage eines prinzipiellen Aussetzungsermessens nur die Einschränkung im Einzelfall. Damit stellt sich das Problem der Kriterien für die Einschränkung. Zudem ist, das darf ich noch einmal betonen, die außerordentlich geringe, um nicht zu sagen gegen Null tendierende Bereitschaft der Strafgerichte zur Aussetzung festzuhalten. Die Gerichte wollen eben einfach die Entscheidung an sich ziehen, ganz sicherlich aus Gründen, die in der Kontrolle der Verwaltung liegen. Das gibt mir Anlaß, auf die Bemerkung von Herrn *von Arnim* einzugehen. Meine Überlegungen zum Steuerbescheid hatten einen ganz konkreten Hintergrund: Die Analyse der einschlägigen Entscheidungen der Strafgerichte in der Parteispendenaffäre ergibt nämlich, daß die Strafgerichte sich einfach über diese Bescheide hinweggesetzt und gesagt haben, wir wissen aus dem Gesetz heraus, was für eine Steuerschuld bestand, und auf die kommt es im Rahmen der Steuerverkürzung an, auf nichts anderes. Dem wollte ich widersprechen. Daß das Milieu oder die besonderen Konstellationen der Parteispendenaffäre noch zu ganz anderen Überlegungen Anlaß geben, wollte ich keinesfalls ausschließen. Ich würde aber im Gegensatz zu Herrn *von Arnim* doch mehr der Auffassung von Herrn *Vogel* zuneigen, daß die Strafjustiz nicht die richtige Instanz ist, um hier Korrekturen vorzunehmen, sondern daß man eher daran denken könnte, daß der Staatsanwalt die zuständigen Gerichte anrufen kann. — Zu der Bemerkung von Herrn *Bayer* betr. § 370 Abgabenordnung: Darüber kann man natürlich lange reden, nur eine Lösung für die Parteispendenaffäre ergibt sich daraus nicht. Das muß mit aller Klarheit gesagt werden. Denn wie immer Sie § 370 AO zuordnen, ob dem Steuerrecht oder dem Strafrecht, es bleibt die Frage, was ist mit den „armen Sündern" zu machen, die sich in bestimmter Weise verhalten haben. — Herr *Häberle*, Ihrer Bemerkung zur Europäisierung kann man, so interessant der Ansatz ist, entgegenhalten, was wir heute über die Schweiz gehört haben: Die Vorgabeproblematik hängt auch stark von der Gesetzgebung in den einzelnen Staaten ab. In dem Augenblick, in dem Sie eine Gesetzgebung haben, die verwaltungsrechtsferner ist, sind die Kollisionen, auf den ersten Blick jedenfalls, weniger stark, werden sie weniger diskutiert; im umgekehrten Fall ist es wieder anders. In einem größeren Zusammenhang kann das sicher einmal anders werden.

**Vorsitzender:** Schönen Dank! Wir beginnen jetzt die zweite Diskussionsrunde. Meine Damen, meine Herren, es ist das eingetreten, was ich ursprünglich eigentlich gar nicht erwartet hatte, wir sind unter Zeitdruck geraten, oder wir geraten unter Zeitdruck. Ich darf Sie also bitten, Ihre Diskussionsbeiträge in dem vorbezeichneten Rahmen zu halten. Herr *Breuer,* Ihre Begriffsbildungen sind bereits zitiert worden, jetzt sollen Sie auch persönlich das Wort erhalten.

**Breuer:** Herr *Badura* hat ganz zu Anfang dieser Debatte die Frage nach dem roten Faden gestellt, und ich will versuchen, diese Frage noch einmal aufzugreifen, weil ich der Meinung bin, daß wir eine einheitliche Rechtsordnung haben und daß nicht die drei Teile des Privatrechts, des Verwaltungsrechts und des Strafrechts auseinanderfallen dürfen. Herr *Ossenbühl* hat meines Erachtens zu Recht in prononcierten Ausführungen darauf hingewiesen, daß diese Probleme von sehr praktischer Bedeutung sind. Wenn widersprüchliche Entscheidungen von Verwaltungsbehörden einerseits und Staatsanwaltschaften und Strafgerichten andererseits den Bürger betreffen, dann ist es die Aufgabe des Rechtsstaates, für Klarheit zu sorgen und die Gewichte der Staatsgewalten einander wieder richtig zuzuordnen. Nicht von ungefähr haben die Referenten sich die Beispiele im Umweltrecht, im Bau- und Planungsrecht und auch im Wirtschaftsverwaltungsrecht gesucht. Das Symptomatische dieser Gebiete besteht darin, daß das Verwaltungsrecht in einem sozialstaatlichen Impetus die Verwaltungsbehörden mit neuen Aufgaben betraut. Dies sind nicht mehr allein liberal-rechtsstaatliche Zuständigkeiten und Befugnisse der Verwaltung, sondern Planungsbefugnisse und Verteilungsbefugnisse. Es sind Befugnisse zur Regulierung der ökologischen und ressourcenökonomischen Möglichkeiten, und deshalb steht der Verwaltung hier die Aufgabe zu, in unsicherer Grenzsituation zu entscheiden. Herr *Rupp* hat darauf hingewiesen, daß zunehmend administrative Entscheidungsspielräume angenommen werden — auch dort, wo man es früher noch abgelehnt hat. Die Gründe sind naheliegend, und ich will hier nicht den Unterscheidungen nachgehen, wo ein Ermessensspielraum vorliegt, wo ein administrativer Beurteilungsspielraum vorliegt und inwieweit normkonkretisierende Verwaltungsvorschriften im Verhältnis zum Bürger maßgeblich sind. Kennzeichnend ist, daß die Verwaltung hier mit einem sozialstaatlichen Auftrag betraut ist. Es sind ihr neue Aufgaben zugewiesen. Sie muß im unsicheren Grenzbereich entscheiden, und dadurch kommt es der Verwaltung notwendigerweise zu, mit ihren Instrumenten der Gesetzeskonkretisierung das geltende Recht zu Ende zu denken. Herr *Schröder* hat sehr zu Recht darauf hingewiesen, daß die Gesetzeskonkretisierung der maßgebliche Ansatz der sozialstaatlichen Verwaltung ist. In diesen Kontext gehören auch die Überlegungen, daß normkonkretisierende Verwaltungsvorschriften sehr wohl dem Bürger gegenüber eine Rechtswirkung entfalten können und daß auch der Verwaltungsakt als verbindliche, dem Bürger gegenüber ergehende Regelung ernst zu nehmen ist. Das Erschrecken der Zivilrechtler über die wachsenden Verwaltungsbefugnisse kann ich verstehen, das Erschrekken der Strafrechtler auch. Das Zivilrecht und das Strafrecht gehen ursprünglich von der Vorstellung aus, daß die Verwaltung lediglich äußerste Verhaltensgrenzen festzulegen, nicht aber in der skizzierten Weise sozialstaatliche Lenkungs- und Verteilungsentscheidungen vorzunehmen habe. Mit vielen anderen Diskussionsrednern bin ich der Meinung, daß die Einheit der Rechtsordnung zwar nicht als positives Ideal vorgegeben ist, wohl aber — darauf möchte ich doch einen deutlichen Akzent legen — gehört es nach meiner Vorstellung zu den rechtsstaatlichen Prinzipien, daß die Rechtsordnung widerspruchsfrei zu sein hat. Widersprüchliche Gebote und Eingriffe in die Freiheit des Bürgers sind mit den Grundrechten nicht zu vereinbaren, und sie widerstreiten fundamentalen rechtsstaatlichen Postulaten. Wenn also zum Beispiel das Verhalten eines Bürgers, das von einer Verwaltungsbehörde genehmigt worden ist, in einem Strafverfahren von einer Staatsanwaltschaft oder einem Strafgericht für rechtswidrig erachtet wird und darauf eine strafgerichtliche Verurteilung gestützt ist, dann ist es ein elementarer Widerspruch, der in unserer Rechtsordnung so vor dem Rechtsstaatsprinzip nicht Bestand haben kann.

Nachdem ich in diesem ersten Schritt versucht habe, das allgemeine Problem noch einmal zu umreißen, will ich nun im zweiten Schritt zum Strafrecht kommen. Hier muß der angedeutete Zusammenhang zu der Erkenntnis führen, daß Strafrecht und Verwaltungsrecht notwendig miteinander verkoppelt sind, sie dürfen nicht entkoppelt werden. Hier geht es jeweils um Mittel der Rechtsdurchsetzung und der Rechtserzwingung. Die Verwaltungsbehörden haben hierzu ihre Instrumente, und die Strafgerichtsbarkeit hat ebenfalls solche Instrumente. Da der Staat hier in zwei verschiedenen Institutionen auftritt, gleichwohl aber jeweils als hoheitliche Entscheidungsgewalt dem Bürger gegenübertritt, muß die Stufenfolge ihrer Instrumente eingehalten werden. Die Crux besteht darin — und darauf hat Herr *Ossenbühl* zu Recht hingewiesen —, daß das Strafrecht vor einigen Jahren vorverlagert worden ist in dem Bestreben, im Umweltbereich auch die strafrechtlichen Instrumente greifen zu lassen. Ich glaube, hier gibt es nur eine zweifache Möglichkeit für den Gesetzgeber, mit dem Strafrecht zu operieren. Entweder wird das strafrechtliche Instrumentarium wirklich bis an die kritische, progressive Front der Rechtsentwicklung vorverlagert. Dann muß es streng verwaltungsakzessorisch sein, und zwar nach meiner Auffassung verwaltungsrechtsakzessorisch und verwaltungsaktsakzessorisch, damit die schärferen strafrechtlichen Sanktionen nicht angewandt werden, wenn der Fall nach verwaltungsrechtlichen Maßstäben und von den Verwaltungsbehörden rechtsverbindlich gedeckt ist. Die andere Möglichkeit bestünde darin, das Strafrecht zurückzuverlagern. Ich könnte mir unter dieser Prämisse auch ein eigenständiges Strafrecht vorstellen, das einem Rechtsgüterschutz für Leib, Leben, Gesundheit und andere fundamentale Rechtsgüter Platz gibt, das — anders gesprochen — qualifiziertes Unrecht unter das besondere Instrumentarium des Strafrechts stellt. Wenn also das Strafrecht eigenständig verstanden werden soll, dann muß es sich zurückziehen auf die Bereiche evidenter Rechtsverletzungen, die den Einsatz der schärfsten Instrumente rechtfertigen.

Ich stimme ausdrücklich der These 19 von Herrn *Schröder* zu, der sich zur Amtsträgerverantwortlichkeit im Strafrecht geäußert hat. Es stellt einen Wertungswiderspruch dar, wenn auf der einen Seite die Verwaltungsbehörden mit einem sozialstaatlichen Vollzugsauftrag betraut werden im Hinblick auf planerische und ressourcenökonomische Entscheidungen und wenn auf der anderen Seite eben diesen Verwaltungsbehörden das Damoklesschwert der strafrechtlichen Sanktionen entgegengehalten wird. Ein Wertungswiderspruch liegt meines Erachtens auch darin, daß schon seit Jahrzehnten im Amtshaftungsrecht eine andere Lösung gewählt worden ist. Durch die staatliche Haftungsübernahme ist nämlich seit den Amtshaftungsgesetzen zu Anfang dieses Jahrhunderts, dann durch Artikel 131 der Weimarer Reichsverfassung und schließlich durch Artikel 34 des Grundgesetzes der Beamte entlastet worden, um seine Entscheidungsbereitschaft zu steigern, und der Rückgriff des Staates gegenüber dem Beamten ist nur bei Vorsatz und grober Fahrlässigkeit möglich. Der Gesetzgeber hat hier also offenbar schon in einem früheren Stadium erkannt, daß das Verwaltungsrecht mit seinen Vollzugsaufträgen nicht durch Regelungen anderer Normbereiche konterkariert werden darf. Wenn das schon für die Amtshaftung gilt, muß es meines Erachtens um so mehr für die strafrechtliche Frage der Amtsträgerstrafbarkeit gelten.

Dritter Schritt: Herr *Jarass*, mir scheint, daß das Zivilrecht und das Verwaltungsrecht entkoppelt werden dürfen. Ganz anders als im Strafrecht ist es meines Erachtens nicht zwingend geboten, daß das Zivilrecht prinzipiell oder durchgängig an den verwaltungsrechtlichen Vorgaben orientiert ist. Sie haben darauf hingewiesen, wie unterschiedlich die Frage geregelt ist, ob nach einer verwaltungsrechtlichen Entscheidung, etwa einer behördlichen Genehmigung im Umweltrecht, im Planungsrecht, im Baurecht, noch privatrechtliche Ansprüche geltend gemacht werden können. Dies ist eine Frage der materiellen Risikoverteilung. Es kann so sein, daß in einem Verwaltungsverfahren unter Abwägung aller öffentlichen und privaten Belange eine Entscheidung getroffen wird, die abschließend gilt und dann auch entgegenstehende privatrechtliche Ansprüche ausschließt. Dann nimmt der Staat dem Begünstigten das Risiko ab, eventuell auf Gegenansprüche Dritter zu stoßen. Es kann aber auch das Verhältnis zwischen Privatrecht und Verwaltungsrecht ganz anders gestaltet sein, indem nämlich privatrechtliche Ansprüche erhalten bleiben und der Staat dem Begünstigten nicht das Risiko privatrechtlicher Ansprüche Dritter abnimmt. Interessanterweise ist mit der Gefährdungshaftung, die jetzt im Umwelthaftungsgesetz geregelt wird, der zugrundeliegende Gedanke des gefährlichen Tuns betont worden. Selbst wenn eine Anlagengenehmigung erteilt und eingehalten wird, kann sehr wohl eine Gefährdungshaftung der Betreiber aus den neuen Tatbeständen erwachsen. Das zeigt, daß die Entkoppelung zwischen Zivilrecht und Verwaltungsrecht sehr wohl möglich ist und auch eine sinnvolle Regelung sein kann angesichts der Frage der Risikoverteilung. Herr *Jarass*, dies schien mir nicht deutlich genug in Ihren Thesen hervorgetreten zu sein. Ich glaube, insoweit war es gut, daß die strafrechtlichen und die zivilrechtlichen Komplexe hier gesondert behandelt worden sind. Während im Strafrecht eine Verkoppelung mit dem Verwaltungsrecht geboten ist, ist im Zivilrecht meines Erachtens eine Entkoppelung gegenüber verwaltungsrechtlichen Entscheidungen aus guten Gründen möglich. Hier hilft nur eine differenzierte Betrachtung weiter.

**Trzaskalik:** Sehr geehrter Herr Vorsitzender, meine Damen und Herren. Die Referenten sind zu keinen einheitlichen Lösungen gekommen. Ich frage mich eigentlich, woran das liegt. Und das liegt meines Erachtens schlicht daran, daß man nicht über Vorgaben des

Verwaltungsrechts, des Strafrechts oder des Zivilrechts reden kann, ohne sich Gedanken darüber zu machen, welche Aufgaben sollen eigentlich Zivilrecht, Öffentliches Recht und so weiter haben. Und deshalb hätte ich erwartet, daß man etwas mehr über die alten Unterschiede Öffentliches Recht, Privatrecht und dergleichen nachdenkt. Denn ohne die Aufgaben zu bestimmen, kann man die „Vorgaben" kaum bewerten. Dazu ein Beispiel, das werden Sie erwarten, aus dem Bereich des Steuerrechts. Und da möchte ich anknüpfen an Herrn *Badura*. Das Dilemma des Steuerstrafrechts, das liegt nicht auf der verfahrensrechtlichen Ebene, wie das gesehen wurde. Wenn ein Strafrechtler beurteilen kann, ob ich „noch alle Tassen im Schrank habe" und dergleichen oder ob Kunstfehler bei Operationen vorkommen, dann wird er wohl auch in der Lage sein, unsere harmlosen Steuerrechtsfragen zu beurteilen. Die Probleme liegen im materiellen Steuerrecht, in den Blankett-Tatbeständen. Wenn jeder Steuerzahler im Grunde Steuerstraftäter ist, so sehen die Dinge aus, dann wird das Ganze natürlich problematisch. Und deshalb wäre eben diese Anknüpfung an das Steuerrecht zurückzunehmen. Das Steuerstrafrecht müßte selbständige Schutzgüter ausbilden. Sie haben auch die umgekehrten Fälle, in denen die „Vorgaben" nicht weit genug reichen. Genau dazu zwei Beispiele: Nehmen Sie etwa den Arbeitgeber, der Steuern einzieht. Da operieren wir im Steuerrecht nahezu mit einer verschuldensunabhängigen Haftung, dies auch gerechtfertigt vor dem Hintergrund, daß der Arbeitgeber beim Arbeitnehmer, dem Steuerschuldner Regreß nehmen kann. Was wird daraus? Der Regreß wird dem Zivilrecht zugeordnet und dann sagt das BAG mit lockerer Hand, für den Regreßanspruch zivilrechtlicher Natur gelten tarifvertragliche Ausschlußklauseln, also ist der Anspruch nach drei Monaten kaputt. Das kann so nicht richtig sein. Wenn man den Arbeitgeber für Steuererhebungszwecke einschaltet, muß auch der Regreß — und das im Öffentlichen Recht — zu Ende gedacht werden. Oder, um den letzten Fall zu nehmen: Falls es Ihnen passieren sollte und der Computer einen Fehler macht und man Ihnen 2 Millionen vor Weihnachten auf Ihr Konto überweist und falls Sie den Betrag im Folgejahr zurückzahlen, werden Sie Ihr bitteres Erstaunen erleben. Sie werden im ersten Jahr möglicherweise ein paar hunderttausend Mark Steuern gezahlt haben und im nächsten Jahr weniger zurückbekommen. Da hat selbst das Bundesverfassungsgericht die Idee gehabt, die Differenzbeträge dem Arbeitgeber in Rechnung zu stellen, unter Berufung auf Wegfall der Bereicherung. Das kann sicherlich nicht richtig sein. Auch da liegt es daran, daß man in Kästchen denkt und eigentlich nicht überlegt, wo liegt der Fehler, welche Aufgabe hat die jeweilige

Rechtsordnung? Und wenn Fehler der Steuererhebung da sind, müssen sie dort zu Ende gedacht werden; die kann man dann nicht ins Zivilrecht verlagern.

**Schachtschneider:** Herr Vorsitzender, erlauben Sie, vier Aspekte anzusprechen, die auch schon angeklungen sind: Die Einhaltung des Privatrechts ist Gemeinwohlverwirklichung und damit eine Art bürgerlichen Gesetzesvollzuges. Das zeigt, daß das Privatrecht, jedenfalls soweit es vom staatlichen Gemeinwesen gesetzt ist, öffentliches Recht ist, sei es zwingend oder sei es nicht zwingend gestaltet. Das klingt paradox, ist aber keineswegs neu und in der Sache hier schon angesprochen worden. Von diesem öffentlichen Privatrecht ist das Staatsrecht zu unterscheiden. Das ist das Recht des Staatlichen. Es können durchaus dieselben Vorschriften herangezogen werden, die aber in den jeweiligen Rechtsverhältnissen ihre Besonderheiten entfalten. Daneben gibt es den nichtstaatlichen Bereich des Rechts, also die von Privaten selbst geschaffenen Regelungen, die ich private Gesetze nennen würde. Auch das ist ein Aspekt der Einheit der Rechtsordnung. Das Prinzip der Widerspruchsfreiheit ist unsere Ethik, wie Herr *Jarass* schon sagte; denn Logik ist Ethik, weil wir kommunizieren müssen. Wenn die Kommunikationsmöglichkeit mangels Logik aufgehoben ist, ist Recht nicht mehr möglich. In diesem Zusammenhang ist heute immer wieder die Wertungsjurisprudenz zum Tragen gekommen. Es stellt sich die Frage, ob die Wertungsjurisprudenz diesem Prinzip der Widerspruchsfreiheit noch gerecht wird. Wenn nämlich das Prinzip der Rechtseinheit nichts anderes ist, als daß der Richter in jedem Einzelfall das Recht spricht, so ist die Rechtseinheit niemals verletzt, weil sie in der Einzelfallgerechtigkeit aufgehoben ist. Die Widerspruchsfreiheit der Gesetze teilt dann das Schicksal der Gesetze, die Maßgeblichkeit für den Richter einzubüßen. Das führt zu bestimmten Rechtsfindungsmethoden, vor allem zur Abwägungsregel. Zweitens: Die Verwaltungsvorschriften setzen Recht. Diese und auch die Verwaltungsakte sind Sollenssätze, als Rechtssätze. Die Rechtsfolgen dieser Rechtssätze sind unterschiedlich gestaltet; dem folgt der differenzierte Rechtsschutz. Soweit die Rechtssätze wirksam sind, sind sie m. E. bindend für die Strafrichter und die Zivilrichter. Sie sind wirksam, wenn sie den Gesetzen entsprechen, also nicht rechtswidrig sind, und — das *und* möchte ich betonen — nicht aufgehoben sind. Insofern ist die Vollzugsebene jedenfalls auch eine Normebene. Eine dritte Bemerkung, die anschließt an das, was Herr *Vogel* sagte: Der Umweltreferent einer nicht ganz kleinen Stadt hat mir neulich gesagt, daß die Gesetze ihn überhaupt nicht interessieren würden. Er kooperiere. Wenn die Aufsichtsbehörden in solcher Weise in den Fällen versagen, in denen ein Bürger nicht mehr klagen darf, dann müssen wir überlegen, ob das Prinzip der Gesetzmäßigkeit der Verwaltung nicht durch die Bürger durchgesetzt werden kann, dann sollten wir das Tabu der Popularklage noch einmal überdenken. Es geht schließlich um die Umwelt der Bürger selbst. Viertens, schon etwas vorgreifend zum Satz *nulla poena sine lege:* Art. 103 Abs. 2 GG muß sehr zurückhaltend interpretiert werden, wenn man das Umweltproblem bewältigen will. Die Sanktionen müssen entpönalisiert werden. Die rechtsstaatliche Bestimmtheit kann auch durch Verwaltungsregelungen im Rahmen hinreichend bestimmter Gesetze erreicht werden. Übermäßig enge Bestimmtheitsanforderungen dürften in diesem Bereich nicht mehr hilfreich sein. Schönen Dank.

**Wieland:** Herr Vorsitzender, meine Herren. Um an Ihren Beitrag, Herr *Schachtschneider,* anzuknüpfen, so hege ich doch gewisse Zweifel, ob beim gegenwärtigen Stand der Dogmatik des Verwaltungsrechts gegenüber Zivilrechtlern oder Strafrechtlern überzeugend dargelegt werden kann, warum auch Verwaltungsvorschriften Pflichten des Bürgers begründen sollen. Mir scheint in einer klaren Dogmatik eine Grundbedingung der Wirksamkeit von Vorgaben des Verwaltungsrechts für Strafrecht und Zivilrecht zu liegen. Es reicht nicht aus, Vorgaben zu machen, sondern diese Vorgaben müssen auch angenommen werden. Und angenommen werden sie nur, wenn sich das Verwaltungsrecht in den Augen der Vertreter anderer juristischer Disziplinen als leistungsfähig erweist; Herr *Jarass* hat das zum Schluß seines Referates zu Recht betont.

Wie sieht es nun mit der Leistungsfähigkeit des öffentlichen Rechts aus, soweit die Verbindlichkeit von Verwaltungsvorschriften für Bürger und Gerichte begründet werden soll? Nach Ihrem Beitrag, Herr *Ossenbühl,* konnte man den Eindruck gewinnen, diese Frage sei inzwischen abschließend geklärt. Weisen Strafrechtler aber nicht zu Recht auf das Gebot der *gesetzlichen* Bestimmtheit einer Straftat in Art. 103 Abs. 2 GG hin? Zeigen nicht die Bedenken gegen den Versuch, ungeachtet dieser verfassungsrechtlichen Vorgabe normkonkretisierenden Verwaltungsvorschriften strafbarkeitsbegründende Wirkung zuzumessen, auch für das öffentliche Recht noch einmal die Probleme auf, die angesichts des allgemeinen Vorbehalts des Gesetzes mit der Annahme von für Bürger und Gerichte verbindlichen Verwaltungsvorschriften verbunden sind? Strafrechtler und Zivilrechtler werden die Vorgaben des Verwaltungsrechts sicher eher akzeptieren, wenn das Verwaltungsrecht selbst die Vorgaben des Verfassungsrechts strikt beachtet. Danke.

**Gröschner:** Herr Vorsitzender, meine Herren. Meine Frage an beide Berichterstatter wäre, ob man den sicher richtigen und wichtigen dogmatischen Differenzierungen auf verfahrens- und prozeßrechtlicher Ebene nicht eine materiellrechtliche Grundlage geben könnte. Aus meiner Sicht müßte diese Grundlage die verschiedenen Rechtspositionen enthalten, über die behördlicherseits entschieden wird, und zwar auf der Basis eines nur selten zweiseitigen, meist aber mehrseitigen Verwaltungsrechtsverhältnisses. Am Beispiel der Nachbarrechte ließe sich dann zeigen, daß die Bindungswirkung etwa einer immissionsschutzrechtlichen Genehmigung nicht zunächst eine Frage des allgemeinen Verfahrensrechts, sondern des materiellen Immissionsschutzrechts ist. Erst die Nichtberücksichtigung oder die nicht hinreichende Berücksichtigung einer nachbarrechtlich geschützten Position schafft eine korrelative Beziehung zwischen der Genehmigungsbehörde und dem durch die defizitäre Behördenentscheidung in seinen Rechten verletzten Nachbarn. Nach meiner Auffassung hat der Nachbar also primär ein absolutes öffentliches Recht, das erst durch Verletzung relativiert, d. h. in ein relatives Abwehrrecht gegenüber der Behörde transformiert wird. Und auf dieser materiellrechtlich orientierten dogmatischen Grundlage müßte dann weiter gefragt werden, was dies für die doch ganz anders strukturierten Straf- und Zivilrechtsverhältnisse bedeutet. Die Kernfrage im Rahmen der sogenannten Tatbestandswirkung der Genehmigung wäre, ob sich die behördliche Entscheidung über das absolute Nachbarrecht im Tenor und in den Gründen des Genehmigungsbescheids überhaupt niedergeschlagen hat, und ob von daher eine zivilrechtliche Ausschlußwirkung gegenüber dem Nachbarn oder eine strafrechtliche Rechtfertigung des Anlagenbetreibers im Hinblick auf die Individualrechtsgüter des Nachbarn überhaupt denkbar ist. Denn wo ihm gegenüber materiellrechtlich nicht entschieden wurde, entfaltet sich ihm gegenüber ja auch keine formellrechtliche Bindungs- und Ausschlußwirkung. Für mich käme es zusammengefaßt also auf die Ergänzung — nicht etwa die Ersetzung — der traditionellen verwaltungsrechtlichen Dogmatik durch eine Dogmatik der verschiedenen Rechtsverhältnisse des materiellen Rechts an und auf eine Betrachtung der in diesen Rechtsverhältnissen bestehenden Rechtspositionen. Vielen Dank.

**Schenke:** Herr Vorsitzender, meine Herren! Ich möchte nur eine kurze Bemerkung zur These 16 b von Herrn *Schröder* machen. In ihr hat Herr *Schröder* m. E. zu Recht die Ansicht des BGH kritisiert, derzufolge die verwaltungsgerichtliche Aufhebung eines rechtswidrigen Verkehrszeichen nichts an der Strafbarkeit desjenigen ändern soll, der dieses Verkehrszeichen vorher nicht beachtet hat. Ich möchte seine These dahingehend verallgemeinern, daß generell die verwaltungsgerichtliche Aufhebung eines mit Strafe bewehrten rechtswidrigen Verwaltungsakts nicht nur zur Beseitigung der verwaltungsrechtlichen, sondern auch der strafrechtlichen Folgen des Verwaltungsakts führen muß. In diesem Zusammenhang ist ein Blick auf die Begründung interessant, mit welcher das Bayerische Oberste Landesgericht in einer Entscheidung, auf welche die von Herrn *Schröder* zitierte BGH-Entscheidung uneingeschränkt Bezug nimmt, die gegenteilige Auffassung zu rechtfertigen versuchte. Das Gericht hat hier darauf verwiesen, es sei angeblich allgemein anerkannt, daß die verwaltungsgerichtliche Aufhebung eines Verwaltungsakts gem. § 113 Abs. 1 S. 1 VwGO keine ex-tunc-Wirkung habe. Diese Auffassung ist aber offensichtlich unhaltbar. Damit entbehrt auch die auf dieser Prämisse aufbauende Folgerung, die spätere Aufhebung des rechtswidrigen strafbewehrten Verwaltungsakts stünde einer aus seiner Nichtbeachtung resultierenden Strafbarkeit nicht im Wege, der Grundlage. M. E. ist vielmehr im Hinblick darauf, daß ein Verwaltungsakt gem. § 113 Abs. 1 S. 1 VwGO rückwirkend aufgehoben wird und damit auch mit Wirkung für die Vergangenheit seine Tatbestandswirkung entfällt, zu folgern, daß nicht nur seine verwaltungsrechtlichen, sondern auch seine strafrechtlichen Folgen beseitigt werden müssen. Man kann hier durchaus eine Parallele zum verwaltungsrechtlichen Vollzugsfolgenbeseitigungsanspruch ziehen. Ist es nicht inkonsequent, wenn man mit der h. M. davon ausgeht, daß die Aufhebung eines rechtswidrigen Verwaltungsakts einen verfassungsrechtlich garantierten verwaltungsrechtlichen Vollzugsfolgenbeseitigungsanspruch auslöst, gleichzeitig aber die These vertritt, daß die strafrechtlichen Folgen dieses aufgehobenen Verwaltungsakts, die in der Regel für den Betroffenen ja weit gravierender sind als die verwaltungsrechtlichen, durch die Aufhebung des Verwaltungsakts unberührt bleiben? In einer solchen Annahme scheint mir jedenfalls ein schwerwiegender Wertungswiderspruch zu liegen. Das zeigt auch ein Blick auf § 79 BVerfGG, der vorsieht, daß die verfassungsgerichtliche Nichtigkeitserklärung einer Norm gem. § 79 Abs. 2 BVerfGG eine nicht mehr anfechtbare Entscheidung, die auf dieser Norm beruht, grundsätzlich nicht berührt und nur die Vollstreckung aus ihr unzulässig ist, während bei einem rechtskräftigen Strafurteil, das auf einer derartigen Norm basiert, gem. § 79 Abs. 1 BVerfGG ein Wiederaufnahmeverfahren nach den Vorschriften der StPO zulässig ist. Wenn hier durch den Gesetzgeber zum

Ausdruck gebracht wird, daß die Rechtsordnung an der Beseitigung der strafrechtlichen Folgeakte einer nichtigen Norm ein höheres Interesse hat als an der Beseitigung sonstiger auf der Norm beruhender Entscheidungen, spricht dies gleichfalls dafür, bei Aufhebung eines strafbewehrten rechtswidrigen Verwaltungsakts einen der Sache nach „strafrechtlichen Vollzugsfolgenbeseitigungsanspruch“ zu befürworten.

**Mußgnug:** Herrn *Trzaskaliks* Bemerkung über den Strafrichter, der den schwierigen Fragen der Zurechnungsfähigkeit oder des ärztlichen Kunstfehlers vollauf gewachsen sei, ist so nicht richtig. Diese Fragen kann der Strafrichter nur mit Sachverständigenhilfe beantworten. Ob er mit den nicht ganz so schwierigen verwaltungsrechtlichen Problemen, vor die ihn nicht nur das neue Umweltstrafrecht, sondern seit eh und je auch die Tatbestände des Fahrens ohne Fahrerlaubnis, des unerlaubten Waffenbesitzes u. a. m. stellen, aus eigener Kraft fertig werden kann, weiß ich nicht. Jedenfalls muß er mit ihnen fertig werden. Auch dabei stehen ihm freilich Hilfen zu Gebote, die ihm seine Arbeit leicht machen, wenn er sie richtig zu nutzen versteht.

Seine Kompetenz zur Entscheidung über verwaltungsrechtliche Vorfragen überforderte den Strafrichter nur, wenn ihn das Verwaltungsrecht bei ihrer Ausübung im Stiche ließe. Aber dem ist nicht so. Das Verwaltungsrecht schlägt die Vorfragenkompetenz des Strafrichters in enge, für ihn einfach zu überschauende Grenzen. Hat er es mit einem Angeklagten zu tun, der sich um die für die Teilnahme am Straßenverkehr, den Waffenbesitz, den Umgang mit radioaktivem Material, etc. nötige behördliche Erlaubnis bemüht und sie erhalten hat, obgleich er sie nach Auffassung des Staatsanwalts nicht hätte erhalten dürfen, weil er die für ihre Erteilung erforderlichen rechtlichen oder tatsächlichen Voraussetzungen nicht erfüllt, so beginnt *und endet* auch die strafrichterliche Prüfung dieser Erlaubnis bei § 43 VwVfG. Denn § 43 VwVfG verbietet kategorisch jede Verurteilung eines Angeklagten, der die für sein Verhalten gesetzlich vorgeschriebene Erlaubnis korrekt eingeholt hat. Diese Erlaubnis ist ungeachtet ihrer eventuellen Fehlerhaftigkeit *wirksam.* Daher darf von ihr Gebrauch gemacht werden. Wer das tut, der handelt nicht „unerlaubt“. Er hat schließlich genau das getan, was das Gesetz von ihm verlangt. Ihm vorzuwerfen, daß er die von ihm erwirkte Erlaubnis nicht kritischer geprüft hat als die zu ihrer Erteilung zuständige Behörde seinen Antrag, wäre abwegig. Damit scheidet die Strafbarkeit *a limine* aus.

Hält man sich daran, so gehen das Straf- und das Verwaltungsrecht nahtlos miteinander Hand in Hand. Die Vorfragenprüfung bleibt jedenfalls bei den verwaltungsakt-abhängigen Straftaten ganz unproblematisch. Sie stellt den Strafrichter nur vor die Frage, ob der Angeklagte eine *wirksame* Erlaubnis vorweisen kann. Ob diese Erlaubnis *fehlerhaft* ist, geht ihn nichts an, es sei denn, sie erweist sich ausnahmsweise als *nichtig*. Die Nichtigkeit bleibt das einzige Instrument, mit dem die Strafjustiz den von ihr als dubios erachteten Erlaubnissen beikommen kann. Mit der Nichtigkeit tun sich die Strafrechtler allerdings unnötig schwer. Denn sie nehmen die Evidenz- oder Stirnbandtheorie allzu penibel beim Wort. Diese Theorie verlangt keineswegs, daß die Fehlerhaftigkeit des Verwaltungsakts auch für jeden, der die näheren Umstände nicht kennt, unübersehbar zutage tritt. So ist z. B. der durch Bestechung erworbenen Fahrerlaubnis zwar nicht anzusehen, daß sie eindeutig und grob rechtswidrig ist. Daß der Polizist, dem sie vorgelegt wird, das nicht durchschauen kann, spielt jedoch keine Rolle. Den Ausschlag gibt, daß *ihr Adressat* Bescheid weiß. Es kommt allein auf seine Kenntnis und darauf an, daß ihm klar sein muß, daß ihn eine auf Schleichwegen erworbene Fahrerlaubnis nicht zum Führen von Kraftfahrzeugen berechtigen kann. Das gleiche gilt für jede Erlaubnis, die einem Adressaten erteilt wird, der genau weiß, daß er sie nie und nimmer hätte erhalten dürfen. Denn es geht um den Empfängerhorizont, nicht darum, was außenstehende Dritte zu erkennen vermögen. Der an eine Frau gerichtete Einberufungsbescheid ist wohlgemerkt auch dann nichtig, wenn diese Frau Hosen trägt und daher leicht für einen Mann gehalten werden kann. Ihre Einberufung ist nichtig, weil sie selbst weiß, daß sie nicht wehrpflichtig und damit vor der Bestrafung wegen Fahnenflucht sicher ist.

Die Verwaltungsrechtsdogmatik liefert dem Strafrichter somit hinreichend stichhaltige Argumente an die Hand, die es ihm ermöglichen, gar zu grob fehlerhafte Verwaltungsakte als unbeachtlich abzutun, ohne sich von den bewährten und wohl begründeten Lehren des allgemeinen Verwaltungsrechts mit abenteuerlichen Konstruktionen wie der des nur *verwaltungsrechtlich*, aber nicht *strafrechtlich* wirksamen Verwaltungsakts abheben zu müssen. Die Probleme der verwaltungsaktabhängigen Straftatbestände bekommen die Strafrechtler jedenfalls mit einer exakteren Rückbesinnung auf das, was den Verwaltungsakt nichtig macht, leicht und vor allem auch mit nicht nur für sie nachvollziehbaren Überlegungen in den Griff. Wir brauchen uns also nicht um die Vereinheitlichung einer vermeintlich uneinheitlichen Rechtsordnung zu streiten. Die Einheit der Rechtsordnung mag an anderen Stellen gestört sein. An der Schnittstelle zwischen dem Verwaltungs- und dem Strafrecht hält sie das VwVfG mit mustergültiger

Konsequenz aufrecht. Die Regeln, mit denen das VwVfG das bewerkstelligt, sollten die Strafrechtler nicht hinterfragen, sondern schlicht und einfach anwenden.

Im übrigen habe ich mich darüber gefreut, daß Herr *Schröder* der Unterscheidung zwischen dem *feststellenden* und dem *konstitutiven* Verwaltungsakt jede strafrechtliche Bedeutung abgesprochen hat. Daß er damit richtig liegt, beweist das Staatsangehörigkeitsrecht. Es kennt neben der konstitutiven Einbürgerung die deklaratorische Feststellung der Staatsangehörigkeit. Beides kann für die Frage, ob ein Straftäter ins Ausland ausgeliefert werden darf, von entscheidender Bedeutung sein. Ist ein Ausländer nach einer in seiner Heimat begangenen Straftat von der Bundesrepublik eingebürgert worden, so steht das gemäß Art. 16 Abs. 2 Satz 1 GG seiner Auslieferung als unüberwindliches Hindernis entgegen. Ist die von ihm beantragte Einbürgerung statt dessen abgelehnt worden, weil die Behörde meinte, er sei ohnehin Deutscher, und läßt sie es deshalb bei der bloßen Feststellung seiner Staatsangehörigkeit bewenden, so geht dem zwar die konstitutive Wirkung der Einbürgerung ab, schließt die Auslieferung aber ebenfalls aus. Alles andere zielte weit an Art. 16 Abs. 2 Satz 1 GG vorbei. Es ist gut, daß Herr *Schröder* das klargestellt hat.

**Trzaskalik:** Herr *Mußgnug*, wir machen es ja, wenn ausländisches Recht angewandt wird, gängig so, daß wir die Auskünfte der Max-Planck-Institute einholen. Da würde ich bei Ihnen natürlich vorschlagen, falls der Strafrichter mit Steuerrecht zu tun hat, daß er sich an Sie wendet und ein entsprechendes Gutachten einholt. Dann wäre das Thema schon gelöst.

**Ronellenfitsch:** Herr *Bullinger*, ich muß Ihnen insofern widersprechen, als das genau die richtige Vereinigung ist, um die Thematik zu besprechen; denn am Dissens zwischen Straf- und Öffentlich-Rechtlern über die Verwaltungsakzessorietät des Strafrechts sind wir zum großen Teil mitschuldig. Im Betäubungsmittel- und im Umweltstrafrecht hat die Generalprävention Konjunktur. Es wird nicht gebessert; es wird gestraft, um abzuschrecken. Wir haben so lange, wie Herr *Jarass* heute auch wieder, über die Vollzugsdefizite des Umweltrechts geklagt und lamentiert, bis andere sich dieses Problems angenommen haben, bis — Herr *Ossenbühl* hat das in seiner bekannt introvertierten Art zum Ausdruck gebracht — Staatsanwaltschaften die Aufgabe übernommen und sich zu Umweltschützern aufgeschwungen haben. Es fehlt nur noch, daß die Umweltstrafkammern in grüner Robe auftreten, aber vermutlich will man Verwechslungen mit den Chirurgen vermeiden. Nach dem Selbst- und Rollenverständnis spezieller

Umweltkammern ist es ganz klar, daß es deren Anliegen ist, den Umweltschutz nach vorne zu bringen, und das ohne Rücksicht auf Verluste. In der Strafjustiz herrscht die Meinung, die Verwaltungsbehörden erfüllten die Aufgaben des Umweltschutzes nicht zulänglich und nicht ausreichend. Die Folge ist, daß Staatsanwaltschaften und Strafgerichte das Verwaltungsrecht dilettantisch und formalistisch selbst anwenden. Beispiel für den Dilettantismus: Eine Genehmigung ist nur dann eine Genehmigung, wenn sie förmlich als Genehmigung bezeichnet wird. Uns allen ist natürlich klar, daß auch im Umweltverwaltungsrecht Verwaltungsakte die Freiheit, die Umwelt zu gestalten, feststellen oder gelegentlich erst herstellen. Entscheidend ist allein, ob die Freiheit nach der behördlichen Entscheidung besteht oder nicht. Der Verzicht auf eine Planfeststellung oder auf eine qualifizierte (formalisierte) Genehmigung, eine Vorabzustimmung oder ein Freigabebescheid sind auch dann Genehmigungen, wenn sie nicht als solche firmieren. Gestattet eine Behörde ein Vorhaben formalrechtlich anders, als es die Strafverfolgungsbehörde für erforderlich hält, so liegt allenfalls ein rechtswidriger Verwaltungsakt vor, aber gleichwohl eine Genehmigung. Der Betrieb des Vorhabens ist materiell nicht illegal. Die Behörden, welche die Genehmigung im materiellen Sinne ausgesprochen haben, leisten nicht Beihilfe zum ungenehmigten Betrieb. Dennoch gehen die Strafverfolgungsbehörden gegen sie vor. Der „Bürgerkrieg" im Umweltstrafrecht erfolgt noch viel subtiler und unangemessener, als das Herr *Ossenbühl* angedeutet hat. Die Haupttäter werden freigesprochen, weil ihnen kein Schuldvorwurf gemacht werden kann. Die Genehmigung, wenn auch die falsche, lag ja vor; der Verbotsirrtum war unvermeidbar. Die Übeltäter sind die Genehmigungsbehörden. Ihre Beamten können nur deswegen nicht bestraft werden, weil die Haupttäter freigesprochen wurden. Also wird das Verfahren eingestellt. Die diskriminierende Behauptung kollusiven Zusammenwirkens der Umweltbehörden mit den Antragstellern bleibt bestehen.

Die materiellrechtlichen Probleme lassen sich bereinigen, Herr *Mußgnug* hat völlig recht, indem man das klassische Verwaltungsrecht beim Wort nimmt. Nichts ist anachronistischer, als den Verwaltungsakt für anachronistisch zu halten. Über die Nichtigkeit und Rechtswidrigkeit des Verwaltungsakts findet sich mit Sicherheit eine angemessene Lösung. Schwieriger sind die prozeßrechtlichen Folgeprobleme. Das Aussetzen, das mehrfach angesprochen wurde, führt meistens nicht weiter. Denn was geschieht dann? Wie geht es weiter, wenn das Strafverfahren ausgesetzt wurde? Der Angeklagte hat doch eine Genehmigung erhalten — wozu soll dann das Strafverfahren ausgesetzt werden? Doch wohl nur, um verwaltungsprozessual zu Lösungen zu finden. Damit sind wir auch bei den Verwaltungsgerichten, denen immerhin größeres Vertrauen entgegengebracht wird als den Verwaltungsbehörden. Ich meine, daß wir hier nur über die Feststellungsklage zu einer Lösung gelangen; die Klage auf Feststellung, daß eine Genehmigung vorliegt und daß die Genehmigung rechtmäßig ist. Man muß also § 43 VwGO großzügiger auslegen. Das ist nun wieder ein Defizit von unserer Seite. Im Verwaltungsprozeßrecht soll nämlich nach nahezu einhelliger Meinung eine derartige Feststellungsklage unzulässig sein, da es sich um eine vorbeugende Klage handele, für die das qualifizierte Feststellungsinteresse fehle. Nichts ist falscher. Natürlich ist das keine vorbeugende Feststellungsklage. Es soll zwar einem Strafverfahren vorgebeugt werden. Aber der Gegenstand der Feststellungsklage ist die aktuelle Rechtmäßigkeit eines Verhaltens. Deswegen muß gerade an dieser Stelle noch weitergedacht werden. Vielen Dank, daß ich die Zeit ausnutzen durfte.

**Hufen:** Herr Vorsitzender, meine Herren. Auch mein Thema ist das Problem der Bestimmtheit der Normen, vor allem der Strafrechtsnormen und die Konkretisierungsleistung, die das Verwaltungsrecht in dieser Beziehung zu erbringen hat. Ich meine, schon in den bisherigen Diskussionsbeiträgen ist sehr deutlich geworden, daß wir es hier mit einer Art „Konkretisierungskonkurrenz" in der Ausfüllung z. B. umweltstrafrechtlicher Tatbestände zwischen dem Öffentlichen Recht, teilweise auch dem Zivilrecht und dem Strafrecht zu tun haben, und ich meine auch, der weit verbreitete Eindruck ist widerlegt worden, daß sich das Öffentliche Recht auf breiter Front in die Gefilde des Strafrechts einmischt. Im Gegenteil: Mir scheint es eher umgekehrt zu sein, und wir sind in weiten Bereichen heute zu einer Art Strafrechtsakzessorietät des Verwaltungsrechts und nicht — wie es sein sollte — umgekehrt zur Verwaltungsrechtsakzessorietät des Strafrechts gelangt. In den meisten der hier angesprochenen Problemfelder geht es um sehr komplizierte Ursachenzusammenhänge und Risikozuordnungen. Hier werden öffentlich-rechtliche Pflichten formuliert oder vorausgesetzt, die sich nicht nur als Nebenprodukte des strafrechtlichen Fahrlässigkeitsbegriffs begreifen lassen. In der Sache geht es nämlich um öffentlich-rechtliche Verpflichtungen, Verkehrspflichten, Sorgfaltspflichten des Betreibers usw. Dabei meine ich, der notwendige Vorsprung des Öffentlichen Rechts in der Definition und Konkretisierung solcher Pflichten muß gegenüber dem Strafrecht gewahrt bleiben, denn nur solche Handlungen und Unterlassungen können strafbar sein, die mit hinreichender Bestimmtheit aus dem

Gesetz selbst abgeleitet werden können oder – wenn die Tatbestände zu unbestimmt sind – durch die Verwaltung konkretisiert werden müssen. Hier hat das Urteil des BVerfG zur Fernmeldeanlagenverordnung neue Maßstäbe gesetzt. Ein Instrument, das in dieser Diskussion überhaupt noch nicht erwähnt worden ist, ist das Bußgeldverfahren. Dieses spielt in der Praxis eine sehr viel größere Rolle, als es hier bisher deutlich geworden ist. Wir haben ja in weiten Bereichen das Phänomen, daß die Behörden gar kein Strafverfahren einleiten; sie leiten aber auch kein Verwaltungsverfahren zur Klärung öffentlich-rechtlicher Pflichten ein, ja, sie geben vielfach nicht einmal verbindliche Auskünfte über solche Pflichten, aber sie erlassen einen Bußgeldbescheid. Genuin öffentlich-rechtliche Handlungs- und Verkehrspflichten werden dann praktisch in zweiter Instanz von den Oberlandesgerichten abschließend geklärt. Wenn wir z. B. wissen wollen, welche Sorgfaltspflicht den Lebensmittelhändler oder Lebensmittelimporteur trifft, dann müssen wir beim OLG Koblenz nachlesen, nicht etwa in irgendeiner Quelle, die dem Verwaltungsrecht zuzuordnen wäre.

Fazit: Das Öffentliche Recht muß bei den genannten Verpflichtungen die entscheidende Priorität bei der Konkretisierung wiedergewinnen. Das ist ein Problem rechtsstaatlicher Bestimmtheit; es ist aber auch ein Problem des Vertrauens der Bürger und der Bindung der Gerichte, auch der Strafgerichte und Bußgeldbehörden, an Art. 103 II GG.

Drei konkrete Vorschläge in diesem Zusammenhang, teilweise als Fragen formuliert. Zunächst eine Frage an Herrn *Schröder:* Wären auch Sie der Auffassung, daß das Bußgeldverfahren gegenüber dem Verwaltungsverfahren nachrangig ist – eine in der Praxis äußerst wichtige Frage? Hier wird teilweise völlig unspezifisch von einer Ermessensfreiheit der Behörden zwischen Verwaltungsverfahren und Bußgeldverfahren gesprochen. Die zweite Frage: Ließe sich daran denken, einen allgemeinen Feststellungsanspruch oder zumindest einen Auskunftsanspruch des Bürgers über seine Sorgfaltspflichten zu institutionalisieren? Und der dritte Punkt – sehr im Einklang mit Herrn *Ronellenfitsch:* Müssen wir nicht die Zulassungshindernisse der verwaltungsprozessualen Feststellungsklage zur präventiven Klärung von Sorgfaltspflichten, nicht nur zur Vermeidung von Straf- und Bußgeldsanktionen, beiseite räumen? Zu dieser Frage ist derzeit im Bereich des Lebensmittelrechts noch ein Revisionsverfahren vor dem Bundesverwaltungsgericht anhängig, von dem ich weitere Klärung erhoffe. Vielen Dank!

**Meyer:** Ich habe drei Punkte. Der erste Punkt betrifft das, was Herr *Mußgnug* und Herr *Ronellenfitsch* gesagt haben: ich schlage in die gleiche Kerbe. Ich bin erfreut, daß zum erstenmal seit zwei Stunden in dieser Versammlung §43 VwVfG überhaupt genannt worden ist, die einzige Gesetzesnorm, die sagt, daß Verwaltungsakte Wirksamkeit haben und also von jedem in ihrer Wirksamkeit zu beachten sind. Aber ich möchte doch etwas Wasser in diesen Wein gießen: Beide haben auf §44 VwVfG verwiesen, und ich glaube, daß der §44 VwVfG, jedenfalls in der bisherigen Auslegung, die Fälle nicht löst, die tatsächlich Ärgernis bereiten. Das sind die Fälle der Kollusion. Herr *Ossenbühl* hat gesagt, Kooperation sei gefragt. Bedauerlicherweise geht die Kollusion nicht ohne Kooperation, die Kooperation ist nämlich regelmäßig ein Modus der Kollusion. Ich habe Ihnen eben einen baurechtlichen Fall der Kollusion vorgetragen. Wir haben den ganzen Parteifinanzierungsstreit — natürlich einen globalen Kollusionsfall, wobei die Kollusion nicht durch Absprache, sondern durch augenzwinkernde Nichtabsprache in parallelem Verhalten vonstatten gegangen ist. Und Herr *Mußgnug* hat einen dritten Fall erwähnt, den er für falsch entschieden hält, nämlich den Hanauer Strafprozeß, den auch ich für falsch entschieden halte; freilich, Herr *Mußgnug,* nur deswegen für falsch entschieden halte, weil der §44 VwVfG die Kollusion nicht zum Nichtigkeitsgrund erklärt hat. Das ist der entscheidende Punkt. Ich habe mittlerweile das Vertrauen darin verloren, daß wir grundsätzlich sagen könnten, die Verwaltung fühlt sich, wenn sie einseitig hoheitlich handelt, prinzipiell an das Recht gebunden. Die Verwaltung fühlt sich daran gebunden, ihre politischen Ziele, ihre Verwaltungsziele durchzusetzen, und wenn das Recht stört, dann ist die Verwaltung intelligent genug, Umwege zu suchen. Im Falle der Hanauer Nuklearbetriebe ging das so: zum einen war der Geschäftsführer Bundestagsabgeordneter einer der regierenden großen Parteien, zum zweiten wurde in einem Bundesministerium ein Rechtsgutachten gemacht, das entgegen dem eindeutigen Atomrecht, das gerade geändert worden war, es für erlaubt erklärte, vielleicht doch so eine Art Zwischengenehmigung zu erteilen, obwohl die Frist des Atomgesetzes abgelaufen war. Das schaffte den atomrechtlichen Behörden in Hessen für das, was sie sowieso vorhatten, das gute Gewissen, denn „die wissen es ja besser in Bonn", und folglich konnten sie die Genehmigung erteilen. Also ein typischer, wenn auch etwas komplizierter Fall von Kollusion. Ich meine, wir müßten dazu kommen, daß solche Kollusionsfälle zur Nichtigkeit des Verwaltungsaktes führen. Wir haben ja die Parallele beim öffentlich-rechtlichen Vertrag.

Zum zweiten Punkt. Was das allgemeine Verhältnis vom öffentlichen Recht zum Zivilrecht angeht, Herr *Bullinger,* so bin ich der festen Überzeugung, daß Ihr Problem nur eine Frage der Modernität der jeweiligen Fakultät ist. Wir haben in Frankfurt überhaupt keine Schwierigkeiten. Wir haben drei Zivilrechtler, die auf den Gebieten des Medienrechts, des Umweltrechts und des Datenschutzrechts außerordentlich erfolgreich sind und daher keine Verständnisschwierigkiten haben. Ich glaube auch nicht, daß es ein Problem der Verständnisschwierigkeiten ist zwischen dem öffentlichen Recht und dem Zivilrecht, sondern es ist ein Kompetenzproblem, d. h. ein übliches Machtproblem, und die werden so oder so entschieden. Dabei kommt es eher auf die Konstitution der einzelnen an, ob sie nämlich großzügig oder weniger großzügig sind.

Zum dritten möchte ich, obwohl wir schon am Ende sind, auf den Anfang zurückkommen. Mir kamen die ganzen Erwägungen zur Einheit der Rechtsordnung, ja selbst zur Widerspruchslosigkeit der Rechtsordnung so vor, als würden wir im dunklen Wald pfeifen. Jeder von uns weiß doch, daß die Rechtsordnung eines modernen demokratischen Staats alles andere als eine Einheit darstellt. Sie ist ein außerordentlich widersprüchliches System. Und jeder von uns, der nur einmal ein Gesetz kommentiert hat, weiß, wie schwierig es ist, allein für ein Gesetz die Widerspruchslosigkeit herzustellen. Das einzige, was wir verlangen müssen und erreichen können, ist, daß für einen bestimmten Fall nur ein Recht gilt, und das festzustellen, ist schon schwierig genug. Die Widerspruchslosigkeit der Rechtsordnung ist nicht zu erreichen. Wir können uns bemühen — und es ist sicherlich vernünftig, Herr *Jarass,* wenn wir uns bemühen —, aber wir können nicht davon ausgehen, daß das auch nur annähernd der reale Zustand einer modernen Rechtsordnung ist. Wir müssen durchaus mit diesen Widersprüchen leben.

**Sachs:** Ich habe zunächst einige mehr technische Fragen zu stellen, die sich mit der Bindungswirkung von Verwaltungsakten für die Zivilgerichte beschäftigen. Zunächst eine eher verständnisbezogene Frage an Herrn *Jarass:* Die Thesen 16 und 18 scheinen mir — so wie ich sie jetzt verstehe und auch im Referat gehört habe — doch Widersprüche zu bergen. In These 16 wird davon ausgegangen, daß die Zivilgerichte nur bei besonderen Vorschriften gebunden sein sollen. Die These 18 operiert dann mit Bindungen, wohl allgemeinerer Art, die die Gestaltungswirkungen umfassen sollen, aber auch Feststellungen sollen verbindlich sein. Sind das dann dieselben Fälle, die in These 16 angesprochen sind, oder sind das doch weitergehende Bindungen? Da schien mir vielleicht nicht klar, was gemeint ist.

Eine Frage an beide Referenten, die ich aber besonders an These 17b von Herrn *Schröder* festmachen kann. In der These 17b ist von der Wirksamkeit und Bestandskraft von Verwaltungsakten die Rede. Und Herr *Mußgnug* hat eben auf § 43 VwVfG hingewiesen — das sei alles eine Frage der Wirksamkeit von Verwaltungsakten. Wie stehen die Referenten zu dieser Frage? Muß ein Verwaltungsakt, der diese Bindungswirkungen äußern soll, nur wirksam sein, oder muß er bereits bestandskräftig geworden sein? Weitere Frage: Gegenüber wem bestandskräftig geworden sein? Muß er auch gegenüber einem Drittbetroffenen bereits bestandskräftig sein? Denn es sind ja in der Regel etwas komplexere Verfahren, die auch von Drittanfechtungen betroffen sind, die evtl. diese Bindungswirkungen noch in Frage stellen können. Dann muß ich erneut zu den leidigen Normwidersprüchen eine kurze Anmerkung machen. Ich meine, daß es nicht angeht, auch in der modernsten und demokratischsten Gesellschaft nicht, daß wir dasselbe Verhalten gebieten, das wir verbieten; das ist einfach ein logisches Unding. Wenn solches in Gesetzen drinsteht, stimmt irgendetwas nicht. Das müssen wir wieder passend machen.

Bei Herrn *Breuers* Aussage bin ich ein bißchen skeptisch. Es ist vielleicht schon denkbar, daß wir ein Verhalten genehmigen, das zugleich von einem Verbot betroffen ist. Wir müssen bei der Genehmigung ja immer sehen, von welchem Verbot diese Genehmigung freistellt. Das muß nicht immer auch schon das zivilrechtliche oder strafrechtliche Verbot sein; das kann ja ein ganz davon getrenntes verwaltungsrechtliches Verbot sein.

Und ein letzter Punkt. Mir fiel auf, daß die grundlegende Frage, die zumindest bei der Legalisierungswirkung ja im Raume stand, die Frage — wie halten wir es mit dem Erfolgsunrecht oder dem Handlungsunrecht? — hier nicht besonders angesprochen worden ist; wahrscheinlich findet sich dazu irgendwie ein Verweis in den Fußnoten. Vielen Dank.

**Vogel:** Ein Zwischenruf, der mir nötig erscheint: Wenn wir von Widerspruchsfreiheit sprechen, sollten wir endlich klar unterscheiden zwischen Gebotswidersprüchen und Wertungswidersprüchen. Das war's.

**Rupp:** Ich möchte noch kurz etwas sagen zur Einheit der Rechtsordnung als Rechtsprinzip: Eine Einheit der Rechtsordnung im hier gebrauchten Sinn gibt es nicht und kann es nicht geben. Die Rechtsordnung eines hochdifferenzierten Sozialgebildes verlangt nach differenzierten Strukturen, und insofern hat Herr *Meyer* völlig recht.

Es kann also allenfalls um die Einheit und Widerspruchslosigkeit der einzelnen Rechtsverhältnisse gehen: A kann gegenüber B nicht zu etwas verpflichtet sein, was ihm andererseits verboten ist. Gleichwohl gibt es problematische Fälle: Ich denke beispielsweise an die Regelung von Allgemeinen Versicherungsbedingungen, die sowohl unter die Genehmigungspflicht des Versicherungsaufsichtsgesetzes als auch unter das AGB-Gesetz fallen. Es kann also sein, daß Allgemeine Versicherungsbedingungen vom Bundesaufsichtsamt genehmigt werden, und anschließend im AGB-Verfahren dieselben Versicherungsbedingungen von den ordentlichen Gerichten für unwirksam erklärt werden. Hier muß meines Erachtens eine materiell-rechtliche Harmonisierung im Wege der Auslegung erfolgen, und sie ist auch möglich. Vielen Dank.

**Berg:** Als ich mich vor längerer Zeit unvorsichtigerweise zu Punkt 3 zu Wort gemeldet habe, da hatte ich die Absicht, einen gewissermaßen letzten Blick auf das zivilrechtliche Urgestein zu werfen, bevor es ganz verschüttet ist. In der Zwischenzeit haben, Gott sei Dank, einige Kollegen das Zivilrecht doch wieder erwähnt und vielleicht ein bißchen am Urgestein poliert. Ich nenne Herrn *Badura*, Herrn *Häberle*, Herrn *Thieme* und Herrn *Pitschas*, so daß ich mich auf ganz wenige Bemerkungen beschränken kann. Ich möchte auf einen Aspekt hinweisen, der im Referat von Herr *Jarass* m. E. zu kurz gekommen ist. Für uns sollte das Privatrecht doch wenigstens insofern von Interesse sein, als es typischer Ausdruck der Grundrechtsverwirklichung ist. Das gestern so häufig zitierte Subsidiaritätsprinzip im Verhältnis der Staaten zueinander klang heute nicht einmal dem Gedanken nach mehr an, und zwar in dem Sinne, daß der Bürger Ziel aller unserer Überlegungen sein sollte. Dabei ist die primäre, die normale Handlungsform zwischen den Bürgern als Grundrechtsträgern und Ausdruck ihrer Privatautonomie der Vertrag. Die These Nr. 11 von Herrn *Jarass*, daß Grundrechte einen höheren Rang als das Privatrecht besitzen, ist natürlich formal richtig. Aber sie wird der Bedeutung des Privatrechts für die Grundrechtsverwirklichung nicht gerecht. Wenn etwa beispielsweise durch Flurbereinigungsverfahren über viele Jahre bis zu anderthalb Jahrzehnten hinweg der gesamte private Grundstücksverkehr zum Erliegen kommt, dann verfehlt m. E. das Verwaltungsrecht seine Service-Funktion zur Grundrechtsverwirklichung.

Dementsprechend verkürzt ist auch die These Nr. 13 formuliert, jedenfalls dann, wenn man sie so allgemein versteht, wie sie geschrieben ist und nicht so differenziert anwendet, wie sie wahrscheinlich gemeint ist. Für Auslegung und Anwendung des Verwaltungsrechts sollen nach dieser These immerhin Verwaltung und Verwaltungsgerichte zuständig sein; für das Privatrecht hingegen nur noch die

Zivilgerichte. Soll die Rechtsverwirklichung durch Private durch Vertrag in Ausübung ihrer Privatautonomie keine Rolle mehr spielen? Es müssen ja nicht gleich Verträge über 50 Millionen sein, die *Hans Meyer* angesprochen hat. Ich meine, man sollte das bürgerliche Recht nicht auf die pathologischen Fälle der hoheitlichen Streitentscheidungen verkürzen. Vielen Dank.

**Vorsitzender:** Vielen Dank! Meine Herren, dem Umstand, daß Sie so diszipliniert, straff und konzentriert diskutiert haben, danken wir, daß wir die Diskussion rechtzeitig schließen können. Ich darf nun das Schlußwort vergeben, zuerst an Herrn *Schröder* und dann an Herrn *Jarass.*

**Schröder:** Herr Vorsitzender, meine Herren. Ich beginne mein Schlußwort mit dem Dank für die kritischen und zustimmenden Diskussionsbeiträge zu meinen Überlegungen. Zugleich bitte ich um Nachsicht, daß ich wegen der fortgeschrittenen Zeit nicht mehr auf alle Beiträge eingehen kann. Vorab möchte ich aber in Erinnerung rufen, daß aus der Sicht des Strafrechts unser Thema auch ein Preis der Rechtsstaatlichkeit ist. Wenn man nämlich den Blick rückwärts wendet und sich mit der Entwicklung des sog. Verwaltungsstrafrechts befaßt, dann sieht man, daß, solange das Strafrecht und die Bestrafung in der Hand der Verwaltung selbst liegt, was wir natürlich heute nicht mehr akzeptieren können, manche von den Problemen, die wir heute diskutiert haben, keine Rolle mehr spielen. Nun aber im einzelnen zu den Diskussionsbemerkungen: Ich glaube, daß die Problematik zwischen Strafrecht und Strafrechtspflege einerseits und öffentlichem bzw. Verwaltungsrecht andererseits nach wie vor besteht, auch wenn Herr *Bullinger* gemeint hat, es gehe heute eigentlich eher um das Privatrecht. Die „Störvorgabe" des Verwaltungsrechts, um diesen Begriff noch einmal aufzugreifen, wird noch immer von den Strafrechtlern sehr empfunden. Insofern bleibt der Versuch eines Schutzes der Verwaltungsrechtsordnung, sei es auf dem Wege des Schutzes der Kompetenz der Verwaltung, sei es auch unter dem anderen Aspekt des Schutzes des Bürgers, für die Zukunft von Bedeutung. Er muß sich weiter bewähren, und dabei kommt es auch auf die Leistungsfähigkeit des Verwaltungsrechts an. So ist etwa auf die Überlegungen zur Überprüfung, insbes. der Auslegung des § 44 VwVfG. hinzuweisen. Oder es ist zu überlegen, ob die restriktive Handhabung der negativen Feststellungsklage in der VwGO nicht im Zuge engerer Beziehungen zwischen Strafrecht und Verwaltungsrecht anders gesehen werden muß. — Die Frage, ob nicht der Vorrang dem Verwaltungsverfahren auch gegenüber dem Ordnungswidrigkeitsverfahren gebührt, würde ich vorsichtig bejahen wollen. Hier wie zu anderen Beiträgen gilt: Letztlich ist das Vorgabe-Problem auch eine gesetzgeberische Aufgabe und insoweit, meine ich, kann man sehr wohl von der Einheit der Rechtsordnung als Aufgabe der Gesetzgebung — als Gesetzgebungsmaxime sprechen.

**Vorsitzender:** Vielen Dank, Herr *Schröder.* Die Reihenfolge des Schlußwortes war mit den Referenten abgesprochen und beruht auf dem Umstand, daß das Zwischenwort zunächst bei Herrn *Jarass* lag. Also, ich bitte um Verständnis, wenn wir so verfahren. Es ist jedenfalls im vollen Einverständnis mit den Referenten geschehen. Bitte, Herr *Jarass.*

**Jarass:** Zunächst darf ich mein Einverständnis mit dieser Vorgehensweise bekräftigen. In der Sache werde ich auch in meinen Schlußbemerkungen nicht auf die vielen Beiträge eingehen, die ganz auf der Linie meiner Überlegungen liegen.

Ich beginne mit dem Beitrag von Herrn *Berg.* Wenn ich Sie richtig verstehe, dann war ich Ihnen zu wenig strafrechtsfreundlich. Was zunächst den Vorrang der Grundrechte vor dem Privatrecht angeht, so läßt er sich nicht ernsthaft bestreiten. Ihre Bedenken zielen aber wohl etwas tiefer und gehen in die Richtung der Überlegungen des privatrechtlichen Kollegen, den ich in meinem Referat, ohne ihn zu nennen, erwähnt habe. Er ist der Auffassung, daß das Privatrecht die Freiheit des Bürgers fördere und das öffentliche Recht sie beschränke. Auf den ersten Blick klingt das ganz plausibel: Die Privatautonomie beläßt dem Bürger die Freiheit, in der er sich bewegen kann. Dann kommt der Verwaltungsakt und setzt Schranken; der Polizist kommt und stoppt den Bürger. Gleichwohl erscheint mir dieser Ansatz nicht hilfreich. Er mag in manchen Zusammenhängen zutreffen, in anderen aber eben nicht. Nehmen Sie den Fall eines Nachbarn, der durch einen Betrieb beeinträchtigt wird, etwa durch den Betriebslärm, mit der Folge, daß seine Nachtruhe dahin ist. In diesem Falle fördert das Privatrecht nicht die Freiheitsentfaltung und das öffentliche Recht umgekehrt behindert sie nicht, im Gegenteil, es trägt zur Freiheitsentfaltung bei. In einer vorzüglichen, privatrechtlichen Dissertation aus Göttingen zum Verhältnis von privatem und öffentlichem Recht wird denn auch die genannte Vorstellung ausdrücklich als unzutreffend eingestuft. Auch das öffentliche Recht trägt zur Freiheit des Bürgers bei, vorausgesetzt natürlich, daß es sachgerecht ausgestaltet ist. Das gilt aber für das Privatrecht in gleicher Weise.

Herr *Sachs,* Sie haben zunächst gefragt, ob zwischen den Thesen 16 und 18 nicht ein Widerspruch besteht. Diese Frage ist hilfreich, da mir im Laufe der Diskussion deutlich wurde, daß ich zu den damit aufgeworfenen Aspekten noch ein Wort sagen sollte. These 16 betrifft sozusagen den Regelfall, die Genehmigungskonformität außerhalb des Bereichs des derivativen Privatrechts. In diesem Bereich sind die meisten Streitfälle um die Vorgaben des Verwaltungsrechts für das Privatrecht angesiedelt, jedenfalls im Bereich der Rechtsprechungsentscheidungen. Die Fälle des derivativen Privatrechts spielen eine sehr viel geringere Rolle. Die Unterscheidung zwischen den beiden Bereichen ist für mich deshalb so wichtig, weil nach meiner Auffassung dem Verwaltungsrecht im „Regelbereich“ nur eine indizielle Wirkung zukommt, während im Bereich des derivativen Privatrechts dem Verwaltungsrecht eine volle Bindung zukommt. Es geht also in den Thesen 16 und 18 um zwei verschiedene Bereiche, weshalb insoweit kein Widerspruch auftritt. Dieser Befund ist andererseits deshalb von Interesse, weil ich den Eindruck habe, daß im Strafrecht die Fälle des derivativen Strafrechts, man spricht dort von akzessorischem Strafrecht, wohl die größere Rolle spielen. Wenn dem aber so ist, dann erklärt dies auch die unterschiedliche Behandlung der Konflikte zwischen Verwaltungsrecht und Privatrecht einerseits und Verwaltungsrecht und Strafrecht andererseits. Eine volle Bindung des Strafrechts ist dann sehr viel häufiger angebracht als eine volle Bindung des Privatrechts. Darüber müßte man noch einmal näher nachdenken. Schließlich komme ich zu Ihrer Frage, ob ein Verwaltungsakt bestandskräftig sein muß, damit man daran Bindungen für das Privatrecht knüpfen kann. Zunächst ist das eine Frage, die vom Gesetzgeber zu entscheiden ist. Meist ist aber der betreffenden Norm nicht zu entnehmen, ob die Bindungswirkung die Bestandskraft des Verwaltungsakts voraussetzt. Dann würde ich dazu neigen, die Frage zu bejahen.

Herr *Meyer*, mit Widersprüchen muß man leben können, sagen Sie. Da stimme ich Ihnen zu; aus Widersprüchen ergeben sich immer wieder Fortschritte. Andererseits würde ich das nicht zu weit treiben. Obwohl oder vielleicht gerade weil ich Ihrem Befund zustimme, daß wir in der Rechtsordnung immer wieder auf Widersprüche stoßen, ist es doch unsere Aufgabe, die Widersprüche abzuarbeiten. Dabei wird man allerdings, worauf Herr *Vogel* zu Recht nochmals hingewiesen hat, zwischen Normwidersprüchen und Wertungswidersprüchen unterscheiden. Normwidersprüche müssen beseitigt werden; sie können wir nicht akzeptieren. Bei Wertungswidersprüchen kommt es auf die Umstände an.

Herrn *Mußgnug* und Herrn *Ronellenfitsch* stimme ich insoweit zu, als manche der uns beschäftigenden Probleme gar nicht auftreten würden, wenn wir mit der Nichtigkeit von Verwaltungsakten vernünftiger umgehen würden, wenn man eher bereit wäre, die Folge der Nichtigkeit anzunehmen. Allerdings habe ich insoweit, jedenfalls wenn man auf die Praxis sieht, keine sehr große Hoffnung.

Herr *Ronellenfitsch* hat sich mit etwas kritischem Unterton zu den Klagen eingelassen, die auf die Vollzugsdefizite im Umweltrecht hinweisen. Die Verwaltungsjuristen würden durch ihre Klagen über diese Defizite Probleme mit den Strafgerichten und den Zivilgerichten geradezu stimulieren. Ich weiß nicht, ob Ihr kritischer Unterton sich darauf bezieht, daß Sie keine Defizite sehen — was man relativ leicht widerlegen könnte — oder ob Sie nur sagen wollen, man dürfe darüber nicht sprechen, weil das die Strafrechtler auf falsche Gedanken bringt. Nun mag es ja sein, daß die Vertreter des Strafrechts — Herr *Ossenbühl* hat darauf hingewiesen — gelegentlich zuwenig Verständnis für die Feinheiten des Verwaltungsrechts aufweisen. Auch bei Vertretern des Zivilrechts mag man derartiges antreffen. Aber gilt das möglicherweise nicht auch umgekehrt? Seien wir da nicht zu selbstgerecht. Gerade wenn wir andere kritisieren, sollten wir über Probleme im Bereich des Verwaltungsrechts ebenfalls offen sprechen, und damit auch über Vollzugsdefizite. An sich sind Vollzugsdefizite alltägliche Erscheinungen einer Rechtsordnung. Kritisch wird es erst, wenn sie ein zu großes Maß annehmen. Dann ist es aber gerade die Aufgabe des Rechtswissenschaftlers, auf solche Mißstände hinzuweisen und zu verlangen, daß entweder die entsprechende Norm beseitigt oder sie tatsächlich umgesetzt wird.

Eine kurze Bemerkung noch zu den Ausführungen von Herrn *Schachtschneider,* da er einen Punkt angesprochen hatte, der auch in anderen Beiträgen auftauchte. Sie haben sich für eine stärkere Gleichstellung von Verwaltungsvorschriften und Rechtsnormen ausgesprochen. Dieses uralte Thema kann und will ich nicht in voller Breite angehen. Ich meine aber, daß man die Unterschiede nicht einfach beseitigen kann, auch wenn man einräumt, daß Verwaltungsvorschriften Rechtsnormen sind. Anderenfalls muß man sich fragen, warum es überhaupt noch zwei Instrumente gibt. Es kann nicht sein, daß Verwaltungsvorschriften in jeder Hinsicht praktisch wie Rechtsvorschriften zu behandeln sind. Irgendwo müssen sich in den Folgen Unterschiede ergeben. Ich habe in früheren Arbeiten vorgeschlagen, bestimmte Verwaltungsvorschriften unter bestimmten Voraussetzungen den Rechtsnormen anzunähern und habe solche Vorschriften als qualifizierte Verwaltungsvorschriften bezeichnet. Im übrigen muß man aber daran festhalten, daß die Unterschiede zu den Rechtsnormen doch ganz erheblich sind.

Herr *Breuer,* Ihre Ausführungen liegen nach meinem Eindruck ganz auf meiner Linie. Ich kann Ihnen praktisch in allen Punkten zustimmen. Allenfalls sind Sie vielleicht noch eine Nuance privatrechtsfreundlicher als ich das gewesen bin. Sie haben offensichtlich Ihre Position im Vergleich zu Ihren Beiträgen, auf die ich mich in meinem Referat gestützt habe, geändert, jedenfalls was die Genehmigungen angeht. Nun bin ich nicht so selbstgefällig, die Ursache dafür in meinen Ausführungen von heute morgen zu sehen. Sie haben sicher über die Probleme noch einmal nachgedacht, mit der Folge, daß unsere Positionen nunmehr weitgehend übereinstimmen. Da ich gerade Ihre Arbeiten besonders schätze, bestärkt mich das in meinen Überlegungen. Aber vielleicht habe ich Sie nicht richtig verstanden; dann bitte ich um Nachsicht.

Zum Schluß möchte ich mich gerne bei allen Diskussionsteilnehmern sehr herzlich für die äußerst interessanten Anregungen bedanken. Vor allem aber möchte ich nicht versäumen, dem Vorstand für die Wahl des Themas zu danken. Sie haben sicher festgestellt, daß das Thema mich fasziniert hat. Es bietet viele hochinteressante Querverbindungen zu den Grundlagen unserer Wissenschaft. Der Vorstand verdient daher besonderen Dank.

**Vorsitzender:** Meine Herren, es bleibt mir nur noch, den Referenten, den beiden Landesberichterstattern und vor allen Dingen auch Ihnen allen, die an der Diskussion teilgenommen haben und ihr mit Interesse gefolgt sind, für diesen Tag zu danken, und die Sitzung hinsichtlich des fachlichen Teils für heute zu schließen.

**Vogel:** Wir stehen damit am Ende des wissenschaftlichen Teils unserer Tagung, und das ist der letzte Augenblick, der uns Gelegenheit gibt, denen zu danken, die uns die Durchführung dieser Tagung ermöglicht haben. Den Züricher Kollegen, besonders Herrn *Georg Müller,* der in unermüdlicher Arbeit die Voraussetzungen unseres Zusammenseins hier geschaffen hat, werden wir noch gesondert danken. Schon jetzt danken möchte ich aber den vielfältigen Helfern des Herrn *Müller,* den Heinzelmännchen, die mitgewirkt haben, daß alles seinen richtigen Ablauf finden konnte. Es war viel Arbeit, es war hilfreich für uns, und es ist alles mit großer Bereitwilligkeit und Freundlichkeit geschehen. Dafür sagen wir: Danke schön! (Applaus).

## Verzeichnis der Redner

## Verzeichnis der Mitglieder der Vereinigung der Deutschen Staatsrechtslehrer

Stand: 1. Februar 1991

Ehrenvorsitzender auf Lebenszeit:

*Ipsen,* Dr. Hans Peter, o. Professor,
Augustinum, App. 1142, 2410 Mölln, (0 45 42) 81 31 42,
Tel. in Lüneburg (0 41 31) 40 11 31

Vorstand

1. *Vogel,* Dr. Klaus, o. Professor,
Ottostr. 36, 8130 Starnberg, (0 81 51) 88 81;
Universität München, (089) 21 80 27 18
2. *Götz,* Dr. Volkmar, o. Professor,
Geismarlandstr. 17 a, 3400 Göttingen, (05 51) 4 31 19;
Universität, (05 51) 39 73 91, 39 47 61
3. *Papier,* Dr. Hans-Jürgen, o. Professor,
Neusiedler Weg 14, 4904 Enger, (0 52 24) 52 02;
Universität Bielefeld, (05 21) 1 06 43 98

Mitglieder

1. *Abelein,* Dr. Manfred, o. Professor,
Rheinweg 12, 5300 Bonn, (02 28) 2 56 92;
(Universität Regensburg)
2. *Adamovich,* Dr. Ludwig, o. Professor,
Roosevelt-Platz 4, A-1090 Wien, (02 22) 4 08 55 70;
österr. Verfassungsgerichtshof, (02 22) 5 31 22/4 15
3. *Alexy,* Dr. Robert, o. Professor,
Klausbrooker Weg 122, 2300 Kiel, (04 31) 54 97 42;
Universität Kiel, (04 31) 8 80 35 43
4. *Antoniolli,* Dr. h. c. Walter, o. Universitätsprofessor,
Ottensteinstr. 35, A-2344 Maria-Enzersdorf, (0 22 36) 2 45 09;
(Universität Wien)

5. *Armbruster,* Dr. Hubert, o. Professor,
An der Allee 69, 6500 Mainz, (0 61 31) 3 19 50;
Univ., (0 61 31) 39 23 84

6. *Arndt,* Dr. Hans-Wolfgang, o. Professor,
Waldstr. 34, 6730 Neustadt/Weinstraße (0 63 21) 3 33 85;
Universität Mannheim, (06 21) 2 92 51 95

7. *v. Arnim,* Dr. Hans Herbert, o. Professor,
Im Oberkämmerer 26, 6720 Speyer, (0 62 32) 9 81 23;
Hochschule Speyer, (0 62 32) 91 03 43

8. *Arnold,* Dr. Rainer, o. Professor,
Plattenweg 7, 8400 Regensburg, (09 41) 7 44 65;
Universität, (09 41) 9 43 26 54/5

9. *Autexier,* Dr. Christian, Professor,
Bayernstr. 12, 6600 Saarbrücken, (06 81) 6 51 17;
Univers. Saarbrücken, Lehrstuhl f. französisches öffentliches Recht, (06 81) 3 02 21 21

10. *Baade,* Dr. Hans W., Professor,
6002 Mountain Climb Drive, Austin/Texas, USA, 78 731
Tel. (512) 4 52 50 71 und 4 71 51 51

11. *Bachof,* Dr. Dr. h. c. Otto, o. Professor,
Auf dem Kreuz 3, 7400 Tübingen, (0 70 71) 6 11 44;
Univ., (0 70 71) 29 49 10 od. 29 25 49

12. *Badura,* Dr. Peter, o. Professor,
Am Rothenberg Süd 4, 8113 Kochel am See, (0 88 51) 52 89;
Universität München

13. *Barfuß,* Dr. iur. Dr. rer. pol. Walter, a. o. Universitätsprofessor,
Tuchlauben 13, A-1014 Wien, (02 22) 63 87 61

14. *Bartlsperger,* Dr. Richard, o. Professor,
Schleifweg 55, 8521 Uttenreuth, (0 91 31) 5 99 16;
Universität Erlangen, (0 91 31) 85 28 18

15. *Battis,* Dr. Ulrich, Professor,
Rummenohler Str. 91, 8500 Hagen, (0 23 55) 21 55;
Fernuniv., (0 23 31) 8 04 29 17

16. *Bayer,* Dr. Hermann-Wilfried, Professor,
Henkenbergstr. 45 a, 4630 Bochum, (02 34) 79 17 44;
Univ., (02 34) 7 00 57 24

17. *Becker,* Dr. Jürgen, apl. Professor (Univ. Freiburg),
Kellerstr. 7, 8000 München 80, (0 89) 48 30 47;
Chefsyndikus der GEMA,
Rosenheimer Str. 11, 8000 München 80,
(0 89) 4 80 03-6 23

18. *Berchthold,* Dr. Klaus, Universitätsdozent,
Bräunerstr. 4–6/22, A-1010 Wien, (02 22) 53 14 34

19. *Berg,* Dr. Wilfried, o. Professor,
Waldsteinring 25, 8580 Bayreuth, (09 21) 9 31 25;
Univ., (09 21) 55 28 76

20. *Berka,* Dr. Walter, Universitätsdozent,
Birkenweg 2, A-5400 Hallein, (0 62 45) 6 25 52;
dienstl.: Weiserstr. 22, A-5020 Salzburg, (06 62/8044) 36 04

21. *Bernhardt,* Dr. Rudolf, o. Professor,
Gustav-Kirchhoff-Str. 2 a, 6900 Heidelberg, (0 62 21) 4 36 99;
dienstl., (0 62 21) 4 82-1

22. *Bethge,* Dr. Herbert, o. Professor,
Am Seidenhof 10, 8390 Passau, (08 51) 4 16 97;
Univ., (08 51) 50 91 97

23. *Bettermann,* Dr. Dr. h. c. Karl-August, o. Professor,
Alte Landstr. 173, 2000 Hamburg 63, (0 40) 5 38 40 64;
Univ., (0 40) 41 23 45 57

24. *Beyerlin,* Dr. Ulrich, Privatdozent,
Luisenstr. 7, 6903 Neckargmünd;
Max-Planck-Institut für ausländ. Öffentl. Recht und
Völkerrecht,
Berliner Str. 48, 6900 Heidelberg, (0 62 21) 48 22 36

25. *Binder,* Dr. Bruno, Universitätsdozent,
Mozartstr. 1, A-4020 Linz, (07 32) 27 51 10
oder Wischerstr. 30, A-4020 Linz, (07 32) 23 99 26;
Univ. Linz, Altenbergerstr. 69, A-4040 Linz,
(07 32) 23 13 81-411

26. *Birk,* Dr. Dieter, o. Professor,
Borkumweg 43, 4400 Münster, (02 51) 21 84 21;
Universität, (02 51) 83 27 95

27. *Blankenagel,* Dr. Alexander, Professor,
Uhlandstr. 20 a, 8700 Würzburg, (09 31) 88 53 93;
Lehrstuhl für Öffentliches Recht und Ostrecht der Universität Würzburg, Domerschulstr. 16, 8700 Würzburg, (09 31) 3 11/ App. 331

28. *Bleckmann,* Dr. Dr. Albert, Universitätsprofessor,
Thomas-Morus-Weg 10 f, 4400 Münster, (02 51) 23 58 67;
Univ., (02 51) 83 20 21

29. *Blümel,* Dr. Willi, Professor,
Angelhofweg 65, 6916 Wilhelmsfeld, (0 62 20) 18 80;
Hochschule Speyer, (0 62 32) 9 10–3 62/3 60

30. *Blumenwitz,* Dr. Dieter, o. Professor,
Tannenstr. 2, 8011 Baldham, (0 81 06) 3 32 52;
Universität Würzburg, (09 31) 3 13 08

31. *Böckenförde,* Dr. iur. Dr. phil. Dr. h. c. Ernst-Wolfgang, o. Professor, Bundesverfassungsrichter,
Türkheimstr. 1, 7801 Au bei Freiburg, (07 61) 40 56 23;
Universität Freiburg, (07 61) 2 03 34 31

32. *Böckstiegel,* Dr. Karl-Heinz, Professor,
Parkstr. 38, 5060 Bergisch-Gladbach, 60 22 04) 6 62 68;
Universität Köln, (02 21) 4 70 23 37

33. *Bogs,* Dr. Harald, Professor,
Dresdener Str. 7, 3406 Bovenden, (05 51) 8 15 95;
Universität Göttingen, (05 51) 39 73 92

34. *Bothe,* Dr. Michael, Universitätsprofessor,
Theodor-Heuss-Str. 6, 6140 Bensheim, (06 251) 43 45;
Universität Frankfurt a. M. 1, (0 69) 7 98 22 64

35. *Breuer,* Dr. Rüdiger, Professor,
Heinrich-Brauns-Str. 4, 5500 Trier, (06 51) 2 14 78;
Universität, (06 51) 2 01 25 78

36. *Brohm,* Dr. Winfried, o. Professor,
Wydenmööslistr. 11, CH-8280 Kreuzlingen, (0 72) 75 15 25;
Universität Konstanz, (0 75 31) 88 21 69/76

37. *v. Brünneck,* Dr. Alexander, apl. Professor,
Blumenhagenstr. 5, 3000 Hannover 1, (05 11) 71 69 11;
Universität Hannover, (05 11) 4 73 82 28

38. *Brünner,* Dr. Christian, o. Professor,
Lange Gasse 31/VI/40, A-8010 Graz, (03 16) 4 45 18;
Universität, (03 16) 3 80 33 67

39. *Brugger,* Dr. Winfried, LL.M., Universitätsprofessor,
Säckinger Str. 17 b, 6800 Mannheim 61, (06 21) 48 13 10;
Universität Mannheim, Schloß, Westflügel,
6800 Mannheim 1, (06 21) 2 92 24 35

40. *Brunner,* Dr. Georg, o. Professor,
Belvederestr. 94, 5000 Köln 41, (02 21) 4 97 35 94;
Univ. Köln, Ubierring 53, 5000 Köln 1, (02 21) 31 51 10 u.
31 51 49

41. *Bryde,* Dr. Brun-Otto, Universitätsprofessor,
Stettiner Str. 10, 6301 Wettenberg-Wißmar, (0 64 06) 7 41 91;
Universität Gießen, Hein-Heckroth-Str. 5, 6300 Gießen,
(06 41) 7 02 50 15

42. *Bull,* Dr. Hans Peter, o. Professor,
Rehbenitzwinkel 39, 2300 Kiel 1, (04 31) 3 3 62 28;
Innenministerium des Landes Schleswig-Holstein,
Düsternbrooker Weg 92, 2300 Kiel 1,
(04 31) 5 96 30 00; Universität Hamburg

43. *Bullinger,* Dr. h. c./Univ. de Dijon, Martin, o. Professor,
Altschlößleweg 4, 7801 Au bei Freiburg, (07 61) 40 23 89;
Universität Freiburg, (07 61) 2 03 35 16

44. *Burmeister,* Dr. Joachim, o. Professor,
Blücherstr. 37, 6670 St. Ingbert-Rohrbach, (0 68 94) 5 75 83;
Universität, (06 81) 3 02 21 28

45. *v. Campenhausen,* Dr. Frhr. Axel, Professor,
Oppenbornstr. 5, 3000 Hannover 71, (05 11) 52 81 74;
Kirchenrechtliches Institut der EKD,
Goßlerstr. 11, 3400 Göttingen, (05 51) 5 77 11

46. *Carstens,* Dr. Karl, o. Professor,
Dechant-Kreiten-Str. 43, 5309 Meckenheim, (0 22 25) 24 55

47. *Czybulka,* Dr. Detlev, Privatdozent,
Viktor-Scheffel-Str. 18, 8000 München 40 oder Schmiedberg 12,
8901 Baindlkirch/Gemeinde Ried, (0 89) 48 30 41 oder
(0 82 02) 6 29;
Universität Augsburg, (08 21) 59 84 43

48. *Dagtoglou,* Dr. Prodromos, o. Professor,
Hippokrates Str. 33, Athen 144/Griechenland;
Universität Athen, 00 30/3 62 90 65

49. *Degenhart,* Dr. Christoph, Professor,
Stormstr. 3, 8500 Nürnberg 20, (09 11) 59 24 62;
Universität Münster, (02 51) 83 98 03

50. *Delbrück,* Dr. Jost, Professor,
Schoolredder 20, 2300 Kiel-Altenholz, (04 31) 32 25 58;
Universität, (04 31) 8 80 21 49

51. *Denninger,* Dr. Erhard, Universitätsprofessor,
Am Wiesenhof 1, 6240 Königstein 3, (0 61 73) 7 89 88;
Universität Frankfurt, (0 69) 7 98 26 54

52. *Dicke,* Dr. Detlev Christian, o. Professor,
Chrüzhubel 16, CH-3178 Bösingen;
Universität Freiburg/Schweiz

53. *Dittmann,* Dr. Armin, o. Professor,
Karl-Brennenstuhl-Str. 11, 7400 Tübingen 9, (0 70 71) 8 24 56;
Universität Hohenheim-Schloß, Postfach 70 05 62,
7000 Stuttgart 70, (07 11) 4 59-27 91

54. *Doehring,* Dr. Karl,o. Professor,
Mühltalstr. 117/3, 6900 Heidelberg, (0 62 21) 4 58 80;
Universität, (0 62 21) 54 74 54

55. *Dörr,* Dr. Dieter, Professor,
Heidenkopferdell 1, 6600 Saarbrücken, (06 81) 6 91 30;
Saarl. Rundfunk, Postfach 1050, 6600 Saarbrücken,
(06 81) 6 02-20 50

56. *Dolzer,* Dr. Dr. Rudolf, Professor,
Am Pferchelhang 4/1, 6900 Heidelberg, (0 62 21) 80 33 44;
Universität Mannheim, Postfach 10 34 62, 6800 Mannheim 1,
(06 21) 2 92 56 07/56 31

57. *Dreier,* Dr. Horst, Privatdozent,
Am Hölzlein 68, 8700 Würzburg, (09 31) 27 30 82;
Universität Würzburg, Domerschulstraße 16, 8700 Würzburg,
(09 31) 3 13 36

58. *Dreier,* Dr. Ralf, o. Professor,
Wilhelm-Weber-Str. 4, 3400 Göttingen, (05 51) 5 91 14;
Universität, (05 51) 39 73 84

59. *Dürig,* Dr. Günter, o. Professor,
Staufenstr. 9, 7400 Tübingen, (0 70 71) 8 25 08

60. *Eberle,* Dr. Carl-Eugen, Professor,
Kapellenstraße 68 a, 6200 Wiesbaden, (06 11) 52 04 68;
ZDF, Postfach 4040, 6500 Mainz 1, (0 61 31) 70-41 00

61. *Ebsen,* Dr. Ingwer, Professor,
Schürbusch 41, 4400 Münster, (02 51) 7 18 09 88;
Universität Münster, (02 51) 83 27 18

62. *Ehlers,* Dr. Dirk, Professor,
Am Mühlenbach 14, 4403 Senden, (0 25 97) 84 15;
Westfälische Wilhelms-Universität, Institut für Wirtschaftsverwaltungsrecht, Universitätsstr. 14–16, 4400 Münster,
(02 51) 83 27 01

63. *Ehmke,* Dr. Horst, o. Professor,
Bundeshaus, 5300 Bonn 1, (02 28) 16 34 29 oder 16 48 34

64. *Eichenberger,* Dr. Dr. h. c. Kurt, o. Professor,
Bärenbrunnenweg 4, CH-4144 Arlesheim b. Basel,
(0 61) 7 01 33 86

65. *Erbel,* Dr. Günter, Professor,
Burbacher Str. 10, 5300 Bonn 1;
Universität, (02 28) 73 55 83

66. *Erbguth,* Dr. Wilfried, Professor,
Kellermannstr. 21, 4400 Münster, (02 51) 2 51 48;
Ruhr-Universität Bochum, Juristische Fakultät,
Universitätsstr. 150, 4630 Bochum 1, (02 34) 7 00 52 52/62

67. *Erichsen,* Dr. Hans-Uwe, o. Professor,
Falkenhorst 17, 4400 Münster-Str. Mauritz, (02 51) 3 13 12;
Universität Münster, (02 51) 83 27 41

68. *Ermacora,* Dr. Felix, o. Universitätsprofessor,
Karl-Lueger-Ring, A-1010 Wien I, (02 22) 42 76 11;
Universität, (02 22) 43 00 31 45, Schottenbastei 10–16

69. *Faber,* Dr. Heiko, Professor,
Wunstorfer Str. 1, 3007 Gehrden 1, (0 51 08) 22 34;
Universität Hannover, (05 11) 4 73 82 06

70. *Fastenrath,* Dr. Ulrich, Universitätsprofessor,
Kyreinstr. 6, 8000 München 70;
Universität Köln, Gottfried-Keller-Str. 2, 5000 Köln 41,
(02 21) 4 70 38 34

71. *Fiedler,* Dr. Wilfried, o. Professor,
Auf dem Löbel 1, 6602 Saarbrücken-Dudweiler,
(0 68 97) 76 64 01; Universität, (06 81) 3 02 32 00

72. *Fleiner-Gerster,* Dr. Dr. h. c. Thomas, o. Professor,
Le Riedelet 9, CH-1723 Marly FR, (0 37) 46 12 61;
Institut für Föderalismus, Universität Freiburg i. Ue.,
Miséricorde, CH-1700 Freiburg, (0 37) 21 95 91

73. *Folz,* Dr. Hans-Ernst, Professor,
Bispinger Weg 11, 3000 Hannover 61,
(05 11) 57 57 19 u. 56 28 92;
Universität Hannover, Fachbereich Rechtswissenschaften,
Hanomagstr. 8, 3000 Hannover 91, (05 11) 4 49 82 48/49

74. *Frank,* Dr. Götz, Professor,
Cäcilienplatz 4, 2900 Oldenburg, (04 41) 7 56 89;
Universität, (04 41) 7 98-83 38 od. 83 35

75. *Friauf,* Dr. Karl Heinrich, o. Professor,
Eichenhainallee 17, 5060 Bergisch-Gladbach 1,
(0 22 04) 6 19 84

76. *Fröhler,* Dr. Ludwig, o. Universitätsprofessor,
Altebergerstr. 39, A-4010 Linz-Urfahr

77. *Fromont,* Dr. Dr. h. c. Michel, Professor,
2, rue Emile Faguet, 75014 Paris, (1) 45 41 76 48;
Universität Paris I Panthéon-Sorbonne,
12, place du Panthéon, 75231 Paris Cédex 05, (1) 46 34 97 32

78. *Frotscher,* Dr. Werner, Universitätsprofessor,
Habichtstalgasse 32, 3550 Marburg/Lahn, (0 64 21) 3 29 61;
Universität, Universitätsstr. 6, (0 64 21) 28 31 22

79. *Frowein,* Dr. Jochen A., o. Professor,
Berliner Str. 48, 6900 Heidelberg 1;
dienstl., (62 21) 4 82-1

80. *Funk,* Dr. Bernd-Christian, o. Professor,
Schönbrunngasse 46 a, A-8010 Graz, (03 16) 3 10 82;
Universität, (03 16) 3 80 33 66, 33 68

81. *Gallent,* DDr. Kurt, Professor, Obersenatsrat i. R.,
Pestalozzistr. 1/III, A-8010 Graz, (03 16) 77 89 62;
dienstl., (03 16) 7 30 54

82. *Gallwas,* Dr. Hans-Ullrich, Professor,
Hans-Leipelt-Str. 16, 8000 München 40, (0 89) 32 83 66;
Universität, (0 89) 21 80 62

83. *Göldner,* Dr. Detlef, Privatdozent,
Wilhelmshavener Str. 20, 2300 Kiel, (04 31) 8 16 44

84. *Görg,* Dr. Hubert, o. Professor,
Altenheim Söllner-Stift, 5064 Rösrath, (0 22 05) 25 40

85. *Goerlich,* Dr. Helmut, apl. Professor,
Brillkamp 13, 2000 Hamburg 63, (0 40) 5 38 59 91;
dienstl., (0 40) 38 07-21 25

86. *Götz,* Dr. Volkmar, o. Professor,
Geismarlandstr. 17 a, 3400 Göttingen, (05 51) 4 31 19;
Universität, (05 51) 39 73 91, 39 47 61

87. *Gornig,* Dr. Gilbert H., Professor,
Kaakweg 16 b, 3400 Göttingen, (05 51) 37 12 69;
Universität, (05 51) 39-46 61 od. 46 62

88. *Grabitz,* Dr. Eberhard, o. Professor,
Cosimaplatz 2, 1000 Berlin 41, (0 30) 8 52 21 36;
Universität, (0 30) 8 38 49 49

89. *Gramlich,* Dr. Ludwig, Privatdozent,
Setzweg 13, 8702 Veitshöchheim, (09 31) 9 37 40;
Universität, (09 31) 3 13 34

90. *Grawert,* Dr. Rolf, o. Professor,
Aloysiusstr. 28, 4630 Bochum 1, (02 34) 47 36 92;
Universität, (02 34) 7 00 28 09

91. *Grewe,* Dr. Dr. h. c. Wilhelm G., o. Professor,
Zum Kleinen Ölberg 28, 5330 Königswinter 41 (Thomasberg),
(0 22 44) 68 74;
dienstl., (02 28) 21 41 60

92. *Griller,* Dr. Stefan, Univ. Dozent,
Hungerbergstr. 11, 1190 Wien XIX, (2 22) 32 24 05;
Universität Wien

93. *Grimm,* Dr. Dieter, o. Professor, Bundesverfassungsrichter,
Bundesverfassungsgericht, Postfach 1771,
7500 Karlsruhe 1, (07 21) 14 92 20;
Universität Bielefeld, (05 21) 1 06 44 05

94. *Gröschner,* Dr. Rolf, Privatdozent,
Stormstr. 39, 8500 Nürnberg 20, (09 11) 59 14 08;
dienstl., (09 11) 53 02-3 29

95. *Grupp,* Dr. Klaus, Universitätsprofessor,
Stephanienufer 5, 6800 Mannheim 1, (06 21) 82 21 97;
Universität Saarbrücken, (06 81) 3 02 35 08

96. *Gusy,* Dr. Christoph, Professor,
Maiglöckchenweg 17, 6500 Mainz;
Universität Mainz, FB 03,
6500 Mainz, (0 61 31) 39 33 75

97. *Häberle,* Dr. Peter, o. Professor,
Universität Bayreuth, Universitätsstraße, Postfach 30 08,
8580 Bayreuth, (09 21) 55 29 47

98. *Häfelin,* Dr. Ulrich, o. Professor,
Müseliweg 1, CH-8049 Zürich, (01) 56 84 60

99. *Hänni,* Dr. Peter, Professor,
Stadtgraben 6, CH-3280 Murten, (0 37) 71 58 15;
Universität Freiburg i. Ue., Miséricorde, (0 37) 21 95 92

100. *Hahn,* Dr. Dr. h. c. Hugo J., LL. M. (Harvard), o. Professor,
Frankenstr. 63, 8700 Würzburg 1, (09 31) 28 42 86;
Universität, (09 31) 3 13 10

101. *Hailbronner,* Dr. Kay, o. Professor,
Toggenbühl, CH-8557 Fruthwilen, (0 72) 64 19 46;
Universität Konstanz, (0 75 31) 88 22 47

102. *Haller,* Dr. Herbert, a. o. Universitätsprofessor,
Felix-Mottl-Str. 48 Haus 2, A-1190 Wien, (02 22) 3 41 72 14;
Universität, (02 22) 34 75 41

103. *Haller,* Dr. Walter, o. Professor,
Burgstr. 264, CH-8706 Meilen, (01) 9 23 10 14;
Universität Zürich, (01) 2 57 20 51

104. *Hangartner,* Dr. Yvo, o. Professor,
Am Gozenberg 2, CH-9202 Gossau, (0 71) 85 15 11

105. *Haverkate,* Dr. Görg, Universitätsprofessor,
Klingenweg 26, 6900 Heidelberg, (0 62 21) 80 05 81;
Universität Heidelberg, (0 62 21) 54 77 23

106. *Heckel,* Dr. Martin, o. Universitätsprofessor,
Lieschingstr. 3, 7400 Tübingen, (0 70 71) 6 14 27;
Universität, (0 70 71) 29 29 71

107. *Hendler,* Dr. Reinhard, Universitätsprofessor,
Tulpenstr. 21, 3556 Weimar/Lahn-1, (0 64 21) 7 73 05;
Universität Marburg, Universitätsstraße 6, 3550 Marburg/L.,
(0 64 21) 28 31 32 oder 28 38 08

108. *Hengstschläger,* Dr. Johann, o. Universitätsprofessor,
Auf der Halde 16, A-4020 Linz, (07 32) 28 10 81;
Universität, (07 32) 24 68/401

109. *Henke,* Dr. Wilhelm, o. Professor,
Hohe-Rott-Weg 2, 3407 Gleichen-Gr. Lengden, (0 55 08) 530

110. *Herdegen,* Dr. Matthias, Professor,
Rainweg 60, 6900 Heidelberg, (0 62 21) 80 47 15;
Universität Bonn, Inst. für Öffentliches Recht, Juridicum,
Adenauerallee 24–42, 5300 Bonn

111. *Herrmann,* Dr. Günter, Professor,
Wankweg 13, 8959 Buching/Allgäu, (0 83 68) 16 96

112. *Herzog,* Dr. Roman, Professor,
Präsident des Bundesverfassungsgerichts,
Schloßbezirk 3, Postfach 17 71, 7500 Karlsruhe 1,
(07 21) 14 92 12; privat: (0 72 47) 2 26 28

113. *Hesse,* Dr. Dr. h. c. Dr. h. c. Konrad, o. Professor,
Schloßweg 29, 7802 Merzhausen, (07 61) 40 38 11;
Universität Freiburg, (07 61) 2 03 35 14

114. *Hettlage,* Dr. Karl-Maria, o. Professor,
Friedrich-Ebert-Str. 83, 5300 Bonn-Bad Godesberg,
(02 28) 36 42 61

115. *Heun,* Dr. Werner, Professor,
Von-Weichs-Str. 15, 5300 Bonn 1, (02 28) 61 28 86;
Universität Göttingen, (05 51) 39 46 35

116. *Frhr. v. d. Heydte,* Dr. jur., Dr. rer. pol. Friedrich-August,
o. Professor,
Hagschneiderweg 1, 8311 Aham-Vils, (0 87 44) 10 64

117. *Heyen,* Dr. Erk Volkmar, apl. Professor,
Maxburgstr. 25, 6730 Neustadt/Weinstraße, (0 63 21) 79 83;
Hochschule Speyer, (0 62 32) 91 03 46

118. *Hilf,* Dr. Meinhard, Universitätsprofessor,
Schelpsheide 12, 4800 Bielefeld 1, (05 21) 88 92 82;
Universität, (05 21) 1 06-44 22

119. *Hill,* Dr. Hermann, Professor,
Obere Rheinallee 8, 5407 Boppard/Rhein, (0 67 42) 29 93;
Hochschule für Verwaltungswissenschaften Speyer,
Freiherr-vom-Stein-Str. 2, 6720 Speyer, (0 62 32) 9 10–3 28

120. *Höhn,* Dr. Ernst, o. Professor,
Wiesenstr. 6, CH-9302 Kronbühl, (0 71) 25 51 46;
Hochschule St. Gallen

121. *Hoffmann,* Dr. Dr. h. c. Gerhard, o. Professor,
Ernst-Lemmer-Str. 10, 3550 Marburg 6-Wehrda,
(0 64 21) 8 16 45

122. *Hoffmann,* Dr. Hasso, o. Professor,
Christoph-Mayer-Weg 5, 8700 Würzburg, (09 31) 8 73 88;
Universität, (09 31) 3 13 36

123. *Hoffmann-Riem,* Dr. Wolfgang, Professor,
Kätnerweg 24, 2000 Hamburg 65, (0 40) 6 40 24 78;
Universität, (0 40) 41 23 54 16

124. *Hollerbach,* Dr. Alexander, o. Professor,
Parkstr. 8, 7806 March-Hugstetten, (0 76 65) 22 51;
Universität Freiburg, (07 61) 2 03 35 35

125. *Hoppe,* Dr. Werner, o. Professor,
Erphostr. 36, 4400 Münster, (02 51) 39 18 99;
dienstl., (02 51) 83 27 03

126. *Hotz,* Dr. Reinhold, Privatdozent,
Rötelistr. 12, CH-9000 St. Gallen, (0 71) 28 44 96;
Hochschule St. Gallen, (0 71) 22 03 03

127. *Hufen,* Dr. Friedhelm, o. Professor,
Hauptstr. 96, 8417 Lappersdorf-Kareth b. Regensburg,
(09 41) 18 57; Universität Regensburg, (09 41) 9 43–26 08

128. *Ipsen,* Dr. Hans Peter, o. Professor,
Augustinum App. 1142, 2410 Mölln, (0 45 42) 81 31 42;
Tel. in Lüneburg, (0 41 31) 40 11 31

129. *Ipsen,* Dr. Jörn, o. Professor,
Luisenstr. 41, 4550 Bramsche, (0 54 61) 44 96;
Universität Osnabrück, (05 41) 6 08-61 58/61 69

130. *Ipsen,* Dr. Knut, o. Professor,
Nevelstr. 59, 4630 Bochum-Weitmar, (02 34) 43 12 66;
Universität, (02 34) 7 00 28 20

131. *Isensee,* Dr. Josef, o. Professor,
Meckenheimer Allee 150, 5300 Bonn 1, (02 28) 69 34 69;
Universität, (02 28) 73 79 83

132. *Jaag,* Dr. Tobias, Privatdozent,
Bahnhofstr. 22, CH-8022 Zürich, (01) 2 11 25 50

133. *Jaenicke,* Dr. Günther, Professor,
Waldstr. 13, 6906 Leimen b. Heidelberg, (0 62 24) 35 71;
(Universität Frankfurt)

134. *Jahrreiß,* Dr. jur., Dr. h. c. mult., Hermann, o. Professor,
Nasse-Str. 30, 5000 Köln 41, (02 21) 46 15 53;
Universität, (02 21) 4 70 22 66

135. *Jakob,* Dr. Wolfgang, o. Professor,
Wilhelmstr. 25, 8000 München 40, (0 89) 39 05 06;
(Universität Augsburg)

136. *Janssen,* Dr. Albert, Ministerialrat,
Kaiser-Friedrich-Str. 35, 3200 Hildesheim

137. *Jarass,* Dr. Hans D., LL.M (Harvard), o. Professor,
Baumhofstr. 37 d, 4630 Bochum 1, (02 34) 77 20 25;
Universität Bochum, Postfach 10 21 48, (02 34) 7 00 28 18

138. *Kästner,* Dr. Karl-Hermann, Privatdozent,
Alt-Rathausstr. 5, 7481 Bingen 1, (0 75 71) 32 23;
Universität Tübingen

139. *Kaiser,* Dr. jur., Dr. rer. pol. h. c. Joseph H., o. Professor,
Rothofweg, 7813 Staufen i. Br., (0 76 33) 57 28;
Universität Freiburg, (07 61) 2 03 35 67

140. *Karpen,* Dr. Ulrich, Professor,
Oldenfelder Str. 32, 2000 Hamburg 73 (Rahlstedt),
(0 40) 6 77 83 98;
Universität Hamburg, Seminar f. Öffentl. Recht und Staatsrecht,
Schlüterstr. 28, 2000 Hamburg 13, (0 40) 41 23-30 23 od. 45 72

141. *Kewenig,* Dr. Wilhelm, o. Professor,
Schumannstr. 8, 6000 Frankfurt/M. 1, (0 69) 74 93 13;
dienstlich: (0 69) 17 09 50

142. *Khol,* Dr. Andreas, Universitätsprofessor,
Cuviergasse 23, A-1130 Wien, (02 22) 84 15 73;
dienstl., (02 22) 83 15 31

143. *Kilian,* Dr. Michael, Privatdozent,
Kastanienweg 16, 7400 Tübingen

144. *Kimminich,* Dr. Otto, o. Professor,
Killermannstr. 6, 8400 Regensburg, (09 41) 3 28 54;
Universität, (09 41) 9 43 26 60

145. *Kipp,* Dr. Heinrich, Universitätsprofessor,
Lanserstr. 61, A-6080 Igls, (0 52 22) 72 09

146. *Kirchhof*, Dr. Ferdinand, o. Professor,
Panoramastr. 95, 7410 Reutlingen 1, (0 71 21) 4 02 81;
Juristische Fakultät der Universität Tübingen, Wilhelmstr. 7,
7400 Tübingen 1, (0 70 71) 29 25 61

147. *Kirchhof*, Dr. Paul, o. Professor, Bundesverfassungsrichter,
Am Pferchelhang 33/1, 6900 Heidelberg 1, (0 62 21) 80 14 47;
Universität, (0 62 21) 54 74 57

148. *Kirn*, Dr. Michael, o. Professor,
Rummelsburgerstr. 3, 2000 Hamburg 73, (0 40) 6 47 38 42;
Universität der Bundeswehr, (0 40) 65 41 27 82

149. *Kisker*, Dr. Gunter, Universitätsprofessor,
Waldstr. 74, 6301 Linden-Am Mühlberg, (0 64 03) 6 10 30;
Universität Gießen, (06 41) 7 02 50 25

150. *Klecatsky*, Dr. Hans R., Universitätsprofessor,
Reithmannstr. 20, A-6020 Innsbruck, (0 52 22) 46 76 74;
Universität Innsbruck, Innrain 80, A-6020 Innsbruck,
(0 52 22) 5 07 26 80

151. *Klein*, Dr. Eckart, o. Professor,
Ebersheimer Weg 35, 6500 Mainz, (0 61 31) 5 36 70

152. *Klein*, Dr. Hans Hugo, o. Professor, Bundesverfassungsrichter,
Heilbrunnstr. 4, 7507 Pfinztal-Söllingen, (0 72 40) 73 00;
Universität Göttingen, (05 51) 39 46 25

153. *Kloepfer*, Dr. Michael, o. Professor,
Sickingenstr. 16, 5500 Trier, (06 51) 4 19 32;
Universität, (06 51) 2 01-25 56

154. *Knemeyer*, Dr. Franz-Ludwig, o. Professor,
Unterdürrbacher Str. 353, 8700 Würzburg, (09 31) 9 61 18;
Universität, (09 31) 3 18 99

155. *Knies*, Dr. Wolfgang o. Professor,
Am Botanischen Garten 5, 6600 Saarbrücken 11, (06 81) 39 98 88;
Universität Saarbrücken, (06 81) 3 02 31 58

156. *Knöpfle*, Dr. Franz, o. Professor,
Höhenweg 22, 8901 Leitershofen;
Universität Augsburg, (08 21) 59 83 52

157. *Koch*, Dr. Hans-Joachim, Professor,
Wendlohstr. 80, 2000 Hamburg 61, (0 40) 5 51 88 04;
Universität, (0 40) 42 23 39 77

158. *König,* Dr. Dr. Klaus, Professor,
Wimphelingstr. 5, 6720 Speyer, (0 62 32) 59 01;
Freiherr-vom-Stein-Str. 2, 6720 Speyer, (0 62 32) 91 03 69

159. *Kopp,* Dr. Ferdinand O., o. Professor,
Innstr. 40, 8390 Passau

160. *Korinek,* Dr. Karl, o. Professor,
Auhofstr. 225, A-1130 Wien, (02 22) 8 20 91 53;
Universität, (02 22) 34 75 41

161. *Krause,* Dr. Peter, o. Professor,
Weinbergstr. 12, 5501 Korlingen, (0 65 88) 73 33;
(Universität Trier)

162. *Krawietz,* Dr. Werner, o. Professor,
Bispinghof 24/25, 4400 Münster;
Universität, (02 51) 83 25 91

163. *Krebs,* Dr. Walter, Professor,
Papenbusch 56, 4400 Münster, (02 51) 21 51 85;
Universität Münster, Inst. f. Öffentl. Recht u. Politik,
Universitätsstr. 14–16, 4400 Münster, (02 51) 83 27 61

164. *Kreßel,* Dr. Eckhard, Privatdozent,
Spiegelstr. 1, 8700 Würzburg;
Universität, (09 31) 3 13 05

165. *Kriele,* Dr. Martin, o. Professor,
Richard-Wagner-Str. 10, 5090 Leverkusen 1, (02 14) 5 15 64;
Universität Köln, (02 21) 4 70 22 30

166. *Kröger,* Dr. Klaus, Universitätsprofessor,
Hölderlinweg 14, 6300 Gießen-Wieseck, (06 41) 5 22 40

167. *Krüger,* Dr. Hartmut, Professor,
Sielsdorfer Str. 10, 5000 Köln 41, (02 21) 43 49 27;
Universität Köln, (02 21) 4 70 45 00

168. *Küchenhoff,* Dr. Erich, Professor,
Dachsleite 65, 4400 Münster, (02 51) 24 72 71;
Universität, (02 51) 83 27 06/05

169. *Kühne,* Dr. Jörg-Detlef, Professor,
Münchhausenstr. 2, 3000 Hannover 61, (05 11) 55 65 63;
Universität Hannover, Hanomagstr. 8, 3000 Hannover 91,
(05 11) 4 49 82 25/6

170. *Kunig*, Dr. Philip, Professor,
Wildpfad 5, 1000 Berlin 33;
Institut f. Staatslehre, Staats- und Verwaltungsrecht,
Thielallee 52, 1000 Berlin 33, (0 30) 8 38 30 11

171. *Lange*, Dr. Klaus, Universitätsprofessor,
Lilienweg 22, 6302 Lich, (0 64 04) 56 81;
Universität Gießen, (06 41) 7 02 50 19

172. *Laubinger*, Dr. Hans-Werner, Professor,
Philipp-Wasserburg-Str. 45, 6500 Mainz-Gonsenheim,
(0 61 31) 4 31 91;
Universität Mainz, Saarstr. 21, (0 61 31) 39 59 42

173. *Laurer*, DDr. Hans René, Universitätsprofessor,
Scheffergasse 27 a, A-2340 Mödling, (0 26 36) 2 04 02;
Universität Wien, (02 22) 34 75 44/419

174. *Lecheler*, Dr. Helmut, o. Professor,
Würzburger Str. 10 d, 8600 Bamberg, (09 51) 5 41 46;
Universität Erlangen, (09 31) 85 47 81, 85 47 94

175. *Leisner*, Dr. Walter, o. Professor,
Pienzenauerstr. 99, 8000 München 81, (0 89) 98 94 05;
Universität Erlangen, (0 91 31) 85 22 60

176. *Lerche*, Dr. Peter, o. Professor,
Junkerstr. 13, 8035 Gauting b. München, (0 89) 8 50 20 88;
Universität München, (0 89) 21 80 33 35

177. *Link*, Dr. Heinz-Christoph, Professor,
Hindenburgstr. 47, 8520 Erlangen, (0 91 31) 20 93 35;
Hans-Liermann-Institut für Kirchenrecht, Hindenburgstr. 34,
8520 Erlangen, (0 91 31) 85 22 42

178. *Lipphardt*, Dr. Hanns-Rudolf, apl. Professor,
Auf der Weide 7, 6900 Heidelberg, (0 62 21) 38 23 12;
dienstl., (0 62 21) 41 03 21

179. *Listl*, Dr. Joseph, o. Professor,
Universitätsstr. 10, 8900 Augsburg, (08 21) 59 87 20 od.
59 87 30

180. *Löwer*, Dr. Wolfgang, Professor,
Lotharstr. 3, 3500 Bonn 1, (02 28) 21 82 73

181. *Lorenz*, Dr. Dieter, o. Professor,
Bohlstr. 21, 7750 Konstanz 18, (0 75 33) 68 22;
Universität, (0 75 31) 88 25 30

182. *Loschelder,* Dr. Wolfgang, Professor,
An der Alten Kirche 8, 5205 St. Augustin 3, (0 22 41) 31 23 16;
Universität Bochum, (02 34) 7 00 52 63/7

183. *Luchterhandt,* Dr. Otto, Privatdozent,
Dürerweg 23, 4010 Hilden;
Universität Köln, Institut für Ostrecht, Ubierring 53,
5000 Köln 1, (02 21) 31 51 10

184. *Lübbe-Wolff,* Dr. Gertrude, Privatdozentin,
Kollwitzstr. 55, 4800 Bielefeld, (05 21) 88 26 59;
Fakultät f. Rechtswissenschaft d. Universität Bielefeld,
4800 Bielefeld, (05 21) 10 64 40

185. *Lücke,* Dr. Jörg, Professor,
Körnerstr. 5 A, 5300 Bonn, (02 28) 35 61 10;
Universität Hamburg, (0 40) 41 23 32 94

186. *Magiera,* Dr. Siegfried, o. Professor,
Feuerbachstr. 1, 6725 Römberg, (0 62 32) 8 44 54;
Hochschule für Verwaltungswissenschaften Speyer, Freiherr-vom-Stein-Str. 2, 6720 Speyer, (0 62 32) 91 03 48 od. 91 03 31

187. *Majer,* Dr. Diemut, Professorin, Privatdozentin an der Universität Bern, Welfenstr. 30, 7500 Karlsruhe, (07 21) 81 65 50 oder (78 41) 41 12; Fachhochschule des Bundes für öff. Verw. — Fachbereich Bundeswehrverw. — Seckenheimer Landstr. 8–10, 6800 Mannheim 25, (06 21) 40 80 91

188. *v. Mangoldt,* Dr. Hans, Professor,
Goetheweg 1, 7401 Nehren, (0 74 73) 79 08;
Universität Tübingen, (0 70 71) 29 33 02

189. *Mantl,* Dr. Wolfgang, o. Universitätsprofessor,
Wiener Str. 256/XI/33m, A-8051 Graz, (03 16) 6 13 06;
Universität, (03 16) 3 80 33 70

190. *Marti,* Dr. Hans, a. o. Professor,
Waldriedstr. 29, CH-3074 Bern, (0 31) 52 12 66;
dienstl., (0 31) 22 16 83

191. *Maunz,* Dr. Theodor, o. Professor,
Hartnagelstr. 3, 8032 Gräfelfing b. München, (0 89) 8 54 39 85;
Universität München

192. *Maurer,* Dr. Hartmut, o. Professor,
Säntisblick 10, 7750 Konstanz 19, (0 75 33) 13 12;
Universität, (0 75 31) 88 36 57

193. *Mayer-Tasch*, Dr. Peter Cornelius, Professor,
Am Seeberg 11, 8919 Schondorf, (0 81 92) 6 68;
Universität München, (0 89) 21 80 30 20/1

194. *Meessen*, Dr. Karl Matthias, Professor,
Zobelstr. 18, 8900 Augsburg, (08 21) 55 59 89;
Universität, (08 21) 59 84 79/2 55

195. *Meissner*, Dr. Boris, o. Professor,
Kleine Budengasse 1, 5000 Köln 1, (02 21) 23 97 54

196. *Melichar*, Dr. Erwin, o. Universitätsprofessor,
Schulerstr. 20, A-1010 Wien;
Universität, (02 22) 5 13 12 70

197. *Menger*, Dr. Christian-Friedrich, o. Professor,
Piusallee 109, 4400 Münster, (02 51) 2 30 33 15;
Universität, (02 51) 83 27 41

198. *Merten*, Dr. iur. Dr. rer. pol. Detlef, o. Professor,
Von-Dalberg-Str. 8, 6731 St. Martin, (0 63 23) 18 75;
Hochschule Speyer, (0 62 32) 91 03 49

199. *Meyer*, Dr. Hans, Universitätsprofessor,
Georg-Speyer-Str. 28, 6000 Frankfurt/M., (0 69) 7 98 38 63

200. *Meyn*, Dr. Karl-Ulrich, Professor,
Leyer Str. 36, 4500 Osnabrück, (05 41) 12 64 82;
Universität, (05 41) 6 08–61 36/61 72

201. *Mößle*, Dr. Dr. Wilhelm, o. Professor,
Schwindstr. 19, 8580 Bayreuth,
Universität, (09 21) 55 28 66

202. *Mössner*, Dr. Jörg Manfred, Professor,
Hinterm Vogelherd 28 A, 2070 Ahrensburg, (0 41 02) 5 30 90;
Universität Osnabrück, (05 41) 6 08 61 61

203. *Morscher*, Dr. Siegbert, Universitätsprofessor,
Tschiggyfreystr. 11 a, A-6020 Innsbruck, (0 52 22) 8 62 10

204. *Mosler*, Dr. Dr. h. c. Hermann, Professor,
Mühltalstr. 117 a, 6900 Heidelberg, (0 62 21) 48 00 82

205. *Müller*, Dr. Georg, o. Professor,
Sugenreben 356, CH-5015 Untererlinsbach, (0 64) 34 38 73;
Universität Zürich, (01) 2 57 30 03/4

206. *Müller*, Dr. Jörg Paul, o. Professor,
Kappelenring 42 a, CH-3032 Hinterkappelen, (0 31) 36 05 70;
Universität Bern, (0 31) 65 88 94/5

207. *Müller-Volbehr,* Dr. Jörg, Universitätsprofessor,
Universitätsstr. 6, 3550 Marburg;
Universität, (0 64 21) 28 38 10

208. *Münch,* Dr. Fritz, apl. Professor,
Jasperstr. 2, 6900 Heidelberg, (0 62 21) 38 83 87;
Max-Planck-Institut, (0 62 21) 48 21

209. *v. Münch,* Dr. Ingo, Professor,
Hochrad 9, 2000 Hamburg 52, (0 40) 82 96 24;
Universität, (0 40) 41 23 46 01

210. *Murswiek,* Dr. Dietrich, Universitätsprofessor,
Hainbundstr. 12, 3400 Göttingen, (05 51) 4 10 81;
Universität Freiburg, (07 61) 2 03-34 31 od. 35 09

211. *Mußgnug,* Dr. Reinhard, o. Professor,
Keplerstr. 40, 6900 Heidelberg, (0 62 21) 4 62 22;
Universität, (0 62 21) 54 74 66

212. *v. Mutius,* Dr. Albert, o. Professor,
Hof Altwasser, 2372 Brekendorf, (0 43 53) 5 15;
Universität Kiel, (04 31) 8 80 35 36

213. *Nicolaysen,* Dr. Gert, Professor,
Bockhorst 68 a, 2000 Hamburg 55, (0 40) 8 70 17 47;
Universität, (0 40) 41 23 45 88

214. *Nierhaus,* Dr. Michael, Professor,
Am Moosberg 1 c, 5000 Köln 50, (0 22 36) 6 36 29;
Universität Konstanz, Postfach 55 60,
7750 Konstanz 1, (0 75 31) 88 27 55 od. 26 73

215. *Novak,* Dr. Richard, o. Professor,
Thadd. Stammel-Str. 8, A-8020 Graz, (03 16) 5 35 16;
Universität, (03 16) 3 80 33 71

216. *Oberndorfer,* Dr. Peter, o. Professor,
Wolfauerstr. 94, A-4045 Linz, (07 22) 34 96 94

217. *Oebbecke,* Dr. Janbernd, Privatdozent,
Kronacher Weg 36, 4000 Düsseldorf;
dienstl., (02 11) 65 20 45 (Landkreistag NW)

218. *Öhlinger,* Dr. Theo, o. Universitätsprofessor,
Tolstojgasse 5/6, A-1130 Wien, (02 22) 82 12 60;
Universität, (02 22) 4 01 03 31 34, Schottenbastei 10–16,
A-1010 Wien

219. *Oldiges,* Dr. Martin, Professor,
Am Vossberge 6, 4800 Bielefeld, (05 21) 12 18 32;
Universität, (05 21) 1 06 43 99

220. *Olshausen,* Dr. Henning, o. Professor,
Johann-Fesser-Str. 10, 6710 Frankenthal, (0 62 33) 2 05 04;
Universität Mannheim, (06 21) 2 92-55 97/56 31

221. *Oppermann,* Dr. Dr. h. c. Thomas, o. Professor,
Burgholzweg 122, 7400 Tübingen, (0 70 71) 4 95 33;
Universität, (0 70 71) 29 25 60

222. *Ossenbühl,* Dr. Fritz, Professor,
Im Wingert 12, 5309 Meckenheim, (0 22 25) 1 74 82;
Universität Bonn, (02 28) 73 55 72/3

223. *Osterloh,* Dr. Lerke, Universitätsprofessorin,
Fortunatusstr. 12, 5500 Trier-Ruwer, (06 51) 5 27 17;
Universität Trier, Postfach 38 25, 5500 Trier, (06 51) 2 01 25 77

224. *Papier,* Dr. Hans-Jürgen, o. Professor,
Neusiedler Weg 14, 4904 Enger, (0 52 24) 52 02;
Universität Bielefeld, (05 21) 1 06 43 98

225. *Partsch,* Dr. Karl Josef, o. Professor,
Frankenstr. 10, 6507 Ingelheim, (0 61 32) 22 64;
Universität Bonn

226. *Peine,* Dr. Franz-Joseph, Professor,
Telgter Str. 48, 4800 Bielefeld 1, (05 21) 10 53 25;
Universität Hannover, Hanomagstr. 8, 3000 Hannover 91,
(05 11) 4 49 82 27 od. 4 49 82 08

227. *Pernice,* Dr. Ingolf, Privatdozent,
17, dreve des deux Moutiers, B-1160 Brüssel,
(0 03 22) 6 60 30 79

228. *Pernthaler,* Dr. Peter, o. Universitätsprofessor,
Philippine-Welser-Str. 27, A-6020 Innsbruck, (0 52 22) 41 82 84;
Universität Innsbruck, Innrain 80, A-6020 Innsbruck,
(0 52 22) 5 07 26 70

229. *Graf von Pestalozza,* Dr. Christian, o. Professor,
dienstl.: Thielallee 52, 1000 Berlin 33, (0 30) 8 38 30 14

230. *Petersmann,* Dr. Ernst-Ulrich, o. Professor,
Hochschule St. Gallen, Bodanstr. 4, CH-9000 St. Gallen,
(0 71) 30 24 46

231. *Pieroth,* Dr. Bodo, Universitätsprofessor,
Am Krappen 23, 3550 Marburg, (0 64 21) 3 63 14;
Universität Marburg, (0 64 21) 28 31 23/8

232. *Pietzcker,* Dr. Jost, Professor,
Hausdorffstr. 95, 5300 Bonn, (02 28) 23 39 54;
Universität, (02 28) 73 91 77

233. *Pirson,* Dr. Dr. Dietrich, o. Professor,
Brunnenanger 15, 8110 Seehausen bei Murnau, (0 88 41) 4 78 68;
Universität, (0 89) 21 80 27 15

234. *Pitschas,* Dr. Rainer, o. Universitätsprofessor,
Marktstr. 35, 6740 Landau/Pf., (0 63 41) 8 88 29;
Hochschule für Verwaltungswissenschaften Speyer,
6720 Speyer, (0 62 32) 91 03 26/3 21

235. *Podlech,* Dr. Dr. Adalbert, Universitätsprofessor,
Sandbergstraße 68, 6100 Darmstadt;
TH Darmstadt, Hochschulstr. 1, 6100 Darmstadt, (0 61 51) 1 60

236. *Püttner,* Dr. Günter, o. Professor,
Mörikestr. 21, 7400 Tübingen, (0 70 71) 29 52 62 oder 29 52 63

237. *Quaritsch,* Dr. Helmut, o. Professor,
Otterstadter Weg 139, 6720 Speyer, (0 62 32) 3 26 37;
Hochschule, (0 62 32) 9 10–3 44

238. *Rack,* Dr. Reinhard, a. o. Universitätsprofessor,
Obere Teichstr. 19, A-8010 Graz, (03 16) 43 88 42;
Universität, (03 16) 3 80 33 73

239. *Randelzhofer,* Dr. Albrecht, o. Professor,
Van't-Hoff-Str. 8, 1000 Berlin 33, (0 30) 8 38 22 88

240. *Raschauer,* Dr. Bernhard, a. o. Universitätsprofessor,
Pfeilgasse 7, A-1080 Wien, (02 22) 4 39 43 02;
Univ., (02 22) 43 00 31 23, Schottenbastei 10–16, A-1010 Wien

241. *Rasenack,* Dr. Christian A.L., Professor,
Taunusstr. 8, 1000 Berlin 49, (0 30) 7 45 25 43;
Techn. Universität, (0 30) 31 42 58 74/75

242. *Rauschning,* Dr. Dietrich, o. Professor,
Rodetal 1, 3406 Bovenden, (0 55 94) 3 31;
Universität Göttingen, Platz der Göttinger Sieben 5,
3400 Göttingen, (05 51) 39 47 51

243. *Rengeling,* Dr. Hans-Werner, Professor,
Langeworth 143, 4400 Münster, (02 51) 21 20 38;
Universität Osnabrück, Martinistr. 8, 4500 Osnabrück,
(05 41) 6 08 45 05

244. *Ress,* Dr. jur. Dr. rer, pol. Georg, o. Professor,
Am Botanischen Garten 6, 6600 Saarbrücken, (06 81) 3 02 30 55;
Universität, (06 81) 3 02 25 03

245. *Rhinow,* Dr. René A., o. Professor,
Jurastr. 48, CH-4411 Seltisberg, (61) 96 99 35;
Universität Basel, (0 61) 25 52 77

246. *Riedel,* Dr. Eibe H., Universitätsprofessor,
Weintrautstr. 14, 3550 Marburg, (0 64 21) 2 36 19;
Institut f. öffentl. Recht, Abt. Völkerrecht,
Philipps-Universität Marburg, Universitätsstr. 6,
2550 Marburg, (0 64 21) 28 31 33 oder 28 31 27

247. *Rill,* Dr. Heinz Peter, o. Universitätsprofessor,
Peter-Jordan-Str. 145, A-1180 Wien, (02 22) 4 75 76 15;
Wirtschaftsuniversität, (02 22) 34 75 41/2 64

248. *Ringhofer,* Dr. Kurt, o. Universitätsprofessor,
Eduard-Macheiner-Str. 23, A-5020 Salzburg, (06 62) 84 47 67

249. *Robbers,* Dr. Gerhard, Universitätsprofessor,
Dagobertstr. 17, 5500 Trier, (06 51) 5 37 10;
Universität Trier, Postfach 38 25, 5500 Trier, (06 51) 2 01 25 42

250. *Roellecke,* Dr. Gerd, o. Professor,
Kreuzackerstr. 8, 7500 Karlsruhe 41, (07 21) 49 17 39;
Universität Mannheim, (06 21) 2 92 51 86

251. *Ronellenfitsch,* Dr. Michael, o. Professor,
Augusta-Anlage 15, 6800 Mannheim 1, (06 21) 41 23 34;
Universität Berlin, Boltzmannstr. 3, 1000 Berlin 41,
(0 30) 8 38 47 06/47 20

252. *Rudolf,* Dr. Walter, o. Professor,
Rubensallee 55 a, 6500 Mainz 31, (0 61 31) 7 26 51;
Universität, (0 61 31) 39 24 12

253. *Rüfner,* Dr. Wolfgang, Professor,
Hagebuttenstr. 26, 5309 Meckenheim, (0 22 25) 71 07;
Universität Köln, (02 21) 4 70 26 79 oder 4 70 37 77

254. *Ruland,* Dr. Franz, Professor,
Kälberstücksweg 55, 6380 Bad Homburg, (0 61 72) 3 11 09;
Universität Frankfurt a. M., (0 69) 1 52 22 19

255. *Rupp,* Dr. Hans Heinrich, o. Professor,
Am Marienpfad 29, 6500 Mainz, (0 61 31) 3 45 88

256. *Sachs,* Dr. Michael, Universitätsprofessor,
Dattenfelder Str. 7, 5000 Köln 91, (02 21) 84 46 57;
Universität Augsburg, Eichleitnerstr. 30, 8900 Augsburg,
(08 21) 598/429

257. *Saladin,* Dr. Peter, o. Professor,
Forrerstr. 26, CH-3006 Bern;
Universität Bern, (0 31) 44 80 06

258. *Salzwedel,* Dr. Jürgen, o. Professor,
Siebengebirgsstr. 86, 5300 Bonn 3, (02 28) 48 17 10;
Universität, (02 28) 73 55 80

259. *Sattler,* Dr. Andreas, Professor,
Ludwig-Beck-Str. 17, 3400 Göttingen, (05 51) 2 23 40;
Universität, (05 51) 39 73 77 u. 39 73 93

260. *Schachtschneider,* Dr. Karl Albrecht, o. Professor,
Hubertusstraße 6, 8500 Nürnberg 20, (09 11) 59 94 36;
Universität Erlangen-Nürnberg, (09 11) 5 30 23 29

261. *Schäffer,* Dr. Heinz, o. Universitätsprofessor,
Große Neugasse 6/14, A-1040 Wien, (92 22) 5 76 96 73;
Universität Salzburg, Weiserstr. 22,
A-5020 Salzburg, (06 62) 4 45 11/3 34

262. *Schambeck,* Dr. Herbert, o. Universitätsprofessor,
Hofzeile 21, A-1190 Wien, (02 22) 36 34 94;
Universität Linz, (07 32) 24 68/4 24

263. *Schenke,* Dr. Wolf-Rüdiger, o. Professor,
Beim Hochwald 30, 6800 Mannheim, (06 21) 74 42 00;
Universität, (06 21) 2 92 52 14

264. *Scherer,* Dr. Joachim, LL.M., Privatdozent,
Privatweg 9, 6104 Seeheim-Jugenheim, (0 62 57) 23 14;
Sozietät Döser Amereller Noack (Baker & McKenzie),
Bethmannstr. 50–54, 6000 Frankfurt a. M. 1, (0 69) 29 90 80

265. *Scheuing,* Dr. Dieter H., o. Professor,
Finkenstr. 17, 8706 Höchberg b. Würzburg, (09 31) 4 83 31;
Universität Würzburg, (09 31) 3 13 24

266. *Schick,* Dr. Walter, o. Professor,
Strindbergstr. 27, 8500 Nürnberg, (09 11) 50 14 22;
Universität, (09 11) 5 30 23 53

267. *Schiedermair,* Dr. Hartmut, o. Professor,
Universität Köln, Gottfried-Keller-Str. 2,
5000 Köln 41, (02 21) 4 70 23 64

268. *Schindler,* Dr. Dietrich, Professor,
Lenzenwiesstr. 8, CH-8702 Zollikon, (01) 3 91 41 40;
Universität Zürich, (01) 3 91 71 18

269. *Schlaich,* Dr. Klaus, o. Professor,
Wolkenburgstr. 2, 5205, St. Augustin 1, (0 22 41) 33 75 09;
Universität Bonn, (02 28) 73 91 25

270. *Schlink,* Dr. Bernhard, Professor,
Endenicher Allee 16, 5300 Bonn 1, (02 28) 65 23 58;
Universität Bonn, (02 28) 73 55 74

271. *Schmid,* Dr. Gerhard, Professor,
Hochwaldstr. 24, CH-4059 Basel, (0 61) 3 31 84 25;
dienstl., (0 61) 3 24 78 30

272. *Schmidt,* Dr. Reiner, o. Professor,
Bachwiesenstr. 4, 8901 Gessertshausen, (0 82 38) 41 11;
Universität Augsburg, (08 51) 59 84 43

273. *Schmidt,* Dr. Walter, Universitätsprofessor,
Brüder-Knauß-Str. 86, 6100 Darmstadt, (0 61 51) 6 47 10;
Universität Frankfurt, (0 69) 7 98 21 89

274. *Schmidt-Aßmann,* Dr. Eberhard, o. Professor,
Höhenstr. 30, 6900 Heidelberg, (0 62 21) 80 08 03;
Universität, (0 62 21) 54 74 28

275. *Schmidt-Jortzig,* Dr. Edzard, Professor,
Graf-Spee-Str. 18 a, 2300 Kiel 1;
Universität, (04 31) 8 80-35 45

276. *Schmitt Glaeser,* Dr. Walter, o. Professor,
Rübezahlweg 9 A, 8580 Bayreuth, (09 21) 3 20 70;
Universität, (09 21) 55 29 42

277. *Schmitt-Kammler,* Dr. Arnulf, Professor,
Renthof 33, 3550 Marburg/Lahn, (0 64 21) 6 49 02;
Universität Köln, (02 21) 4 70 35 44 oder 4 70 35 00

278. *Schnapp,* Dr. Friedrich E., o. Professor,
Efeuweg 22, 4630 Bochum 6, (0 23 27) 7 42 13;
Universität Bochum, (02 34) 7 00 22 39

279. *Schneider,* Dr. Hans, o. Professor,
Ludolf-Krehl-Str. 44, 6900 Heidelberg, (0 62 21) 48 03 81

280. *Schneider,* Dr. Hans-Peter, Professor,
Echternfeld 16, 3000 Hannover 51, (05 11) 65 08 58;
Universität, (05 11) 7 62 81 85/6

281. *Schneider,* Dr., Litt. D. h. c. Peter, o. Professor,
Goldenluftgasse 4, 6500 Mainz, (0 61 31) 22 32 73

282. *Schnur,* Dr. Roman, o. Professor,
Lindenstr. 49, 7409 Rottenburg 5, (0 74 72) 2 22 24;
Universität Tübingen

283. *Schoch,* Dr. Friedrich, Universitätsprofessor,
In der Weede 116, 4400 Münster, (0 25 36) 64 86;
dienstl.: Westf. Wilhelms-Universität,
4400 Münster, (02 51) 83 27 45

284. *Scholler,* Dr. Heinrich, Professor,
Zwengauerweg 5, 8000 München 71, (0 89) 79 64 24;
Universität, (0 89) 21 80 27 24

285. *Scholz,* Dr. Rupert, o. Professor,
Erbacher Str. 1, 1000 Berlin 33, (0 30) 8 91 17 99;
Universität München, (0 89) 21 80 21 13

286. *Schröder,* Dr. Meinhard, o. Professor,
Zum Wingert 2, 5501 Mertesdorf, (06 51) 5 78 87;
Universität Trier, (06 51) 2 01 25 86

287. *Schulze-Fielitz,* Dr. Helmuth, Professor,
Drosselbartstr. 8, 8000 München 83, (0 89) 6 01 04 69;
Universität der Bundeswehr München, Werner-Heisenberg-Weg 39, 8014 Neubiberg, (0 89) 60 04 42 40 oder 42 39

288. *Schuppert,* Dr. Gunnar Folke, Professor,
Beethovenstr. 1, 8900 Augsburg, (08 21) 15 12 71;
Universität Augsburg, Eichleitner Str. 30, 8900 Augsburg,
(08 21) 59 81

289. *Schwabe,* Dr. Jürgen, Professor,
Erlenweg 1, 2150 Buxtehude, (0 41 61) 8 71 41;
Universität Hamburg, (0 40) 41 23 44 54

290. *Schwarze,* Dr. Jürgen, o. Professor,
Universität Freiburg, Institut für Öffentliches Recht,
Europaplatz 1, 7800 Freiburg/Br., (07 61) 203–3567

291. *Schweitzer,* Dr. Michael, Professor,
Göttweiger Str. 135, 8390 Passau;
Universität, (08 51) 5 50 55 47

292. *Schweizer,* Dr. Rainer J., o. Professor,
Jubiläumstr. 33, CH-3005 Bern, (0 31) 43 57 58;
Hochschule St. Gallen, Tigerbergstr. 21, CH-9000 St. Gallen,
(0 71) 22 34 30

293. *Schwerdtfeger,* Dr. Gunther, Universitätsprofessor,
Hülsebrinkstr. 23, 3015 Wennigsen 1/Deister, (0 51 03) 13 11;
Universität Hannover, Fachbereich Rechtswissenschaften,
Hanomagstr. 8, (05 11) 4 49 82 80

294. *Seewald,* Dr. Otfried, o. Professor,
Peter-Griesbacher-Weg 11, 8390 Passau, (08 51) 3 51 45;
Universität, (08 51) 50 91 58 und 60 91 59

295. *Seidl-Hohenveldern,* Dr. Dr. h. c. Ignaz, o. Professor,
A-1010 Wien I, Schwertgasse 4, (0 04 32 22) 5 33 15 60

296. *Selmer,* Dr. Peter, Professor,
Akazienweg 9, 2000 Hamburg 55, (0 40) 86 47 43;
Universität, (0 40) 41 23 45 76

297. *Siedentopf,* Dr. Dr. h. c. Heinrich, o. Professor,
Hauptstr. 170, 6740 Landau-Godramstein, (63 41) 6 07 57;
Hochschule Speyer, (0 62 32) 9 10–2 12

298. *v. Simson,* Dr. Werner, o. Professor,
Luisenstr. 3, 7800 Freiburg, (07 61) 3 58 63

299. *Skouris,* Dr. Wassilos, Professor,
Nikolaou Manou 18, 54643 Thessaloniki, Griechenland,
(00 30 31) 83 14 44;
Fachber. Rechtswissensch., (00 30 31) 99 13 89

300. *Söhn,* Dr. Hartmut, o. Professor,
Eppanerstr. 9, 8390 Passau, (08 51) 5 85 20;
Universität Passau, (08 51) 50 91 92

301. *Soell,* Dr. Hermann, o. Professor,
Domspatzenstr. 34, 8419 Nittendorf-Etterzhausen, (0 94 04)
21 25; Universität Regensburg, (09 41) 9 43-26 56 od. 26 57

302. *Staff,* Dr. Ilse, Universitätsprofessorin,
Am Forum 4, 6233 Kelkheim, (0 61 95) 33 08;
dienstl., (0 69) 7 98 29 91

303. *Starck,* Dr. Christian, o. Professor,
Schlegelweg 10, 3400 Göttingen, (05 51) 5 54 54;
dienstl.: Universität Göttingen, Juristisches Seminar,
Platz der Göttinger Sieben 6, 3400 Göttingen, (05 51) 39 74 12

304. *Steiger,* Dr. Heinhard, Universitätsprofessor,
Oberhof 16, 6307 Linden, (06 41) 2 32 52;
Universität Gießen, (06 41) 7 02 50 30

305. *Stein,* Dr. Ekkehart, Professor,
Jakob-Burckhardt-Str. 49, 7750 Konstanz, (0 75 31) 6 32 57;
Universität, (0 75 31) 88 23 29

306. *Stein,* Dr. Torsten, apl. Professor,
Ludolf-Krehl-Str. 1 b, 6900 Heidelberg, (0 62 21) 48 04 38;
dienstl., (0 62 21) 48 22 30

307. *Steinberg,* Dr. Rudolf, Universitätsprofessor,
Wingertstr. 2 a, 6238 Hofheim/Ts. 1;
Senckenberganlage 31, 6000 Frankfurt/M. 1;
Universität, (0 69) 7 98 24 38

308. *Steinberger,* Dr. Helmut, o. Professor,
Universität Heidelberg, Friedrich-Ebert-Anlage 6–10,
6900 Heidelberg 1, (0 62 21) 54 74 54 od. 42 82 61

309. *Steiner,* Dr. Udo, o. Professor,
Am Katzenbühl 5, 8400 Regensburg-Harting, (09 41) 70 09 13;
Universität, (09 41) 9 43 26 66/7

310. *Stern,* Dr. Dr. h. c. Klaus, o. Professor,
Am Stockberger Busch 10, 5067 Kürten, (0 22 68) 61 67;
Universität Köln, (02 21) 4 70 22 89

311. *Stettner,* Dr. Rupert, Professor,
Jahnstr. 6, 8060 Dachau, (0 81 31) 1 32 44;
Universität Bamberg, Postfach 15 49, 8600 Bamberg,
(09 51) 8 63 82 75 oder 8 63 82 76

312. *Stober,* Dr. Rolf, Professor,
Am Blütenhain 33, 4400 Münster, (0 25 36) 17 34;
Universität, (02 51) 83 27 04

313. *Stock,* Dr. Martin, Professor,
Am Knick 22, 4800 Bielefeld 1, (05 21) 88 95 33;
Universität, (05 21) 1 06 43 82

314. *Stödter,* Dr. Rolf, Professor,
Golfstr. 7, 2057 Wentorf b. Hamburg, (0 40) 7 20 26 46

315. *Stolleis,* Dr. Michael Universitätsprofessor,
Waldstr. 15, 6242 Kronberg 2,
Universität Frankfurt a. M., (0 69) 7 98 31 92

316. *Stolzlechner,* Dr. Harald, o. Universitätsprofessor, Sackengutstr. 5 b, A-5020 Salzburg, (06 62) 42 02 52; Universität, (06 62) 80 44/36 01

317. *Streinz,* Dr. Rudolf, o. Universitätsprofessor, Brucknerstr. 23, 8300 Landshut, (08 71) 6 17 09; Universität Bayreuth, Universitätsstr. 30 (Postfach 10 12 51), 8580 Bayreuth, (09 51) 55 35 20

318. *Tettinger,* Dr. Peter J., o. Professor, Bergstr. 30, 5000 Köln 50, (0 22 36) 6 68 56; Universität Bochum, (02 34) 7 00 52 75

319. *Thieme,* Dr. Werner, Professor, Am Karpfenteich 58, 2000 Hamburg 63, (0 40) 5 38 49 92; Universität, (0 40) 41 23 26 27

320. *Thürer,* Dr. Daniel, o. Professor, Abeggweg 20, CH-8057 Zürich, (01) 3 62 65 47; Universität Zürich, Hirschengraben 40, CH-8001 Zürich, (01) 2 57 20 51

321. *Tomuschat,* Dr. Christian, Professor, An Tiebes Eiche 3, 5300 Bonn 3, (02 28) 43 00 67; Universität Bonn, (02 28) 73 91 72

322. *Trzaskalik,* Dr. Christoph, Professor, Pf. Stockheimer Str. 30, 6500 Mainz-Bretzenheim, (0 61 31) 36 94 14; Universität Mainz, (0 61 31) 39 21 38

323. *Tsatsos,* Dr. Dimitris Th., o. Professor, Am Waldesrand 10 e, 5800 Hagen, (0 23 31) 58 66 68; Fernuniversität, (0 23 31) 8 04 28 76

324. *Uber,* Dr. Giesbert, o. Professor, Roseneck 5, 4400 Münster-Hiltrup, (0 25 01) 31 59; Universität, (02 51) 83 27 01

325. *Ule,* Dr. Dr. h. c. Carl Hermann, o. Professor, Oberer Gaisbergweg 9, 6900 Heidelberg, (0 62 21) 2 78 32; Hochschule Speyer

326. *Umbach,* Dr. Dieter C., Privatdozent, Steinstr. 23, 7500 Karlsruhe, (07 21) 69 11 34; Landessozialgericht Rheinland-Pfalz, Ernst-Ludwig-Str. 1, 6500 Mainz, (0 61 31) 14 15 51

327. *v. Unruh,* Dr. Georg-Christoph, o. Professor, Steenkamp 2, 2305 Heikendorf, (04 31) 23 14 59; Universität Kiel, (04 31) 8 80 35 22/69

328. *Vallender,* Dr. Klaus A., Professor,
Unterbach 4, CH-Trogen, (0 71) 94 27 69;
Institut f. Finanzwirtschaft u. Finanzrecht,
Varnbüelstr. 19, CH-9000 St. Gallen, (0 71) 22 72 27

329. *Vedder,* Dr. Christoph, Privatdozent,
Georgenstr. 46, 8000 München 40, (0 89) 34 61 04;
Universität München, Professor-Huber-Platz 2,
8000 München 22, (0 89) 21 80 27 42 und 27 98

330. *Graf Vitzthum,* Dr. Wolfgang, o. Professor,
Im Rotbad 19, 7400 Tübingen 1, (0 70 71) 6 38 44;
Universität Tübingen, (0 70 71) 29 52 66

331. *Vogel,* Dr. Klaus, o. Professor,
Ottostr. 36, 8130 Starnberg, (0 81 51) 88 81;
Universität München, (0 89) 21 80 27 18

332. *Voigt,* Dr. Alfred, o. Professor,
Schwedenstr. 26, 8521 Spardorf, (0 91 31) 5 60 43

333. *Wagner,* Dr. Heinz, o. Professor,
Tietzenweg 54, 1000 Berlin 45, (0 30) 8 33 21 67;
Universität, (0 30) 8 38 36 39

334. *Wahl,* Dr. Rainer, o. Professor,
Sundgauallee 68, 7800 Freiburg, (07 61) 8 58 71;
Universität, (07 61) 2 03 44 65/6

335. *Wallerath,* Dr. Maximilian, Privatdozent,
Gudenauer Weg 86, 5300 Bonn 1, (02 28) 28 32 02;
dienstl., (02 21) 37 10 78

336. *Weber,* Dr. Albrecht, Professor,
Weidenweg 20, 4516 Bissendorf, (0 54 02) 39 07;
Universität Osnabrück, (05 41) 6 08–61 88

337. *Weber,* Dr. Karl, Privatdozent,
Innrain 100/Top 127, A-6020 Innsbruck, (0 52 22) 2 85 76;
Universität Innsbruck, Innrain 80, (0 52 22) 7 24 26 70

338. *Weber-Dürler,* Dr. Beatrice, Professorin,
Susenbergstr. 5, CH-8044 Zürich, (01) 2 62 04 20;
Universität Zürich, Wilfriedstr. 6, CH-8032 Zürich,
(01) 2 57 30 03

339. *Weides,* Dr. Peter, o. Professor,
Käthe-Kollwitz-Str. 16, 5000 Köln 50, (02 21) 39 11 92;
Universität, (02 21) 4 70 44 54

340. *Wendt,* Dr. Rudolf, Professor,
Schulstr. 45, 6670 St. Ingbert-Hassel, (0 68 94) 5 32 87;
Universität Saarbrücken, (06 81) 3 02 21 04 oder 31 04

341. *Wenger,* DDr. Karl, Universitätsprofessor,
Meytensgasse 18, A-1130 Wien, (02 22) 8 22 72 44;
Universität, (02 22) 43 00 31 36, Schottenbastei 10–16,
A-1010 Wien

342. *Wengler,* Dres. Dres. h. c. Wilhelm, Professor,
Werderstr. 15, 1000 Berlin 37, (0 30) 8 01 65 35

343. *Wieland,* Dr. Joachim, LL.M., Privatdozent,
Goethestr. 42, 7800 Freiburg i. Br., (07 61) 7 34 57;
Universität Freiburg, Europaplatz 1, 7800 Freiburg i. Br.,
(07 61) 2 03 35 35

344. *Wielinger,* Dr. Gerhart, Universitätsdozent,
Bergmanngasse 22, A-8010 Graz, (03 16) 31 87 14;
dienstl., (03 16) 70 31 24 28

345. *Wildhaber,* Dr. Luzius, o. Professor,
Auf der Wacht 21, CH-4104 Oberwil, (0 61) 4 01 25 21;
Universität Basel

346. *Wilke,* Dr. Dieter, Präsident des Oberverwaltungsgerichts,
Universitätsprofessor a. D., apl. Professor (FU Berlin),
Hardenbergstr. 21, 1000 Berlin 12, (0 30) 31 83 25 70 (dienstl.)

347. *Wimmer,* Dr. Norbert, o. Universitätsprofessor,
Hörtnaglstr. 16, A-6020 Innsbruck, (0 52 22) 83 02 63;
Universität Innsbruck, Innrain 80, A-6020 Innsbruck,
(0 52 22) 5 07 26 71

348. *Winkler,* Dr. Günther, Universitätsprofessor,
Reisnerstr. 22, A-1030 Wien, (02 22) 7 13 44 15;
Universität, (02 22) 43 00 31 31, Schottenbastei 10–16,
A-1010 Wien

349. *Wolfrum,* Dr. Rüdiger, o. Professor,
Lindenallee 13, 2300 Kiel 1 (Altenholz), (04 31) 32 18 44;
Universität, (04 31) 8 80-21 89

350. *Wollenschläger,* Dr. Michael, Privatdozent,
An den Forstäckern 15, 8706 Höchberg, (09 31) 4 91 96;
Universität, (09 31) 3 13 05

351. *Würtenberger,* Dr. Thomas, o. Professor,
Sundgauallee 72, 7800 Freiburg, (07 61) 8 46 52;
Universität Freiburg, Europaplatz, 7800 Freiburg, (07 61) 2 03 35 14 oder 2 03 35 17

352. *Zacher,* Dr. Dr. h. c. Hans F., o. Professor,
Präsident der Max-Planck-Gesellschaft,
Starnberger Weg 7, 8134 Pöcking, (0 81 57) 13 84;
Max-Planck-Gesellschaft, Residenzstr. 1 a, 8000 München, (0 89) 2 10 82 11

353. *Zeh,* Dr. Wolfgang, Ministerialrat,
Sibyllenstr. 40, 5300 Bonn 2, (02 28) 37 56 52;
dienstl., (02 28) 16 26 49 oder 16 30 44

354. *v. Zezschwitz,* Dr. Friedrich, Universitätsprofessor,
Petersweiher 47, 6300 Gießen, (06 41) 4 51 52;
Universität, (06 41) 7 02 50 20

355. *Zimmer,* Dr. Gerhard, Privatdozent,
Bamberger Str. 22, 1000 Berlin 30, (0 30) 8 54 46 56

356. *Zippelius,* Dr. Reinhold, o. Professor,
Niendorfstr. 5, 8520 Erlangen, (0 91 31) 5 57 26;
Universität, (0 91 31) 85 28 20

357. *Zuleeg,* Dr. Manfred, Universitätsprofessor, Richter,
Gerichtshof der Europäischen Gemeinschaften,
L-2925 Luxemburg, (0 03 52) 43 03 22 30 oder 22 31,
Telefax 43 03 26 00

## Satzung

(Nach den Beschlüssen vom 21. Oktober 1949, 19. Oktober 1951
14. Oktober 1954, 10. Oktober 1956, 13. Oktober 1960
5. Oktober 1962, 1. Oktober 1971, 6. Oktober 1976 und
3. Oktober 1979)

### § 1

Die Vereinigung der Deutschen Staatsrechtslehrer stellt sich die Aufgabe:

1. wissenschaftliche und Gesetzgebungsfragen aus dem Gebiet des öffentlichen Rechts durch Aussprache in Versammlungen der Mitglieder zu klären;
2. auf die ausreichende Berücksichtigung des öffentlichen Rechts im Hochschulunterricht und bei staatlichen und akademischen Prüfungen hinzuwirken;
3. in wichtigen Fällen zu Fragen des öffentlichen Rechts durch Eingaben an Regierungen oder Volksvertretungen oder durch öffentliche Kundgebungen Stellung zu nehmen.

### § 2

Mitglied der Vereinigung kann werden, wer auf dem Gebiet des Staatsrechts und mindestens eines weiteren öffentlich-rechtlichen Fachs

a) seine Befähigung zu Forschung und Lehre durch hervorragende wissenschaftliche Leistung nachgewiesen hat* und

---

* Mit der oben abgedruckten, am 1. 10. 1971 in Regensburg beschlossenen Fassung des § 2 hat die Mitgliederversammlung den folgenden erläuternden Zusatz angenommen:

„Eine hervorragende wissenschaftliche Leistung im Sinne dieser Vorschrift ist eine den bisher üblichen Anforderungen an die Habilitation entsprechende Leistung.“

b) an einer deutschen oder deutschsprachigen Universität** oder der Hochschule für Verwaltungswissenschaften in Speyer als Forscher und Lehrer tätig ist oder gewesen ist.

Das Aufnahmeverfahren wird durch schriftlichen Vorschlag von drei Mitgliedern der Vereinigung eingeleitet. Ist der Vorstand einstimmig der Auffassung, daß die Voraussetzungen für den Erwerb der Mitgliedschaft erfüllt sind, so verständigt er in einem Rundschreiben die Mitglieder von seiner Absicht, dem Vorgeschlagenen die Mitgliedschaft anzutragen. Erheben mindestens fünf Mitglieder binnen Monatsfrist gegen die Absicht des Vorstandes Einspruch oder beantragen sie mündliche Erörterung, so beschließt die Mitgliederversammlung über die Aufnahme. Die Mitgliederversammlung beschließt ferner, wenn sich im Vorstand Zweifel erheben, ob die Voraussetzungen der Mitgliedschaft erfüllt sind. Von jeder Neuaufnahme außerhalb einer Mitgliederversammlung sind die Mitglieder zu unterrichten.

## § 3

Eine Mitgliederversammlung soll regelmäßig einmal in jedem Jahre an einem vom Vorstand zu bestimmenden Orte stattfinden. In dringenden Fällen können außerordentliche Versammlungen einberufen werden. Die Tagesordnung wird durch den Vorstand bestimmt. Auf jeder ordentlichen Mitgliederversammlung muß mindestens ein wissenschaftlicher Vortrag mit anschließender Aussprache gehalten werden.

## § 4

Der Vorstand der Vereinigung besteht aus einem Vorsitzenden und zwei Stellvertretern. Die Vorstandsmitglieder teilen die Geschäfte untereinander nach eigenem Ermessen. Der Vorstand wird am Schluß jeder ordentlichen Mitgliederversammlung neu gewählt. Zur Vorbereitung der Mitgliederversammlung kann sich der Vorstand durch Zuwahl anderer Mitglieder verstärken. Auch ist Selbstergänzung zulässig, wenn ein Mitglied des Vorstandes in der Zeit zwischen zwei Mitgliederversammlungen ausscheidet.

---

** In Berlin hat die Mitgliederversammlung am 3. 10. 1979 die folgende zusätzliche Erläuterung angenommen:

„Universität im Sinne dieser Vorschrift ist eine wissenschaftliche Hochschule, die das Habilitationsrecht in den Fächern des öffentlichen Rechts und die Promotionsbefugnis zum Doctor iuris besitzt und an der Juristen durch einen Lehrkörper herkömmlicher Besetzung ausgebildet werden."

## §5

Zur Vorbereitung ihrer Beratungen kann die Mitgliederversammlung, in eiligen Fällen auch der Vorstand, besondere Ausschüsse bestellen.

## §6

Über Eingaben in den Fällen des §1 Ziffer 2 und 3 und über öffentliche Kundgebungen kann nach Vorbereitung durch den Vorstand oder einen Ausschuß im Wege schriftlicher Abstimmung der Mitglieder beschlossen werden. Ein solcher Beschluß bedarf der Zustimmung von zwei Dritteln der Mitgliederzahl; die Namen der Zustimmenden müssen unter das Schriftstück gesetzt werden.

## §7

Der Mitgliedsbeitrag wird von der Mitgliederversammlung festgesetzt. Der Vorstand kann den Beitrag aus Billigkeitsgründen erlassen.

Bei Fragen zur Produktsicherheit wenden Sie sich bitte an:
If you have any questions regarding product safety,
please contact:

Walter de Gruyter GmbH
Genthiner Straße 13
10785 Berlin
productsafety@degruyterbrill.com